2025

TRIGÉSIMA QUINTA
EDIÇÃO

Julio Fabbrini Mirabete
Renato N. Fabbrini

3
MANUAL *de* DIREITO PENAL

PARTE ESPECIAL
ARTIGOS 235 a 361 do CP

Dados Internacionais de Catalogação na Publicação (CIP) de acordo com ISBD

M672m   Mirabete, Julio Fabbrini

        Manual de Direito Penal: Parte Especial Arts. 235 a 361 do CP / Julio Fabbrini Mirabete, Renato N. Fabbrini. - 35. ed. - Indaiatuba, SP : Editora Foco, 2025.

        672 p. ; 17cm x 24cm. – (v.3)

        Inclui índice e bibliografia.

        ISBN: 978-65-6120-236-7

        1. Direito. 2. Direito Penal. I. Fabbrini, Renato N. II. Título. III. Série.

2024-4421   CDD 345   CDU 343

Elaborado por Vagner Rodolfo da Silva - CRB-8/9410

Índices para Catálogo Sistemático:

1. Direito penal 345

2. Direito penal 343

TRIGÉSIMA QUINTA
EDIÇÃO

Julio Fabbrini Mirabete
Renato N. Fabbrini

3

MANUAL *de* DIREITO PENAL

PARTE ESPECIAL
ARTIGOS 235 a 361 do CP

2025 © Editora Foco

Autores: Julio Fabbrini Mirabete e Renato N. Fabbrini
Revisora Jurídica: Patricia Camargo Bergamasco
Diretor Acadêmico: Leonardo Pereira
Editor: Roberta Densa
Coordenadora Editorial: Paula Morishita
Capa Criação: Leonardo Hermano
Diagramação: Ladislau Lima e Aparecida Lima
Impressão miolo e capa: FORMA CERTA

DIREITOS AUTORAIS: É proibida a reprodução parcial ou total desta publicação, por qualquer forma ou meio, sem a prévia autorização da Editora FOCO, com exceção do teor das questões de concursos públicos que, por serem atos oficiais, não são protegidas como Direitos Autorais, na forma do Artigo 8º, IV, da Lei 9.610/1998. Referida vedação se estende às características gráficas da obra e sua editoração. A punição para a violação dos Direitos Autorais é crime previsto no Artigo 184 do Código Penal e as sanções civis às violações dos Direitos Autorais estão previstas nos Artigos 101 a 110 da Lei 9.610/1998. Os comentários das questões são de responsabilidade dos autores.

NOTAS DA EDITORA:

Atualizações e erratas: A presente obra é vendida como está, atualizada até a data do seu fechamento, informação que consta na página II do livro. Havendo a publicação de legislação de suma relevância, a editora, de forma discricionária, se empenhará em disponibilizar atualização futura.

Erratas: A Editora se compromete a disponibilizar no site www.editorafoco.com.br, na seção Atualizações, eventuais erratas por razões de erros técnicos ou de conteúdo. Solicitamos, outrossim, que o leitor faça a gentileza de colaborar com a perfeição da obra, comunicando eventual erro encontrado por meio de mensagem para contato@editorafoco.com.br. O acesso será disponibilizado durante a vigência da edição da obra.

Impresso no Brasil (1.2025) – Data de Fechamento (1.2025)

2025
Todos os direitos reservados à
Editora Foco Jurídico Ltda.
Rua Antonio Brunetti, 593 – Jd. Morada do Sol
CEP 13348-533 – Indaiatuba – SP

E-mail: contato@editorafoco.com.br
www.editorafoco.com.br

*À Neyde,
companheira de todas as horas,
sem a qual nada teria sentido.*

NOTA À 35ª EDIÇÃO

O *Manual de Direito Penal*, de **Julio Fabbrini Mirabete**, foi concebido pelo autor como obra destinada aos acadêmicos que pela primeira vez entram em contato com o Direito Penal e aos candidatos a concursos públicos em que essa matéria é obrigatória.

Embora se tenha adotado na estrutura do crime a teoria finalista da ação, vencedora na doutrina e inspiradora das legislações modernas, segue a obra uma linha de exegese do direito positivo brasileiro.

A 37ª edição da Parte Geral, a 38ª edição do Volume 2 e a 35ª edição do Volume 3, que compõem a Parte Especial, resultam de uma integral revisão e atualização da obra, encontrando-se em conformidade com o texto vigente do Código Penal, observadas todas as leis que alteraram o Estatuto.

Os livros estão atualizados também em face dos textos vigentes da Constituição Federal, da Lei de Execução Penal e do Código de Processo Penal, bem como de outros diplomas que contêm normas de natureza penal ou que geram reflexos sobre a vigência e interpretação de normas penais e processuais penais.

As constantes alterações dos estatutos e a profusão de leis extravagantes nos últimos anos têm exigido especial atenção do estudante e do operador do Direito Penal. Com a preocupação de manter o leitor permanentemente atualizado, procedemos ao exame das inovações em suas relações com o Código Penal.

Essas últimas edições dos três volumes do *Manual de Direito Penal* foram elaboradas com atenção, também, às mudanças de orientação verificadas, nos últimos anos, na jurisprudência pátria, principalmente do Supremo Tribunal Federal e do Superior Tribunal de Justiça, a respeito de diversas questões de natureza penal e processual penal.

Com o objetivo de propiciar maior fluidez à leitura, as referências jurisprudenciais constam de listagem organizada por capítulos, inserida ao final do livro. Em notas de rodapé, mantêm-se as citações doutrinárias e os comentários considerados de interesse mais imediato para o leitor.

Pedem-se desde já desculpas pelas eventuais imperfeições do texto, aceitando-se com humildade as críticas que possam caber a este trabalho.

Renato N. Fabbrini

SUMÁRIO

NOTA À 35ª EDIÇÃO... VII

PARTE I
DOS CRIMES CONTRA A FAMÍLIA

1. DOS CRIMES CONTRA O CASAMENTO... 3

   1.1   Bigamia.. 3

      1.1.1   Generalidades... 3

      1.1.2   Conceito... 3

      1.1.3   Objetividade jurídica... 4

      1.1.4   Sujeito ativo.. 4

      1.1.5   Sujeito passivo... 4

      1.1.6   Tipo objetivo.. 4

      1.1.7   Exclusão do crime.. 6

      1.1.8   Tipo subjetivo... 7

      1.1.9   Consumação e tentativa... 7

      1.1.10 Distinção... 8

      1.1.11 Concurso.. 8

      1.1.12 Prescrição.. 8

   1.2   Induzimento a erro essencial e ocultação de impedimento........... 9

      1.2.1   Conceito... 9

      1.2.2   Objetividade jurídica... 9

      1.2.3   Sujeitos do delito... 9

      1.2.4   Tipo objetivo.. 9

      1.2.5   Tipo subjetivo... 11

      1.2.6   Consumação e tentativa... 11

      1.2.7   Ação penal.. 11

      1.2.8   Prescrição.. 11

   1.3   Conhecimento prévio de impedimento.. 11

      1.3.1   Conceito... 11

      1.3.2   Objetividade jurídica... 12

      1.3.3   Sujeitos do delito... 12

	1.3.4	Tipo objetivo	12
	1.3.5	Tipo subjetivo	12
	1.3.6	Consumação e tentativa	13
	1.3.7	Ação penal	13
1.4		Simulação de autoridade para celebração de casamento	13
	1.4.1	Conceito	13
	1.4.2	Objetividade jurídica	13
	1.4.3	Sujeitos do delito	13
	1.4.4	Tipo objetivo	13
	1.4.5	Tipo subjetivo	14
	1.4.6	Consumação e tentativa	14
	1.4.7	Distinção	14
1.5		Simulação de casamento	14
	1.5.1	Conceito	14
	1.5.2	Objetividade jurídica	15
	1.5.3	Sujeito ativo	15
	1.5.4	Sujeito passivo	15
	1.5.5	Tipo objetivo	15
	1.5.6	Tipo subjetivo	16
	1.5.7	Consumação e tentativa	16
	1.5.8	Distinção	16
1.6		Adultério	16
	1.6.1	O adultério e a revogação do art. 240 do Código Penal	16
	1.6.2	O crime de adultério na lei anterior	17

2. DOS CRIMES CONTRA O ESTADO DE FILIAÇÃO 19

2.1		Registro de nascimento inexistente	19
	2.1.1	Generalidades	19
	2.1.2	Conceito	19
	2.1.3	Objetividade jurídica	19
	2.1.4	Sujeito ativo	19
	2.1.5	Sujeito passivo	20
	2.1.6	Tipo objetivo	20
	2.1.7	Tipo subjetivo	20
	2.1.8	Consumação e tentativa	20
	2.1.9	Distinção	20
	2.1.10	Prescrição	21

2.2		Parto suposto, supressão ou alteração de direito inerente ao estado civil de recém-nascido	21
	2.2.1	Conceito	21
	2.2.2	Objetividade jurídica	21
	2.2.3	Sujeito ativo	21
	2.2.4	Sujeito passivo	21
	2.2.5	Tipo objetivo	21
	2.2.6	Tipo subjetivo	22
	2.2.7	Consumação e tentativa	23
	2.2.8	Forma privilegiada e perdão judicial	23
	2.2.9	Distinção	23
	2.2.10	Concurso	24
	2.2.11	Prescrição	24
2.3		Sonegação de estado de filiação	24
	2.3.1	Conceito	24
	2.3.2	Objetividade jurídica	24
	2.3.3	Sujeito ativo	24
	2.3.4	Sujeito passivo	25
	2.3.5	Tipo objetivo	25
	2.3.6	Tipo subjetivo	25
	2.3.7	Consumação e tentativa	26
	2.3.8	Distinção	26

3. DOS CRIMES CONTRA A ASSISTÊNCIA FAMILIAR 27

3.1		Abandono material	27
	3.1.1	Generalidades	27
	3.1.2	Conceito	27
	3.1.3	Objetividade jurídica	27
	3.1.4	Sujeito ativo	28
	3.1.5	Sujeito passivo	28
	3.1.6	Tipo objetivo	30
	3.1.7	Tipo subjetivo	32
	3.1.8	Exclusão do crime	32
	3.1.9	Consumação e tentativa	34
	3.1.10	Pena e *sursis*	34
	3.1.11	Lei de alimentos	35

	3.1.12	Distinção	35
	3.1.13	Concurso	36
3.2		Entrega de filho menor a pessoa inidônea	36
	3.2.1	Conceito	36
	3.2.2	Objetividade jurídica	36
	3.2.3	Sujeito ativo	36
	3.2.4	Sujeito passivo	37
	3.2.5	Tipo objetivo	37
	3.2.6	Tipo subjetivo	37
	3.2.7	Consumação e tentativa	38
	3.2.8	Formas qualificadas	38
	3.2.9	Promessa ou entrega de filho ou pupilo	38
	3.2.10	Promoção de ato destinado ao envio de menor ao exterior	39
3.3		Abandono intelectual	40
	3.3.1	Conceito	40
	3.3.2	Objetividade jurídica	40
	3.3.3	Sujeito ativo	41
	3.3.4	Sujeito passivo	41
	3.3.5	Tipo objetivo	41
	3.3.6	Tipo subjetivo	41
	3.3.7	Consumação e tentativa	41
3.4		Abandono moral	42
	3.4.1	Conceito	42
	3.4.2	Objetividade jurídica	42
	3.4.3	Sujeito ativo	42
	3.4.4	Sujeito passivo	42
	3.4.5	Tipo objetivo	43
	3.4.6	Tipo subjetivo	44
	3.4.7	Consumação e tentativa	44

4. DOS CRIMES CONTRA O PÁTRIO PODER, TUTELA OU CURATELA ... 45

4.1		Induzimento à fuga, entrega arbitrária ou sonegação de incapazes	45
	4.1.1	Generalidades	45
	4.1.2	Conceito	45
	4.1.3	Objetividade jurídica	46
	4.1.4	Sujeito ativo	46

	4.1.5	Sujeito passivo	46
	4.1.6	Tipo objetivo	46
	4.1.7	Tipo subjetivo	47
	4.1.8	Consumação e tentativa	47
	4.1.9	Distinção	47
	4.1.10	Concurso	48
4.2		Subtração de incapazes	48
	4.2.1	Conceito	48
	4.2.2	Objetividade jurídica	48
	4.2.3	Sujeito ativo	48
	4.2.4	Sujeito passivo	48
	4.2.5	Tipo objetivo	49
	4.2.6	Tipo subjetivo	49
	4.2.7	Consumação e tentativa	50
	4.2.8	Distinção	50
	4.2.9	Perdão judicial	50
	4.2.10	Subtração de menor para colocação em lar substituto	51

PARTE II
DOS CRIMES CONTRA A INCOLUMIDADE PÚBLICA

5. DOS CRIMES DE PERIGO COMUM			55
5.1		Incêndio	55
	5.1.1	Generalidades	55
	5.1.2	Conceito	56
	5.1.3	Objetividade jurídica	56
	5.1.4	Sujeitos do delito	56
	5.1.5	Tipo objetivo	56
	5.1.6	Tipo subjetivo	57
	5.1.7	Consumação e tentativa	58
	5.1.8	Aumento de pena	58
	5.1.9	Incêndio culposo	60
	5.1.10	Incêndio qualificado pelo resultado	61
	5.1.11	Distinção	62
	5.1.12	Concurso	63
5.2		Explosão	63

	5.2.1	Conceito	63
	5.2.2	Objetividade jurídica	63
	5.2.3	Sujeitos do delito	64
	5.2.4	Tipo objetivo	64
	5.2.5	Tipo subjetivo	64
	5.2.6	Consumação e tentativa	65
	5.2.7	Forma privilegiada	65
	5.2.8	Aumento de pena	65
	5.2.9	Explosão culposa	65
	5.2.10	Distinção	66
5.3		Uso de gás tóxico ou asfixiante	66
	5.3.1	Conceito	66
	5.3.2	Objetividade jurídica	66
	5.3.3	Sujeitos do delito	67
	5.3.4	Tipo objetivo	67
	5.3.5	Tipo subjetivo	67
	5.3.6	Consumação e tentativa	67
	5.3.7	Forma culposa	68
	5.3.8	Crime qualificado pelo resultado	68
5.4		Fabrico, fornecimento, aquisição, posse ou transporte de explosivos ou gás tóxico ou asfixiante	68
	5.4.1	Conceito	68
	5.4.2	Objetividade jurídica	68
	5.4.3	Sujeitos do delito	68
	5.4.4	Tipo objetivo	68
	5.4.5	Tipo subjetivo	69
	5.4.6	Consumação e tentativa	70
	5.4.7	Distinção	70
	5.4.8	Competência	71
5.5		Inundação	71
	5.5.1	Conceito	71
	5.5.2	Objetividade jurídica	72
	5.5.3	Sujeitos do delito	72
	5.5.4	Tipo objetivo	72
	5.5.5	Tipo subjetivo	72
	5.5.6	Consumação e tentativa	72

	5.5.7	Formas qualificadas pelo resultado	73
	5.5.8	Inundação culposa	73
	5.5.9	Distinção	73
5.6		Perigo de inundação	73
	5.6.1	Conceito	73
	5.6.2	Objetividade jurídica	73
	5.6.3	Sujeitos do delito	74
	5.6.4	Tipo objetivo	74
	5.6.5	Tipo subjetivo	74
	5.6.6	Consumação e tentativa	74
5.7		Desabamento ou desmoronamento	75
	5.7.1	Conceito	75
	5.7.2	Objetividade jurídica	75
	5.7.3	Sujeitos do delito	75
	5.7.4	Tipo objetivo	75
	5.7.5	Tipo subjetivo	76
	5.7.6	Consumação e tentativa	76
	5.7.7	Forma culposa	76
	5.7.8	Distinção	77
5.8		Subtração, ocultação ou inutilização de material de salvamento	77
	5.8.1	Conceito	77
	5.8.2	Objetividade jurídica	78
	5.8.3	Sujeitos do delito	78
	5.8.4	Tipo objetivo	78
	5.8.5	Tipo subjetivo	79
	5.8.6	Consumação e tentativa	79
	5.8.7	Concurso	79
5.9		Difusão de doença ou praga	80
	5.9.1	Conceito	80
	5.9.2	Objetividade jurídica	80
	5.9.3	Sujeitos do delito	80
	5.9.4	Tipo objetivo	80
	5.9.5	Tipo subjetivo	81
	5.9.6	Consumação e tentativa	81
	5.9.7	Difusão culposa	81
	5.9.8	Revogação	81

6. DOS CRIMES CONTRA A SEGURANÇA DOS MEIOS DE COMUNICAÇÃO E TRANSPORTE E OUTROS SERVIÇOS PÚBLICOS 83

6.1 Perigo de desastre ferroviário e desastre ferroviário 83

    6.1.1 Generalidades 83

    6.1.2 Conceito 83

    6.1.3 Objetividade jurídica 83

    6.1.4 Sujeitos do delito 84

    6.1.5 Tipo objetivo 84

    6.1.6 Tipo subjetivo 85

    6.1.7 Consumação e tentativa 86

    6.1.8 Desastre ferroviário 86

    6.1.9 Desastre ferroviário culposo 86

    6.1.10 Distinção 87

6.2 Atentado contra a segurança de transporte marítimo, fluvial ou aéreo 87

    6.2.1 Conceito 87

    6.2.2 Objetividade jurídica 87

    6.2.3 Sujeitos do delito 88

    6.2.4 Tipo objetivo 88

    6.2.5 Tipo subjetivo 89

    6.2.6 Consumação e tentativa 89

    6.2.7 Sinistro em transporte marítimo, fluvial ou aéreo 89

    6.2.8 Forma qualificada 90

    6.2.9 Sinistro culposo 90

    6.2.10 Distinção 90

6.3 Atentado contra a segurança de outro meio de transporte 91

    6.3.1 Conceito 91

    6.3.2 Objetividade jurídica 91

    6.3.3 Sujeitos do delito 91

    6.3.4 Tipo objetivo 91

    6.3.5 Tipo subjetivo 92

    6.3.6 Consumação e tentativa 92

    6.3.7 Sinistro em outro meio de transporte 92

    6.3.8 Sinistro culposo 92

    6.3.9 Distinção 92

6.4 Arremesso de projétil 93

    6.4.1 Conceito 93

6.4.2	Objetividade jurídica	93
6.4.3	Sujeitos do delito	93
6.4.4	Tipo objetivo	93
6.4.5	Tipo subjetivo	94
6.4.6	Consumação e tentativa	94
6.4.7	Forma qualificada pelo resultado	95

6.5 Atentado contra a segurança de serviço de utilidade pública 95

6.5.1	Conceito	95
6.5.2	Objetividade jurídica	95
6.5.3	Sujeitos do delito	95
6.5.4	Tipo objetivo	95
6.5.5	Tipo subjetivo	96
6.5.6	Consumação e tentativa	96
6.5.7	Aumento de pena	97
6.5.8	Distinção	97

6.6 Interrupção ou perturbação de serviço telegráfico, telefônico, informático, telemático ou de informação de utilidade pública 97

6.6.1	Conceito	97
6.6.2	Objetividade jurídica	97
6.6.3	Sujeitos do delito	97
6.6.4	Tipo objetivo	98
6.6.5	Tipo subjetivo	99
6.6.6	Consumação e tentativa	99
6.6.7	Crime assemelhado	99
6.6.8	Forma qualificada	99
6.6.9	Distinção	100

7. DOS CRIMES CONTRA A SAÚDE PÚBLICA 101

7.1 Epidemia 101

7.1.1	Generalidades	101
7.1.2	Conceito	101
7.1.3	Objetividade jurídica	101
7.1.4	Sujeitos do delito	102
7.1.5	Tipo objetivo	102
7.1.6	Tipo subjetivo	103
7.1.7	Consumação e tentativa	103

	7.1.8	Epidemia qualificada pelo resultado	103
	7.1.9	Epidemia culposa	104
7.2		Infração de medida sanitária preventiva	104
	7.2.1	Conceito	104
	7.2.2	Objetividade jurídica	104
	7.2.3	Sujeitos do delito	105
	7.2.4	Tipo objetivo	105
	7.2.5	Tipo subjetivo	107
	7.2.6	Consumação e tentativa	107
	7.2.7	Crime qualificado pelo resultado	107
7.3		Omissão de notificação de doença	108
	7.3.1	Conceito	108
	7.3.2	Objetividade jurídica	108
	7.3.3	Sujeitos do delito	108
	7.3.4	Tipo objetivo	109
	7.3.5	Tipo subjetivo	110
	7.3.6	Consumação e tentativa	110
7.4		Envenenamento de água potável ou de substância alimentícia ou medicinal	110
	7.4.1	Conceito	110
	7.4.2	Objetividade jurídica	111
	7.4.3	Sujeitos do delito	111
	7.4.4	Tipo objetivo	111
	7.4.5	Tipo subjetivo	112
	7.4.6	Consumação e tentativa	113
	7.4.7	Entrega a consumo ou depósito para distribuição	113
	7.4.8	Forma qualificada	113
	7.4.9	Envenenamento culposo	114
	7.4.10	Distinção	114
7.5		Corrupção ou poluição de água potável	114
	7.5.1	Conceito	114
	7.5.2	Objetividade jurídica	114
	7.5.3	Sujeitos do delito	115
	7.5.4	Tipo objetivo	115
	7.5.5	Tipo subjetivo	116
	7.5.6	Consumação e tentativa	116

7.5.7	Corrupção ou poluição culposa	117
7.5.8	Crime qualificado pelo resultado	117
7.5.9	Distinção	117
7.6	**Falsificação, corrupção, adulteração ou alteração de substância alimentícia ou produtos alimentícios**	117
7.6.1	Conceito	117
7.6.2	Objetividade jurídica	118
7.6.3	Sujeitos do delito	118
7.6.4	Tipo objetivo	119
7.6.5	Tipo subjetivo	120
7.6.6	Consumação e tentativa	120
7.6.7	Fabricação, venda, exposição à venda, importação, depósito, distribuição e entrega a consumo	120
7.6.8	Crime culposo	121
7.6.9	Crime qualificado	121
7.6.10	Distinção	122
7.6.11	Concurso	122
7.7	**Falsificação, corrupção, adulteração ou alteração de produto destinado a fins terapêuticos ou medicinais**	122
7.7.1	Conceito	122
7.7.2	Objetividade jurídica	122
7.7.3	Sujeitos do delito	123
7.7.4	Tipo objetivo	123
7.7.5	Tipo subjetivo	124
7.7.6	Consumação e tentativa	124
7.7.7	Importação, venda, exposição à venda, depósito, distribuição e entrega do produto destinado a fins terapêuticos ou medicinais	124
7.7.8	Importação, venda, exposição à venda, depósito, distribuição e entrega de produto com violação de disposição regulamentar	125
7.7.9	Crime culposo	125
7.7.10	Formas qualificadas	126
7.8	**Emprego de processo proibido ou de substância não permitida**	126
7.8.1	Conceito	126
7.8.2	Objetividade jurídica	126
7.8.3	Sujeitos do delito	127
7.8.4	Tipo objetivo	127
7.8.5	Tipo subjetivo	128

	7.8.6	Consumação e tentativa	128
	7.8.7	Crime qualificado pelo resultado	129
	7.8.8	Distinção	129
7.9	Invólucro ou recipiente com falsa indicação		129
	7.9.1	Conceito	129
	7.9.2	Objetividade jurídica	129
	7.9.3	Sujeitos do delito	130
	7.9.4	Tipo objetivo	130
	7.9.5	Tipo subjetivo	130
	7.9.6	Consumação e tentativa	131
	7.9.7	Distinção	131
7.10	Produto ou substância nas condições dos dois artigos anteriores		131
	7.10.1	Conceito	131
	7.10.2	Objetividade jurídica	131
	7.10.3	Sujeitos do delito	131
	7.10.4	Tipo objetivo	132
	7.10.5	Tipo subjetivo	132
	7.10.6	Consumação e tentativa	132
	7.10.7	Distinção e concurso	132
7.11	Substância destinada à falsificação		133
	7.11.1	Conceito	133
	7.11.2	Objetividade jurídica	133
	7.11.3	Sujeitos do delito	133
	7.11.4	Tipo objetivo	133
	7.11.5	Tipo subjetivo	134
	7.11.6	Consumação e tentativa	134
7.12	Outras substâncias nocivas à saúde pública		134
	7.12.1	Conceito	134
	7.12.2	Objetividade jurídica	134
	7.12.3	Sujeitos do delito	135
	7.12.4	Tipo objetivo	135
	7.12.5	Tipo subjetivo	136
	7.12.6	Consumação e tentativa	136
	7.12.7	Crime culposo	136
	7.12.8	Formas qualificadas	136

	7.12.9	Distinção e concurso	136
7.13		Substância avariada	137
	7.13.1	Conceito	137
	7.13.2	Objetividade jurídica	137
	7.13.3	Sujeitos do delito	137
	7.13.4	Tipo objetivo	138
	7.13.5	Tipo subjetivo	139
	7.13.6	Consumação e tentativa	139
	7.13.7	Forma qualificada	140
	7.13.8	Distinção e concurso	140
	7.13.9	Revogação	140
7.14		Medicamento em desacordo com receita médica	140
	7.14.1	Conceito	140
	7.14.2	Objetividade jurídica	140
	7.14.3	Sujeitos do delito	140
	7.14.4	Tipo objetivo	141
	7.14.5	Tipo subjetivo	142
	7.14.6	Consumação e tentativa	142
	7.14.7	Crime culposo	142
	7.14.8	Formas qualificadas	143
	7.14.9	Distinção e concurso	143
7.15		Exercício ilegal de medicina, arte dentária ou farmacêutica	143
	7.15.1	Conceito	143
	7.15.2	Objetividade jurídica	143
	7.15.3	Sujeitos do delito	144
	7.15.4	Tipo objetivo	144
	7.15.5	Tipo subjetivo	147
	7.15.6	Exclusão do crime	147
	7.15.7	Consumação e tentativa	148
	7.15.8	Formas qualificadas	148
	7.15.9	Concurso e distinção	148
7.16		Charlatanismo	149
	7.16.1	Conceito	149
	7.16.2	Objetividade jurídica	149
	7.16.3	Sujeitos do delito	149

	7.16.4	Tipo objetivo	149
	7.16.5	Tipo subjetivo	150
	7.16.6	Consumação e tentativa	151
	7.16.7	Distinção e concurso	151
7.17	Curandeirismo		151
	7.17.1	Conceito	151
	7.17.2	Objetividade jurídica	151
	7.17.3	Sujeitos do delito	152
	7.17.4	Tipo objetivo	152
	7.17.5	Tipo subjetivo	155
	7.17.6	Consumação e tentativa	155
	7.17.7	Curandeirismo qualificado	155
	7.17.8	Distinção e concurso	155

PARTE III
DOS CRIMES CONTRA A PAZ PÚBLICA

8. DOS CRIMES CONTRA A PAZ PÚBLICA			159
8.1	Incitação ao crime		159
	8.1.1	Generalidades	159
	8.1.2	Conceito	159
	8.1.3	Objetividade jurídica	159
	8.1.4	Sujeitos do delito	160
	8.1.5	Tipo objetivo	160
	8.1.6	Tipo subjetivo	161
	8.1.7	Consumação e tentativa	161
	8.1.8	Crime assemelhado	162
	8.1.9	Distinção	162
	8.1.10	Concurso	163
8.2	Apologia de crime ou criminoso		163
	8.2.1	Conceito	163
	8.2.2	Objetividade jurídica	163
	8.2.3	Sujeitos do delito	163
	8.2.4	Tipo objetivo	164
	8.2.5	Tipo subjetivo	165
	8.2.6	Consumação e tentativa	165

8.2.7	Concurso		166
8.2.8	Distinção		166
8.3	Associação criminosa		166
8.3.1	Conceito		166
8.3.2	Objetividade jurídica		166
8.3.3	Sujeito ativo		167
8.3.4	Sujeito passivo		167
8.3.5	Tipo objetivo		167
8.3.6	Tipo subjetivo		170
8.3.7	Consumação e tentativa		170
8.3.8	Aumento de pena		171
8.3.9	Redução de pena		172
8.3.10	Distinção		173
8.3.11	Concurso		174
8.3.12	Organização criminosa		175
8.4	Constituição de milícia privada		176
8.4.1	Conceito		176
8.4.2	Objetividade jurídica		176
8.4.3	Sujeito ativo		176
8.4.4	Sujeito passivo		177
8.4.5	Tipo objetivo		177
8.4.6	Tipo subjetivo		180
8.4.7	Consumação e tentativa		180
8.4.8	Distinção		180
8.4.9	Concurso		181
8.4.10	Disposições especiais		181

PARTE IV
DOS CRIMES CONTRA A FÉ PÚBLICA

9. DA MOEDA FALSA			185
9.1	Moeda falsa		185
9.1.1	Generalidades		185
9.1.2	Conceito		185
9.1.3	Objetividade jurídica		186
9.1.4	Sujeitos do delito		186

	9.1.5	Tipo objetivo	186
	9.1.6	Tipo subjetivo	188
	9.1.7	Consumação e tentativa	188
	9.1.8	Crimes subsequentes à falsificação	188
	9.1.9	Crime privilegiado	190
	9.1.10	Fabricação ou emissão com fraude ou excesso	190
	9.1.11	Circulação não autorizada	191
	9.1.12	Competência	191
9.2	Crimes assimilados ao de moeda falsa		192
	9.2.1	Conceito	192
	9.2.2	Objetividade jurídica	192
	9.2.3	Sujeitos do delito	192
	9.2.4	Tipo objetivo	192
	9.2.5	Tipo subjetivo	193
	9.2.6	Consumação e tentativa	193
	9.2.7	Crime qualificado	193
	9.2.8	Competência	194
9.3	Petrechos para falsificação de moeda		194
	9.3.1	Conceito	194
	9.3.2	Objetividade jurídica	194
	9.3.3	Sujeitos do delito	194
	9.3.4	Tipo objetivo	194
	9.3.5	Tipo subjetivo	195
	9.3.6	Consumação e tentativa	195
	9.3.7	Distinção e concurso	196
	9.3.8	Competência	196
9.4	Emissão de título ao portador sem permissão legal		196
	9.4.1	Conceito	196
	9.4.2	Objetividade jurídica	196
	9.4.3	Sujeitos do delito	196
	9.4.4	Tipo objetivo	197
	9.4.5	Tipo subjetivo	198
	9.4.6	Consumação e tentativa	198
	9.4.7	Aquisição ou uso de título não permitido	198
	9.4.8	Crimes especiais	198

10. DA FALSIDADE DE TÍTULOS E OUTROS PAPÉIS PÚBLICOS............................... 199

10.1 Falsificação de papéis públicos... 199

10.1.1 Generalidades.. 199

10.1.2 Conceito.. 199

10.1.3 Objetividade jurídica.. 199

10.1.4 Sujeitos do delito... 200

10.1.5 Tipo objetivo.. 200

10.1.6 Tipo subjetivo.. 202

10.1.7 Consumação e tentativa.. 202

10.1.8 Crimes subsequentes à falsificação............................. 202

10.1.9 Comercialização de produto ou mercadoria sem selo oficial............... 203

10.1.10 Supressão de carimbo ou sinal de inutilização.............. 204

10.1.11 Uso de papéis em que foi suprimido carimbo ou sinal........... 204

10.1.12 Circulação de papéis recebidos de boa-fé..................... 204

10.1.13 Crime praticado por funcionário................................ 205

10.1.14 Distinção e concurso.. 205

10.1.15 Competência.. 206

10.2 Petrechos de falsificação... 206

10.2.1 Conceito.. 206

10.2.2 Objetividade jurídica.. 206

10.2.3 Sujeitos do delito... 206

10.2.4 Tipo objetivo.. 206

10.2.5 Tipo subjetivo.. 207

10.2.6 Consumação e tentativa.. 207

10.2.7 Distinção... 207

11. DA FALSIDADE DOCUMENTAL 209

11.1 Falsificação do selo ou sinal público 209

11.1.1 Generalidades.. 209

11.1.2 Conceito.. 209

11.1.3 Objetividade jurídica.. 209

11.1.4 Sujeitos do delito... 210

11.1.5 Tipo objetivo.. 210

11.1.6 Tipo subjetivo.. 211

11.1.7 Consumação e tentativa.. 211

11.1.8 Uso de selo ou sinal falsificado 211

	11.1.9	Uso indevido de selo ou sinal verdadeiro	212
	11.1.10	Alteração, falsificação e uso indevido de marcas, logotipos, siglas e outros símbolos	212
	11.1.11	Crime praticado por funcionário	212
	11.1.12	Competência	213
11.2		Falsificação de documento público	213
	11.2.1	Conceito	213
	11.2.2	Objetividade jurídica	213
	11.2.3	Sujeitos do delito	213
	11.2.4	Conceito de documento	214
	11.2.5	Tipo objetivo	215
	11.2.6	Tipo subjetivo	219
	11.2.7	Consumação e tentativa	220
	11.2.8	Crime praticado por funcionário	220
	11.2.9	Distinção	220
	11.2.10	Concurso	221
	11.2.11	Falsidades contra a Previdência Social	223
	11.2.12	Omissão de dados em documentos relacionados à Previdência Social	223
11.3		Falsificação de documento particular	224
	11.3.1	Conceito	224
	11.3.2	Objetividade jurídica	224
	11.3.3	Sujeitos do delito	224
	11.3.4	Tipo objetivo	224
	11.3.5	Tipo subjetivo	226
	11.3.6	Consumação e tentativa	226
	11.3.7	Distinção	226
	11.3.8	Concurso	227
11.4		Falsidade ideológica	227
	11.4.1	Conceito	227
	11.4.2	Objetividade jurídica	228
	11.4.3	Sujeito ativo	228
	11.4.4	Tipo objetivo	228
	11.4.5	Simulação e papel assinado em branco	231
	11.4.6	Tipo subjetivo	232
	11.4.7	Consumação e tentativa	233
	11.4.8	Formas qualificadas	233

	11.4.9	Distinção	233
	11.4.10	Concurso	234
	11.4.11	Prescrição	234
	11.4.12	Exame pericial	234
11.5	Falso reconhecimento de firma ou letra		234
	11.5.1	Conceito	234
	11.5.2	Objetividade jurídica	235
	11.5.3	Sujeitos do delito	235
	11.5.4	Tipo objetivo	235
	11.5.5	Tipo subjetivo	236
	11.5.6	Consumação e tentativa	237
	11.5.7	Distinção	237
11.6	Certidão ou atestado ideologicamente falso		237
	11.6.1	Conceito	237
	11.6.2	Objetividade jurídica	237
	11.6.3	Sujeitos do delito	237
	11.6.4	Tipo objetivo	238
	11.6.5	Tipo subjetivo	239
	11.6.6	Consumação e tentativa	239
	11.6.7	Distinção	239
	11.6.8	Falsidade material de atestado ou certidão	240
	11.6.9	Forma qualificada	241
11.7	Falsidade de atestado médico		241
	11.7.1	Conceito	241
	11.7.2	Objetividade jurídica	241
	11.7.3	Sujeitos do delito	241
	11.7.4	Tipo objetivo	242
	11.7.5	Tipo subjetivo	242
	11.7.6	Consumação e tentativa	243
	11.7.7	Forma qualificada	243
	11.7.8	Distinção	243
11.8	Reprodução ou alteração de selo ou peça filatélica		243
	11.8.1	Conceito	243
	11.8.2	Objetividade jurídica	244
	11.8.3	Sujeitos do delito	244

	11.8.4	Tipo objetivo	244
	11.8.5	Tipo subjetivo	244
	11.8.6	Consumação e tentativa	245
	11.8.7	Uso de selo ou peça filatélica	245
11.9	Uso de documento falso		245
	11.9.1	Conceito	245
	11.9.2	Objetividade jurídica	245
	11.9.3	Sujeitos do delito	246
	11.9.4	Tipo objetivo	246
	11.9.5	Tipo subjetivo	247
	11.9.6	Consumação e tentativa	248
	11.9.7	Concurso	248
	11.9.8	Competência	248
11.10	Supressão de documento		249
	11.10.1	Conceito	249
	11.10.2	Objetividade jurídica	249
	11.10.3	Sujeitos do delito	249
	11.10.4	Tipo objetivo	249
	11.10.5	Tipo subjetivo	251
	11.10.6	Consumação e tentativa	251
	11.10.7	Distinção	251

12. DE OUTRAS FALSIDADES 253

12.1	Falsificação do sinal empregado no contraste de metal precioso ou na fiscalização alfandegária, ou para outros fins		253
	12.1.1	Generalidades	253
	12.1.2	Conceito	253
	12.1.3	Objetividade jurídica	253
	12.1.4	Sujeitos do delito	254
	12.1.5	Tipo objetivo	254
	12.1.6	Tipo subjetivo	255
	12.1.7	Consumação e tentativa	255
	12.1.8	Distinção	255
12.2	Falsa identidade		255
	12.2.1	Conceito	255
	12.2.2	Objetividade jurídica	256

	12.2.3	Sujeitos do delito	256
	12.2.4	Tipo objetivo	256
	12.2.5	Tipo subjetivo	258
	12.2.6	Consumação e tentativa	258
	12.2.7	Distinção e concurso	258
12.3		Uso de documento de identidade alheia	259
	12.3.1	Conceito	259
	12.3.2	Objetividade jurídica	259
	12.3.3	Sujeitos do delito	259
	12.3.4	Tipo objetivo	259
	12.3.5	Tipo subjetivo	260
	12.3.6	Consumação e tentativa	261
	12.3.7	Distinção e concurso	261
12.4		Fraude de lei sobre estrangeiros	261
	12.4.1	Conceito	261
	12.4.2	Objetividade jurídica	261
	12.4.3	Sujeitos do delito	262
	12.4.4	Tipo objetivo	262
	12.4.5	Tipo subjetivo	263
	12.4.6	Consumação e tentativa	263
	12.4.7	Distinção e concurso	263
	12.4.8	Atribuição de falsa qualidade a estrangeiro	263
	12.4.9	Objetividade jurídica	263
	12.4.10	Sujeitos do delito	263
	12.4.11	Tipo objetivo	264
	12.4.12	Tipo subjetivo	264
	12.4.13	Consumação e tentativa	264
	12.4.14	Distinção	264
12.5		Falsidade em prejuízo da nacionalização de sociedade	264
	12.5.1	Conceito	264
	12.5.2	Objetividade jurídica	265
	12.5.3	Sujeitos do delito	265
	12.5.4	Tipo objetivo	265
	12.5.5	Tipo subjetivo	265
	12.5.6	Consumação e tentativa	266

12.6	Adulteração de sinal identificador de veículo automotor		266
	12.6.1	Conceito	266
	12.6.2	Objetividade jurídica	266
	12.6.3	Sujeito ativo	266
	12.6.4	Sujeito passivo	266
	12.6.5	Tipo objetivo	267
	12.6.6	Tipo subjetivo	268
	12.6.7	Consumação e tentativa	268
	12.6.8	Aumento de pena	268
	12.6.9	Concurso	268
	12.6.10	Crimes assemelhados	268

13. DAS FRAUDES EM CERTAMES DE INTERESSE PÚBLICO ... 273

13.1	Fraudes em certames de interesse público		273
	13.1.1	Generalidades	273
	13.1.2	Conceito	274
	13.1.3	Objetividade jurídica	274
	13.1.4	Sujeitos do delito	274
	13.1.5	Tipo objetivo	275
	13.1.6	Tipo subjetivo	276
	13.1.7	Consumação e tentativa	277
	13.1.8	Permitir ou facilitar o acesso indevido ao conteúdo sigiloso	277
	13.1.9	Crime qualificado pelo resultado	277
	13.1.10	Crime praticado por funcionário público	278
	13.1.11	Distinção	278

PARTE V
DOS CRIMES CONTRA A ADMINISTRAÇÃO PÚBLICA

14. DOS CRIMES PRATICADOS POR FUNCIONÁRIO PÚBLICO CONTRA A ADMI-NISTRAÇÃO EM GERAL ... 281

14.1	Considerações gerais		281
	14.1.1	Generalidades	281
	14.1.2	Crimes funcionais	282
	14.1.3	Conceito de funcionário público	283
14.2	Peculato		287
	14.2.1	Conceito	287

14.2.2	Objetividade jurídica	287
14.2.3	Sujeito ativo	288
14.2.4	Sujeito passivo	288
14.2.5	Tipo objetivo	288
14.2.6	Tipo subjetivo	291
14.2.7	Consumação e tentativa	292
14.2.8	Distinção e concurso	293
14.2.9	Peculato-furto	293
14.2.10	Peculato culposo	294
14.2.11	Extinção da punibilidade e atenuação de pena	295
14.3	Peculato mediante erro de outrem	295
14.3.1	Conceito	295
14.3.2	Objetividade jurídica	295
14.3.3	Sujeitos do delito	296
14.3.4	Tipo objetivo	296
14.3.5	Tipo subjetivo	297
14.3.6	Consumação e tentativa	297
14.3.7	Distinção	297
14.4	Inserção de dados falsos em sistema de informação	298
14.4.1	Conceito	298
14.4.2	Objetividade jurídica	298
14.4.3	Sujeitos do delito	298
14.4.4	Tipo objetivo	298
14.4.5	Tipo subjetivo	299
14.4.6	Consumação e tentativa	299
14.5	Modificação ou alteração não autorizada de sistema de informações	299
14.5.1	Conceito	299
14.5.2	Objetividade jurídica	299
14.5.3	Sujeitos do delito	299
14.5.4	Tipo objetivo	300
14.5.5	Tipo subjetivo	300
14.5.6	Consumação e tentativa	300
14.5.7	Aumento de pena	300
14.6	Extravio, sonegação ou inutilização de livro ou documento	300
14.6.1	Conceito	300

14.6.2	Objetividade jurídica	301
14.6.3	Sujeitos do delito	301
14.6.4	Tipo objetivo	301
14.6.5	Tipo subjetivo	302
14.6.6	Consumação e tentativa	302
14.6.7	Distinção	302
14.7	Emprego irregular de verbas ou rendas públicas	303
14.7.1	Conceito	303
14.7.2	Objetividade jurídica	303
14.7.3	Sujeitos do delito	303
14.7.4	Tipo objetivo	303
14.7.5	Tipo subjetivo	304
14.7.6	Consumação e tentativa	305
14.7.7	Distinção	305
14.8	Concussão	305
14.8.1	Conceito	305
14.8.2	Objetividade jurídica	305
14.8.3	Sujeitos do delito	306
14.8.4	Tipo objetivo	306
14.8.5	Tipo subjetivo	307
14.8.6	Consumação e tentativa	307
14.8.7	Distinção	308
14.8.8	Excesso de exação	309
14.8.9	Forma qualificada de excesso de exação	310
14.9	Corrupção passiva	311
14.9.1	Conceito	311
14.9.2	Objetividade jurídica	311
14.9.3	Sujeitos do delito	311
14.9.4	Tipo objetivo	312
14.9.5	Tipo subjetivo	314
14.9.6	Consumação e tentativa	314
14.9.7	Corrupção passiva agravada	314
14.9.8	Corrupção passiva privilegiada	315
14.9.9	Distinção	315
14.9.10	Concurso	316

14.10 Facilitação de contrabando ou descaminho 317

    14.10.1 Conceito 317

    14.10.2 Objetividade jurídica 317

    14.10.3 Sujeitos do delito 317

    14.10.4 Tipo objetivo 317

    14.10.5 Tipo subjetivo 318

    14.10.6 Consumação e tentativa 318

    14.10.7 Competência 319

14.11 Prevaricação 319

    14.11.1 Conceito 319

    14.11.2 Objetividade jurídica 319

    14.11.3 Sujeitos do delito 319

    14.11.4 Tipo objetivo 320

    14.11.5 Tipo subjetivo 321

    14.11.6 Consumação e tentativa 322

    14.11.7 Distinção 322

14.12 Omissão no dever de vedar ao preso acesso a aparelho telefônico, de rádio ou similar 323

    14.12.1 Conceito 323

    14.12.2 Objetividade jurídica 323

    14.12.3 Sujeitos do delito 324

    14.12.4 Tipo objetivo 324

    14.12.5 Tipo subjetivo 325

    14.12.6 Consumação e tentativa 325

    14.12.7 Distinção 326

14.13 Condescendência criminosa 326

    14.13.1 Conceito 326

    14.13.2 Objetividade jurídica 326

    14.13.3 Sujeitos do delito 326

    14.13.4 Tipo objetivo 327

    14.13.5 Tipo subjetivo 327

    14.13.6 Consumação e tentativa 328

14.14 Advocacia administrativa 328

    14.14.1 Conceito 328

    14.14.2 Objetividade jurídica 328

    14.14.3 Sujeitos do delito 328

14.14.4	Tipo objetivo	329
14.14.5	Tipo subjetivo	329
14.14.6	Consumação e tentativa	330
14.14.7	Advocacia administrativa qualificada	330
14.14.8	Distinção	330

14.15 Violência arbitrária 331

14.15.1	Conceito	331
14.15.2	Objetividade jurídica	331
14.15.3	Sujeitos do delito	331
14.15.4	Tipo objetivo	331
14.15.5	Tipo subjetivo	332
14.15.6	Consumação e tentativa	332
14.15.7	Concurso	332
14.15.8	Violência arbitrária e abuso de autoridade	332
14.15.9	Violência arbitrária e tortura	334

14.16 Abandono de função 335

14.16.1	Conceito	335
14.16.2	Objetividade jurídica	335
14.16.3	Sujeitos do delito	335
14.16.4	Tipo objetivo	335
14.16.5	Tipo subjetivo	337
14.16.6	Consumação e tentativa	337
14.16.7	Crimes qualificados	337
14.16.8	Distinção	337

14.17 Exercício funcional ilegalmente antecipado ou prolongado 337

14.17.1	Conceito	337
14.17.2	Objetividade jurídica	338
14.17.3	Sujeitos do delito	338
14.17.4	Tipo objetivo	338
14.17.5	Tipo subjetivo	339
14.17.6	Consumação e tentativa	339

14.18 Violação de sigilo funcional 339

14.18.1	Conceito	339
14.18.2	Objetividade jurídica	339
14.18.3	Sujeitos do delito	340

14.18.4	Tipo objetivo	340
14.18.5	Tipo subjetivo	341
14.18.6	Consumação e tentativa	341
14.18.7	Distinção e concurso	342
14.18.8	Fornecimento e empréstimo de senha	342
14.18.9	Crimes qualificados	343

14.19 Violação do sigilo de proposta de concorrência 344

14.19.1	Conceito e revogação	344
14.19.2	Objetividade jurídica	344
14.19.3	Sujeitos do delito	344
14.19.4	Tipo objetivo	345
14.19.5	Tipo subjetivo	346
14.19.6	Consumação e tentativa	346

14.20 Disposições comuns aos crimes funcionais 346

14.20.1	Aumento de pena	346
14.20.2	Ação penal	346
14.20.3	Efeito da condenação	347

15. DOS CRIMES PRATICADOS POR PARTICULAR CONTRA A ADMINISTRAÇÃO EM GERAL 349

15.1 Usurpação de função pública 349

15.1.1	Generalidades	349
15.1.2	Conceito	349
15.1.3	Objetividade jurídica	349
15.1.4	Sujeitos do delito	349
15.1.5	Tipo objetivo	350
15.1.6	Tipo subjetivo	351
15.1.7	Consumação e tentativa	352
15.1.8	Usurpação de função pública qualificada	352
15.1.9	Distinção e concurso	352

15.2 Resistência 352

15.2.1	Conceito	352
15.2.2	Objetividade jurídica	353
15.2.3	Sujeitos do delito	353
15.2.4	Tipo objetivo	353
15.2.5	Tipo subjetivo	355

	15.2.6	Consumação e tentativa	356
	15.2.7	Resistência qualificada pelo resultado	356
	15.2.8	Distinção	356
	15.2.9	Concurso	357
15.3	Desobediência		358
	15.3.1	Conceito	358
	15.3.2	Objetividade jurídica	358
	15.3.3	Sujeitos do delito	358
	15.3.4	Tipo objetivo	358
	15.3.5	Tipo subjetivo	362
	15.3.6	Consumação e tentativa	362
	15.3.7	Distinção	362
15.4	Desacato		363
	15.4.1	Conceito	363
	15.4.2	Objetividade jurídica	363
	15.4.3	Sujeito ativo	363
	15.4.4	Sujeito passivo	364
	15.4.5	Tipo objetivo	365
	15.4.6	Tipo subjetivo	367
	15.4.7	Consumação e tentativa	368
	15.4.8	Distinção	368
	15.4.9	Concurso	368
15.5	Tráfico de influência		369
	15.5.1	Conceito	369
	15.5.2	Objetividade jurídica	369
	15.5.3	Sujeito ativo	369
	15.5.4	Sujeito passivo	369
	15.5.5	Tipo objetivo	369
	15.5.6	Tipo subjetivo	371
	15.5.7	Consumação e tentativa	371
	15.5.8	Distinção	371
	15.5.9	Aumento de pena	371
15.6	Corrupção ativa		372
	15.6.1	Conceito	372
	15.6.2	Objetividade jurídica	372

	15.6.3	Sujeitos do delito	372
	15.6.4	Tipo objetivo	372
	15.6.5	Tipo subjetivo	374
	15.6.6	Consumação e tentativa	375
	15.6.7	Aumento de pena	375
	15.6.8	Distinção	375
	15.6.9	Concurso	376
15.7	Descaminho		376
	15.7.1	Conceito	376
	15.7.2	Objetividade jurídica	376
	15.7.3	Sujeitos do delito	376
	15.7.4	Tipo objetivo	376
	15.7.5	Tipo subjetivo	378
	15.7.6	Consumação e tentativa	378
	15.7.7	Fatos assimilados a descaminho	378
	15.7.8	Forma qualificada	379
	15.7.9	Extinção da punibilidade	380
	15.7.10	Concurso de crimes	380
	15.7.11	Distinção	380
15.8	Contrabando		380
	15.8.1	Conceito	380
	15.8.2	Objetividade jurídica	380
	15.8.3	Sujeitos do delito	381
	15.8.4	Tipo objetivo	381
	15.8.5	Tipo subjetivo	381
	15.8.6	Consumação e tentativa	382
	15.8.7	Fatos assimilados a contrabando	382
	15.8.8	Forma qualificada	382
	15.8.9	Concurso de crimes	382
15.9	Impedimento, perturbação ou fraude de concorrência		382
	15.9.1	Conceito e revogação	382
	15.9.2	Objetividade jurídica	383
	15.9.3	Sujeitos do delito	383
	15.9.4	Tipo objetivo	383
	15.9.5	Tipo subjetivo	384

	15.9.6	Consumação e tentativa	384
	15.9.7	Distinção e concurso	385
	15.9.8	Corrupção passiva de concorrente ou licitante	385
15.10	Inutilização de edital ou de sinal		385
	15.10.1	Conceito	385
	15.10.2	Objetividade jurídica	385
	15.10.3	Sujeitos do delito	386
	15.10.4	Tipo objetivo	386
	15.10.5	Tipo subjetivo	387
	15.10.6	Consumação e tentativa	387
	15.10.7	Concurso	387
15.11	Subtração ou inutilização de livro ou documento		387
	15.11.1	Conceito	387
	15.11.2	Objetividade jurídica	387
	15.11.3	Sujeitos do delito	387
	15.11.4	Tipo objetivo	388
	15.11.5	Tipo subjetivo	388
	15.11.6	Consumação e tentativa	389
	15.11.7	Distinção	389
15.12	Sonegação de contribuição previdenciária		389
	15.12.1	Conceito	389
	15.12.2	Objetividade jurídica	389
	15.12.3	Sujeitos do delito	390
	15.12.4	Tipo objetivo	390
	15.12.5	Tipo subjetivo	390
	15.12.6	Consumação e tentativa	390
	15.12.7	Concurso de crimes	391
	15.12.8	Extinção da punibilidade e suspensão da pretensão punitiva	391
	15.12.9	Perdão judicial ou aplicação de pena de multa	392
	15.12.10	Crime privilegiado	392

16. DOS CRIMES PRATICADOS POR PARTICULAR CONTRA A ADMINISTRAÇÃO PÚBLICA ESTRANGEIRA ... 393

16.1	Corrupção ativa em transação comercial internacional		393
	16.1.1	Generalidades	393
	16.1.2	Conceito de funcionário público estrangeiro	393

	16.1.3	Conceito	393
	16.1.4	Objetividade jurídica	394
	16.1.5	Sujeitos do delito	394
	16.1.6	Tipo objetivo	394
	16.1.7	Tipo subjetivo	395
	16.1.8	Consumação e tentativa	395
	16.1.9	Aumento de pena	395
16.2	Tráfico de influência em transação comercial internacional		395
	16.2.1	Conceito	395
	16.2.2	Objetividade jurídica	395
	16.2.3	Sujeito do delito	396
	16.2.4	Tipo objetivo	396
	16.2.5	Tipo subjetivo	396
	16.2.6	Consumação e tentativa	396
	16.2.7	Aumento de pena	396

17. DOS CRIMES EM LICITAÇÕES E CONTRATOS ADMINISTRATIVOS 397

17.1	Contratação direta ilegal		397
	17.1.1	Generalidades	397
	17.1.2	Conceito	398
	17.1.3	Objetividade jurídica	398
	17.1.4	Sujeitos do delito	398
	17.1.5	Tipo objetivo	398
	17.1.6	Tipo subjetivo	399
	17.1.7	Consumação e tentativa	399
17.2	Frustração do caráter competitivo de licitação		399
	17.2.1	Conceito	399
	17.2.2	Objetividade jurídica	399
	17.2.3	Sujeitos do delito	400
	17.2.4	Tipo objetivo	400
	17.2.5	Tipo subjetivo	400
	17.2.6	Consumação e tentativa	401
17.3	Patrocínio de contratação indevida		401
	17.3.1	Conceito	401
	17.3.2	Objetividade Jurídica	401
	17.3.3	Sujeitos do delito	401

	17.3.4	Tipo objetivo	402
	17.3.5	Tipo subjetivo	402
	17.3.6	Consumação e tentativa	402
17.4	Modificação ou pagamento irregular em contrato administrativo		403
	17.4.1	Conceito	403
	17.4.2	Objetividade Jurídica	403
	17.4.3	Sujeitos do delito	403
	17.4.4	Tipo objetivo	404
	17.4.5	Tipo subjetivo	405
	17.4.6	Consumação e tentativa	405
17.5	Perturbação de processo licitatório		405
	17.5.1	Conceito	405
	17.5.2	Objetividade Jurídica	405
	17.5.3	Sujeitos do delito	405
	17.5.4	Tipo objetivo	406
	17.5.5	Tipo subjetivo	406
	17.5.6	Consumação e tentativa	406
17.6	Violação de sigilo em licitação		407
	17.6.1	Conceito	407
	17.6.2	Objetividade Jurídica	407
	17.6.3	Sujeitos do delito	407
	17.6.4	Tipo objetivo	407
	17.6.5	Tipo subjetivo	408
	17.6.6	Consumação e tentativa	408
17.7	Afastamento de licitante		408
	17.7.1	Conceito	408
	17.7.2	Objetividade Jurídica	409
	17.7.3	Sujeitos do delito	409
	17.7.4	Tipo objetivo	409
	17.7.5	Tipo subjetivo	410
	17.7.6	Consumação e tentativa	410
17.8	Fraude em licitação ou contrato		410
	17.8.1	Conceito	410
	17.8.2	Objetividade Jurídica	410
	17.8.3	Sujeitos do delito	411

	17.8.4	Tipo objetivo	411
	17.8.5	Tipo subjetivo	412
	17.8.6	Consumação e tentativa	412
17.9	Contratação inidônea		412
	17.9.1	Conceito	412
	17.9.2	Objetividade Jurídica	412
	17.9.3	Sujeitos do delito	413
	17.9.4	Tipo objetivo	413
	17.9.5	Tipo subjetivo	414
	17.9.6	Consumação e tentativa	414
17.10	Impedimento indevido		414
	17.10.1	Conceito	414
	17.10.2	Objetividade Jurídica	414
	17.10.3	Sujeitos do delito	415
	17.10.4	Tipo objetivo	415
	17.10.5	Tipo subjetivo	415
	17.10.6	Consumação e tentativa	415
17.11	Omissão grave de dado ou de informação por projetista		416
	17.11.1	Conceito	416
	17.11.2	Objetividade Jurídica	416
	17.11.3	Sujeitos do delito	416
	17.11.4	Tipo objetivo	416
	17.11.5	Tipo subjetivo	417
	17.11.6	Consumação e tentativa	417
	17.11.7	Forma qualificada	417
17.12	Pena de multa		418

18. DOS CRIMES CONTRA A ADMINISTRAÇÃO DA JUSTIÇA ... 419

18.1	Reingresso de estrangeiro expulso		419
	18.1.1	Generalidades	419
	18.1.2	Conceito	419
	18.1.3	Objetividade jurídica	419
	18.1.4	Sujeitos do delito	419
	18.1.5	Tipo objetivo	420
	18.1.6	Tipo subjetivo	421
	18.1.7	Consumação e tentativa	421

18.2		Denunciação caluniosa	421
	18.2.1	Conceito	421
	18.2.2	Objetividade jurídica	421
	18.2.3	Sujeitos do delito	422
	18.2.4	Tipo objetivo	423
	18.2.5	Tipo subjetivo	425
	18.2.6	Consumação e tentativa	426
	18.2.7	Aumento de pena	426
	18.2.8	Denunciação caluniosa de contravenção	426
	18.2.9	Distinção	427
	18.2.10	Concurso	428
18.3		Comunicação falsa de crime ou de contravenção	428
	18.3.1	Conceito	428
	18.3.2	Objetividade jurídica	428
	18.3.3	Sujeitos do delito	428
	18.3.4	Tipo objetivo	428
	18.3.5	Tipo subjetivo	430
	18.3.6	Consumação e tentativa	430
	18.3.7	Distinção e concurso	430
18.4		Autoacusação falsa	431
	18.4.1	Conceito	431
	18.4.2	Objetividade jurídica	431
	18.4.3	Sujeitos do delito	431
	18.4.4	Tipo objetivo	431
	18.4.5	Tipo subjetivo	432
	18.4.6	Consumação e tentativa	432
	18.4.7	Concurso	433
18.5		Falso testemunho ou falsa perícia	433
	18.5.1	Conceito	433
	18.5.2	Objetividade jurídica	433
	18.5.3	Sujeito ativo	433
	18.5.4	Sujeito passivo	435
	18.5.5	Tipo objetivo	435
	18.5.6	Ação penal	437
	18.5.7	Tipo subjetivo	438

	18.5.8	Consumação e tentativa	439
	18.5.9	Aumento de pena	439
	18.5.10	Retratação	439
	18.5.11	Distinção e concurso	441
18.6	Corrupção ativa de testemunha ou perito		441
	18.6.1	Conceito	441
	18.6.2	Objetividade jurídica	441
	18.6.3	Sujeitos do delito	442
	18.6.4	Tipo objetivo	442
	18.6.5	Tipo subjetivo	442
	18.6.6	Consumação e tentativa	443
	18.6.7	Aumento de pena	443
	18.6.8	Distinção	443
18.7	Coação no curso do processo		444
	18.7.1	Conceito	444
	18.7.2	Objetividade jurídica	444
	18.7.3	Sujeitos do delito	444
	18.7.4	Tipo objetivo	444
	18.7.5	Tipo subjetivo	445
	18.7.6	Consumação e tentativa	445
	18.7.7	Aumento de pena	445
	18.7.8	Distinção e concurso	446
18.8	Exercício arbitrário das próprias razões		446
	18.8.1	Conceito	446
	18.8.2	Objetividade jurídica	446
	18.8.3	Sujeitos do delito	447
	18.8.4	Tipo objetivo	447
	18.8.5	Tipo subjetivo	448
	18.8.6	Consumação e tentativa	448
	18.8.7	Concurso e distinção	449
	18.8.8	Ação penal	449
18.9	Subtração, supressão ou dano a coisa própria na posse legal de terceiro		449
	18.9.1	Conceito	449
	18.9.2	Objetividade jurídica	450
	18.9.3	Sujeitos do delito	450

18.9.4	Tipo objetivo	450
18.9.5	Tipo subjetivo	451
18.9.6	Consumação e tentativa	451
18.9.7	Distinção	451
18.9.8	Ação penal	451

18.10 Fraude processual 451

18.10.1	Conceito	451
18.10.2	Objetividade jurídica	451
18.10.3	Sujeitos do delito	451
18.10.4	Tipo objetivo	452
18.10.5	Fraude no processo penal	452
18.10.6	Tipo subjetivo	453
18.10.7	Consumação e tentativa	453
18.10.8	Distinção e concurso	453

18.11 Favorecimento pessoal 454

18.11.1	Conceito	454
18.11.2	Objetividade jurídica	454
18.11.3	Sujeitos do delito	454
18.11.4	Tipo objetivo	455
18.11.5	Tipo subjetivo	457
18.11.6	Consumação e tentativa	457
18.11.7	Favorecimento pessoal privilegiado	457
18.11.8	Imunidade penal	457

18.12 Favorecimento real 458

18.12.1	Conceito	458
18.12.2	Objetividade jurídica	458
18.12.3	Sujeitos do delito	458
18.12.4	Tipo objetivo	458
18.12.5	Tipo subjetivo	459
18.12.6	Consumação e tentativa	460
18.12.7	Distinção	460

18.13 Ingresso de pessoa portando aparelho telefônico, de rádio ou similar em estabelecimento prisional 460

18.13.1	Conceito	460
18.13.2	Objetividade jurídica	461
18.13.3	Sujeitos do delito	461

18.13.4	Tipo objetivo	461
18.13.5	Tipo subjetivo	463
18.13.6	Consumação e tentativa	464
18.13.7	Distinção	464
18.14	Exercício arbitrário ou abuso de poder	465
18.14.1	Conceito e revogação	465
18.14.2	Exercício arbitrário e abuso de poder contra menores	465
18.15	Fuga de pessoa presa ou submetida a medida de segurança	466
18.15.1	Conceito	466
18.15.2	Objetividade jurídica	466
18.15.3	Sujeitos do delito	466
18.15.4	Tipo objetivo	466
18.15.5	Tipo subjetivo	467
18.15.6	Consumação e tentativa	467
18.15.7	Crimes qualificados	468
18.15.8	Crime culposo	469
18.15.9	Distinção e concurso	470
18.16	Evasão mediante violência contra a pessoa	470
18.16.1	Conceito	470
18.16.2	Objetividade jurídica	470
18.16.3	Sujeitos do delito	470
18.16.4	Tipo objetivo	471
18.16.5	Tipo subjetivo	471
18.16.6	Consumação e tentativa	471
18.16.7	Concurso	472
18.17	Arrebatamento de preso	472
18.17.1	Conceito	472
18.17.2	Objetividade jurídica	472
18.17.3	Sujeitos do delito	472
18.17.4	Tipo objetivo	472
18.17.5	Tipo subjetivo	473
18.17.6	Consumação e tentativa	473
18.17.7	Concurso	473
18.18	Motim de presos	474
18.18.1	Conceito	474

18.18.2	Objetividade jurídica	474
18.18.3	Sujeitos do delito	474
18.18.4	Tipo objetivo	474
18.18.5	Tipo subjetivo	475
18.18.6	Consumação e tentativa	475
18.18.7	Concurso	475
18.19	Patrocínio infiel	476
18.19.1	Conceito	476
18.19.2	Objetividade jurídica	476
18.19.3	Sujeitos do delito	476
18.19.4	Tipo objetivo	476
18.19.5	Tipo subjetivo	477
18.19.6	Consumação e tentativa	478
18.19.7	Patrocínio simultâneo ou tergiversação	478
18.20	Sonegação de papel ou de objeto de valor probatório	479
18.20.1	Conceito	479
18.20.2	Objetividade jurídica	479
18.20.3	Sujeitos do delito	480
18.20.4	Tipo objetivo	480
18.20.5	Tipo subjetivo	481
18.20.6	Consumação e tentativa	481
18.20.7	Distinção	481
18.21	Exploração de prestígio	482
18.21.1	Conceito	482
18.21.2	Objetividade jurídica	482
18.21.3	Sujeitos do delito	482
18.21.4	Tipo objetivo	482
18.21.5	Tipo subjetivo	483
18.21.6	Consumação e tentativa	483
18.21.7	Aumento de pena	483
18.22	Violência ou fraude em arrematação judicial	484
18.22.1	Conceito	484
18.22.2	Objetividade jurídica	484
18.22.3	Sujeitos do delito	484
18.22.4	Tipo objetivo	484

18.22.5	Tipo subjetivo	485
18.22.6	Consumação e tentativa	485
18.22.7	Distinção	485
18.23	**Desobediência à decisão judicial sobre perda ou suspensão de direito**	**485**
18.23.1	Conceito	485
18.23.2	Objetividade jurídica	485
18.23.3	Sujeitos do delito	485
18.23.4	Tipo objetivo	486
18.23.5	Tipo subjetivo	487
18.23.6	Consumação e tentativa	487
18.23.7	Distinção	487

19. DOS CRIMES CONTRA AS FINANÇAS PÚBLICAS 489

19.1	**Contratação de operação de crédito**	**489**
19.1.1	Generalidades	489
19.1.2	Conceito	489
19.1.3	Objetividade jurídica	489
19.1.4	Sujeitos do delito	489
19.1.5	Tipo objetivo	489
19.1.6	Tipo subjetivo	490
19.1.7	Consumação e tentativa	490
19.1.8	Crimes assemelhados	490
19.2	**Inscrição de despesas não empenhadas em restos a pagar**	**491**
19.2.1	Conceito	491
19.2.2	Objetividade jurídica	491
19.2.3	Sujeitos do delito	491
19.2.4	Tipo objetivo	491
19.2.5	Tipo subjetivo	492
19.2.6	Consumação e tentativa	492
19.3	**Assunção de obrigação no último ano do mandato ou legislatura**	**492**
19.3.1	Conceito	492
19.3.2	Objetividade jurídica	492
19.3.3	Sujeitos do delito	492
19.3.4	Tipo objetivo	492
19.3.5	Tipo subjetivo	493
19.3.6	Consumação e tentativa	493

19.4	Ordenação de despesa não autorizada		493
	19.4.1	Conceito	493
	19.4.2	Objetividade jurídica	493
	19.4.3	Sujeitos do delito	493
	19.4.4	Tipo objetivo	493
	19.4.5	Tipo subjetivo	494
	19.4.6	Consumação e tentativa	494
19.5	Prestação de garantia graciosa		494
	19.5.1	Conceito	494
	19.5.2	Objetividade jurídica	494
	19.5.3	Sujeitos do delito	495
	19.5.4	Tipo objetivo	495
	19.5.5	Tipo subjetivo	495
	19.5.6	Consumação e tentativa	495
19.6	Não cancelamento de restos a pagar		495
	19.6.1	Conceito	495
	19.6.2	Objetividade jurídica	495
	19.6.3	Sujeitos do delito	496
	19.6.4	Tipo objetivo	496
	19.6.5	Tipo subjetivo	496
	19.6.6	Consumação e tentativa	496
19.7	Aumento de despesa total com pessoal no último ano do mandato ou legislatura		496
	19.7.1	Conceito	496
	19.7.2	Objetividade jurídica	496
	19.7.3	Sujeitos do delito	497
	19.7.4	Tipo objetivo	497
	19.7.5	Tipo subjetivo	497
	19.7.6	Consumação e tentativa	497
19.8	Oferta pública ou colocação irregular de títulos no mercado		497
	19.8.1	Conceito	497
	19.8.2	Objetividade jurídica	498
	19.8.3	Sujeitos do delito	498
	19.8.4	Tipo objetivo	498
	19.8.5	Tipo subjetivo	498
	19.8.6	Consumação e tentativa	498

PARTE VI
DOS CRIMES CONTRA O ESTADO DEMOCRÁTICO DE DIREITO

20. DOS CRIMES CONTRA A SOBERANIA NACIONAL		501
20.1	Considerações Gerais	501
	20.1.1 Generalidades	501
20.2	Atentado à soberania	503
	20.2.1 Conceito	503
	20.2.2 Objetividade jurídica	504
	20.2.3 Sujeito ativo	504
	20.2.4 Sujeito passivo	504
	20.2.5 Tipo objetivo	504
	20.2.6 Tipo subjetivo	504
	20.2.7 Consumação e tentativa	505
	20.2.8 Aumento de pena	505
	20.2.9 Forma qualificada	505
20.3	Atentado à integridade nacional	505
	20.3.1 Conceito	505
	20.3.2 Objetividade jurídica	506
	20.3.3 Sujeito ativo	506
	20.3.4 Sujeito passivo	506
	20.3.5 Tipo objetivo	506
	20.3.6 Tipo subjetivo	506
	20.3.7 Consumação e tentativa	506
	20.3.8 Concurso	507
20.4	Espionagem	507
	20.4.1 Conceito	507
	20.4.2 Objetividade jurídica	507
	20.4.3 Sujeito ativo	507
	20.4.4 Sujeito passivo	507
	20.4.5 Tipo objetivo	507
	20.4.6 Tipo subjetivo	508
	20.4.7 Consumação e tentativa	508
	20.4.8 Forma qualificada	509
	20.4.9 Favorecimento pessoal a espião	509
	20.4.10 Facilitação à espionagem	509
	20.4.11 Exclusão da ilicitude	510

21. DOS CRIMES CONTRA AS INSTITUIÇÕES DEMOCRÁTICAS 511

21.1 Abolição violenta do Estado Democrático de Direito 511

    21.1.1 Conceito 511

    21.1.2 Objetividade jurídica 511

    21.1.3 Sujeito ativo 511

    21.1.4 Sujeito passivo 511

    21.1.5 Tipo objetivo 512

    21.1.6 Tipo subjetivo 512

    21.1.7 Consumação e tentativa 512

    21.1.8 Concurso 512

21.2 Golpe de Estado 512

    21.2.1 Conceito 512

    21.2.2 Objetividade jurídica 512

    21.2.3 Sujeito ativo 513

    21.2.4 Sujeito passivo 513

    21.2.5 Tipo objetivo 513

    21.2.6 Tipo subjetivo 513

    21.2.7 Consumação e tentativa 513

    21.2.8 Concurso 513

22. DOS CRIMES CONTRA O FUNCIONAMENTO DAS INSTITUIÇÕES DEMOCRÁTICAS NO PROCESSO ELEITORAL 515

22.1 Interrupção do processo eleitoral 515

    22.1.1 Conceito 515

    22.1.2 Objetividade jurídica 515

    22.1.3 Sujeito ativo 515

    22.1.4 Sujeito passivo 515

    22.1.5 Tipo objetivo 515

    22.1.6 Tipo subjetivo 516

    22.1.7 Consumação e tentativa 516

    22.1.8 Distinção 516

22.2 Violência política 516

    22.2.1 Conceito 516

    22.2.2 Objetividade jurídica 516

    22.2.3 Sujeito ativo 517

    22.2.4 Sujeito passivo 517

22.2.5	Tipo objetivo	517
22.2.6	Tipo subjetivo	517
22.2.7	Consumação e tentativa	518
22.2.8	Distinção e Concurso	518

23. DOS CRIMES CONTRA O FUNCIONAMENTO DOS SERVIÇOS ESSENCIAIS ... 519

23.1	Sabotagem	519
	23.1.1 Conceito	519
	23.1.2 Objetividade jurídica	519
	23.1.3 Sujeito ativo	519
	23.1.4 Sujeito passivo	519
	23.1.5 Tipo objetivo	520
	23.1.6 Tipo subjetivo	520
	23.1.7 Consumação e tentativa	520
	23.1.8 Distinção	520

24. DISPOSIÇÕES COMUNS ... 521

24.1	Exclusão da ilicitude	521

PARTE VII
DISPOSIÇÕES FINAIS

25. LEGISLAÇÃO ESPECIAL ... 525

26. VIGÊNCIA DO CÓDIGO PENAL ... 527

REFERÊNCIAS JURISPRUDENCIAIS ... 529

Capítulo 1	529
Capítulo 2	529
Capítulo 3	530
Capítulo 4	531
Capítulo 5	531
Capítulo 6	532
Capítulo 7	533
Capítulo 8	535
Capítulo 9	536
Capítulo 10	537
Capítulo 11	537

Capítulo 12 542

Capítulo 13 543

Capítulo 14 543

Capítulo 15 547

Capítulo 18 553

Capítulo 19 559

BIBLIOGRAFIA 561

ÍNDICE REMISSIVO 567

PARTE I
DOS CRIMES CONTRA A FAMÍLIA

1

DOS CRIMES CONTRA O CASAMENTO

1.1 BIGAMIA

1.1.1 Generalidades

Bem jurídico que merece atenção especial do legislador penal é a família, base de nossa sociedade. Procura-se, pela educação e costumes, além da lei, consolidar o organismo familiar, preservando, quando possível, da dissolução as sociedades conjugal e parental. Na lei anterior os crimes contra a família estavam dispersos em vários títulos, inovando o Código Penal vigente na reunião deles sob o Título VII, composto de quatro capítulos:

I – Dos crimes contra o casamento (arts. 235 a 239);

II – Dos crimes contra o estado de filiação (arts. 241 a 243);

III – Dos crimes contra a assistência familiar (arts. 244 a 247); e

IV – Dos crimes contra o pátrio poder, tutela ou curatela (arts. 248 e 249).

Os crimes contra o casamento são a bigamia (art. 235), o induzimento a erro essencial e a ocultação de impedimento (art. 236), o conhecimento prévio de impedimento (art. 237), a simulação de autoridade para celebração de casamento (art. 238) e a simulação de casamento (art. 239). O art. 240, que previa o crime de adultério, foi revogado pela Lei nº 11.106, de 28-3-2005.

O incesto, punido pela lei anterior, constitui apenas agravante especial de crimes contra a dignidade sexual (arts. 226, inciso II, 227, § 1º, e 228, § 1º, etc.).

1.1.2 Conceito

A bigamia, primeiro dos crimes contra o casamento, que levava o *nomen juris* de poligamia na lei anterior, é prevista no art. 235: "Contrair alguém, sendo casado, novo casamento: Pena – reclusão, de dois a seis anos."

A lei prevê também, como bigamia, com pena minorada, o fato de alguém, não sendo casado, contrair matrimônio com pessoa casada: "Aquele que, não sendo casado, contrai casamento com pessoa casada, conhecendo essa circunstância, é punido com reclusão ou detenção, de um a três anos" (§ 1º).

1.1.3 Objetividade jurídica

Com a incriminação da bigamia protege-se, como objeto jurídico, no âmbito geral da organização familiar, o casamento monogâmico, regra na quase totalidade dos países da civilização cristã ocidental. A poligamia, e nesta a poliandria, atacam a ordem jurídica nas suas fundamentais exigências referentes às formas de convivência social estabelecidas pelos termos culturais vigentes.

1.1.4 Sujeito ativo

Sujeito ativo do crime previsto no art. 235, *caput*, é a pessoa casada que contrai novo matrimônio. Pode cometer o crime tanto o homem como a mulher.

Pratica o crime previsto no § 1º aquele que, solteiro, viúvo ou divorciado, contrai casamento com pessoa casada, conhecendo essa circunstância. A bigamia é, pois, um crime bilateral ou de encontro: é preciso que participem dele duas pessoas, embora uma delas possa estar de boa-fé, quer porque não sabe que o outro contraente é casado, quer porque supõe, por erro, que o seu casamento anterior foi anulado ou que já está divorciado.

Esclarece Bento de Faria que incidem igualmente na sanção penal, como partícipes, as testemunhas que afirmam a inexistência do impedimento (casamento anterior), sabendo ou devendo saber de sua existência, não se confundindo essa hipótese com a prevista no art. 342.[1] Decidiu-se, aliás, que, sabendo a testemunha do referido impedimento, participa ela da formalização do contrato matrimonial, respondendo pelo crime de bigamia.[1] Há, porém, entendimento diverso na jurisprudência. Afirma-se que, não havendo colaboração das testemunhas para a realização do tipo penal, em uma execução tal como a contida na descrição legal, não há falar em responsabilidade criminal pelo delito de bigamia. Nessa hipótese haveria colaboração nos atos preparatórios, sendo possível reconhecer apenas um crime de falsidade ideológica.[2] Esse fundamento, todavia, é improcedente; quem participa conscientemente do ato preparatório responde pelo crime afinal tentado ou consumado (arts. 13, 29 e 30).

1.1.5 Sujeito passivo

Principal sujeito passivo do crime de bigamia é o Estado. Ofendido é, também, o cônjuge do primeiro casamento e, caso esteja de boa-fé, aquele que contrai matrimônio com pessoa casada.

1.1.6 Tipo objetivo

Pressuposto do crime de bigamia é a vigência de um casamento civil anterior. Não se refere a lei a casamento *válido*, sendo de todo irrelevante que tal matrimônio anterior

---

1. FARIA, Bento de. *Código Penal brasileiro comentado*. Rio de Janeiro: Record, 1959, v. 6, p. 144. No mesmo sentido, NORONHA, E. Magalhães. *Direito penal*. 15. ed. São Paulo: Saraiva, 1978, v. 3, p. 402.

seja nulo ou anulável. A lei atende apenas à existência formal do casamento, ou seja, à sua vigência, não à sua validade.[3]

O casamento, se nulo, é vigente até que a nulidade seja declarada, se anulável, até que seja anulado.

O casamento, de acordo com a lei civil, pressupõe a união entre um homem e uma mulher (art. 1.514 do CC) e, assim, não se configuraria o crime na hipótese de um dos casamentos ter sido celebrado entre pessoas do mesmo sexo. Todavia, após o STF reconhecer a inconstitucionalidade de distinção legal em razão dos sexos dos companheiros nas uniões estáveis[2], o Conselho Nacional de Justiça editou resolução[3] vedando às autoridades competentes a recusa de habilitação, de celebração de casamento civil ou de conversão da união estável entre pessoas do mesmo sexo, a partir da qual os casamentos entre homens ou entre mulheres têm sido celebrados no país. Destarte, aquele que sendo casado pela autoridade competente, contrai novo casamento, qualquer que seja o cônjuge de ambos os matrimônios, comete o crime de bigamia. Somente não haverá bigamia no caso de casamento juridicamente inexistente, vale dizer, quando não houver declaração perante autoridade competente.[4] [4]

O casamento religioso não serve de pressuposto nem configura o crime quando o agente já é casado civilmente. Todavia, o efetivado na forma do art. 226, § 2º, da CF, torna-se impedimento para outro matrimônio.[5] Nos termos do novo Código Civil, o casamento religioso é equiparado ao casamento civil se atender aos mesmos requisitos previstos para a validade deste e for registrado no ofício competente no prazo de 90 dias (arts. 1.515 e 1.516, § 1º) ou, se, ainda que não cumpridas as formalidades legais, for registrado, a requerimento do casal, a qualquer tempo, observada sempre a prévia habilitação (art. 1.516, § 2º). A inscrição do casamento religioso de pessoa casada, feita pela autoridade eclesiástica, porém, só configura o crime de bigamia quando ficar bem caracterizada a vontade do agente de conferir efeitos civis ao segundo matrimônio.[6] O casamento anterior religioso contraído em Portugal tem validade no Brasil, nos termos do art. 7º da Lei de Introdução às Normas do Direito Brasileiro (LINDB).[7]

Caracteriza a bigamia a conduta daquele que contrai novas núpcias no Paraguai, pois ambos os países punem o crime, respectivamente, nos arts. 235 e 300 de seus Códigos Penais.[8]

É irrelevante à configuração da bigamia o fato de haver o agente se separado judicialmente da primeira esposa, pois o vínculo matrimonial impede a realização de novo matrimônio.[9] A pessoa separada judicialmente (anteriormente denominada

---

2. ADPF 132 E ADI 4277, j. em 5-5-2011, *DJe* de 14-10-2011.
3. Resolução 175/2013 do CNJ.
4. Nesse sentido, LACERDA, Romão C. de; HUNGRIA, Nelson & FRAGOSO, Heleno. *Comentários ao código penal.* 5. ed. Rio de Janeiro: Forense, 1981, v. 8, p. 345-46. SIQUEIRA, Galdino. Artigo citado. *RT* 111/22. FRAGOSO, Heleno C. Crimes contra o casamento. *RF* 179/59 e *Lições de direito penal.* 3. ed. Rio de Janeiro: Forense, 1981. v. 3, 94-5. NORONHA, E. Magalhães. Ob. cit. v. 3, p. 403.

desquitada) não pode contrair novo matrimônio enquanto não se divorciar.[5] A separação dos cônjuges pelo prazo legal dá-lhes apenas o direito de requerer o divórcio, sendo certo que somente depois de estar este decretado é que poderão contrair novas núpcias. Antes não, por persistir o vínculo matrimonial,[10] conforme prescreve a lei civil (art. 1.571, § 1º, do CC).[6]

A conduta típica prevista no art. 235, *caput*, é a de contrair matrimônio já sendo o agente casado, ou seja, quando está ainda vigente o primeiro casamento. Essa vigência, segundo uma corrente jurisprudencial, precisa ser comprovada de fato, com a demonstração, em cada caso, de que o vínculo se conservava ao tempo em que outro foi contraído.[11] Melhor orientação, porém, é a de que a morte do primeiro cônjuge, o divórcio e a anulação do casamento anterior não podem ser presumidos; devem ser comprovados pelo réu, especialmente quando se declarou solteiro por ocasião do segundo casamento, evidenciando uma consciência dolosa.[12] Ademais, pela primeira orientação, está-se exigindo da acusação uma prova negativa, ou seja, de não ter ocorrido morte, divórcio ou anulação.

A conduta típica prevista no § 1º do art. 235 é contrair matrimônio com pessoa já casada, conhecendo essa circunstância. A consciência do impedimento, portanto, faz parte do tipo penal.

1.1.7 Exclusão do crime

Sendo o primeiro casamento declarado nulo (arts. 1.548, inciso II, e 1.521, incisos I a VII, do CC) ou anulado (art. 1.550, I a VI, do CC), considera-se inexistente o crime (art. 235, § 2º, primeira parte). Também é considerado inexistente o crime quando o segundo casamento é declarado nulo ou anulado por qualquer motivo que não a bigamia (art. 235, § 2º, segunda parte), já que, como se afirma na Exposição de Motivos, "a bigamia não pode excluir-se a si mesma". Embora a lei se refira à "inexistência do delito, a previsão do dispositivo legal é de hipóteses de *extinção* do delito com efeito *ex-tunc*".[7]

O divórcio posterior de cônjuge que contraiu segundas núpcias não constitui motivo que o isente do crime de bigamia, visto que o divórcio não representa nulidade do matrimônio.[13]

A caracterização do crime de bigamia independe de anulação, por esse motivo, do segundo matrimônio, tipificador da infração.[14]

---

5. DELMANTO, Celso. *Código penal anotado*. 3. ed. São Paulo: Saraiva, 1983. p. 268.
6. Em decisão recente, porém, o STF entendeu que com a entrada em vigor da EC 66/2010, a separação judicial não é mais requisito para o divórcio nem subsiste como figura autônoma no ordenamento jurídico, não obstante permaneça prevista no Código Civil (STF: RE 1167478, j em 8-11-2023, *DJe* de 10-11-2023).
7. LACERDA, Romão C. de e outros. Ob. cit., v. 8, p. 346-7. NORONHA, E. Magalhães. Ob. cit. v. 3, p. 403. FARIA, Bento de. Ob. cit. v. 6, p. 144.

Sendo séria e fundada a dúvida quanto ao estado civil do agente, e estando em curso ação civil relativa à nulidade do primeiro casamento, há questão prejudicial que suspende a ação penal, nos termos do art. 92 do CPP.[15] Não havendo dúvida razoável, porém, não se suspende o processo-crime.[16]

1.1.8 Tipo subjetivo

O dolo no crime de bigamia da primeira figura (*caput*) é a vontade de contrair matrimônio estando vigente casamento anterior. Sem a consciência de que existe tal impedimento não há dolo, ocorrendo erro de tipo.[17] [8] Casando-se o agente convencido de que praticava ato lícito, já que seu anterior matrimônio fora realizado quando não possuía idade legal para o ato, não procede com dolo, segundo já se decidiu.[18] Há, porém, na hipótese, erro sobre a ilicitude do fato, que exclui a culpabilidade (art. 21, *caput*, 2ª parte).

Não exclui o elemento subjetivo, porém, o fato de ser rústico e de pouca instrução o agente, pois está na consciência de todos a proibição de novo casamento na vigência do anterior.[19]

A dúvida a respeito da vigência do primeiro casamento constitui o dolo eventual para o contraente já casado.[20]

No tipo previsto no § 1º, o dolo é a vontade de casar-se, sabendo o agente que vige casamento anterior do outro contraente. Exigindo a lei o conhecimento do matrimônio anterior, não é bastante para a caracterização do crime o dolo eventual.

1.1.9 Consumação e tentativa

Consuma-se a bigamia com o segundo casamento, ou seja, quando há declaração positiva da vontade de ambos os nubentes. Para o casamento basta o "consentimento formal", por meio de celebração solene (art. 1.514 do CC); não é necessário sequer o termo do casamento, que é simples *meio de prova*.[9]

A bigamia é um crime instantâneo de efeitos permanentes[10], e não delito permanente, já que a cessação do estado de casado com duas pessoas não depende da vontade do agente.[11]

---

8. Nesse sentido, SIQUEIRA, Galdino. Artigo citado. *RF* 111/23.
9. LACERDA, Romão C. de. Dos crimes contra o casamento. *RF* 89/26. Cf. também LACERDA, Romão C. e outros. Ob. cit. v. 8, p. 345.
10. Consumada a infração em dado momento, os efeitos permanecem, independentemente da vontade do sujeito ativo (*Manual de Direito Penal*, P.G, item 3.6.4).
11. Cf. CINTRA, Joaquim de Sylos. Dos crimes contra a família. Bigamia. *RTJESP* 50/19-21, SIQUEIRA, Galdino. Artigo citado. *RT* 111/23. LACERDA, Romão C. de. Artigo citado. *RF* 89/23 e *Comentários ao Código Penal*. 5. ed. Rio de Janeiro: Forense, 1981. v. 8, p. 350. FRAGOSO, Heleno Cláudio. *Lições de direito penal*. 3. ed. Rio de Janeiro: Forense, 1981, v. 3, p. 97.

Apesar de opiniões contrárias, é possível a tentativa que se caracteriza quando, iniciada celebração do casamento, é ele impedido.[21][12] Não procede, segundo entendemos, a opinião de Romão C. de Lacerda que exige, como ato de execução, a declaração de vontade, reconhecendo a tentativa apenas quando o agente vai responder *sim* ou *não* à pergunta do celebrante.[13] Por outro lado, o processo de habilitação constitui mero ato preparatório, devendo o agente responder, se não se iniciar a celebração, pelo delito de falsidade ideológica.[14] Em antigas decisões, contudo, os atos relativos ao processo de habilitação foram considerados como de começo de execução.[22]

1.1.10 Distinção

Ainda que o bígamo tenha conseguido o segundo casamento induzindo a erro o outro contraente sobre o elemento material da infração, isto é, fazendo crer não estar ligado a anterior casamento, não há agravação de pena nem dois crimes.[15]

1.1.11 Concurso

Não há concurso do crime de bigamia com o delito de falsidade, simples meio para a prática daquele. Não sendo possível cometer o primeiro, chegar à sua consumação, sem o processo preliminar de habilitação para o segundo casamento e sem que faça o agente falsa declaração quanto ao seu estado civil, a falsidade ideológica é inerente à prática daquele delito, entrando em sua configuração todos os atos preparatórios e executivos como integrantes da perpetração.[23] Não é absorvido, porém, o delito de falsidade ideológica quando a certidão antiga utilizada no processo de habilitação não foi forjada para servir de base à infração penal.[24][16] As relações sexuais havidas pelo bígamo e pelo seu segundo cônjuge, como fato natural do casamento, não configuravam o crime de adultério descrito no revogado art. 240. A poligamia, ou seja, o casamento do agente com mais de duas pessoas, configura o concurso material de crimes.

1.1.12 Prescrição

Já se decidiu que se tratando de ato eminentemente público como é o casamento civil, precedido de editais afixados no cartório e publicados pela imprensa, o conhecimento do mesmo será sempre presumido, contando-se prazo prescricional da consu-

---

12. Cf. SIQUEIRA, Galdino. Artigo citado, *RF* 111/23. FRAGOSO, Heleno Cláudio. Ob. cit., v. 3, p. 96-7. Cf. ainda do mesmo autor Dos Crimes contra o casamento. Bigamia e adultério. *RF* 179/601.
13. LACERDA, Romão C. de e outros. Ob. cit. v. 8, p. 350-1 e Dos crimes contra o casamento. *RF* 89/23.
14. Cf. FRAGOSO, Heleno, Ob. cit. v. 3, p. 96 e Dos crimes contra o casamento. Bigamia e adultério, *RT* 179/59. NORONHA, E. Magalhães. Ob. cit. v. 3, p. 405.
15. LACERDA, Romão C. de. Dos crimes contra o casamento. *RF* 89/22. Cf. também *Comentários ao Código Penal*. 5. ed. Rio de Janeiro: Forense, 1981. v. 8, p. 347.
16. Cf. HUNGRIA, Nelson. *Comentários ao Código Penal*. 5. ed. Rio de Janeiro: Forense, 1985. v. 1, p. 148, FRAGOSO, Heleno Cláudio, Ob. cit. v. 3, p. 99. Cf. também JESUS, Damásio E. de. *Direito Penal*. São Paulo: Saraiva, 1983, São Paulo, v. 3, p. 193.

mação.[25] Essa orientação é de todo insustentável, diante dos expressos termos do art. 111, IV, do CP, que se refere ao conhecimento do fato.[26] Segundo a doutrina, o lapso prescricional inicia-se na data do conhecimento do fato por qualquer pessoa que não seja o réu (testemunhas, parentes do réu etc.) ou quando o fato se tornou notório.[17] A jurisprudência, porém, inclina-se decisivamente no sentido de fixar como termo inicial do prazo da prescrição a data em que o fato se tornou conhecido da autoridade pública.[27] Já se decidiu, porém, pela data do conhecimento pelo titular do direito, ou seja, do cônjuge do primeiro casamento.[28] Também se admitiu como termo inicial a data em que o fato adquiriu notoriedade, autorizando-se a presunção de seu conhecimento pela autoridade pública competente para desencadear a persecução penal.[29]

1.2 INDUZIMENTO A ERRO ESSENCIAL E OCULTAÇÃO DE IMPEDIMENTO

1.2.1 Conceito

Incrimina a lei, também, a conduta de quem dá causa à realização de casamento nulo ou anulável. O matrimônio traz efeitos importantes como a vida em comum, a existência de filhos, a participação nos bens econômicos etc., devendo a lei zelar pela sua constituição regular. Inovação no Código Penal é o crime de induzimento a erro essencial e ocultação de impedimento, previsto no art. 236: "Contrair casamento, induzindo em erro essencial o outro contraente, ou ocultando-lhe impedimento que não seja casamento anterior: Pena – detenção, de seis meses a dois anos."

1.2.2 Objetividade jurídica

Também com relação ao art. 236 o objeto jurídico do delito é a formação regular da família, reprimindo a lei a fraude na sua constituição irregular.

1.2.3 Sujeitos do delito

Qualquer pessoa, homem ou mulher, que induza em erro o outro contraente ou lhe oculte impedimento pode cometer o crime em estudo. Não é impossível que os dois contraentes cometam o delito, iludindo um ao outro.

Sujeito passivo principal ainda é o Estado, mas também é vítima o contraente de boa-fé, ou seja, aquele que é enganado pelo sujeito ativo.

1.2.4 Tipo objetivo

A primeira conduta típica é induzir a vítima a erro essencial, contraindo com esta matrimônio. Erro essencial é aquele que se refere "à pessoa do outro ou sobre suas quali-

---

17. No primeiro sentido, LACERDA, Romão C. de. Dos crimes contra o casamento. *RF* 89/26. Referem-se a fato notório FRAGOSO, Heleno Cláudio. Ob. cit. v. 3, p. 99, e HUNGRIA, Nelson. *Novas questões jurídico-penais.* Editora Nacional de Direito, Rio de Janeiro, 1945. p. 116.

dades essenciais, consideradas relativamente aos requisitos e costumes universalmente aceitos no estado atual da civilização".[18] Havendo erro essencial, o casamento é anulável (art. 1.556 do CC). São casos de erro essencial os previstos no art. 1.557 do CC: o que diz respeito à identidade do outro cônjuge, sua honra e boa fama, sendo esse erro tal que o seu conhecimento ulterior torne insuportável a vida em comum ao cônjuge enganado (casamento com pessoa oriunda de família diversa daquela que acreditava originária a pessoa com quem a vítima se casou, casamento de mulher com um *caften* ou do homem com uma meretriz); a ignorância de crime anterior ao casamento que, por sua natureza, torne insuportável a vida conjugal (homicídio, roubo etc.); e a ignorância, anterior ao casamento, de defeito físico irremediável (impotência *coeundi* ou instrumental), que não se confunde com a deficiência física, ou de moléstia grave e transmissível por contágio ou herança, capaz de pôr em risco a saúde do outro cônjuge ou de sua descendência (sífilis, tuberculose, Aids etc.).[19] A hipótese de ignorância anterior de doença mental grave que torne insuportável a vida em comum (esquizofrenia, psicose etc.) foi revogada pelo Estatuto da Pessoa com Deficiência (Lei nº 13.146, de 6-7-2015).

A segunda conduta típica é a de ocultar impedimento que não seja casamento anterior (neste caso haveria bigamia). Impedimento é "todo obstáculo que a lei estabelece para celebração do casamento, tornando-o nulo ou anulável".[20] Os previstos no art. 1.521 do CC, em seus incisos I a VII (ascendentes, descendentes, afins em linha reta, irmãos etc.), determinam a nulidade do casamento, nos termos do art. 1.548, inciso II, do CC, enquanto os elencados no art. 1.550, incisos I a VI, do CC (menor de 16 anos, falta de autorização, vício de vontade etc.), possibilitam a sua anulação. As causas suspensivas previstas no art. 1.523, incisos I a IV, do CC não acarretam a nulidade ou anulabilidade do casamento, ensejando sanções de outra natureza, não ocorrendo o ilícito em estudo nesses casos.

Caso os dois contraentes saibam do impedimento, ocorrerá o crime previsto no art. 237.

O induzimento e a ocultação não se configuram com a simples omissão, ou seja, com a circunstância de o agente não revelar ao outro contraente a existência do erro ou impedimento. Ensina Romão C. de Lacerda: "É necessário um ato positivo de ocultamento, por exemplo: se, pela certidão de nascimento *verbo and verbum* o outro contraente podia vir a saber do parentesco, mas o contraente, em vez da certidão, juntou prova de idade equivalente, procurando *esconder* o parentesco, não teria havido, talvez, uso de meio fraudulento, mas houve *ocultamento*." [21] Necessária é a conduta comissiva, pois a lei se refere a contraente *enganado* e o confronto com o art. 237 demonstra que seria

---

18. FARIA, Bento de. Ob. cit., v. 6, p. 155.
19. A maioria dos exemplos é de NORONHA, E. Magalhães. Ob. cit., v. 3, p. 408.
20. FARIA, Bento de. Ob. cit., v. 6, p. 155.
21. LACERDA, Romão C, de e outros. *Comentários ao Código Penal*. 5. ed. Rio de Janeiro: Forense, 1981. v. 8, p. 358-9 e Dos crimes contra o casamento. *RF* 89/27-8. No mesmo sentido, FARIA, Bento de. Ob. cit., v. 6, p. 157. FRAGOSO, H. Cláudio. Ob. cit., v. 3, p. 101. E ainda DELMANTO, Dante. Ob. cit., p. 269.

ilógico punir mais severamente quem apenas ocultasse um impedimento relativo do que aquele que oculta impedimento absoluto.[22]

1.2.5 Tipo subjetivo

O dolo do delito previsto no art. 236 é a vontade de contrair matrimônio iludindo o contraente por induzi-lo ao erro essencial ou por ocultar o impedimento existente.

1.2.6 Consumação e tentativa

Consuma-se o crime em apreço com o casamento, não bastando, portanto, a utilização da fraude por parte do agente ou o engano do sujeito passivo.

A tentativa é juridicamente impossível, diante do disposto no art. 236, parágrafo único, que faz depender a ação penal do trânsito em julgado da sentença que, por motivo de erro ou impedimento, anule o casamento.[23] Essa anulação é uma condição de procedibilidade para a apuração do delito (item 1.2.7).

1.2.7 Ação penal

Trata-se, no caso, de crime que se apura mediante queixa, num dos raros casos de *ação personalíssima*, já que só pode ser intentada pelo cônjuge enganado (art. 236, parágrafo único). A queixa só pode ser intentada depois de transitar em julgado a sentença que, por motivo de erro ou impedimento, anule o casamento. Essa determinação é condição de procedibilidade ou processabilidade.[24] Alguns autores, porém, a apontam como condição de punibilidade[25] (*Manual de Direito Penal*, v. 2, item 3.2.1).

1.2.8 Prescrição

A prescrição somente começa a correr com o trânsito em julgado da sentença anulatória do casamento, pois somente aí surge o direito de o Estado exercitar a ação penal.[26]

1.3 CONHECIMENTO PRÉVIO DE IMPEDIMENTO

1.3.1 Conceito

O crime de conhecimento prévio de impedimento está previsto no art. 237: "Contrair casamento, conhecendo a existência de impedimento que lhe cause a nulidade

---

22. São os argumentos definitivos de NORONHA, E. Magalhães. Ob. cit., v. 3, p. 409-10.
23. Cf. MANZINI, Vincenzo. *Trattato de diritto penale italiano*. Turim: Editrice Torinese, 1950. v. 7, § 2.758, p. 664. FRAGOSO, H. Cláudio. Ob. cit. v. 3, p. 102. DELMANTO, Celso. Ob. cit. p. 270. NORONHA, E. Magalhães. Ob. cit. v. 3, p. 410.
24. Cf. FRAGOSO, H. Cláudio. Ob. cit. v. 3, p. 102. MARQUES, José Frederico. *Tratado de direito penal*. São Paulo: Saraiva. 1961. v. 3, p. 326. DELMANTO, Celso. Ob. cit. p. 270.
25. Cf. MANZINI, Vincenzo. Ob. cit. v. 7, § 2.757, III, p. 663 e NORONHA, E. Magalhães. Ob. cit. v. 3, p. 411.
26. É a opinião de NORONHA, E. Magalhães. Ob. cit. v. 3, p. 411 e FRAGOSO, H. Cláudio. Ob. cit. v. 3, p. 102-103.

absoluta: Pena – detenção, de três meses a um ano." Trata-se, também, de inovação do CP de 1940.

1.3.2 Objetividade jurídica

A constituição regular da família é, também no delito em estudo, objeto jurídico tutelado pela lei penal.

1.3.3 Sujeitos do delito

Qualquer pessoa que contrai casamento, sabendo existir impedimento absoluto, comete o crime em tela. Caso os dois contraentes o conheçam, ambos são autores.

Sujeito passivo é o Estado e, também, o cônjuge inocente que se casa sem saber do impedimento que é do conhecimento do outro contraente.

1.3.4 Tipo objetivo

A conduta típica do crime previsto no art. 237 é casar-se conhecendo a existência do impedimento absoluto. Impedimentos absolutos são os previstos no art. 1.521, incisos I a VII, do CC, excluindo-se, evidentemente, o inciso VI, pois, neste caso, haverá bigamia.[30]

Ao contrário do crime definido no artigo anterior, em que se torna necessária a fraude do agente, no ilícito em estudo é ela desnecessária, bastando estar o contraente ciente do impedimento.

Nas mesmas penas do art. 237 incorre o nubente que, "para frustrar os efeitos do exame médico desfavorável, pretender habilitar-se, ou habilitar-se para casamento, perante outro juiz", conforme determina o art. 3º do Decreto-lei nº 3.200, de 19-4-1941.

1.3.5 Tipo subjetivo

Basta para a configuração do crime o dolo genérico, ou seja, a vontade de contrair matrimônio, ciente o agente da existência do impedimento. Entende-se na doutrina que a dúvida a respeito do impedimento é suficiente para a integração do delito por haver no caso, ao menos, dolo eventual.[27] Exigindo, porém, a lei o "conhecimento" do impedimento, conclui-se que somente a ciência efetiva dele justifica a existência do crime; é necessário, portanto, o dolo direto.[28]

O desconhecimento do impedimento constitui o erro que exclui a tipicidade do fato (art. 20).

---

27. Cf. NORONHA, E. Magalhães. Ob. cit. v. 3, p. 412. FRAGOSO, H. Cláudio. Ob. cit. v. 3, p. 104, FARIA, Bento de. Ob. cit. v. 6, p. 160.
28. Cf. DELMANTO, Celso. Ob. cit. p. 270.

1.3.6 Consumação e tentativa

Consuma-se o delito com o casamento, que se aperfeiçoa com o assentimento dos nubentes. Possível a tentativa no caso em que, iniciada a cerimônia, não ocorre o casamento por circunstância alheia à vontade do agente. Constitui tentativa a realização do casamento religioso com fins civis que não chega a ser registrado.

1.3.7 Ação penal

Apura-se o crime mediante ação pública, embora de menor gravidade que o anterior (art. 236), dada a possibilidade de ambos os contraentes estarem conluiados, caso em que não haveria possibilidade de ser iniciado o processo se fosse ele submetido à queixa do cônjuge.

1.4 SIMULAÇÃO DE AUTORIDADE PARA CELEBRAÇÃO DE CASAMENTO

1.4.1 Conceito

Prevê a lei o crime de simulação de autoridade para celebração de casamento no art. 238: "Atribuir-se falsamente autoridade para celebração de casamento: Pena – detenção, de um a três anos, se o fato não constitui crime mais grave."

Trata-se de crime subsidiário que pode ser absorvido por outro delito (violação sexual mediante fraude, por exemplo). É um delito de usurpação de função especial com pena superior à prevista no art. 328 (usurpação de função pública).

1.4.2 Objetividade jurídica

Ainda uma vez protege-se a formação regular da família, procurando a lei evitar que se atente contra a disciplina jurídica do casamento.

1.4.3 Sujeitos do delito

Comete delito quem se atribui autoridade para celebrar casamento, quando não a tem, pouco importando ser o agente funcionário público ou não. Possível é a participação criminosa, respondendo pelo crime quem auxilia o autor, simulando ser escrevente, por exemplo.

Sujeito passivo é o Estado e também os contraentes que forem enganados pelo sujeito ativo.

1.4.4 Tipo objetivo

A conduta típica verifica-se quando o agente se *atribui* falsamente autoridade para celebrar casamento, já que o Estado determina quem pode fazê-lo. Afirma-se, corretamente, que os atos pelos quais o agente se atribui autoridade devem ser inequívocos, criando uma situação de *perigo in concreto*.[29]

O casamento realizado por autoridade incompetente de acordo com o novo Código Civil é apenas anulável (art. 1.550, inciso VI), podendo ser ajuizada a ação de anulação no prazo de dois anos (art. 1.560, inciso II). O casamento celebrado por quem, embora legalmente incompetente, publicamente exerce a função de juiz de casamentos e nessa qualidade tiver registrado o ato no Registro Civil, é considerado válido, nos termos do art. 1.554 do CC. Em ambos os casos, porém, o crime permanece, porque a lei não constitui a convalidação do casamento, pelo não ajuizamento da ação no prazo legal ou pelo registro do ato, como causa de extinção da punibilidade. Não ocorre crime, mas mera irregularidade, se a autoridade realizar o casamento fora da sua circunscrição territorial.

1.4.5 Tipo subjetivo

O dolo é a vontade de atribuir-se a autoridade que não possui para celebrar casamento. Havendo o intuito da prática de outro crime, a final consumado, existirá outro delito (estelionato, violação sexual mediante fraude etc.). O erro (o agente não sabe, por exemplo, que foi exonerado) exclui o crime. Por coação moral absolveu-se a "noiva" apontada como coautora do delito porque fora iludida por um dos corréus, que se dizia solteiro e a engravidou.[31]

1.4.6 Consumação e tentativa

Consuma-se o delito com a simples conduta do agente que pratica ato inequívoco de atribuir-se a falsa autoridade. Tratando-se de crime formal e de perigo, dispensa-se a realização do matrimônio, que poderá constituir o crime previsto no art. 239.

A tentativa somente será possível quando o ato inequívoco puder ser fracionado.

1.4.7 Distinção

A simulação de autoridade para celebração de casamento somente será punida nos termos do art. 238 se o fato não configurar crime mais grave, ainda que na modalidade de tentativa (*Manual de Direito Penal*, P. G., item 3.2.15).

1.5 SIMULAÇÃO DE CASAMENTO

1.5.1 Conceito

É também crime subsidiário o de simulação de casamento, previsto no art. 239: "Simular casamento mediante engano de outra pessoa: Pena – detenção, de um a três anos, se o fato não constitui elemento de crime mais grave."

---

29. Cf. LACERDA, Romão C. de e outros. Ob. cit., v. 8, p. 364. NORONHA, E. Magalhães, Ob. cit., v. 3, p. 415. E ainda DELMANTO, Celso, Ob. cit., p. 271.

1.5.2 Objetividade jurídica

Tutela-se com o dispositivo, ainda uma vez, a regularidade do casamento, base da família.

1.5.3 Sujeito ativo

Normalmente sujeito ativo do crime é um dos nubentes, mas, ao contrário do que afirmam Romão C. de Lacerda e Fragoso, o delito pode existir sem que atue um dos contraentes como agente.[30] Afirma, corretamente, Noronha: "Podem, aliás, ser o magistrado e o oficial do Registro Civil os autores quando então os contraentes são enganados: certamente aqueles simulam casamento, mediante engano de outra pessoa." [31] Poderá haver também conluio e, portanto, coautoria, entre o magistrado e um dos nubentes.

1.5.4 Sujeito passivo

Sujeito passivo é o Estado e o nubente que estiver de boa-fé. Também os representantes legais dos incapazes, de quem depende o consentimento, podem ser vítimas do delito. Estando os nubentes de boa-fé, ambos serão sujeitos passivos do crime.

1.5.5 Tipo objetivo

A conduta típica prevista no art. 239 é simular o casamento. *Simular* é fingir, enganar, representando com semelhança o ato verdadeiro, é, em suma, dar causa a uma falsa celebração de matrimônio. Indispensável é que a encenação engane alguém com real interesse no fato (nubentes, ou seus responsáveis), não existindo ilícito se estes sabem da simulação. Já se decidiu nesse sentido: "Vindo a nubente enganada a tomar conhecimento da falsidade do casamento, ainda que pouco tempo antes da cerimônia, não há falar no delito do artigo 239 do CP".[32]

Afirma Romão C. de Lacerda: "Para configurar-se o crime do artigo 239 é necessário que a celebração não seja séria, isto é, que tenha havido falsa atribuição de autoridade para a celebração. Se a celebração foi séria, houve sempre um casamento, pouco importando a existência de erro por parte dos contraentes, ou de qualquer impedimento (arts. 236 e 237)."[32] Há crime, porém, quando houver simulação quanto à presença de autoridade que tenha atribuição para a celebração, ainda quando não seja anulado o ato no prazo de dois anos da celebração (art. 1.560, inciso II, do CC).

---

30. Referem-se exclusivamente aos nubentes como autores: LACERDA, Romão C. Ob. cit. v. 8, p. 365-366 e FRAGOSO, H. Cláudio. Ob. cit. v. 3, p. 105.
31. NORONHA, E. Magalhães. Ob. cit. v. 3, p. 417.
32. LACERDA, Romão C. de e outros. Ob. cit. v. 8, p. 366.

1.5.6 Tipo subjetivo

Constitui dolo do crime em estudo a vontade de simular casamento para enganar alguém. Havendo o intuito da prática de outro crime mais grave, somente este será punido.

1.5.7 Consumação e tentativa

Consuma-se o delito com a realização da falsa cerimônia. É possível a tentativa.

1.5.8 Distinção

Tratando-se de caso de subsidiariedade explícita, somente ocorrerá o crime previsto no art. 239 se o fato não constituir delito mais grave, ainda que tentado (estelionato, violação sexual mediante fraude etc.).

A simulação de casamento para obtenção de visto de permanência no país constituía o crime especial, de fraude à Lei de Estrangeiros, conforme dispunha o art. 125, XIII, da Lei nº 6.815/80, a qual, porém, foi revogada pela Lei de Migração (Lei nº 13.445, de 24-5-2017).

1.6 ADULTÉRIO

1.6.1 O adultério e a revogação do art. 240 do Código Penal

Adultério significa, etimologicamente, ir para outro leito, consoante a expressão *ad alterum thorum ire*, e consiste na quebra da fé conjugal por qualquer dos cônjuges. O crime encontrava-se previsto no art. 240: "Cometer adultério: Pena – detenção, de quinze dias a seis meses. § 1º Incorre na mesma pena o corréu."

A tipificação do adultério, que já era contestada por ocasião da elaboração do projeto do vigente Código Penal (ver item 77 da Exposição de Motivos), é cada vez mais combatida no cenário mundial, lembrando-se o fato de que não configura ele mais ilícito penal na maioria dos países civilizados. No Brasil, a Lei nº 11.106, de 28-3-2005, editada com o objetivo de adaptar as normas penais à transformação dos costumes ocorrida no meio social desde a elaboração do Código Penal, introduziu diversas modificações no estatuto, abolindo o crime de adultério mediante a revogação do art. 240, além de extinguir os crimes de sedução (art. 217), rapto violento ou mediante fraude e rapto consensual (arts. 219 a 222).

A revogação do art. 240 configura *abolitio criminis*, ensejando a extinção da punibilidade, nos termos do art. 107, III, do CP. Trata-se de hipótese de aplicação do princípio da retroatividade da lei mais benigna que impede a responsabilização penal por fato praticado anteriormente à vigência da Lei nº 11.106 e que determina a cessação da execução da pena e o desaparecimento de todos os efeitos penais da sentença condenatória, mesmo que transitada em julgado, ante o que dispõe o art. 2º, *caput*, do CP. O desaparecimento dos efeitos penais não alcança, porém, os reflexos civis. Perante a lei civil, aliás, o adultério permanece como ato que caracteriza grave violação do dever dos cônjuges de fidelidade recíproca (art. 1.566, I, do CC) e que pode tornar impossível a vida em comum (art. 1.573, I), constituindo causa para a propositura da ação de separação judicial (art. 1.572, *caput*) (v. item 1.1.6)

1.6.2 O crime de adultério na lei anterior

Tutelava-se no crime de adultério, diretamente, o casamento, protegendo-se, ainda, a regularidade jurídica da família. Sujeito ativo podia ser o homem ou a mulher que tem relação sexual fora do matrimônio e também a pessoa solteira, viúva ou divorciada que mantivesse conjunção carnal com pessoa casada, tratando-se de crime de concurso necessário (bilateral ou de encontro) em que se exigem dois agentes. Respondia como partícipe do adultério todo aquele que concorria para o fato.[33] Sujeito passivo era o cônjuge inocente e, residualmente, o Estado, com interesse na preservação do casamento. Alguns autores entendiam que só se caracterizava o adultério com o coito vagínico,[34] orientação predominante na jurisprudência, enquanto outros o admitiam com a prática de qualquer ato sexual inequívoco (coito anal etc.),[35] havendo, por fim, os que o tinham existente com a prática de qualquer ato libidinoso.[36] Não se configurava o adultério nas relações homossexuais.[37] A caracterização do adultério exigia casamento formal válido. Produzindo o casamento nulo ou anulável efeitos jurídicos enquanto não decretada a nulidade, subsistia o crime de adultério praticado antes da anulação,[38] embora houvesse entendimentos divergentes. Exigia-se o dolo genérico, ainda que eventual. O erro quanto ao estado civil do coautor excluía o crime. Consumava-se o delito com a prática da conjunção carnal, admitindo-se a tentativa. Possível era o concurso formal com outro delito (ato obsceno, estupro etc.), bem como crime continuado, quer fossem as condutas praticadas com o mesmo parceiro, quer não. Previam-se no art. 240, § 4º, duas causas de perdão judicial: a cessação da vida em comum dos cônjuges (mediante a separação de fato, definitiva, amigável ou por abandono do lar conjugal) e a prática pelo cônjuge inocente (querelante) de fatos antes relacionados no art. 317 do Código Civil de 1916, revogado pela Lei nº 6.515/77, que hoje estão previstos no art. 1.573, I a VI, do Código Civil (adultério, tentativa de homicídio, sevícia etc.).

---

33. Cf. LACERDA, Romão C. de. Dos crimes contra o casamento. *RF* 89/38.
34. Cf. FRAGOSO, H. Cláudio. Ob. cit. v. 3, p. 111. DELMANTO, Celso. Ob. cit. p. 272. CARRARA, Francesco apud NORONHA, E. Magalhães. Ob. cit. v. 3, p. 420.
35. Cf. MANZINI, Vincenzo. Ob. cit. v. 7, § 2.767, p. 680-681. FARIA, Bento de. Ob. cit. v. 6, p. 166. HUNGRIA. Nelson e outros. Ob. cit. v. 8, p. 370-371. LACERDA. Romão C. de e outros. Ob. cit. v. 8, p. 370-371. NORONHA, Magalhães. Ob. cit. v. 3, p. 421. HAFTER & TUOZZI apud FRAGOSO, H. Cláudio. Ob. cit. v. 3, p. 111-112.
36. Cf. MAGGIORE, Giuseppe apud FRAGOSO, H. Cláudio. Ob. cit. v. 3, p. 112.
37. FARIA, Bento de. Ob. cit. v. 6, p. 167.
38. NORONHA, E. Magalhães. Ob. cit. v. 3, p. 421.

Com relação à prova do adultério, vinha-se entendendo como desnecessário para o seu reconhecimento o rigorismo do *nudus cum nuda in eodem lecto*, presumidamente bastando, a tal desiderato, encontrar-se o casal em situação em que a sugestão de prevaricação conjugal seja franca e absoluta, como no caso do *solus cum sola in solitudine*, em circunstâncias que autorizem supor, necessariamente, a prática do delito.[33] [39] Para fins penais, porém, a prova do adultério devia ser positiva e manifestamente concludente, não bastando comportamento ambíguo, embora hábil para, no campo do Direito Civil, constituir injúria grave.[34]

O adultério era crime que se apurava mediante ação penal privada personalíssima, já que só podia ser intentada a queixa pelo cônjuge ofendido (art. 240, § 2º). Falecendo o cônjuge ofendido durante a ação penal, estaria extinta a punibilidade pela perempção, posto que não transmissível o direito aos sucessores, não se aplicando, assim, o disposto no art. 100, § 4º. A ação devia ser intentada dentro de um mês após o conhecimento do fato (art. 240, § 2º, segunda parte), incluindo-se o dia do começo[35] no prazo, que começava a correr da ciência inequívoca do fato pelo cônjuge ofendido e não de suas suspeitas.[36] Pelo desaparecimento do dever de fidelidade recíproca (art. 1.576 do CC), a ação penal não podia ser intentada pelo cônjuge desquitado (separado judicialmente) (art. 240, § 3º, inciso I), ainda que o fato tivesse ocorrido durante a vigência do casamento, admitindo-se-a, porém, no curso de pedido de separação judicial, porque não consolidada a situação jurídica do casal antes da sentença transitada em julgado,[37] embora também já se tenha decidido pela inexistência do crime por haver sido praticado quando já rompido o dever de fidelidade conjugal com a separação de fato.[38] Não podia oferecer queixa o cônjuge que consentiu no adultério ou o perdoou, expressa ou tacitamente (art. 240, § 3º, inciso II), importando perdão tácito, por exemplo, a coabitação após o conhecimento do adultério. A morte do cônjuge culpado não acarretava a extinção da punibilidade do corréu ou de eventuais partícipes.

---

39. Cf. LACERDA, Romão C. de e outros. Ob. cit. v. 8, p. 374.

2

DOS CRIMES CONTRA
O ESTADO DE FILIAÇÃO

2.1 REGISTRO DE NASCIMENTO INEXISTENTE

2.1.1 Generalidades

Prevê a lei penal, ainda com a finalidade de preservar a ordem jurídica da família, os fatos que atentam contra o estado de filiação, ou seja, as fraudes relativas às relações da pessoa com sua família. São os crimes de registro de nascimento inexistente (art. 241), parto suposto e supressão ou alteração de direito inerente ao estado civil de recém-nascido (art. 242) e sonegação do estado de filiação (art. 243).

2.1.2 Conceito

O crime de registro de nascimento inexistente é previsto no art. 241, com a seguinte redação: "Promover no registro civil a inscrição de nascimento inexistente: Pena – reclusão, de dois a seis anos."

2.1.3 Objetividade jurídica

Tutela-se com o dispositivo em estudo a regular formação da família, em especial o estado de filiação, lesado com o registro de nascimento de pessoa inexistente. Tutelada também é a fé pública que merecem os documentos oficiais, já que, na verdade, se trata de um crime especial de falsidade, e a própria Administração Pública.[1]

2.1.4 Sujeito ativo

Qualquer pessoa pode cometer o crime, nada impedindo que seja o agente estranho à família dos que são apontados como pais da pessoa inexistente. Pode praticar o delito também o Oficial do Registro Civil e serão partícipes aqueles que colaborarem na prática da conduta do agente (médico que forneceu o atestado, testemunhas do nascimento etc.). Possível é a coautoria quando promovem a inscrição falsa o pai e a mãe fictícios.[2]

2.1.5 Sujeito passivo

Sujeito passivo é o Estado, já que a regularidade da família e a dos registros públicos é de seu interesse, atingindo o fato a própria Administração Pública. Também é vítima qualquer pessoa a quem o falso registro possa, eventualmente, causar dano ou prejuízo.

2.1.6 Tipo objetivo

A conduta típica é *promover* a inscrição do nascimento inexistente, o que significa dar causa, diligenciar, propor, requerer, provocar a inscrição de pessoa que não nasceu. Há crime quando se promove a inscrição do natimorto como tendo nascido vivo.

Decidiu-se já que não há crime no segundo registro, com ocultação do anterior, por se tratar de falsidade inócua que não cria obrigação, não prejudica direito nem incide sobre fato jurídico relevante.[3]

2.1.7 Tipo subjetivo

O dolo é a vontade de fazer a falsa declaração de nascimento, promovendo a inscrição. Não se exige o dolo específico de criar ou extinguir direitos em prejuízo de terceiros, ocorrendo o delito quando a inscrição é feita, levianamente, apenas para encobrir mentira.[4]

O erro exclui o dolo. Foi absolvido o agente quando se apurou que a corré simulara gravidez e o convencera do nascimento de gêmeos, enviando-lhe fotografias dos supostos filhos, que teriam nascido durante sua ausência da cidade.[5]

2.1.8 Consumação e tentativa

Consuma-se o delito com a inscrição no registro civil da falsa declaração. Tratando-se de crime plurissubsistente, admite-se a tentativa. Ela ocorrerá quando, por exemplo, o agente não obtém a inscrição por desconfiança do Oficial do Registro ou por interferência de terceiro.[40]

2.1.9 Distinção

A caracterização do crime exclui o de falsidade documental, já que o art. 241 é regra especial com relação ao art. 299 (princípio da especialidade).[41] Promover, porém, segundo registro de nascimento, alterando dados constantes do anterior, constitui o delito de falsidade ideológica e não o do art. 241.[6] Também haverá falsidade ideológica ou outro delito quando o nascimento ocorreu, mas o estado civil de recém-nascido é alterado.[7]

---

40. O exemplo é de NORONHA, E. Magalhães. *Direito penal.* 15. ed. São Paulo: Saraiva, 1978, v. 3, p. 427.
41. Confira voto vencido do desembargador Villa Costa. *RT* 482/317.

2.1.10 Prescrição

Tratando-se de crime de falsificação de registro civil, ainda que especial, a prescrição conta-se, nos termos do art. 111, IV, do dia em que o fato se tornou conhecido (item 1.1.12).[42] Romão C. de Lacerda entende que o delito não está entre os de falsidade, correndo o prazo de prescrição a partir da consumação.[43]

2.2 PARTO SUPOSTO, SUPRESSÃO OU ALTERAÇÃO DE DIREITO INERENTE AO ESTADO CIVIL DE RECÉM-NASCIDO

2.2.1 Conceito

A Lei nº 6.898, de 30-3-1981, deu nova redação ao art. 242 do CP: "Dar parto alheio como próprio; registrar como seu o filho de outrem; ocultar recém-nascido ou substituí-lo, suprimindo ou alterando direito inerente ao estado civil: Pena – reclusão, de dois a seis anos."

2.2.2 Objetividade jurídica

Tutela-se, ainda, o estado de filiação, em especial o dos recém-nascidos. Na segunda figura protege-se também a fé pública do Registro Civil.

2.2.3 Sujeito ativo

Na primeira figura típica, de dar parto alheio como próprio, o sujeito ativo é a mulher que apresenta como sendo seu filho de outrem. Não raro, porém, há conivência da verdadeira mãe, o que não exclui a configuração do delito.[8] Nos demais casos, é o homem ou a mulher quem pratica uma das condutas (registro, ocultação ou substituição do recém-nascido).

2.2.4 Sujeito passivo

Sujeito passivo é o recém-nascido, mas nada impede que seja criança maior ou mesmo adulto no caso de registro tardio de falsidade. Nesses crimes é sujeito passivo também o Estado, titular do bem jurídico que é a fé pública dos registros.

2.2.5 Tipo objetivo

O crime previsto no art. 242 é de ação de múltipla alternativa, com quatro modalidades de conduta incriminadas.

---

42. Cf. NORONHA, E. Magalhães. Ob. cit. v. 3, p. 427. FRAGOSO, H. Cláudio. Ob. cit. v. 3 p. 117-118.
43. LACERDA, Romão C. de e outros. *Comentários ao Código Penal*. 5. ed. Rio de Janeiro: Forense, 1981. v. 8, p. 379, nota 15.

A primeira das condutas típicas é a de dar parto alheio como próprio. Apesar de crime especial (só a mulher pode praticá-lo), nada impede a participação de terceiro, inclusive da mãe verdadeira que colabora na farsa. Ensina Noronha que o simples fato de dizer que certa criança é seu filho não integra o delito. "É mister uma *situação* – diz o autor –, um estado de certa duração, a positivar mesmo o dolo do sujeito ativo, e que caracteriza a introdução do mesmo na família." [44] Não é necessário, porém, que se faça o registro, fato que configura o crime previsto na segunda figura do dispositivo.

Ensina Bento de Faria: "A simulação, por si só, seja de prenhez, seja da parturição, não constitui crime; pode ser um fato de caráter todo particular com que nada tem que ver a justiça pública, por isso que não afeta, nem prejudica interesses de terceiros que estão sob sua guarda e a ela cumpre zelar." [45]

A segunda conduta, inserida no dispositivo pela Lei nº 6.898/81, é a de *inscrever*, no registro civil, como sendo seu filho o de outra pessoa, fato anteriormente punido como crime de falsidade ideológica. Nesta hipótese, ao contrário do que ocorre quanto ao delito previsto pelo art. 241, nasceu uma criança que não é filha do agente, mas que este afirma ser. Tratando-se da mãe, o crime absorve o de parto suposto (primeira figura). Nada impede que haja coautoria ou participação e que outra pessoa, a mando dos pseudos pai ou mãe, promova a inscrição falsa.

Pratica também crime quem *oculta* o recém-nascido, ou seja, quem esconde, encobre o neonato, não o apresentando como devido. A conduta omissiva de não registrar o nascimento pode, eventualmente, configurar o tipo penal.

Por fim, ocorre o delito com a *substituição* do recém-nascido, ou seja, com a apresentação de outra criança em lugar da vítima. Há, no caso, uma troca de recém-nascidos (num berçário, creche etc.). Nesta hipótese não se exige, também, a inscrição no Registro Civil, configurando-se o crime com a simples apresentação da criança que ocupa o lugar da outra. Necessário, porém, que a conduta de ocultar ou substituir leve à supressão ou alteração de direito do recém-nascido no que tange ao seu estado civil, fato que, no crime de falso registro, é efeito indissolúvel do resultado.

2.2.6 Tipo subjetivo

O dolo é a vontade de praticar qualquer das condutas previstas no tipo. No crime de parto suposto basta apenas a consciência de que tem o agente de afirmar o fato que sabe não ser verdadeiro.[9] Quanto ao fato de registrar como seu o filho de outrem, porém, já se decidiu pela ocorrência de erro sobre a ilicitude do fato, afastando-se a culpabilidade, na hipótese de registro de menor abandonado como filho próprio praticado por motivo de reconhecida nobreza e não ocultado pelo agente, que tinha a plena convicção de estar atuando licitamente, nos termos do art. 21 do CP.[10] Nas modalidades de ocultação ou

---

44. NORONHA, E. Magalhães. Ob. cit. v. 3, p. 429.
45. FARIA, Bento de. Ob. cit. v. 6, p. 175.

2 • DOS CRIMES CONTRA O ESTADO DE FILIAÇÃO

substituição do recém-nascido, porém, exige-se a presença do elemento subjetivo do tipo (dolo específico), ou seja, que o agente pretenda suprimir ou alterar direito inerente ao estado civil, ou ao menos tenha consciência de que está causando a supressão ou a alteração.

2.2.7 Consumação e tentativa

Consuma-se o delito com a apresentação (parto suposto), registro, ocultação ou substituição (supressão ou alteração de direito inerente ao estado civil). A tentativa é possível em qualquer das modalidades de conduta já que se trata de crime plurissubsistente.

2.2.8 Forma privilegiada e perdão judicial

Quando o crime é praticado por motivo de reconhecida nobreza, configura-se forma privilegiada, em que a pena é a de um a dois anos de detenção (art. 242, parágrafo único). Exemplo de motivo nobre, altruístico, generoso, é o da agente que, expulsa do lar, grávida de meses e ao desamparo, prefere gerar o filho, em vez de recorrer a processo abortivo, que seria mais deletério, entregando-o quando de seu nascimento aos cuidados de quem melhor possa criá-lo.[11] Reconheceu-se também a minorante especial na conduta da ré que agiu com o propósito de regularizar situação anormal, casando-se com o amante.[12] Existentes uma dessas circunstâncias, deve o julgador, sob pena de nulidade da sentença, considerá-la na aplicação da pena.[13]

Prevê a lei, ainda no caso de motivo nobre, a possibilidade de deixar-se de aplicar a pena. Trata-se de um caso de perdão judicial e não de exclusão do ilícito. Não procede, pois, a decisão de que, não ocorrendo prejuízo ao recém-nascido abandonado, está afastado o ilícito porque os acusados foram movidos por sentimento de bondade e nobreza, como já ocorreu.[14] [46]

2.2.9 Distinção

Não se pode assimilar ao delito de parto suposto o falso registro de nascimento. Consiste aquela infração na substituição material de recém-nascido por outro, que determine a alteração do seu estado civil, pouco importando até que haja ou não registro de nascimento.[15]

É ilícito penal previsto na Lei nº 8.069, de 13-7-1990 (Estatuto da Criança e do Adolescente), deixar o médico, enfermeiro ou dirigente de estabelecimento de atenção à saúde de gestante de identificar corretamente o neonato e a parturiente, por ocasião do parto, bem como deixar de proceder aos exames que visam ao diagnóstico e terapêutica de anormalidades no metabolismo do recém-nascido (art. 229), prevista inclusive a

---

46. A propósito do assunto, referindo-se à falta de antijuridicidade no fato, pronuncia-se CHAVES, Antonio. Falsidade ideológica decorrente do registro de filhos alheios como próprios. Pode a sociedade punir um ato cuja nobreza exalça? *Justitia*: 95/125-38.

forma culposa (art. 229, parágrafo único). Decidiu-se pela desclassificação para o art. 242 do CP, em substituição ao art. 239 do ECA (promover ou auxiliar a efetivação de ato irregular destinado ao envio de criança ou adolescente para o Exterior) por ter o casal estrangeiro acusado adotado ilegalmente a criança através de declaração falsa de registro de nascimento, embora manifesta a vontade em levar o menor para o exterior, aplicando-se ao fato o perdão judicial (art. 242, parágrafo único, do CP), se da conduta não resultou lesão à criança e ao seu bem-estar.[16]

2.2.10 Concurso

Eventual crime de falsidade ideológica, que ocorre obrigatoriamente na hipótese do registro de filho alheio como próprio, é absorvido pelo crime previsto no art. 242 pela regra da consunção.

2.2.11 Prescrição

O crime de registro de filho alheio como próprio é crime referente ao Registro Civil e, assim, a prescrição somente começa a correr a partir da data em que o fato se tornou conhecido (item 1.1.12). Nos demais casos, porém, trata-se de crime contra a família e relativo ao estado de filiação, não se aplicando a regra do art. 111, IV. Em caso de parto suposto assim já se decidiu.[17]

2.3 SONEGAÇÃO DE ESTADO DE FILIAÇÃO

2.3.1 Conceito

O último dos delitos contra o estado de filiação é o de sonegação de estado de filiação, previsto no art. 243: "Deixar em asilo de expostos ou outra instituição de assistência filho próprio ou alheio, ocultando-lhe a filiação ou atribuindo-lhe outra, com o fim de prejudicar direito inerente ao estado civil: Pena – reclusão, de um a cinco anos, e multa." Trata-se de modalidade especial dos crimes de abandono de incapaz ou exposição ou abandono de recém-nascido (arts. 133 e 134), em que se visa causar prejuízo ao estado de filiação.

2.3.2 Objetividade jurídica

O art. 243 protege, ainda, a ordem jurídica da família, em especial aquilo que diz respeito ao direito de filiação.

2.3.3 Sujeito ativo

Pratica o crime o pai ou a mãe na primeira hipótese (filho próprio) ou qualquer pessoa, seja ou não responsável pelo menor, na segunda (filho alheio).

2.3.4 Sujeito passivo

Sujeito passivo do crime de sonegação de estado de filiação é não só o menor prejudicado em seu estado civil, como também o próprio Estado, titular da ordem jurídica familiar. Estão protegidos inclusive os filhos havidos fora do casamento já que a lei não mais distingue quanto aos legítimos, naturais, adulterinos e incestuosos, proibindo quaisquer designações discriminatórias relativas à filiação (art. 227, § 6°, da CF, e art. 20 da Lei nº 8.069, de 13-7-1990 – Estatuto da Criança e do Adolescente e art. 1.596 do CC). Para a ocorrência do crime não é necessário que já se tenha lavrado o assento de nascimento da criança.

2.3.5 Tipo objetivo

A conduta típica *deixar* significa abandonar, largar a criança em qualquer instituição, pública ou particular, que cuide de órfãos ou pessoas abandonadas. É necessário que o agente oculte a verdadeira filiação do menor, se a conhece, ou lhe atribua outra qualquer, com o fim de prejudicar direito inerente ao estado civil. O abandono em qualquer outro local que não uma instituição caracterizará o crime previsto nos arts. 133 ou 134.

2.3.6 Tipo subjetivo

O dolo é a vontade de abandonar o menor nas condições previstas no art. 243, ou seja, em uma instituição. Exige-se, porém, que a conduta tenha o fim de prejudicar direito inerente ao estado civil, ou seja, o de causar prejuízo (dolo específico).[18] Entendeu-se já não configurado o crime na conduta da acusada que, ao entregar menor ao Juizado de Menores, por dificuldades econômicas, ocultou sua condição de avó, inexistindo intenção de prejudicar direitos relativos ao estado civil.

Na doutrina tem-se entendido, porém, que "aquele que deixa no asilo a criança, ocultando-lhe a filiação, ou atribuindo-lhe outra, já com isso prejudica o seu estado de filiação. O prejuízo está *in re ipsa*, e não pode deixar de estar abrangido pelo dolo do agente".[47] Acertadamente, a nosso ver, porém, afirma Noronha que a lei exige o dolo específico: "Não se contenta ela com a alteração de filiação ou com o dano que esta possa conter, mas requer outro prejuízo além desse... Cremos que a lei teve em vista que situações há que, não obstante a ignorância da filiação são ditadas antes no interesse do menor, como no caso de impossibilidade absoluta de mãe miserável sustentar e educar o filho. Bem diferente é esse caso, em que há inegável sacrifício materno, daquele em que o agente abandona o menor para privá-lo, *v.g.*, de seus direitos hereditários."[48]

---

47. Cf. LACERDA, Romão C. de e outros. Ob. cit., v. 8, p. 391. FRAGOSO, H. Cláudio. Ob. cit. v. 3, p. 123.
48. NORONHA, E. Magalhães. Ob. cit. v. 3, p. 435.

2.3.7 Consumação e tentativa

Consuma-se o delito com o abandono do menor e a ocultação ou falsa atribuição de filiação. Tratando-se de crime plurissubsistente, admite-se a tentativa. Seria o caso do agente que, ao abandonar o menor na instituição, lhe atribui falsa filiação sem convencer aquele que a recebe e que no ato descobre a verdadeira.

2.3.8 Distinção

O intuito de prejudicar o estado de filiação e o local do abandono são os elementos que distinguem o crime previsto no art. 243 daqueles dos arts. 133 e 134.

3

DOS CRIMES CONTRA A ASSISTÊNCIA FAMILIAR

3.1 ABANDONO MATERIAL

3.1.1 Generalidades

Cuida o Código, a partir do art. 244, da proteção à família no que se refere à sua subsistência, à sua permanência como entidade congregada em seus aspectos material e moral, não se contentando com a insuficiente tutela civil. Prevê a lei os crimes de abandono material (art. 244), entrega de filho menor a pessoa inidônea (art. 245), abandono intelectual (art. 246) e abandono moral (art. 247).

3.1.2 Conceito

No art. 244, com a redação que lhe foi dada pela Lei nº 5.478/68, que dispõe sobre ação de alimentos e dá outras providências, e pela Lei nº 10.741, de 1º-10-2003 (Estatuto da Pessoa idosa), o crime de abandono material está assim definido: "Deixar, sem justa causa, de prover à subsistência do cônjuge, ou de filho menor de 18 (dezoito) anos ou inapto para o trabalho, ou de ascendente inválido ou maior de 60 (sessenta) anos, não lhes proporcionando os recursos necessários ou faltando ao pagamento de pensão alimentícia judicialmente acordada, fixada ou majorada; deixar, sem justa causa, de socorrer descendente ou ascendente, gravemente enfermo: Pena – detenção, de 1 (um) a 4 (quatro) anos, e multa, de uma a dez vezes o maior salário-mínimo vigente no País. Parágrafo único – Nas mesmas penas incide quem, sendo solvente, frustra ou ilide, de qualquer modo, inclusive por abandono injustificado de emprego ou função, o pagamento de pensão alimentícia judicialmente acordada, fixada ou majorada."

Não resulta da aplicação do art. 244 a prisão por dívida civil, proibida pela Constituição. A prisão a que alude o dispositivo não é a prisão por dívida civil, mas a resultante de inadimplemento de obrigação alimentar, na forma da lei.[1] Trata-se de um reforço das medidas que se revelaram insuficientes para a proteção da família.[2]

3.1.3 Objetividade jurídica

Tutela-se pela lei penal a família em relação ao seu aspecto material. Procura-se garantir a subsistência e o amparo de seus membros.

3.1.4 Sujeito ativo

O abandono material somente pode ser imputado por aquele que tem o dever legal de prover a subsistência do sujeito passivo. Ensina Fragoso: "Nas várias modalidades do crime de abandono material, podem ser *sujeito ativo:* a) o cônjuge que deixa de prover à subsistência do outro; b) o pai ou a mãe que deixa de prover à subsistência de filho menor de 18 anos ou inapto para o trabalho; c) o descendente (filho, neto, bisneto), que deixa de proporcionar recursos necessários a ascendente inválido ou valetudinário; d) qualquer pessoa que deixa de socorrer ascendente ou descendente gravemente enfermo." [49] Diante dos arts. 5º, I, e 226, § 5º, da Constituição Federal e da vigência do atual Código Civil reforça-se a orientação de que a mulher tem os mesmos deveres que o homem com relação ao sustento do cônjuge, dos filhos, ascendentes e enfermos.

3.1.5 Sujeito passivo

Sujeito passivo é todo aquele que, nos termos da lei penal, pode exigir a prestação do cônjuge ou parente.[(6)]

Com a entrada em vigor do novo Código Civil, instituído pela Lei nº 10.406, de 10-1-2002, que atendeu ao disposto no art. 226, § 5º, da CF, o casamento baseia-se na igualdade de direitos e deveres dos cônjuges (art. 1.511), cabendo, não mais apenas ao varão, mas a ambos, em conjunto, a direção da sociedade conjugal (art. 1.567). Assim, ambos os cônjuges são responsáveis por mútua assistência (art. 1.566, inciso III) e pelos encargos da família (art. 1.565), na proporção de seus bens e dos rendimentos do trabalho, independentemente do regime patrimonial (art. 1.568), sendo também recíproco o dever de prestar alimentos (art. 1.694). Diante da plena igualdade de direitos e deveres torna-se inegável que a obrigação de prover à subsistência do cônjuge compete tanto ao homem quanto à mulher, que, assim, podem assumir a posição de sujeito passivo do crime em estudo.

Também são sujeitos passivos os filhos até a idade de 18 anos. Nos termos do novo estatuto civil, a plena maioridade civil agora é atingida aos 18 anos (art. 5º do CC), quando cessa o poder familiar sobre os filhos (art. 1.630 do CC). Os filhos maiores de 18 anos, porém, também serão sujeitos passivos do crime quando inaptos para o trabalho, ou seja, quando são incapazes de exercer qualquer atividade lucrativa. Os filhos, ainda que adotivos, naturais ou espúrios (incestuosos ou adulterinos), estão também sob a tutela da lei.[50] Assim já se vinha decidindo desde que provada a filiação espúria por uma das formas previstas no artigo 305 do anterior Código Civil, ou depois de se julgar

---

49. FRAGOSO, H. Cláudio. *Lições de direito penal*. 3. ed. Rio de Janeiro: Forense, 1981. v. 3, p. 127.
50. Cf. NORONHA, E. Magalhães. *Direito penal*. 15. ed. São Paulo: Saraiva, 1978. v. 3, p. 440. FARIA, Bento de. *Código Penal brasileiro*. 2 ed. Rio de Janeiro: Record, 1959, v. p. 183. GONZAGA, João Bernardino. Do crime de abandono de família. *RT* 374/24. LACERDA, Romão C. de e outros. *Comentários ao Código Penal*. 5. ed. Rio de Janeiro: Forense, 1981. v. 8, p. 423.

procedente a ação de alimentos permitida pelo art. 4º da revogada Lei nº 883, de 1949. [7] A Lei nº 8.560, de 29-12-1992, dispõe sobre a ação de investigação de paternidade dos filhos havidos fora do casamento e prevê a possibilidade de fixação de alimentos provisionais ou definitivos na sentença de primeiro grau que reconhecer a paternidade (art. 7º). No caso de filhos adulterinos, o pai é o marido da mãe adúltera e cumpre-lhe sustentar o filho menor havido de justas núpcias enquanto não for anulado o registro de sua paternidade[8] (arts. 1.600 e 1.601 do CC). Hoje, a lei não mais distingue quanto aos filhos legítimos, naturais, adulterinos e incestuosos, ou adotivos, proibindo quaisquer designações discriminatórias relativas à filiação (art. 227, § 6º, da CF, art. 20 da Lei nº 8.069, de 13-7-1990 – *Estatuto da Criança e do Adolescente*, e art. 1.596 do CC). A suspensão, perda ou interdição do pátrio poder, agora denominado *poder familiar,* não influi na obrigação de alimentar.[51] Também a separação judicial não afasta o dever de ambos os cônjuges separados de contribuir para a manutenção dos filhos, na proporção de seus recursos (art. 1.703 do CC).

São sujeitos passivos ainda o ascendente inválido (inutilizado para o trabalho), e o maior de 60 anos. Na redação anterior do artigo previa-se como sujeito passivo o valetudinário (que sofre de doença crônica ou está incapacitado para a atividade laborativa por sua idade avançada). Com a modificação do dispositivo pelo Estatuto da Pessoa Idosa, sujeito passivo é, também, diante da adoção de critério cronológico, o ascendente que tem mais de 60 anos, que se encontre privado dos recursos necessários à sua subsistência.

Os descendentes (netos, bisnetos) só serão sujeitos passivos se o agente estiver obrigado ao pagamento de pensão alimentícia ou se estiverem gravemente enfermos, uma vez que a lei não os inclui na primeira figura típica do art. 244.

Não há que se observar para a aplicação da lei penal a ordem estabelecida pela lei civil na obrigação de prestar alimentos (arts. 1.696 a 1.698 do CC). Afirma Fragoso: "A inobservância da ordem que a lei civil estabelece (Cód. Civil, arts. 397 e 298) para atribuir a obrigação de prestar alimentos é totalmente irrelevante e não constitui justa causa (ao contrário do que supõem Romão Côrtes de Lacerda e Pontes de Miranda). A obrigação que a lei penal estabelece é independente da civil, que atende aos fins do direito privado." [52] Noronha, porém, anota que, "se no Direito Civil, não se permite ao *credor* de alimentos cobrá-los de todos os obrigados ou escolher um dentre eles, mas pedi-los do *mais próximo* que o possa fazer, como responsabilizar criminalmente o mais remoto?" [53] A lei penal, todavia, criou uma responsabilidade solidária, divergindo, nesse passo, da lei civil, parecendo-nos mais correta a opinião de Fragoso.

---

51. LACERDA, Romão C. de e outros. Ob. cit. v. 8, p. 424. Nesse mesmo sentido, GONZAGA, J. Bernardino. Artigo citado, *RT* 374/25.
52. FRAGOSO, H. Cláudio. Ob. cit. v. 3, p. 131.
53. NORONHA, E. Magalhães. Ob. cit. v. 3, p. 443-4.

3.1.6 Tipo objetivo

A primeira conduta prevista na lei é a de *deixar*, sem justa causa, de *prover* a subsistência do sujeito passivo, não lhe proporcionando os recursos necessários para viver. A noção de meios de subsistência é mais restrita do que a de alimentos, no campo do direito privado, restringindo-se às coisas estritamente necessárias para a vida, isto é, indispensáveis para a vida como alimentação, remédios, vestuário e habitação.[54] Não inclui, portanto, as despesas de caráter simplesmente alimentar assim como a prestação de educação, diversão etc.

Desnecessária para a caracterização do dever de amparo, que consta na primeira conduta prevista no art. 244, é a existência de sentença judicial no âmbito civil, já que a obrigação deriva da própria lei penal.[9] Não se condiciona o crime, pois, à decisão ou mesmo instauração de prévia ação de alimentos.[10][55] Evidentemente não há que se falar em conduta criminosa se a justificativa apresentada pelo agente veio a ser acolhida pelo Juízo Civil.[11]

A separação de fato do casal, bem como a circunstância de não terem mulher e filhos reclamado alimentos, não descriminam a conduta do marido que deixa de sustentar a família.[12] Não importando a quem cabe a culpa pela separação, a obrigação de prover a subsistência dos filhos menores permanece, não permitindo a lei, sob pretexto de briga ou de abandono do lar pela mulher, a não prestação dos meios de subsistência.[13] Também não se livra o sujeito ativo da responsabilidade penal pela circunstância de evitarem terceiros que seus filhos passem fome ou por haver a esposa passado a exercer profissão.[14] Sabendo o marido para onde se dirigiu a esposa, levando os filhos, subsiste seu dever de alimentar em relação à prole.[15] A omissão, mesmo parcial, de prestação de meios de subsistência à família, desde que corresponda à efetiva necessidade da vítima, configura o delito em estudo.[16] Esporádicas contribuições em espécie não desoneram aquele que abandona a esposa e os filhos do dever de sustentá-los.[17] A separação, ainda não homologada, não desonera o cônjuge da obrigação de subsistência familiar, porque a sociedade conjugal ainda perdura.[18] A separação judicial homologada não faz cessar a obrigação de prover à subsistência dos filhos, que incumbe a ambos os cônjuges separados, na proporção de seus recursos (art. 1.703 do CC). Não há crime, porém, na conduta daquele que, embora fugindo com outra mulher, deixa a esposa e os filhos amparados com bens suficientes para o seu sustento.[19] E já se afastou a responsabilidade penal pelo não pagamento de prestação alimentícia, por atipicidade do fato, se a parte beneficiária dela não necessita para subsistência.[20]

A segunda conduta prevista na lei é a de *não efetuar* o pagamento da pensão alimentícia fixada judicialmente, inclusive quanto aos seus eventuais reajustes. A referência à pensão *acordada* ou *majorada* é supérflua, uma vez que elas também são *fixadas* pelo

---

54. MANZINI, Vincenzo. *Tratado de diritto penale italiano*. Turim: Editrice Torinese, 1950. v. 7. § 2.843, p. 819.
55. Cf. FARIA, Bento de. Ob. cit. v. 6, p. 190, LACERDA, Romão C. de e outros. Ob. cit. v. 8, p. 149 C. GONZAGA, J. Bernardino. Artigo *RT* 374/22.

juiz. Trata-se, agora, de incriminação indireta, uma vez que a infração decorre do não pagamento dos alimentos estipulados pelo juiz civil. A falta de pagamento de pensão alimentícia fixada na ação de separação somente se caracteriza como crime de abandono material de família depois de esgotados, sem remédio, os prazos marcados pela lei no processo civil.[21] Poderá ocorrer, porém, nesse caso, o crime da primeira modalidade de conduta prevista no art. 244. Não há como responsabilizar, entretanto, o sujeito por crime de abandono material, se no juízo específico vem sendo discutida a situação do casal; aqui é de toda lógica esperar que a pensão alimentícia, se for devida, seja adequadamente fixada, encontrando o problema uma solução final.[22] Pune-se, porém, aquele que deixa de cumprir com a obrigação de pensão alimentícia fixada provisoriamente.[23] O novo CPC determina que, verificada a conduta procrastinatória do executado, deverá o juiz cientificar o Ministério Público da existência de indícios da prática do crime de abandono material (art. 532).

Incrimina-se na terceira modalidade típica aquele que, sem justa causa, *deixa* de socorrer ascendente ou descendente gravemente enfermo. Refere-se a lei não à subsistência do sujeito passivo, mas aos cuidados que são exigidos em virtude da enfermidade física ou mental (medicamentos, internação em hospital etc.). Merece crítica a lei por se limitar à enfermidade *grave*. Há doenças que não são graves do ponto de vista médico, mas impossibilitam o paciente para o trabalho e, em decorrência, dificultam a própria subsistência da pessoa desamparada. Determina, aliás, a Constituição Federal que os filhos maiores têm o dever de ajudar e amparar os pais na velhice, carência ou enfermidade (art. 229, segunda parte).

Tem-se entendido que o legislador exclui inadvertidamente o cônjuge da proteção quanto à enfermidade grave.[56] Esclarece, porém, Bento de Faria que o socorro à saúde, sendo indispensável à vida, há de se incluir, logicamente, entre os meios *necessários a sua subsistência*, o que torna o fato típico para a primeira conduta prevista no art. 244.[57]

A propósito, dispõe o art. 1.696 do CC que o direito à prestação de alimentos é recíproco entre pais e filhos e extensivo a todos os ascendentes. Mas como o tipo penal obriga apenas a assistência ao "ascendente inválido" ou "maior de 60 (sessenta) anos" e o socorro a "ascendente gravemente enfermo", o crime somente existirá, fora dessas hipóteses, quando houver falta do "pagamento de pensão judicialmente acordada, fixada ou majorada".

Pela Lei nº 8.971, de 29-12-1994, passou também a ter direito a alimentos "a companheira comprovada de um homem solteiro, separado judicialmente, divorciado ou viúvo, que com ele viva há mais de cinco anos, ou dele tenha prole", reconhecido igual direito ao "companheiro de mulher solteira, separada judicialmente divorciada ou viúva". A Lei nº 9.278, de 10-5-96, regulando o § 3º do art. 226 da Constituição Federal, que reconheceu como entidade familiar a *união estável*, passou a prever que com a

---

56. Cf. NORONHA, E. Magalhães. Ob. cit. v. 6, p. 441-2.
57. Cf. FARIA, Bento de. Ob. cit. v. 6, p. 188.

convivência duradoura, pública e contínua, de um homem e uma mulher, estabelecida com objetivo de constituição de família (art. 1º), são direitos e deveres iguais dos conviventes, entre outros, a assistência moral e material recíproca (art. 2º, II), determinando que, dissolvida a união estável por rescisão, a assistência material prevista na lei deve ser prestada por um dos conviventes ao que dela necessitar, a título de alimentos (art. 7º). A *união estável* é agora reconhecida pelo novo Código Civil, nos arts. 1.723 a 1.727, assistindo aos *companheiros* os "deveres de lealdade, respeito e assistência, e de guarda, sustento e educação dos filhos" (art. 1.724). Também nesta hipótese o delito de abandono material só ocorrerá se houver desrespeito a sentença determinando o pagamento de pensão ao beneficiário. O STF decidiu que a união homoafetiva é entidade familiar, e que dela decorrem todos os direitos e deveres que emanam da união estável entre homem e mulher[58].

Por fim, nos termos do parágrafo único do art. 244, pune-se também quem *frustra* ou *impede* o pagamento da pensão. Menciona a lei especificamente o abandono injustificado de emprego ou função, embora o crime possa ser praticado de *qualquer forma*. Pratica o crime aquele que deixa o emprego só para não lhe descontarem em seu vencimento mensal determinada importância para alimentos dos filhos.[(24)] O dispositivo era, a rigor, dispensável, uma vez que quem frustra ou elide o pagamento da pensão já está *faltando* com esta, o que caracteriza o crime previsto na segunda figura típica. É evidente, porém, o intuito de evitar-se que o sujeito ativo abandone o emprego ou se coloque intencionalmente em situação de não poder efetuar o pagamento para alegar justa causa na sua omissão.

3.1.7 Tipo subjetivo

O elemento subjetivo do crime é o dolo, ou seja, a vontade de praticar uma das condutas descritas na lei. É, portanto, a vontade consciente de deixar de prover a subsistência do sujeito passivo, pouco importando o fim em vista.[59] Em qualquer das formas típicas, porém, será excluída a tipicidade do fato se a omissão decorrer de justa causa[(25)] (item 3.1.8). E já se tem decidido que o crime exige dolo próprio, não podendo ser confundido com o mero inadimplemento de prestação alimentícia acordada em separação judicial.[(26)]

A lei somente incrimina o abandono intencional e não o culposo.[(27)] É possível a ocorrência de erro de tipo quando o sujeito desconhece a situação de abandono da vítima.

3.1.8 Exclusão do crime

O art. 244 é um tipo anormal que exige para a sua configuração a ausência de justa causa para o abandono. O elemento normativo do tipo, porém, deve estar cumprida-

---

58. ADPF 132 e ADI 4277, j. em 5-5-2011, *DJe* de 14-10-2011.
59. Cf. NORONHA, E. Magalhães. Ob. cit. v. 3, p. 443.

mente comprovado no fato concreto,[28] embora já se tenha decidido o contrário.[29] A obrigação de prover a subsistência dos dependentes está implícita nos deveres de estado. Ao réu é que incumbe provar encontrar-se na excepcional condição de não poder, eventualmente, arcar com aquele "ônus", eximindo-se da responsabilidade criminal.[30][60]

Há justa causa para o descumprimento da obrigação prevista no art. 244 do CP nas dificuldades econômicas e na derrocada financeira do alimentante que não tem condições de contribuir para o sustento de outrem por não ganhar o suficiente para o seu próprio.[31]

Entende Cândido de Moraes Leme que a incriminação indireta, ou seja, aquela prevista na segunda figura típica, não comporta a verificação da possibilidade ou impossibilidade do pagamento por parte do agente. Afirma: "Isso já foi objeto de exame durante o curso da ação cível. Bastará a simples falta do pagamento da pensão estipulada para existir o crime." [61]

A justa causa, a rigor, caso de estado de necessidade, pode, porém, ser superveniente à ação civil, excluindo o delito ainda nos casos de não cumprimento de pensão fixada judicialmente. A lei penal, aliás, não faz distinção, no caso, entre as duas condutas típicas. Já se decidiu: "Não possuindo o obrigado meios para atender à subsistência da prole, não incorre na infração do artigo 244 do CP, embora haja sido condenado civilmente a prestar alimentos e inclusive a sofrer prisão".[32]

Também há justa causa para o agente omitir o dever de assistência à família por carência de recursos quando se encontra doente.[33]

O motivo que dá origem à ação de anulação de casamento pode também constituir justa causa para deixar o marido de prover a subsistência da mulher.[34] No mesmo caso está o fato de se afastar a mulher, voluntariamente, do domicílio conjugal[35] ou de o marido deixar o lar após sofrer agressões de parentes da mulher.[36-37]

Não excluem o crime, pela inexistência de justa causa para a omissão, as seguintes circunstâncias: eventual desemprego ou dificuldades econômicas do alimentante que passa a viver com outra mulher ou com amante teúda e manteúda quando deixa de prover a subsistência da mulher e filhos;[38] desavenças entre o casal;[39] a recusa da mulher em participar do leito conjugal com o marido;[40] o fato de se tratar o alimentante de homem de poucas luzes, vez que a obrigação de sustentar os filhos é instintiva, não decorrendo de instrução ou de seu conhecimento.[41]

Também nenhuma culpa têm os filhos pelo desentendimento dos pais. Culpado, ou não, pela separação do casal cumpre ao cônjuge separado prover a subsistência daqueles, ou então pleitear, pela via judicial competente, permaneçam eles sob sua guarda. O que não lhe permite a lei, sob pretexto de briga com a esposa, ou diante do adultério desta, é o abandono material dos filhos.[42]

---

60. BARRA, J. B. Prestes. Abandono material. *Justitia* 37/338-9.
61. LEME, Cândido de Morais. Dos crimes contra a assistência familiar. *Justitia* 85/212.

Inexiste justa causa no simples fato de terceiro auxiliar a vítima, de forma que se evite a falta de meios para a subsistência desta.[43]

3.1.9 Consumação e tentativa

O crime de abandono material é *omissivo próprio* e ocorre a consumação, quanto à primeira conduta típica, quando o sujeito ativo deixa de prover a subsistência da vítima. Exige-se a permanência do gesto e não há crime no ato transitório, em que há ocasional omissão por parte do devedor.[44] Para que se verifique o delito é ainda necessário que o réu tenha conhecimento das necessidades por que passam as pessoas a quem deva prover a subsistência.[45]

Na segunda conduta típica, o crime consuma-se quando o devedor não efetua na data estipulada o pagamento da pensão fixada.[46] Avençada a pensão, em desquite amigável, apesar de provisória, ela se torna desde logo cobrável e de satisfação obrigatória para o alimentante, sendo desnecessário aguardar-se o pronunciamento da Justiça de segundo grau para que se torne devida. O crime em causa consuma-se imediatamente, tão logo permaneça o alimentante na inércia contrária aos interesses do necessitado.[47]

O crime de abandono material da família é de caráter permanente e seu momento consumativo se protrai pela malícia do agente e persiste enquanto não for punido.[62] Somente a pena ou o restabelecimento do respeito à obrigação descumprida o faz cessar, restaurando a ordem jurídica.[48] De notar-se, porém, que a sentença condenatória transitada em julgado cinde não só a continuidade como a permanência delinquencial. Perseverando o agente na omissão após a mesma, impõe-se a instauração de novo processo em seu desfavor.[49]

Consumado o abandono material não excluem a responsabilidade penal: o retorno do responsável ao atendimento de suas obrigações;[50] a tardia satisfação dos débitos;[51] e a reconciliação e coabitação dos sujeitos do delito.[52]

Não se admite a tentativa do delito de abandono material, que é crime omissivo puro.[53][63]

3.1.10 Pena e *sursis*

O crime de abandono material não enseja como efeito da condenação a incapacidade para o exercício do poder familiar, tutela ou curatela, porque exigível a condenação por crime sancionado com reclusão (art. 92, inciso II). Prevê, entretanto, a lei civil, a suspensão do exercício do poder familiar em caso de condenação criminal por sentença irrecorrível se a pena aplicada for superior a dois anos de prisão (art. 1.637, parágrafo único, do CC).

---

62. NORONHA, E. Magalhães. Ob. cit. v. 3, p. 442. FRAGOSO, H. Cláudio. ob. cit. v. 3, p. 129.
63. É opinião de NORONHA, E. Magalhães. Ob. cit. v. 3, p. 442.

Impor-se ao réu condenado no art. 244 a obrigação, para efeitos de suspensão condicional da pena, de pagar determinada pensão alimentícia será não estabelecer condições do *sursis*, mas, em verdade, inserir na condenação penal outra, civil, por alimentos, sem qualquer processo ou figura de juízo.[54] Há, porém, decisões em sentido contrário, entendendo-se regular a imposição como condição do *sursis* de atender o réu aos encargos de família.[55] 64

3.1.11 Lei de alimentos

Nos termos do artigo 22, da Lei nº 5.478, de 25-7-1968, constitui crime contra a administração da Justiça, com pena de 6 meses a 1 ano de detenção, sem prejuízo da pena acessória de suspensão do emprego de 30 a 90 dias, "deixar o empregador ou funcionário público de prestar ao juízo competente as informações necessárias à instrução de processo ou execução de sentença ou acordo que fixe pensão alimentícia". Trata-se de crime especial em que o agente, empregador (particular ou funcionário público) encarregado de prestar informações ao Juízo, colabora na conduta daquele que pratica o crime de abandono material, prejudicando a instrução ou andamento do processo de conhecimento, ou execução de sentença, ou acordo referente a pensão alimentícia. [56] No caso, sujeito passivo, além do alimentando, é o Estado. Na maioria dos casos o fato poderia constituir participação no crime do art. 244 do CP. Não exige a lei que haja qualquer ajuste entre o sujeito ativo deste crime e o que pratica aquele.

Nos termos do parágrafo único do art. 22 da lei já citada, nas mesmas penas "incide quem, de qualquer modo, ajuda o devedor a eximir-se ao pagamento de pensão alimentícia judicialmente acordada, fixada ou majorada, ou se recusa, ou procrastina a executar ordem de desconto em folhas de pagamento, expedida pelo juiz competente". Ainda preservando a administração da Justiça, a lei penal incrimina quem colabora com o sujeito ativo do abandono material. O dispositivo, na primeira parte, é ocioso, como anota Noronha, uma vez que o agente estaria incriminado em decorrência da participação criminosa, nos termos do art. 29 do CP, como responsável pelo crime previsto no art. 244.[65]

A prisão civil por alimentos pode ser considerada como prisão administrativa, devendo ser computada na execução da pena prevista de liberdade diante da detração penal prevista no art. 42 (*Manual de Direito Penal*, P. G. item 7.2.14).

3.1.12 Distinção

Não se confunde o delito de abandono material com os descritos nos arts. 133 a 136 e no art. 99 do Estatuto da Pessoa Idosa (Lei nº 10.741, de 1º-10-2003), em que se exige a ocorrência de periclitação da vida ou da saúde da vítima, sendo esta o resultado

---

64. A orientação encontra apoio em FARIA, Bento de. Ob. cit. v. 6, p. 190.
65. NORONHA, E. Magalhães. Duas novas figuras delituosas. *Justitia* 61/134.

conscientemente querido ou assumido pelo agente. Se o idoso não é ascendente do agente, mas está este obrigado por lei ou mandado a prover suas necessidades básicas pode se configurar o crime previsto no art. 98, 2ª parte, do Estatuto da Pessoa Idosa. A Lei nº 13.146, de 6-7-2015, prevê crimes semelhantes para a hipótese de ser a vítima pessoa com deficiência (art. 90).

3.1.13 Concurso

Já se decidiu que se caracteriza o crime na forma continuada na conduta do agente que deixa, por mais de um mês, de efetuar o pagamento da pensão alimentícia na data estipulada, considerando-se cada falta um delito.[57] Trata-se, porém, de crime permanente, e só poderá ocorrer condenação por novo ilícito, no caso do agente que persevera na omissão após condenação transitada em julgado em que se reconhece a existência do abandono. A rigor, aliás, a interrupção do crime permanente ocorre quando do recebimento da denúncia pelo ilícito anterior, constituindo os fatos posteriores novo crime de abandono material. Quando o agente deixa de prover a subsistência das pessoas indicadas no dispositivo do Código Penal, os quais convivem em família, o crime é único, uma vez que a lei incrimina a inobservância dos deveres de assistência econômica *familiar*, não se podendo falar em concurso formal.[58] [66]

3.2 ENTREGA DE FILHO MENOR A PESSOA INIDÔNEA

3.2.1 Conceito

Englobando num só dispositivo espécies de abandono material e moral de filho, define-se no art. 245, com a redação que lhe foi dada pela Lei nº 7.251, de 19-11-1984, o delito de entrega de filho menor a pessoa inidônea: "Entregar filho menor de dezoito anos a pessoa em cuja companhia saiba ou deva saber que o menor fica moral ou materialmente em perigo: Pena – detenção, de 1 (um) a 2 (dois) anos."

3.2.2 Objetividade jurídica

Tutela-se com o art. 245 o menor no que diz respeito à sua criação, assistência e educação, que é dever precípuo dos pais.

3.2.3 Sujeito ativo

Pratica crime o pai ou a mãe e pouco importa que se trate de filho legítimo, reconhecido ou adotivo, ainda que não tenham sobre eles o poder familiar. Trata-se de crime especial e por ele não responde a não ser em caso de coautoria ou participação, o tutor,

---

66. Cf. MANZINI, Vincenzo. Ob. cit. v. 7, § 2.835, III, p. 828. KUJAWSKI, Luís de Mello. Abandono material, *Justitia* 47/214.

o parente ou o estranho que tem a guarda do menor. Nem mesmo o pai natural que não reconheceu como filho, ainda quando o tem em sua companhia, pode ser sujeito ativo desse delito.[67] Não pratica esse crime a pessoa que recebe o menor, incidindo, eventualmente, em outro dispositivo.

3.2.4 Sujeito passivo

Sujeito passivo do crime é o menor de 18 anos, filho legítimo ou não ou adotado do agente (art. 227, § 6º, da CF, art. 20 da Lei nº 8.069/90 e art. 1.596 do CC).

3.2.5 Tipo objetivo

A conduta é *entregar*, ou seja, deixar o menor sob a guarda ou cuidado, ainda que por pouco tempo, de pessoa inidônea. Inidôneos são os jogadores, prostitutas, vadios, ébrios habituais, mendigos, criminosos etc. A rigor, a rubrica do dispositivo em estudo é restrita demais, pois preenche o tipo penal a entrega do menor a pessoa que, embora moralmente idônea, está acometida de moléstia contagiosa. A inidoneidade a que se refere a lei, portanto, não é apenas a moral.

Exige-se que o sujeito passivo fique exposto a prejuízos materiais (danos físicos, doenças, males decorrentes de trabalhos excessivos etc.) ou morais (em ambiente deletério à formação do caráter pela atividade que vai o menor exercer, pelos maus exemplos etc.). Basta, porém, essa situação de perigo, que se presume diante das qualidades negativas da pessoa a quem foi entregue o menor, não se exigindo lesão efetiva.[59]

3.2.6 Tipo subjetivo

O crime pode ser doloso ou culposo. O dolo é a vontade de entregar o menor sabendo que a pessoa que o recebe pode colocar a vítima em situação de perigo material ou moral. Não importa, em princípio, o fim visado pelo agente.

Refere-se a lei à culpa na expressão "deve saber".[68] Comete o delito aquele que se omite nas diligências e cautelas exigíveis a quem entrega um filho à guarda de outrem, não se apercebendo da inidoneidade do que o recebe ou do perigo que o fato encerra. Se o perigo não existia por ocasião da entrega, mas se verificou posteriormente, sem possibilidade de sua previsão, não haverá como incriminar o pai.[69] Havendo previsibilidade quanto a futuro perigo, o agente responderá por dolo eventual ou culpa.

---

67. Cf. LEME, Cândido de Morais. Dos crimes contra a assistência familiar. *Justitia* 85/256.
68. Cf. LACERDA, Romão C. de e outros. Ob. cit. v. 8, p. 435, NORONHA, E. Magalhães. *Direito penal*. v. 3, p. 447-448. FRAGOSO, H. Cláudio. Ob. cit. v. 3, p. 134. DELMANTO, Celso. *Código Penal anotado*. 4. ed. São Paulo. Saraiva, 1984. p. 280. Ver a propósito do assunto as observações de AZEVEDO, Luiz Carlos de. Aspectos da interpretação das expressões "dever saber" e "dever presumir" no Código Penal Brasileiro. *RT* 389/37. João Bernardino Gonzaga entende que a lei se refere, no caso, à presunção de dolo. Do crime de abandono de família. *RT* 374/25-26.
69. FARIA, Bento de. Ob. cit. v. 6, p. 192.

As penas cominadas para o crime doloso e culposo são as mesmas, devendo o juiz dosá-las adequadamente quanto ao elemento subjetivo informador do ilícito.

3.2.7 Consumação e tentativa

Consuma-se o crime, que é de perigo abstrato, com a simples entrega do menor à pessoa inidônea, independentemente de efetiva lesão. Tratando-se de crime pluris-subsistente nada impede a tentativa.

3.2.8 Formas qualificadas

Prevê o art. 245, § 1º, com a redação da Lei nº 7.251, duas formas qualificadas do crime: "A pena é de 1 (um) a 4 (quatro) anos de reclusão, se o agente pratica delito para obter lucro, ou se o menor é enviado para o exterior."

A primeira qualificadora só ocorre no crime doloso, exigindo-se o elemento subjetivo do injusto (dolo específico), consistente no fim econômico visado pelo sujeito ativo. Considera a lei o fato mais grave quando o menor é entregue para que tenha o agente alguma vantagem econômica, como nas hipóteses de entrega do menor para a prática de crimes, para esmolar etc. Como, em regra, a renda do filho menor pertence ao titular do poder familiar, basta que o filho tenha sido entregue a prestar serviços remunerados para ensejar o crime qualificado.[70] Se o fim de lucro se concretiza no recebimento de paga ou recompensa pela promessa ou entrega do filho menor, configura-se o delito previsto no art. 238 da Lei nº 8.069/90, tornando-se irrelevante a idoneidade da pessoa a quem será entregue a vítima (item 3.2.9).

A segunda qualificadora ocorre quando o menor é enviado para o exterior. Para a caracterização da qualificadora é indispensável que ocorra a saída do menor do País pois, se for ela obstada, responderá o sujeito ativo pelo crime simples. Responderá também o agente nos termos do tipo fundamental se o envio do sujeito passivo para o exterior não for ao menos previsível, já que, nesse caso, a qualificadora não lhe pode ser atribuída por ausência de dolo e culpa (art. 19). Deve-se observar, porém, que se o agente, pai ou mãe do menor, dolosamente promove ou auxilia a efetivação de ato destinado ao seu envio ao exterior, agindo com o fito de lucro ou com inobservância das formalidades legais, pratica crime mais grave, descrito no art. 239 do Estatuto da Criança e do Adolescente (item 3.2.10). As formas qualificadas descritas no art. 245, § 1º, ensejam a aplicação do efeito previsto no art. 92, inciso II, já que cominada pena de reclusão.

3.2.9 Promessa ou entrega de filho ou pupilo

Com o intuito de evitar o comércio tendo como objeto a pessoa, a Lei nº 8.069, de 13-7-1990 (Estatuto da Criança e do Adolescente), criou mais um tipo penal no artigo

---

70. A afirmação é de LACERDA, Romão C. de. Ob. cit. v. 8, p. 436.

238, que tem a seguinte redação: "Prometer ou efetivar a entrega de filho ou pupilo a terceiro, mediante paga ou recompensa: Pena – reclusão de uma quatro anos, e multa." O sujeito ativo deve ser, portanto, pai, mãe, tutor ou curador; e o passivo o filho, tutelado ou curatelado. O tipo penal exige dois atos distintos: a conduta é receber o pagamento (dinheiro ou qualquer bem com valor econômico) ou a recompensa (qualquer vantagem, ainda que não econômica) prometendo a entrega, na primeira modalidade, ou a efetivando, na segunda. O dolo é a vontade de praticar a conduta, ou seja, de receber a paga ou promessa e prometer ou entregar a vítima. Para a configuração do crime é irrelevante a idoneidade de quem vai receber a vítima.

Incide nas mesmas penas acima mencionadas quem oferece ou efetiva a paga ou a recompensa (art. 238, parágrafo único, da Lei nº 8.069/90). Normalmente será sujeito ativo aquele que recebe o sujeito passivo, mas pode ser autor inclusive terceiro, que providencia a paga ou recompensa, respondendo pelo crime, em virtude da participação, o destinatário do ofendido, quando ciente daquela circunstância.

3.2.10 Promoção de ato destinado ao envio de menor ao exterior

Nos termos do § 2º do art. 245, "incorre, também, na pena do parágrafo anterior quem, embora excluído o perigo moral ou material, auxilia a efetivação de ato destinado ao envio de menor para o exterior, com o fito de obter lucro". Punia-se no dispositivo, com a mesma pena prevista no § 1º, a conduta de terceiro que, não sendo o pai ou mãe do menor, promovesse ou auxiliasse o seu envio para o exterior com o fim de lucro. O dispositivo, porém, foi revogado tacitamente pelo artigo 239 do Estatuto da Criança e do Adolescente (Lei nº 8.069, de 13-7-1990), que, ao regular inteiramente a matéria, dispõe: "Promover ou auxiliar a efetivação de ato destinado ao envio de criança ou adolescente para o exterior com inobservância das formalidades legais ou com o fito de obter lucro: Pena – reclusão de quatro a seis anos, e multa".

Diante da ausência de distinção na lei especial, pratica o ilícito previsto neste dispositivo qualquer pessoa, inclusive o pai ou mãe do menor, não se exigindo, nessa hipótese, que a vítima fique exposta a perigo material ou moral. As condutas são *promover* (dar causa) ou *auxiliar*, de qualquer modo, a efetivação de qualquer ato destinado ao envio de criança ou adolescente para o exterior. Basta que o ato destinado ao envio não observe as formalidades legais, ou, ainda que estejam estas cumpridas, tenha o agente objetivo de lucro. Trata-se de crime formal, não se exigindo para a consumação a saída do menor do País. O dolo é a vontade de praticar o ato, ou de colaborar para ele, ciente de que o sujeito passivo será enviado para o exterior. Exige-se, contudo, que o agente tenha ciência de que não tenham sido obedecidas as formalidades legais (sob pena de se configurar o erro de tipo) ou que tenha o fim de obter qualquer vantagem econômica. No parágrafo único do art. 239 da Lei nº 8.069/90, inserido pela Lei nº 10.764, de 12-11-2003, prevê-se a forma qualificada do delito. Se há emprego de violência, grave ameaça ou fraude, a pena é de seis a oito anos de reclusão, "além da pena correspondente à violência".

Se não houver violação de convenção internacional sobre a matéria, nem se tratar de causa referente à nacionalidade, tampouco de crime em detrimento de interesse da União, a competência para apreciar o fato não será da Justiça Federal, mas local.[60] O Brasil, porém, é signatário de convenções internacionais sobre a matéria (Decreto nº 99.710, de 21-11-1990, que promulgou a Convenção sobre os Direitos da Criança; Decreto nº 2.740, de 20-8-1998, que promulgou a Convenção Interamericana sobre Tráfico Internacional de Menores; Decreto nº 5.007, de 8-3-2004, que promulgou o Protocolo Facultativo à Convenção sobre os Direitos da Criança, referente à venda de crianças, à prostituição infantil e à pornografia infantil).

Previa, ainda, no art. 231, com a redação dada pela Lei nº 12.015, de 7-8-2009, o crime de tráfico internacional de pessoa para fim de exploração sexual que pune quem "promover ou facilitar a entrada, no território nacional, de alguém que nele venha a exercer a prostituição ou outra forma de exploração sexual, ou a saída de alguém que vá exercê-la no estrangeiro". A circunstância de ser o sujeito passivo criança ou adolescente era prevista como causa de aumento de pena (§ 2º, I). Esse artigo foi revogado pela Lei nº 13.344 de 6-10-2016, a qual inseriu sob a rubrica "Tráfico de Pessoas", o art. 149-A, que, com aumento de pena, tipifica: "agenciar, aliciar, recrutar, transportar, transferir, comprar, alojar ou acolher pessoa, mediante grave ameaça, violência, coação, fraude ou abuso, com a finalidade de (...) IV – adoção ilegal". A circunstância de ser o sujeito passivo criança ou adolescente é prevista como causa de aumento de pena no § 1º, II, do dispositivo.

3.3 ABANDONO INTELECTUAL

3.3.1 Conceito

É garantia constitucional a "educação básica obrigatória e gratuita dos 4 (quatro) aos 17 (dezessete) anos de idade" (art. 208, I, da CF), sendo dever da família assegurar à criança e ao adolescente o direito à educação (art. 227 da CF). Os pais têm o dever de assistir, criar e educar os filhos menores (art. 229 da CF, e art. 1.634, I, do CC). A Lei nº 8.069, de 13-7-1990, prevê para os pais a obrigação de matricular seus filhos na rede regular de ensino (art. 55). Sancionando tal dever, prevê a lei o crime de abandono intelectual no art. 246: "Deixar, sem justa causa, de prover à instrução primária de filho em idade escolar: Pena – detenção, de quinze dias a um mês, ou multa."

3.3.2 Objetividade jurídica

Tutela-se agora na lei penal o direito de os filhos receberem uma formação intelectual mínima, ou seja, a instrução primária, denominada agora, por lei, educação de primeiro grau.

3.3.3 Sujeito ativo

Sujeito ativo do delito de abandono intelectual são apenas os pais, lamentando-se, na doutrina, a não inclusão dos tutores, depositários etc. Não se exige, porém, que os filhos estejam em companhia dos pais para obrigá-los a prover a educação daqueles; basta que detenham ainda o poder familiar.

3.3.4 Sujeito passivo

Sujeito passivo é o filho, ainda que natural ou adotivo, em idade escolar, que se inicia aos 6 anos de idade, por força do disposto na Lei n° 9.394, de 20-12-1996, que estabelece as diretrizes e bases da educação nacional e que prevê essa idade para o princípio do ensino fundamental obrigatório (art. 32). Embora a Constituição Federal e a Lei n° 9.394 refiram-se à idade mínima de 4 anos para a educação básica obrigatória, antes de 6 anos a educação infantil é a oferecida em creches e pré-escolas (art. 208, I e IV, da CF e arts. 4°, I e II, 6, 29 e 30 da Lei n° 9.394, de 20-12-1996).

3.3.5 Tipo objetivo

A conduta típica é *deixar de prover* a instrução primária (de primeiro grau) do filho. Praticará o crime omissivo, portanto, quem não providenciar, diligenciar, acudir para que o menor tenha a instrução adequada em escolas públicas ou particulares.

Não ocorre o delito, porém, quando houver justa causa para a omissão. Citam-se entre elas a distância ou inexistência de escola ou a ausência de vaga, a penúria extrema da família, a instrução nula ou rudimentar dos pais etc. Assinala Arthur Cogan que "só os casos de penúria comprovada e de dificuldades irremovíveis é que podem constituir a justa causa que elide o crime".[71] Excluído foi o crime em casos de dificuldades econômicas[61] e de responsável pobre que não promoveu a instrução primária de filho menor por falta de vaga no estabelecimento público local.[62]

3.3.6 Tipo subjetivo

Exige-se apenas, como dolo, a vontade de não prover a instrução de primeiro grau do filho em idade escolar, excluído o elemento subjetivo na ocorrência de justa causa (item 3.3.5).

3.3.7 Consumação e tentativa

Dá a entender Noronha que o delito se consuma quando o menor completa 14 anos.[72] A afirmativa, *data venia*, não procede. Ensina percucientemente Fragoso: "Con-

---

71. COGAN, Arthur. Abandono intelectual. *Justitia* 104/7-8.
72. NORONHA, E. Magalhães. Ob. cit. v. 3, p. 449.

suma-se o crime com a omissão das medidas necessárias para que o filho em idade escolar receba a instrução, e o momento consumativo verifica-se com a decorrência de lapso de tempo juridicamente relevante (em fase do bem jurídico tutelado), sem que a ação seja praticada." [73]

Tratando-se de crime omissivo próprio, não há possibilidade de ocorrer mera tentativa.

3.4 ABANDONO MORAL

3.4.1 Conceito

Sem rubrica a indicar *nomen juris*, está previsto no art. 247 o crime de abandono moral: "Permitir alguém que menor de dezoito anos, sujeito a seu poder ou confiado à sua guarda ou vigilância: I – frequente casa de jogo ou mal afamada, ou conviva com pessoa viciosa ou de má vida: II – frequente espetáculo capaz de pervertê-lo ou de ofender-lhe o pudor, ou participe de representação de igual natureza; III – resida ou trabalhe em casa de prostituição; IV – mendigue ou sirva a mendigo para excitar a comiseração pública: Pena – detenção, de um a três meses, ou multa."

3.4.2 Objetividade jurídica

Destina-se o art. 247 à preservação moral do menor no respeito à sua formação de caráter, sentimentos etc. Procura-se impedir situações que possam levar à sua corrupção.

3.4.3 Sujeito ativo

Praticam o crime em estudo não só os pais e tutores, mas também todos os que exerçam poder, autoridade, guarda ou vigilância sobre o menor, como os depositários, preceptores, diretores de internatos, responsáveis por excursões etc. Não poderá ser incluído no artigo 247 aquele que não recebeu o menor em confiança, mas o encontrou e acolheu, respondendo, eventualmente, por outro delito (art. 229 do CP, arts. 240 e 244-B do ECA etc.).

3.4.4 Sujeito passivo

Sujeito passivo é o menor de 18 anos, filho legítimo, natural, adotivo ou espúrio, tutelado ou confiado à guarda ou vigilância do sujeito ativo (alunos internos, excursionistas etc.).

---

73. FRAGOSO. H. Cláudio. Ob. cit. v. 3, p. 135. No mesmo sentido, DELMANTO, Celso. Ob. cit. p. 280. GONZAGA, João Bernardino. Artigo citado. *RT* 374/26.

3.4.5 Tipo objetivo

São várias as modalidades de condutas típicas previstas no artigo em estudo.

A primeira é a de *permitir*, i.é, consentir ou tolerar que o menor frequente casa de jogo ou mal afamada (*dancing*, boate, cabaré, bares noturnos, casa de prostituição e congêneres) ou que conviva com pessoa viciosa (jogador, ébrio, toxicômano) ou de má fama (prostituta, vadio, rufião, criminoso ou contraventor). O verbo *frequentar* indica a necessidade de que haja reiteração nas visitas aos locais mencionados. "Ir uma só vez, pois, não é frequentar, da mesma maneira que não se pode dizer que uma pessoa que bebeu uma vez a ponto de embriagar-se tenha o hábito da bebida." [74]

A segunda conduta típica é a de permitir que o menor frequente espetáculos deletérios à sua formação moral (obscenos, violentos, viciosos) ou que participe de representação (teatral, de cinema, televisão etc.) que tenha essa mesma característica. A frequência de menores aos locais em que ocorram essas representações está disciplinada nos arts. 74 a 80 do Estatuto da Criança e do Adolescente (Lei nº 8.069, de 13-7-1990). Os crimes relativos à utilização de criança ou adolescente em cena pornográfica ou de sexo explícito em representação teatral, televisiva, cinematográfica, fotográfica ou por qualquer meio visual, ou em produção de fotografia ou imagem estão previstos nos arts. 240 a 241-C do Estatuto da Criança e do Adolescente (*Manual de Direito Penal*, v. 2, item 26.2.9).

A terceira figura típica refere-se à permissão para que o menor *resida* (more) ou *trabalhe*, ainda que esporadicamente, em *casa de prostituição*. Este é o local em que a meretriz desempenha sua atividade e não inclui a casa em que apenas reside. Pratica o crime, porém, a meretriz que mantém o filho em sua companhia, no prostíbulo. Já a submissão da criança ou do adolescente à prostituição ou à exploração sexual constitui crime previsto no art. 218-B do CP, que pune também o proprietário, o gerente ou o responsável pelo local em que ocorram essas práticas (§ 2º, II).

A última modalidade de conduta é a de permitir que o menor *mendigue* (colha esmolas) ou *sirva a mendigo* para excitar a comiseração pública por apresentar defeito físico, moléstia, subnutrição etc. Quando os menores andam a mendigar, é indubitável a responsabilidade dos que têm a sua guarda. Não assim quando acompanham mendigo, pois pode ocorrer que, sem intento de suscitar a piedade, acompanhem um cego para guiá-lo ou um aleijado para ampará-lo.[75] Indispensável, nesse caso, o elemento subjetivo do tipo, que é o fim de excitar a comiseração pública.

Entende-se que o mendigo incorre em coautoria.[76] Parece-nos, porém, que o mendigo é apenas o destinatário da conduta. Assim, o mendigo responderia, eventualmente, apenas pela infração prevista no art. 60, parágrafo único, *c*, da LCP (mendigar, por

---

74. LEME, Cândido de Morais. Dos crimes contra a assistência familiar. *Justitia* 85/257.
75. LEME, Cândido de Morais. Artigo citado. *Justitia* 85/258.
76. Cf. LACERDA, Romão C. de e outros. Ob. cit. v. 8, p. 469. LEME, Cândido de Morais. Artigo citado. *Justitia* 185/258.

ociosidade ou cupidez, em companhia de menor de 18 anos). O art. 60 da LCP, porém, foi revogado pela Lei nº 11.983, de 16-7-2009.

Em todas as condutas típicas do art. 247 não se exige que a permissão seja dada expressamente, bastando a omissão dolosa do sujeito ativo, ou seja, a sua concordância tácita.[77] Devem os pais impedir essas condutas, solicitando providências às autoridades quando impotentes para coibi-las.[78]

Também não é necessário que o motivo do sujeito ativo seja de obter vantagem econômica, não exigindo o tipo um fim de lucro. Exige-se, porém, a habitualidade e não configuram o crime episódios ocasionais.

3.4.6 Tipo subjetivo

O dolo é a vontade de permitir ou tolerar qualquer das situações referidas no artigo em estudo. Exige-se a finalidade de excitar a comiseração pública no crime previsto no inciso IV.

Não ocorre crime se o agente for impotente para impedir a conduta do filho (menores independentes, rebeldes etc.) desde que tenha tomado as providências junto às autoridades públicas.

Pode ocorrer, porém, erro de tipo em relação à prática consentida – como diz Bento de Faria – quando o agente ignora, por exemplo, tratar-se de casa de jogo ou que não seja séria a pessoa para quem o menor trabalha.[79]

3.4.7 Consumação e tentativa

A consumação pode ocorrer em duas situações diversas, ou seja, quando o sujeito ativo concede a permissão antes dos fatos ou quando tolera que os fatos continuem ocorrendo após tomar conhecimento deles. Explica Fragoso: "A ação que, em última análise, se incrimina, é a de deixar que o menor pratique qualquer dos fatos previstos nas diversas modalidades do tipo. A *permissão* pode ser dada antes ou depois. Se for dada *antes*, o crime consuma-se no momento em que o menor pratica a ação perigosa para a sua formação moral e a tentativa será admissível. Se for dada *depois*, o crime será omissivo puro, não admitindo tentativa. O momento consumativo será nesse caso aquele em que ocorrer a permissão." [80]

Na maioria dos casos, trata-se de crime eventualmente permanente.[81]

---

77. Cf. FARIA, Bento de. Ob. cit. v. 6, p. 195. FRAGOSO, H. Cláudio. Ob. cit. v. 3, p. 136. DELMANTO, Celso. Ob. cit. p. 281. NORONHA, E. Magalhães. Ob. cit. v. 3, p. 451. LACERDA, Romão C. de e outros. Ob. cit. v. 8, p. 468.
78. É a opinião de LACERDA, Romão C. de. Ob. cit. v. 8, p. 468.
79. FARIA, Bento de. Ob. cit. v. 6, p. 198.
80. FRAGOSO, Heleno Cláudio. Ob. cit. v. 3, p. 138.
81. NORONHA, E. Magalhães. Ob. cit. v. 3, p. 453.

4

DOS CRIMES CONTRA O PÁTRIO PODER, TUTELA OU CURATELA

4.1 INDUZIMENTO À FUGA, ENTREGA ARBITRÁRIA OU SONEGAÇÃO DE INCAPAZES

4.1.1 Generalidades

Ainda como proteção à família, prevê a lei os tipos penais que atingem o pátrio poder, a tutela e a curatela. *Pátrio poder* é "o conjunto de direitos e deveres atribuídos aos pais, em relação à pessoa e aos bens dos filhos não emancipados, tendo em vista a proteção deles".[82] Nos termos do novo Código Civil o *pátrio poder* é agora denominado *poder familiar*, estando disciplinado em seus arts. 1.630 a 1.638. A *tutela* é um instituto que substitui o pátrio poder por terem os pais falecido ou por terem sido suspensos ou destituídos do poder familiar (arts. 1.728, incisos I e II, ss do CC). *Curatela* "é o encargo público, conferido, por lei, a alguém, para dirigir a pessoa e administrar os bens de maiores, que por si não possam fazê-lo"[83] (arts. 1.767 ss do CC). Os delitos previstos no capítulo IV são os de induzimento à fuga, entrega arbitrária ou sonegação de incapazes (art. 248) e subtração de incapazes (art. 249).

4.1.2 Conceito

Prevê a lei no art. 248, como os primeiros dos crimes contra o pátrio poder, tutela ou curatela, os de induzimento à fuga, entrega arbitrária ou sonegação de incapazes, assim definidos: "Induzir menor de dezoito anos, ou interdito, a fugir do lugar em que se acha por determinação de quem sobre ele exerce autoridade, em virtude de lei ou de ordem judicial; confiar a outrem sem ordem do pai, do tutor ou do curador algum menor de dezoito anos ou interdito, ou deixar, sem justa causa, de entregá-lo a quem legitimamente o reclame: Pena – detenção, de um mês a um ano, ou multa."

---

82. A definição é de RODRIGUES, Sylvio. *Direito civil, direito de família*. 8. ed. São Paulo, Saraiva, 1980. v. 6, p. 358.
83. O conceito é de BEVILACQUA, Clóvis. *Código civil comentado*. Rio de Janeiro, Francisco Alves, 1956. v. 2, p. 349.

4.1.3 Objetividade jurídica

Tutela-se com o dispositivo em estudo os direitos dos titulares do pátrio poder, tutela ou curatela e, indiretamente, os dos incapazes (filhos, tutelados e curatelados).

4.1.4 Sujeito ativo

Qualquer pessoa imputável pode ser sujeito ativo do crime, inclusive os pais quando não mais forem os titulares do poder familiar. O separado judicialmente que não foi privado do poder familiar não pode cometer o delito em estudo, quando retém o filho menor por prazo superior ao convencionado, mas, eventualmente, o previsto no art. 359 (desobediência à decisão judicial sobre perda ou suspensão de direito).[1]

4.1.5 Sujeito passivo

Sujeitos passivos são os pais, tutores ou curadores e, também, os incapazes. Decidiu-se pela justa causa para a ação penal instaurada contra quem vende recém-nascido cuja guarda lhe fora confiada pela mãe.[2]

Na expressão *interdito* não está incluído o pródigo, uma vez que a curatela especial deste estende-se apenas aos seus bens materiais[84] (art. 1.782 do CC).

4.1.6 Tipo objetivo

A primeira conduta típica é a de *induzir* (instigar, aconselhar, convencer etc.) o incapaz à fuga, ou seja, a deixar, sem o consentimento dos responsáveis, o local onde regularmente se encontra. Exige-se que o menor realmente desapareça, não ocorrendo o crime, por exemplo, se é levado a uma casa vizinha, ou a de um parente próximo, ainda dentro da esfera de vigilância de responsável. Por entender-se que há diferença entre "fugir" e "mudar", transferir de domicílio, não se reconheceu a existência do crime na mudança às claras do menor para outro local de fácil conhecimento do interessado.[3]

Há crime mais grave, o de subtração de incapazes, quando o menor não é simplesmente induzido, mas levado contra a vontade do local onde se encontra. Não pratica crime, porém, quem, não tendo induzido o menor, o acompanha ao local de destino ou o recebe em casa após a fuga.

O crime de entrega arbitrária, na segunda modalidade de conduta do art. 248, caracteriza-se quando o incapaz é *confiado à guarda* de pessoa não autorizada a recebê-lo.

---

84. Cf. NORONHA, E. Magalhães. *Direito penal.* 15. ed. São Paulo: Saraiva, 1978. v. 3, p. 456. FRAGOSO, H. Cláudio. *Lições de direito penal.* 3. ed. Rio de Janeiro: Forense, 1981. v. 3, p. 140-141. DELMANTO, Celso. *Código Penal anotado.* 4. ed. São Paulo: Saraiva, 1984. p. 282.

4 • DOS CRIMES CONTRA O PÁTRIO PODER, TUTELA OU CURATELA

A última figura típica, a de sonegação de incapaz, ocorre quando o agente, sem justa causa, *deixa de entregá-lo* a quem legitimamente o reclama. Nessa hipótese, o agente tem previamente a posse ou detenção regular do incapaz, mas, diante da determinação de entregá-lo a outra pessoa, o retém, indevidamente, consigo. Se a posse for irregular já ocorreu o crime de subtração de incapaz (art. 249). Ocorrendo justa causa (o incapaz está adoentado e não pode ser exposto a uma viagem ou estará sujeito a maus-tratos, p. ex.), não se caracteriza o ilícito.

4.1.7 Tipo subjetivo

Trata o art. 248 de crime doloso, em que o elemento subjetivo é a vontade de praticar qualquer das condutas típicas: induzir à fuga, confiar o incapaz a pessoa não autorizada a recebê-lo ou deixar de entregar, quando deve, o incapaz a quem o reclama. Não se exige qualquer fim especial da conduta.

4.1.8 Consumação e tentativa

No crime de induzimento à fuga a consumação ocorre com esta, e não com o simples convencimento.[85] Na segunda figura típica, consuma-se o delito com a entrega, e, na terceira, com a recusa de entregar. Nas duas primeiras é possível a tentativa, já que se trata de crime plurissubsistente; mas, na terceira, crime omissivo puro, ela não pode ocorrer.

4.1.9 Distinção

Ocorrerá o crime do art. 359 se o pai ou responsável deixar de entregar o incapaz a terceiro, desobedecendo a decisão judicial.[86] Decidiu-se, no STF, porém, que a decisão referida no citado artigo é somente a proferida em ação penal.[4]

Não se confunde induzimento à fuga com subtração de incapaz. Naquele delito, a ação se acha ligada à ideia de fazer o menor sair do lugar em que se encontra colocado pelo responsável (lar, asilo, colégio etc.). Na subtração, o menor é *tirado* do poder de quem o tem sob sua guarda em virtude de lei ou de ordem judicial.[5]

Distingue-se também o crime em apreço do sequestro ou cárcere privado. Se a intenção do agente não é dirigida à legítima privação ou restrição da liberdade da vítima, mas tão somente beneficiar-se, gratuitamente, dos seus serviços, sob pretexto de dar-lhe guarida, o delito perpetrado é o do art. 248 e não o previsto no art. 148 do CP.[6]

---

85. Cf. NORONHA, E. Magalhães. Ob. cit. v. 3, p. 457. FRAGOSO, H. Cláudio. Ob. cit. p. 140-1. DELMANTO, Celso. Ob. cit. p. 282.
86. É a afirmação de FRAGOSO, H. Cláudio. Ob. cit. v. 3, p. 143.

4.1.10 Concurso

Ensina Fragoso que o art. 248 é um tipo misto cumulativo, havendo concurso material ou crime continuado quando o agente pratica duas ou mais condutas típicas previstas no dispositivo.[87]

4.2 SUBTRAÇÃO DE INCAPAZES

4.2.1 Conceito

O crime de subtração de incapazes é previsto no art. 249: "Subtrair menor de dezoito anos ou interdito ao poder de quem o tem sob sua guarda em virtude de lei ou de ordem judicial: Pena – detenção, de dois meses a dois anos, se o fato não constitui elemento de outro crime."

4.2.2 Objetividade jurídica

Protege-se ainda uma vez a família no que diz respeito, agora, à guarda de menores ou interditos.

4.2.3 Sujeito ativo

Qualquer pessoa pode praticar o delito. Exercendo o pai o poder familiar juntamente com a mãe, só pessoa diversa dessas duas pode ser o sujeito ativo de tal crime. Entretanto, se um deles, ou ambos, estiverem privados, definitiva ou temporariamente, do poder familiar, poderão ser responsabilizados. O fato de ser o agente pai, mãe, tutor do menor ou curador do interdito, destituído ou temporariamente privado do poder familiar, tutela ou curatela, não o exime de pena, como faz claro o art. 249, § 1º.[7] Não ocorrendo essas hipóteses, poderá ser responsabilizado pelo crime previsto no art. 359 do CP. A expressão "pai" do dispositivo não exclui a ilicitude da conduta praticada pela "mãe" da vítima privada da guarda do menor já que se trata de norma explicativa e não incriminadora.[8] De qualquer forma, aplica-se à hipótese uma interpretação extensiva (*Manual de Direito Penal*, P. G., item 1.6.5).

4.2.4 Sujeito passivo

Sujeitos passivos do crime são os pais, tutores e curadores e também os próprios incapazes. A subtração de menor a quem o cria, não tendo sua guarda em virtude de lei ou de ordem judicial, não constitui o crime em estudo.[9] Aquele que simplesmente cria o menor não pode, portanto, ser sujeito passivo do delito.

---

87. FRAGOSO, H. Cláudio. Ob. cit. v. 3, p. 140.

4.2.5 Tipo objetivo

A conduta típica é subtrair, que significa tirar, retirar. Essa tirada ou retirada, que consiste no deslocamento da esfera de atividade do incapaz para outro lugar, pode ocorrer com violência física ou moral, fraude ou mesmo induzimento, constituindo, no último caso, apenas o crime previsto no art. 248. É no afastamento do incapaz da guarda, da proteção, da custódia ou da vigilância de quem é responsável por ele, assim, que se configura o ilícito penal.[10] Reconheceu-se crime no caso de infantes tirados da casa paterna e ocultos no mato pelo agente[11] e mesmo na hipótese em que o agente, embora sem qualquer intenção de sequestrar o incapaz, buscou frustrar medida judicial de busca e apreensão.[12]

Como a proteção do art. 249 é a do poder familiar, a tutela ou a curatela, não há crime na ação de quem induz um menor ou incapaz abandonado a acompanhá-lo,[13] ou quando o detentor não tem a guarda legal.[14]

Não cabe indagar no crime em estudo a aquiescência ao ato por parte do incapaz. A sua incapacidade torna absolutamente inócuo o consentimento dado. A vontade contrariada deve ser a dos pais ou tutores, de modo que o único consentimento que tem influência para fazer desaparecer o fato típico é o dessas pessoas.[15] Estando de acordo o genitor, porém, não há que se cogitar, sequer em tese, do delito de subtração de incapaz.[16] É atípica, também, a conduta quando não há iniciativa do agente e o menor empreende fuga sozinho.[17] Há crime, entretanto, se o agente se excede na autorização concedida pelo responsável pelo menor, como, p. ex., no caso daquele que leva para outra cidade o incapaz que lhe fora confiado para um ligeiro passeio.

Não desnatura o delito o fato de estar o incapaz entregue aos cuidados de uma instituição particular ou oficial por determinação judicial.

Não se pode falar em estado de necessidade na conduta daquele que subtrai a filha incapaz do poder de quem a detenha por força de decisão judicial, sob a alegação de evitar a convivência da mesma com a mãe, por viver esta em concubinato com outro homem.[18] Exclui-se a antijuridicidade, porém, se quem está com o incapaz não o entrega porque, no momento, tal fato oferece perigo para ele, pondo em risco sua saúde ou vida.[19]

4.2.6 Tipo subjetivo

Para a tipificação do delito é necessário apenas a vontade do agente de retirar o incapaz da guarda de seu responsável.[20] Não se exige, portanto, o elemento subjetivo do tipo (dolo específico), já que o móvel do delito é, por regra geral, indiferente.[21] O motivo social, o amor ou compaixão pela criança não exclui o delito.[22] Há crime ainda que o intuito seja dar ao incapaz um futuro melhor[23] ou de evitar o pai a convivência da menor com a mãe, por viver esta em concubinato com outro homem.[24] Pode ocorrer o erro sobre a ilicitude do fato, como, por exemplo, na hipótese de ser a agente pessoa de pouca idade e simplesmente alfabetizada que supunha ser lícita sua conduta.[25]

4.2.7 Consumação e tentativa

A subtração de incapazes é crime permanente, que se consuma com a subtração contra a vontade de quem de direito, ou seja, quando o menor ou interdito é retirado da esfera de vigilância e proteção do responsável,[26] persistindo a consumação enquanto o ofendido estiver em poder do agente. Prevalece na doutrina, porém, o entendimento de se tratar de crime instantâneo.[88] Pode-se consumar o crime ainda que o agente não logre o intuito final desejado.

Nada impede a ocorrência de tentativa. Decidiu-se pelo crime impossível quando os agentes se postaram nas imediações da casa em que se encontravam os incapazes estando ela guardada por policial que impediria a subtração.[27]

4.2.8 Distinção

A pena é de detenção de dois meses a dois anos "se o fato não constitui elemento de outro crime" (art. 249). O delito em tela é, portanto, subsidiário e, assim, pode ser o agente condenado por extorsão mediante sequestro se houver a finalidade de obtenção de vantagem ilícita, de sequestro se a vítima é privada da liberdade de locomoção[28] etc. Provada, porém, que a intenção do agente não era de privar a criança de sua liberdade de locomoção, mas, ao contrário, de tê-la para si, e criá-la como se sua fora, haverá o crime previsto no art. 249. Se o intuito é colocar o menor em lar substituto ocorre o crime previsto no art. 237 da Lei nº 8.069, de 13-7-1990 (item 4.2.10).

Não se há de confundir induzimento com subtração de incapaz. Naquele delito, a ação se acha ligada à ideia de fazer o menor sair do lugar em que se encontrava colocado pelo responsável (lar, asilo, colégio etc.); na subtração, o menor é tirado do poder de quem o tem sob sua guarda em virtude de lei ou de ordem judicial.[29]

4.2.9 Perdão judicial

Havendo restituição do menor ou do interdito, e se este não sofreu maus-tratos ou privações, pode o juiz deixar de aplicar a pena (art. 249, § 2º).[30] É necessário, porém, para a concessão do perdão judicial, que a restituição seja espontânea ou ao menos voluntária, não se justificando o benefício quando há necessidade da intervenção policial para a recuperação do incapaz por parte do responsável.[31] Não se aplicou o perdão judicial em hipótese que o pai, autor do delito, permaneceu com o filho por quase dois anos.[32]

---

88. Nesse sentido: JESUS, Damásio E. de. *Direito penal.* 14. ed. São Paulo: Saraiva, v. 3, p. 251. BITENCOURT, Cezar Roberto. *Código Penal comentado.* 3. ed. São Paulo: Saraiva, 2005, p. 951. NUCCI, Guilherme de Souza. *Código Penal comentado.* 5. ed. São Paulo: Revista dos Tribunais, 2005, p. 862.

4.2.10 Subtração de menor para colocação em lar substituto

Criou a Lei nº 8.069, de 13-7-1990, o crime de subtração de menor para colocação em lar substituto, prevendo, no art. 237: "Subtrair criança ou adolescente ao poder de quem o tem sob sua guarda em virtude de lei ou ordem judicial, com o fim de colocação em lar substituto: Pena – reclusão de dois a seis anos, e multa." O tipo penal, semelhante ao art. 249 do CP, pois a conduta, objetivamente, é a mesma (item 4.2.5), apresenta algumas particularidades. Sujeitos passivos são a criança (até doze anos de idade incompletos) ou adolescente (entre doze e dezoito anos), que é subtraído, excluído o interdito, além dos pais, tutores ou as pessoas que têm a guarda daqueles.

O tipo subjetivo é constituído do dolo, ou seja, da vontade de subtrair o menor, exigindo-se o elemento subjetivo do tipo que é o fim de colocá-lo em lar substituto. Nos termos legais, a colocação em lar substituto é efetuada mediante guarda, tutela ou adoção (art. 28 da Lei nº 8.069/90). Entretanto, para a consumação do delito não há necessidade de que se efetue a colocação desejada pelo agente.

A pena para o ilícito é mais severa do que a prevista no art. 249 do CP pois o fim da subtração do menor dos seus responsáveis é dar a este uma situação jurídica diversa daquela ostentada por ocasião do ilícito.

Parte II
DOS CRIMES CONTRA A
INCOLUMIDADE PÚBLICA

5

DOS CRIMES DE PERIGO COMUM

5.1 INCÊNDIO

5.1.1 Generalidades

A incolumidade pública compreende um complexo de bens relativos à vida, à integridade corporal, à saúde de todos e de cada um dos indivíduos que compõem a sociedade. É ela o objeto jurídico tutelado em cada um dos dispositivos do Título VIII, reunidos sob a denominação de crimes contra a incolumidade pública.

A característica dos crimes a serem examinados é de que a lesão ou o perigo ultrapassa a ofensa a uma determinada pessoa para atingir um número indeterminado de indivíduos, ou seja, a própria coletividade. Além disso, o objetivo da lei relaciona-se com a proteção dos bens de modo mais abrangente, incriminando-se fatos que provoquem simples perigo aos bens jurídicos.

Três são as teorias que procuram fornecer o conceito de perigo.

Para a teoria *subjetiva* é ele mera criação do espírito, que não existiria objetivamente; seria apenas um juízo, um prognóstico, uma expectativa de dano, uma previsão, uma abstração espiritual.

Para a teoria *objetiva*, o perigo é uma realidade, um estado de fato, uma situação decorrente de condições que possibilitam a verificação do resultado se não forem anuladas por condições contrárias. Há perigo, para essa teoria, sempre que houver probabilidade de dano pela imposição das primeiras condições.

Uma terceira teoria, *objetivo-subjetiva* concilia as anteriores, afirmando-se que o perigo é um trecho da realidade, uma realidade objetiva, mas que exige um juízo mental sobre ele. É sempre com base em um prognóstico entre o fato e o evento que se identifica o perigo. A avaliação entre uma determinada situação de fato e a possibilidade de que cause ele um dano determina a conclusão da existência ou não de perigo.

Fala-se em perigo *abstrato*, que a lei presume e considera como resultante de certas condições, com base em regras ditadas pela experiência, e perigo *concreto*, que é aquele que se deve comprovar caso a caso. Como o perigo abstrato é o presumido em lei, autores afastam a citada distinção. O perigo abstrato "não existe" porque havendo probabilidade do evento, há perigo concreto. Para a lei penal brasileira a distinção existe no plano normativo pois impõe ela, às vezes, a demonstração do perigo e, em outras, o presume.

Por fim, distingue-se o perigo *individual*, relacionado a determinados indivíduos ou bens, e o perigo *comum* ou *coletivo*, referente a um número indeterminado de pessoas ou bens.

No Título VIII, referente aos crimes contra a incolumidade pública, estão os tipos penais divididos em três capítulos: I – Dos crimes de perigo comum; II – Dos crimes contra a segurança dos meios de comunicação e transporte e outros serviços públicos; e III – Dos crimes contra a saúde pública.

Os crimes de perigo comum são os previstos nos arts. 250 a 259 do CP.

5.1.2 Conceito

O crime de *incêndio* é o primeiro dos crimes de perigo comum, estando previsto no art. 250: "Causar incêndio, expondo a perigo a vida, a integridade física ou o patrimônio de outrem: Pena – reclusão, de três a seis anos, e multa."

5.1.3 Objetividade jurídica

O objeto jurídico tutelado é a incolumidade pública, como se observa pela denominação do título VIII, posta em perigo, na hipótese do art. 250, pelo incêndio. Há, neste fato, um inegável risco aos bens materiais e à vida ou incolumidade das pessoas. É irrelevante a efetiva lesão física ou patrimonial que poderá, conforme o caso, ser causa qualificadora do ilícito em estudo.

5.1.4 Sujeitos do delito

O incêndio é crime comum, podendo ser praticado por qualquer pessoa, inclusive pelo proprietário da coisa incendiada. Não faz a lei pátria distinção quanto ao incêndio ser de coisa própria ou alheia.

Sujeito passivo do crime de incêndio é a coletividade, o Estado, bem como, individualmente, os titulares dos bens jurídicos lesados ou ameaçados. Todos os que, com a infração, padecem danos pessoais ou patrimoniais ou se virem expostos a perigo de dano são vítimas do incêndio.[1] 1

5.1.5 Tipo objetivo

O incêndio pode ser conceituado como a combustão de qualquer matéria (sólida, líquida ou gasosa), com sua destruição total ou parcial, que, por sua proporção e condições, pode propagar-se, expondo a perigo a incolumidade pública. Não é qualquer

---

1. Ver, a propósito de assistente de acusação no crime de incêndio, MACHADO, Antonio Luiz Ribeiro, Crime de incêndio qualificado pelo resultado morte. Parecer em *Justitia* 91/379, item 3.

fogo, mas o *fogo perigoso*, aquele que acarreta tal risco pela carbonização progressiva e continuada, ainda que sem chamas, como, p. ex., em uma turfeira.[2]

A conduta típica é a de causar incêndio, ou seja, a de provocar, de algum modo, a combustão. É possível a prática do crime por omissão, consistente em não apagar o fogo o agente que tem o dever jurídico de fazê-lo, como no caso daquele que o causou involuntariamente.[3]

Para a existência do crime de incêndio é indispensável a prova da ocorrência de perigo efetivo ou concreto para pessoas ou coisas indeterminadas.[2] Não é necessário que pessoas sejam lesadas ou postas em risco. A disjuntiva "ou" constante do art. 250 determina, claramente, a possibilidade de ocorrer o delito de incêndio sob perigo eventual ou lesão efetiva somente do patrimônio de outrem.[3] Patrimônio de outrem, na acepção legal, não abrange, necessariamente, todo o acervo ou a maior parte dos bens de alguém já que patrimônio significa todo e qualquer interesse de valor econômico, avaliável em dinheiro.[4] A destruição pelo fogo de *coisas determinadas*, porém, não constitui crime de incêndio, por ser pré-requisito deste a ocorrência de perigo comum.[5]

A verificação do perigo ou dano no crime em questão há de se fazer através de exame de corpo de delito direto ou indireto.[6] Através do laudo se determina, com precisão, as circunstâncias de tempo e de lugar do incêndio, de forma a se poder afirmar que o imputado antes do fato tinha conhecimento do risco a que, com sua ação, expunha a perigo a vida, a incolumidade física e o patrimônio de outrem.[7] Essa verificação se faz pelas proporções, vastidão, extensão e violência do fogo, que denunciam a sua capacidade de destruição e difusibilidade. Tratando-se de um delito que deixa vestígios, por vezes tem-se exigido a prova pericial atestadora não suprível por outros meios.[8]

O perigo pode decorrer não do fogo, mas do próprio fato, como no caso de pânico estabelecido em espectadores de uma casa de espetáculos.[4]

Quanto à determinação da autoria, o valor probante dos indícios e presunções, no sistema do livre convencimento que o Código adota, equivale ao das provas diretas. O incêndio integra o elenco dos crimes de natureza clandestina e sua comprovação tem que ser feita por indícios e presunções.[9]

5.1.6 Tipo subjetivo

O elemento subjetivo do delito previsto no art. 250 é o dolo: vontade de causar o incêndio e consciência de que este acarretará perigo comum.[10] Se a conduta do agente não foi animada desse elemento subjetivo, sequer na modalidade eventual, imperiosa é

---

2. O exemplo é de HUNGRIA, Nelson. *Comentários ao Código Penal*. 5. ed. Rio de Janeiro: Forense, 1958. v. 9, p. 24, nota 6.
3. Cf. NORONHA, E. Magalhães. *Direito penal*. 15. ed. São Paulo: Saraiva, 1978. v. 3, p. 156. HUNGRIA, Nelson. Ob. cit. p. 25.
4. O exemplo é de MANZINI, Vincenzo. *Trattato di diritto penale italiano*. Turim: Unione Tipo-gráfico – Editrice Torinese, 1950. v. 6, § 1974, II, p. 223-4.

a sua desclassificação para incêndio culposo.[11] Não é necessário, porém, que o agente queira causar dano; basta que saiba que há probabilidade de sua superveniência.

Atuando o agente com a finalidade específica de matar haverá homicídio.

5.1.7 Consumação e tentativa

Consuma-se o crime quando ocorre a situação de perigo comum.[12] Pouco importa o tempo de duração e o maior ou menor estrago; haverá consumação com a expansão do fogo que torna difícil a sua extinção.

O incêndio é crime plurissubsistente, nada impedindo a ocorrência de tentativa. Se o fogo, por circunstâncias alheias à vontade do agente, não chega a comunicar-se à coisa visada, ou comunicando-se, vem a ser imediatamente extinto (por intervenção de terceiros, forte lufada de vento etc.), não chegando a concretizar-se o perigo comum, o que se tem a identificar é a simples tentativa.[13] Basta, no caso, verificar-se se o agente utilizava meio idôneo a causar incêndio.

No caso em que o acusado, afirmando pretender incendiar o caminho da vítima, muniu-se de uma lata de gasolina e dele se aproximou, sendo então obstado de prosseguir na ação, reconheceu-se a ocorrência de meros atos preparatórios impuníveis.[14]

5.1.8 Aumento de pena

No § 1º do art. 250 estão previstas várias formas agravadas de incêndio, aplican-do-se a elas as penas aumentadas de um terço.

A primeira hipótese é a do crime "cometido com intuito de obter vantagem pecuniária em proveito próprio ou alheio" (inciso I). Exige-se aqui o elemento subjetivo do injusto (dolo específico) que é a finalidade de obter vantagem pecuniária. Essa vantagem *deve ser a consequência do crime* e não o pagamento ou recompensa pela conduta do agente que provocou o incêndio, não se exigindo que logre obter essa vantagem.[5] Citam--se como exemplos da majorante as hipóteses de alguém incendiar um compartimento, para destruir o título de dívida; incendiar a própria casa, já velha, para se poupar aos gastos da demolição etc.[6] Quando a ação do agente destina-se à obtenção de seguro, há incêndio agravado e não também o estelionato, previsto no art. 171, § 2º, V, que é absorvido pelo crime mais grave.[15] Sem razão, por isso, os doutrinadores que entendem haver concurso material quando logra o agente a indenização ou valor do seguro.[7]

A segunda circunstância é a do incêndio "em casa habitada ou destinada a habitação" (§ 1º, inciso II, *a*). Casa habitada é o edifício de qualquer natureza em que alguém more ou exerça atividade. Casa destinada à habitação é aquela que, embora não esteja

---

5. Cf. HUNGRIA, Nelson. Ob. cit. v. 9, p. 26. NORONHA, E. Magalhães. Ob. cit. v. 3, p. 474. FRAGOSO, H. Cláudio. *Lições de direito penal*. 3. ed. Rio de Janeiro: Forense, 1981. v. 3, p. 158.
6. Exemplos de HUNGRIA, Nelson. Ob. cit. v. 9, p. 26. NORONHA, E. Magalhães. Ob. cit. v. 3, p. 474.
7. Assim pensam FRAGOSO, H. Cláudio. Ob. cit. v. 3, p. 157 e HUNGRIA, Nelson. Ob. cit. v. 9, p. 26-7.

ocupada, tem essa finalidade. Não é necessário que a habitação seja permanente, que a casa não esteja, eventualmente, ocupada, que não se preste, exclusivamente ao uso doméstico (escritório, loja, oficina). Decidiu-se pela agravação no caso de incêndio em sala de edifício comercial em horário de expediente.[16] É indispensável, porém, que o agente tenha consciência da habitação. Excluída está a circunstância quando se tratar de construção (quando ninguém ainda a habite) ou quando o edifício não se destina à habitação, ainda que alguém a ocupe no momento do fato.

Agrava o delito ser o incêndio "em edifício público ou destinado a uso público ou a obra de assistência social ou de cultura" (inciso II, *b*). Justifica-se a agravação por estar envolvido, no caso, interesse do Estado. E assim se decidiu na hipótese em que preso provocou incêndio na cadeia pública.[17] Entre os edifícios públicos incluiu-se já o de empresa estatal.[18] Não haverá a agravação – segundo Noronha – se o bem é público (pertencente à União, ao Estado, ao Município, ou outra pessoa jurídica de direito público) mas não se prestar a esse fim, como o de imóvel locado a particular.[8] A lei, porém, não faz essa distinção, referindo-se ao bem *público*, em qualquer situação, e ao bem particular destinado a uso público. Esses últimos são os acessíveis a pessoas indeterminadas: cinemas, teatros, templos, hotéis etc. Obras de assistência social ou de cultura abrangem hospitais, sanatórios, creches, escolas, bibliotecas, museus, serviço social etc.

O crime é ainda agravado quando se tratar de "embarcação, aeronave, comboio ou veículo de transporte coletivo" (inciso II, *c*). São os meios de transporte, públicos ou particulares, de pessoas (e não apenas de coisas): barcos, navios, aviões, helicópteros, ônibus, trens, metrôs etc. Não se exige que, durante o incêndio estejam esses meios ocupados por passageiros.

Refere-se a lei ainda, ao crime "em estação ferroviária ou aeródromo" (inciso II, *d*). São eles locais de grande aglomeração de pessoas, exigindo-se maior proteção penal. Omitiu-se, injustificadamente, referência às construções portuárias e às estações rodoviárias.

Protegidos com a cominação de pena mais severa estão também o "estaleiro, fábrica ou oficina" (inciso II, *e*). São, respectivamente, os locais em que se constroem e reparam embarcações, em que se produz em caráter industrial ou em que se efetua trabalho manual, artesanal ou artístico. Não descaracteriza a circunstância não estarem esses locais ocupados durante o incêndio.

Agravado ainda é o delito quando se trata de "depósito de explosivo, combustível ou inflamável" (inciso II, *f*). *Explosivo* é a substância que atua com detonação ou estrondo de matéria sólida, líquida ou gasosa (pólvora, dinamite etc.). *Combustível* é o que queima e se destina a alimentar o fogo (lenha, carvão etc.). *Inflamável* é a substância que se caracteriza pela facilidade com que se acende e que empresta maior violência ao fogo.[19] São inflamáveis a gasolina, o álcool, a benzina etc.

---

8. É a lição de NORONHA, E. Magalhães. Ob. cit. v. 3, p. 476.

Ainda há aumento de pena quando o incêndio for "em poço petrolífero ou galeria de mineração" (inciso II, *g*). São casos em que o fogo pode provocar gravíssimas consequências. A lei não distingue ou exclui qualquer espécie de mineração, desde que efetuada em galerias.

Por fim, existe a agravação quando se trata de incêndio em "lavoura, pastagem, mata ou floresta" (inciso II, *h*). *Lavoura* é a área cultivada com produtos destinados ao consumo (café, algodão etc.), não abrangendo a simples "horta" ou "canteiro" de pequena extensão, plantados para consumo próprio. *Pastagem* é o campo com vegetação natural ou plantada destinada ao alimento do gado. *Matas* são agrupamentos de árvores de grande porte e *florestas* são matas extensas. As matas e florestas estão protegidas também pela Lei nº 12.651, de 25-5-2012 (Código Florestal), e pela Lei nº 9.605, de 12-2-1998, que dispõe sobre as sanções penais e administrativas derivadas de condutas e atividades lesivas ao meio ambiente (item 5.1.11). É conferida maior proteção a esses imóveis pelo que representam e pelas proporções do perigo comum.

5.1.9 Incêndio culposo

Nos termos do art. 250, § 2º, "se culposo o incêndio, a pena é de detenção, de seis meses a dois anos".

Aqui, o elemento subjetivo é a culpa em sentido estrito. O agente dá causa ao incêndio por *imprudência, negligência* ou *imperícia*, ou seja, por não ter considerado a cautela necessária na sua conduta. Exige o incêndio culposo os mesmos requisitos do crime doloso, ou seja, a ocorrência de um perigo concreto para pessoas ou bens indeterminados.[20]

Nada impede a coautoria no crime de incêndio culposo. Assim, no fogo iniciado por um curto-circuito em instalações defeituosas, poderão ser responsabilizados penalmente os construtores, gerentes de instalações, eletricistas e fornecedores de material defeituoso ou de má qualidade.[9]

Frequente é a ocorrência do crime de incêndio culposo nas denominações "queimadas". Quem faz ou determina que se faça queimadas sem as cautelas costumeiras, como a feitura de aceiro e o aviso aos vizinhos ou confrontantes, responde criminalmente pelas consequências do ateamento de fogo em hora inadequada, com danificação de propriedades limítrofes.[21] Normas de precaução relativas ao emprego de fogo em práticas agropastoris e florestais estão contidas no Decreto nº 2.661, de 8-7-1998, alterado pelo Decreto nº 2.905, de 28-12-1998, e, posteriormente, pelo Decreto nº 3.010, de 30-3-1999. Não se isenta da responsabilidade aquele que abriu aceiros inadequados[22] ou insuficientes.[23] Além disso, o vento é um fenômeno natural perfeitamente previsível ao *homo medius*, como o são, de resto, a chuva ou qualquer mudança de temperatura.

---

9. Quanto à responsabilidade do concurso de culpas e dos coautores em incêndio culposo, ver parecer de Antonio Carlos Penteado de Moraes a respeito do caso "Joelma". *Justitia* 91/419-24.

Não há como sustentar-se, pois, que era imprevisível que posteriormente ao ateamento do fogo viesse a ventar, produzindo o incêndio.[24]

Não se caracteriza a culpa no seu sentido jurídico-penal se o agente não podia prever o resultado, em face das circunstâncias excepcionais existentes, o que a experiência não podia prever.[25] Há decisões em que se isentam os agentes de responsabilidade quando, efetuado o aceiro, a propagação do fogo se dá por acidente climático, como no caso de lufada de vento inesperada.[26] O caso fortuito também exclui o crime assim como a imprevisibilidade do resultado.[27]

Decidiu-se, porém, pela responsabilidade do agente, já que perfeitamente previsível o incêndio, no fazer estourar bombinha junina junto a combustível que vazava do tanque de um veículo e escorria pelo chão.[28]

O incêndio culposo não pode ser qualificado pela natureza ou destinação da coisa atingida. Seja esta qual for, a pena é sempre a mesma, a menos que tenha como resultado lesão corporal ou morte de alguém[29] (item 5.1.10).

5.1.10 Incêndio qualificado pelo resultado

Quando do incêndio, como de qualquer crime doloso de perigo comum, resulta lesão corporal de natureza grave, a pena privativa de liberdade é aumentada de metade; se resulta morte, é aplicada em dobro (art. 258, primeira parte). Trata-se de mais um caso de crime preterintencional, em que os resultados mais graves devem ser atribuídos ao agente quando previsíveis (*Manual de Direito Penal*, P.G, item 3.9.2). Havendo dolo direto ou eventual com relação à morte da vítima haverá homicídio qualificado por ter sido praticado por fogo (art. 121, § 2º, III), que absorve o crime de perigo comum, menos severo. Havendo simples lesão corporal dolosa há concurso formal.

No caso de culpa, se do fato resulta lesão corporal, a pena aumenta-se de metade; se resulta morte, aplica-se a pena cominada ao homicídio culposo, aumentada de um terço (art. 258, segunda parte).

Não são consideradas para efeito de qualificação do crime, a lesão corporal ou a morte da pessoa que tenha acorrido ao local a fim de salvar pessoa ou patrimônio. Nesse caso, há uma causa superveniente que interrompe o nexo causal.[10] Entendeu-se já que, havendo duas vítimas de lesões ou morte, há concurso formal de infrações.[11] O incêndio, porém, como crime de perigo comum, dirige-se a um número indeterminado de pessoas ou coisas e a morte de uma ou de várias pessoas, tanto na forma dolosa como culposa, configura crime único qualificado pelo resultado e não concurso formal.[12]

---

10. FRAGOSO, H. Cláudio. Ob. cit. v. 3, p. 161.
11. Cf. parecer de Dirceu de Melo, acolhido pelo Tribunal de Alçada Criminal de São Paulo. Incêndio culposo, *Justitia* 85/435.
12. Cf. MORAES, Antonio C. P. Processo crime. Crime de incêndio qualificado. *Justitia* 91/419.

5.1.11 Distinção

Sendo indispensável à configuração do crime de incêndio a criação de efetiva situação de perigo, o fogo não perigoso ou irrelevante poderá constituir o delito de dano qualificado,[30] exercício arbitrário das próprias razões[31] ou delito contra o meio ambiente.[32] Se o agente visa a expor a perigo apenas uma pessoa certa e determinada, o crime será o art. 132.[33] O crime de exercício arbitrário das próprias razões fica absorvido quando resultar perigo comum.[34]

A Lei nº 9.605, de 12-2-1998, pune no art. 41, com penas de dois a quatro anos de reclusão e multa, a conduta de "provocar incêndio em floresta ou em demais formas de vegetação". O dispositivo somente se aplica na hipótese de não resultar do incêndio perigo comum. Se do incêndio decorre perigo concreto a pessoas ou coisas indeterminadas, responderá o agente pelo crime mais grave, de incêndio qualificado (art. 250, § 1º, II, alínea *h*, do CP). Na hipótese de culpa, inexistente o perigo comum, aplica-se o disposto no art. 41, parágrafo único. A Lei de proteção ao meio ambiente também tipifica a conduta de "fabricar, vender, transportar ou soltar balões que possam provocar incêndios nas florestas e demais formas de vegetação, em áreas urbanas ou qualquer tipo de assentamento humano" (art. 42). Trata-se de crime doloso, que exige a vontade de praticar uma das ações típicas, com a consciência de que o balão, ao ser solto, é apto a provocar incêndio na vegetação ou em áreas ocupadas. É desnecessário, porém, que haja perigo concreto. Se o balão, por sua forma de confecção, não é apto a provocar incêndio, a conduta é atípica. Se da conduta de soltar o balão resulta o incêndio e deste perigo comum, responde o agente, na hipótese de dolo, direto ou eventual, pelo crime de incêndio. Igual entendimento deve ser adotado no caso de culpa. Com a intenção de prevenir o incêndio culposo decorrente de balões, em razão do elevado risco associado à sua soltura, o legislador antecipou a punição à ocorrência do incêndio e cominou penas mais severas no art. 42, de um a três anos de detenção, do que as previstas no art. 41, parágrafo único, e no art. 250, § 2º, do CP, ainda que, neste último caso, resulte lesão corporal (art. 258 do CP). Entendemos, porém, que, na hipótese de incêndio culposo provocado por balão do qual resulta perigo comum, deve prevalecer o art. 250, § 2º, do CP, diante dos bens jurídicos tutelados pelo dispositivo e da previsão das formas qualificadas. Deve atentar o juiz, no entanto, quando da dosagem da pena, para não fixá-la em *quantum* inferior ao previsto no art. 42 da Lei nº 9.605/98, aplicável aos casos de não ocorrência de perigo comum. No confronto com o art. 41, parágrafo único, prevalece o art. 42, que estabelece punição mais rigorosa, considerando-se como *post factum* impunível o incêndio culposo provocado na mata ou floresta.

Nos termos do art. 16, parágrafo único, inciso III, da Lei nº 10.826, de 22-12-2003, que dispõe sobre armas de fogo, punem-se com as mesmas penas, de três a seis anos de reclusão e multa, as condutas de possuir, deter, fabricar ou empregar artefato explosivo ou incendiário, sem autorização ou em desacordo com determinação legal ou regulamentar. Se o agente que fabrica, detém ou possui o artefato incendiário o emprega, provocando, dolosamente, o incêndio de que resulta perigo comum, o crime previsto na lei especial é absorvido pelo crime do art. 250, *caput* (*Manual de Direito Penal*, P. G., item 3.2.15).

Causar incêndio em lugar sujeito à administração militar, em casas, edifícios, navios etc. militares, é crime previsto no Código Penal Militar (art. 268). A destruição pelo fogo ou por qualquer outro meio de matérias-primas ou produtos necessários ao consumo do povo pode caracterizar, quando não houver perigo comum, crime contra a economia popular (art. 3º, inciso I, da Lei nº 1.521, de 26-12-1951).

5.1.12 Concurso

O incêndio não pode ser considerado meio para a consecução de outro delito, como o de supressão de documentos, ocorrendo, no caso, concurso formal de crimes. [35] Também se reconheceu concurso formal quando, em decorrência do incêndio, mais de uma propriedade veio a ser danificada por atingirem as chamas herdades de diversos donos, havendo pluralidade de lesados. [36] Essa decisão não se justifica diante do crime de perigo comum (item 5.1.10). Segundo já se decidiu, o crime de incêndio praticado pelo proprietário de estabelecimento comercial com a finalidade de receber o valor do seguro absorve o crime previsto no art. 171, § 2º, V, do Código Penal. [37]

5.2 EXPLOSÃO

5.2.1 Conceito

Prevê o art. 251 o delito de explosão: "Expor a perigo a vida, a integridade física ou o patrimônio de outrem, mediante explosão, arremesso ou simples colocação de engenho de dinamite ou de substância de efeitos análogos: Pena – reclusão, de três a seis anos, e multa."

5.2.2 Objetividade jurídica

A objetividade jurídica é também a incolumidade pública, posta em risco pela dinamite ou por qualquer explosivo. A força de expansão decorrente de uma explosão pode provocar a destruição de coisas ou de vidas humanas. O Decreto nº 3.229, de 29-10-1999 promulgou no país a Convenção Interamericana contra a Fabricação e o Tráfico Ilícitos de Armas de Fogo, Munições, Explosivos e outros Materiais Correlatos, concluída em Washington em 14 de novembro de 1997. Deve-se assinalar que, em consonância a Convenção sobre a Proibição do Uso, Armazenamento, Produção e Transferência de Minas Antipessoal sobre sua Destruição, foi editada a Lei nº 10.300, de 31-10-2001, que proíbe e incrimina o emprego, o desenvolvimento, a fabricação, a comercialização, a importação, a exportação, a aquisição, a estocagem, a retenção ou a transferência direta ou indiretamente de minas terrestres antipessoal.

5.2.3 Sujeitos do delito

Qualquer pessoa pode cometer o crime em tela. Sujeito passivo, além do Estado, é o titular de qualquer bem jurídico lesado ou posto em risco pela conduta do agente.

5.2.4 Tipo objetivo

A conduta típica é *expor a perigo* a incolumidade pública, causando explosão, ou arremessando ou colocando engenho explosivo.

Na primeira modalidade, é necessário que o agente provoque a explosão. Explodir quer dizer rebentar, romper, estourar. Há na explosão um estrondo e violento deslocamento de ar pela brusca expansão de substâncias várias. Podem essas substâncias, quando fluidas, estarem previamente encerradas sob pressão, havendo explosão quando se rompem os recipientes (caldeiras a vapor, reservatórios de gases comprimidos e liquefeitos) ou serem desenvolvidos no momento da explosão em decorrência de reações químicas (deflagração de pólvora, formações de misturas gasosas etc.).

A segunda modalidade é a do *arremesso* de engenho explosivo. Trata-se, na hipótese, de lançamento feito a distância, com as mãos ou a utilização de aparelhos.

A terceira conduta típica é a da *colocação* de engenho explosivo. Basta, neste caso, que o agente ponha, disponha, arrume, arme o explosivo. Comete o delito aquele que, por exemplo, enterra no chão bombas de dinamite.[38]

O objeto material do crime previsto no art. 251 é o engenho (bomba, aparelho, máquina) de dinamite ou de substância de efeitos análogos. Dinamite é a nitroglicerina embebida em materiais sólidos. Como substâncias de efeitos análogos à dinamite são citados a TNT, a benzina, o trotil, gelatinas explosivas, fogos de artifício etc. Caberá à perícia verificar se a explosão foi ocasionada por substância com efeito análogo ao da dinamite.[13]

O crime de explosão é de perigo concreto, exigindo a situação de perigo comum.[39][14] É necessário que a explosão, o arremesso ou a colocação acarretem risco próximo e imediato a pessoas ou patrimônios indeterminados. Decidiu-se pela inexistência do crime no caso de explosivos de mínimo poder expansivo utilizado pelo acusado em local afastado de pessoas e de bens patrimoniais.[40]

5.2.5 Tipo subjetivo

O dolo é a vontade de praticar a ação incriminada (expor a perigo pela explosão, arremesso ou colocação do engenho), estando o agente ciente do risco à incolumidade pública. Comprovado o perigo, é irrelevante que o agente tenha pretendido destruir determinado bem jurídico, não objetivando o perigo concreto; basta que esteja ele ciente do risco.[41]

---

13. É a observação de NORONHA, E. Magalhães. Ob. cit. v. 3, p. 483.
14. FRAGOSO, H. Cláudio. Ob. cit. v. 3, p. 164.

A lei não menciona qualquer finalidade da conduta, sendo ela, portanto, irrelevante.

5.2.6 Consumação e tentativa

Consuma-se o crime no momento em que se instala a situação de perigo coletivo. Exemplo colhido na jurisprudência é o de terem os acusados espalhado bombas de dinamite em área sujeita à reintegração de posse.[42]

É possível a tentativa, como nas hipóteses de ser o agente interrompido quando inicia a montagem de um engenho explosivo ou na colocação dele quando ainda não se instalou a situação perigosa.

5.2.7 Forma privilegiada

Quando o explosivo não é dinamite ou substância de efeitos análogos, a pena é menor: reclusão, de um a quatro anos, e multa (art. 251, § 1º). A explosão com pólvora negra, que não apresenta a virulência da dinamite, passa a constituir a forma privilegiada.[15] Embora o vapor d'água não possa ser chamado de "explosivo", não há porque se afastar a incriminação da explosão provocada por essa substância.[16]

5.2.8 Aumento de pena

As penas aumentam-se de um terço se ocorre qualquer das hipóteses previstas no § 1º, inciso I, do art. 250, ou é visada ou atingida qualquer das coisas enumeradas no nº II do mesmo parágrafo (art. 251, § 2º). Repita-se, aqui, a apreciação que se fez a respeito do incêndio qualificado (item 5.1.8). Anote-se que, no que diz respeito a edifício destinado ao uso público, não se inclui qualquer local de uso público como por exemplo, a calçada.[43]

As considerações quanto ao crime qualificado pelo resultado de lesão corporal grave ou morte (art. 258) são as mesmas relativas ao incêndio (item 5.1.10).

5.2.9 Explosão culposa

No caso de culpa, se a explosão é de dinamite ou substância de efeitos análogos, a pena é de detenção, de seis meses a dois anos; nos demais casos, é de detenção de três meses a um ano (art. 251, § 3º). Entende-se, na doutrina, que a forma culposa se limita à primeira modalidade do tipo (explosão) e não ao arremesso ou colocação do engenho.[17]

---

15. Ver parecer de MOTTA NETO, Antonio. Explosão. Inteligência do artigo 251 do Código Penal. *Justitia*, 93/374-5.
16. Celso Delmanto lembra que a doutrina não considera o vapor d'água como explosivo. *Código Penal anotado*. 4. ed. São Paulo: Saraiva, 1984. p. 287. A conduta típica, porém, é a de "causar explosão", o que não impede a configuração do crime quando a substância não é, tecnicamente, explosiva.
17. Cf. NORONHA, E. Magalhães. Ob. cit. v. 3, p. 485. FRAGOSO, H. Cláudio. Ob. cit. v. 3, p. 166. DELMANTO, Celso. Ob. cit. p. 288.

Caso comum é da explosão de rochas para extração de pedras ou outras substâncias minerais. Na jurisprudência, todavia e, a nosso ver sem razão, tem se entendido que não há o crime quando a exploração da pedreira, por exemplo, está devidamente autorizada pelo poder público.[44] Ninguém negará, pelo menos, que responderá por lesões corporais ou homicídio culposo quando se verificar que houve imperícia ao se provocar a explosão nesse local causando danos físicos ou a morte de terceiros. O mesmo se diga quanto à demolição de imóvel urbano, ainda que pelo moderno método da *implosão*.[18]

É abrangida pelo dispositivo, como forma culposa de explosão, a ocasionada pela imprudente ou imperita colocação de tambores de gás em veículos em substituição aos combustíveis tradicionais (gasolina, álcool, diesel). Não há dúvida, também, de que a não observância das cautelas necessárias à estocagem de material de alta potencialidade explosiva (corretas embalagens, conservação, resguardo e proteção dos explosivos) configura a imprudência do agente.[45]

5.2.10 Distinção

Não se instalando situação de perigo, a explosão poderá constituir, eventualmente, o crime de dano qualificado. O uso ou ameaça de uso de explosivos como ato de terrorismo está também tipificado no art. 2º, § 1º, inciso I, da Lei nº 13.260, de 16-3-2016 (item 5.4.7). Causar ou tentar causar explosão em lugar sujeito à administração militar é crime previsto no CPM (art. 269). Pratica a infração do art. 40 da LCP, e não o delito previsto no art. 251 do CP, quem dispara foguetes de fabricação não proibida em local que não expõe a perigo a integridade física de outras pessoas, mas que provoca tumulto em espetáculo público.[46]

Se a explosão, que causa perigo comum, é meio empregado para o rompimento de obstáculo a fim de viabilizar a subtração de bens, o crime é de furto qualificado (art. 155, § 4º-A) ou roubo qualificado (art. 157, § 2º-A, II), restando absorvido o crime de explosão. A subtração de substâncias explosivas ou acessórios configura, também, o crime de furto qualificado (art. 155, § 7º) ou roubo qualificado (art. 157, § 2º, VI).

5.3 USO DE GÁS TÓXICO OU ASFIXIANTE

5.3.1 Conceito

Prevê a lei no art. 252 o crime de uso de gás tóxico ou asfixiante: "Expor a perigo a vida, a integridade física ou o patrimônio de outrem, usando de gás tóxico ou asfixiante: Pena – reclusão, de um a quatro anos, e multa."

5.3.2 Objetividade jurídica

Tutela-se com o dispositivo a incolumidade pública, posta em risco pelo uso de gás tóxico ou asfixiante.

---

18. Antes do emprego dessa técnica considerou-se crime a demolição por explosão de prédio urbano (*RF* 189/317).

5.3.3 Sujeitos do delito

Agente do crime em estudo é qualquer pessoa. Sujeito passivo é a coletividade, o Estado, bem como, individualmente, aqueles que sofrerem risco à sua vida, saúde ou patrimônio.

5.3.4 Tipo objetivo

O crime configura-se quando o agente usa, utiliza, produz o gás tóxico ou asfixiante. Gás *tóxico*, segundo Manzini, é toda substância que se encontra em estado gasoso ou que para ser utilizada deve passar ao estado de gás ou de vapor, empregada em razão de seu poder tóxico para fins inerentes a esse poder ou que, embora sendo empregada para fins diversos, é perigosa para a segurança e incolumidade pública.[19] Age ele por envenenamento, ou seja, pela intoxicação do organismo. Exemplos de gases tóxicos são os do ácido cianídrico, do amoníaco, do anidro sulfuroso, da benzina, da iodacetona etc. Gás *asfixiante*, ou *sufocante* é o que atua mecanicamente sobre as vias respiratórias, provocando sufocação, dificultando ou impedindo a respiração. Exemplo é o do gás lacrimogênio, que, aliás, também é tóxico. O uso abusivo desse gás pela Polícia na repressão a movimentos populares pode constituir o crime. Não se confundem esses gases com a simples *fumaça*, ou *vapor* ou mesmo qualquer outro gás, ainda quando possam causar incômodo sem tais efeitos.[47][20] Havendo possibilidade de risco para a saúde com a inalação de gás não tóxico nem asfixiante, melhor seria, como já se lembrou, a utilização pelo legislador da expressão mais abrangente, de "gás nocivo".[21] A toxicidade ou a qualidade asfixiante deve ser verificada por perícia.

Como bem observa Noronha, não é necessário que o gás seja mortal: basta expor a perigo a vida ou a integridade física da pessoa humana. O risco pode ocorrer também com relação ao patrimônio (animais, alimentos etc.). Se a conduta é praticada em lugar sujeito à administração militar o crime é o previsto no art. 270 do CPM.

5.3.5 Tipo subjetivo

O dolo é a vontade de usar o gás tóxico ou asfixiante. A finalidade da conduta é irrelevante, salvo se o intuito é de matar alguém, por exemplo, quando ocorre homicídio qualificado consumado ou tentado (art. 121, § 2º, inciso III).

5.3.6 Consumação e tentativa

Consuma-se o crime quando se instala a situação de perigo comum. Trata-se de crime de perigo concreto, sendo indispensável a comprovação do risco para pessoas ou coisas.

Nada impede a ocorrência de tentativa.

---

19. MANZINI, Vincenzo. Ob. cit. v. 5, p. 1.450, I.
20. A lição é de FARIA, Bento de. *Código penal brasileiro*. 2 ed. Rio de Janeiro: Record, 1959. v. 6, p. 218.
21. A opinião é de DRUMOND, Magalhães. *Comentários ao Código Penal*. Rio de Janeiro: Forense, 1944. v. 9, p. 62-3 apud SILVA JÚNIOR, José. *Código Penal e sua interpretação jurisprudencial*. São Paulo: Revista dos Tribunais, 1980. v. 4, t. 2, p. 252.

5.3.7 Forma culposa

No caso de culpa, a pena é de detenção, de três meses a um ano (art. 252, parágrafo único). Uma pessoa que usa o gás tóxico ou asfixiante, desconhecendo seus efeitos, mas devendo saber pelas circunstâncias e por sua situação pessoal, que ele era nocivo aos bens tutelados, pratica crime culposo previsto no artigo em tela.

5.3.8 Crime qualificado pelo resultado

Como nos demais casos de crime de perigo comum as penas são aumentadas quando ocorre lesão corporal de natureza grave ou morte (art. 258) (item 5.1.10).

5.4 FABRICO, FORNECIMENTO, AQUISIÇÃO, POSSE OU TRANSPORTE DE EXPLOSIVOS OU GÁS TÓXICO OU ASFIXIANTE

5.4.1 Conceito

No art. 253 a lei penal prevê o crime de fabrico, fornecimento, aquisição, posse ou transporte de explosivos ou gás tóxico, ou asfixiante: "Fabricar, fornecer, adquirir, possuir ou transportar, sem licença da autoridade, substância ou engenho explosivo, gás tóxico ou asfixiante, ou material destinado à sua fabricação: Pena – detenção, de seis meses a dois anos, e multa."

5.4.2 Objetividade jurídica

O artigo em exame tutela a incolumidade pública, posta em risco, por presunção legal, pelas condutas especificadas no tipo penal.

5.4.3 Sujeitos do delito

Sujeito ativo do crime é quem pratica uma das condutas típicas, ou seja, quem fabrica, fornece, adquire, possui ou transporta o explosivo, gás ou material destinado à fabricação daqueles. Responde inclusive o simples operário que produz as substâncias a mando de outrem.

Sujeito passivo é a coletividade.

5.4.4 Tipo objetivo

São várias as modalidades de conduta desse tipo misto alternativo. A primeira delas é *fabricar*, ou seja, criar por qualquer processo (mecânico, químico, transformação, aperfeiçoamento, combinação etc.). *Fornecer* significa entregar a título gratuito ou oneroso. *Adquirir* é comprar, obter, conseguir. *Possuir* é ter, guardar. *Transportar* é conduzir, remover de um lugar para outro. O art. 253, porém, foi derrogado quanto às condutas de fabricar e possuir engenho explosivo e de fabricar substância explosiva, sem licença da autoridade. Nos termos do art. 16, § 1º, da Lei nº 10.826, de 22-12-2003, que dispõe sobre o registro, posse e comercialização de armas de fogo e munição, pune-se com pena de reclusão de três a seis anos quem: "III – possuir, deter, fabricar ou empregar artefato explosivo ou incendiário, sem autorização ou em desacordo com determinação legal ou regulamentar"; "VI – produzir, recarregar ou reciclar, sem autorização legal, ou adulterar, de qualquer forma, munição ou explosivo".

O objeto material do crime pode constituir-se em substância ou engenho explosivo, gás tóxico ou asfixiante, ou material destinado à sua fabricação (itens 5.2.4 e 5.3.4). Quanto à substância explosiva, deve-se entender "a substância tecnicamente tal ou especificamente destinada a explodir, mediante sua própria desintegração".[48] [22] Sua natureza "explosiva" deve ser comprovada por exame de corpo de delito, direto ou indireto.[49]

A conduta não passaria de mero ato preparatório de outros delitos (arts. 251 e 252), incriminada por "impaciência do legislador" que visou a coibição de ações que poderiam, eventualmente, causar perigo à incolumidade pública.

Com o advento da Lei nº 8.176, de 8-2-1991, passou também a ser incriminada a conduta de quem, sem licença de autoridade, utiliza gás de cozinha (butano ou propano), ainda que tóxico, como combustível de automotor. Diz a lei constituir crime contra a ordem econômica, "usar gás liquefeito de petróleo em motores de qualquer espécie, saunas, caldeiras e aquecimento de piscinas, ou para fins automotivos, em desacordo com as normas estabelecidas na forma da lei" (art. 1º, II).

É punível uma confecção única, já que na configuração do delito prescinde-se do requisito da habitualidade.[50]

5.4.5 Tipo subjetivo

Constitui-se o dolo na vontade de praticar uma ou mais das condutas típicas, respondendo o agente por apenas um crime ainda que adquira e transporte o gás, o explosivo etc. É indispensável que esteja consciente o agente da ausência de licença da autoridade e da possibilidade de criação de perigo comum.[51] Trata-se de tipo anormal em que o elemento normativo está expresso em "sem licença da autoridade". A expressão "sem licença" equivale à expressão técnica "sem autorização". É o "ato administrativo unilateral e discricionário – diz José Cretella Júnior – mediante o qual a Administração faculta ao particular o exercício de atividade, removendo, para tanto, o obstáculo legal impeditivo".[23] Assim, por exemplo, a estocagem de fogos de artifício em local inadequado e sem licença de autoridade competente, configura o crime, que é de perigo abstrato, de que não se pode escusar o agente sob a alegação do desconhecimento da ilicitude do fato.[52]

---

22. HUNGRIA, Nelson. Ob. cit. v. 9, p. 38. Ver também *Código Penal e sua interpretação jurisprudencial* na p. 522.
23. Definição de autorização administrativa. *RF* 256/85 e 88.

Estando autorizado o fabricante, adquirente, possuidor ou transportador, a conduta não configura o ilícito, ainda quando ocorra perigo para a incolumidade pública, podendo existir, eventualmente, o crime previsto no art. 132.

A finalidade da conduta é indiferente para a lei penal, ocorrendo o delito ainda que o agente não cogite de atentado à incolumidade pública.[53]

5.4.6 Consumação e tentativa

Consuma-se o crime no momento em que o agente pratica uma das condutas: fabricar, fornecer, adquirir ou transportar. Trata-se de um crime de perigo *abstrato*, presumindo de modo absoluto a lei que o fato é perigoso. Não é necessário, portanto, que se comprove o risco efetivo para pessoas ou coisas.[54]

É difícil a configuração da simples tentativa uma vez que a preparação do material destinado à fabricação do explosivo ou gás já configura a consumação. Possível, porém, a tentativa de aquisição irregular da substância.

5.4.7 Distinção

A subtração de substâncias explosivas ou de acessórios que possibilitem a sua fabricação, montagem ou emprego configura o crime de furto qualificado (art. 155, § 7º) ou, se cometido com o emprego de violência ou grave ameaça, o de roubo qualificado (art. 157, § 2º, VI).

Em caso de dano qualificado e fabrico de explosivo, em que esta última infração serviu de meio para a prática da primeira, decidiu-se pela absorção do crime de perigo: "O fato anterior deixa de ser punido quando se inclui, como meio ou momento de preparação do processo unitário, embora complexo, do fato principal, ação de passagem, apenas, para a realização final".[55]

O Estatuto da Criança e do Adolescente criou dois tipos penais especiais quanto ao fornecimento de explosivos e outras substâncias e objetos a menores de 18 anos. O art. 242 da Lei nº 8.069/90, com a redação dada pela Lei nº 10.764, de 12-11-2003, passou a prever a pena de reclusão de três a seis anos para quem "vender, fornecer ainda que gratuitamente ou entregar, de qualquer forma, a criança ou adolescente arma, munição ou explosivo". A Lei nº 10.826, de 22-12-2003, no art. 16, § 1º, inciso V, prevendo as mesmas penas, com redação semelhante, apenas explicitando que a arma deve ser "de fogo", redefiniu o crime nos seguintes termos: "vender, entregar ou fornecer, ainda que gratuitamente, arma de fogo, acessório, munição ou explosivo a criança ou adolescente". No art. 244 do Estatuto da Criança e do Adolescente pune-se também, com pena de seis meses a dois anos de detenção, e multa, quem "vender, fornecer ainda que gratuitamente ou entregar, de qualquer forma, a criança ou adolescente fogos de estampido ou de artifício, exceto aqueles que, pelo seu reduzido potencial, sejam incapazes de provocar qualquer dano físico em caso de utilização indevida".

A Lei nº 9.605, de 12-2-1998, define no art. 56 como crime apenado com reclusão, de um a quatro anos, e multa, diversas condutas (produção, armazenamento, uso, comercialização, abandono, manipulação etc.) que se relacionam com produto ou substância tóxica, perigosa ou nociva à saúde humana ou ao meio ambiente, que sejam praticadas em desacordo com as exigências legais e regulamentares. Preveem-se a forma qualificada, com aumento da pena de um sexto a um terço, se a substância for nuclear ou radioativa, e a culposa, punida com detenção, de seis meses a um ano, e multa. Os crimes relacionados com atividade nuclear estão previstos nos arts. 19 a 27 da Lei nº 6.453, de 17-10-1977, que também dispõe sobre a responsabilidade civil por danos nucleares, a qual, nos termos do art. 21, inciso XXIII, alínea *d*, da Constituição Federal, independe da existência de culpa (EC nº 49, de 8-2-2006).

O uso, pesquisa, produção, estocagem, aquisição, transferência, importação ou exportação de armas químicas são condutas que configuram o crime previsto no art. 4º da Lei nº 11.254, de 27-12-2005, ao qual se comina pena de um a dez anos de reclusão.

Usar, ameaçar usar, transportar, guardar, portar ou trazer consigo explosivos, gases tóxicos, venenos, conteúdos biológicos, químicos, nucleares ou outros meios capazes de causar danos ou promover destruição em massa são atos de terrorismo que podem configurar o crime previsto no art. 2º, § 1º, inciso I, da Lei nº 13.260, de 16-3-2016. Para a caracterização do crime de terrorismo exige a lei que aquelas ações sejam praticadas por razões de xenofobia, discriminação ou preconceito de raça, cor, etnia ou religião, que tenham por finalidade provocar terror social ou generalizado e que exponham a perigo pessoa, patrimônio, a paz pública ou a incolumidade pública.

5.4.8 Competência

Embora a fiscalização de explosivos seja atribuída a órgão federal, o crime de posse de explosivos é da competência da Justiça estadual e não Federal.[56]

A competência, porém, nos crimes previstos nos arts. 251 a 253 do CP será da Justiça Federal na hipótese de configuração de terrorismo, em razão de expressa previsão legal (art. 11 da Lei nº 13.260, de 16-3-2016), ou se praticado em detrimento de bens, serviços ou interesse da União ou de suas entidades autárquicas ou empresas públicas, ressalvada, nessa hipótese, a competência da Justiça Militar ou Eleitoral (art. 109, IV, da CF).

5.5 INUNDAÇÃO

5.5.1 Conceito

O crime de inundação é previsto no art. 254: "Causar inundação, expondo a perigo a vida, a integridade física ou o patrimônio de outrem: Pena – reclusão, de três a seis anos, e multa, no caso de dolo, ou detenção, de seis meses a dois anos, no caso de culpa."

5.5.2 Objetividade jurídica

A incolumidade pública ainda é objeto jurídico do crime. Pode a inundação causar sérios danos à coletividade tanto no aspecto físico como patrimonial.

5.5.3 Sujeitos do delito

Agente do crime é qualquer pessoa que provoque a inundação. Sujeito passivo é a coletividade e, eventualmente, os indivíduos colocados em risco quanto à vida, saúde ou patrimônio.

5.5.4 Tipo objetivo

Causar inundação é a conduta típica. *Causar* significa dar causa, promover, provocar, produzir, motivar, por qualquer meio, a invasão ou alagamento pelas águas de lugar não destinado a contê-las. Essa invasão ou alagamento, que é a consequência do desenvolvimento da força natural da água, provocada pelo agente, pode ser violenta (rompimento de um dique, p. ex.) ou lenta (represamento, p. ex.), instantânea ou continuada. Caracteriza o crime provocar o aumento da inundação preexistente.[24]

Exige-se que haja um extravasamento acentuado de águas de modo a causar perigo. Trata-se de crime de perigo concreto, sendo indispensável a comprovação do risco à incolumidade pública. Decidiu-se pela inexistência do crime em tela no caso de alagamento em que se afetou apenas o patrimônio de duas pessoas, não trazendo prejuízo nem ameaça de dano a um número indeterminado de pessoas.[57]

Há crime na omissão do sujeito ativo, como no exemplo citado por Noronha de alguém abrir involuntariamente uma brecha em um dique e não a reparar, quando possível, com o intuito de provocar a inundação.[25]

5.5.5 Tipo subjetivo

O dolo é a vontade de provocar inundação, tendo o agente consciência do perigo comum. A finalidade do agente é indiferente para a aplicação do art. 254.

5.5.6 Consumação e tentativa

Consuma-se o crime com o perigo à vida, integridade física ou patrimônio de outrem, quando já está concretizada a inundação.

O crime de inundação é plurissubsistente, podendo ocorrer a tentativa. Afirma, percucientemente, Fragoso: "A tentativa do crime de inundação pode corresponder

---

24. Cf. FRAGOSO, H. Cláudio. Ob. cit. v. 3, p. 171.
25. NORONHA, E. Magalhães. Ob. cit. v. 3, p. 495.

materialmente ao crime de perigo de inundação consumado (como, por exemplo, na forma de destruição de diques ou barragens). A diferença entre um e outro caso reside no elemento subjetivo, pois no perigo de inundação o agente não quer o alagamento, nem assume o risco de produzi-lo." [26]

5.5.7 Formas qualificadas pelo resultado

Como em outros delitos de perigo comum, a inundação é qualificada pelo resultado quando ocorrer lesão corporal grave ou morte (art. 258) (item 5.1.10).

5.5.8 Inundação culposa

Na cominação da sanção a lei incrimina a modalidade *culposa* do crime. Causando-se a inundação e o perigo coletivo por *imprudência*, *imperícia* ou *negligência*, o fato é punido. Em caso de construção de barragem que veio a romper-se, causando danos expressivos, absolveu-se o agente porque no laudo pericial apontavam-se várias deficiências na construção sem, contudo, demonstrar-se conclusivamente as causas do rompimento em seus aspectos objetivos, tornando impossível saber-se se ele ocorreu em razão da altura demasiada ou de deficiência ou defeito da parede.[58]

5.5.9 Distinção

Quando não ocorrer perigo comum pode haver, residualmente, o crime de dano (art. 163) ou de usurpação de águas (art. 161, § 1º, inciso I).

Causar inundação em lugar sujeito à administração militar, expondo a perigo a vida, a integridade física ou o patrimônio de outrem é crime militar (art. 272 do CPM).

5.6 PERIGO DE INUNDAÇÃO

5.6.1 Conceito

Incriminando o que, eventualmente, poderia caracterizar atos preparatórios ou tentativa do crime de inundação, prevê a lei, no art. 255, o delito de perigo de inundação: "Remover, destruir ou inutilizar, em prédio próprio ou alheio, expondo a perigo a vida, a integridade física ou o patrimônio de outrem, obstáculo natural ou obra destinada a impedir inundação: Pena – reclusão, de um a três anos, e multa."

5.6.2 Objetividade jurídica

Tutela-se com o dispositivo a incolumidade pública, posta em risco pela conduta que vai provocar o perigo comum.

---

26. FRAGOSO, H. Cláudio. Ob. cit. v. 3, p. 172.

5.6.3 Sujeitos do delito

Qualquer pessoa pode praticar o crime, mesmo o proprietário do imóvel em que se encontra o obstáculo ou a obra. Expressamente, no caso, a lei se refere a prédio *próprio* ou *alheio*.

Sujeito passivo é a coletividade e, individualmente, os que tiverem seus bens jurídicos ameaçados pela conduta típica.

5.6.4 Tipo objetivo

Três são as modalidades de ações: remover, destruir ou inutilizar. *Remover* é retirar, transferir, mudar de lugar, deslocar, afastar. *Destruir* significa eliminar, fazer desaparecer, fazendo-se com que a coisa perca a forma ou essência primitivas. *Inutilizar* é tornar inútil, vão, improfícuo, inoperante o obstáculo ou a obra. Não importa o meio utilizado pelo agente na prática de qualquer uma das condutas.

Observa acuradamente Delmanto que a ação de quem coloca obstáculo capaz de causar inundação não foi abrangida pelo dispositivo.[27] O agente responderá apenas em caso de efetiva inundação ou tentativa desse ilícito.

O objeto material é o *obstáculo natural* (margem, p. ex.) ou *obra* destinada a impedir a inundação (barragem, reclusa, dique, comporta etc.).

Trata-se de crime de perigo concreto, que exige a comprovação do risco não só da inundação mas do perigo comum. O perigo de inundação é crime militar se praticado o fato em lugar sujeito à administração militar (art. 273 do CPM).

5.6.5 Tipo subjetivo

O dolo é a vontade de praticar uma das condutas, estando o agente consciente de que pode provocar perigo comum. Havendo o intuito de provocar a inundação estará configurada a tentativa do crime previsto no art. 254.[28]

Não nos parece procedente a opinião de que, havendo inundação, responde o agente por esta, em concurso formal com o tipo culposo do art. 254.[29] Há, na hipótese, apenas um resultado, que é o perigo comum, haja ou não a inundação e não há que se falar em concurso formal com apenas esse resultado.

5.6.6 Consumação e tentativa

Consuma-se o delito com a criação do perigo coletivo, independentemente da ocorrência da inundação. Como acentua Noronha, fundado em Manzini, "o momen-

---

27. DELMANTO, Celso. Ob. cit. p. 290.
28. Assim pensa FRAGOSO, H. Cláudio. Ob. cit. v. 3, p. 173.
29. É a opinião de HUNGRIA, Nelson. Ob. cit. v. 9, p. 48 e NORONHA, E. Magalhães. Ob. cit. v. 3, p. 498.

to da ruptura etc., pode não coincidir com o do perigo manifestado, como no caso de perfuração do dique de um rio, com vistas à cheia iminente, ou na hipótese de simples enfraquecimento de uma barragem, visando-se ao desmoronamento pela pressão da água ou pela ação das chuvas".[30]

Afirma-se que não é admissível a tentativa porque no crime em tela o agente *não* quer a inundação.[31] É de se convir, porém, que o agente pode iniciar a remoção do obstáculo, p. ex., ciente de que pode ocorrer perigo comum, sem querê-lo, ocasião em que é impedido de continuar. Não se pode falar em tentativa com dolo eventual e, em consequência, em tentativa de inundação e sim do delito em estudo.

5.7 DESABAMENTO OU DESMORONAMENTO

5.7.1 Conceito

O crime de desabamento ou desmoronamento é previsto no art. 256: "Causar desabamento ou desmoronamento, expondo a perigo a vida, a integridade física ou o patrimônio de outrem: Pena – reclusão, de um a quatro anos, e multa."

5.7.2 Objetividade jurídica

O objeto jurídico do crime ainda é a incolumidade pública, colocada em grave risco pelo desabamento ou desmoronamento.

5.7.3 Sujeitos do delito

Qualquer pessoa, inclusive o dono do imóvel, pode praticar o crime em apreço. Sujeito passivo é a coletividade e, eventualmente, a pessoa ameaçada ou lesada em sua vida, integridade corporal ou patrimônio.

5.7.4 Tipo objetivo

A conduta típica é *causar* (dar causa, provocar, promover, motivar) o desabamento ou desmoronamento. *Desabamento* é a queda de construções ou obras construídas pelo homem (edifícios, pontes etc.); *desmoronamento* refere-se às partes do solo (desmoronamento de morro, pedreira etc.).[32] Incrimina-se na lei tanto o desabamento ou desmoronamento total como parcial, provocados por qualquer meio.

---

30. NORONHA, E. Magalhães. Ob. cit. v. 3, p. 497.
31. Cf. NORONHA, E. Magalhães. Ob. cit. v. 3, p. 250. DELMANTO, Celso. Ob. cit. p. 291. FRAGOSO, H. Cláudio. Ob. cit. v. 3, p. 173.
32. NORONHA, E. Magalhães. Ob. cit. v. 3, p. 500.

Pode o crime ser cometido por omissão, não evitando o agente o fato quando tem o dever jurídico de impedi-lo (art. 13, § 2º).

Indispensável é que se instale uma situação de perigo para pessoas ou coisas indeterminadas. Não se apresentando objetivamente, de modo direto e imediato, o perigo comum, o fato deixará de ser crime contra incolumidade pública, para configurar simples contravenção, quando não seja penalmente irrelevante.[59]

5.7.5 Tipo subjetivo

O dolo do crime em estudo é a vontade de provocar o desabamento ou desmoronamento, ciente o sujeito ativo que haverá perigo para um número indeterminado de pessoas ou bens patrimoniais. Indiferente, para a caracterização do delito, é a finalidade da conduta e que o agente queira a situação de risco.

5.7.6 Consumação e tentativa

Consuma-se a infração penal com a situação de perigo criada pelo desmoronamento ou desabamento. Por outro lado, para a caracterização do delito de desabamento não basta a simples ameaça, o perigo de que ele possa ocorrer; é imprescindível a ocorrência efetiva da queda do prédio ou da parede.[60]

Resultando do desabamento ou desmoronamento lesão corporal grave ou morte aplica-se ao fato o art. 258, ocorrendo na hipótese o crime preterintencional (item 5.1.10).

5.7.7 Forma culposa

Se o crime é culposo a pena é de detenção, de seis meses a um ano (art. 256, parágrafo único). Indispensável é que se comprove a *imperícia*, *imprudência* ou *negligência* do agente,[61] tendo-se já decidido que, inexistindo nos autos a prova pericial acerca da causa, do fator determinante do desabamento, não se tem como configurado esse delito, nem mesmo na sua modalidade culposa.[62]

São exemplos de desabamento ou desmoronamento culposo: rebentação de pedreira que causa desabamento ou desmoronamento de edificações ou construções vizinhas; obras de escavações vizinhas a prédios sem o necessário escoramento destes;[63] construção de vala próximo a prédio vizinho causando a queda de parede deste;[64] queda de claraboia do estabelecimento quando o proprietário não atende às advertências quanto à insegurança do prédio;[65] erro de execução de projeto de construção de um elevado que desaba;[66] condução de veículo em excessiva velocidade que se choca contra um prédio, provocando desabamento;[67] quando a armação de ferro é de todo insuficiente para suster peças de concreto, sobre a qual, pouco tempo após feita, já recebe alvenaria pesada;[68] deslizamento de terra em obra em construção[69] etc. Comprovada a culpa do agente, a possibilidade de terem contribuído para o desabamento causas concorrentes não exclui a imputação por não rompimento da cadeia causal entre a conduta culposa e o resultado.[70]

Decidiu-se pela absolvição quando o agente se conduziu de acordo com as normas técnicas pertinentes à efetivação de escavação, não se reconhecendo culpa se, em decorrência de imprevisível elevado índice pluviométrico, verificou-se inesperado deslizamento de solo.[71]

Nada impede a responsabilidade de vários agentes (engenheiros, mestre de obras, operários etc.),[72] mas, a simples execução material de trabalhos determinados e orientados por princípios técnicos, ditados por profissional e fora do alcance de modestos operários, não pode caracterizar a culpa destes com consequente responsabilidade criminal.[73]

Aplica-se ao crime culposo o art. 258. É crime autônomo quando resulta morte, e está previsto nos arts. 256, parágrafo único, e 258, última parte do Código Penal, não podendo ser confundido com o crime previsto no art. 121, § 3º.[74] Tratando-se de crime qualificado pelo resultado, a ocorrência de mais de uma morte não implica o reconhecimento de concurso formal.[75]

5.7.8 Distinção

Não ocorrendo perigo para a incolumidade pública pode o crime, na forma dolosa, caracterizar o dano, ou em qualquer modalidade, a contravenção do art. 29 da LCP. Havendo lesão corporal ou morte e restringindo-se o desabamento à área interna do terreno, desclassifica-se o ilícito para os arts. 121, § 3º, e 129, § 6º.[76]

O desabamento ou desmoronamento em lugar sujeito à administração militar, expondo a perigo a vida, a integridade física ou o patrimônio de outrem é crime militar (art. 274 do CPM).

5.8 SUBTRAÇÃO, OCULTAÇÃO OU INUTILIZAÇÃO DE MATERIAL DE SALVAMENTO

5.8.1 Conceito

O crime de subtração, ocultação ou inutilização de material de salvamento está previsto no art. 257: "Subtrair, ocultar ou inutilizar, por ocasião de incêndio, inundação, naufrágio, ou outro desastre ou calamidade, aparelho, material ou qualquer meio destinado a serviço de combate ao perigo, de socorro ou salvamento; ou impedir ou dificultar serviço de tal natureza: Pena – reclusão, de dois a cinco anos, e multa."

Lembra-se, na doutrina, que a rubrica lateral do artigo não corresponde a todo tipo penal, deixando-se de lado o impedimento e a dificuldade para os serviços de salvamento, socorro etc., previstos na segunda parte do dispositivo.[33]

---

33. Cf. HUNGRIA, Nelson. Ob. cit. v. 9, p. 50. NORONHA, E. Magalhães. Ob. cit. v. 3, p. 502. FRAGOSO, H. Cláudio. Ob. cit. v. 3, p. 174-5.

5.8.2 Objetividade jurídica

Tutela-se com o artigo em estudo, ainda uma vez, a incolumidade pública. Quem pratica uma das condutas típicas, impedindo que se afaste o perigo criado pelo incêndio, inundação etc., aumenta o risco para a coletividade.

5.8.3 Sujeitos do delito

Qualquer pessoa pode praticar as condutas previstas no dispositivo, inclusive o proprietário do aparelho ou material de salvamento. Sujeito passivo é, ainda, a coletividade. Os proprietários dos aparelhos e materiais de salvamento, quando não sujeitos ativos, podem ser vítimas de outros crimes: furto, dano etc., em concurso formal.

5.8.4 Tipo objetivo

Pressuposto do crime previsto no art. 257 é a manifestação ou continuidade de incêndio, inundação, naufrágio ou outro desastre ou calamidade pública, tenham sido estes causados por dolo, culpa ou caso fortuito. Na inexistência dessa situação poderá ocorrer outro crime: furto, dano etc.

Na primeira parte do dispositivo estão os casos de subtração, ocultação, ou inutilização (que podem ser temporárias) do aparelho, material ou qualquer meio destinado ao combate, socorro ou salvamento nas situações mencionadas. *Subtrair* é tirar, apoderar-se, apossar-se etc. *Ocultar* é esconder, fazer desaparecer, suprimir, impedindo que o objeto seja utilizado. *Inutilizar* é destruir, danificar, tornar o aparelho inútil a seu destino. *Salvamento* refere-se ao ato de impedir a morte de alguém enquanto que *socorro* relaciona-se com a assistência que deve ser prestada imediatamente a quem foi vítima de dano à sua integridade física.[34]

O objeto material do delito é o objeto ou coisa destinada a conjurar o perigo, como as citadas por Noronha: o extintor de incêndio, bombas, mangueira, redes, escadas, salva-vidas, cordas, escaleres etc., bem como medicamentos, padiolas, ambulâncias etc., já que a lei fala em combate ao perigo (*v. g.* extintor de incêndio), socorro (p. ex., maca ou ambulância) e salvamento (escada ou corda).[35] Coisa *destinada* a socorro ou salvamento é aquela normalmente utilizada nesses serviços, como a que é circunstancialmente útil, como o telefone.[36]

A segunda parte do dispositivo refere-se às condutas de impedir e dificultar aqueles serviços usando o agente qualquer processo: violência, ameaça, fraude etc. Exemplos seriam o daquele que imobiliza o bombeiro, o que impede a comunicação

---

34. Cf. FARIA, Bento de. Ob. cit. v. 6, p. 230.
35. NORONHA, E. Magalhães. Ob. cit. v. 3, p. 504.
36. É a afirmação de FRAGOSO, H. Cláudio. Ob. cit. v. 3, p. 176.

de um aviso de sinistro etc. Não constitui crime a simples recusa de auxílio pessoal aos bens jurídicos em perigo quando o sujeito não tem o dever jurídico de impedir o resultado. Pode haver crime por omissão de bombeiros, marinheiros, médicos sanitaristas etc.

O crime em apreço é de perigo abstrato, não se exigindo a demonstração do risco para a incolumidade pública decorrente da conduta do agente.[37] Indispensável, porém, como já foi assinalado, é a existência de incêndio, inundação, naufrágio etc.

Não desaparece o delito por haver a ação de outrem obstado o malefício que a conduta do agente causaria (p. ex., a substituição do aparelho). A lei não pune o efeito desta mas, tão só, ela própria.[38] A mesma conduta encontra-se tipificada no Código Penal Militar (art. 275).

5.8.5 Tipo subjetivo

O dolo é a vontade de praticar uma das condutas mencionadas no dispositivo por ocasião dos fatos que podem acarretar danos à coletividade. É indiferente a finalidade da conduta mas, conforme seja, é possível que ocorra outro crime: homicídio, lesões etc.

Não instituiu o legislador a modalidade culposa do crime em tela.

5.8.6 Consumação e tentativa

Quanto à primeira parte do art. 257 a consumação ocorre com a subtração, ocultação ou inutilização do aparelho, material ou outro meio, mesmo que não se frustre o salvamento ou socorro. Nada impede a tentativa.

Quanto à segunda parte, a consumação ocorre com a situação de impedimento ou dificuldade de prestação do serviço. O agente cria obstáculo ao bombeiro, impede pedido de socorro etc. Também nessa hipótese é possível a tentativa. Cita Noronha o exemplo daquele que faz comunicação falsa para impedir o salvamento, não produzindo ela efeito.[39]

5.8.7 Concurso

Tendo o agente causado a situação de perigo (incêndio, inundação etc.), responderá também por esse delito, em concurso material. Havendo furto, dano etc., ocorre concurso formal de delitos.

---

37. Cf. FRAGOSO, H. Cláudio. Ob. cit. v. 3, p. 175 e NORONHA, E. Magalhães. Ob. cit. v. 3, p. 504.
38. NORONHA, E. Magalhães. Ob. cit. v. 3, p. 503.
39. NORONHA, E. Magalhães. Ob. cit. v. 3, p. 505.

5.9 DIFUSÃO DE DOENÇA OU PRAGA

5.9.1 Conceito

Pune a lei a difusão de doença ou praga diante do disposto no art. 259: "Difundir doença ou praga que possa causar dano a floresta, plantação ou animais de utilidade econômica: Pena – reclusão, de dois a cinco anos, e multa."

5.9.2 Objetividade jurídica

Tutela-se pelo dispositivo a incolumidade pública, restrita, porém, aos bens econômicos mencionados no dispositivo e que fazem parte da riqueza nacional.

A Lei nº 12.873, de 24-10-2013, autoriza o Poder Executivo a declarar estado de emergência fitossanitária ou zoossanitária no caso de risco iminente de surto de epidemia de doença ou praga (art. 52).

5.9.3 Sujeitos do delito

Sujeito ativo é qualquer pessoa que pratica a conduta típica, não se excluindo o proprietário das plantações, dos animais etc.

Sujeito passivo é o Estado e também o dono dos bens atingidos pela doença ou praga, ou que forem por elas efetivamente colocados em risco.

5.9.4 Tipo objetivo

Difundir doença ou praga é o núcleo do tipo. *Difundir é espalhar*, fazer propagar etc. *Doença*, no sentido previsto pelo tipo penal, é o processo patológico que provoca a morte, destruição ou deterioração de plantas ou animais (febre aftosa, raiva, peste suína, salmonelose, a difteria, a peste das aves, sarna, brucelose etc.). A praga "é um mal que não representa o processo e desenvolvimento mórbido da doença mas traduz antes um surto maléfico e transeunte, semelhante à epidemia".[40] São exemplos a filoxera, a lagarta rosada, os ácaros, os nematódeos, o piolho, os criptógamos e outros parasitos.[41]

Para se falar em difusão é necessário que o mal (doença ou praga) tenha atingido certo número de plantas ou animais, não bastando a contaminação de poucos. Pode o agente utilizar-se de qualquer meio: contato, emprego de germes patogênicos etc. Lembra Noronha a possibilidade de cometer-se o crime por omissão: "pode o agente propagar ou espalhar a epizootia ou a epifitia, quando, omitindo, propositadamente, cuidados higiênicos, produz a difusão do mal".[42]

---

40. NORONHA, E. Magalhães. Ob. cit. v. 3, p. 511.
41. FARIA, Bento de. Ob. cit. v. 6, p. 234.
42. NORONHA, E. Magalhães. Ob. cit. v. 3, p. 512-513.

Falsificar certificado de imunização não se inclui entre os crimes contra a incolumidade pública, como o de difusão de doença (aftosa) que possa causar dano a animais de utilidade econômica, embora constitua crime de falsificação de documento público.[77]

O conceito de floresta, mata e plantação já foi examinado (v. item 5.1.8).

Sendo indispensável que as plantas ou animais tenham valor econômico, ainda que não sejam estes domésticos, estão excluídos os animais ferozes ou nocivos quando não tenham aquele valor.

O crime de difusão de doença ou praga é de perigo *abstrato*, revelado pela expressão "que possa causar dano", sendo dispensável a comprovação do risco a bens protegidos. Basta, portanto, que a doença ou praga possa causar dano (dano potencial).

A difusão de doença que pode atingir a pessoa humana constitui crime mais grave (arts. 267, 268, 270 etc.).

5.9.5 Tipo subjetivo

O dolo do delito em estudo é a vontade de difundir doença ou praga, ciente o agente de sua nocividade, ou seja, de que possa causar dano. É indiferente a finalidade da conduta.

5.9.6 Consumação e tentativa

Consuma-se o crime quando há efetiva difusão ou propagação da doença ou praga, desde que possa ela causar perigo para a floresta, plantação ou animais. É possível a tentativa, como ocorre na hipótese do agente empregar meio idôneo à difusão mas não a conseguir.

5.9.7 Difusão culposa

No caso de culpa, a pena é de detenção, de um a seis meses, ou multa (art. 259, parágrafo único). É possível que, por *negligência*, *imprudência* ou *imperícia*, o agente cause a difusão da doença ou praga. Comum, mesmo, é a falta de providências do proprietário de animais para evitar a difusão de doença.

5.9.8 Revogação

No art. 61 da Lei nº 9.605, de 12-2-1998, define-se como crime contra o meio ambiente, punido com reclusão de um a quatro anos, e multa, a conduta de "disseminar doença ou praga ou espécies que possam causar dano à agricultura, à pecuária, à fauna, à flora ou aos ecossistemas". Nas razões do veto ao art. 1º da Lei nº 9.605, contida na Mensagem Presidencial nº 181, de 12-2-1998, afirma-se que a Lei não teria incluído o crime previsto no art. 259 do CP. O novo tipo penal, porém, redefiniu o crime de difusão de doença ou praga de forma mais abrangente, protegendo-se não apenas "a agricultura" e "a pecuária", formas de atividade econômica, mas também a "fauna", "flora" e "ecossistemas", que compreendem o conceito de "floresta", tenham ou não utilidade econômica. O bem jurídico tutelado no art. 259, que é a "incolumidade pública", passou a consistir na nova lei penal, de forma mais precisa, no "meio ambiente", conceito aperfeiçoado posteriormente à entrada em vigor do Código Penal. Regulando inteiramente a matéria, o art. 61 da lei ambiental revogou tacitamente o art. 259 do CP. Curiosamente, a conduta passou a ser menos severamente punida, abolindo-se a forma culposa.

6

DOS CRIMES CONTRA A SEGURANÇA DOS MEIOS DE COMUNICAÇÃO E TRANSPORTE E OUTROS SERVIÇOS PÚBLICOS

6.1 PERIGO DE DESASTRE FERROVIÁRIO E DESASTRE FERROVIÁRIO

6.1.1 Generalidades

Estão reunidos no Capítulo II do Título VIII os crimes contra a segurança dos meios de comunicação e transporte e outros serviços públicos, como delitos que atentam contra a incolumidade pública. Nem todos eles, porém, podem ser estritamente denominados crimes de perigo comum, já que, por vezes, se punem fatos que atingem apenas os meios de comunicação do pensamento ainda que não ponham em risco, necessariamente, a incolumidade pública.

6.1.2 Conceito

O primeiro dos delitos do capítulo agora objeto de estudo é o de perigo de desastre ferroviário, previsto no art. 260: "Impedir ou perturbar serviço de estrada de ferro: I – destruindo, danificando ou desarranjando, total ou parcialmente, linha férrea, material rodante ou de tração, obra de arte ou instalação; II – colocando obstáculo na linha; III – transmitindo falso aviso acerca do movimento dos veículos ou interrompendo ou embaraçando o funcionamento de telégrafo, telefone ou radiotelegrafia; IV – praticando outro ato de que possa resultar desastre: Pena – reclusão, de dois a cinco anos, e multa."

No § 1º está previsto o crime mais grave de desastre ferroviário e no § 2º a modalidade culposa deste.

6.1.3 Objetividade jurídica

Como se trata de crime de perigo comum, o bem jurídico tutelado é a incolumidade pública, posta em risco pela conduta que pode provocar um desastre ferroviário, normalmente de amplas e funestas consequências.

6.1.4 Sujeitos do delito

Qualquer pessoa pode praticar o crime em estudo. Sujeito passivo é a coletividade, ou seja, o próprio Estado. Quando ocorre o desastre, também são sujeitos passivos os titulares dos bens jurídicos ofendidos.

6.1.5 Tipo objetivo

O crime previsto no art. 260 é de conduta múltipla vinculada, ou seja, somente pode ser praticado pelas formas previstas especificamente no dispositivo.

O núcleo do tipo penal é *impedir* (opor-se, obstruir, atravancar, tornar impossível) ou *perturbar* (atrapalhar, alterar, desorganizar, desarranjar, tornar difícil) o serviço ferroviário.

Serviço ferroviário é aquele relacionado com transportes em estradas de ferro. Às linhas férreas com trilhos (binários), em que circulam trens, o § 3º equipara "qualquer via de comunicação, em que circulem veículos de tração mecânica, em trilhos ou por meio de cabo aéreo". Protegido está, também, no art. 260, qualquer transporte por veículos em que há "trilhos metálicos, sobre os quais circulam veículos movidos por vapor, eletricidade ou outro meio de tração mecânica".[43] Incluídos estão, pois, os serviços de *bondes* ou *metrôs*. Para a nossa lei, ainda, está tutelado o tráfego por meio de cabo aéreo, como ocorre, por exemplo, no realizado pelos teleféricos. Não fazendo distinção à lei, é indiferente que se trate de serviços de transporte públicos ou de propriedade de particulares.

A primeira modalidade de conduta é consubstanciada pela destruição, danificação ou desarranjo, totais ou parciais, de linha férrea, material rodante ou de tração ou de obra de arte ou instalação (inciso I). O conceito de destruição e danificação já foi objeto de estudo anterior (*Manual de Direito Penal*, v. 2, item 13.1.6). *Desarranjar* significa desconjuntar, desmontar, retirar peças indispensáveis ao funcionamento ou emprego útil da coisa.[44] Material *rodante* é o que circula nos trilhos ou cabos (vagões, carros etc.); material de tração é o que conduz, impulsiona os vagões, carros etc., como as locomotivas, litorinas, carros-motores; *obras de arte* compreendem as construções para a passagem dos veículos (túneis, pontes, aterros etc.); e *obras de instalação* são os prédios, construções, cabines, aparelhos de sinalização, chaves de desvio etc.

Pode-se praticar o crime, ainda, com a colocação de obstáculo (inciso II). A conduta incriminada é a de colocar toras de madeira, barras de ferro, pedras, animais de grande porte ou qualquer outro obstáculo à livre circulação dos veículos, para impedi-la ou dificultá-la.

---

43. MANZINI, Vincenzo. *Tratatto de diritto penale italiano*. Turim. Unione Tipográfico – Editrice Torinese, 1950. v. 6, p. 270.
44. HUNGRIA, Nelson. *Comentários ao Código Penal*. 5. ed. Rio de Janeiro: Forense, 1958. v. 9, p. 62.

6 • CRIMES CONTRA SEGURANÇA DOS MEIOS DE COMUNICAÇÃO E TRANSPORTE E OUTROS SERVIÇOS

Pratica o crime, também, quem emite ou transmite falso aviso a respeito do movimento dos veículos ou quem interrompe ou embaraça o funcionamento de telégrafo, telefone ou radiotelegrafia (inciso III). Essa conduta pode causar desastre ferroviário com a colisão de trens, choque em barreiras, queda em despenhadeiros pelo desabamento de pontes etc.

Por fim, no inciso IV, incrimina-se a prática de qualquer outro ato de que possa resultar desastre. O legislador empregou uma fórmula genérica que, a rigor, dispensaria a enunciação especificada dos incisos anteriores.

A conduta pode consubstanciar-se em ação ou omissão. Responde por omissão o ferroviário encarregado de fornecer ou transmitir aviso sobre desmoronamento, passagem de um trem etc. que não se desincumbe do dever de agir.

Para que se possa falar em perigo de desastre é necessário que haja a possibilidade de risco para a incolumidade de pessoas ou coisas indeterminadas, exigindo-se que haja risco de um mal de certo vulto, de grave extensão. Afirma Manzini que necessário também é que ocorra "comoção pública".[45] A doutrina pátria, porém, não encampa tal opinião, dispensando a ocorrência de um acontecimento, extraordinário, excepcional, de dano "universal".[46]

Ensina Bento de Faria que "o desastre ferroviário não pressupondo, necessariamente, a morte ou a lesão de pessoas, pode se verificar em um trem em movimento ou parado, com ou sem passageiros, ou em manobras".[47]

Não deixa de existir o delito se o risco atinge apenas pessoas ou bens dos funcionários ou empregados do serviço de transporte ferroviário. Por outro lado, não há que se falar em desastre ferroviário se o risco é de pessoas estranhas ao transporte ferroviário, como ocorre, por exemplo, no atropelamento daquele que atravessa os trilhos da estrada de ferro e é colhido pelo trem.

6.1.6 Tipo subjetivo

O dolo é a vontade de praticar as ações mencionadas nos incisos do art. 260 para impedir ou perturbar o serviço ferroviário, tendo o agente consciência do perigo de desastre. Pouco importa que o agente tenha ou não o escopo de fazer surgir o perigo ou de ocasionar o desastre, não se exigindo essa finalidade na conduta (dolo específico).[1] De qualquer forma não se reconheceu o ilícito na prática do chamado "surf ferroviário", em que o praticante viaja sobre a composição por não se reconhecer a vontade de criar situação concreta de desastre ferroviário.[2]

---

45. MANZINI, Vincenzo, Ob. cit. v. 6, p. 270.
46. NORONHA, E. Magalhães. *Direito penal.* 15. ed. São Paulo: Saraiva, 1978. v. 3, p. 520-521 e FRAGOSO, H. Cláudio. *Lições de direito penal.* 3. ed. Rio de Janeiro: Forense, 1981, v. 3, p. 184.
47. FARIA, Bento de. *Código Penal brasileiro.* 2. ed. Rio de Janeiro: Record, 1959. v. 6, p. 240.

6.1.7 Consumação e tentativa

Consuma-se o crime com a verificação da situação de perigo efetivo, ou seja, do risco imediato da ocorrência de desastre.[3] O crime previsto no art. 260, *caput*, é de perigo concreto; é indispensável a sua demonstração e não há consumação com a simples colocação de obstáculo na linha, por exemplo, se não houver real ocorrência de perigo objetivo.[4] Não se reconheceu o crime na depredação de um bonde.[5]

Admissível é a tentativa. Ocorre esta quando o agente praticou ou está praticando o ato e daí não advém perigo por circunstâncias alheias à vontade. Hungria cita os seguintes exemplos: retirada do obstáculo antes da aproximação do comboio; passagem incólume do trem porque a conduta não poderia provocar o desastre; desvio dos binários para provocar colisão quando um dos trens não chega a sair da estação etc.[48] É de verificar-se, porém, se não ocorre, no caso, crime impossível.

6.1.8 Desastre ferroviário

Sob a rubrica de *desastre ferroviário*, a lei prevê ilícito punido com reclusão, de quatro a doze anos, e multa, quando "do fato resulta desastre" (art. 260, § 1º). Incrimina a lei a conduta não só de quem quer o desastre, como também daquele que lhe deu causa, em virtude da conduta dolosa prevista nos incisos, sem querê-lo ou sem assumir conscientemente o risco de sua superveniência (crime preterdoloso).[49] A pena, em ambos os casos, abstratamente, é a mesma, devendo o juiz dosá-la, nos termos do artigo 59, conforme seja o crime doloso ou preterdoloso.

Havendo lesão corporal grave ou morte aplica-se o art. 258 em face do disposto no art. 263 (item 5.1.10).

A consumação do crime de desastre ferroviário só ocorre com a efetivação deste. *Desastre* é a lesão ou perigo de lesão à incolumidade física ou patrimonial coletiva e não o que se relaciona com pessoas determinadas.

Inadmissível falar-se na tentativa do crime de desastre ferroviário. O fato constituirá o crime previsto no *caput*, na sua forma tentada ou consumada.

6.1.9 Desastre ferroviário culposo

Quando o agente dá causa ao desastre por *imprudência*, *negligência* ou *imperícia*, ocorre o crime de desastre ferroviário culposo, previsto no art. 260, § 2º, a que é cominada pena de detenção, de seis meses a dois anos. O agente não atua com a vontade de

---

48. HUNGRIA, Nelson. Ob cit. v. 9, p. 67-8.
49. Alguns doutrinadores referem-se exclusivamente ao crime preterdoloso: HUNGRIA, Nelson. ob. cit. v. 9, p. 69. NORONHA, E. Magalhães. Ob. cit. v. 3, p. 523. DELMANTO, Celso. *Código Penal anotado*. 4. ed. São Paulo: Saraiva, 1984. p. 295. O dispositivo abrange, porém, o desastre doloso, ou seja, o querido pelo agente. Nesse sentido. FRAGOSO, H. Cláudio. *Lições de direito penal*. 3. ed. Rio de Janeiro: Forense, 1981. v. 3, p. 185.

impedir ou perturbar serviço de entrada de ferro, mas dá causa ao sinistro por não ter agido com as cautelas exigíveis naquela situação. Como exemplos, teríamos a conduta do ferroviário que, por negligência, se esquece de movimentar os binários; a conduta daquele que, não observando a sinalização de perigo, por descuido, deixa o comboio prosseguir na sua marcha, colidindo com outro etc.

Difere o desastre ferroviário do simples "acidente" por ser aquele um fato grave, complexo, de maior vulto que este. Decidiu-se que no mero descarrilamento sem consequências de vulto pode haver apenas os crimes dos arts. 121, § 3º, e 129, § 6º, e não o do art. 260, § 2º, que exige grave dano, complexo e extenso às pessoas, ao material ferroviário e carga.[6]

Possível a punição do agente pelo crime culposo quando o desastre foi causado dolosamente por terceiro. Positivada a negligência, imprudência ou imperícia do agente, a quem cumpria por dever jurídico impedir o resultado e não o fez, é indubitável a sua responsabilidade nos termos do art. 260, § 2º, enquanto o que causou o desastre responderá pelo crime previsto no parágrafo anterior.

Não constitui culpa a mera inobservância do regulamento do transporte ferroviário (Decreto nº 1.832, de 4-3-1996) ou do regulamento do transporte ferroviário de produtos perigosos (Decreto nº 98.973, de 21-2-1990), devendo ser ela demonstrada no caso concreto.

6.1.10 Distinção

Entre os atos que podem configurar o crime de terrorismo estão a sabotagem e o apoderamento, ainda que temporário, do controle de meio de transporte e de estações ferroviárias, como previsto no art. 2º, § 1º, IV, da Lei nº 13.260, de 16-3-2016.

6.2 ATENTADO CONTRA A SEGURANÇA DE TRANSPORTE MARÍTIMO, FLUVIAL OU AÉREO

6.2.1 Conceito

Prevê o art. 261 o atentado contra a segurança de transporte marítimo, fluvial ou aéreo: "Expor a perigo embarcação ou aeronave, própria ou alheia, ou praticar ato tendente a impedir ou dificultar navegação marítima, fluvial ou aérea: Pena – reclusão, de dois a cinco anos."

6.2.2 Objetividade jurídica

Objeto jurídico do dispositivo em estudo é a incolumidade pública no que diz respeito à segurança de transporte marítimo, fluvial ou aéreo.

Por força do art. 109, IX, da CF, compete à Justiça Federal processar e julgar os crimes cometidos a bordo de navios e aeronaves, ressalvada a competência da Justiça Militar, incluídos, portanto, os praticados contra a segurança do transporte marítimo, fluvial ou aéreo.[7]

Entre os diplomas legais que disciplinam a matéria, a Lei nº 9.432, de 8-1-1997, estabelece normas de ordenação do transporte aquaviário e dá outras providências. A Lei nº 9.537, de 11-12-1997, dispõe sobre a segurança do tráfego aquaviário em águas sob jurisdição nacional. A Lei nº 10.233, de 5-6-2001, dispõe sobre a reestruturação dos transportes aquaviários e terrestres. O Brasil é signatário da Convenção para a Supressão de Atos Ilícitos contra a Segurança da Navegação Marítima, promulgada pelo Decreto nº 6.136, de 26-6-2007. O Código Brasileiro de Aeronáutica (Lei nº 7.565, de 19-12-1986) contém normas relativas ao tráfego e serviços de transporte aéreo e disciplina a investigação e prevenção de acidentes aeronáuticos (arts. 86 a 93, com as alterações introduzidas pela Lei nº 12.970, de 8-5-2014).

A Lei nº 10.744, de 9-10-2003, regulamentada pelo Decreto nº 5.035, de 5-4-2004, dispõe sobre a assunção, pela União, de responsabilidades civis perante terceiros no caso de atentados terroristas, atos de guerra ou eventos correlatos, contra aeronaves brasileiras. A Agência Nacional de Aviação Civil (ANAC) foi criada pela Lei nº 11.182, de 27-9-2005, incumbindo-lhe a regulação e a fiscalização das atividades de aviação civil e de infraestrutura aeronáutica e aeroportuária.

6.2.3 Sujeitos do delito

Qualquer pessoa pode praticar o delito em tela por uma das ações incriminadas. O dispositivo deixa claro que o proprietário do veículo também poderá ser sujeito ativo do crime. Sujeito passivo é a coletividade, ou seja, o próprio Estado. No caso de sinistro, vítimas são também todos os titulares dos bens jurídicos ofendidos.

6.2.4 Tipo objetivo

São duas as modalidades de conduta previstas no art. 261. A primeira delas é a de *expor* a perigo embarcação ou aeronave. Trata-se de crime de ação livre, não especificando a lei qual o meio utilizado pelo agente para causar o perigo; pode ser, portanto, qualquer meio. É possível o cometimento do crime por omissão. Exemplo dessa espécie é a do sujeito ativo que, verificando um defeito na embarcação ou aeronave e, sendo responsável pelo seu reparo, não o faz.

A segunda conduta é a de impedir ou dificultar a navegação marítima, fluvial ou aérea. O significado de *impedir* já foi examinado (item 6.1.5). *Dificultar* é estorvar, atrapalhar, embaraçar, tornar difícil etc. Não é necessário, portanto, que se torne impossível a navegação; basta que sofra qualquer prejuízo.

Ambas as ações típicas podem ser praticadas, como já se afirmou, pelos meios mais diversos: dano, inutilização, subtração de peças, supressão de boias, impedimento de comunicação etc.

Embarcação é a construção, o veículo destinado a navegar, a flutuar na água, pouco importando o meio de tração ou propulsão (navio, barco, lancha, barco a vela etc.). *Aeronave* é o veículo que pode voar, que é elevado e dirigido no espaço (avião, helicóptero, balão etc.). É imprescindível que se trate de embarcação ou aeronave destinada a transporte coletivo, caso contrário não se identifica o "perigo comum".

Injustificadamente a lei não incluiu no tipo a navegação *lacustre*. O atentado a uma embarcação que navegue em um lago pode, porém, constituir outro delito (arts. 262, 264 etc.).

6.2.5 Tipo subjetivo

O dolo é a vontade de praticar uma das condutas: na primeira é a vontade de atentar contra a embarcação ou aeronave, de qualquer forma, ciente o agente de que a expõe a perigo; na segunda, é a de impedir ou dificultar a navegação. A lei, porém, não se refere ao intuito do autor, dispensando-se, portanto, a aferição da finalidade do agente. Havendo *animus necandi*, ocorrerá o delito de homicídio.

6.2.6 Consumação e tentativa

O crime previsto no art. 261 é delito de perigo concreto, exigindo-se, na doutrina, para a consumação, o *risco efetivo* do evento de dano (perigo de naufrágio, encalhe, queda da aeronave etc.).[50]

É admissível a tentativa que ocorre quando, apesar de ato idôneo a provocar a situação de perigo, este não acontece por circunstâncias alheias à vontade do agente.

6.2.7 Sinistro em transporte marítimo, fluvial ou aéreo

Prevê a lei pena maior quando ocorre o desastre: "Se do fato resulta naufrágio, submersão ou encalhe de embarcação ou a queda ou destruição de aeronave: Pena – reclusão, de quatro a doze anos" (art. 261, § 1º).

Também aqui há possibilidade de ocorrer o resultado de dano (naufrágio, submersão etc.) por dolo do agente ou de haver crime preterdoloso, imputando-se ao agente o evento, neste último caso, por culpa. Aplicam-se quanto ao parágrafo as considerações referentes ao desastre ferroviário (item 6.1.8). Não pode prosperar, *data venia*, a opinião de Hungria, que se refere, no caso, a exaurimento do crime e condição de maior punibilidade.[51]

Naufrágio significa, etimologicamente, *fratura de navio (navis fragium)*, mas veio a assumir o sentido genérico de perda do navio por qualquer causa violenta (abalroa-

---

50. Cf. HUNGRIA, Nelson. Ob. cit. v. 9, p. 78. FRAGOSO, H. Cláudio. Ob. cit. v. 3, p. 179-180. DELMANTO, Celso. Ob. cit. p. 297. Noronha entende que a primeira modalidade é de perigo concreto. Ob. cit. v. 3, p. 526.
51. HUNGRIA, Nelson. Ob. cit. v. 9, p. 81.

mento ou colisão, investimento contra escolhos ou bancos de areia, explosão, incêndio), sobrevindo o rompimento, varação, encalhe, tombamento, afundamento ou ruína tal, que é abandonado ou deixado *à la dérive*.[52] *Submersão* é também afundamento (total ou parcial) e *encalhe* é o impedimento da livre flutuação por estar a embarcação retida por bancos de areia, rochas etc. A *queda* da aeronave é a sua precipitação ao solo ou à água, e *destruição* é o seu despedaçamento no ar ou quando a aeronave está pousada.

Havendo morte ou lesão grave, aplica-se o disposto no art. 258, diante do art. 263 (item 5.1.10).

6.2.8 Forma qualificada

Aplica-se, também, a pena de multa, se o agente pratica o crime com intuito de obter vantagem econômica, para si ou para outrem (art. 261, § 2º). Incluiu a lei o fim específico da conduta (dolo específico), que é o intuito de obter qualquer vantagem econômica (e não simplesmente pecuniária – dinheiro). Desnecessário para que ocorra a majorante que o agente obtenha vantagem. Reconheceu-se a qualificadora no caso em que os acusados visavam ao locupletamento com o seguro das mercadorias embarcadas no navio por valores absurdamente superiores ao valor real.[8]

6.2.9 Sinistro culposo

Prevê a lei a modalidade culposa, no § 3º do art. 261, cominando pena de detenção, de seis meses a dois anos. Aqui, o crime configura-se apenas com o sinistro (naufrágio, submersão etc.) e não com o simples perigo.

6.2.10 Distinção

A sabotagem contra meios e vias de transporte, estaleiros, portos e aeroportos e o apoderamento e controle de aeronave ou embarcação, que configurava crimes contra a segurança nacional (arts. 15 e 19 da LSN) está agora previsto como crime contra o Estado Democrático de Direito (art. 359-R) (item 23.1).

Configura, porém, o crime de terrorismo a sabotagem do funcionamento ou o apoderamento, ainda que parcial e temporário, do controle de qualquer meio de transporte, portos e aeroportos, se presentes os demais elementos típicos previstos no art. 2º, § 1º, inciso IV, da Lei nº 13.260, de 16-3-2016 (item 5.4.7).

A Lei nº 11.343, de 23-8-2006 (Lei de Drogas), tipifica a conduta de "conduzir embarcação ou aeronave após o consumo de drogas, expondo a dano potencial a incolumidade de outrem", prevendo como qualificadora a circunstância de ser o veículo de transporte coletivo de passageiros (art. 39).

---

52. Ibidem, p. 81.

6.3 ATENTADO CONTRA A SEGURANÇA DE OUTRO MEIO DE TRANSPORTE

6.3.1 Conceito

O atentado contra a segurança de outro meio de transporte que não o efetuado por estrada de ferro, embarcação e aeronave, está previsto no art. 262: "Expor a perigo outro meio de transporte público, impedir-lhe ou dificultar-lhe o funcionamento: Pena – detenção, de um a dois anos."

6.3.2 Objetividade jurídica

O objeto jurídico ainda é a incolumidade pública, agora tutelando a lei a segurança de transportes por outros meios que não o ferroviário, marítimo, fluvial ou aéreo. Refere-se a lei apenas ao transporte coletivo, pois só a este diz respeito a incolumidade pública. É, portanto, o serviço de transporte de pessoas ou de coisas, exercido no interesse do público, quer dirigido por particulares, quer pela administração pública.[53] São os ônibus, trólebus, táxis, lotações, veículos de tração animal, ascensores públicos etc. As embarcações de navegação lacustre, não abrangidas no art. 261, estão protegidas no dispositivo em tela. Tratando-se de crime contra a incolumidade pública, é indispensável que o fato ocorra quando há efetivo serviço público de transporte.

6.3.3 Sujeitos do delito

Pode praticar o crime qualquer pessoa, inclusive o proprietário dos veículos que efetuam o transporte público ou os seus funcionários ou empregados. Sujeito passivo é a própria coletividade, ou seja, o Estado. Em caso de sinistro, são vítimas, também, os titulares dos bens jurídicos lesados.

6.3.4 Tipo objetivo

A conduta típica é a de impedir ou dificultar o funcionamento de transporte público, qualquer que seja o meio utilizado pelo agente. Entendeu-se caracterizado o crime na conduta do agente que atira, com um estilingue, bolas de gude contra para-brisa de coletivo, quebrando-o e impedindo-o de continuar a prestar serviço público, absorvendo-se o delito de dano.[9] Valem para o dispositivo as observações expendidas quanto ao crime de atentado contra a segurança de transporte marítimo, fluvial ou aéreo, inclusive no que diz respeito à omissão (item 6.2.4).

Segundo a doutrina, trata-se também de crime de perigo concreto exigindo-se a demonstração de efetivo risco para a incolumidade pública.[10] [54]

---

53. SABATINI, Guglielmo apud NORONHA, E. Magalhães, Ob. cit. v. 3, p. 532-533.
54. NORONHA, E. Magalhães. Ob. cit. v. 3, p. 533. FRAGOSO, H. Cláudio. Ob. cit. v. 3, p. 191. DELMANTO, Celso, Ob. cit. p. 297.

6.3.5 Tipo subjetivo

O dolo é a vontade de impedir ou dificultar o funcionamento do transporte público, exigindo-se que o agente tenha consciência de que está expondo a perigo a incolumidade pública.[11] É indiferente, porém, o intuito com que o agente atua, já que não prevê a lei o elemento subjetivo do injusto (dolo específico).[12] Como se trata de crime contra a segurança dos meios de transporte, decidiu-se, porém, que é indispensável que fique comprovado o elemento subjetivo relativamente a essa finalidade.[13] Pratica o delito do art. 262 do CP quem, sem solicitação do respectivo proprietário, se apossa da direção de veículo coletivo e o conduz imprudentemente, a ponto de causar abalroamento.

6.3.6 Consumação e tentativa

Consuma-se o crime, como nos estudados anteriormente, quando se instala a situação de perigo coletivo. Nada impede a tentativa.[55]

6.3.7 Sinistro em outro meio de transporte

Prevê a lei também a ocorrência de efetivo desastre, cominando para o agente a pena de reclusão, de dois a cinco anos (art. 262, § 1º). Aplicam-se ao artigo em apreço os comentários referentes ao desastre ferroviário (item 6.1.8).

Havendo o intuito de provocar lesões corporais ou morte, o caso é de concurso formal com os arts. 129 ou 121. Não havendo dolo quanto à morte ou lesão, aplica-se o art. 258 (art. 263).

6.3.8 Sinistro culposo

Prevê a lei, também, a forma culposa do sinistro em outro meio de transporte, cominando-se a pena de detenção, de três meses a um ano (art. 262, § 2º). Evidentemente, como faz claro o dispositivo, somente há que se falar em crime culposo se ocorrer efetivo desastre.

Aplica-se no caso de lesão corporal ou morte o disposto na segunda parte do art. 258 (art. 263) (item 5.1.10).

6.3.9 Distinção

Praticada a conduta pelas razões e com a finalidade que a caracterizam como ato de terrorismo, o crime é o previsto no art. 2º, § 1º, inciso IV, da Lei nº 13.260, de 16-3-2016 (item 6.2.10). O Decreto nº 8.793, de 29-6-2016, que fixa a Política Nacional de Inteligência, elenca, entre outros conceitos, para os fins que especifica, os de sabotagem e terrorismo.

---

55. Cf. NORONHA, E. Magalhães. Ob. cit. v. 3, p. 534. FRAGOSO, H. Cláudio. Ob. cit. v. 3, p. 192. DELMANTO, Celso. Ob. cit. p. 298. Contra: MANZINI, Vincenzo, Ob. cit. v. 6, p. 289.

6.4 ARREMESSO DE PROJÉTIL

6.4.1 Conceito

O crime de arremesso de projétil está previsto no art. 264: "Arremessar projétil contra veículo, em movimento, destinado ao transporte público por terra, por água ou pelo ar: Pena – detenção, de um a seis meses."

6.4.2 Objetividade jurídica

A incolumidade pública, no que se relaciona com a segurança dos transportes coletivos, é o objeto jurídico do delito em apreço. Presume a lei o perigo quando ocorre arremesso de projétil contra veículo em movimento.

6.4.3 Sujeitos do delito

Sujeito ativo do crime é qualquer pessoa que pratique a conduta típica. A coletividade e, portanto, o Estado são o sujeito passivo. Vítima também é o titular do bem jurídico eventualmente lesado em decorrência da conduta típica.

6.4.4 Tipo objetivo

A conduta típica é arremessar projétil. *Arremessar* significa atirar, lançar, jogar. *Projétil* é a coisa ou objeto que se arremessa para causar mal, é "o corpo contundente capaz de ferir ou causar dano a pessoa ou coisa que for alcançada por ele: um ovo ou um tomate não são projéteis".[56] São, portanto, não só os projéteis de arma de fogo, mas também as pedras, as peças de metal, de madeira etc. Discute-se quanto à inclusão, como projétil, de líquido corrosivo ou jato gasoso, e a maioria da doutrina opina pela *resposta positiva* em uma interpretação tecnológica.[57] Projétil, porém, é o "sólido pesado que se move no espaço, abandonado a si mesmo depois de haver recebido impulso" (Aurélio Buarque de Holanda), o que exclui os corpos líquidos e gasosos. A inclusão destes seria a aplicação indevida da analogia.[58]

Para a configuração do crime é necessário que o projétil seja atirado, por meio manual, arma ou aparelho, contra *veículo* que se destina ao transporte de pessoas ou coisas por terra, água ou ar (ônibus, trolebus, navios, aviões, helicópteros etc.). Podem pertencer ao Estado ou a particulares e estão protegidos quando se destinam ao serviço de número indeterminado de pessoas. Destinados ao transporte privado (automóvel, lancha, avião particular), não estão tutelados no dispositivo, que exige aquele serviço

---

56. NORONHA, E. Magalhães. Ob. cit. v. 3, p. 357.
57. Cf. HUNGRIA, Nelson. Ob. cit. v. 9, p. 84. NORONHA, E. Magalhães. Ob. cit. v. 3, p. 537.
58. É também a opinião de FRAGOSO, H. Cláudio. Ob. cit. v. 3, p. 193-194.

de natureza pública. Aquele que atira pedra contra caminhão destinado a transporte particular e atinge um dos seus passageiros, ferindo-o, comete crime de lesões corporais e não o de arremesso de projétil contra veículo em movimento.[14]

É indispensável, ainda, que o veículo esteja em movimento, ainda que em marcha morosa ou em manobra, pois em tal condição é que se apresenta, mais nitidamente, o perigo extensivo criado pelo arremesso do projétil.[59]

O arremesso de projétil contra veículo de uso particular ou contra veículo de transporte público parado poderá, como já se viu, constituir outro delito (lesões corporais, dano etc.).

O crime em estudo é de perigo abstrato ou presumido, não se exigindo, pois, a demonstração de real risco para a incolumidade pública.[60] Basta que o projétil seja idôneo para causar dano.

6.4.5 Tipo subjetivo

O dolo é a vontade de arremessar o projétil contra veículo em movimento, ciente o agente de que poderá causar perigo à incolumidade pública. É indiferente o fim ou motivo do agente. Assim, não exclui o crime a afirmação do agente de não ter tido a intenção de atingir pessoalmente o motorista do coletivo, alvo de uma pedrada.[15]

Se o agente visa positivamente ferir ou matar algum passageiro, ou assume o risco de tais eventos, o crime será o de tentativa de lesão corporal (com a agravante do art. 61, II, *d*) ou de homicídio qualificado (art. 121, § 2º, III).[61]

6.4.6 Consumação e tentativa

Consuma-se o crime com o arremesso do projétil ainda que não atinja o veículo. É indispensável que seja idôneo para causar algum mal, caso contrário poderá haver outro delito (injúria real, por exemplo) ou crime impossível.

O crime de arremesso de projétil é de perigo abstrato, presumido, não havendo necessidade de demonstrar-se a efetiva ocorrência de risco à incolumidade pública. Esgota-se com o arremesso e a simples possibilidade de dano.[16]

A tentativa, segundo a doutrina, é inadmissível.[62] Parece-nos, porém, que se trata de crime plurissubsistente, sendo possível o fracionamento da execução e, portanto, *conatus*, embora seja este de difícil ocorrência. Exemplo seria o do agente que já movimenta seu braço para o arremesso de uma pedra, sendo seguro antes de lançá-la.

---

59. HUNGRIA, Nelson. Ob. cit. v. 9, p. 85.
60. Cf. NORONHA, E. Magalhães. Ob. cit. v. 3, p. 536-537. FRAGOSO, H. Cláudio. Ob. cit. v. 3, p. 193.
61. HUNGRIA, Nelson. Ob. cit. v. 9, p. 85.
62. Cf. FARIA, Bento de. *Código Penal brasileiro*. 2. ed. Rio de Janeiro: Record, 1959. v. 6, p. 248. HUNGRIA, Nelson. Ob. cit. v. 9, p. 84. FRAGOSO, H. Cláudio. Ob. cit. v. 3, p. 539.

6.4.7 Forma qualificada pelo resultado

Nos termos do art. 264, parágrafo único, "se do fato resulta lesão corporal, a pena é de detenção, de seis meses a dois anos; se resulta morte, a pena é a do artigo 121, § 3º, aumentada de um terço". Trata a lei, aqui, de crime preterdoloso, atribuindo-se o resultado lesivo mais grave a título de culpa. Quando o projétil atinge a outrem, no veículo, causando-lhe lesões ou morte, ocorre a forma qualificada da infração.[17] Havendo dolo com relação a esses resultados, porém, o crime será de lesões ou homicídio doloso, em concurso formal com o previsto no art. 264.

6.5 ATENTADO CONTRA A SEGURANÇA DE SERVIÇO DE UTILIDADE PÚBLICA

6.5.1 Conceito

Prevê o art. 265 mais um crime contra a segurança dos serviços públicos, com a denominação de atentado contra a segurança de serviço de utilidade pública: "Atentar contra a segurança ou o funcionamento de serviço de água, luz, força ou calor, ou qualquer outro de utilidade pública: Pena – reclusão, de um a cinco anos, e multa."

6.5.2 Objetividade jurídica

Tutela-se ainda como objeto jurídico a incolumidade pública, que pode ser atingida com a perturbação ou paralisação de serviços de utilidade pública, como os de luz, água etc.

6.5.3 Sujeitos do delito

Sujeito ativo é qualquer pessoa que pratica a conduta típica, nada impedindo que cometa o crime o fornecedor, funcionário ou empregador que exerça atividades referentes aos serviços tutelados penalmente. Sujeito passivo é a coletividade.

6.5.4 Tipo objetivo

O núcleo do tipo é *atentar* contra a segurança ou funcionamento dos serviços de utilidade pública. Estes, para Bento de Faria, são os "expressivos de encargos que, embora possam ser guardados pelo Estado, por corresponderem à satisfação da necessidade coletiva, são por ele deferidos ao desempenho particular, mediante concessão ou autorização".[63]

---

63. FARIA, Bento de. Ob. cit. v. 6, p. 249.

Atentado é todo ato que impede, perturba, atrapalha, torna perigoso o funcionamento do serviço. Atentar *contra a segurança* é tornar insegura a operação de serviço, fazendo-a perigosa (envolvendo riscos consideráveis de dano). Atentar *contra o funcionamento* é pôr em risco de paralisação o serviço.[64]

Pode o atentado consistir na destruição, danificação ou inutilização dos meios de *produção* ou *captação* (usinas, oficinas, construções, aparelhos, depósitos, represas) como de *distribuição* (postes, fios, encanamentos etc.).

Além dos serviços de água, luz, força e calor (calefação), citados expressamente no dispositivo, estão tutelados todos os demais (gás, limpeza pública, assistência hospitalar etc.). Não se inclui entre os serviços de utilidade pública amparados pelo artigo o que diz respeito ao funcionamento das escolas.[18]

6.5.5 Tipo subjetivo

O dolo é a vontade de atentar contra a segurança ou o funcionamento do serviço, ciente o sujeito ativo de que pode causar perigo comum. É preciso, porém, um agir que se apresente de maneira mais ou menos extensa, vindo a perturbar aqueles serviços mencionados de maneira expressa no texto legal.[19] Ainda que interfira na normalidade das comunicações, não configura o crime em estudo, mas o do art. 155, o furto de fios telefônicos, quando o agente não teve o objetivo de atentar contra o funcionamento do serviço, segundo já se decidiu.[20] Há, porém, decisões em que se reconheceu o crime do art. 265 nessa conduta, ainda quando a finalidade era a subtração de fios de transmissão de energia elétrica, sendo competente para apreciar o fato a Justiça Federal.[21] É realmente irrelevante a finalidade da conduta ou o motivo do agente, já que a lei não prevê o elemento subjetivo do injusto (dolo específico).

Não prevê a lei a conduta culposa, e a incapacidade do funcionário em executar a tarefa em serviço de utilidade pública pode constituir apenas um ilícito administrativo e não a infração penal descrita no art. 265.[22]

6.5.6 Consumação e tentativa

Consuma-se o ilícito com o ato capaz de lesar a segurança ou o funcionamento dos serviços, ainda que um desses resultados não ocorra. Trata-se, como já se observou, de crime de perigo presumido, sendo irrelevante a superveniência de risco no caso de ato idôneo a provocá-lo.[65]

Trata-se de crime plurissubsistente, sendo possível a tentativa.

---

64. FRAGOSO, H. Cláudio. Ob. cit. v. 3, p. 195.
65. Cf. NORONHA, E. Magalhães. Ob. cit. v. 3, p. 542. HUNGRIA. Ob. cit. v. 9, p. 86. FRAGOSO, H. Cláudio. Ob. cit. v. 3, p. 195. DELMANTO, Celso. Ob. cit. p. 299. Contra, Bento de Faria exige perigo concreto. Ob. cit. v. 6, p. 250.

6 • CRIMES CONTRA SEGURANÇA DOS MEIOS DE COMUNICAÇÃO E TRANSPORTE E OUTROS SERVIÇOS

6.5.7 Aumento de pena

Prevê a lei a majoração de pena se houver subtração: "Aumentar-se-á a pena de 1/3 (um terço) até a metade, se o dano ocorrer em virtude de subtração de material essencial ao funcionamento dos serviços."

6.5.8 Distinção

Sabotar o funcionamento ou apoderar-se do controle de hospitais, casas de saúde, escolas, estádios esportivos ou instalações ou locais onde funcionem serviços públicos essenciais pode configurar o crime de terrorismo se presentes os demais elementos típicos previstos no art. 2º, § 1º, IV, da Lei nº 13.260, de 16-3-2016.

Atentar contra a segurança ou funcionamento de serviço de água, luz, força ou acesso, ou qualquer outro de utilidade, em edifício ou outro lugar sujeito à administração militar é crime previsto no art. 287 do CPM. Quando o atentado é praticado por meio de incêndio, explosivo, inundação etc., são punidos os crimes como se fossem de perigo comum (arts. 250, 251, 254 etc.), a que são cominadas penas mais severas e que absorvem o crime em estudo.

6.6 INTERRUPÇÃO OU PERTURBAÇÃO DE SERVIÇO TELEGRÁFICO, TELEFÔNICO, INFORMÁTICO, TELEMÁTICO OU DE INFORMAÇÃO DE UTILIDADE PÚBLICA

6.6.1 Conceito

O crime de interrupção ou perturbação de serviço telegráfico, telefônico, informático, telemático ou de informação de utilidade pública está previsto no art. 266, assim redigido: "Interromper ou perturbar serviço telegráfico, radiotelegráfico ou telefônico, impedir ou dificultar-lhe o restabelecimento: Pena – detenção, de um a três anos, e multa."

6.6.2 Objetividade jurídica

Embora incluído entre os crimes contra a incolumidade pública, nem sempre o crime previsto no art. 266 oferece perigo coletivo. O objeto jurídico tutelado é a regularidade e a normalidade dos serviços de telecomunicações. A interrupção ou perturbação desses serviços, ou o impedimento ou dificuldade de seu restabelecimento podem causar, eventualmente, perigo comum.

6.6.3 Sujeitos do delito

Qualquer pessoa pode praticar o crime em apreço, não estando afastada a possibilidade de ser cometido por pessoas que executam esses serviços. Sujeito passivo é a coletividade, ou seja, o Estado.

6.6.4 Tipo objetivo

Prevê a lei várias modalidades de conduta. A primeira delas é a de interromper o serviço telegráfico, radiotelegráfico ou telefônico. *Interromper* significa paralisar, cortar, fazer cessar a telecomunicação, ainda que por pouco tempo. A segunda modalidade é a de *perturbar*, que quer dizer desorganizar, atrapalhar, desarranjar. Não há necessariamente interrupção, mas o agente impede a audição perfeita ou torna imperfeita a transmissão.[66] Também pratica crime aquele que *impedir* (impossibilitar, não permitir) ou *dificultar* (tornar difícil, estorvar, entravar, embaraçar) o restabelecimento dos citados serviços.

A prática da infração pode configurar atentado contra *coisa* (instalações, aparelhos, fios, postes etc.) ou *pessoas* (funcionários, empregados etc.). Pode o crime ser cometido por ação ou por omissão, como na hipótese de um empregado que se nega a efetuar ato tendente a iniciar a transmissão ou o reparo que o aparelho exige.

Para a configuração do ilícito é necessário que a conduta se dirija à interrupção, perturbação etc. da telecomunicação de um número indeterminado de pessoas, ou seja, que resulte na interrupção ou perturbação de todo o serviço ou de parte dele.[23] Não constitui o crime em estudo o impedimento ou a perturbação de telecomunicação entre duas pessoas, fato que poderá constituir o crime de impedimento de telecomunicação previsto no art. 151, § 1º, III (*Manual de Direito Penal*, v. 2, itens 9.9.1 a 9.9.6).

Não configura o crime em apreço a instalação de aparelhos clandestinos.[24] O fato constituirá, eventualmente, o ilícito penal previsto no artigo 70 da Lei nº 4.117, de 27-8-1962, com a redação que lhe foi dada pelo Decreto-lei nº 236, de 28-2-1967, que derrogou o art. 151, § 1º, inciso IV, do Código Penal (*Manual de Direito Penal*, v. 2, itens 9.10.1 e 9.10.2).

Tutela a lei o serviço telegráfico, radiotelegráfico e telefônico. Esclarece Hungria: "Telégrafo é toda instalação que possibilita a comunicação do pensamento ou da palavra mediante transmissão a distância de sinais convencionais. Compreende o telégrafo elétrico (terrestre ou submarino) ou semafórico." [67] Segundo Noronha, "serviço radiotelegráfico é o prestado pelo telégrafo sem fio, por meio de ondas eletromagnéticas. Telefone ou telefono é a invenção de Graham Bell, a instalação destinada a transmitir a palavra ou o som a distância".[68] Alguns doutrinadores excluem da tutela a radiotelefonia.[69] O serviço de radiotelefonia é nada mais do que um serviço misto de rádio e telefonia e, por interpretação progressiva, pode-se incluí-lo na disposição legal.[70]

Excluído, porém, está o serviço postal, tutelado pelo art. 40 da Lei nº 6.538, de 22-6-1978, que dispõe sobre os Serviços Postais (*Manual de Direito Penal*, v. 2, itens 9.6.1 a 9.7.8).

É indiferente que o serviço público de telecomunicação seja prestado pelo Estado ou por concessionário.

---

66. FARIA, Bento de. Ob. cit. v. 9, p. 252.
67. HUNGRIA, Nelson. Ob. cit. v. 9, p. 87.
68. NORONHA, E. Magalhães. Ob. cit. v. 3, p. 545.
69. Cf. HUNGRIA, Nelson. Ob. cit. v. 9, p. 87. DELMANTO, Celso. Ob. cit. p. 300.
70. Pela inclusão, FARIA, Bento de. Ob. cit. v. 9, p. 251. NORONHA, E. Magalhães. Ob. cit. v. 3, p. 545-546.

6.6.5 Tipo subjetivo

O dolo é a vontade de praticar uma das modalidades típicas: interromper, perturbar etc. Entendeu-se, em votação não unânime, não constituir o delito a conduta do agente que ligou para o Centro de Operações da Policial Militar, passando reiterados "trotes".[25] Não se exige qualquer finalidade específica, mas o agente deve ter consciência de que pode causar situação de perigo coletivo.

6.6.6 Consumação e tentativa

Consuma-se a infração penal em apreço com a interrupção ou perturbação do serviço ou quando o agente logra impedir ou dificultar o seu restabelecimento. O crime é de perigo abstrato, presumindo a lei a situação de risco.

Nada impede a tentativa que se configurará quando o agente utiliza meio idôneo sem conseguir sequer perturbar a telecomunicação ou o seu restabelecimento.

6.6.7 Crime assemelhado

A Lei nº 12.737, de 30-11-2012, alterou o *nomen juris* e acrescentou ao art. 266 uma nova figura típica, que passou a ser descrita no § 1º. Incorre na mesma pena prevista no *caput* quem interrompe serviço telemático ou de informação de utilidade pública ou dificulta-lhe o restabelecimento. Por serviço *telemático* deve-se entender aquele que possibilita a transmissão de dados informáticos, à longa distância, por meios de tele-comunicação (cabos, fibras óticas, telefonia, satélite etc.). Estão abrangidos os serviços que viabilizam a transmissão de dados ou informações, qualquer que seja o formato ou conteúdo (textos, imagens, sons), realizada por redes de computadores existentes, como a *internet*. Menciona a lei, também, de forma genérica, qualquer serviço de informação de utilidade pública, independentemente do meio pelo qual é ele prestado. As ações típicas são as mesmas já descritas e examinadas, interromper o serviço ou impedir ou dificultar o seu restabelecimento, excluída, somente, a de perturbar o serviço. Aplicam--se ao novo tipo as considerações feitas a respeito dos sujeitos do delito, tipo subjetivo, consumação e tentativa.

6.6.8 Forma qualificada

Prevê a lei uma forma qualificada no art. 266, § 2º: "Aplicam-se as penas em dobro se o crime é cometido por ocasião de calamidade pública." Calamidade pública é uma situação excepcional, de infortúnio ou desgraça coletiva: terremoto, peste, guerra, in-cêndio, inundação, epidemia, ciclones ou furacões etc. Justifica-se o aumento de pena pela maior gravidade do fato, que pode atingir um número avultado de pessoas em situação excepcional de desgraça, e pela insensibilidade do agente, que revela falta de sentimento de humanidade. A norma aplica-se aos crimes descritos no *caput* e no § 1º.

6.6.9 Distinção

A sabotagem do funcionamento de meios de comunicação pode caracterizar crime contra o funcionamento dos serviços essenciais segurança nacional definido art. 359-R ou crime de terrorismo (art. 2º, § 1º, inciso IV, da Lei nº 13.260, de 16-3-2016). Conceito de sabotagem é previsto no Decreto nº 8.793, de 29-6-2016 (item 6.2).

7

DOS CRIMES CONTRA A SAÚDE PÚBLICA

7.1 EPIDEMIA

7.1.1 Generalidades

Entre os crimes que põem em perigo a incolumidade coletiva, integram o Capítulo III os que atentam contra a saúde pública. Visa a lei evitar agora o perigo comum advindo dos fatos que podem atingir a saúde de um número indeterminado de pessoas, abrangendo-os nos arts. 267 a 285. Alguns dos tipos penais aproximam-se de ilícitos patrimoniais ou de delitos contra a economia popular, como se verá na apreciação das figuras típicas.

O art. 281 do CP, que tratava do crime de comércio clandestino ou facilitação de uso de entorpecentes, foi revogado, estando em vigor a Lei nº 11.343, de 23-8-2006 (Lei de Drogas).

7.1.2 Conceito

Epidemia é o crime previsto no art. 267, o primeiro dos que atentam contra a saúde pública. Com a alteração referente à pena prevista pelo art. 6º da Lei nº 8.072, de 25-7-1990, o crime está assim definido: "Causar epidemia, mediante a propagação de germes patogênicos: Pena – reclusão, de dez a quinze anos". A lei prevê nos parágrafos do citado artigo a forma qualificada pelo resultado e a modalidade culposa da infração.

7.1.3 Objetividade jurídica

Como na Primeira Guerra Mundial fora empregada, como arma de combate, a disseminação de germes patogênicos capazes de causar epidemias, prática logo proscrita por convenções internacionais, cuidaram as legislações penais de prever o fato como ilícito penal específico. O fato poderá constituir, conforme o caso, o crime de *genocídio*, previsto no art. 1º da Lei nº 2.889, de 1º-10-1956, ou de terrorismo, previsto no art. 2º, § 1º, inciso I, da Lei nº 13.260, de 16-3-2016.

O objeto jurídico do crime previsto pelo art. 267 é a saúde pública como um dos aspectos da incolumidade pública. É um crime de dano quanto àqueles que são atingidos pela epidemia que, ao mesmo tempo, coloca em risco a saúde da coletividade. Trata-se de crime de perigo presumido.

7.1.4 Sujeitos do delito

Pode praticar o crime em exame qualquer pessoa, mesmo aquele que padece da doença ou mal. Sujeito passivo é a coletividade, já que se trata de crime contra a incolumidade pública, mas também aqueles que forem individualmente atingidos.

7.1.5 Tipo objetivo

A conduta típica é fazer propagar germes patogênicos, causando assim a epidemia. *Propagar* é difundir, espalhar, estender, multiplicar, proliferar, disseminar. *Germe patogênico* é todo o micro-organismo unicelular (vírus, bacilo e protozoário) capaz de produzir moléstias infecciosas, pois, como esclarece Flamínio Fávero, a expressão *germe* não tem valor científico rigoroso, tendo sido empregada em sentido genérico.[71] O tipo penal prevê a propagação por qualquer meio idôneo a causar a epidemia, por contágio direto ou indireto (inoculação direta, contaminação da água, do solo ou de substâncias alimentícias ou medicinais etc.). Lembra Bento de Faria a possibilidade de causar-se a propagação pela introdução de pessoa doente em lugares onde existem outras não afetadas ou pela venda ou entrega de vestes ou roupas de cama utilizadas pelo enfermo.[72]

Admite-se, em tese, a possibilidade do cometimento do crime por omissão: a propagação pode ser ocasionada pelo sujeito ativo que, estando contaminado e desejando a ocorrência da epidemia ou assumindo o risco de provocá-la, não toma os cuidados necessários para evitar o contágio de terceiro.

Denomina-se *epidemia* o surto de uma doença acidental e transitória, que ataca grande número de indivíduos, ao mesmo tempo, em determinado país ou região.[73] Não se confunde o conceito com o de moléstias infecciosas e contagiosas, e abrange somente aquelas doenças que são suscetíveis de difundir-se na população pela fácil propagação dos germes. São citados como exemplos: varíola, febre tifoide, febre amarela, tracoma, difteria, encefalite, meningite, sarampo, poliomielite, gripe etc.

Quando a epidemia tem difusão extensa e são atingidas várias regiões da terra, chama-se epidemia *internacional* e, quando se alastra até o mundo todo, dá-se a denominação de *pandemia* (*pan* tudo; *demos*, povo). Exemplo clássico, a epidemia de gripe de 1918, que tomou o caráter de pandemia[74] Exemplo recente é a pandemia decorrente do coronavírus responsável pelo surto ocorrido em 2019.

Difere a epidemia da *endemia*, que é a disseminação restrita a certas localidades ou em determinado povo e produzida por causas habituais, ambientais, constantes ou periódicas.

Para reconhecer-se o ilícito penal em tela é necessário que a epidemia se refira a uma doença grave, que não apenas perturbe a incolumidade pública, mas que cause

---

71. FÁVERO, Flamínio. *Código Penal brasileiro comentado*. São Paulo: Saraiva, 1959. v. 9, p. 267.
72. FARIA, Bento de. *Código Penal brasileiro*. 2. ed. Rio de Janeiro: Record, 1959. v. 6, p. 254.
73. É a definição de FARIA, Bento de. Ob. cit. v. 6, p. 253.
74. FÁVERO, Flamínio, Ob. cit. v. 9, p. 15.

male consideráveis àqueles que forem atacados pelo mal. Evidentemente, como diz Fragoso, deve tratar-se de moléstias humanas, pois se atingissem plantas ou animais apenas, o crime seria o do art. 259 (item 5.9.1).[75]

7.1.6 Tipo subjetivo

O dolo é a vontade de propagar os germes e, assim, causar a epidemia porque conhece o agente a possibilidade de sua superveniência, pouco importando qual a finalidade da conduta. Afirma Noronha que, ciente o agente da idoneidade do micróbio que espalha, não se pode negar ter ciência também do perigo de morte que causa ou produz.[76] Diante, porém, da previsão no parágrafo da forma qualificada pelo resultado, deve-se entender que não se exige, no tipo básico, que o agente tenha ciência dessa possibilidade, mas apenas de que pode causar a moléstia.

Pretendendo o agente apenas a contaminação de determinada pessoa pode ocorrer o crime previsto no art. 131 (*Manual de Direito Penal*, v. 2, item 6.2.1) e, se deseja a morte, o delito de homicídio, em concurso formal.

7.1.7 Consumação e tentativa

Consuma-se o delito quando se instalou a epidemia, ou seja, quando surgem vários casos da moléstia de maneira a ser demonstrada a disseminação. Não basta, portanto, a simples distribuição dos germes, ainda que idôneos a causar a epidemia. Haverá tentativa quando o agente, com meio idôneo, procura propagar os germes patogênicos mas não chega a causar a difusão da doença por circunstâncias alheias à sua vontade (medidas sanitárias, cura de um único doente afetado etc.).

7.1.8 Epidemia qualificada pelo resultado

Prevê o art. 267, § 1º, a aplicação da pena em dobro quando resulta a morte. Não distingue a lei se, quanto ao evento letal, o agente assumiu o risco do resultado morte (crime doloso) ou obrou com culpa consciente quanto à morte (crime preterdoloso).

Para a qualificação do crime basta um evento fatal, pouco importando que, para ele, tenha contribuído circunstância pessoal da vítima (predisposição, fraqueza orgânica etc.).

A Lei nº 8.072, de 25-7-1990, definiu a epidemia com resultado morte como crime hediondo (art. 1º). Posteriormente, essa classificação foi confirmada pelo art. 1º da Lei nº 8.930, de 6-9-1994, que deu nova redação ao art. 1º da Lei nº 8.072/90. Dessa forma, o autor desse delito não pode ser beneficiado com a anistia, graça ou indulto (art. 2º, I), não tem direito a fiança (art. 2º, II), deverá cumprir a pena inicialmente em regime fechado (art. 2º, § 1º), sua prisão temporária pode se estender por 30 dias, prorrogável por igual período em caso de extrema e comprovada necessidade (art. 2º, § 4º). No caso de condenação,

---

75. FRAGOSO, H. Cláudio. *Lições de direito penal*. 3. ed. Rio de Janeiro: Forense, 1981. v. 3, p. 203.
76. NORONHA, E. Magalhães. *Direito penal*. 15. ed. São Paulo: Saraiva, 1978. v. 4, p. 7.

o regime inicial será obrigatoriamente o fechado (art. 2º, § 1º) e a progressão de regime dependerá do cumprimento de 40% a 70% (art. 112 da LEP). A concessão do livramento condicional depende do cumprimento de dois terços da pena, sendo vedada, porém, na hipótese de reincidência na prática de crimes hediondos ou equiparados (art. 83, V).

7.1.9 Epidemia culposa

No § 2º do art. 267 está prevista a forma culposa do crime de epidemia: "No caso de culpa, a pena é de detenção, de um a dois anos, ou, se resulta morte, de dois a quatro anos."

Pode o agente, por imprudência, imperícia ou negligência, causar a epidemia com a propagação dos germes patogênicos. São os casos em que o agente não observa as cautelas exigíveis na sua atividade, profissional ou não. Cita Noronha como exemplo de imprudência a do médico que dá alta à pessoa portadora de moléstia infecciosa e que pode contagiar terceiro.[77] Flamínio Fávero refere-se à imperícia na preparação da vacina com germes que podem propagar a doença e à negligência pela não remoção para isolamento, de doentes portadores de infecções epidêmicas, bem como à falta de esterilização de instrumental de exame.[78]

No caso de morte, duplica-se a pena na epidemia culposa, ainda que para ela tenham contribuído causas pessoais do sujeito passivo.

7.2 INFRAÇÃO DE MEDIDA SANITÁRIA PREVENTIVA

7.2.1 Conceito

O crime de infração de medida sanitária preventiva está previsto no art. 268: "Infringir determinação do poder público, destinada a impedir introdução ou propagação de doença contagiosa: Pena – detenção, de um mês a um ano, e multa." Prevê o parágrafo único aumento de pena diante da qualidade do sujeito ativo (item 7.2.3).

7.2.2 Objetividade jurídica

O dispositivo protege ainda a incolumidade pública no que tange à saúde da coletividade. O escopo da lei é punir a violação de uma providência de ordem sanitária preventiva, consubstanciada em medidas adotadas pela administração, circunstanciadamente em lei ordinária, que vise a introdução ou a propagação de doença contagiosa.[(1)]

Trata-se de crime de perigo *abstrato*, presumindo a lei, de modo absoluto, o risco para a coletividade diante da violação do preceito administrativo.[(2) 79] Nota Fragoso,

---

77. NORONHA, E. Magalhães. Ob. cit. v. 4, p. 9.
78. FÁVERO, Flamínio. Ob. cit. p. 25.
79. Cf. HUNGRIA, Nelson. *Comentários ao Código Penal*. 5. ed. Rio de Janeiro: Forense, 1958. v. 9, p. 101. NORO-NHA, E. Magalhães. Ob. cit. v. 4, p. 10-1. FARIA, Bento de. Ob. cit. v. 6, p. 256. FRAGOSO, H. Cláudio. Ob. cit.

7 • DOS CRIMES CONTRA A SAÚDE PÚBLICA

com fundamento em Manzini, que o perigo é presumido, mas é indispensável que seja pelo menos possível, quando não presumível.[80]

Entre os diplomas que preveem normas a respeito da matéria, destacam-se a Lei nº 9.782, de 26-1-1999, que define o Sistema Nacional de Vigilância Sanitária e criou a Agência Nacional de Vigilância Sanitária, a Lei nº 6.360, de 23-9-1976, que dispõe sobre a vigilância sanitária a que se sujeitam os medicamentos, drogas, insumos farmacêuticos e outros produtos e está regulamentada pelo Decreto nº 8.077, de 14-8-2013, e a Lei nº 6.437, de 20-8-1977, que define infrações à legislação sanitária.

7.2.3 Sujeitos do delito

Qualquer pessoa pode praticar o delito. Prevê a lei, porém, o aumento da pena de um terço "se o agente é funcionário da saúde pública ou exerce a profissão de médico, farmacêutico, dentista ou enfermeiro" (art. 268, parágrafo único). A elevação da pena deve-se à maior censurabilidade da conduta daquele que, pela sua atividade específica, deveria preservar com maior diligência a saúde pública. Para a existência da majorante – afirma Hungria – deve apresentar-se o descumprimento de especial dever que incumba ao agente, no caso concreto, em razão do cargo ou profissão.[81]

Lembra Flamínio Fávero que não incluiu a lei, como deveria, a agravação no caso da parteira e do médico veterinário diante, p. ex., da peste dita bubônica, epizootia de ratos, sobretudo dos ratos de esgotos, que as pulgas transmitem desses roedores ao homem.[82]

Sujeito passivo é a coletividade, tendo-se de ressaltar que as doenças contagiosas, a que se refere o dispositivo, dizem respeito apenas àquelas que atingem ao ser humano.[(3)]

7.2.4 Tipo objetivo

A conduta típica é infringir determinação do poder público, ou seja, violar, postergar, transgredir, quebrantar prescrição administrativa obrigatória.

Pode o agente cometer o crime através de ação ou omissão. Citam-se como exemplos: evitar ou embaraçar o isolamento de doentes contagiantes, impedir desinfecções e desinfestações e vacinações, falsear informes, usando subterfúgios para iludir a autoridade sanitária, desempenhar atividade sem obediência às normas de higiene destinadas a impedir a disseminação da moléstia, não cuidar da desinfecção de objetos, aparelhos etc. Pratica o crime aquele que abate gado, destinado a consumo público, em seu quintal ou qualquer local que não matadouros, em zona urbana, desrespeitando resoluções

---

v. 3, p. 204. DELMANTO, Celso. *Código Penal anotado*. 4. ed. São Paulo: Saraiva, 1980. p. 302.

80. FRAGOSO, H. Cláudio. Ob. cit. v. 3, p. 206.
81. HUNGRIA, Nelson. Ob. cit. v. 9, p. 102.
82. FÁVERO, Flamínio. Dos crimes contra a saúde pública. *RT* 338/579.

municipais ou estaduais.[4][83] Não ocorre o ilícito, porém, se a carne não é destinada a consumo público e sim servida em churrasco a familiares e convidados do agente.[5] A simples manutenção de estábulos, na zona urbana, viola a lei penal.[6]

Ensina Noronha que a determinação violada há de ter por fim impedir a introdução ou propagação de doença contagiosa. Na primeira hipótese, cuida-se de impedir que ela entre, penetre em determinado lugar ou para ele venha. Na segunda, impede-se que se espalhe ou difunda no lugar.[84]

Doença é o resultado de uma reação do organismo à ação nociva dos agentes de agravo, mecânicos, físicos, biológicos etc. Doença *contagiosa* é a reação orgânica em relação aos agravos infetuosos que a produzem, ou seja, os micróbios, de propagação direta ou indireta, fácil, com virulência grande.[85]

O art. 268 é *norma penal em branco* pois o tipo penal completa-se com a *determinação* do poder público que se consubstancia em lei, portaria, regulamentos, gerais ou especiais, publicados para o conhecimento geral.[7][86] A determinação do poder público é a que provém de autoridade federal, estadual ou municipal, de qualquer hierarquia, desde que tenha a autoridade competência para elaborá-la. Conforme ensina Hungria, a *competência* da autoridade de que emana a determinação, bem como a *permissibilidade* ou *legitimidade* da determinação (cabimento nos limites do poder de polícia), pode ser examinada pelo juiz; já não sendo assim, porém, a *conveniência* da medida tomada.[87] Oportuna, aliás, é a lição de Fragoso: "É bem de ver-se, porém, que não será crime a violação de todo e qualquer dispositivo contido num regulamento sanitário, mas tão-somente das normas que visem diretamente ao impedimento ou à propagação de doenças contagiosas." [88] Por essa razão, tem-se decidido que, não visando a determinação, especificamente, à introdução ou propagação de doenças contagiosas transmissíveis por via aérea, bacilar ou por contato pessoal, e sim apenas a medidas genéricas de higiene, não dá margem à configuração do ilícito penal e sim à sanção de caráter administrativo.[8] Sobre o assunto está em vigor a Lei nº 9.431, de 6-1-1997, que dispõe sobre a obrigatoriedade da manutenção de programa de controle de infecções hospitalares pelos hospitais do País. Evidentemente, não configuram o crime também a desobediência a simples conselhos ou a advertências das autoridades à população.[89] A incriminação legal não se estende às infrações de medidas de inspeção industrial e sanitária de produtos de origem animal.[9]

---

83. Ver parecer de Maurício José da Cunha e alegações finais de Paulo Afonso Leme Machado. *Justitia* 96/297 e 335-6.
84. NORONHA, E. Magalhães. Ob. cit. v. 4, p. 12.
85. Conceito extraído de Flamínio Fávero que julga mais apropriada a denominação doença infecto-contagiosa. *Código Penal brasileiro comentado*. São Paulo: Saraiva, 1950. v. 9, p. 44.
86. Cf. NORONHA, E. Magalhães. Ob. cit. v. 4, p. 11. FARIA, Bento de. Ob. cit. v. 6, p. 255. HUNGRIA, Nelson. Ob. cit. v. 9, p. 101. FRAGOSO, H. Cláudio. Ob. cit. v. 3, p. 204-205.
87. HUNGRIA, Nelson. Ob. cit. v. 9, p. 101.
88. FRAGOSO, H. Cláudio. Ob. cit. v. 3, p. 206.
89. Cf. HUNGRIA, Nelson. Ob. cit. v. 9, p. 101. FRAGOSO, H. Cláudio. Ob. cit. v. 3, p. 205.

A revogação da norma complementar, se ditada pela verificação de que as medidas anteriormente impostas são desnecessárias ou inócuas, acarreta a impunidade do fato praticado durante a sua vigência.[90]

É o art. 268 aplicável a situações ocorrentes durante o surto de pandemia do Covid-19 pelo qual passou o País. O desrespeito às normas e determinações do Poder Público, editadas nas esferas federal, estadual e municipal, que visaram evitar ou reduzir a propagação do vírus no solo pátrio, tais como o uso obrigatório de máscaras de proteção individual e a adoção de medidas de prevenção do contágio determinadas para o funcionamento de estabelecimentos públicos, comerciais ou privados, ou, ainda, a recusa à vacinação quando tornada obrigatória, configura, sem dúvida, o delito em estudo. Normas dessa natureza estão contidas na Lei nº 13.979, de 6-2-2020.[91]

7.2.5 Tipo subjetivo

O dolo consiste na simples vontade de infringir a determinação do poder público, não se exigindo qualquer finalidade específica. Reconheceu-se a exclusão do dolo no caso em que os acusados, diante da indecisão do veterinário chamado a examinar animal, abateram e venderam a sua carne, não vislumbrando o perigo a que expunham os compradores.[10]

A ignorância ou erro a respeito da determinação do poder público constitui erro sobre a ilicitude do fato, excluindo a culpabilidade, nos termos do art. 21, *caput*, 2ª parte (*Manual de Direito Penal*, P. G., item 5.2.4).

Não estabelece a lei a forma culposa do crime em apreço. O simples desregramento ou negligência com relação a medidas de higiene só sujeita o agente a sanções de ordem administrativa.[11]

7.2.6 Consumação e tentativa

Consuma-se o crime com a simples violação de determinação administrativa. Não se exige a ocorrência de perigo concreto tendo em vista que é este presumido pela lei[12] (item 7.2.2).

Possível é a tentativa, citando Noronha, como exemplos, os casos do passageiro do navio em quarentena que é detido quando está abandonando a embarcação, ou do doente que não consegue escapar do isolamento.[92]

7.2.7 Crime qualificado pelo resultado

Nos termos do art. 285, aplica-se o disposto no art. 258 aos crimes contra a saúde pública, salvo quanto ao definido no art. 267. Assim, no caso, tratando-se de crime

---

90. HUNGRIA entende que não há retroatividade. Cf. Ob. cit. v. 9, p. 101-102. FRAGOSO admite-a, cf. ob. cit. v. 3, p. 205-6. NORONHA, E. Magalhães, em princípio, é pela irretroatividade. Ob. cit. v. 4, p. 13.

91. STF, ADI 6586-DF e 6587-DF, j. em 17-12-2020, *DJe* de 7-4-2021.

92. NORONHA, E. Magalhães. Ob. cit. v. 4, p. 13.

doloso, aumenta-se a pena de metade se resulta lesão corporal de natureza grave, e é ela aplicada em dobro se resulta morte. Trata-se, no caso, de crime preterintencional (*Manual*, P.G., item 3.9.2).

7.3 OMISSÃO DE NOTIFICAÇÃO DE DOENÇA

7.3.1 Conceito

O art. 269 prevê um crime omissivo puro, ou próprio, o de omissão de notificação de doença: "Deixar o médico de denunciar à autoridade pública doença cuja notificação é compulsória: Pena – detenção, de seis meses a dois anos, e multa."

7.3.2 Objetividade jurídica

Trata-se de dispositivo que tutela a incolumidade comum, no seu aspecto particular de saúde pública, ameaçada pelo perigo decorrente da omissão do médico que não comunica à autoridade competente doença cuja propagação poderia ser evitada. Trata-se, porém, de crime de perigo abstrato, não se exigindo a demonstração de perigo efetivo, presumindo a lei, de modo absoluto, o risco à saúde pública diante da omissão do sujeito ativo.

7.3.3 Sujeitos do delito

Salvo o caso de participação criminosa, somente o médico pode ser sujeito ativo do crime. Outras pessoas têm o dever de comunicar a ocorrência de moléstias infecto-contagiosas (chefes de família, enfermeiros, diretores de estabelecimentos industriais, comerciais, agrícolas etc.), mas a lei responsabiliza criminalmente apenas o médico, ficando os demais sujeitos apenas às sanções regulamentares. Deixou-se, por isso, de incriminar a conduta de farmacêutico.[13][93]

Critica Flamínio Fávero a não inclusão no tipo penal do dentista, por exemplo, que pode detectar a difteria ou a intoxicação crônica pelo chumbo pela orla gengival de Burton.[94]

Não é indispensável à responsabilidade penal que o médico tenha examinado o doente, bastando apenas que tenha efetiva ciência do mal contagioso; não efetuando a comunicação, ocorre o ilícito penal. Lembra o já citado autor o caso do analista ou laboratorista que examina membranas diftéricas, líquor com meningococo, sangue de tífico etc.; o anátomo-patologista ou médico-legista que, ao proceder à necroscopia de um caso de morte sem assistência, verifica a existência de doença profissional ou de

---

93. Cf. LEAL, João José. *Exercício da medicina e responsabilidade criminal*, *RT* 706/290-300.
94. FÁVERO, Flamínio. *Crimes contra a saúde pública*. *RT* 338/580.

doença contagiante; o sanitarista que, nas suas visitas domiciliares de vacinação, nota a presença de qualquer mal contagiante etc.[95]

É possível o concurso de agentes, respondendo pelo ilícito também aquele que não é médico. Omitindo-se este, a pedido do doente ou de seu responsável, há participação criminosa destes nos termos do art. 29 do CP.

Sujeito passivo é a coletividade, posta em risco, presumidamente, pela omissão do médico.

7.3.4 Tipo objetivo

Tratando-se de crime omissivo próprio, a conduta típica é a omissão, ou seja, o fato de não denunciar o médico à autoridade competente a ocorrência de moléstia cuja notificação é compulsória. Para a configuração do crime – como bem acentua Frago-so – é irrelevante o estado do doente ou qualquer outra circunstância relativa ao lugar onde se encontra e ao tratamento que acaso venha recebendo.[96]

A denúncia ou comunicação, embora existam fórmulas impressas especiais, pode ser feita por qualquer outro meio, desde que rápido e seguro (carta, telegrama, telefone etc.).

O art. 269 do CP é lei penal em branco, sendo complementada pelos regulamentos administrativos (federais, estaduais ou municipais) que contêm a relação das molés-tias infectocontagiosas com notificação obrigatória. A lista de doenças de notificação compulsória é a contida na Portaria nº 1.271, de 6-6-2014 do Ministério da Saúde, que também especifica entre aquelas as que são de notificação imediata, que deve ocorrer no prazo de 24 horas a partir do atendimento do paciente com a suspeita inicial da doença (art. 4º). Regulam também a matéria as Leis nᵒˢ 6.259, de 30-10-1975, e 6.437, de 20-8-1977, o art. 169 da CLT, o Decreto nº 78.231, de 12-8-1976, além da legislação estadual e municipal.[97]

A autoridade encarregada de receber a denúncia da doença de notificação compul-sória é a autoridade sanitária local ou, na falta desta, a Prefeitura Municipal.[98] Podem as disposições locais dispor de outra forma.

A exclusão de norma complementar da moléstia pela verificação de sua inocuidade à saúde pública descrimina o fato.[99]

Com a denúncia da moléstia há quebra do sigilo profissional, mas não responde o médico pelo crime previsto no art. 154 do CP por tê-la efetuado no estrito cumprimento

---

95. FÁVERO, Flamínio. *Código Penal brasileiro comentado*. São Paulo: Saraiva, 1950. v. 9, p. 50.
96. FRAGOSO, H. Cláudio. Ob. cit. v. 3, p. 210.
97. É a opinião de FRAGOSO, H. Cláudio. Ob. cit. v. 3, p. 209-210.
98. Cf. FÁVERO, Flamínio. Ob. cit. v. 9, p. 51.
99. Em sentido contrário, HUNGRIA, Nelson. Ob. cit. v. 9, p. 103.

do dever legal, ou seja, com justa causa. O fato, portanto, não é típico pela ausência do elemento normativo.

7.3.5 Tipo subjetivo

O tipo penal exige apenas o dolo conhecido como genérico, ou seja, a vontade de não efetuar a comunicação no prazo legal. Não é necessário indagar-se qual o fim do agente.

Havendo a omissão em decorrência de erro de diagnóstico escusável (erro profissional) excluído está o dolo por não ter o médico a ciência da moléstia. Não incriminando a lei a forma culposa também inexistirá o crime ainda que omissão decorra da imperícia do médico, que não detectou o mal.

7.3.6 Consumação e tentativa

Em se tratando de crime omissivo puro, a consumação ocorre quando se esgota o prazo que tem o sujeito para efetuar a denúncia. Dispõem as normas complementares que a comunicação seja efetuada o mais rápido possível.

Como já se lembrou, o crime em estudo é de perigo abstrato, não sendo indispensável para a consumação a situação de risco efetivo.

Não há possibilidade de tentativa: ou o agente efetuou a denúncia no prazo que lhe é concedido, não se falando em ilícito tentado, ou não o fez, ocorrendo a consumação.

7.4 ENVENENAMENTO DE ÁGUA POTÁVEL OU DE SUBSTÂNCIA ALIMENTÍCIA OU MEDICINAL

7.4.1 Conceito

Com a denominação extensa de "envenenamento de água potável ou de substância alimentícia ou medicinal", prevê o art. 270 do CP, alterado com relação à pena pelo art. 6º da Lei nº 8.072, de 25-7-1990, mais um crime contra a saúde pública: "Envenenar água potável, de uso comum ou particular, ou substância alimentícia ou medicinal destinada a consumo: Pena – reclusão, de dez a quinze anos". Também é incriminada a conduta de quem "entrega a consumo ou tem em depósito, para o fim de ser distribuída, a água ou a substância envenenada" (art. 270, § 1º).

Em decorrência do disposto no art. 1º da Lei nº 8.930, de 6-7-1994, que deu nova redação ao art. 1º da Lei nº 8.072, o crime de envenenamento de água potável ou substância alimentícia ou medicinal, inexplicavelmente, *deixou de ser considerado como hediondo*. Assim, no que se relaciona aos dispositivos penais (anistia e indulto, livramento condicional etc.), a nova lei, por ser mais benigna, é retroativa, aplicando-se aos fatos anteriores. A cominação da pena mais elevada, porém, permanece, pois não atingida pela Lei nº 8.930.

7.4.2 Objetividade jurídica

Tutela a lei penal ainda a saúde pública, com a defesa de incolumidade de um número indeterminado de peças ameaçadas pelo envenenamento de água potável ou substância alimentícia ou medicinal destinada a consumo.[14] Trata-se, também, de crime de perigo abstrato, não sendo necessário, desde que ocorra o envenenamento, o efetivo risco à saúde pública.

7.4.3 Sujeitos do delito

O crime em estudo é comum, podendo ser praticado por qualquer pessoa, inclusive o proprietário da água ou da substância alimentícia ou medicinal, quando estas substâncias forem destinadas a consumo de outras pessoas.

Sujeito passivo é a coletividade atingida na sua incolumidade pelo perigo derivado do envenenamento da substância.

7.4.4 Tipo objetivo

Envenenar é colocar, propinar, lançar, misturar, pôr, adicionar veneno às citadas substâncias. O conceito de veneno é bastante discutido. Pode-se conceituá-lo, na ausência de definição legal, como toda substância orgânica ou inorgânica que provoca uma intoxicação no organismo, seja seu efeito imediato ou não. Não é necessário que o veneno seja mortal; basta que produza um mal, fazendo surgir o referido perigo a para saúde das pessoas.[100] O ato de sujar ou tornar impura a água ou substância não se confunde com o envenenamento, podendo constituir-se em crimes previstos nos arts. 271 a 278.

Lembra Manzini que o crime pode ser praticado por omissão, como no caso daquele que não remove a causa que determina o envenenamento quando tem o dever jurídico de fazê-lo.[101]

O objeto material do art. 270 é a água potável ou a substância alimentícia ou medicinal. A primeira é aquela destinada à alimentação, seja para ser ingerida ou para ser empregada no preparo de alimentos. Não haverá o crime se a água não for *potável*, ou seja, se é totalmente imprópria para o consumo (por apresentar teor de chumbo, fluoretos, arsênico, selênio, de cobre, zinco superior ao fixado na lei). Segundo Flamínio Fávero, com a restrição existente, fica excluída a responsabilidade do envenenamento de água que não seja cientificamente potável. "Águas existem – diz o mestre – e não serão em sua maioria, que não preenchem o requisito técnico de potabilidade, mas são comumente usadas para beber." [102] Na doutrina, porém, tem-se entendido que não é

---

100. FARIA, Bento de. Ob. cit. v. 6, p. 260.
101. MANZINI, Vincenzo. *Trattato di diritto penale italiano*. Turim: Unione Tipográfico – Editrice Torinese, 1950. v. 6, § 2026, p. 355.
102. FÁVERO, Flamínio. Dos crimes contra a saúde pública. *RT* 388/580.

indispensável que esteja a água isenta de impurezas, caracterizando-se o crime desde que seja ela normalmente destinada a consumo.[103] Refere-se a lei à água destinada apenas ao consumo humano, pouco importando, porém, que seja estagnada ou corrente, encerradas em poços, cisternas, aquedutos etc.[104]

O gelo pode ser destinado a fim alimentício, e nesse caso deverá ser fabricado com água potável.[105]

Substância *alimentícia* a que se refere a lei é o sólido ou líquido, naturais ou preparados, de primeira necessidade ou não, destinado à alimentação: alimento ou bebida. Decidiu-se pela ocorrência do ilícito no envenenamento da ração de animal produtor de leite com a seguinte justificativa: "Assim como o envenenamento de uma fonte de água de uso público pode acarretar o perigo comum, justificando a punição, também a fonte animal de produtos alimentícios, quando envenenada, reclama igual repressão. O que predomina no enquadramento penal é o sentido mais alto de proteção da saúde pública".[(15)]

Substância *medicinal* é "a simples ou composta, mineral ou orgânica, usada interna ou externamente, com o fim de prevenção, melhora ou cura de doenças".[106]

Exige-se que a substância incriminada seja acessível a pessoas indeterminadas, mas não obrigatoriamente a consumo público. Referindo-se a lei ao uso *particular*, inclui ela água, substância alimentícia ou medicinal destinada a pessoas reunidas em um convento, cárcere, hotel etc., porque, neste caso, dado o número de pessoas que delas façam uso, o perigo é *comum*.[107] Não ocorrerá o crime em questão se o agente envenenar uma garrafa de água ou o alimento destinado a pessoa ou pessoas determinadas, podendo reconhecer-se, no caso, o crime de homicídio consumado ou tentado, conforme o caso (v. item 7.4.10). O destino diverso que possa ser dado à coisa pela vontade de quem a adquira, porém, não lhe faz perder a sua natureza se era destinada ao consumo.[108]

7.4.5 Tipo subjetivo

O dolo é a vontade de envenenar as substâncias mencionadas, pressupondo, porém, a ciência do agente de que está colocando, misturando etc. substância tóxica ou prejudicial à saúde na água ou substância alimentícia ou medicinal. Não exige a lei finalidade específica para a ocorrência do ilícito em estudo, podendo ocorrer o homicídio consumado ou tentado, por exemplo, se o agente pretender eliminar pessoa que irá consumir a substância envenenada.

---

103. Cf. HUNGRIA, Nelson. Ob. cit. v. 9, p. 107. FRAGOSO, H. Cláudio. Ob. cit. v. 3, p. 212. NORONHA, E. Magalhães. Ob. cit. v. 4, p. 23.
104. MANZINI, Vincenzo. Ob. cit. v. 6, § 2.024, p. 352.
105. FARIA, Bento de. Ob. cit. v. 6, p. 239.
106. NORONHA, E. Magalhães. Ob. cit. v. 4, p. 24.
107. É o que afirma MANZINI, Vincenzo. Ob. cit. v. 6, § 2.024, p. 352.
108. FARIA, Bento de. Ob. cit. v. 6, p. 259.

7.4.6 Consumação e tentativa

Consuma-se o crime com o envenenamento da substância destinada à distribuição, consumo etc., quando já em situação de ser consumida por pessoas indeterminadas, independentemente de outro qualquer resultado.[16] A circunstância de ser possível detectar-se o envenenamento não desfigura o crime. Em sentido contrário, porém, já se decidiu: "Se o fato de haver o acusado jogado creolina em um poço em hipótese alguma poderia ocasionar o envenenamento da água, por ser facilmente notada sua modificação, tanto pelo cheiro acre, quanto pela cor, que se torna leitosa; impõe-se a desclassificação do delito do artigo 270 para o do artigo 271 do CP."[17] Nesse caso, porém, o agente objetivava apenas poluir a água, tornando-a imprópria para o consumo, de modo que o morador que a utilizava se mudasse do local. Decidiu-se também que, se a água em que foi adicionado o formicida era corrente e o veneno de pequena porção, que nem foi sequer acusado pelo exame toxicológico, desclassifica-se para culposo o delito previsto no art. 270 do CP.[18] No caso, porém, melhor seria o reconhecimento da hipótese de crime impossível.

Configura-se a tentativa quando o agente não consegue o envenenamento da substância ou quando a esta já esteja exposta ao consumo, por pessoas indeterminadas, podendo tipificar-se, nesse caso, outro ilícito.

7.4.7 Entrega a consumo ou depósito para distribuição

No § 1º do art. 270 estão previstas duas condutas típicas. A primeira é a de *entregar a consumo* a água ou substância envenenada, desde que não se trate de fato que possa caracterizar o homicídio (entrega a pessoa determinada a quem deseja o agente matar). Comete o crime, por exemplo, "o merceeiro que expede doces que sabe envenenados pelo confeiteiro".[109] A conduta praticada pelo próprio envenenador não é punida como novo crime, sendo o fato absorvido pelo tipo previsto no *caput* do art. 270.

Também configura o ilícito, na segunda figura típica do parágrafo, *ter em depósito* água ou substância envenenada, desde que tenha o agente a finalidade de distribuição. Nesse caso o crime é permanente, exigindo-se o elemento subjetivo do tipo (dolo específico), que é finalidade de distribuição.

Consuma-se o crime, nas hipóteses previstas no parágrafo, com a entrega a consumo ou com o simples ter em depósito a substância envenenada, não se exigindo, portanto, o consumo ou a distribuição, ou seja, perigo efetivo.

7.4.8 Forma qualificada

Aplica-se ao art. 270 o disposto no art. 258, face à determinação do art. 285. Tratando-se de envenenamento doloso, a pena será aumentada de metade se resulta lesão corporal de natureza grave, e duplicada se resulta morte.

---

109. Exemplo de NORONHA, E. Magalhães. Ob. cit. v. 4, p. 25.

7.4.9 Envenenamento culposo

Se o crime é culposo, a pena é de detenção, de seis meses a dois anos (art. 270, § 2º). Responde pelo delito culposo, portanto, aquele que, por *imprudência*, *negligência* ou *imperícia*, envenena água potável ou substância alimentícia ou medicinal destinada a consumo, bem como o que entrega ou tem em depósito a substância envenenada, nas mesmas condições. Vindo a saber que a substância foi envenenada por outrem, dolosa ou culposamente, o agente responderá pelo crime previsto no *caput* se a mantiver em depósito ou a entregar a consumo.

Resultando do crime culposo lesão corporal a pena é aumentada de metade; no caso de morte, aplica-se a pena cominada ao homicídio culposo, aumentada de um terço (art. 285, c. c. o art. 258).

7.4.10 Distinção

Se o propósito de matar foi o móvel que levou o agente a envenenar a água potável ou a substância alimentícia ou medicinal, o delito perpetrado deixa de ser o do art. 270 para se firmar no art. 121.[19] Caso o intuito do agente seja o de causar epidemia, sendo o veneno idôneo para tal fim, ocorrerá o delito previsto no art. 267. Não havendo envenenamento, por não se considerar como veneno a substância adicionada ou misturada à água ou à substância alimentícia ou medicinal, poderá ocorrer um dos crimes previstos a partir do art. 271. O envenenamento da água pode caracterizar, também, o crime de terrorismo quando praticado com tal finalidade (art. 2º, § 1º, inciso I, da Lei nº 13.260, de 16-3-2016).

7.5 CORRUPÇÃO OU POLUIÇÃO DE ÁGUA POTÁVEL

7.5.1 Conceito

A corrupção ou poluição de água potável, prevista em algumas legislações no mesmo tipo penal que incrimina o envenenamento, na lei penal brasileira é objeto do art. 271: "Corromper ou poluir água potável, de uso comum ou particular, tornando-a imprópria para o consumo ou nociva à saúde: Pena – reclusão, de dois a cinco anos."

7.5.2 Objetividade jurídica

Como no tipo anterior, o objeto jurídico do crime de corrupção ou poluição de água potável é a saúde pública, como particular aspecto da incolumidade coletiva. Ficaram excluídas do dispositivo as substâncias alimentícias e medicinais, consideradas nos arts. 272 ss.

7.5.3 Sujeitos do delito

Sujeito ativo do crime em apreço é qualquer pessoa imputável, inclusive o proprietário da água quando destinada ao uso comum ou particular. Sujeito passivo é a coletividade, não só o público, como qualquer grupo de pessoas indeterminadas.

7.5.4 Tipo objetivo

Duas são as condutas típicas previstas no art. 271. *Corromper* é tornar pobre, adulterar, alterar, estragar, desnaturar, infectar, decompor a água potável, ou seja, aquela que tem condições de ser ingerida ou empregada em alimentos (item 7.4.4). Referindo-se a "água potável", a lei não abrange, apenas, as águas de pureza e incolumidade bioquímica, mas, também, aquelas de que se servem as populações ribeirinhas, os moradores das zonas rurais, pouco importando que sejam recolhidas em poços, rios, cisternas ou açudes, filtradas ou não, ou fornecidas mediante distribuição, seja pública ou particular".[20] Se corromper a água é alterar a sua essência ou composição, *poluir* é conspurcar, macular, sujar, manchar esse líquido, sem que ele se torne imprestável à sua destinação, como ocorre na corrupção. É indispensável sempre, porém, para a caracterização do tipo, que a água se torne imprópria para o consumo ou nociva à saúde. Água *imprópria para o consumo* é a que não apresenta os requisitos da potabilidade, ou seja, aquela que "apresenta cor, cheiro, aspecto e gostos desagradáveis, repugnantes ou simplesmente estranhos a esse líquido, que deva servir de bebida ou empregado como veículo de outras substâncias a serem ingeridas".[110] Água *nociva* é a que prejudica, faz mal, causa dano à saúde. O conceito de *saúde*, porém, é vago ou, ao menos, relativo. Explica Flamínio Fávero: "Em geral, se toma a expressão *saúde* como significando o 'estado de que é são ou de quem tem as funções orgânicas em estado normal' (Cândido de Figueiredo). Esse estado, rigorosamente, não existe na realidade. A nossa saúde, por melhor que aparente ser, é sempre relativa, se não por algum transtorno mórbido, ao menos devido a miopragias orgânicas. Isso não impede, porém, que uma causa agressiva qualquer atue de sorte a produzir outros males ou a agravar estado anterior. Desde que uma água, porque corrompida ou poluída, pode ser nociva à saúde de alguém, é inútil a discussão de esmiuçar a higidez plena ou não da possível vítima." [111]

É evidente que toda água nociva à saúde é também imprópria para o consumo, o que indica ser dispensável até a citação no dispositivo da prejudicialidade para a saúde.

Referindo-se a lei à água potável, fica excluída a destinada a outros usos: "para lavar ou para irrigações, ou para uso de animais, ou destinada a movimentação de máquinas ou quaisquer outros aparelhos etc." [112] Por isso decidiu-se que não comete o crime em

---

110. FÁVERO, Flamínio. *Código Penal brasileiro comentado*. São Paulo: Saraiva, 1950. v. 9, p. 76.
111. Ibidem, p. 77.
112. FARIA, Bento de. Ob. cit. v. 6, p. 263.

apreço quem, por meio de represas, canaliza várias fontes existentes em suas terras, formando aguadas para o gado, e nelas despeja a final resíduos de um alambique.[21]

Também não haverá crime se a água já estiver poluída. É indispensável, portanto, como afirma Celso Delmanto, "que se demonstre a *anterior* condição de ser a água *potável*, pois não se tipifica a conduta de quem corrompe ou polui águas já poluídas".[113] Nesse sentido é a jurisprudência.[22] Limitar a proteção penal simplesmente à água bioquimicamente potável, porém, seria o mesmo que o Estado se declarar indiferente ao envenenamento ou poluição da única água acessível às pessoas e animais. Assim, a expressão "potável" deve abranger não só a potabilidade bioquímica, mas, também, a potabilidade menos rigorosa, mas incomparavelmente mais encontradiça no Brasil, consistente em servir para beber e cozinhar, segundo a expressão popular. Água de que se possa razoavelmente utilizar será "água potável" para os fins da lei penal.[23] Assim tem-se entendido também na doutrina (item 7.4.4).

Necessária para a comprovação do ilícito a prova pericial, mas já se decidiu que a falta de autenticidade da colheita do líquido a ser submetido a exame toxicológico não invalida a perícia, se suprimida essa omissão por meios normais de prova entre os quais avulta a confissão do réu, que levem a um exato conhecimento de sua legitimidade.[24]

Refere-se a lei à água de uso comum ou *particular*. Não é indispensável, pois, que se trate de água destinada à coletividade, bastando que dela possa se servir alguém em particular (item 7.4.4).

Há, porém, decisão do STJ no sentido da ab-rogação do delito de corrupção ou poluição de água potável pelo art. 54 da Lei nº 9.605, de 12-2-1998, que define o crime de poluição, que abrange a poluição hídrica e que exige para sua configuração a ocorrência de efetiva lesão ou perigo de dano à saúde humana, à flora ou à fauna (art. 54, *caput* e § 2º, inciso III).[25]

7.5.5 Tipo subjetivo

O dolo é a vontade de corromper ou poluir a água, tendo ciência o agente de que ela é potável e destinada ao consumo humano.[114] Não há exigência, para a caracterização do crime, de qualquer finalidade específica.

7.5.6 Consumação e tentativa

Consuma-se o crime em estudo com a corrupção ou poluição da água, sem ser necessária a ocorrência de um dano efetivo. Trata-se de crime de perigo abstrato, presumindo-se o risco.

---

113. DELMANTO, Celso. Ob. cit. p. 305. Ver a esse respeito A poluição das águas do rio Piracicaba *in* DELMANTO, Dante. *Defesas que fiz no júri*. São Paulo: Saraiva, 1978. p. 265-272.
114. Ver a propósito, RIBEIRO, Gilberto Quintanilha. Poluição de água. *Justitia* 54/179.

7 • DOS CRIMES CONTRA A SAÚDE PÚBLICA

Apesar da opinião em contrário de Manzini,[115] nada impede a tentativa. Impedindo o agente de conseguir a poluição ou corrupção da água quando já iniciou a execução, será ele responsabilizado pelo *conatus*.[116]

7.5.7 Corrupção ou poluição culposa

Prevê a lei a modalidade culposa, cominando pena de detenção, de dois meses a um ano (art. 271, parágrafo único). Trata-se aqui da conduta imprudente, negligente ou imperita do agente que vem a causar a corrupção ou poluição da água potável, sendo esta condição anterior do líquido indispensável à caracterização do ilícito.[(26)] É lembrada a atuação culposa de funcionários encarregados de tratar, manipular ou fiscalizar as águas de abastecimento público.[117]

7.5.8 Crime qualificado pelo resultado

Aplica-se também ao dispositivo a forma qualificada, com os aumentos de pena ao crime doloso ou culposo em que ocorre lesão corporal de natureza grave ou morte, nos termos dos arts. 285 e 258 (itens 7.4.8 e 7.4.9).

7.5.9 Distinção

Classificando-se a substância adicionada ou misturada à água como veneno, ocorrerá o crime previsto no art. 270 e, causando o fato epidemia, o referente ao art. 276. Não se configurando o crime de corrupção ou poluição de água potável, pode o agente causador de poluição hídrica responder por um dos crimes contra o meio ambiente previstos nos arts. 33 e 54 da Lei nº 9.605, de 12-2-1998.

7.6 FALSIFICAÇÃO, CORRUPÇÃO, ADULTERAÇÃO OU ALTERAÇÃO DE SUBSTÂNCIA ALIMENTÍCIA OU PRODUTOS ALIMENTÍCIOS

7.6.1 Conceito

Uma das espécies de fraude à substância alimentícia ou de produtos alimentícios, consistente na sua falsificação, corrupção, adulteração ou alteração, está prevista no art. 272 do CP, com a redação que lhe foi determinada pela Lei nº 9.677, de 2-7-1998: "Corromper, adulterar, falsificar ou alterar substância ou produto alimentício destinado a consumo, tornando-o nocivo à saúde ou reduzindo-lhe o valor nutritivo: Pena – reclusão, de 4 (quatro) a 8 (oito) anos, e multa." Está sujeito também à mesma pena quem "fabrica, vende, expõe à venda, importa, tem em depósito para vender ou, de qualquer

---

115. MANZINI, Vincenzo. Ob. cit. v. 6, § 2034, p. 373.
116. Nesse sentido, cf. NORONHA, E. Magalhães. Ob. cit. v. 4, p. 28. FRAGOSO, H. Cláudio. Ob. cit. v. 3, p. 215.
117. FÁVERO, Flamínio. Ob. cit. v. 9, p. 78.

forma, distribui ou entrega a consumo a substância alimentícia ou o produto falsificado, corrompido ou adulterado" (art. 272, § 1º-A) e também quem pratica as ações referidas no *caput* em relação a bebidas, com ou sem teor alcoólico (art. 272, § 1º). Embora da rubrica da lei modificadora conste que o crime é classificado como hediondo, a circunstância não foi objeto do texto legal, permanecendo o ilícito à margem da Lei nº 8.072/90.

7.6.2 Objetividade jurídica

Ainda é a saúde pública o bem jurídico tutelado, já que a incolumidade das pessoas é posta em risco com o consumo da substância alimentícia ou de produto alimentício nas condições indicadas pelo dispositivo.

Trata-se, agora, de crime de perigo *concreto*, por exigir a lei que a substância seja nociva à saúde ou que tenha reduzido seu valor nutritivo, embora não dependa da comprovação de risco efetivo para a incolumidade de qualquer pessoa.

Dispõem a respeito das substâncias alimentícias: o Decreto-lei nº 986, de 21-10-1969, que institui normas básicas sobre alimentos; a Lei nº 6.437, de 20-7-1977, que prevê infrações à legislação sanitária federal; a Lei nº 8.918, de 14-7-1994, que dispõe sobre a padronização, classificação, registro, inspeção, produção e fiscalização de bebidas e é regulamentada pelo Decreto nº 6.871, de 4-6-2009; a Lei nº 9.972, de 25-5-2000, que institui a classificação de produtos vegetais, subprodutos e resíduos de valor econômico, regulamentada pelo Decreto nº 6.268, de 22-11-2007. Com relação aos agrotóxicos, vige a Lei nº 14.785, de 27-12-2023. Pelo Decreto nº 5.360, de 31-1-2005, foi promulgado o texto da Convenção Internacional adotada em Roterdã, em 10-9-1998, sobre o comércio internacional de agrotóxicos perigosos. A Lei nº 11.105, de 24-3-2005, regulamentada pelo Decreto nº 5.591, de 22-11-2005, estabelece normas para o uso das técnicas de engenharia genética e liberação no meio ambiente de organismos geneticamente modificados tipificando a conduta de liberação ou descarte no meio ambiente desses organismos que se faça em desacordo com as normas estabelecidas pela Comissão Técnica Nacional de Biossegurança e pelos órgãos e entidades de registro e fiscalização (art. 27). O Decreto nº 4.680, de 24-4-2003, regula o direito à informação a respeito de alimentos e ingredientes alimentares que contenham ou sejam produzidos a partir de organismos geneticamente modificados. Lembrem-se ainda o Decreto nº 5.705, de 2006, que promulgou o Protocolo de Cartagena sobre Biossegurança da Convenção sobre Diversidade Biológica, e o Decreto nº 6.041, de 8-2-2007, que institui a Política de Desenvolvimento da Biotecnologia.

7.6.3 Sujeitos do delito

Qualquer pessoa pode cometer o crime, embora na maior parte das vezes se revista o sujeito ativo da qualidade de industrial, agricultor ou comerciante. Sujeito passivo é a coletividade, bem como qualquer pessoa que seja lesada ou posta em perigo pela falsificação, corrupção, adulteração ou alteração dos alimentos ou produtos alimentícios.

7.6.4 Tipo objetivo

O tipo prevê quatro modalidades de conduta no *caput* do art. 272. A primeira é a de *corromper* a substância, ou seja, o de estragar, desnaturar, infectar, decompor, tornar pobre a substância. Tal conduta pode ocorrer por omissão, deixando o agente, conscientemente, de tomar os cuidados necessários à conservação da substância alimentícia ou medicinal. Conforme a natureza desta – lembra Flamínio Fávero – recorde-se "o frio, o calor, a dessecação, a concentração, o salgamento e o uso de substâncias adequadas à esterilização, à eliminação do ar, ao acondicionamento cuidadoso, ao emprego de aparelhagem e utensílios asseados no seu preparo etc." [118] A corrupção pode ocorrer, portanto, pela *deterioração* (decomposição, putrefação, rancificação etc.) decorrente de omissão do sujeito ativo.

A segunda conduta é a de *adulterar*, que significa alterar ou mudar para pior. Adultera-se substância alimentícia ou produto alimentício adicionando-se a ela outra que a torne nociva ou lhe reduza o valor nutritivo. Pratica-se o crime adicionando-se urina de vaca ao leite, excrementos de animais ao café em pó, chocolate etc. ou usando água poluída em alimento etc.[119]

A terceira conduta prevista no *caput* do artigo é *falsificar,* que quer dizer alterar com fraude, contrafazer. Falsifica-se com o emprego de substâncias diversas das que entram na composição normal do produto, tendo-se o cuidado de que ele se apresente com a aparência normal do alimento. Externamente a substância é idêntica ou muito semelhante à genuína, embora a sua composição seja diversa da normal. Como exemplos, citam-se o vinho fabricado sem uva, a cerveja com sucedâneos de cevada ou do lúpulo etc.[120]

A última das condutas é a de *alterar*, ou seja, modificar, mudar, de qualquer forma, a substância, tornando-a nociva ou lhe reduzindo o valor nutritivo.

Qualquer das condutas deve recair sobre substância alimentícia, sólida ou líquida, natural ou preparada, de primeira necessidade ou não, destinada à alimentação. Ao se referir a produto alimentício a lei compreende qualquer resultado da atividade humana referente a alimentos. Estão incluídas, agora por expressa disposição legal (art. 272, § 1º), as bebidas, com ou sem teor alcoólico, dirimindo as dúvidas geradas pela redação anterior do art. 272 do CP. Mesmo assim, a jurisprudência aceitava, majoritariamente, a prática do crime tendo por objeto bebida, como o uísque, inclusive pela substituição do estrangeiro pelo nacional,[27] apesar de decisões em sentido contrário.[28]

Para que se configure o crime é necessário que a substância seja destinada ao consumo ou uso do homem, já que se trata de crime contra a saúde pública. É necessário, também, que a substância ou produto alimentício seja nocivo a saúde, que possa causar

---

118. Ibidem, p. 81.
119. Exemplos de FÁVERO, Flamínio. Ob. cit. v. 9, p. 85 e NORONHA, E. Magalhães. Ob. cit. v. 4, p. 31-32.
120. NORONHA, E. Magalhães. Ob. cit. v. 4, p. 32.

dano ao regular funcionamento biológico do ser humano (nocividade positiva), ou, conforme a nova redação do artigo, tenha sido reduzido seu valor nutritivo (nocividade negativa). Sem a prova da nocividade positiva ou da redução do valor nutritivo da substância ou produto alimentício, não se configura o ilícito.[29] Ainda diante da nova redação, configura o delito, também, a mistura ao alimento de substância inócua ou daquela que seja imprópria para o consumo, ainda que não nociva à saúde, pela redução de seu valor nutritivo. Merece registro especial a adição de bromato de potássio ao pão para aumentar-lhe o tamanho. Trata-se de substância nociva à saúde, proporcionalmente à quantidade adicionada ao alimento.[30][121] De qualquer forma, a referida substância não pode ser utilizada qualquer que seja sua quantidade (item 7.8.4). Havendo corrupção, falsificação ou alteração da substância destinada a pessoa determinada, poderá ocorrer outro ilícito.

7.6.5 Tipo subjetivo

O dolo é a vontade de corromper, adulterar, falsificar ou alterar a substância ou o produto alimentício, tendo o agente consciência de que pode criar perigo para a saúde pública. Não se exige que tenha tal intuito uma vez que o fim particular do agente não interessa à caracterização do ilícito.

7.6.6 Consumação e tentativa

Consuma-se o crime com a corrupção, adulteração, falsificação ou alteração da substância ou produto alimentício, não se exigindo que seja ele posto à disposição do comércio ou do público.

É possível a tentativa que ocorre com a interrupção da conduta típica.

7.6.7 Fabricação, venda, exposição à venda, importação, depósito, distribuição e entrega a consumo

No § 1º-A do art. 272, incrimina-se a conduta de quem fabrica, vende, expõe à venda, importa, tem em depósito para vender ou, de qualquer forma, distribui ou entrega a consumo a substância alimentícia ou o produto corrompido, adulterado, falsificado ou alterado. Nessas hipóteses, não importa que a corrupção, falsificação ou alteração tenha decorrido de crime ou de caso fortuito, força maior, deterioração natural etc.

Sujeito ativo é toda pessoa que pratica qualquer dessas condutas, não se limitando o conceito apenas a comerciante, nem se exigindo do agente ato regular do comércio. Aquele que falsificou, adulterou, alterou ou corrompeu a substância só responde pelo primeiro delito.

---

121. Damásio E. de Jesus entende configurado o crime previsto no art. 272 na adição de bromato de potássio ao pão. Crimes contra a saúde pública. *RT* 565/275-6.

Comete-se o crime com a *venda*, tendo havido ou não a *traditio*,[31] com a *exposição à venda* (exibição em vitrinas, mostruários etc.), com o *depósito para vender* (em estoque, guarda) e com a *entrega* (transferência a título oneroso, como a troca, ou gratuito, como a cessão, doação etc.).

O objeto material é a coisa, substância ou produto alimentício, corrompido, adulterado, falsificado ou alterado (item 7.6.4).

Neste caso, não importa que a corrupção, adulteração, alteração ou falsificação tenha decorrido de crime ou de caso fortuito, força maior, deterioração natural etc. Não há crime para o vendedor, porém, se o produto for empregado com desvirtuamento de finalidade ou inadequadamente.[32]

O dolo do delito previsto no § 1º do art. 272 é a vontade de praticar uma das condutas inscritas no dispositivo, tendo o agente ciência de que se trata de substância adulterada, corrompida, falsificada ou alterada, bem como de sua nocividade,[33] ou de seu reduzido valor nutritivo. Não se exige o fim de lucro ou qualquer outro, mas, quanto ao ter em depósito a substância, indispensável é o elemento subjetivo do tipo, ou seja, a finalidade de vender (dolo específico).

Consuma-se o crime com a venda, exposição à venda, depósito ou entrega, independentemente de dano efetivo à saúde. Nas modalidades de exposição à venda ou de depósito para vender, o ilícito é permanente. Configurado está o crime ainda que o adquirente, por exemplo, não ingira a substância, atirando-a fora ou servindo-a a animal. No caso do § 1º-A é difícil a caracterização da tentativa, pois o ter em depósito já é consumação.[122] Mas ela é admissível na conduta de importar, que pode não se realizar integralmente por circunstâncias alheias à vontade do agente.

7.6.8 Crime culposo

Prevê a lei a modalidade culposa, cominando pena de detenção, de um a dois anos, e multa (art. 272, § 2º).

Neste caso o agente não quer o resultado, nem assume o seu risco, mas, por desatenção e falta de cuidados, causa a corrupção, alteração ou a adulteração da substância, ou a mantém em depósito, expõe à venda, vende ou entrega a consumo.[123] Cita Flamínio dois exemplos de culpa: o esquecimento da separação e inutilidade de carnes infectadas ou infeccionadas e, depois, postas de mistura com outras, em conserva; o esquecimento de esterilizar ampolas de medicamentos de uso hipodérmico etc.[124]

7.6.9 Crime qualificado

Resultando lesão corporal grave ou morte aplica-se o disposto no art. 258 (art. 285).

---

122. Cf. NORONHA, E. Magalhães. Ob. cit. v. 4, p. 36. FRAGOSO, H. Cláudio. Ob. cit. v. 3, p. 22.
123. Vincenzo Manzini admite a falsificação culposa no erro do agente que acredita ser a sua conduta jurídica. Ob. cit. v. 6, § 2.036, p. 376.
124. FÁVERO, Flamínio. Ob. cit. v. 9, p. 91.

7.6.10 Distinção

Se a substância é água, o crime é o previsto no art. 271 e, se houver envenenamento, o do art. 270. Se a substância é destinada a fins terapêuticos ou medicinais, configura-se o crime do art. 273. No art. 278 encontra-se descrito o crime de *outras substâncias nocivas à saúde pública*.

Quando há corrupção, adulteração, alteração ou falsificação de substância ou produto alimentício, mas não se torna este nocivo à saúde nem tem seu valor nutritivo reduzido, pode ocorrer crime contra as relações de consumo previsto no art. 7º, III e IX, da Lei nº 8.137, de 27-12-1990.

7.6.11 Concurso

Quando o falsificador vende o produto não comete dois crimes, respondendo apenas pelo *caput* do art. 272. O crime previsto no § 1º-A afasta a incidência do art. 7º, inciso IX, da Lei nº 8.137, de 27-12-1990, aplicando-se o princípio da *especialidade*. Pode ocorrer, porém, o concurso com outro crime contra as relações de consumo, quando a fraude ao consumidor não se restringir à alteração sofrida pelo produto que o tornou nocivo à saúde ou lhe reduziu o valor nutritivo (art. 7º, incisos II e III, da Lei nº 8.137 etc.). Nada impede, também, a existência de crime continuado.

7.7 FALSIFICAÇÃO, CORRUPÇÃO, ADULTERAÇÃO OU ALTERAÇÃO DE PRODUTO DESTINADO A FINS TERAPÊUTICOS OU MEDICINAIS

7.7.1 Conceito

Prevê o art. 273, § 1º-A e § 1º-B, também com a redação que lhes foi determinada pela Lei nº 9.677, de 2-7-1998, o crime de falsificação, corrupção, adulteração ou alteração de produto destinado a fins terapêuticos ou medicinais, antes objeto do art. 272. Passou a ser a seguinte a redação: "Falsificar, corromper, adulterar ou alterar produto destinado a fins terapêuticos ou medicinais: Pena – reclusão, de 10 (dez) a 15 (quinze) anos, e multa. Nos termos do § 1º, "nas mesmas penas incorre quem importa, vende, expõe à venda, tem em depósito para vender ou, de qualquer forma, distribui ou entrega a consumo o produto falsificado, corrompido, adulterado ou alterado". A Lei nº 9.695, de 20-8-1998, que alterou dispositivos da Lei nº 6.437, de 20-8-1977, inclui no art. 1º da Lei nº 8.072, de 25-7-1990, como crime hediondo, a falsificação, corrupção, adulteração ou alteração de produto destinado a fins terapêuticos ou medicinais (art. 273, *caput*, e §§ 1º, 1º-A e 1º-B).

7.7.2 Objetividade jurídica

Tutela-se, ainda, a saúde pública, tentando-se evitar a produção, comércio ou entrega de produtos destinados a fins terapêuticos ou medicinais com nocividade positiva, pela inadequação do produto ao tratamento ou com reduzido valor medicinal.

A Lei nº 6.360, de 23-9-1976, dispõe sobre a vigilância sanitária a que se sujeitam os medicamentos, drogas, insumos farmacêuticos e outros produtos, e a Lei nº 9.787, de 10-2-1999, estabelece o medicamento genérico e dispõe sobre a utilização de nomes genéricos em produtos farmacêuticos e dá outras providências. As condições para o funcionamento de empresas sujeitas ao licenciamento sanitário, e o registro, controle e monitoramento, no âmbito da vigilância sanitária, dos produtos de que trata a Lei nº 6.360/76 estão regulamentadas pelo Decreto nº 8.077, de 14-8-2013. A Lei nº 5.991, de 17-12-1973, dispõe sobre o controle sanitário do comércio de drogas, medicamentos, insumos farmacêuticos e correlatos. A Lei nº 9.965, de 27-4-2000, restringiu a venda de esteroides ou peptídeos anabolizantes. A Lei nº 10.651, de 16-4-2003, dispõe sobre o controle do uso da talidomida. A Lei nº 9.782, de 26-1-1999, define o Sistema Nacional de Vigilância Sanitária, cria a Agência Nacional de Vigilância Sanitária e dá outras providências. O Decreto nº 3.029, de 16-4-1999, aprovou o Regulamento da Agência Nacional de Vigilância Sanitária. A Lei nº 13.021, de 8-8-2014, dispõe sobre o exercício e a fiscalização das atividades farmacêuticas.

7.7.3 Sujeitos do delito

Sujeito ativo é quem pratica uma das condutas incriminadas, independentemente da qualidade de produtor ou comerciante. Tratando-se de empregado, pode haver erro de tipo, ou, se forçado a praticar o ilícito sob ameaça de dispensa, a inexigibilidade de conduta diversa.[125]

Sujeito passivo é a coletividade, cuja saúde é posta em risco, presumidamente, pela nocividade positiva ou negativa, como já foi exposto.

7.7.4 Tipo objetivo

O objeto material do crime previsto no art. 273 é o produto destinado a fins terapêuticos ou medicinais. *Produto* é o resultado de qualquer atividade humana, substituindo a palavra *substância*, utilizada na lei anterior. É necessário, segundo o *caput*, que o produto seja destinado a fins terapêuticos ou medicinais, meios adequados para aliviar, tratar e curar doentes.

A lei inclui expressamente, no § 1º-A, todos os medicamentos (substâncias ou preparados que se utilizam como remédios), as matérias-primas (substâncias brutas principais com que são fabricados os medicamentos), os insumos farmacêuticos (componentes da produção), cosméticos (produtos utilizados para a limpeza, conservação ou maquiagem da pele), saneantes (produtos usados para higienizar, desinfetar ou limpar, entre os quais o álcool gel, importante produto usado no período de pandemia) e os de uso em diagnóstico (conhecimento ou determinação de doença).

---

125. FRAGOSO, H. Cláudio. Ob. cit. v. 3, p. 22. NORONHA, E. Magalhães. Ob. cit. v. 4, p. 38.

De acordo com a nova redação dada ao *caput* do art. 273, são várias as condutas incriminadas. A primeira delas é a de *falsificar*, ou seja, de contrafazer, alterar com fraude o produto destinado a fins terapêuticos ou medicinais ou o equiparado por lei. O crime pode ser praticado com o emprego de substância diversa das que entram na composição normal do produto, embora externamente tenha este aparência idêntica ou semelhante à genuína.

A segunda ação típica é a de *corromper* o produto, ou seja, decompô-lo, estragá-lo, desnaturá-lo, degradá-lo, mesmo por omissão.

A conduta seguinte é a de *adulterar*, modificar, mudar para pior o produto.

Por fim, a última modalidade típica é a de *alterar* o produto, modificando sua qualidade, fazendo desaparecer suas características, seus atributos de pureza ou perfeição, suprimindo, total ou parcialmente, qualquer elemento da composição normal. Pode o sujeito ativo, ainda, praticar o delito *substituindo* o elemento por outro, de qualidade inferior, alterando assim o produto destinado a fins terapêuticos ou medicinais.[34] Lembre-se como caracterização do crime o fato de ter-se substituído a penicilina sintética por farinha de trigo no antibiótico Ampicilina, um medicamento produzido na cidade de Santo André/SP, bem como no medicamento Androcur prescrito a pacientes portadores de câncer. Pode a ação reduzir o valor terapêutico do produto, quando o agente diminui suas características pela adição de outras substâncias.

Deixando o crime vestígios é de rigor o exame pericial para a verificação da falsificação, corrupção, adulteração ou alteração do produto, que deve obedecer aos dispositivos legais específicos.

7.7.5 Tipo subjetivo

O dolo é a vontade de praticar qualquer das condutas inscritas no dispositivo, desde que o agente saiba que se trata de produto destinado a fins terapêuticos ou medicinais. Não se exige, porém, qualquer fim especial da conduta.

7.7.6 Consumação e tentativa

Consuma-se o crime quando praticada a ação típica, independentemente de qualquer outro resultado. O perigo para a saúde pública é presumido por lei, não se exigindo, pois, sua comprovação.

Tratando-se de crime plurissubsistente, nada impede a tentativa. Esta existe quando não ocorre a falsificação, corrupção, adulteração ou alteração por circunstâncias alheias à vontade do agente, tendo este já iniciado a execução da conduta típica.

7.7.7 Importação, venda, exposição à venda, depósito, distribuição e entrega do produto destinado a fins terapêuticos ou medicinais

Prevê a lei também, no § 1º do art. 273, a incriminação de quem importa, vende, expõe à venda, tem em depósito, ou de qualquer forma distribui ou entrega a consumo o produto falsificado, corrompido, adulterado ou alterado, condutas idênticas às do art. 272, tendo por objeto o produto destinado a fim terapêutico ou medicinal ou a ele equiparado. Na conduta de ter em depósito, a lei exige que o comportamento tenha como finalidade a venda.

7.7.8 Importação, venda, exposição à venda, depósito, distribuição e entrega de produto com violação de disposição regulamentar

Além das condutas referidas no *caput* e no § 1º a lei equipara a elas, no § 1º-B, as ações de *importação* (aquisição e transferência do exterior para o país), *venda*, *exposição à venda*, *distribuição* (transferência a título oneroso, como a troca, ou gratuito, como a cessão, depósito etc.) ou *entrega* a consumo dos produtos em certas condições: (I) sem registro, quando exigível, no órgão de vigilância sanitária; (II) em desacordo com a fórmula constante do registro previsto no item anterior; (III) sem as características de identidade e qualidade admitidas para a sua comercialização; (IV) com redução de seu valor terapêutico ou de sua atividade; (V) de procedência ignorada; (VI) adquirida de estabelecimento sem licença da autoridade sanitária competente. São crimes formais, que se consumam com a própria conduta, independentemente de qualquer resultado de dano ou de perigo, por ser este presumido por lei.

O dolo, tanto nas condutas previstas nos §§ 1º e 1º-B, exige que o agente, além da vontade de praticar a ação, tenha ciência da falsificação, corrupção, adulteração ou alteração do produto incriminado ou de que esteja ele em uma das situações previstas no último parágrafo citado.

O Supremo Tribunal Federal, no julgamento de recurso extraordinário com repercussão geral, declarou a inconstitucionalidade[126] da pena de 10 a 15 anos prevista para o crime de importação de medicamento sem registro sanitário (§ 1º-B, I) em razão da violação do princípio da proporcionalidade da pena, e, assim, reconhecendo a ocorrência da repristinação, determinou que na hipótese voltasse a viger a redação original do dispositivo, que prevê a pena de reclusão de 1 a 3 anos e multa. Entendeu, ainda, que a pena de 10 a 15 anos é desproporcional também para quem *vende*, *armazena* e *distribui* o produto.

7.7.9 Crime culposo

Agindo o sujeito ativo sem dolo, mas também sem tomar as cautelas necessárias na espécie, comete o crime culposo ao corromper, adulterar, alterar, importar, vender etc.

---

126. STF, RE 979962-RS, j. em 24-3-2021, *DJe* de 14-6-2021; tese fixada: "É inconstitucional a aplicação do preceito secundário do art. 273 do Código Penal, com redação dada pela Lei nº 9.677/98 (reclusão, de 10 a 15 anos, e multa), à hipótese prevista no seu § 1º-B, I, que versa sobre importar, vender, expor à venda, ter em depósito para vender ou, de qualquer forma, distribuir ou entregar produto sem registro no órgão de vigilância sanitária. Para estas situações específicas, fica repristinado o preceito secundário do art. 273, na sua redação originária (reclusão, de 1 a 3 anos, e multa)".

a substância incriminada. É dever do fabricante e do comerciante verificar as condições com que se apresentam os produtos referidos no art. 273, além de obedecer as normas jurídicas específicas que regulam suas atividades. Quando o comerciante, porém, entrega ao consumo mercadoria contida em recipiente fechado como a recebeu do fabricante, não cabe condená-lo pelo delito, pois não podia saber se estava, ou não, adulterada.[35] [127]

A pena para o crime culposo varia de um a três anos de detenção, e multa.

7.7.10 Formas qualificadas

Em qualquer das condutas típicas, se, do fato, resultar lesão corporal de nature-za grave ou morte, há crime qualificado pelo resultado. Pode o produto não conter a nocividade positiva mas ocorrer um desses resultados. Suponha-se, por exemplo, a substituição de insulina por água destilada que não remove a hiperglicemia. Aplica-se, pois, ao art. 273 o disposto no art. 258 por força do art. 285.

7.8 EMPREGO DE PROCESSO PROIBIDO OU DE SUBSTÂNCIA NÃO PERMITIDA

7.8.1 Conceito

Prevê o art. 274 o crime de emprego de processo proibido ou de substância não permitida: "Empregar, no fabrico de produto destinado a consumo, revestimento, ga-seificação artificial, matéria corante, substância aromática, antisséptica, conservadora ou qualquer outra não expressamente permitida pela legislação sanitária". A pena foi elevada para a de reclusão, de 1 a 5 anos, e multa, pela Lei nº 9.677, de 2-7-1998.

7.8.2 Objetividade jurídica

Tutela-se ainda uma vez a saúde pública, punindo-se o fabrico de produtos em desobediência às determinações sanitárias destinadas a preservar a pureza, a higiene, a perfeição, a natureza dos produtos levados a consumo coletivo. O dispositivo não se restringe a proteger as substâncias alimentícias ou medicinais, mas quaisquer outras, como as referentes a perfumaria, limpeza etc.

O art. 274 prevê crime de perigo abstrato, presumindo a lei o risco de dano à co-letividade pela simples prática da conduta incriminada.

Dispõem sobre o assunto: o Decreto-lei nº 986, de 21-10-1969, que institui normas básicas sobre alimentos; a Lei nº 6.437, de 20-7-1977, que prevê infrações à legislação sanitária federal; a Lei nº 9.782, de 26-1-1999, regulamentada pelo Decreto nº 3.029, de 16-4-1999; a Lei nº 8.918, de 14-7-1994, que dispõe sobre a padronização, classificação, registro, inspeção, produção e fiscalização de bebidas e é regulamentada pelo Decreto

---

127. É a lição de FÁVERO, Flamínio. Ob. cit. v. 9, p. 106.

n° 6.871, de 4-6-2009; a Lei n° 9.832, de 14-9-1999, que proíbe a utilização de liga de chumbo e estanho em embalagem para acondicionamento de produtos alimentícios.

7.8.3 Sujeitos do delito

Sujeito ativo do crime em estudo é qualquer pessoa, embora seja normalmente o industrial, o comerciante etc. Sujeito passivo é a coletividade.

7.8.4 Tipo objetivo

A conduta típica é *empregar no fabrico* de qualquer produto processo ou substância vedados pela legislação sanitária. *Empregar*, no caso, significa usar, fazer emprego, aplicar, aproveitar, lançar mão, misturar, impregnar, acondicionar etc. Veda-se não só o emprego de substâncias proibidas, incluindo-se aqui quantidade superior à permitida, como processos proibidos pela legislação.

O art. 274 é norma penal em branco, que deve ser complementada, preenchida com as disposições legais (leis, decretos, regulamentos etc.) referentes à produção de produtos destinados a consumo.

Refere-se a lei, em primeiro lugar, ao *revestimento*, que é o envoltório, não só aquele que faz parte integrante do produto (revestimento de bolos, doces, pães, pastilhas, drágeas etc.) como o invólucro de acondicionamento para a venda (caixas, latas, envelopes etc.).

A *gaseificação artificial* de substâncias alimentícias ou medicinais visa a dissolver gases convenientemente indicados nessas substâncias, por processos de manipulação adequados, obtendo-se, por exemplo, as águas potáveis de fonte gaseificadas; os sucos de frutas gaseificados; os refrescos e bebidas refrigerantes gaseificados etc. Incrimina-se, contudo, a gaseificação artificial não permitida pela legislação pertinente.

Permite a lei, por vezes, o emprego de algumas espécies de *corantes*, desde que naturais, de origem vegetal ou animal. [36]

A *substância aromática* é aquela adicionada ao produto com o propósito de dar paladar ou perfume mais agradável. Não tolera a lei algumas que podem ser tóxicas, nocivas à saúde (nocividade positiva ou negativa).

Refere-se a lei ainda à *substância antisséptica*, que é, conforme Flamínio Fávero, "a que se emprega em pequena dose com o fim de retardar ou evitar a fermentação da matéria orgânica".[128] São elas frequentemente nocivas porque podem alterar a composição do alimento ou medicamento, ou prejudicar a sua digestibilidade, sendo vedada a aplicação delas ou de quantidades superiores a determinados limites.

---

128. Ibidem, p. 111.

Proíbe-se também o emprego de algumas *substâncias conservadoras*, que são aquelas, antissépticas ou não, adicionadas aos alimentos ou medicamentos com o fim de evitar ou protelar a alteração do produto pela invasão ou proliferação de germes.[129] Além das substâncias antissépticas são citados o sal de cozinha, o açúcar, o álcool, o azeite etc. Permite-se, por exemplo, o emprego do ácido benzoico e do benzoato de sódio como agentes conservadores de refrigerantes, desde que respeitada a porcentagem que a lei estatui.[37]

O dispositivo refere-se, finalmente, a *qualquer outra substância*, ou seja, a qualquer ingrediente que vise a outros fins, como fermento, revelador etc., cuja adição só pode ser feita quando prevista na legislação regulamentar. Lembra Flamínio Fávero a pectina comestível no fabrico de marmelada, goiabada, bananada etc., o ácido cítrico ou tartárico nesses mesmos doces, os fermentos biológicos ou naturais no pão etc. Decidia-se que a adição de bromato de potássio, que, por sua quantidade, não fosse considerada nociva à saúde (item 7.6.4), constituiria ela, subsidiariamente, o crime previsto no art. 274, já que seu emprego é vedado, presumindo-se o perigo à saúde pública.[38] Entretanto, a Lei nº 10.273, de 5-9-2001, passou a proibir o emprego de bromato de potássio, em qualquer quantidade, nas farinhas, no preparo de massas e nos produtos de panificação.

7.8.5 Tipo subjetivo

O dolo do delito é a vontade de empregar no fabrico do produto processo ou ingrediente proibido. Indispensável, contudo, que o sujeito ativo esteja ciente de que se destine ao consumo público, não constituindo crime, por si só, esse emprego em produção caseira para o consumo familiar.

Dispensa-se, porém, qualquer finalidade específica da ação, como o de tornar mais atraente o produto, por exemplo, já que o tipo penal não faz referência ao elemento subjetivo do tipo (dolo específico).

Decidiu-se pela não caracterização do delito na presença do ácido benzoico em refrigerante quando resultou da mistura do benzoato de sódio aos sucos cítricos, sem dolo do agente.[39]

O erro, pelo desconhecimento da proibição, exclui o dolo. Não prevê a lei a modalidade culposa.

7.8.6 Consumação e tentativa

Consuma-se o crime com a prática da conduta prevista na lei, visto que, tratando-se de crime de perigo abstrato, não é indispensável que ocorra resultado de dano ou de perigo concreto.[40]

---

129. Ibidem, p. 112.

O crime em exame é plurissubsistente, nada impedindo a tentativa. Há apenas atos preparatórios quando se encontra em depósito material destinado a produção incriminada, ainda quando manifesta a intenção do acusado de utilizá-lo.[41]

7.8.7 Crime qualificado pelo resultado

Aplicam-se ao art. 274 as qualificadoras previstas no art. 258, por força do disposto no art. 285. Se do fato resulta lesão corporal grave a pena é aumentada de metade e se resulta morte é aplicada em dobro.

7.8.8 Distinção

Se a substância que recebe o ingrediente proibido é alimentícia ou medicinal e ocorre nocividade positiva ou negativa o crime é mais grave (arts. 272 e 273).

A venda, exposição para venda, o depósito para vender ou a entrega ao consumo do produto fabricado nas condições do artigo constituem o crime previsto no art. 276 (item 7.10.4).

7.9 INVÓLUCRO OU RECIPIENTE COM FALSA INDICAÇÃO

7.9.1 Conceito

Trata o art. 275 do crime denominado invólucro ou recipiente com falsa indicação, agora com a redação que lhe foi determinada pela Lei nº 9.677, de 2-7-1998: "Inculcar, em invólucro ou recipiente de produtos alimentícios, terapêuticos ou medicinais, a existência de substância que não se encontra em seu conteúdo ou que nele existe em quantidade menor que a mencionada: Pena – reclusão, de 1 (um) a 5 (cinco) anos, e multa."

7.9.2 Objetividade jurídica

Como nos delitos antecedentes, tutela-se a saúde pública. Embora o fato se constitua em fraude ao consumidor, dá-se maior importância àquele objeto jurídico que ao eventual dano ao patrimônio.

Além do art. 275, outros ilícitos penais são tipificados no Código de Defesa do Consumidor (arts. 63 e 66 a 68 da Lei nº 8.078, de 11-9-1990) e na Lei nº 8.137, de 27-12-1990 (art. 7º, VII).

A respeito da legislação relativa a produtos alimentícios e a produtos terapêuticos ou medicinais já discorremos (itens 7.6.4 e 7.7.2). O Decreto nº 4.680, de 24-4-2003, disciplina a rotulagem de alimentos embalados que contenham ou sejam produzidos com organismos geneticamente modificados. Em observância aos termos do § 4º do art. 220 da CF, a Lei nº 9.294, de 15-7-1996, disciplina o uso e a propaganda de produtos fumígenos, bebidas alcoólicas, medicamentos, terapias e defensivos agrícolas. A lei foi regulamentada pelo Decreto nº 2.018, de 1º-10-1996.

7.9.3 Sujeitos do delito

Qualquer pessoa pode cometer o crime previsto no art. 275, embora a prática ilícita seja mais comum entre fabricantes e comerciantes. Sujeito passivo é, ainda, a coletividade.

7.9.4 Tipo objetivo

O núcleo do tipo é *inculcar* que, no caso, significa *fazer falsa indicação*, ou seja, indicar, apregoar, dar a entender. O agente – diz Noronha – "afirma e apregoa que determinado produto alimentício ou medicinal contém certa substância que, entretanto, não entra em sua composição, ou existe em quantidade menor do que a indicada por ele".[130]

Produto é a coisa beneficiada, fabricada industrialmente ou manufaturada. O produto alimentício é qualquer preparado destinado a alimentação, alimento ou bebida, e produto terapêutico ou medicinal é aquele usado com o fim de prevenção, melhora ou cura de doenças.

A falsa indicação deve estar no invólucro ou recipiente. *Invólucro* é tudo que envolve, cobre, embrulha, reveste o produto, e *recipiente* é o que contém, acondiciona-o. Refere-se a lei, portanto, a envelopes, sacos, frascos, potes, garrafas, caixas, barricas, latas, bisnagas etc., qualquer que seja o material utilizado (papel, papelão, pano, substâncias plásticas, vidros, madeira, louça etc.). A mera aposição de rótulo falso, em recipiente de produto alimentício configura o delito do art. 275.[42] A bula, que acompanha normalmente os produtos medicinais, faz parte do invólucro ou recipiente.[43][131] Está excluída, entretanto, a falsa indicação em impressos e prospectos distribuídos ao público, anúncios, reclames, catálogos, boletins etc. O fato poderá constituir, porém, o crime previsto no art. 175 do CP ou no art. 67 do Código de Defesa do Consumidor.

A falsa indicação de que se trata de uísque estrangeiro, quando na realidade é nacional, já foi apontada como caracterizadora do crime.

7.9.5 Tipo subjetivo

Constitui o dolo do crime em estudo a vontade de fazer a falsa indicação, ou seja, a de inculcar produto nas condições referidas anteriormente. Não prevê a lei qualquer finalidade especial da conduta.

---

130. NORONHA, E. Magalhães. Ob. cit. v. 4, p. 47.
131. Cf. NORONHA, E. Magalhães. Ob. cit. v. 4, p. 47. FÁVERO, Flamínio. Ob. cit. v. 9, p. 120. FRAGOSO, H. Cláudio. Ob. cit. v. 3, p. 231.

7.9.6 Consumação e tentativa

Basta para a consumação que seja feita a falsa indicação, independentemente de venda ou entrega do produto ao consumo público. Também não é necessário que haja nocividade (positiva ou negativa) à saúde pública, pois do contrário se concretizaria um dos crimes previstos no art. 272 ou 273.[44]

É possível a tentativa, citando Noronha, como exemplo, a impressão de rótulos que estão sendo colocados ao produto quando apreendidos.[132]

7.9.7 Distinção

Se o agente não pratica a conduta, mas tem em depósito para vender, expõe à venda ou entrega a consumo o produto com a falsa indicação comete o crime previsto no art. 276. Afirmação falsa ou enganosa sobre produto de qualquer natureza e a propaganda enganosa ou abusiva são crimes previstos nos arts. 66 e 67 do Código de Defesa do Consumidor (Lei nº 8.078, de 11-9-1990).

7.10 PRODUTO OU SUBSTÂNCIA NAS CONDIÇÕES DOS DOIS ARTIGOS ANTERIORES

7.10.1 Conceito

Sob a curiosa rubrica de "produto ou substância nas condições dos dois artigos anteriores", o art. 276 prevê mais um crime contra a saúde pública: "Vender, expor à venda, ter em depósito para vender ou, de qualquer forma, entregar a consumo produto nas condições dos arts. 274 e 275". A pena foi aumentada pela Lei nº 9.677, de 2-7-1998, para reclusão, de 1 (um) a 5 (cinco) anos, e multa.

7.10.2 Objetividade jurídica

É a saúde pública o objeto jurídico tutelado no art. 276, embora ocorra também no fato fraude no comércio. Decidiu-se, por exemplo, que a venda de óleo comestível a que foi adicionada água caracteriza o delito do art. 276 e não a forma especial de estelionato prevista no art. 175.[45]

7.10.3 Sujeitos do delito

Trata-se de crime comum, podendo ser praticado por qualquer pessoa, embora na maioria das vezes seja cometido por comerciante. Sujeito passivo, como nos demais crimes, é a coletividade, o Estado.

---

132. NORONHA, E. Magalhães. Ob. cit. v. 4, p. 48-9.

7.10.4 Tipo objetivo

As condutas previstas no tipo penal em estudo são idênticas às do art. 272, § 1º, já examinado (item 7.6.7).

O objeto material, segundo a lei, é o produto mencionado nos arts. 274 e 275, ou seja, aquele em que houve emprego de revestimento, gaseificação artificial, matéria corante, substância aromática, antisséptica, conservadora ou qualquer outra não expressamente permitida pela legislação sanitária, bem como o produto alimentício ou medicinal em que houve falsa indicação (itens 7.8.4 e 7.9.4).[46]

A venda de uísque nacional por estrangeiro é, por vezes, considerada como a prática ilícita prevista no dispositivo (itens 7.4.4 e 7.6.4). A venda de mercadoria falsificada é forma especial de estelionato, mas, quando se trata de substância alimentícia, há crime contra a saúde pública.[47]

Como a lei não exige atividade comercial, é dispensável que se caracterize a habitualidade; basta, por isso, uma só venda.

7.10.5 Tipo subjetivo

O dolo do crime é a vontade de praticar uma das condutas incriminadas (vender, expor à venda etc.). É indispensável, porém, que o agente tenha ciência de que trata de produto nas condições referidas nos arts. 274 e 275. Sem essa consciência, ocorre erro de tipo, que exclui o dolo. Na modalidade de ter em depósito, é necessário que haja a finalidade de venda (elemento subjetivo do tipo).

7.10.6 Consumação e tentativa

Consuma-se o crime em estudo com a prática de uma das condutas típicas: venda, entrega, exposição à venda e depósito para vender. Nas duas últimas modalidades citadas o crime é permanente.

Difícil é a ocorrência de tentativa, pois a posse da coisa nas condições mencionadas já constitui a consumação do crime.

7.10.7 Distinção e concurso

O fabricante que tem em depósito, vende etc. a mercadoria após a prática do crime previsto no art. 274 ou art. 275, só responde por estes; a venda, exposição, depósito etc. é, para ele, *post factum* não punível. A prática de várias das ações típicas configura apenas um delito, já que se trata de tipo misto alternativo.

A venda ou exposição à venda de mercadoria de qualquer natureza cuja embalagem, tipo, especificação, peso ou composição esteja em desacordo com as prescrições legais, ou que não corresponda à respectiva classificação oficial configura crime contra as relações de consumo previsto no art. 7º, inciso II, da Lei nº 8.137, de 27-12-1990.

7.11 SUBSTÂNCIA DESTINADA À FALSIFICAÇÃO

7.11.1 Conceito

Prevê o art. 277 o crime de "substância destinada à falsificação": "Vender, expor à venda, ter em depósito ou ceder substância destinada à falsificação de produtos alimentícios, terapêuticos ou medicinais: Pena – reclusão, de 1 (um) a 5 (cinco) anos, e multa."

7.11.2 Objetividade jurídica

Trata-se de mais um crime contra a saúde pública, antecipando-se a lei para punir a simples posse ou venda de substância destinada à falsificação de produto alimentício ou medicinal. Trata-se de crime de perigo abstrato, presumindo a lei o risco à saúde coletiva.

7.11.3 Sujeitos do delito

Embora o crime seja normalmente praticado por produtores e comerciantes, qualquer pessoa pode ser sujeito ativo do delito em estudo. Sujeito passivo é, ainda, a coletividade.

7.11.4 Tipo objetivo

As condutas de *vender, expor à venda* e *ter em depósito* foram objeto de explicações anteriores (item 7.6.7). A última ação típica é a de *ceder* que significa, também, entregar de qualquer forma (doação, empréstimo, troca, transferência etc.).

O objeto material é a substância destinada à falsificação de produto alimentício, terapêutico ou medicinal. Sobre a falsificação, desnecessário repetir o que já foi exposto (item 7.6.4). Distinguindo a lei a falsificação da alteração, esta não entra no âmbito do art. 277.

A lei refere-se exclusivamente a *substância*, não abrangendo assim maquinaria, petrechos, utensílios, instrumentos etc.[133] Em sentido contrário, porém, já se decidiu.[48]

Embora a lei se refira a substância *destinada* a falsificação, não se limita a abranger apenas aquelas que se prestam exclusivamente a essa prática, o que praticamente esvaziaria o conteúdo do tipo penal, mas a todas que, tendo outras finalidades, no caso concreto, comprovadamente têm a finalidade ilícita. Diz bem Fragoso: "Tal destinação pode decorrer da própria natureza da coisa (exclusivamente empregada para esse fim), ou da especial aplicação que lhe vai ser dada pelo comprador ou por quem a recebe, a qualquer outro título (substâncias que podem ser empregadas para outros

---

133. Cf. DELMANTO, Celso. Ob. cit. p. 313. NORONHA, E. Magalhães. Ob. cit. v. 4, p. 52. FRAGOSO, H. Cláudio. Ob. cit. v. 3, p. 232.

fins lícitos)." [134] Em voto vencido, o desembargador Adriano Marrey incluiu litros de rum destinado à falsificação de uísque. [49] Lembram Noronha e Flamínio Fávero alguns exemplos: a carne de cavalo destinada a substituir a de porco, certas folhas de vegetais em lugar de chá ou mate, a farinha de linhaça misturada com farelo de trigo, milho e arroz, a farinha de mostarda com farelo de trigo e outras. [135]

Tratando-se de crime que deixa vestígios, é indispensável o exame pericial. [50]

7.11.5 Tipo subjetivo

O dolo é a vontade de praticar uma das condutas incriminadas, exigindo-se, porém, o elemento subjetivo do tipo, ou seja, que a substância se destine à falsificação de produto alimentício ou medicinal. Tratando-se de venda, cessão etc. com outra finalidade, não se concretiza o delito.

7.11.6 Consumação e tentativa

Consuma-se o crime com a prática de uma das condutas incriminadas. O art. 277 trata de crime de perigo abstrato, não se exigindo, evidentemente, o dano ou risco concreto. A prática de duas ou mais das condutas típicas configura crime único.

É difícil a ocorrência de tentativa, pois a simples posse, com a finalidade referida, já configura a consumação.

7.12 OUTRAS SUBSTÂNCIAS NOCIVAS À SAÚDE PÚBLICA

7.12.1 Conceito

Sob a rubrica "outras substâncias nocivas à saúde pública", o art. 278 prevê mais um crime contra a incolumidade pública: "Fabricar, vender, expor à venda, ter em depósito para vender ou, de qualquer forma, entregar a consumo coisa ou substância nociva à saúde, ainda que não destinada à alimentação ou a fim medicinal: Pena – detenção, de um a três anos, e multa."

7.12.2 Objetividade jurídica

Tutela-se com o dispositivo, ainda uma vez, a saúde pública posta em risco com o consumo de substâncias nocivas que não sejam alimentícias ou medicinais. Trata-se de crime de perigo abstrato, mas exige-se a comprovação de que a coisa ou substância seja nociva à saúde do homem.

---

134. FRAGOSO, H. Cláudio. Ob. cit. v. 3, p. 232. No mesmo sentido, NORONHA, E. Magalhães. Ob. cit. v. 4, p. 52-53. Contra: FÁVERO, Flamínio. Ob. cit. v. 9, p. 127. FARIA, Bento de. Ob. cit. v. 6, p. 277-278.
135. NORONHA, E. Magalhães. Ob. cit. v. 4, p. 53. FÁVERO, Flamínio. Ob. cit. v. 9, p. 128-129.

7.12.3 Sujeitos do delito

Sujeito ativo do crime é qualquer pessoa que pratica uma das condutas incriminadas, embora na maioria das vezes se trate de produtor ou comerciante. Sujeito passivo é a coletividade, posta em risco, presumidamente, com a prática da conduta ilícita.

7.12.4 Tipo objetivo

A primeira conduta prevista no art. 278 é a de *fabricar*, que tem o sentido amplo de preparar, beneficiar, manipular, ou seja, produzir, por qualquer meio (mecânico, químico, de composição etc.) a coisa ou substância nociva à saúde. As demais condutas de *vender, expor à venda, ter em depósito para vender* ou *entregar* a consumo, foram examinadas anteriormente (item 7.6.7).

O objeto material do crime é a coisa (objeto corpóreo) ou substância *nociva* à saúde não destinada à alimentação ou fim medicinal. Estão excluídas, portanto, as substâncias medicinais, ainda que não liberadas ou vendidas abusivamente.[51]

Citam-se como exemplos de substâncias e coisas, no art. 278, quando nocivas à saúde: os artigos de toucador (loções, perfumes, cosméticos, batons etc.), pasta de dentes, chupetas, cigarros eletrônicos (*vaper, pod, e-cigarette, e-ciggy, e-pipe, e-cigar, heat not burn,* entre outros)[136], roupas, tapeçarias, brinquedos, utensílios, vasilhames, papéis destinados a envolver substâncias alimentares, talheres, objetos de uso pessoal etc. Em acórdão do TJSP citam-se: aparelhos de ginástica perniciosos à saúde, cigarros que contêm alguma substância especialmente danosa, mais do que a nicotina; mamadeiras, cosméticos etc. que, por sua composição, formato etc., ameaçam ou prejudicam a saúde do consumidor.[52] Afirma Bento de Faria que ao juiz incumbe declarar se determinada coisa possuía a qualidade necessária para ser catalogada entre as substâncias nocivas, quando a sua natureza não tiver sido estabelecida por alguma norma jurídica especial.[137] Indispensável, porém, para a comprovação da nocividade é a prova pericial.[53] A nocividade da coisa ou substância constitui condição imprescindível à tipicidade do delito do art. 278,[54] não bastando que seja ela imprópria ao consumo. Nem tudo que é impróprio para o consumo é nocivo à saúde, porque não se confundem os conceitos respectivos.[55] É irrelevante o grau da nocividade para a caracterização do ilícito, mas poderá ser ele considerado na aplicação da pena.

Para que se caracterize o crime é preciso que a coisa ou substância seja nociva à saúde em sua destinação própria.[56] Muitas substâncias são nocivas à saúde quando usadas imprudente ou desvirtuadamente, mas a nocividade à saúde, no caso do artigo em estudo, está relacionada com a impropriedade da coisa, tendo em vista os fins para que foi produzida.[57]

---

136 Os cigarros eletrônicos passaram a integrar o rol das substâncias consideradas tóxicas pela Anvisa, que proibiu a fabricação, a importação, a comercialização, a distribuição, o armazenamento, o transporte e a propaganda de dispositivos eletrônicos para fumar (RDC Nº 855, de 23-4-2024).

137. FARIA, Bento de. Ob. cit. v. 6, p. 279.

7.12.5 Tipo subjetivo

O dolo é a vontade de praticar uma das condutas típicas, sabendo o agente que a coisa ou substância é nociva à saúde pública. Havendo erro escusável, não se configura o ilícito. Não se exige elemento subjetivo do tipo, a não ser na ação de ter em depósito, que só configura o ilícito quando há finalidade de venda.

7.12.6 Consumação e tentativa

Consuma-se o crime com qualquer das condutas incriminadas, dispensada a ocorrência de dano efetivo. Diante do tipo penal, difícil é a ocorrência de tentativa; se o agente toma posse da coisa ou substância, já se operou a consumação.

7.12.7 Crime culposo

Nos termos do art. 278, parágrafo único, se o crime é culposo, a pena é de detenção, de dois meses a um ano. No caso, afastado o dolo por não saber o agente que a coisa é nociva à saúde pública, pode ocorrer o crime culposo por erro inescusável. Exige a lei que o fabricante, o vendedor etc. pratiquem suas atividades com especial cuidado para não porem em risco a saúde pública. A negligência, imperícia ou imprudência que dão causa à nocividade do produto ou à sua venda, exposição ou depósito configuram o crime culposo. Quando a nocividade somente é detectada através de reativos, não pode o leigo no assunto perceber o estado da substância, inexistindo dolo ou culpa de sua parte.[58]

7.12.8 Formas qualificadas

Se do crime doloso resulta lesão corporal de natureza grave, a pena privativa de liberdade é aumentada de metade; se resulta morte, é aplicada em dobro. No caso de culpa, se do fato resulta lesão corporal, a pena é aumentada de metade; se resulta morte, aplica-se a pena cominada ao homicídio culposo, aumentada de um terço. É o que determina o art. 258 para o crime em estudo, por força do art. 285.

7.12.9 Distinção e concurso

Praticando o agente duas ou mais das condutas típicas, responde por crime único. A venda a vários consumidores do mesmo produto configura também um só crime, já que se trata de crime de perigo comum.

O Estatuto da Criança e do Adolescente contém figura penal semelhante à do art. 278, porém mais grave, quando o destinatário é menor de 18 anos e a substância é bebida alcoólica ou outra que pode causar dependência. Dispõe o art. 243 da Lei nº 8.069/90, com a redação dada pela Lei nº 13.106, de 17-3-2015: "Vender, fornecer, servir, ministrar ou entregar, ainda que gratuitamente, de qualquer forma, a criança ou a adolescente, bebida alcoólica ou, sem justa causa, outros produtos cujos componentes possam causar dependência física ou psíquica: Pena – detenção, de 2 (dois) a 4 (quatro) anos, e multa, se o fato não constitui crime mais grave". Conforme entendimento do STJ na Súmula

669, "o fornecimento de bebida alcoólica a criança ou adolescente, após o advento da Lei n. 13.106, de 17 de março de 2015, configura o crime previsto no art. 243 do ECA". Tratando-se de substância entorpecente, psicotrópica ou de controle especial capaz de causar dependência física ou psíquica, nos termos de disposição legal ou regulamentar, o fato pode configurar crime previsto no art. 33 da Lei nº 11.343, de 23-8-2006, punido com penas mais severas.

No art. 63 do Código de Defesa do Consumidor (Lei nº 8.078, de 11-9-1990) está definida como crime a omissão de dizeres ou sinais ostensivos sobre a nocividade ou periculosidade de produtos, nas embalagens, nos invólucros, recipientes ou publicidade. No art. 64, *caput* e parágrafo único do mesmo estatuto incriminam-se as condutas de não comunicação ao consumidor da nocividade do produto e de não retirada do mercado quando determinada pela autoridade, quando essa nocividade somente é conhecida após a sua colocação no mercado.

Se o produto *não é nocivo, mas impróprio ao consumo*, o crime é o previsto no art. 7º, inciso IX, da Lei nº 8.137, de 27-12-1990, punido com detenção, de dois a cinco anos, ou multa.

7.13 SUBSTÂNCIA AVARIADA

7.13.1 Conceito

Prevê o art. 279 o crime de substância avariada: "Vender, ter em depósito para vender ou expor à venda, ou, de qualquer forma, entregar a consumo substância alimentícia ou medicinal avariada: Pena – detenção, de um a três anos, ou multa." Tal dispositivo, entretanto, foi revogado expressamente pelo art. 23 da Lei nº 8.137, de 27-12-1990, que define crimes contra a ordem tributária, econômica e contra as relações de consumo. Não deixaremos de comentá-lo, embora, quanto ao assunto, esteja em vigor a citada Lei, que incrimina a conduta de "vender, ter em depósito para vender ou expor à venda, ou, de qualquer forma, entregar matéria-prima ou mercadoria, em condições impróprias ao consumo" (art. 7º, IX). Aliás, na jurisprudência já se tem afirmado que não houve a revogação do art. 279 do CP.[59] Mas também só se considera como típica a conduta se a substância avariada é nociva à saúde do homem.[60]

7.13.2 Objetividade jurídica

Tutela-se com o dispositivo a saúde pública, posta em risco, presumidamente, pela prática de uma das condutas típicas. Tem-se por objeto, agora, apenas a substância alimentícia ou medicinal avariada.

7.13.3 Sujeitos do delito

Sujeito ativo do crime é qualquer pessoa, embora a prática seja mais comum entre os fabricantes e comerciantes. Quando se trata de empregado, sua responsabilidade, como bem afirma Fragoso, "só pode ser afirmada quando se demonstre a sua participação consciente, ativa e militante nas ações típicas previstas pela lei".[138] Pode ocorrer, no caso, erro ou, se forçado o empregado a praticar o ilícito mediante ameaça de dispensa, a inexigibilidade de conduta diversa.[139] Não se aplicando os critérios da culpa aquiliana ao campo do Direito Penal, eximiu-se de responsabilidade os diretores de hospital em que houve intoxicação por medicamentos,[61] os sócios que não concorreram para o crime[62] e aquele que, não sendo gerente, não se encontrava no local.[63] Responsabilizou-se, porém, sócio-gerente responsável pela ação, presente no local, ainda que não lhe coubesse o uso da firma social.[64]

7.13.4 Tipo objetivo

As condutas típicas são idênticas às do crime previsto no art. 272, § 1º, já examinado (item 7.6.7). Quanto à modalidade de ter em depósito, merece melhor observação. Afirma percucientemente Hungria com base no art. 669 do revogado Decreto nº 16.300, de 1923: "Ter-se-á como exposta ao consumo qualquer porção de produto alimentar (acrescente-se "ou medicinal") encontrada em estabelecimentos que se destinem a esse ramo de comércio ou em qualquer de suas dependências, salvo se estiver no recipiente do lixo ou inutilizada para ser removida pela Limpeza Pública".[140] Não se comprovando que a substância alimentícia deteriorada esteja em depósito para venda ou entrega ao consumo, não se configura o ilícito.[65] Decidiu-se pela inocorrência do crime nos casos em que a mercadoria estava em depósito para ser devolvida[66] ou fora das vistas do público.[67] Por outro lado, deu-se como comprovado o delito quando a mercadoria estava em geladeira, entre outras aproveitáveis.[68]

O conceito de substância alimentícia ou medicinal já foi objeto de exame (item 7.4.4). Substância *avariada* é a que se deteriorou, ou seja, a que estiver decomposta, putrefeita, rancificada ou sujeita à ação de parasitos, salvo o caso de fermentações específicas. A avaria pode ter sido provocada por natural deterioração ou por outra causa qualquer (envelhecimento, conservação ou acondicionamento defeituosos, fermentação etc.). Não distinguindo a lei, entra no conceito de substância avariada não só a nociva à saúde, como também a imprópria para o consumo. A avaria não é a oriunda de "obra humana" senão de "ação do tempo ou outro fator não provocado propositadamente".[69] Se houve, porém, envenenamento, corrupção, adulteração, falsificação dolosa ou culposa, o crime é mais grave (arts. 272 ou 273).

Tanto faz que a substância imprópria ao consumo seja mantida em depósito para venda *in natura*, como transformada em refresco ou suco.[70] Deu-se por configurado o crime na venda de carne de animais adquiridos em condições que não autorizavam seu aproveitamento, por se tratar de animais mortos em consequência de peste e ou-

---

138. FRAGOSO, H. Cláudio. Ob. cit. v. 3, p. 222.
139. Idem.
140. HUNGRIA, Nelson. Ob. cit. v. 9, p. 122.

7 • DOS CRIMES CONTRA A SAÚDE PÚBLICA

tras causas anormais.[71] A utilização, em alimentos destinados a consumo público de ingredientes deteriorados, também configura o crime,[72] mas não o simples encontro de corpo estranho, sem nocividade, encontrado no pão.[73]

Quando a infração deixa vestígios, é necessário o exame pericial.[74] O exame deve ser efetuado sem demora, em tempo oportuno, para que não haja dúvida sobre a atualidade do estrago que a mercadoria apresenta,[75] mas não é necessário que seja feita no local.[76] São válidos o exame do Serviço de Inspeção de Produtos de Origem Animal do Estado,[77] mesmo sem a colheita de amostras para exame de laboratório.[78]

7.13.5 Tipo subjetivo

O dolo do crime em apreço é a vontade de praticar a conduta típica, sendo indispensável a ciência pelo agente de que a substância alimentícia ou medicinal está avariada.[79] No caso de substâncias distribuídas em invólucros originais feitos pelo fabricante, presume-se que a deterioração não seja do conhecimento do comerciante, a menos que o estado da embalagem deva fazer presumir a avaria do seu conteúdo.[80] A ciência do estado de avaria não pode decorrer de mera presunção.[81] Configura o crime a venda de medicamento ou a substância alimentícia com vencimento superado, pois, no caso, haverá pelo menos dúvida quanto à sua avaria e, portanto, dolo eventual.[141] É indispensável, porém, que o exame pericial comprove que a substância se encontrava avariada, não se admitindo a presunção do estado de avaria pelo vencimento do prazo de validade.[82]

Não é indispensável que o agente saiba que a substância é nociva à saúde, basta que tenha ciência de que está avariada.[142] Isso porque não exige a lei a demonstração do perigo efetivo para a saúde.[83] Exige-se, na modalidade de ter em depósito, o elemento subjetivo do tipo (dolo específico), que é a finalidade de venda.[84]

Não prevendo a lei a conduta culposa no art. 279, eventual comportamento culposo[85] pode constituir o crime previsto no art. 272, § 2º, desde que a avaria torne a substância nociva à saúde.

7.13.6 Consumação e tentativa

Consuma-se o crime com a prática de uma das condutas ilícitas, independentemente da ocorrência de dano ou mesmo de risco efetivo à saúde pública. A tentativa é também difícil de ocorrer porque a simples posse da coisa já configura a consumação.

---

141. Jairo de Souza Alves refere-se ao caso em que o agente, farmacêutico, rasurou a data de vencimento do remédio. Parecer em *Justitia* 99/390-1.
142. Cf. FARIA, Bento de. Ob. cit. v. 6, p. 281. NORONHA, E. Magalhães. Ob. cit. v. 4, p. 57. FRAGOSO, H. Cláudio. Ob. cit. v. 3, p. 235-236. FÁVERO, Flamínio. Ob. cit. v. 9, p. 235-236.

7.13.7 Forma qualificada

Ocorrendo lesão corporal grave a pena privativa de liberdade é aumentada de metade; se resulta morte, é aplicada em dobro, por força do disposto nos arts. 258 e 285.

7.13.8 Distinção e concurso

Praticando o agente várias das condutas, responde por crime único (crime de conduta múltipla alternativa). Caso tenha praticado a avaria, poderão ocorrer os crimes previstos nos arts. 272 e 273.[86]

7.13.9 Revogação

Como visto, o artigo comentado foi revogado pela Lei nº 8.137, de 27-12-1990 (item 7.13.1)

7.14 MEDICAMENTO EM DESACORDO COM RECEITA MÉDICA

7.14.1 Conceito

"Medicamento em desacordo com receita médica" é o *nomen juris* do crime previsto no art. 280: "Fornecer substância medicinal em desacordo com receita médica: Pena – detenção, de um a três anos, ou multa."

7.14.2 Objetividade jurídica

Tutela-se na lei a saúde pública posta em risco com o fornecimento de substância medicinal em desacordo com receita médica. Trata-se de crime de perigo comum abstrato, presumindo a lei o risco à coletividade, embora o fornecimento seja feito a uma pessoa apenas.

7.14.3 Sujeitos do delito

O art. 280 prevê um crime comum e sujeito ativo é aquele que fornece substância medicinal. Refere-se a lei não só ao farmacêutico, como também ao prático (autorizado), ao herbanário e todo aquele que pratica a conduta típica. Caso o fornecedor não esteja autorizado à atividade, haverá concurso formal com o crime previsto no art. 282 se exercer a profissão de farmacêutico. Esclarece Hungria: "Se o *prático* for empregado do farmacêutico, mas agindo à revelia deste, não haverá *concurso de agentes*, respondendo o patrão autonomamente, e apenas a título de culpa, se demonstrada a sua falta de vigilância." [143]

---

143. HUNGRIA, Nelson. Ob. cit. v. 9, p. 124.

7 • DOS CRIMES CONTRA A SAÚDE PÚBLICA

Não é indispensável que se trate de comércio farmacêutico, pois o fornecimento pode ocorrer em estabelecimentos hospitalares de assistência ou beneficência, em que a substância medicinal é fornecida gratuitamente.

Sujeito passivo é a coletividade e, em particular, a pessoa que consuma ou utilize o medicamento.

7.14.4 Tipo objetivo

A conduta típica é *fornecer* (vender, ceder, ministrar, doar, abastecer, proporcionar etc.), caracterizando-se o crime, portanto, com a transferência a título oneroso ou gratuito.

O objeto material do crime é a substância medicinal, cujo conceito já foi examinado (item 7.4.4).

Afirma Noronha que o medicamento fornecido há que ser inferior ao receitado, não se vislumbrando ofensa à saúde pública se for de qualidade superior.[144] Em sentido contrário, porém, manifestam-se outros doutrinadores[145] e a jurisprudência: "O artigo 280 do CP pune à substituição de substância medicinal por outra, pelo risco que a ação representa à coletividade e, no caso concreto, o perigo individual, porque a vítima pode ser alérgica a outra substância ou composição medicamentosa que não aquela indicada por seu médico. Assim, não importa examinar se o produto era pior ou melhor que o indicado, porque a lei não faz distinção".[(87)] Por essa mesma razão, se o medicamento tiver indicação farmacêutica diversa daquela a que é destinado, ainda que de excelente qualidade, ocorre o crime. Trata-se de substância diversa, ainda que do mesmo gênero, e, portanto, de *espécie* diferente. É o caso, por exemplo, de fornecimento de *sulfato* em lugar de *bissulfato de quinina*.[146] Há crime, também, no fornecimento em quantidade diversa da prescrita, pois é indispensável obedecer-se a dosagem, número de unidades, teor de concentração etc. Afirma ainda Noronha que o desacordo "não só se pode dar em torno da qualidade e quantidade, mas ainda acerca da manipulação, conservação etc."[147]

Para a ocorrência do ilícito penal em estudo é necessário que o fornecimento esteja em desacordo com a *receita médica*. Esta é a prescrição fornecida pelo médico para a preparação de substância medicinal ou aquisição de droga já preparada da mesma natureza. Além do médico, porém, outros profissionais podem expedir receitas, como as parteiras e os dentistas, nos casos especificados em lei. Refere-se o artigo, contudo, apenas à receita *médica* e, assim, o fornecimento em desacordo com as receitas prescritas por esses profissionais não configura, por si só, o crime em estudo. Responderá o agente, eventualmente, pelos crimes de lesões corporais ou homicídio, caso ocorram

---

144. NORONHA, E. Magalhães. Ob. cit. v. 4, p. 64.
145. FARIA, Bento de. Ob. cit. v. 6, p. 28. FÁVERO, Flamínio. Ob. cit. v. 9, p. 238. FLEURY, Luciano Augusto de Pádua em parecer acolhido pelo *TACrSP*. *Justitia*. 96/346-8.
146. FARIA, Bento de. Ob. cit. v. 6, p. 282.
147. NORONHA, E. Magalhães. Ob. cit. v. 4, p. 65. No mesmo sentido, FÁVERO. Flamínio. Ob. cit. v. 9, p. 142.

eventos de dano à integridade corporal, ou saúde, ou morte. Também não ocorre o crime previsto no art. 280 se a indicação do médico for verbal ou se for apresentada "receita" escrita de leigo.

Percebendo o fornecedor erro do médico, pode ele fornecer o medicamento adequado desde que verifique que a demora na comunicação com o subscritor da receita possa vir em prejuízo do doente.[148] Trata-se, evidentemente, de estado de necessidade em favor de terceiro.

Quando a substância medicinal é preparada pelo farmacêutico, apenas o exame pericial, realizado com os cuidados habituais, poderá comprovar a infração no fornecimento de medicamento em desacordo com a receita médica.[88]

Nos arts. 35 a 43 da Lei nº 5.991, de 17-12-1973, estão previstas regras sobre o receituário no comércio de drogas, medicamentos, insumos farmacêuticos e correlatos. A Lei nº 13.021, de 8-8-2014, disciplina o exercício e a fiscalização das atividades farmacêuticas.

7.14.5 Tipo subjetivo

O dolo é a vontade de fornecer a substância medicinal, sabendo o agente que está ela em desacordo com a receita médica. É dispensável, porém, que tenha ciência de que está causando perigo à saúde da vítima, já que isto é presumido. Havendo intenção de matar ou ofender a saúde do adquirente, estará caracterizado outro delito (homicídio ou lesões corporais) em concurso formal.

7.14.6 Consumação e tentativa

Consuma-se o crime com a entrega da substância medicinal não correspondente à receita,[89] não sendo necessário que o adquirente a utilize.

A tentativa é possível, como no caso de o portador da receita perceber que o medicamento que lhe está sendo impingido está em desacordo com a receita médica.

7.14.7 Crime culposo

Se o crime é culposo, a pena é de detenção, de dois meses a um ano (art. 280, parágrafo único). Pratica o crime, nessa modalidade, aquele que, por desatenção, falta de cuidado, fornece o medicamento em desacordo com a receita médica. [90]

---

148. Cf. NORONHA, E. Magalhães. Ob. cit. v. 4, p. 66-67. FARIA, Bento de. Ob. cit. v. 6, p. 282. HUNGRIA, Nelson. Ob. cit. v. 9, p. 123-124. FÁVERO, Flamínio. Ob. cit. v. 9, p. 143-144. FRAGOSO, H. Cláudio. Ob. cit. v. 3, p. 328. DELMANTO, Celso. Ob. cit. p. 316.

7.14.8 Formas qualificadas

Tratando-se de crime doloso e dele resultando lesão corporal de natureza grave, a pena privativa de liberdade é aumentada de metade e, se dele resulta morte, é aplicada em dobro. No caso de crime culposo, se do fato resulta lesão corporal, a pena é aumentada de metade e se dele resulta morte, aplica-se a pena cominada ao homicídio culposo, aumentada de um terço. É o que dispõe o art. 258, aplicável ao art. 280 diante do art. 285.

7.14.9 Distinção e concurso

Se a substância medicinal estiver corrompida, adulterada, falsificada ou alterada, ocorre o crime previsto no art. 272 ou 273. Não sendo o agente farmacêutico ou prático, poderá ocorrer, em concurso formal, o crime previsto no art. 282. Tratando-se de substância entorpecente, psicotrópica ou de controle especial capaz de causar dependência física ou psíquica, aquele que a prescreve ou ministra, culposamente, em doses excessivas ou em desacordo com determinação legal ou regulamentar, pratica o crime descrito no art. 38 da Lei nº 11.343, de 23-8-2006.

7.15 EXERCÍCIO ILEGAL DE MEDICINA, ARTE DENTÁRIA OU FARMACÊUTICA

7.15.1 Conceito

Nos termos do art. 5º, XIII, da CF, é livre o exercício de qualquer trabalho, ofício ou profissão, observadas as condições de capacidade que a lei estabelecer. Há certas profissões que exigem vasto aprendizado teórico, além de prático, que só pode ser adquirido convenientemente através de cursos regulares, fiscalizados pelo Poder Público. Entre elas, incluem-se, sem dúvida, as de médico, dentista e farmacêutico, uma vez que o exercício delas por pessoas incapazes ou inexperientes poderia causar sérios danos à coletividade, o que determinou a incriminação do exercício ilegal de medicina, arte dentária ou farmacêutica no art. 282: "Exercer, ainda que a título gratuito, a profissão de médico, dentista ou farmacêutico, sem autorização legal ou excedendo-lhe os limites: Pena – detenção, de seis meses a dois anos."

7.15.2 Objetividade jurídica

A saúde pública é colocada em perigo pelo exercício da medicina, arte dentária ou farmacêutica por pessoas não habilitadas, ou mesmo pelos médicos, dentistas e farmacêuticos que excedam os limites de suas profissões. O objeto jurídico é, assim, a saúde pública, e o dispositivo não visa, simplesmente, a proibir a concorrência abusiva.

Trata-se de crime de perigo abstrato, que não depende da ocorrência de dano ou mesmo de risco concreto à coletividade.

7.15.3 Sujeitos do delito

O dispositivo penal é composto de duas partes. Na primeira, trata de crime comum, porque qualquer pessoa pode cometê-lo.[91] Não procede, assim, a afirmação de que somente o médico pode ser sujeito ativo do crime, já que cometeria o crime de exercício do curandeirismo aquele que, não o sendo, exercesse a arte de curar. Há distinção entre os crimes previstos nos arts. 282 e 284, o que não impede que o não habilitado possa praticar ou um ou outro (item 7.15.9).

Na segunda parte, porém, trata o art. 282 de crime próprio; só pode cometê-lo o médico, dentista ou farmacêutico que excede os limites de sua profissão.

Bento de Faria inclui como crime a conduta de quem desempenha a profissão de médico veterinário, sem o ser,[149] mas a essa interpretação opõe-se acertadamente que, estando o art. 282 inserido entre os crimes contra a saúde pública, não ocorre o delito nesse caso.[92] [150] Flamínio Fávero propõe que se inclua no tipo as profissões de veterinário, parteira e enfermeiro, que estão cercadas, como as já mencionadas, das mesmas restrições profissionais e legais para seu pleno exercício.[151]

Note-se que legislação especial autoriza o desempenho de determinados atos profissionais por estudantes e práticos. O exercício abusivo destes, porém, é incriminado.[93]

Nada impede a coautoria ou participação no crime previsto no art. 282.[94] [152]

Sujeito passivo é, em primeiro lugar, a coletividade e, secundariamente, aquele que é atendido pelo médico, dentista ou farmacêutico.[153] Sendo sujeito passivo a coletividade, de vez que capitulado como crime contra a saúde pública, competente para apreciar o julgamento é a Justiça Estadual e não a Federal.[95]

7.15.4 Tipo objetivo

O núcleo do tipo previsto no art. 282 é *exercer* (praticar, desempenhar, exercitar) ilegalmente a profissão de médico, dentista ou farmacêutico. Quanto à primeira parte, a conduta típica é exercê-la sem que o agente esteja habilitado legalmente para essa atividade ou por não possuir o título necessário (diploma) ou por não estar devidamente registrado no Conselho Regional de Medicina, no Conselho Regional de Odontologia ou no Conselho Regional de Farmácia.[96] Já se tem decidido, porém, a nosso ver acertadamente, que a ausência de registro no órgão *estadual* constitui mera infração administrativa.[97]

---

149. FARIA, Bento de. Ob. cit. v. 6, p. 298.
150. É a opinião de NORONHA, E. Magalhães. Ob. cit. v. 4, p. 97.
151. FÁVERO, Flamínio. Dos crimes contra a saúde pública. *RT* 338/580.
152. Ver, a propósito, parecer de Antonio Carlos Bezerra de Menezes Souza Pacheco, acolhido pelo *TACrSP*. Exercício ilegal de arte dentária. *Justitia* 100/449-52.
153. Ver exercício ilegal de arte dentária, parecer de Geraldo Batista de Siqueira. *Justitia* 93/134.

Os atos inerentes à profissão de médico são os que visam ao tratamento da pessoa humana, na cura ou prevenção de moléstias ou correção de defeitos físicos.[154] Pratica o crime quem mantém consultório, expede receita, atende a doentes, faz diagnósticos etc.[98] Constitui ainda exercício ilegal de medicina a conduta do agente que se apresenta como biologista,[99] ortopedista ou traumatologista.[100] Também comete o crime quem mantém laboratório de análises clínicas, atividade exclusiva de médico.[101] Não pode ser punido, porém, o farmacêutico que, fazendo o atendimento da clientela, fornece remédios a doentes, sem cobrar nada além do preço deles.[102]

Já se decidiu pela configuração do crime de exercício ilegal da medicina no caso de agente que exercia a profissão de parteira sem possuir o certificado referido no art. 2º, IV, da Lei nº 2.604, de 17-9-1955, e sem estar inscrita como prática, nos termos do inciso VI, do mesmo diploma.[103] Argumenta-se que a obstetrícia é um capítulo da medicina, e como tal ocorre o delito se o agente não é habilitado legalmente.[155] Há, porém, diversidade nas duas profissões e nenhuma referência se faz, na lei brasileira, ao contrário de outras, ao exercício da obstetrícia. Não se enquadra, pois, no art. 282, o exercício dessa atividade profissional, desde que não pratique o agente atos somente permitidos aos médicos.[104] [156]

Dispõem sobre o exercício da medicina a Lei nº 3.268, de 30-9-1957, que instituiu o Conselho Federal e os Conselhos Regionais de Medicina, alterada pela Lei nº 11.000, de 15-12-2004, e os Decretos nᵒˢ 44.045, de 19-7-1958, que regulamenta os referidos conselhos, e 20.931, de 11-1-1932, que já teve a maior parte de seus artigos revogada. O Código de Ética Médica vigente é o aprovado pela Resolução nº 2.217, de 1º-11-2018, do Conselho Federal de Medicina. O atual Código de Processo Ético-profissional é o aprovado pela Resolução nº 2.306, de 25-3-2022 do Conselho Federal de Medicina.

A profissão de dentista, relativa a odontologia, tem por objeto o tratamento das moléstias que atingem os dentes. Não constitui crime o exercício ilegal de protético.[105] Não pode o protético, porém, embora tenha oficina licenciada, prestar assistência dentária, praticar atos que importem nas funções de cirurgião-dentista.[106] Dispõem sobre o exercício da odontologia as Leis nᵒˢ 5.081, de 24-8-1966, e 4.324, de 14-4-1964, que institui o Conselho Federal e os Conselhos Regionais de Odontologia, e os Decretos nᵒˢ 68.704, de 3-6-1971, que regulamenta os referidos conselhos, e 20.931, de 11-1-1932. Pacífica a interpretação de que não ocorre o crime pela simples ausência de inscrição no Conselho Regional de Odontologia.[107]

A profissão de farmacêutico diz respeito ao exercício da farmácia, que, no dizer de Fragoso, é a arte de preparar medicamentos.[157] O simples exercício do comércio de vendas de remédios já preparados, sem a prática de qualquer ato específico de farma-

---

154. É a definição de FRAGOSO, H. Cláudio. Ob. cit. v. 3, p. 268-269.
155. Cf. AZEVEDO, Eurico Andrade. Exercício ilegal da medicina. *Justitia* 91/398-9. GALVÃO, Rui Pires. Artigo 282, *caput*, do Código Penal. Inclusão da parteira na incriminação. *Justitia*. 48/97.
156. É a opinião de FRAGOSO, H. Cláudio. Ob. cit. v. 3, p. 269.
157. FRAGOSO, H. Cláudio. Ob. cit. v. 3, p. 269.

cêutico, não configura o delito.[108] Por isso mesmo, manter sob sua responsabilidade estabelecimento farmacêutico também não constitui o ilícito em estudo. A ausência de um farmacêutico responsável constitui apenas uma infração administrativa, não ilícito penal.[109] O que a lei pretende é impedir, no artigo em exame, que pessoa leiga pratique atividades farmacêuticas, o que é coisa diversa de manter, de ser proprietário da farmácia.[110] Também não configura o crime a ação de aplicar injeções, não privativa da profissão.[111]

Dizem respeito à profissão de farmacêutico a Lei nº 3.820, de 11-11-1960, que cria o Conselho Federal e os Conselhos Regionais de Farmácia, alterada pela Lei nº 9.120, de 26-10-1995, as Leis nᵒˢ 5.991, de 17-12-1973, e 6.360, de 23-9-1976, que dispõem sobre o controle e vigilância sanitária do comércio de drogas, medicamentos, insumos farmacêuticos e correlatos, a Lei nº 13.021, de 8-8-2014, que dispõe sobre o exercício e a fiscalização das atividades farmacêuticas, e a Lei nº 10.742, de 6-10-2003, que define normas de regulação para o setor de medicamentos. O Código de Ética Farmacêutica, o Código de Processo Ético, as infrações e as regras para a aplicação das sanções disciplinares foram aprovados pela Resolução nº 724, de 29-4-2022, do Conselho Federal de Farmácia.

A profissão de médico-veterinário (item 7.15.3) é disciplinada pela Lei nº 5.517, de 23-10-1968, que também criou os Conselhos Federal e Regionais de Medicina Veterinária, tendo sido alterada pelas Leis nᵒˢ 5.634, de 2-12-1970, e 10.673, de 16-5-2003. O Código de Ética do Médico Veterinário foi aprovado pela Resolução nº 1.138, de 16-12-2016, e o Código de Processo Ético-Profissional pela Resolução nº 1.330, de 16-6-2020.

Não há crime no exercício ilegítimo da profissão de enfermeiro e massagista[112] ou da atividade hemoterápica. Quanto a este último caso, pretendeu-se incriminar o fato, pelo art. 5º do Decreto-lei nº 211, de 27-2-1967, mas por engano do legislador foi citado o art. 232 e não o art. 282.

Responde por exercício ilegal da medicina quem, sem ser médico, mantém clínica médico-psicanalítica para cuidar da saúde mental daqueles que o procuram.[113]

A segunda conduta típica prevista no art. 282 é a de *exercer a profissão*, podendo fazê-lo, mas *extravasando os seus limites*. Trata-se, pois, de crime próprio, praticado por médicos, dentistas e farmacêuticos.[114] Estão proibidos também de praticar atos exclusivos das outras duas profissões. Mesmo que formado em medicina e farmácia, não pode a pessoa exercer as duas artes, consoante o Decreto nº 20.931, de 11-1-1932 (art. 16, *h*), devendo optar por uma delas.[158] Citam-se como exemplos do crime, na segunda parte do art. 282: farmacêutico expedir receitas; médico preparar ou manipular medicamentos, salvo casos excepcionais; dentista praticar intervenções cirúrgicas, ainda que na boca, nos casos que fogem à sua esfera; médico que assume a responsabilidade do tratamento dirigido por outrem etc.

---

158. É a lição de NORONHA, E. Magalhães. Ob. cit. v. 4, p. 99.

O verbo *exercer* indica que se trata de crime habitual. Exercer uma profissão não é apenas exercitar atos isolados da mesma, mas praticá-los com certa habitualidade. Assim, sem a reiteração de atos, não há que se falar no delito em pauta.[115] A habitualidade, porém, não é rigorosamente indispensável. Como exemplo da exceção teríamos a hipótese do agente que, tendo instalado consultório e se apresentado como médico, é preso logo após a primeira consulta.[159] Na jurisprudência deu-se como caracterizado o crime no atendimento de um único paciente.[116]

Não é necessário o intuito de lucro, como deixa claro o dispositivo em estudo; o recebimento de paga constitui a conduta qualificadora (item 7.15.8).

7.15.5 Tipo subjetivo

O dolo é a vontade de exercer ilegalmente a profissão ou de exceder os limites para ela prefixados na lei. Não é indispensável que tenha o agente consciência de criar perigo ou de que haja qualquer dano à saúde da pessoa atendida. Já se deu por excluído o dolo, por erro, em caso de farmácia do interior desprovida de responsável técnico diante da falta de consciência da injuridicidade da conduta.[117]

7.15.6 Exclusão do crime

Há casos em que se pode reconhecer o estado de necessidade, como nos casos do exercício da arte dentária na zona rural, distante dos grandes centros, onde inexiste profissional habilitado;[118] do comerciante que mantém estabelecimento farmacológico desprovido de assistência de farmacêutico responsável[119] ou em local afastado de recursos e em região inóspita, de real necessidade para os moradores da localidade[120] etc. Há, porém, decisões em sentido contrário, argumentando-se de que a justificativa do estado de necessidade é incompatível com atuações ilícitas de caráter permanente, com caráter de habitualidade, como sói acontecer no exercício ilegal da medicina.[121] Provada a habitualidade do exercício da arte dentária, não há que se reconhecer o estado de necessidade, máxime quando demonstrada a existência de profissionais habilitados na região.[122]

Não configura o crime, certamente, a conduta do pai ou mãe que trata dos filhos em casos de pouca gravidade. Entende-se na doutrina que no caso falta a consciência da antijuridicidade da conduta, não sendo o fato, aliás, revestido de culpabilidade pela não censurabilidade da conduta.[160] Pode-se, porém, argumentar que está excluída a própria antijuridicidade por uma causa excludente supralegal, como situação oriunda dos costumes (*Manual de Direito Penal*, P. G., item 4.1.5).

---

159. Cf. FRAGOSO, H. Cláudio. Ob. cit. v. 3, p. 270. ALMEIDA, Francisco Lacerda de. Exercício ilegal da medicina. *Justitia* 97/389-390.
160. Cf. NORONHA, E. Magalhães. Ob. cit. v. 4, p. 102. FRAGOSO, H. Cláudio. Ob. cit. v. 3, p. 270. HUNGRIA, Nelson. Ob. cit. v. 9, p. 151.

7.15.7 Consumação e tentativa

Consuma-se o crime quando se caracteriza a habitualidade, indicada pela reiteração de atos. Esta, entretanto, não é indispensável, como já foi exposto (item 7.15.4, *in fine*).

O crime previsto no art. 282 é de perigo abstrato, presumindo-se o risco coletivo. Assim, pouco importa que o tratamento tenha sido adequado ou que tenha o paciente recuperado a saúde.

É inadmissível a tentativa, já que se trata de crime habitual. A instalação de um consultório, a compra de aparelhos cirúrgicos etc. constituirão apenas atos preparatórios.

7.15.8 Formas qualificadas

O fim de lucro (elemento subjetivo do tipo ou dolo específico) qualifica o crime, nos termos do art. 282, parágrafo único: "Se o crime é praticado com o fim de lucro, aplica-se também multa." O farmacêutico ou proprietário de farmácia, que cobra de seus clientes apenas o preço de medicamentos que lhes receita, não está sujeito a essa agravação da pena.[123] O fim de lucro é apenas o da atividade lícita, ou seja, a venda dos remédios.

Havendo lesão corporal grave a pena privativa de liberdade é aumentada de metade; se resulta morte, é aplicada em dobro, por força do disposto nos arts. 258 e 285 (item 5.1.10).

7.15.9 Concurso e distinção

O exercício ilegal da medicina supõe que o agente se faça passar por médico ou que se arvore a exercer a arte de curar. Não ocorre o crime do art. 282, portanto, na conduta de quem pretende ou pratica o aborto, ainda que cause a morte da gestante.[124]

O agente que, fazendo-se passar por médico, é contratado por um hospital ou clínica e exerce ilegalmente a profissão mediante salário ou outra forma de remuneração, responde pelos crimes dos arts. 282 e 171 do CP, em concurso material, diante da ofensa aos diferentes bens jurídicos tutelados nesses dispositivos.

Distingue-se o delito de exercício ilegal da medicina do crime de curandeirismo. Naquele, o agente demonstra aptidões e alguns conhecimentos da arte médica, ministrando remédios da farmacopeia oficial; neste, o sujeito ativo se dedica à cura de moléstia por meios extravagantes e grosseiros.[125]

O médico, dentista ou farmacêutico que, suspenso por decisão judicial de sua profissão, continuar a exercê-la, não incorrerá no art. 282, mas no art. 359.[161] Entretanto, se

---

161. HUNGRIA, Nelson. Ob. cit. v. 9, p. 151.

a suspensão é puramente administrativa ou se teve ele o diploma cassado, permanece o crime contra a saúde pública.

É possível o concurso formal do crime previsto no art. 282 do CP e o descrito no art. 33 da Lei nº 11.343, de 23-8-2006.[126]

Tratando-se do exercício ilegal de qualquer outra profissão, por não preencher o agente as condições a que está subordinado por lei o seu exercício, caracteriza-se a infração prevista no art. 47 da Lei das Contravenções Penais.[127]

7.16 CHARLATANISMO

7.16.1 Conceito

Charlatanismo é o crime previsto no art. 283: "Inculcar ou anunciar cura por meio secreto ou infalível: Pena – detenção, de três meses a um ano, e multa." O *nomen juris* vem de *ciarlare* que, em italiano, significa falar, tagarelar etc.

7.16.2 Objetividade jurídica

O charlatanismo consiste em fraude destinada normalmente à obtenção de uma vantagem patrimonial ilícita. O objeto jurídico, porém, é a saúde pública, que tem maior relevância que o patrimônio, inclusive porque ocorre o crime ainda que não obtenha o agente qualquer proveito econômico.

Trata-se de crime de perigo abstrato, sendo o risco à coletividade presumido em lei.

7.16.3 Sujeitos do delito

Sujeito ativo do crime é qualquer pessoa, o charlatão, chamado estelionatário da medicina por fraudar a boa-fé dos doentes. Pode o médico praticar o ilícito quando anuncia cura por método secreto ou infalível.

Sujeito passivo é a coletividade, colocada em risco, presumidamente, pela falsa inculca ou anúncio fraudulento.

7.16.4 Tipo objetivo

A conduta típica consiste em *inculcar* ou *anunciar* a cura. O sentido de *inculcar*, que significa indicar, fazer falsa afirmação, recomendar, dar a entender, dar notícia, já foi examinado (item 7.9.4). *Anunciar* significa apregoar, divulgar, difundir, propagar a cura através de qualquer meio (folhetos, prospectos, anúncios em jornal, televisão, rádio, *outdoor* etc.).

Pratica o crime, portanto, quem inculca ou anuncia a cura por meio *secreto* ou *infalível*. Promete o agente que pode curar moléstias que, em regra, são consideradas incuráveis pela ciência atual, como, por exemplo, o câncer, a lepra, a AIDS etc. O meio *secreto* é o remédio preparado mediante fórmula não consignada nas farmacopeias nem licenciada pela repartição competente da Saúde Pública, bem como por meio de qualquer outro processo, ainda que não consistente no emprego de drogas. Meio *infalível* é o que não falha, assegurando o agente o desaparecimento da moléstia. A afirmação de que é infalível a cura é indispensável à ocorrência do ilícito. Não constitui charlatanismo divulgação de descoberta de tratamento com a afirmação de ter sido sua eficiência comprovada, sem inculcar-se infalibilidade de cura.[128]

Os médicos podem anunciar processos de cura, o que é permitido nos termos do Decreto-lei nº 4.113, de 14-2-1942, desde que não se trate de moléstias para as quais não haja tratamento próprio, segundo os atuais conhecimentos científicos, o que já constitui infração à ética profissional. Anunciando ou inculcando meio secreto ou infalível, o fato passa a constituir ilícito penal. O mesmo acontece com o dentista, a quem a lei proíbe "anunciar cura de determinadas doenças, para as quais não haja tratamento eficaz" (Lei nº 5.081, de 24-8-1966). A propaganda de medicamentos e terapias de qualquer tipo é disciplinada pela Lei nº 9.294, de 15-7-1996 (item 7.9.4).

Ao contrário do que ocorre com o exercício ilegal da medicina, arte dentária ou farmacêutica, o crime de charlatanismo não exige habitualidade. Basta que seja feita uma recomendação ou anúncio para que se dê por aperfeiçoado o ilícito.[162]

7.16.5 Tipo subjetivo

O dolo é a vontade de inculcar ou anunciar a cura por processo secreto ou infalível. É indispensável que o agente tenha ciência de que não é eficaz ou infalível o tratamento, o remédio ou o outro meio que afirma trazer a cura. Indispensável, portanto, a má-fé.[129] Comprovada a boa-fé do agente, não se integra o elemento subjetivo do crime. Há os que são chamados charlatões inconscientes, que, involuntariamente, incidem no comportamento por força do hábito, por ignorância, por preguiça, por desconhecimento do mal etc. São classificados por Flamínio Fávero, com base em Eugênio Cordeiro, em médicos *estacionários* (os que não acompanham a evolução da medicina), *superficiais* (os que examinam rápida e sumariamente o doente), e os *sistemáticos* (os que veem sempre um mesmo estado mórbido, ao qual se ajeitam os mesmos remédios previamente formulados).[163] São estes maus profissionais, mas não praticam o ilícito penal.

Não exige a lei o fim de lucro ou qualquer outra finalidade específica.

---

162. Cf. NORONHA, E. Magalhães. Ob. cit. v. 4, p. 109. HUNGRIA, Nelson. Ob. cit. v. 9, p. 154. FRAGOSO, H. Cláudio. Ob. cit. v. 3, p. 272.
163. FÁVERO, Flamínio. Ob. cit. v. 9, p. 199-200.

7.16.6 Consumação e tentativa

Consuma-se o crime com a própria conduta de inculcar ou anunciar. Dispensável, portanto, que alguém seja ludibriado ou que o fato acarrete dano ou perigo concreto. Mas se tem exigido que na imputação se descreva não só o comportamento criminoso, mas também o resultado, no sentido normativo, ou seja, o perigo possível para a saúde pública, sem o que não se configura o charlatanismo.[130]

A tentativa é possível. Suponha-se a hipótese de o agente ser impedido de distribuir folhetos que já preparou com o anúncio fraudulento.[164]

7.16.7 Distinção e concurso

Distingue-se o charlatanismo do exercício ilegal da medicina. Naquele, o agente não crê na eficácia absoluta do meio empregado; neste, ele crê no tratamento. Também não se confunde com o curandeirismo, crime mais grave, em que o agente prescreve, ministra ou aplica substância etc.

Havendo intuito de lucro, ocorre também o crime de estelionato, em concurso formal. Mas já se tem considerado o charlatanismo como crime-meio, absorvido pelo estelionato.[131]

7.17 CURANDEIRISMO

7.17.1 Conceito

O art. 284 prevê o último dos crimes contra a saúde pública, o curandeirismo: "Exercer o curandeirismo: I – prescrevendo, ministrando ou aplicando, habitualmente, qualquer substância; II – usando gestos, palavras ou qualquer outro meio; III – fazendo diagnósticos: Pena – detenção, de seis meses a dois anos."

7.17.2 Objetividade jurídica

Protege-se com o dispositivo a saúde pública, colocada em perigo pela ação do curandeiro que, não possuindo normalmente noções de medicina, procura curar doenças através de meios não científicos.

Trata-se de crime de perigo *abstrato*. Não só pode ocorrer a ingestão de substâncias nocivas à saúde das pessoas, como também estas são subtraídas ao tratamento adequado, ministrado por quem tenha habilitação profissional.[132]

---

164. Em contrário, NORONHA, E. Magalhães. Ob. cit. v. 6, p. 299.

7.17.3 Sujeitos do delito

Curandeiro é qualquer pessoa que pratica uma das condutas inscritas no art. 284, são pessoas que tentam a cura por processos não científicos. Não é curandeirismo, evidentemente, a prática religiosa lícita, empregada pelo ministro de culto, desde que não saia do terreno puramente espiritual e não substitua nem impeça a ação médica. Assim, como bem acentua Bento de Faria, não podem ser considerados como sujeitos ativos do crime: os ministros da Igreja quando praticam atos de exorcismo, porque são admitidos pelos seus cânones; quem pratica atos de qualquer religião ou doutrina, inclusive o espiritismo, desde que não ofenda a moral, os bons costumes ou faça perigar a saúde pública, ou apenas busque demonstrações em proveito da ciência.[165]

Já se tem afirmado que o médico não pode ser sujeito ativo do crime de curandeirismo por possuir conhecimentos adequados ao tratamento de doenças,[166] o que também aconteceria com o farmacêutico.[133] Nada impede, entretanto, que esses profissionais abandonem os métodos científicos para dedicarem-se à cura através de gestos, palavras ou qualquer outro meio não vinculado à sua formação técnico-profissional, praticando, assim, esse crime.

Sujeito passivo é a coletividade, já que o curandeirismo é um crime contra a incolumidade pública. Não há necessidade, portanto, de identificação das pessoas "tratadas" pelo agente.[134] Certamente pode haver sujeito passivo secundário, mesmo porque a ação do curandeiro pode provocar lesões ou até morte. Na maior parte das vezes, são as vítimas pessoas atingidas por doenças incuráveis não debeladas pela medicina.

7.17.4 Tipo objetivo

Exercer o curandeirismo é praticar, desempenhar ou exercitar atos que a lei especifica. É o exercício da arte de curar de quem não tem a necessária habilitação profissional, por meios não científicos.

O tipo previsto no art. 284 é um crime de *conduta mista alternativa*. A lei refere-se a três modalidades de ações.

A primeira, inciso I, é a de prescrever, ministrar ou aplicar habitualmente qualquer substância. *Ministrar* é dar para consumir, prestar, fornecer, inocular a substância. *Prescrever* é receitar, recomendar, indicar, ordenar, regular de antemão. *Aplicar* é empregar, apor, administrar a substância (pomadas, óleos, infusões, poções etc.). Refere-se a lei a *qualquer* substância (de origem animal, vegetal ou mineral, conhecida ou não, nociva ou inócua). A inocuidade das substâncias prescritas ministradas ou aplicadas pelo curandeiro aos clientes não exclui o crime, quer porque a lei pune até o crime praticado

---

165. FARIA, Bento de. Ob. cit. v. 6, p. 299.
166. Cf. FRAGOSO, H. Cláudio. Ob. cit. v. 3, p. 723-724.

7 • DOS CRIMES CONTRA A SAÚDE PÚBLICA

por gestos ou palavras, quer porque o fato afasta o doente do tratamento adequado.[135] Já se decidiu pela existência do crime na prescrição de água fria.[136] [167]

Noronha citava alguns exemplos de curandeirismo: "Para a facilitação do parto, deve a mulher calçar os sapatos do marido e pôr seu chapéu. Picada de cobra é curada com água benta pelo curandeiro com um ramo de alecrim. Tosse rebelde (coqueluche) com chá de fezes secas de cachorro. A febre é extinta abrindo-se ao meio uma pomba e calçando-a no pé da criança. O sangue é estancado com aplicação de teia de aranha. E assim outras práticas imbecis." [168]

O inciso II prevê a conduta de usar gestos, palavras ou qualquer outro meio. *Gestos* são os passes, manipulações, atitudes, posturas. *Palavras* são as rezas, benzeduras, esconjurações, encomendações, invocações de espíritos, operações espirituais. A lei inclui, também, qualquer *outro meio*, como magias, bruxedos etc.

Questão tormentosa é a confusão entre a prática religiosa e o curandeirismo. Quando se propõe a curar, o praticante comete o crime. [169] Deve-se distinguir "o que é feito por devoção religiosa daquelas práticas que infringem a disposição penal".[170] Assim, se a cura é pedida comunitariamente, através de orações, pura questão de fé, a prática não configura o delito de curandeirismo, tendo em vista a liberdade de culto assegurada pela Constituição Federal.[137] Mesmo os "passes", que fazem parte do ritual e são uma espécie de bênção com fins espirituais, não propriamente para fins curativos, não constituem curandeirismo.[138] O que não constitui crime, portanto, é a prática de espiritismo como religião.[171] [139-140]

Deve-se colocar também a indagação a propósito das curas de doenças de origem psíquica por ação mental diante das comprovadas potencialidades da Medicina Psicossomática. Em interessante estudo, Djalma Lúcio Gabriel Barreto preconiza a liberação de curandeiros para agirem como colaboradores e sob controle da Medicina, desde que comprovadamente dotados de faculdades parapsicológicas.[172] Quevedo, entretanto, arrola inúmeros motivos contrários ao curandeirismo pelos paranormais: os fenômenos parapsicológicos surgem do inconsciente e daí a tendência de atribuí-los a espíritos de

---

167.

168. NORONHA, E. Magalhães. Ob. cit. v. 4, p. 117.

169. Dizia Hungria, a respeito do *espiritismo*: "Sem dúvida alguma, há que tolerar-se o espiritismo como *religião* ou como *filosofia*. Não se pode vedar a crença nos seus postulados (existência de Deus, da alma e do 'corpo etéreo', imortalidade do espírito e sua evolução por estágios sucessivos, comunicação entre este mundo e o dos espíritos, reencarnação etc.); mas o que é de todo inadmissível é que certos fenômenos, já explicados pela ciência e que nada têm a ver com o sobrenatural, sejam empiricamente provocados (quando não simulados por meio de truques já completamente desacreditados) para o fim de tratamento de enfermidades." HUNGRIA, Nelson. Ob. cit. v. 6, p. 155-6. No mesmo sentido, NORONHA, E. Magalhães. Ob. cit. v. 4, p. 118-119.

170. COGAN, Arthur. Curandeirismo. *Justitia* 99/71. Sobre o assunto, MORAES FILHO, Antonio Evaristo, LAVIGNE, Arthur, RIBEIRO, Paulo Freitas. Crime de curandeirismo e liberdade de culto, *Revista Brasileira de Ciências Criminais* 2/255-277.

171. MOTTA NETO, Antonio. Curandeirismo. *Justitia* 91/385.

172. BARRETO, D. L. Gabriel. *Parapsicologia, curandeirismo e lei*. Petrópolis: Vozes, 1972.

mortos, demônios etc., manifestando-se tendência à dupla personalidade e loucura; é necessário algum tipo de transe, que causa a obnubilação do consciente e a exaltação do subjetivismo inconsciente e, em consequência, tensão nervosa, dor de cabeça, abalo nervoso etc.; pelo poder da sugestão, o psiquismo suprime a dor, fazendo com que o doente não se aperceba do agravamento do mal; o tipo de ação "curativa" exercida pelo curandeiro pode agravar ou produzir moléstia etc.[173] Assim, se a Parapsicologia abre infindáveis campos de estudo, muito há para saber, fora do Direito, para que se possa permitir a ação dos paranormais. Enquanto isso não se fizer, a repressão penal deve estabelecer-se nos termos do art. 284 do CP.

A terceira modalidade prevista no inciso III é a de *fazer diagnóstico*, ato privativo de médico que consiste na indicação da existência de determinado mal em virtude dos sintomas e características apresentadas pelo cliente. Não se exige, portanto, qualquer ação de cura, pois o simples diagnóstico caracteriza o crime.[141] Como bem assinala Flamínio Fávero, o erro de diagnóstico "pode fazer com que a intervenção para debelar o verdadeiro mal, se conhecido, venha tarde, e a morte do paciente que confiou no curandeiro seja a consequência".[174] [142]

Não constitui curandeirismo, segundo a jurisprudência: o hipnotismo, se for tratamento científico indicado para a cura de determinados males, desde que tal cura seja orientada por pessoa legalmente habilitada;[143] os conselhos, exortações e sugestões para eliminar os vícios do alcoolismo e tabagismo;[144] a simples aplicação de massagem ao corpo humano, por meio de fricção, compressão ou percussão;[145] a venda de ervas medicinais;[146] prescrição de medicamento à base exclusiva de vitaminas[147] etc.

Indispensável à caracterização do crime de curandeirismo é a habitualidade. Não só o sufixo da palavra que dá nome ao ilícito induz à ideia de sistema, reiteração, como também o núcleo do tipo é *exercer* (exercitar, praticar, desempenhar usualmente). Necessário, portanto, a reiteração dos atos de ministrar, prescrever, usar gestos etc.[148] Evidentemente, a prática do curandeirismo, em relação a uma mesma pessoa, não caracteriza o ilícito, como não o configuram atos isolados.[149] Não é indispensável, porém, que o agente transforme o curandeirismo em profissão.[150]

Já se tem dito que a habitualidade somente seria indispensável à caracterização da primeira figura (inciso I), uma vez que somente nesse item a lei registra a palavra *habitualmente*. Entretanto, pelas razões já expostas, a conclusão é a de que o termo referido é supérfluo, exigindo-se a habitualidade para a concretização do crime em qualquer das modalidades.[175]

---

173. Ver, a propósito, PEREIRA, Sérgio Gischkow. Curandeirismo, *RT* 574/276-82.
174. FÁVERO, Flamínio. Ob. cit. v. 9, p. 210.
175. Cf. NORONHA, E. Magalhães. Ob. cit. v. 4, p. 120. HUNGRIA, Nelson. Ob. cit. v. 9, p. 155. DELMANTO, Celso. Ob. cit. p. 320.

7.17.5 Tipo subjetivo

O dolo do crime em estudo é a vontade de praticar reiteradamente uma das condutas incriminadas, exercendo assim o curandeirismo. Também não importa a finalidade da conduta. A gratuidade do tratamento ou dos diagnósticos não exime o agente de responsabilidade porque a repressão a esse crime não visa unicamente ao interesse particular do doente, mas, principalmente, ao da saúde pública.[151]

A boa-fé de quem acredita estar atuando como "aparelho mediúnico", em transe, já tem sido reconhecida como excludente do dolo.[152] 176

7.17.6 Consumação e tentativa

Tratando-se de crime habitual, somente se consuma o ilícito com a reiteração de atos; só assim se pode afirmar que houve curandeirismo. Entretanto, numa só ocasião, atendendo a mais de um doente, o agente pratica a infração penal.[153] 177

O curandeirismo é crime de perigo abstrato, formal, não se exigindo, portanto, perigo ou dano concretos.[154] É irrelevante, portanto, indagar se o agente é ou não bem-sucedido nos tratamentos aplicados.[155]

É inadmissível a tentativa, como aliás sempre ocorre nos crimes exclusivamente habituais.

7.17.7 Curandeirismo qualificado

Dispõe o art. 284, parágrafo único: "Se o crime é praticado mediante remuneração, o agente fica também sujeito a multa." Tal dispositivo, além de confirmar que é punível o curandeirismo gratuito, determina a aplicação da sanção pecuniária em vista da motivação do agente.

Resultando lesão corporal de natureza grave ao doente, a pena privativa de liberdade é aumentada de metade; se resulta morte, a pena é aplicada em dobro. É o que dispõe o art. 258, aplicável no caso pela previsão do art. 285. É indispensável que se comprove, evidentemente, o nexo causal entre a conduta do curandeiro e o resultado.

7.17.8 Distinção e concurso

Afirma Hungria, para diferenciar o curandeirismo dos crimes previstos nos arts. 282 e 283: "Enquanto o *exercente ilegal da medicina* tem conhecimentos médicos, embora não esteja devidamente habilitado para praticar a arte de curar, e o *charlatão* pode ser o próprio médico que abastarda a sua profissão com falsas promessas de cura, o *curandeiro (carimbamba, mezinheiro, raizeiro)* é o ignorante chapado, sem elementares

---

176. Ver, a propósito, parecer de LOPES, Marino Falcão. Curandeirismo. *Justitia* 58/158-9.
177. Cf. FÁVERO, Flamínio. Ob. cit. v. 9, p. 206.

conhecimentos de medicina, que se arvora em debelador dos males corpóreos." [178] Se o médico deixar de lado os conhecimentos científicos e o emprego da farmacopeia oficial e se propor a curar através de palavras, gestos ou de substâncias não reconhecidamente medicinais, estará praticando curandeirismo.

Pratica curandeirismo e não homicídio culposo aquele que convence doente de grave moléstia a deixar o hospital em que se achava internado para tratamento, prometendo-lhe a cura através de unções de manteiga, vindo o mesmo a falecer.[156]

Havendo atuação complexa dos agentes, reunidos para um mesmo fim em ardil especioso e peculiar engendrado para obterem lesão patrimonial, além do curandeirismo, ocorre o estelionato, em concurso formal.[157] Já se tem entendido, porém, que eventual curandeirismo é absorvido pelo delito contra o patrimônio.[158] Não há dúvida, porém, de que só ocorre o estelionato quando não existe a habitualidade[159] ou quando o agente promete, não a cura, mas o encontro de pessoa desaparecida, ou afastamento de espírito importuno.[160]

Há concurso formal de curandeirismo e estupro na conduta do curandeiro que, sob pretexto de possuir poderes sobrenaturais e afastar a vítima de "encosto" dos maus espíritos, mantém com ela conjunção carnal.[161] Possível é no mesmo contexto o concurso com o crime de violação sexual mediante fraude. Ausente a habitualidade exigida pelo curandeirismo, a prática enganosa poderá configurar somente o crime sexual.

Não prometendo cura, a exploração da credulidade pública mediante sortilégios, predição do futuro, explicação de sonho ou práticas congêneres constituía contravenção,[162] nos termos do art. 27 da LCP, que foi revogado pela Lei nº 9.521, de 27-11-1997.

---

178. HUNGRIA, Nelson. Ob. cit. v. 9, p. 154.

PARTE III
DOS CRIMES CONTRA A PAZ PÚBLICA

8

DOS CRIMES CONTRA A PAZ PÚBLICA

8.1 INCITAÇÃO AO CRIME

8.1.1 Generalidades

O Título IX da Parte Especial contém quatro artigos que preveem os crimes contra a paz pública. A vida em sociedade só é possível quando há convivência harmônica entre as pessoas e é afastado o sentimento de insegurança ocasionado por atos antissociais. É necessário, portanto, que o ordenamento jurídico preveja uma disciplina das atividades individuais, com restrições dirigidas especialmente a certos fatos que atingem diretamente a paz e a tranquilidade públicas. Não basta a tutela legal oferecida com a incriminação de certas condutas que atingem materialmente o cidadão ou a própria sociedade; é indispensável que se evitem fatos causadores de alarme, intranquilidade, insegurança social. A prevenção deve abranger, portanto, situações que, embora não atinjam diretamente direitos individuais ou sociais, se constituem em atos preparatórios da prática de crimes. Com esse objetivo, a lei penal brasileira prevê como ilícitos penais a "incitação ao crime" (art. 286), a "apologia de crime ou criminoso" (art. 287), a "associação criminosa" (art. 288) e a "constituição de milícia privada" (art. 288-A).

8.1.2 Conceito

O primeiro dos tipos penais previstos no Título IX é a incitação ao crime, definida no art. 286: "Incitar, publicamente, a prática de crime: Pena – detenção, de três a seis meses, ou multa.

8.1.3 Objetividade jurídica

O objeto jurídico tutelado pelo dispositivo é a paz pública, ou seja, o sentimento de tranquilidade e segurança imprescindível à convivência social. Há, no caso, o que se tem chamado de *impaciência* do legislador ao incriminar fatos que consistiriam em simples atos preparatórios de crimes, não se aguardando que cheguem eles à fase de execução ou consumação.

Trata-se de crime de perigo abstrato, presumindo-se em lei o risco causado à paz pública.

8.1.4 Sujeitos do delito

Qualquer pessoa pode ser sujeito ativo do crime em estudo. Trata-se, portanto, de crime comum e não próprio. Sujeito passivo é a coletividade, já que está o art. 286 entre os crimes contra a paz pública.

8.1.5 Tipo objetivo

A conduta típica é *incitar* a prática de crime. *Incitar* significa induzir, instigar, provocar, excitar, estimular.

Referindo-se a lei à prática de *crime*, diz respeito aos crimes previstos no Código Penal ou em lei especial, salvo quando esta dispõe de modo diverso (item 8.1.8). Há que se tratar de crime individualizado, não constituindo crime "o incitamento para delinquir *in genere*, pois à insensatez de tal procedimento – como afirma Hungria – corresponderia a sua inocuidade".[1] Não é indispensável, contudo, que o agente faça referência ao meio para executá-lo, às pessoas que devam ser vítimas do delito etc. Também pouco importa que a incitação ao crime seja o tema único ou principal do discurso etc., no qual esteja contida, mas é suficiente que resulte de modo simplesmente acidental.[2]

Como a lei se limita à incitação a prática de *crime* (de ação pública ou privada), não se integra o delito do art. 286 se a instigação referir-se a prática de *contravenção* ou, com maior razão, de simples *fato imoral*. Decidiu-se que comete o delito quem incita, publicamente, a desobediência de ordem judicial,[(1)3] ou alicia participantes para greve ou *lock-out*, sendo estranho ao grupo em dissídio.[(2)]

Para que se caracterize o crime previsto no art. 286 é necessário que o agente incite, *publicamente*, à prática de crime. Exige-se, portanto, que a conduta seja praticada perante certo número de pessoas (*coram multis personis*) e que se caracterize a publicidade. Não há crime na instigação efetuada em uma reunião privada, familiar, ainda que na presença de várias pessoas. Acentua Noronha que "a publicidade é constituída também pelo lugar, o momento e outras circunstâncias que tornam possível a audição, por indeterminado número de indivíduos, do incitamento ao delito".[4] É pública a incitação feita em lugar público, aberto ou exposto ao público ou por meio que atinja número indeterminado de pessoas, ainda que o agente a dirija a pessoa ou pessoas determinadas.

Não havendo *publicidade*, o agente responderá por participação no crime a ser praticado se houver, ao menos, começo de execução (art. 31).

Por vários meios pode-se cometer o crime: por palavra (discursos, orações, perorações, gritos etc.); por escrito (panfletos, boletins, cartazes); e até por gestos, atitudes,

---

1. HUNGRIA, Nelson. *Comentários ao Código Penal*. 5. ed. Rio de Janeiro: Forense, 1958. v. 9, p. 168-169.
2. MANZINI, Vincenzo. *Trattato di diritto penale italiano*. Turim: Unione Tipográfico – Editrice Torinese, 1950. v. 9, § 1.916, p. 146.
3. Ver: MACHADO, Antonio Luiz Ribeiro. Incitação ao crime. Parecer acolhido pelo JTACrSP. *Justitia* 103/306-7.
4. NORONHA, E. Magalhães. *Direito penal*. 15. ed. São Paulo: Saraiva, 1978. v. 4, p. 130.

exemplos etc. Cita Hungria o exemplo daquele que lança a *primeira pedra* contra a mulher *adúltera*, incitando os demais da multidão colérica à criminosa lapidação.[5]

Não há crime quando o agente faz apenas a defesa de uma tese sobre a ilegitimidade ou a ausência de razão para a incriminação de tal ou qual fato, como, por exemplo, o homicídio eutanásico, o aborto, o uso de drogas etc. Afirma Hungria: "Não há, aqui, o *animus instiganti delicti*, mas apenas uma opinião no sentido da exclusão do crime, de *lege ferenda*." [6,7] Também não se reconheceu o delito na reunião de delinquentes visando à prática de diversos crimes, o que constituiria a coautoria punida quando o crime chega pelo menos a ser tentado.[3] O fato, porém, poderá caracterizar o crime de associação criminosa quando não se tratar da preparação de crime determinado (item 8.3.5).

8.1.6 Tipo subjetivo

O dolo é a vontade de incitar, ou seja, de instigar a prática de crime, tendo o agente ciência de que está dirigindo-se a número indeterminado de pessoas. Basta a consciência de que a conduta é idônea a causar o crime, não se exigindo que o agente deseje, realmente, a sua prática. "A consciência da incitação – afirma Fragoso – corresponde à sua *seriedade*, que é elemento indispensável e fundamental para que se possa reconhecer o crime." [8]

Não faz a lei qualquer referência a finalidade especial do delito de incitação ao crime ou do crime a ser praticado, sendo irrelevante o motivo que determinou a conduta do sujeito ativo.

8.1.7 Consumação e tentativa

Consuma-se o crime com a simples incitação, com a instigação pública.[4] É indispensável, porém, que um número indeterminado de pessoas tome conhecimento da incitação, ainda que seja dirigida a pessoas determinadas.

Trata-se de crime formal que não exige resultado naturalístico, ou seja, que as pessoas pratiquem o crime a que foram instigadas, fiquem convencidas de que devem executá-lo ou que o fato cause real perturbação da paz pública. O perigo é presumido por lei diante da simples prática da conduta típica.

É admissível a tentativa quando não se trata de incitação oral. Exemplos seriam o do agente que é impedido de distribuir folhetos, boletins em que há incitação ao crime, ou de afixar cartaz do mesmo teor.

---

5. HUNGRIA, Nelson. Ob. cit. v. 9, p. 167.
6. Ibidem, p. 171.
7. Nesse sentido, o STF julgou procedente ação direta de inconstitucionalidade para conferir interpretação conforme a Constituição ao art. 33, § 2º, da Lei de Drogas, excluindo deste qualquer significado que enseje a proibição de manifestações e debates públicos acerca da descriminalização ou legalização do uso de drogas (ADIN nº 4.274-DF, j. em 23-11-2011, *DJe* de 2-5-2012).
8. FRAGOSO, H. Cláudio. *Lições de direito penal*. 3. ed. Rio de Janeiro: Forense, 1931. v. 3, p. 281.

8.1.8 Crime assemelhado

O parágrafo único do art. 286, inserido pela Lei nº 14.197, de 1º-9-2021, dispõe: "Incorre na mesma pena quem incita, publicamente, animosidade entre as Forças Armadas, ou delas contra os poderes constitucionais, as instituições civis ou a sociedade."

Incrimina-se no parágrafo, a exemplo do *caput*, a conduta de incitar publicamente a prática de atos que atentem contra a paz pública, os quais, porém, não constituem crimes, mas que são capazes de gerar uma animosidade interna nas Forças Armadas, ou destas em relação aos poderes da República, as instituições civis ou a sociedade.

Animosidade é um sentimento de aversão ou má vontade, rancor ou ressentimento. O vocábulo é fruto de infeliz escolha do legislador, que certamente trará dificuldades à aplicação do dispositivo por sua vagueza, indeterminação e abusiva abrangência que lhe possa vir a ser reconhecida e que, portanto, pode ensejar o questionamento de sua inconstitucionalidade por ofensa ao princípio da legalidade. Se por um lado não se pode considerar a animosidade somente aquele estado de aversão que fomente a prática de crimes de qualquer natureza, porque, então, configurado estaria o crime descrito no *caput,* de outra parte, não se lhe pode pretender amplitude que abarque todo e qualquer comentário ou crítica que se traduza em indevida restrição à liberdade de manifestação do pensamento, à atividade jornalística e ao legítimo exercício da cidadania, incluindo-se neste, a participação em manifestações de caráter político ou social. Nesse sentido, aliás, a norma contida no art. 359-T expressamente exclui a antijuridicidade nessas hipóteses para os crimes contra o Estado Democrático de Direito, criados pela mesma Lei nº 14.197/2021.

As *Forças Armadas* são constituídas pela Marinha, Exército e Aeronáutica, nos termos da Constituição (art. 142). Excluem-se, portanto, da abrangência da norma as polícias militares e demais órgãos incumbidos da segurança pública (art. 144). Os *poderes constitucionais* são o Executivo, o Legislativo e o Judiciário. Por *instituições civis* há que se considerarem as não militares e que não integram os referidos Poderes, mas que têm natureza pública, vinculadas que estão à estrutura do Estado, como o Ministério Público e a Defensoria Pública. De maior dificuldade é a precisão do que é *sociedade* para os fins do dispositivo, dadas as múltiplas acepções que o termo comporta. Pode-se cogitar aqui, por exemplo, da incitação que vise mobilizar o sentimento de animosidade nas Forças Armadas em oposição a um número indeterminado de pessoas que comunguem das mesmas ideias políticas ou que sustentem ou reivindiquem publicamente determinados interesses ou propósitos sociais. Difícil é, porém, como já assinalado, o balizamento do âmbito de aplicabilidade dessa norma incriminadora.

8.1.9 Distinção

A incitação feita por meios de informação (jornais, rádio, televisão etc.) configurava crime previsto na Lei de Imprensa (art. 19 da Lei nº 5.250, de 9-2-1967);[9] tratando-se

---

9. O STF declarou que a Lei de Imprensa (Lei nº 5.250, de 9-2-1967), em sua integralidade, não foi recepcionada pela Constituição Federal de 1988 (ADPF 130-7, j. em 30-4-2009, *DOU* de 12-5-2009, p. 1).

de incitação à discriminação ou preconceito de raça, cor, etnia, religião ou procedência nacional, o crime é o descrito no art. 20 da Lei nº 7.716, de 5-1-1989, com a redação dada pelas Leis nº 9.459, de 13-5-1997, nº 12.288, de 20-7-2010, e 12.735, de 30-11-2012. O induzimento ao suicídio ou à automutilação, o incitamento à satisfação de lascívia ou à prática da prostituição constituem outros crimes, mais graves (arts. 122, 218, 218-B, 227 e 228 do CP). Pune-se também a instigação do genocídio em lei especial (art. 3º da Lei nº 2.889, de 1º-10-1956). Induzir, instigar ou auxiliar alguém ao uso indevido de droga é crime previsto na lei especial (art. 33, § 2º, da Lei nº 11.343, de 23-8-2006).

Disponibilizar a terceiros imagens que induzam a prática de estupro ou estupro de vulnerável é, também, crime específico, previsto no art. 218-C.

8.1.10 Concurso

Caso seja cometido o crime pelas pessoas instigadas, há concurso de delitos em relação ao sujeito ativo da incitação. Havendo desígnios autônomos e dois resultados (lesão à paz pública e lesão ao bem jurídico referente ao crime praticado pelos induzidos) provenientes de uma só conduta, aplica-se o disposto no art. 70, segunda parte (concurso formal impróprio).[10]

8.2 APOLOGIA DE CRIME OU CRIMINOSO

8.2.1 Conceito

A "apologia de crime ou criminoso" está prevista no art. 287: "Fazer, publicamente, apologia de fato criminoso ou de autor de crime: Pena – detenção, de três a seis meses, ou multa."

8.2.2 Objetividade jurídica

Tutela-se com o artigo em exame a paz pública, colocada presumidamente em perigo com a apologia, que não passa de incitação indireta ao crime. A influência dessa instigação implícita, oblíqua, pode atingir aquele que, facilmente sugestionável ou em estado latente de criminalidade, recebe o ilícito estímulo. Atinge-se com a conduta o sentimento de segurança e garantia da coletividade. A apologia, como diz Bento de Faria, "é a propaganda com o efeito de incitar a imitação." [11]

8.2.3 Sujeitos do delito

Qualquer pessoa pode praticar o crime previsto no art. 287, não se podendo excluir o próprio autor do delito, objeto da apologia. Sujeito passivo é a coletividade, cuja tranquilidade e segurança podem ser perturbadas com a conduta do agente.

---

10. Cf. FRAGOSO, H. Cláudio. Ob. cit. v. 3, p. 281. NORONHA, E. Magalhães. Ob. cit. v. 4, p. 133.
11. FARIA, Bento de. *Código Penal brasileiro*. 2. ed. Rio de Janeiro: Record, 1959. v. 7, p. 9.

8.2.4 Tipo objetivo

O núcleo do tipo penal em estudo é *fazer apologia*, ou seja, elogiar, louvar, enaltecer, gabar, exaltar, aprovar, defender. O agente elogia o crime, como fato, ou o criminoso, o seu autor. Não constitui apologia criminosa o ato de descrever o fato, de tentar justificá-lo, explicá-lo ou o de ressaltar qualidades reais ou imaginárias do criminoso, desde que não impliquem o elogio pelo crime praticado. Nada impede que qualquer pessoa enalteça eventuais virtudes do autor de um crime, que lhe empreste solidariedade ou apoio moral, que interceda em seu favor ou em sua defesa. Mesmo a crítica ao julgamento ou à pena imposta pode não constituir apologia do fato criminoso ou de seu autor.

Referindo-se a rubrica do art. 287 a crime, entende Hungria não importar "que o mesmo seja considerado *in concreto*, ou *in abstrato*, como episódio já ocorrido ou acontecimento futuro".[12] A lei, porém, refere-se a *fato criminoso* na descrição típica, exigindo que a apologia seja feita a fato ocorrido, concreto e não a crime futuro.[13] "Também não a constitui – afirma Bento de Faria – a exaltação, a glorificação ou o elogio, feitos *abstratamente*, de práticas delituosas, sem determinação de fatos ou a apreciação laudatória de doutrinas sociais moralmente reprovadas." [14] A apologia de um crime futuro, em tese, em abstrato, pode constituir, conforme o caso, o delito de incitação ao crime.

A referência na lei a *fato criminoso*, além disso, implica a exclusão da apologia de contravenção, de ato imoral ou de infração disciplinar.[5] Não distingue a lei, porém, a espécie de crime (contra a vida, patrimônio etc.) ou a circunstância de estar previsto no Código Penal ou em lei especial. Afirma-se que a apologia de crimes culposos não é punível por não haver instigação direta ou indireta à prática de fato não intencional.[15] A hipótese não deve ser afastada, podendo fazer-se a apologia da conduta de determinada pessoa pela sua flagrante imprudência em dirigir em velocidade excessiva, causando com isso morte ou lesões na vítima, por exemplo. Ninguém negará que o elogio a um infrator do trânsito que praticou um ou vários homicídios culposos tem potencialmente a idoneidade para atingir a tranquilidade e segurança coletivas.

"A apologia de autor de crime – como bem acentua Fragoso – consiste em elogio ao criminoso porque praticou a ação delituosa, excluindo-se, assim, a apreciação favorável de outros aspectos positivos (reais ou supostos) de sua personalidade." [16]

---

12. HUNGRIA, Nelson. Ob. cit. v. 9, p. 172-173.
13. Cf. NORONHA, E. Magalhães. Ob. cit. v. 4, p. 136. FRAGOSO, H. Cláudio. Ob. cit. v. 3, p. 283-284. FÁVERO, Flamínio. *Código Penal brasileiro comentado*. São Paulo: Saraiva, 1950. v. 9, p. 231. LIMA, L. C. de Miranda. Apologia do fato criminoso ou de autor do crime. *RF* 114/34.
14. FARIA, Bento de. Ob. cit. v. 7, p. 9.
15. Cf. MANZINI, Vincenzo. Ob. cit. v. 9, § 1.917, p. 151. FRAGOSO, H. Cláudio. Ob. cit. v. 3, p. 284. NORONHA, E. Magalhães. Ob. cit. v. 4, p. 137.
16. FRAGOSO, H. Cláudio. Ob. cit. v. 3, p. 284.

8 • DOS CRIMES CONTRA A PAZ PÚBLICA

Discute-se a necessidade ou não de estar o autor do crime condenado por sentença passada em julgado. A referência na lei a *autor de crime* e não a criminoso condenado leva à interpretação de que não importa se o elogiado já foi condenado ou mesmo denunciado pelo crime, como aliás é indiferente, para os fins do mesmo artigo, que o fato criminoso tenha sido objeto de sentença irrecorrível.[17]

Como no delito de incitação ao crime, é necessário que a apologia seja feita *publicamente (coram multis personis)* (item 8.1.5). O elogio em particular a pessoas determinadas em ambiente fechado não concretiza o tipo penal.

Por vários meios pode-se cometer o crime: por palavra (discursos, orações, perorações etc.); por escrito (panfletos, boletins, cartazes) e até por gestos. Cita Hungria como exemplo o bater ardorosas palmas ao criminoso que passa escoltado.[18] A única exigência a ser feita é a de que o agente utilize meio idôneo, ou seja, que a conduta seja potencialmente perigosa para perturbar a paz pública.

A defesa da descriminalização, *de lege ferenda*, de determinadas condutas típicas não configura o crime. Quem por meio de manifestações, passeatas ou eventos públicos sustenta a legalização do uso de drogas consideradas ilícitas não faz apologia de crime (art. 287) nem incita ao crime (art. 286), mas exercita o direito de reunião e de livre expressão do pensamento. É esse o entendimento adotado pelo STF ao julgar procedente a ADPF 187, para dar ao art. 287 do Código Penal, com efeito vinculante, interpretação conforme à Constituição "de forma a excluir qualquer exegese que possa ensejar a criminalização da defesa da legalização das drogas, ou de qualquer substância entorpecente específica, inclusive através de manifestações e eventos públicos".

8.2.5 Tipo subjetivo

O dolo do crime em estudo é a vontade de fazer a apologia incriminada. É indispensável que o agente tenha ciência de que está atingindo número indeterminado de pessoas, embora possa dirigi-la diretamente a pessoas certas. Não exige a lei qualquer finalidade específica.

8.2.6 Consumação e tentativa

Consuma-se o crime com a simples conduta, não sendo necessário que provoque qualquer resultado concreto, que perturbe a paz pública, e muito menos que haja distúrbios etc. Trata-se, portanto, de *crime formal*.

A tentativa é possível, como no delito de incitação ao crime, quando não se trata de apologia oral (item 8.1.7).

---

17. Cf. HUNGRIA, Nelson. Ob. cit. v. 9, p. 173. FRAGOSO, H. Cláudio. Ob. cit. v. 3, p. 284 e LIMA, L. C. de Miranda. Artigo citado. *RF* 114/34.
18. HUNGRIA, Nelson. Ob. cit. v. 9, p. 173.

8.2.7 Concurso

É possível o concurso material com o crime praticado pela pessoa instigada indiretamente pela apologia, desde que se comprove, evidentemente, o nexo causal entre ela e o delito praticado pelo induzido.

A apologia, em uma mesma conduta, de vários fatos criminosos ou de diversos delinquentes caracteriza o concurso formal de crimes.[19] Já a apologia do crime e de seu autor, conjuntamente, configura crime único quando se fez a apologia do crime; está-se elogiando implicitamente o seu autor e vice-versa.

8.2.8 Distinção

A apologia de fato criminoso ou de autor de crime através dos meios de informação e divulgação (jornais, revistas, rádio, televisão etc.) configurava crime previsto na Lei de Imprensa (art. 19, § 2º, da Lei nº 5.250, de 9-2-1967).[20] Induzir ou incitar a discriminação ou preconceito de raça, cor, etnia, religião ou procedência nacional, inclusive por publicação ou outros meios de comunicação são condutas descritas no art. 20, § 2º, da Lei nº 7.716, de 5-1-1989. A apologia de crime militar ou de seu autor em lugar sujeito à administração militar é crime militar (art. 156 do CPM).

Disponibilizar a terceiros imagem que faça apologia do estupro ou estupro de vulnerável configura, agora, crime específico, descrito no art. 218-C.

8.3 ASSOCIAÇÃO CRIMINOSA

8.3.1 Conceito

A nova redação do art. 288 foi dada pela Lei nº 12.850, de 2-8-2013, que também revogou a Lei nº 9.034, de 3-5-1995, e é hoje o diploma que dispõe sobre a repressão ao crime organizado (v. item 8.3.12). No art. 288, as alterações consistiram na substituição do *nomen juris*, de quadrilha ou bando por associação criminosa, e em modificações inseridas no tipo e na causa de aumento de pena prevista no parágrafo único.

Em sua atual redação o art. 288 define o crime de associação criminosa nos seguintes termos: "Associarem-se 3 (três) ou mais pessoas, para o fim específico de cometer crimes: Pena – reclusão, de 1 (um) a 3 (três) anos."

8.3.2 Objetividade jurídica

Tutela-se, ainda uma vez, a paz pública. Não pode a lei permitir a reunião de várias pessoas que tenham como finalidade a prática de crimes. O art. 288 prevê um ilícito em que

---

19. Cf. NORONHA, E. Magalhães. Ob. cit. v. 4, p. 139. FRAGOSO, H. Cláudio. Ob. cit. v. 3, p. 284.
20. O STF declarou que a Lei de Imprensa (Lei nº 5.250, de 9-2-1967), em sua integralidade, não foi recepcionada pela Constituição Federal de 1988 (ADPF 130-7, j. em 30-4-2009, *DOU* de 12-5-2009, p. 1).

8 • DOS CRIMES CONTRA A PAZ PÚBLICA | **167**

se nota claramente a impaciência do legislador ao incriminar fato que consistiria apenas ato preparatório de crimes. O dispositivo registra um crime formal, *de perigo abstrato*, já que o risco à paz pública é presumido quando se constitui uma associação criminosa.

8.3.3 Sujeito ativo

A associação criminosa é um crime coletivo, plurissubjetivo ou de concurso necessário de condutas paralelas. Exige-se a associação de no mínimo três pessoas, e não mais quatro, conforme dispunha a lei anterior. Para o reconhecimento desse número são computadas as pessoas que, inimputáveis, não serão responsabilizadas pelo ilícito. Essa interpretação é a que mais condiz com a vontade da lei, que se refere a pessoas e que considera o fato sob aspecto *objetivo*, tornando irrelevante a possibilidade de não ser responsável criminalmente algum dos componentes da associação criminosa. Nesse sentido, a jurisprudência e a doutrina.[6] [21] Não procede, por isso, a opinião firmada em Manzini, de que para a composição do número seriam considerados somente os imputáveis.[22] No caso de haver a participação de criança ou adolescente, o crime é agravado (item 8.3.8).

A impossibilidade de identificação de um dos agentes, que completaria o número mínimo exigido pela lei, não impede o reconhecimento da figura delituosa se houver certeza sobre sua intervenção.[7] [23] Um maior número de agentes não agrava o crime, como em outras legislações, podendo a circunstância ser considerada apenas na fixação da pena.

No crime de associação criminosa pouco importa que os seus componentes não se conheçam reciprocamente, que haja um chefe ou líder, que todos participem de cada ação delituosa ou que cada um desempenhe uma tarefa específica. O que importa verdadeiramente é o propósito deliberado de participação ou contribuição, de forma estável e permanente, para o êxito das ações do grupo.[8]

8.3.4 Sujeito passivo

Sujeito passivo do crime é a coletividade, já que se trata de crime contra a paz pública. A sociedade é presumidamente colocada em perigo pela associação de delinquentes.

8.3.5 Tipo objetivo

O núcleo do tipo é a associação dos sujeitos ativos. Implica a conduta típica, pois, a união, reunião, aliança de três ou mais pessoas.

Essa associação deve ter como finalidade a prática de crimes. Os agentes manifestam o propósito de pôr em execução a prática de delitos. Segundo alguns doutrinadores,

---

21. Assim pensam NORONHA, E. Magalhães. Ob. cit. v. 4, p. 143. HUNGRIA, Nelson. Ob. cit. v. 9, p. 179. FRAGOSO, H. Cláudio. Ob. cit. v. 3, p. 287. JESUS, Damásio E. de. *Direito penal*. São Paulo: Saraiva, 1983. v. 3, p. 413.
22. MANZINI, Vincenzo. Ob. cit. v. 9, § 1.929, p. 169. FARIA, Bento de. Ob. cit. v. 7, p. 14. FÁVERO, Flamínio. Ob. cit. v. 9, p. 236-237.
23. É também a opinião de HUNGRIA, Nelson. Ob. cit. v. 9, p. 179.

exige-se apenas o propósito de cometer vários crimes, ou seja, dois ou mais, ainda que determinados.[24] Argumenta Noronha que "a exigência de delinquir *indeterminadamente* poderia até levar à chocante conclusão da falta de tipicidade da *associação*."[25] Não convence, porém, o argumento do mestre. Evidentemente, requer-se que se instale a associação criminosa antes de decidirem seus componentes quais crimes pretendam executar, ou seja, só depois de constituída a associação resolvam sobre a prática de determinado delito. Reconhece-se que a mera reunião de três ou mais pessoas para a execução de um ou mais crimes não é suficiente para a configuração do delito. Há a necessidade da existência de "um vínculo associativo permanente para fins criminosos, uma predisposição comum de meios para a prática de uma série indeterminada de delitos e uma contínua vinculação entre os associados para a concretização de um programa delinquencial".[9] [26] Associação para a prática de um ou mais crimes determinados não configura o ilícito em tela, mas simples atos preparatórios impuníveis (art. 31) ou, se executados, mera coautoria ou participação criminosa.[10]

Para Hungria, não haverá o crime quando a associação tiver por finalidade a prática de crime continuado.[27] O mesmo reparo pode ser feito quanto a essa afirmação. Havendo, *a priori*, o ajuste apenas para a prática dos crimes concorrentes, há simples coautoria ou participação; se os delitos se sucederem sem terem sido compreendidos no ajuste inicial, pode-se falar em associação criminosa, máxime porque a continuação, nos termos da lei vigente, não passa de ficção legal, composta de vários ilícitos penais praticados nas mesmas condições objetivas.[28] O magistério de Heleno Cláudio Fragoso, que se contrapõe ao de Hungria, é o que deve prevalecer, no sentido de que "não se exclui o delito, se a quadrilha for constituída para a prática de crime continuado, o que é dominante na doutrina".[11] Aliás, como já se tem decidido, crimes autônomos, relativamente à associação criminosa, podem, em tese, configurar forma continuada ou mesmo a habitualidade.[12] Há, porém, decisões em contrário.[13]

O delito exige, como já se observou, não só serem três ou mais os integrantes do grupo, como também apresentar-se a associação criminosa com características de *estabilidade* ou *permanência* com o fim de cometer crimes, uma organização entre seus membros que revele acordo sobre a duradoura atuação em comum.[14] Não há que se confundir "coparticipação", que é uma associação ocasional para cometer um ou mais crimes determinados, com "associação" para delinquir, configuradora do delito em estudo. Para a configuração do crime previsto no art. 288 exige-se essa estabilidade.[15]

A estreita ligação entre os membros de um grupo, com reuniões, contatos reiterados, decisões comuns, preparo de planos etc. prova a existência da associação criminosa. [16] Basta uma organização rudimentar, capaz de levar a cabo o fim visado; não se exige

---

24. Cf. NORONHA, E. Magalhães. Ob. cit. v. 4, p. 461. FÁVERO, Flamínio. Ob. cit. v. 9, p. 288.
25. NORONHA, E. Magalhães. Ob. cit. v. 4, p. 178.
26. Cf. FARIA, Bento de. Ob. cit. v. 7, p. 13.
27. HUNGRIA, Nelson. Ob. cit. v. 9, p. 178.
28. Cf. FRAGOSO, H. Cláudio. Ob. cit. v. 3, p. 288. NORONHA, E. Magalhães. Ob. cit. v. 4, p. 146-147.

nítida divisão de funções, estatutos, hierarquia, ou mesmo contato pessoal dos agentes. A configuração do crime prescinde da existência de uma estrutura ordenada e de prévia divisão de tarefas, que são requisitos para a caracterização da organização criminosa tal como definida pela Lei nº 12.850/2013 (art. 1º, § 1º).

Responde pelo crime aquele que, não participando da execução material de um fato, concorre de alguma forma para a trama ilícita, como no caso de intermediário mercantil para a venda de veículo furtado.[17] Já se exigiu como requisito essencial, também, a publicidade e notoriedade da *societas sceleris*,[18] mas a exigência é descabida diante dos termos legais.[19] Pouco importa também que o agente tenha ou não participado de todas as infrações praticadas pela associação criminosa, uma vez que o crime se consuma pela simples associação e não pelos resultados ou pela simultânea coparticipação dos elementos coligados.[20]

Caracteriza-se o crime quando a associação tem por objetivo a prática de qualquer espécie de crime, independentemente da pena a este cominada. A previsão de pena máxima superior a quatro anos para os crimes que justificam a existência da associação criminosa, por si só, não impede a configuração do delito (item 8.3.10). Se a associação criminosa visa à pratica de crimes hediondos, a pena é de três a seis anos de reclusão (item 8.3.8).

No entanto, como bem diz Noronha, "inconciliável com o bando ou quadrilha é o propósito de praticar crimes *culposos* ou *preterdolosos*, pois nestes há involuntariedade do evento, sendo inconcebível que alguém se proponha a um resultado que não quer".[29] Referindo-se a lei exclusivamente a crime, não há ilícito penal na simples associação para a prática de contravenção[21] e muito menos de outros atos ilícitos ou imorais. Também não se deve reconhecer a existência do crime se a finalidade da associação é lícita, como na associação do Movimento dos Sem Terra (MST), que tem como finalidade pressionar as autoridades para a realização da reforma agrária.[22]

O crime de associação criminosa tem completa autonomia jurídico-penal e, portanto, existência própria, independendo, assim, da condenação dos agentes pela prática de outra infração.[23] Também não desnatura o delito o fato de que em cada ação delituosa praticada tenha ocorrido colaboração eficiente de menos de três pessoas.[24]

Por se tratar de crime permanente, a coisa julgada a respeito da imputação pelo art. 288 incide sobre um só crime constituído por um estado delituoso que persiste e cujo momento consumativo se protrai no tempo, cabendo contra o agente a propositura de uma única ação penal relativa ao crime de associação criminosa.[25] Entretanto, se após o oferecimento da denúncia a respeito do delito persistir a associação criminosa, passa esta a constituir novo crime.[26] O fato imputado em posterior ação penal é outro, pois a primeira imputação refere-se à associação até a data do oferecimento da denúncia, inocorrendo o *bis in idem* na nova imputação.

---

29. NORONHA, E. Magalhães. Ob. cit. v. 4, p. 147.

8.3.6 Tipo subjetivo

O dolo é a vontade do agente de se associar a outros com a finalidade específica de cometer crimes (elemento subjetivo do tipo ou dolo específico). Há, portanto, acordo de vontades, vínculo associativo entre os agentes que se estabelece em função da finalidade delitiva comum, não importando os motivos determinantes que os animam individualmente.

Referia-se a lei, na redação anterior, ao *fim de cometer crimes*. A nova redação não alterou substancialmente o alcance da norma. Ao exigir como elemento subjetivo do tipo o fim *específico* de cometer crimes, pretendeu o legislador somente enfatizar que a finalidade delitiva está na gênese da associação criminosa, o que, na redação original do dispositivo, podia se extrair da menção à associação *em quadrilha ou bando*.

A circunstância de estarem as pessoas associadas em razão de uma outra finalidade que não a prática de crimes é irrelevante para a configuração do delito. No caso de sociedades, empresas ou organizações constituídas, formal ou informalmente, com fins lícitos, embora preexistente um vínculo associativo entre seus integrantes, a associação criminosa somente surgirá com o estabelecimento de um acordo de vontades direcionado especificamente à prática de crimes, por alguns de seus membros ou por meio da entidade que integram. Assim como a existência de uma organização com fins lícitos não afasta a possibilidade de responderem seus integrantes por associação criminosa, não se pode concluir pela existência do delito tão somente porque alguns membros dessa organização praticaram crimes determinados. Exige-se, sempre, a constatação da presença do elemento subjetivo do tipo. É evidente, porém, a ocorrência do delito de associação criminosa no caso de constituição de pessoa jurídica *de fachada*, criada com o intuito de acobertamento de crimes a serem praticados por seus membros.

8.3.7 Consumação e tentativa

Consuma-se o crime previsto no art. 288 com a simples associação de três ou mais pessoas para a prática de crimes, com o que se apresenta já um perigo suficientemente grave para alarmar o público ou conturbar a paz ou tranquilidade de ânimo da convivência civil.[27] É indiferente que o agente venha a aderir à associação depois de formada; para ele a consumação se opera com essa adesão. Não há necessidade, para se ter por consumado o delito, de que o grupo execute ou inicie a execução de algum crime.[28] A desistência do agente, ainda que voluntária, não lhe exclui a responsabilidade.

O crime de associação criminosa é crime coletivo *permanente*, com consumação prolongada no tempo enquanto durar a associação, admitindo por isso prisão em flagrante em qualquer ocasião.[29] Já se exigiu, a nosso ver sem razão, que a prisão atinja a totalidade do grupo ou mesmo a maioria de seus membros, desbaratando-a.[30]

Não há que se falar em tentativa. As meras gestões para persuadir outras pessoas a integrar a associação são apenas atos preparatórios do crime previsto no art. 288.[31]

8.3.8 Aumento de pena

No parágrafo único do art. 288, com a nova redação conferida pela Lei nº 12.850/2013, determina-se o aumento da pena de até metade se a associação é armada ou se houver participação de criança ou adolescente.

A primeira causa de aumento de pena atende à necessidade de mais severa repressão diante da maior potencialidade agressiva da associação criminosa. Para a sua caracterização não é necessário que a arma seja utilizada ou portada ostensivamente; basta a sua posse. O conceito de arma já foi examinado (*Manual de Direito Penal*, v. 2, item 3.1.5). Para Hungria basta que um só dos integrantes da quadrilha esteja munido de arma para que se reconheça a qualificadora.[30] Para Bento de Faria é necessário que a *maioria* esteja armada.[31] Para Fragoso, deve-se reconhecer que o bando é *armado* quando, pela quantidade de membros que portem armas ou pela natureza da arma usada, sejam maiores o perigo e o temor causados pelos malfeitores.[32] Não se poderá deixar de reconhecer a qualificadora, evidentemente, se um dos integrantes da associação possuir metralhadora ou artefatos explosivos... Diante do maior rigor e inflexibilidade da norma anterior, recomendava-se especial cautela no reconhecimento da circunstância. Em sua atual redação, o parágrafo único do art. 288 estabelece margem de discricionariedade na dosagem do aumento da pena, que pode ser elevada em até a metade. O número de membros armados, a quantidade e as espécies de armas bem como suas potencialidades lesivas são critérios que devem nortear o juiz na fixação do acréscimo. Por se constituir em norma penal mais benigna é ela aplicável, retroativamente, aos crimes cometidos antes da vigência da Lei nº 12.850/2013.

A nova causa de aumento de pena prevista no parágrafo único do art. 288 consiste na participação de criança ou adolescente. Justifica-se a exasperação pela necessária proteção do menor contra o seu envolvimento em atividades ilícitas que possam contribuir para a deturpação de seu caráter, corrompendo-o. O Estatuto da Criança e do Adolescente prevê o crime de corrupção de menores no art. 244-B, que tipifica a conduta de corromper ou facilitar a corrupção de menor de 18 anos, com ele praticando infração penal ou induzindo-o a praticá-la, a qual constitui crime formal, nos termos da Súmula 500 do STJ, punido com pena de reclusão de um a quatro anos. No confronto das normas, quem se associa a uma criança ou adolescente, embora com ele pratique uma infração penal, responde nos termos do art. 288, parágrafo único, por ser esta norma especial em relação à contida no ECA, porque dispõe sobre a participação do menor em uma infração penal específica. Deve-se reconhecer a majorante no caso de a criança ou adolescente ser utilizada pelos membros do grupo criminoso para a prática de atos de auxílio ou suporte, como os de servir de mensageiro, providenciar alimentação ou quaisquer outros que se traduzam em formas de colaboração ou par-

---

30. HUNGRIA, Nelson. Ob. cit. v. 9, p. 181. No mesmo sentido, NORONHA, E. Magalhães. Ob. cit. v. 4, p. 150.
31. FÁVERO, Flamínio. Ob. cit. v. 7, p. 14.
32. FRAGOSO, H. Cláudio. Ob. cit. v. 3, p. 290.

ticipação no âmbito da associação criminosa. Na dosagem do acréscimo da pena deve ponderar o juiz circunstâncias do fato como o número de menores associados, suas idades, a natureza de suas participações etc. Tratando-se de norma mais gravosa, a causa de aumento de pena não se aplica aos crimes praticados anteriormente à vigência da Lei nº 12.850/2013, observando-se, porém, que, antes, o fato podia configurar o delito previsto na lei especial.

O art. 8º da Lei nº 8.072/90, que define os crimes hediondos, criou uma figura de crime qualificado, ao dispor: "Será de três a seis anos de reclusão a pena prevista no art. 288 do Código Penal, quando se tratar de crimes hediondos, prática da tortura, tráfico ilícito de entorpecentes e drogas afins ou terrorismo".

Crimes hediondos são os definidos nos termos do art. 1º da citada lei, com as alterações promovidas por diversos diplomas legais (v. *Manual de Direito Penal*, P.G., item 3.6.22)

Assim, se a associação criminosa estiver destinada à prática de crimes referidos no art. 8º da Lei nº 8.072, seus componentes estarão sujeitos a essa pena maior pelo simples fato de terem se associado com tal finalidade.

A Lei nº 12.850/2013 não revogou, expressa ou tacitamente, o art. 8º da Lei nº 8.072/90. As modificações inseridas no art. 288 não cuidam da hipótese prevista no dispositivo contido na lei especial e não guardam com este qualquer antinomia. O reconhecimento da qualificadora prevista na Lei nº 8.072/90 não impede a incidência da majorante prevista no parágrafo único do art. 288. Se a associação criminosa se estabeleceu com o fim de praticar crimes hediondos, a circunstância de ser ela armada ou dela participar um menor determina o aumento de até metade da pena cominada, que, no caso, é de três a seis anos. O STF, aliás, antes da vigência da Lei nº 12.850/2013, já decidira pela coexistência da circunstância prevista no parágrafo único do art. 288 com o disposto no art. 8º da Lei nº 8.072/90, embora reconhecendo que o juiz podia limitar-se a um só aumento, prevalecendo a causa que mais aumente, nos termos do art. 68, parágrafo único, do CP. [32] Já se ponderava, porém, que o art. 8º da Lei nº 8.072/90 não se refere a uma causa de aumento de pena, e sim a uma espécie de qualificadora, com limites de pena especiais, o que afastaria a aplicação do art. 68, parágrafo único, do CP.

8.3.9 Redução de pena

O associado que denunciar à autoridade a associação criminosa, possibilitando seu desmantelamento, terá a pena reduzida de um a dois terços. É o que dispõe o art. 8º, parágrafo único, da Lei nº 8.072/90, conquanto mencionando a anterior denominação legal, quadrilha ou bando. Visível a meta do legislador no sentido de encontrar maiores facilidades para desbaratar as associações criminosas ao acenar com uma redução expressiva da pena, de caráter obrigatório, para aquele que, por iniciativa própria ou quando ouvido pela autoridade, prestar informações que possibilitem esse objetivo. A simples confissão do crime, ainda que com a denúncia dos associados, se não possibilitar o desmantelamento da associação, pode ser considerada apenas como atenuante genérica (arts. 65, III, *d*, e 66 do CP). Também haverá redução da pena de um a dois terços no crime de extorsão mediante sequestro praticado em concurso para o coautor que denunciá-lo à autoridade, facilitando a libertação do sequestrado tal como dispõe o § 4º do art. 159 do CP. De qualquer forma, a má redação da lei torna cabível também a redução da pena ao membro da associação quanto aos crimes nela mencionados e por ele praticados, já que o art. 8º, parágrafo único, da Lei nº 8.072, refere-se não só ao "associado" (componente da associação criminosa), mas também ao "participante" (do crime) que possibilitar o desmantelamento do bando. Como a lei não contém palavras inúteis, o termo "participante" no dispositivo só pode referir-se a quem colaborar na prática da infração praticada pelo bando e não ao crime de associação criminosa. Também é permitida idêntica redução da pena nos crimes previstos nas Lei nᵒˢ 7.492, de 16-6-1986, e 8.137, de 27-12-1990, que tratam de crimes econômicos, quando praticados em associação criminosa ou coautoria, se o coautor ou partícipe, através de confissão espontânea, revelar à autoridade policial ou judicial toda a trama delituosa (arts. 1º e 2º da Lei nº 9.080, de 19-7-1995). São ainda aplicáveis aos delitos decorrentes de associação criminosa as normas contidas na Lei nº 9.807, de 13-7-1999, que preveem benefícios aos agentes colaboradores, entre os quais a redução de pena e o perdão judicial (arts. 13 e 14).

8.3.10 Distinção

O crime descrito no art. 288 tem caráter subsidiário em relação a outros tipos penais, previstos no Código Penal e em leis especiais, que preveem formas específicas de associação criminosa, as quais, em razão de seu maior potencial de lesão à paz pública e a outros bens jurídicos, são mais severamente punidas. Pelo princípio da especialidade, a adequação do fato à norma especial afasta a aplicação do art. 288.

Se a associação assume forma de organização descrita no art. 288-A e é dirigida à prática de crimes previstos no Código Penal, responde o agente pelo crime de constituição de milícia privada (item 8.4.8).

Se a finalidade da associação é a de praticar crimes relacionados com o tráfico de entorpecentes, o delito é o previsto no art. 35 da Lei nº 11.343/2006, que exige não *mais do que dois membros* e para o qual se comina a pena de reclusão de três a dez anos. Esse dispositivo derrogou, tacitamente, com relação ao crime de tráfico de entorpecentes, a pena prevista no art. 8º da Lei nº 8.072/90, de três a seis anos de reclusão. Este diploma, aliás, havia derrogado a pena prevista na anterior Lei de Drogas, que cominava para o delito a mesma prevista na lei vigente.[33]

Se a associação criminosa assume a forma de uma *organização criminosa*, tal como conceituada no art. 1º, § 1º, da Lei nº 12.850, de 2-8-2013, o crime é o descrito no art. 2º do mesmo diploma: "promover, constituir, financiar ou integrar, pessoalmente ou por interposta pessoa, organização criminosa" (item 8.3.12). Ausente algum dos requisitos exigidos na lei especial para a configuração da organização criminosa, aplica-se o art.

288 do CP. Assim, por exemplo, se três é o número de integrantes da organização ou se a pena cominada para as infrações penais visadas é igual ou inferior a quatro anos, respondem os agentes por associação criminosa, exceto, no último caso, se presente o caráter de transnacionalidade, diante da expressa ressalva legal (art. 1º, § 1º, da Lei nº 12.850/2013). Porque o tipo previsto na Lei nº 12.850, de 2-8-2013, descreve, como elemento subjetivo do tipo, o objetivo de obter, direta ou indiretamente, vantagem de qualquer natureza, na sua ausência reconhece-se a associação criminosa. Aqueles que se associam com o objetivo de matar policiais, criminosos, prostitutas, mendigos, por exemplo, não respondem nos termos da lei especial, mas, sim, conforme o caso, por constituição de milícia privada (art. 288-A) ou associação criminosa (art. 288 do CP cc. art. 8º da Lei nº 8.072/90).

A organização associativa para a prática de crimes com fins terroristas, constitui o ilícito descrito no art. 3º da Lei nº 13.260, de 16-3-2016, a associação de mais de três pessoas para a prática do crime de genocídio infringe o art. 2º da Lei nº 2.889, de 1º-10-1956.

Se a associação criminosa tem por finalidade a prática de crimes de *lavagem* ou ocultação de bens, direitos e valores, pode-se configurar o crime definido no art. 1º, § 2º, II, da Lei nº 9.613, de 3-3-1998, alterada pela Lei nº 12.683, de 9-7-2012, punido com pena de reclusão de três a dez anos: "participar de grupo, associação ou escritório tendo conhecimento de que sua atividade principal ou secundária é dirigida à prática de crimes previstos nesta Lei".

8.3.11 Concurso

O crime de associação criminosa é sempre independente daqueles que na *societas delinquentium* vierem a ser praticados, havendo concurso material entre o crime previsto no art. 288 e o praticado por seus integrantes (roubo, homicídio etc.).[34] Por estes últimos, porém, só responderão os membros da associação que para eles concorrem.

Pode um só agente participar de duas associações criminosas, ocorrendo para ele dois crimes, em concurso. Por outro lado, pode um agente, não pertencendo à associação, responder apenas como coautor do crime executado por esta, se para ele de alguma forma colaborou.

Há decisões do STF no sentido de que, sendo o agente punido pelo crime de associação criminosa, não há que se qualificar o crime praticado pelos seus integrantes pelo concurso de agentes (furto, roubo etc.), já que ocorre o *bis in idem*.[35] Por outro lado, tem-se entendido que não há *bis in idem* na qualificação dos crimes de associação criminosa e de roubo pelo emprego de arma, já que são distintos e autônomos.[36] Essa distinção e essa autonomia justificam, a nosso ver, a identificação da qualificadora do concurso de agentes no crime de furto ou roubo.

Reconheceu-se concurso formal de delitos nos crimes de associação criminosa e de gestão temerária de sociedade previsto no art. 3º, IX, da Lei nº 1.521, de 1951.[37]

8.3.12 Organização criminosa

Diversos têm sido os critérios adotados nas leis e em tratados internacionais para a conceituação de organização criminosa (v. *Manual de Direito Penal*, P.G., item 3.6.23). A Lei nº 12.850, de 2-8-2013, definiu organização criminosa como "a associação de 4 (quatro) ou mais pessoas estruturalmente ordenada e caracterizada pela divisão de tarefas, ainda que informalmente, com objetivo de obter, direta ou indiretamente, vantagem de qualquer natureza, mediante a prática de infrações penais cujas penas máximas sejam superiores a 4 (quatro) anos, ou que sejam de caráter transnacional" (art. 1º, § 1º). Adotaram-se os mesmos critérios que já haviam sido estabelecidos pela Lei nº 12.694, de 24-7-2012, com duas alterações, porque exigido o número mínimo de quatro integrantes e que a pena máxima cominada seja superior a quatro anos, diferentemente do conceito anterior, que previa o mínimo de três associados e pena máxima igual ou superior a quatro anos. No art. 2º a nova lei tipificou a conduta de "promover, constituir, financiar ou integrar, pessoalmente ou por interposta pessoa, organização criminosa", punida com reclusão de três a oito anos e multa, expressamente ressalvada a cumulatividade das penas respectivas às infrações penais praticadas pela organização. Nos §§ 2º a 4º estão descritas diversas causas de aumento de pena: o emprego de arma de fogo, o exercício do comando da organização, a participação de criança ou adolescente, o concurso de funcionário público, a destinação ao exterior do produto ou proveito da infração, a conexão com outras organizações criminosas e a transnacionalidade da organização. Dispondo sobre a apuração dos crimes decorrentes de organização criminosa, a nova lei disciplina meios de obtenção de prova admissíveis, como a colaboração premiada, a ação controlada, a infiltração de agentes policiais, inclusive na *internet*, o acesso a registros de comunicações telefônicas e telemáticas e a interceptação destas e a quebra de sigilo financeiro, bancário e fiscal, além de definir crimes relacionados com a interferência ilícita nas investigações (arts. 2º, § 1º, e 18 a 21). É prevista, também, a possibilidade de concessão de diversos benefícios ao agente colaborador como a faculdade de abster-se o Ministério Público de oferecer denúncia, a redução de pena, a substituição de pena privativa de liberdade por restritiva de direitos, o perdão judicial e a progressão de regime ainda na ausência dos requisitos legais. Algumas dessas normas, relativas aos meios investigativos e aos favores ao agente colaborador, já eram previstas na Lei nº 9.034/95 e aplicáveis à apuração do crime de *quadrilha ou bando* e dos delitos por esta praticados. Ao revogar esse diploma, a lei nova não previu a aplicabilidade de suas normas aos delitos decorrentes de *associação criminosa*.

Discute-se se a Lei nº 12.850/2013 revogou o conceito de organização criminosa contido no art. 2º da Lei nº 12.694, de 24-7-2012 modificada pela Lei nº 13.964, de 24-12-2019, que disciplina a possibilidade de formação de juízo colegiado de primeiro grau, ou dos Tribunais em segundo grau, para a prática de qualquer ato processual, como a decretação da prisão preventiva, a sentença, o julgamento de pedidos de progressão de regime, livramento condicional, inclusão no regime disciplinar diferenciado etc. Embora a Lei nº 12.694/2012 expressamente estabeleça a aplicabilidade do conceito "para os efeitos desta lei", a ressalva somente se justificava em face da inexistência de anterior conceito legal, havendo que se reconhecer a sua revogação pela nova definição formulada na Lei nº 12.850/2013.

Conforme já assinalamos no estudo da Parte Geral, a Lei nº 13.964, de 24-12-2019, que introduziu modificações na Lei nº 12.850/2013, disciplinando pormenorizadamente a celebração do acordo de colaboração premiada, que pode ser firmado entre o colaborador e o Ministério Público ou a autoridade policial, no curso do inquérito ou do processo, bem como suas consequências e possibilidade de revogação. Para os integrantes das organizações criminosas (arts. 3º-A a 3º-C, arts. 4º, §§ 4º, 7º, 7º-A e B, 8º, 10-A, 13, 16, art. 5º, VI, art. 7º, § 3º) a mesma Lei prevê, também, que o condenado expressamente em sentença por integrar organização criminosa ou por crime praticado por meio de organização criminosa não poderá progredir de regime de cumprimento de pena ou obter livramento condicional ou outros benefícios prisionais se houver elementos probatórios que indiquem a manutenção do vínculo associativo (art. 2º, § 9). Prevê-se ainda, que as lideranças de organizações criminosas armadas ou que tenham armas à disposição deverão iniciar o cumprimento da pena em estabelecimentos penais de segurança máxima (art. 2º, § 8º).

Por força dos arts. 16 e 19 da Lei nº 13.260, de 16-3-2016, e nos termos da redação conferida ao art. 1º, § 2º, inciso II, da Lei nº 12.850/2013, aplica-se esse diploma também à investigação, processo e julgamento dos crimes de terrorismo.

8.4 CONSTITUIÇÃO DE MILÍCIA PRIVADA

8.4.1 Conceito

No art. 288-A, acrescentado pela Lei nº 12.720, de 27-9-2012, define-se o crime de constituição de milícia privada: "Constituir, organizar, integrar, manter ou custear organização paramilitar, milícia particular, grupo ou esquadrão com a finalidade de praticar qualquer dos crimes previstos neste Código: Pena – reclusão, de 4 (quatro) a 8 (oito) anos."

8.4.2 Objetividade jurídica

O bem jurídico tutelado no crime de constituição de milícia privada é a paz pública, a exemplo do crime de associação criminosa. Prevê a lei sanções mais severas para formas específicas de associação para a prática de crimes que são mencionadas no dispositivo.

8.4.3 Sujeito ativo

Qualquer pessoa pode praticar o crime de constituição de milícia privada, por não exigir a lei qualquer capacidade especial do sujeito ativo. O militar também pode praticar o crime, porque, ao incriminar a milícia *privada*, refere-se a lei ao caráter extraoficial da organização, que é constituída à margem das instituições e órgãos públicos, e não à qualidade de seus integrantes. Trata-se de crime plurissubjetivo ou de concurso necessário. Independentemente da ação típica praticada, a configuração do crime depende da constituição de uma organização para a qual é imprescindível o concurso de outras pessoas. A lei não explicita o número mínimo de pessoas exigido para a caracterização da organização. Não se configura, evidentemente, o delito na mera associação de duas pessoas, porque ausente nessa hipótese o requisito da coletividade ou pluralidade imprescindível para a existência de um "grupo" ou uma "organização". Entendemos que, para a configuração do crime descrito no art. 288-A, na ausência de previsão expressa, é exigível o concurso de no mínimo três pessoas, suficiente para a satisfação do requisito da pluralidade. O critério, aliás, é o que tem sido hodiernamente adotado na conceituação de organizações criminosas em geral, como por exemplo pela Convenção das Nações Unidas contra o Crime Organizado Transnacional (art. 2º), e o que prevaleceu na nova redação conferida ao art. 288. Não se justifica a adoção do número mínimo de quatro pessoas, exigido para a configuração de organização criminosa (art. 1º, § 1º, da Lei nº 12.850/2013), porque a milícia privada não é forma específica desse tipo de organização, sendo ambas espécies do gênero associação criminosa.

Assim como ocorre no crime de associação criminosa, é irrelevante para a constituição desse número que um dos integrantes não seja penalmente responsável, como na hipótese de inimputabilidade, ou que não tenha sido ele identificado, embora certa a sua participação na organização.

8.4.4 Sujeito passivo

Sujeito passivo do crime de constituição de milícia privada é a coletividade, por ser a paz pública o bem jurídico tutelado no dispositivo.

8.4.5 Tipo objetivo

O primeiro núcleo verbal é *constituir* que, no tipo penal, tem acepção de dar existência, criar, formar ou o de reunir-se com outros para instituir ou dar início à organização criminosa. *Organizar* é formar, conferir ordem ou estruturar, no caso um grupo de pessoas, de forma adequada para atingir uma finalidade específica, que, no tipo, é a da prática de crimes previstos no Código Penal. *Integrar* é compor, ser parte de um todo, ser membro da organização. *Manter* é sustentar, conservar, prover, fazer com que continue a existir a organização criminosa. *Custear* é financiar, prover ou pagar as despesas ou gastos relacionados com a formação ou a atuação da mesma organização. Trata-se de tipo misto alternativo e, portanto, a prática de uma ou diversas ações típicas configura crime único.

As organizações criminosas mencionadas no dispositivo são a paramilitar, a milícia particular, o grupo e o esquadrão. A inexistência de definições legais e de sentidos unívocos e consagrados dos termos utilizados pelo legislador certamente propiciará sérias controvérsias a respeito de seus alcances. Aos grupos ou organizações de caráter paramilitar refere-se a Constituição Federal para expressamente vedar a sua constituição como exceção à garantia da liberdade de associação (arts. 5º, XVII, e 17, § 4º). Organizações militares, também nos termos da Constituição Federal, são as Forças Armadas, as Polícias Militares e os Corpos de Bombeiros Militares. Por organizações paramilitares devem ser entendidas as que se constituem à margem do quadro normativo em que se inserem as forças regulares do Estado, mas que se estruturam à sua semelhança e se utilizam de estratégias, táticas ou técnicas militares para a consecução de seu ideário ou objetivos. São, portanto, organizações não oficiais, cuja constituição é em si mesma ilícita, independentemente de sua finalidade, porque expressamente vedada pela Constituição Federal. Para a configuração do delito descrito no art. 288-A exige-se, porém, não somente a presença de algumas características típicas das organizações militares, como a hierarquia e a disciplina, a adoção de táticas de operação militares, o emprego de armas e outros meios coativos para a realização de seus fins, mas, também, que entre estes se inclua o da prática de crimes previstos no Código Penal.

O termo *milícias* comporta diferentes significados, designando, em suas acepções tradicionais, agrupamentos militares ou tropas auxiliares do exército e, mais especificamente, as polícias militares dos estados. Mais modernamente, o termo tem sido utilizado na designação de associações de pessoas, frequentemente armadas, que se constituem à margem da legalidade, normalmente em locais onde é incipiente a atuação do Poder Público, e que se valem de meios coativos e da prática de infrações penais, como homicídios, extorsões etc., para a satisfação de interesses próprios, muitas vezes sob o pretexto de suprir a omissão do Estado no desempenho de suas competências regulares, como nos casos de "venda" de proteção a comerciantes, promessa de segurança aos moradores, punição ou execução de outros criminosos, fornecimento de serviços etc. No tipo penal em estudo, referindo-se a lei às milícias *particulares*, evidencia-se que se trata, tal como as organizações paramilitares, de associações não oficiais, que se constituem em paralelo a instituições e órgãos públicos e que podem ser integradas, indiferentemente, por civis ou militares. Como a origem do termo indica, as milícias também possuem em sua forma de estruturação ou atuação algumas características próprias das organizações militares.

Às milícias refere-se o Código Penal também no art. 121, § 6º, introduzido pela Lei nº 12.720, de 27-9-2012, que prevê como causa de aumento de pena (de um terço a metade) para o homicídio a circunstância de ser praticado por milícia privada, sob o pretexto de prestação de serviço de segurança. Menciona-se, ainda, na lei o *esquadrão*, termo que também tem em sua origem conotação militar e que foi amplamente difundido por ocasião da apuração das atividades do denominado "esquadrão da morte", associação constituída em termos militares com o objetivo declarado de executar pessoas consideradas marginais por seus integrantes. Por fim, reporta-se o dispositivo ao *grupo*, termo vago, que designa um conjunto de pessoas reunidas para uma finalidade comum. Ao grupo alude o Código Penal ao mencionar o "grupo de extermínio" na nova causa de aumento de pena prevista para o homicídio (art. 121, § 6º). A necessária delimitação da abrangência do termo, inclusive para distinção em relação ao crime de associação criminosa, autoriza que, por similitude às demais formas de associação previstas no dispositivo, somente se reconheça o grupo mencionado no art. 288-A quando estruturado este, igualmente, em moldes militares.

Entendemos, portanto, que, para a existência do ilícito, em todas as formas de associação previstas no dispositivo, é indispensável a associação de no mínimo três pessoas na constituição de uma organização com caráter estável ou permanente, estruturada, ainda que de forma rudimentar, para atuar em moldes que, com maior ou menor intensidade, guardam semelhanças com os adotados pelas organizações militares e que, independentemente da existência de um ideário coletivo, dos motivos que animam os seus integrantes e dos pretextos de que se valham para justificar suas atividades, inclua entre seus fins o da prática de crimes previstos no Código Penal.

Não se configura o crime, tal como se verifica no de associação criminosa, na associação meramente ocasional para a execução de um ou mais delitos determinados, caso em que haverá simples coautoria ou coparticipação nos ilícitos que forem praticados. É necessário que a organização tenha sido criada com o caráter de estabilidade ou permanência, ou seja, que tenha sido constituída com a finalidade da prática de crimes indeterminados mediante uma duradoura atuação de seus membros. Tratando-se de crime distinto e autônomo, pune-se o agente pelo crime de constituição de milícia privada independentemente de sua condenação pelos crimes para os quais tenha concorrido no âmbito da atuação da organização. Essas mesmas características justificam também a aplicação da qualificadora de concurso de agentes prevista para o crime praticado, como no furto e no roubo, sem que se possa alegar, em contrário, a ocorrência de *bis in idem*.

Por inexplicável restrição estabelecida no próprio dispositivo, somente se configura o tipo em exame se a organização tem por finalidade a prática de crimes previstos no Código Penal. Não se aplica, assim, o art. 288-A, ainda que presentes as demais elementares, se a organização é constituída para a prática de crimes descritos em leis penais especiais, como os de tráfico de entorpecentes, contra o sistema financeiro nacional, de lavagem de dinheiro etc. Nessas hipóteses, responderá o agente, eventualmente, pelo tipo penal específico e, na ausência, pelo de associação criminosa. Somente é possível a constituição de milícia privada que tenha por finalidade a prática de crimes dolosos, porque inconciliável a figura típica com os crimes culposos, nos quais o resultado é involuntário, tal como ocorre no crime de associação criminosa.

O art. 288-A não estabelece distinção quanto à natureza comum ou hedionda dos crimes previstos no Código Penal que os integrantes da associação criminosa visam praticar, mas é cabível ao juiz a ponderação da espécie delitiva na dosagem da pena.

8.4.6 Tipo subjetivo

O dolo é a vontade de praticar uma das ações típicas descritas no dispositivo (constituir, organizar, integrar, manter ou custear) dirigidas à formação ou manutenção de uma das formas de organização nela previstas, exigindo-se, ainda, como elemento subjetivo do tipo ou dolo específico, a finalidade de praticar crimes descritos no Código Penal.

8.4.7 Consumação e tentativa

A consumação do delito ocorre com a prática de uma das ações típicas descritas no art. 288-A. É certo que para a configuração do ilícito exige-se que a milícia privada tenha sido constituída com o caráter de estabilidade ou permanência, ou seja, que o vínculo associativo contemple um acordo para uma atuação duradoura, uma predisposição comum para a prática por seus membros de um número indeterminado de delitos ao longo do tempo, o que, de forma geral, caracteriza diferentes espécies de organizações criminosas (item 8.4.5). Essa exigência, no entanto, não implica a necessidade de que a organização efetivamente perdure por tempo considerável. Não depende também a consumação, em qualquer das modalidades de conduta, da execução ou início de execução de qualquer infração penal pelos membros da organização. Com relação às condutas de constituir e organizar, consuma-se o crime com a efetiva criação ou estruturação da milícia. A conduta de integrar se aperfeiçoa com a adesão do agente à organização criminosa, da qual passa a ser membro, tal como se verifica no crime de associação criminosa. A manutenção da milícia privada se perfaz com a prática de atos quaisquer tendentes à conservação de sua existência. Em sua última forma, consuma-se o crime com efetivo aporte econômico ou financeiro para a organização criminosa, não se exigindo a prática reiterada ou habitual de atos de tal natureza.

A tentativa é impossível ou de difícil caracterização nas três primeiras formas de conduta, porque, em regra, as práticas anteriores, como convites, tratativas, reuniões prévias etc., configuram meros atos preparatórios. O mesmo se pode afirmar com relação à conduta de manter, por indicar esta a prática de atos habituais. A tentativa, porém, é perfeitamente admissível quando a ação é a de custear. Configura-se o *conatus* nesta última hipótese, por exemplo, se, promovida pelo agente a transferência de recursos para a organização, é ela obstada pela intervenção policial ou pela ação controladora dos órgãos que compõem o sistema financeiro.

8.4.8 Distinção

A principal distinção entre o crime de constituição de milícia privada e o de associação criminosa reside nas formas de estruturação e atuação dessas organizações criminosas, as quais, na milícia privada, devem guardar semelhanças com as que caracterizam as forças regulares do Estado. Diferenciam-se, também, esses delitos com relação aos crimes que se objetiva praticar com a sua formação, que, no caso de milícia privada, devem estar descritos no Código Penal. Tratando-se de milícia privada constituída para a prática de crimes hediondos previstos no Código Penal, como o homicídio qualificado, o princípio da especialidade determina a prevalência do art. 288-A sobre o art. 288 cc. o art. 8º da Lei nº 8.072, de 25-7-1990.

Entre os crimes de milícia privada e de organização criminosa (art. 2º da Lei nº 12.850/2013), as principais distinções residem no número mínimo de integrantes e nos moldes de estruturação dessas organizações, bem como nos crimes por elas visados e na desnecessidade, no primeiro caso, do intuito de obter vantagem de qualquer natureza.

A associação criminosa voltada à prática de crimes relacionados com o tráfico de entorpecentes e o custeio dessas atividades ilícitas são crimes previstos na lei especial (arts. 35 e 36 da Lei nº 11.343/2006). A associação de mais de três pessoas para a prática de genocídio é crime descrito no art. 2º da Lei nº 2.889, de 1º-10-1956. Promover, constituir, integrar ou prestar auxílio a organização terrorista é crime previsto na Lei nº 13.260, de 16-3-2016 (art. 3º).

8.4.9 Concurso

A constituição de milícia privada é crime autônomo e, assim, o agente que integra a organização e que no âmbito de sua atuação pratica uma infração penal responde por ambos os delitos em concurso material. Não pode ser responsabilizado, porém, o integrante da organização por crime executado por outros membros se para este não concorreu por qualquer forma. Se o integrante da milícia possui ou porta ilegalmente arma de fogo, há concurso material entre o crime descrito no Estatuto do Desarmamento e o descrito no art. 288-A. A circunstância não é prevista no dispositivo como elementar do tipo ou qualificadora.

8.4.10 Disposições especiais

A Lei nº 13.964, de 24-12-2019, que introduziu diversas modificações no Código Penal, no Código de Processo Penal e na Lei de Execuções Penais, estabeleceu regras especiais mais rigorosas na disciplina do crime de constituição de milícia privada. Nesse sentido, no Código Penal prevê-se, a exemplo do que ocorre na hipótese de organizações criminosas, que os instrumentos utilizados por milícias para a prática de crimes, devem ser eles declarados perdidos, independentemente de, por sua natureza, representarem ou não risco à segurança pública, moral ou ordem pública ou oferecerem ou não sério risco de utilização para o cometimento de novos crimes (art. 91-A, § 5º) (*Manual de Direito Penal*, P. G., item 8.2.4).

No Código de Processo Penal determina-se que por ocasião da realização da audiência de custódia após a prisão em flagrante, deverá o juiz denegar a liberdade provisória, com ou sem medidas cautelares, se verificar que o agente integra uma organização criminosa armada ou milícia (310, § 2º, do CPP).

Disposições mais restritivas foram inseridas também na Lei de Execução Penal. Para o condenado pelo crime de milícia privada, a progressão de regime depende do cumprimento de metade da pena imposta (art. 112, VI, *c*, da LEP). Autoriza-se a imposição ao condenado ou preso provisório do regime disciplinar diferenciado cautelar (RDD cautelar)[33] independentemente da prática ou não de falta disciplinar grave, na hipótese da existência de fundadas suspeitas de envolvimento do preso em organização criminosa, associação criminosa ou milícia privada. Nesse caso, admite-se, também a prorrogação do regime disciplinar diferenciado por períodos sucessivos de um ano, se subsistente o vínculo criminoso, e a necessidade de recolhimento do preso a estabelecimento prisional federal, no caso de exercer ele papel de liderança na milícia privada ou de atuar esta em mais de um estado da Federação.

---

33. *Execução penal.* 17. ed. São Paulo: Foco, 2024, item 52.2.

PARTE IV
DOS CRIMES CONTRA A FÉ PÚBLICA

9

DA MOEDA FALSA

9.1 MOEDA FALSA

9.1.1 Generalidades

No Título X, o Código prevê os crimes contra a fé pública. Indiscutível, na vida moderna, a necessidade do homem em acreditar na veracidade de certos atos, documentos, sinais etc., que fazem parte das suas múltiplas relações diárias. A fé pública é, pois, uma realidade, um interesse que a lei protege, independentemente da tutela aos interesses pessoais. Essa crença na veracidade de certos institutos ou formas de vida social é violada nos crimes de *falso*. A fé pública constitui, portanto, o bem jurídico tutelado pelos dispositivos penais a serem agora examinados, embora, simultaneamente, possa o crime lesar interesses particulares (econômicos, sociais, do próprio Estado como Administração etc.).

Do Título X constam vários capítulos: I – Da moeda falsa; II – Da falsidade de títulos e outros papéis públicos; III – Da falsidade documental; IV – De outras falsidades; V – Das fraudes em certames de interesse público.

No Capítulo I, estão agrupados os crimes de moeda falsa (art. 289), crimes assimilados ao de moeda falsa (art. 290), petrechos para falsificação de moeda (art. 291) e emissão de título ao portador sem permissão legal (art. 292).

9.1.2 Conceito

A moeda, segundo a definição dos economistas, é a medida comum dos valores (como o metro, o grama e o litro o são das quantidades) e o instrumento ou meio de escambo. É o valorímetro dos bens econômicos, o denominador comum a que se reduz o valor das coisas úteis.[1] A sua falsificação é o primeiro fato incriminado no Capítulo I, pelo art. 289, cuja rubrica é *moeda falsa*: "Falsificar, fabricando-a ou alterando-a, moeda metálica ou papel-moeda de curso legal no País ou no estrangeiro: Pena – reclusão, de três a doze anos, e multa." Nos §§ 1º a 4º estão previstos outros tipos penais, todos relacionados à falsificação e circulação de moeda falsa.

---

1. O conceito é de HUNGRIA, Nelson. *Comentários ao Código Penal*. 5. ed. Rio de Janeiro: Forense, 1958. v. 9, p. 202-203.

9.1.3 Objetividade jurídica

Tutela-se com o art. 289 a fé pública, no que diz respeito especificamente à moeda. O crime em estudo atenta não só contra o interesse individual, que é a confiança na autenticidade da moeda, símbolo de valor estabelecido pelo Estado, como também contra este, por lhe pertencer o direito de sua cunhagem e emissão.

Trata-se de crime de perigo, bastando para a sua caracterização a potencialidade da ofensa à fé pública. É crime formal, portanto, por não exigir o evento naturalístico, de dano ou de perigo.

9.1.4 Sujeitos do delito

Sujeito ativo do crime é qualquer pessoa que pratique a conduta típica, falsificando a moeda. Sujeito passivo é a coletividade, já que se lesa, ao menos potencialmente, a fé pública. É sujeito passivo secundário quem sofre eventual lesão decorrente da conduta típica, inclusive o próprio Estado, como Administração.

9.1.5 Tipo objetivo

O núcleo do tipo é *falsificar* moeda, ou seja, imitar, fazer passar por autêntica moeda que não o é. Prevê a lei duas espécies de falsificação.

A primeira é a *fabricação*, a contrafação, a formação total da moeda. O agente cria, forma, imprime, cunha, manufatura a moeda metálica ou papel moeda. A segunda é a *alteração*. O agente, tendo moeda verdadeira, a modifica para que passe a representar um valor maior que o real. Pode consegui-lo com a modificação ou acréscimo de algarismo, com a redução da parte do metal que a constitui etc. Para haver alteração que configure o ilícito é necessário que haja uma fraude, uma lesão à fé pública, e, potencialmente, um prejuízo para qualquer pessoa. Não configura o crime, portanto, o fato de apagar ou modificar emblemas ou sinais impressos na moeda ou papel-moeda, desde que não resulte aparência de maior valor ou o de modificá-la para acrescer o seu valor intrínseco, ou de substituir, seja na moeda metálica, seja no papel-moeda, letras ou números, para *diminuir* o respectivo valor nominal.[2]

É indispensável para a caracterização do delito, como em todo crime de falso, a *imitatio veri*, ou seja, que o produto fabricado ou alterado apresente semelhança ao verdadeiro, podendo ser confundido com o autêntico ou genuíno. Não se exige que a falsificação seja perfeita, de modo que apenas um exame acurado por especialista possa identificá-la.[1] A simples imperfeição da cédula ou moeda falsificada não desfigura o

---

2. Os exemplos são de HUNGRIA, Nelson. Ob. cit. v. 9, p. 208. No mesmo sentido, FRAGOSO, P. Cláudio. *Lições de direito penal*. 3. ed. Rio de Janeiro: Forense, 1981. v. 3, p. 304. NORONHA, E. Magalhães. *Direito penal*. 15. ed. São Paulo: Saraiva, 1978. v. 4, p. 163-164. Contra: BALDESSARINI, Francisco de Paula. *Tratado de direito penal*. Rio de Janeiro: Livraria Jacinto, 1943. v. 9, p. 173.

crime, bastando que apresente os caracteres específicos exteriores da autêntica, tendo assim a idoneidade de induzir a engano um número indeterminado de pessoas.[2] A imitação grosseira, rudimentar, perceptível *ictu oculi*, em que a moeda se apresenta despida de características capazes de ilaquear a boa-fé das pessoas, não constitui o crime de moeda falsa. A respeito, a Súmula 73 do STJ: "A utilização de papel-moeda grosseiramente falsificado configura, em tese, o crime de estelionato, da competência da Justiça Estadual." No caso, pode haver tentativa de estelionato ou este crime consumado.[3] Por isso é compreensível a falsificação de moeda inexistente, e a apresentação de uma "cédula" dessa espécie poderá constituir meio para a prática de um outro delito.

Necessária à relevância jurídica da falsidade, a possibilidade de dano decorrente da falsificação, não se punindo o falso inócuo, que não envolve qualquer dano ou perigo.

Vários são os meios para a fabricação e a alteração. Ensina Noronha: "Na primeira se apontam a cunhagem, a fusão, a galvanoplastia, para a moeda metálica, ou a litografia, fotografia e tipografia para o papel-moeda." [3] E o mesmo autor afirma ainda: "A alteração ocorre por meio de raspagem, serradura, tosquia, coloração etc., ou substituição de números e dizeres, máxime no papel-moeda." [4]

Discute-se se a conduta de apor números e letras recortados de cédulas verdadeiras sobre outras, de modo que estas aparentem valor superior, constitui o crime em estudo ou o previsto no art. 290, que trata da formação de cédula. Impecável é a exposição do mestre Hungria: "O artigo 289 cuida da 'contrafação' ou 'alteração' da moeda (moeda metálica ou papel-moeda). *Contrafação* é a fabricação ou forjadura *ex integro* da moeda ilegítima; *alteração* é qualquer modificação da moeda genuína ou autêntica, a fim de lhe atribuir, na aparência, maior valor. Outras, bem diversas, são as hipóteses do artigo 290, entre as quais a de *formação* de exemplar de papel-moeda com fragmentos (restos, resíduos) de outros exemplares da mesma importância e emissão, e a de *supressão, em exemplares de papel-moeda já recolhidos*, de sinal indicativo de sua inutilização (com o fim de restituí-los à circulação). Na primeira hipótese, não há falar em *alteração*: tomam-se fragmentos de cédulas verdadeiras, mas já sem valia, e torna-se uma cédula aparentemente original." [5] Na jurisprudência prevalece, indiscutivelmente, essa tese, reconhecendo-se no caso o crime previsto no art. 289.[4]

O objeto material do crime em apreço é a moeda metálica ou o papel-moeda. A primeira é representada por discos metálicos de matérias diversas e a segunda por cédulas, ambas representando dinheiro como meio válido de pagamento pelo valor estabelecido pelo Estado.

Tutela-se não só a moeda nacional, como a moeda estrangeira, desde que tenham curso legal, respectivamente, no país ou fora dele. A inclusão da moeda estrangeira na tutela penal deriva da adesão do Brasil à Convenção de Genebra, de 1929, punindo-se o

---

3. NORONHA, E. Magalhães. Ob. cit. v. 4, p. 164-165.
4. NORONHA, E. Magalhães. Ob. cit. v. 4, p. 165.
5. HUNGRIA, Nelson. Ob. cit. v. 9, p. 211.

crime ainda que ocorra fora do território brasileiro (art. 7º, I, *b*). Indispensável que a moeda tenha *curso legal* no país ou estrangeiro, ou seja, que não possa ser recusada como meio de pagamento. A recusa em recebê-la, no Brasil, constitui contravenção (art. 43 da LCP). Não estão sob a tutela penal, portanto, a chamada moeda *convencional* ou *mercantil*, aceita como meio de pagamento apenas por convenção ou uso, e não por imposição legal, e a que foi retirada definitivamente de circulação. A falsificação destas poderá constituir o crime de estelionato. O uso, como propaganda, de impresso ou objeto que pessoa inexperiente ou rústica possa confundir com moeda é também fato contravencional (art. 44 da LCP).

Tratando-se de crime que deixa vestígios, o exame pericial é indispensável ao processo,[5] embora já se tenha dispensado a perícia para a verificação do fato quando demonstrada a adulteração pela simples inspeção ocular.[6]

9.1.6   Tipo subjetivo

O dolo é a vontade de falsificar a moeda por meio de contrafação ou alteração. Não exige a lei qualquer finalidade específica da conduta, mesmo a de colocar a moeda em circulação. Para a concretização do tipo basta a consciência da ilicitude da conduta e o perigo de dano. Explica Hungria: "Assim, o dolo será excluído se a formação ou alteração da moeda for feita apenas *jocandi animo*, ou *demonstrandi causa*, para fim artístico ou de coleção, ou para servir à mera encenação no sentido de inculcar solvência ou abastança (neste último caso, poderá ocorrer, eventualmente, estelionato), ou, no caso de alteração de moeda metálica, para utilizar o respectivo metal, deixando a moeda de ser tal." [6] Indiferente, porém, os motivos da conduta, não se excluindo o dolo ainda que a moeda seja destinada a uma causa nobre.

9.1.7   Consumação e tentativa

Consuma-se o crime com a fabricação ou alteração, ainda que apenas de uma moeda, desde que tenha ela idoneidade para iludir. A falsificação de inúmeras moedas, no mesmo contexto, configura crime único e não concurso formal.[7]

O crime de moeda falsa é plurissubsistente, nada impedindo a tentativa,[8] embora já se tenha decidido o contrário.[9] [7] A simples posse de petrechos para falsificação de moeda, aliás, já constitui ilícito penal (art. 291).

9.1.8   Crimes subsequentes à falsificação

Nos termos do § 1º do art. 289, nas mesmas penas cominadas para o crime previsto no *caput* "incorre quem, por conta própria ou alheia, importa ou exporta, adquire, vende, troca, cede, empresta, guarda ou introduz na circulação moeda falsa".

---

6. Ibidem, p. 216.
7. Pela possibilidade de tentativa: HUNGRIA, Nelson. Ob. cit. v. 9, p. 215. FRAGOSO, H. Cláudio. Ob. cit., v. 3, p. 305. FARIA, Bento de. *Código penal brasileiro.* 2. ed., Rio de Janeiro: Record. 1959. v. 7, p. 28. NORONHA, F. Magalhães. Ob. cit. v. 4, p. 168.

Importar é introduzir no país, trazer. *Exportar* é remeter, levar do país para o exterior. *Adquirir* é obter por qualquer forma (onerosa ou gratuita), inclusive de modo ilícito. *Vender* é transferir a propriedade mediante pagamento. *Trocar* é transferir para outrem em troca de outra coisa, é a permuta, o escambo. *Ceder* é entregar, doar, transferir. *Emprestar* é entregar a outrem para receber posteriormente idêntica quantidade e espécie. *Guardar* é ter consigo ou a sua disposição. Não será ilegítima a guarda de cédula ou moeda falsificada para certificar-se da falsidade e outras semelhantes, pelo confronto, por ocasião de trocos ou pagamentos, como ocorre com caixas de banco ou estabelecimentos da mesma natureza.[8] Já se decidiu, por outro lado, que comete o crime quem é encontrado com cédulas, primitivamente autênticas, despidas de assinaturas por processo químico e destinadas ao fabrico de outras falsas.[10] Tal fato, porém, configura o crime previsto no art. 290 (item 9.2.4). *Introduzir na circulação* é fazer circular, é passar o dinheiro falso como legítimo. Pode-se fazê-lo usando a moeda como instrumento de valor ou meio de troca ou por qualquer outro meio: deixado em "caixa de esmolas", abandonado em lugar público etc.

Deu-se como comprovado o crime em estudo nos casos em que o agente não explicou, verossimilmente, a aquisição da moeda falsa[11] ou foram apreendidas notas falsas em avultada quantia.[12]

Não importa qual a motivação da conduta, caracterizando-se o crime ainda que não obtenha o agente benefício algum. Não exclui a responsabilidade a alegação de que a importação, a exportação, a aquisição, a venda etc. foram realizadas para outra pessoa. A lei incrimina o fato ao mencionar que a ação pode ser praticada "por conta própria ou alheia". O fato, aliás, configuraria coautoria ainda que a lei silenciasse a esse respeito.

Tratando-se de tipo de conduta múltipla alternativa, o agente responde por crime único ainda que pratique várias das ações incriminadas no art. 289. A introdução de moeda falsa na circulação só constitui crime autônomo quando realizada por quem não foi o autor da falsificação. Se é o próprio falsificador quem faz uso da moeda falsa, o crime é um só, devendo o seu autor responder somente pela falsificação.[13] Por outro lado, configura-se o crime de introdução de moeda falsa na circulação quando não provado que ele próprio praticou a adulteração.[14]

É também indispensável a *imitatio veri*, ou seja, que a moeda apresente semelhança com a autêntica. Sendo a falsificação grosseira, perceptível às pessoas comuns, pode ocorrer o estelionato se o agente obtiver vantagem ilícita.

O dolo é a vontade de praticar uma das condutas incriminadas, exigindo-se que o agente tenha ciência de que se trata de moeda falsa.[15] A dúvida a esse respeito configura o dolo eventual. A consumação ocorre com a simples conduta, independentemente de dano efetivo. Na modalidade de *guardar*, o crime é permanente, permitindo a autuação em flagrante durante o tempo em que o agente tem consigo, a sua disposição, a moeda

---

8. O exemplo é de FARIA, Bento de. Ob. cit. v. 7, p. 22.

falsa.[16] A tentativa é possível, já se tendo decidido que, não consumada a entrega da moeda falsa, sua introdução em circulação constitui tentativa.[17] É possível o concurso formal com o crime de estelionato e a continuidade delitiva.[18]

9.1.9   Crime privilegiado

O § 2º do art. 289 prevê uma modalidade privilegiada do crime: "Quem, tendo recebido de boa-fé, como verdadeira, moeda falsa ou alterada, a restitui à circulação, depois de conhecer a falsidade, é punido com detenção, de seis meses a dois anos, e multa."

A mitigação da pena deve-se, evidentemente, à circunstância de estar o agente tentando evitar prejuízo e não a obtenção de lucro ilícito. Para a concretização da forma privilegiada é indispensável que o agente tenha recebido a moeda falsa de boa-fé. Quando a origem é, para o agente, ilícita (furto, roubo etc.), ocorre o crime mais grave, previsto no § 1º.

O dolo é a vontade de restituir à circulação a moeda falsa que recebeu de boa-fé. A afirmação de que se trata de dolo *subsequente* não é apropriada. O elemento subjetivo só pode ser contemporâneo à conduta, embora posterior ao recebimento de boa-fé. O conhecimento da falsidade posterior à transferência pelo agente não integra o delito. Não comete o crime, portanto, aquele que se recusa a receber de volta a moeda que entregou de boa-fé ou de indenizar aquele que a recebeu. A consumação ocorre com a volta da moeda à circulação, nada impedindo a tentativa.

9.1.10   Fabricação ou emissão com fraude ou excesso

Nos termos do art. 289, § 3º, temos: "É punido com reclusão, de três a quinze anos, e multa, o funcionário público ou diretor, gerente, ou fiscal de banco de emissão que fabrica, emite ou autoriza a fabricação ou emissão: I – de moeda com título ou peso inferior ao determinado em lei; II – de papel-moeda em quantidade superior à autorizada."

Há prejuízo para a coletividade na fabricação ou emissão irregular de moeda metálica ou papel-moeda, ainda que autorizada a fabricação por quem tem essa atribuição.

O dispositivo em estudo prevê um *crime próprio*, pois só pode cometê-lo o *funcionário público* (nos termos do art. 327), inclusive o Presidente da República, os ministros de Estado etc., o *diretor, gerente* ou *fiscal* de banco de emissão. A referência a estes últimos pressupõe a autorização ao banco de emitir valores equiparáveis à moeda.

O tipo é misto alternativo, prevendo-se três condutas diversas: *fabricar* (criar, confeccionar, produzir), *emitir* ou *autorizar* a fabricação ou emissão. O inciso I refere-se à moeda metálica fabricada com o título ou peso inferior ao determinado em lei. *Título* é a proporção ou o teor da liga metálica empregada na moeda, que, no caso do crime, é de inferior qualidade. No inciso II refere-se a lei a papel-moeda, incriminando a sua fabricação ou emissão em quantidade superior à autorizada. Não previu a lei, como devia, a emissão em quantidade superior à autorizada da moeda metálica. A justificativa de Hungria, de que esse fato não é tão nocivo quanto a emissão do papel-moeda, devendo constituir apenas ilícito administrativo,[9] não convence. Não há por que distinguir-se, no caso, a espécie de moeda.

O dolo é a vontade de praticar uma das ações incriminadas, ciente o sujeito ativo de que o faz irregularmente. Consuma-se o delito com a fabricação ou emissão ou, conforme o agente, com a simples autorização, já que se trata de crime formal.[10] Possível é a tentativa. Afirma Fragoso que haverá concurso material se o agente praticar, a seguir, qualquer outro crime, com a moeda produzida irregularmente (peculato, estelionato etc.).[11] O crime de moeda falsa, porém, contém os elementos do estelionato, tendo classificação especial em virtude do interesse público em reprimir a fraude e absorvendo os delitos patrimoniais.[19] Ocorre o simples estelionato quando a moeda é grosseiramente falsificada, insuscetível de iludir uma pessoa de diligência ordinária.[20]

9.1.11 Circulação não autorizada

Também incide nas penas previstas no § 3º "quem desvia e faz circular moeda, cuja circulação não estava ainda autorizada" (art. 289, § 4º).

A conduta típica é constituída de duas ações. O agente desvia, ou seja, retira o dinheiro de onde se encontra, e o faz circular antes da data autorizada. Acentua Hungria: "O *desvio* a que se refere o texto legal deve preceder o antecipado lançamento da moeda na circulação."[12] Trata-se, agora, de crime comum, pois não se exige a qualidade de funcionário, diretor etc. O dolo é a vontade de desviar e colocar em circulação a moeda autêntica, sabendo o agente que o faz sem autorização. Consuma-se o crime com a circulação da moeda. O desvio, sem que ocorra a circulação, configura tentativa.

9.1.12 Competência

Viola-se, com os crimes previstos no art. 289, a fé pública da União, seu patrimônio ou interesses. Assim, competente para apreciá-los é a Justiça Federal.[21] Mesmo a falsificação de moeda estrangeira entra na sua competência, *ex vi*, art. 109, V, da Constituição Federal c/c o art. 3º, da Convenção promulgada pelo Decreto nº 3.074, de 14-9-1938.[22] A competência estadual só se firmará se o papel não tiver curso legal e a falsificação for apenas para fins numismáticos ou mero elemento de fraude comercial ou estelionato.[23]

---

9. HUNGRIA, Nelson. Ob. cit. v. 9, p. 225.
10. Cf. FRAGOSO, H. Cláudio. Ob. cit. v. 3, p. 310, Contra, exigindo para a consumação a fabricação ou emissão: HUNGRIA, Nelson. Ob. cit., v. 9, p. 226. NORONHA, E. Magalhães. Ob. cit. v. 4, p. 175. CASTIGLIONE, Teodolindo. *Código Penal brasileiro comentado*. São Paulo: Saraiva, 1956. v. 10, p. 137.
11. FRAGOSO, H. Cláudio. Ob. cit. v. 3, p. 314.
12. HUNGRIA, Nelson. Ob. cit. v. 9, p. 226.

9.2 CRIMES ASSIMILADOS AO DE MOEDA FALSA

9.2.1 Conceito

Prevê o art. 290 crimes assimilados ao de moeda falsa: "Formar cédula, nota ou bilhete representativo de moeda com fragmentos de cédulas, notas ou bilhetes verdadeiros; suprimir, em nota, cédula ou bilhete recolhidos, para o fim de restituí-los à circulação, sinal indicativo de sua inutilização; restituir à circulação cédula, nota ou bilhete em tais condições, ou já recolhidos para o fim de inutilização: Pena – reclusão, de dois a oito anos, e multa."

9.2.2 Objetividade jurídica

Tutela-se com o dispositivo em tela a fé pública em relação à moeda (item 9.1.3).

9.2.3 Sujeitos do delito

Qualquer pessoa pode cometer os crimes previstos no art. 290. Sendo o agente funcionário público, haverá aumento de pena se praticar o ilícito nas condições e circunstâncias previstas no parágrafo único.

Sujeito passivo é a coletividade, já que se trata de crime contra a fé pública, e, secundariamente, o particular que sofre prejuízo em decorrência da conduta do sujeito ativo.

9.2.4 Tipo objetivo

O objeto material do artigo em estudo é a cédula, a nota ou bilhete representativo de moeda. As palavras *cédula* e *nota* podem ser entendidas como sinônimas. Está excluída a possibilidade do crime tendo como objeto a moeda metálica.

São várias as condutas típicas previstas. A primeira delas é a de *formar* cédula, nota ou bilhete representativo de moeda com fragmentos de verdadeiros, imprestáveis ou não. O agente usa, justapõe fragmentos de cédulas, formando uma moeda falsa com aparência de autêntica; com pedaços forma uma. A simples aposição de números ou dizeres de uma cédula verdadeira em outra não configura o crime em apreço mas o previsto no art. 289 (item 9.1.5). Há, porém, inúmeras decisões em que se reconheceu o crime previsto no art. 290.[24] Exige-se, também, a *imitatio veri* e a adulteração grosseira poderá constituir, eventualmente, o meio para o estelionato (item 9.1.5).

A segunda conduta é a de *suprimir sinal indicativo* da inutilização da cédula. O agente apaga, elimina o sinal por qualquer meio (lavagem, raspagem, aplicação de substância química, preenchimento de perfuração etc.). Os sinais são carimbos, picotes, riscos em cruz etc. O objeto material, no caso, é o papel-moeda ou bilhete já recolhido que contém o sinal indicativo para sua inutilização.

A terceira modalidade típica e a de *restituir à circulação* o papel-moeda nas condições já mencionadas (formado por fragmentos ou com o sinal indicativo de inutilização suprimido) bem como aquele que, embora ainda não assinalado, foi recolhido para ser inutilizado. Assim, o objeto material pode ser a cédula contrafeita ou a autêntica destinada à inutilização.

Não prevendo a lei outras condutas, "aquele que recebe, a qualquer título (importação, aquisição, compra, empréstimo, cessão, troca, guarda *nomine proprio* ou *alieno nomine*), será punido como receptador segundo a regra geral (art. 180), ou, talvez, por favorecimento real (art. 349)".[13]

Praticando o agente duas condutas (supressão do sinal e restituição à circulação, por exemplo) responde por crime único.

9.2.5   Tipo subjetivo

O dolo é a vontade de praticar qualquer das condutas incriminadas. Exige-se, quando se trata de supressão de sinal indicativo de inutilização, uma finalidade especial, a de restituir a moeda à circulação.

9.2.6   Consumação e tentativa

Na primeira conduta típica o delito está consumado com a simples formação do papel-moeda, independentemente de qualquer lesão, exigindo-se, porém, a *imitatio veri*. Na segunda modalidade a consumação ocorre com a supressão do sinal indicativo de inutilização e, na terceira, com a entrada da moeda em circulação.

Trata-se de crimes plurissubsistentes, admitindo-se a possibilidade de tentativa em qualquer das condutas típicas.

9.2.7   Crime qualificado

Por se tratar de crime em que aumenta a reprovação da conduta por violação também dos deveres do cargo, a lei prevê no art. 290, parágrafo único, um crime qualificado pela qualidade do agente: "O máximo da reclusão é elevado a doze anos, se o crime é cometido por funcionário que trabalha na repartição onde o dinheiro se achava recolhido, ou nela tem fácil ingresso, em razão do cargo." Trata-se de crime especial, que só pode ser praticado por funcionário público (art. 327). Indispensável, porém, para a existência desse crime funcional, que a conduta seja praticada na repartição onde o funcionário trabalha, normalmente o local em que o dinheiro é recolhido, ou que, não o sendo, possa ingressar facilmente no local em decorrência das suas atividades no cargo que ocupa. A referência à pena de multa de CR$ 40.000 (quarenta mil cruzeiros) no parágrafo único do art. 290 está prejudicada diante do art. 2º da Lei nº 7.209, que determinou o cancelamento de qualquer referência a valores de multa na Parte Especial do Código Penal.

---

13.   HUNGRIA, Nelson. Ob. cit. v. 9, p. 328. No mesmo sentido, FRAGOSO, H. Cláudio. Ob. cit. v. 3, p. 314.

194 MANUAL DE DIREITO PENAL – PARTE ESPECIAL – ARTS. 235 A 361 DO CP • Julio Mirabete e Renato Fabbrini

9.2.8 Competência

A competência para a apreciação do crime é da Justiça Federal em face do interesse da União, atentando-se, porém, para as observações feitas com relação ao crime de moeda falsa (item 9.1.12).

9.3 PETRECHOS PARA FALSIFICAÇÃO DE MOEDA

9.3.1 Conceito

Prevê a lei, no art. 291, o crime de petrechos para falsificação de moeda: "Fabricar, adquirir, fornecer, a título oneroso ou gratuito, possuir ou guardar maquinismo, aparelho, instrumento ou qualquer objeto especialmente destinado à falsificação de moeda: Pena – reclusão, de dois a seis anos, e multa."

9.3.2 Objetividade jurídica

Tutela-se pelo artigo em exame a fé pública com relação à autenticidade da moeda. Os fatos previstos na lei traduzem-se em perigo de falsificação, o que provoca a antecipação do legislador para incriminar o que constituiria apenas atos preparatórios dos crimes de falsificação de moeda.

9.3.3 Sujeitos do delito

Sujeito ativo é qualquer pessoa que pratique uma das condutas típicas. Sujeito passivo é a coletividade, o Estado, pelo risco que oferece à fé pública a possibilidade de falsificação da moeda pelo sujeito que fabrica, guarda os petrechos.

9.3.4 Tipo objetivo

Diversas são as condutas típicas. *Fabricar* é produzir, construir, manufaturar, criar, montar. *Adquirir* é obter de qualquer forma, seja a proveniência lícita ou não. *Fornecer* é entregar, proporcionar, abastecer, doar, vender. *Possuir* é ter a propriedade ou a posse material da coisa.[25] *Guardar* é ter consigo, a sua disposição, é abrigar, conservar, proteger coisa de outrem.

Evidentemente, responde pelo delito aquele que, não praticando qualquer dessas ações, colabora com a conduta de quem fabrica, adquire etc.

O objeto material é o petrecho para a falsificação de moeda, mencionando a lei: *maquinismo* (conjunto de peças ou mesmo uma máquina), *aparelho* (conjunto de mecanismos, engenho, utensílio para uso), *instrumento* (objeto mais simples que o aparelho e que serve de agente mecânico na execução de qualquer trabalho). Refere-se a lei, ainda, a *qualquer objeto*, ou seja, a qualquer coisa material. O dispositivo é bastante abrangente para incluir prelos, matrizes, placas, moldes, formas, cunhos, clichês, lâminas, modelos, chapas de serrilhagem, fotografias e negativos, matérias-primas, reativos etc.

Os objetos devem ser destinados *especialmente* à falsificação de moeda. Diz bem Fragoso: "Não se pode excluir uma indagação sobre a destinação subjetiva (fim a que o agente destinava os objetos) no reconhecimento da existência da ação delituosa. A fórmula de nosso código é perigosa e exige do julgador meticuloso exame de todos os indícios." [14] Nesse sentido já se decidiu: "É indispensável à perfeição do delito previsto no artigo 291 do CP a inequivocidade do destino do maquinismo, aparelho ou instrumento destinado à falsificação. Visando o petrecho não especificamente à contrafação da moeda, mas sim à prática de fraudes, somente se poderá cogitar de eventual estelionato". [26] Não é indispensável, porém, que o objeto seja destinado *exclusivamente* à fabricação ou adulteração de moeda, mas apenas que seja esse, principalmente, o seu fim, embora possa ser empregado em outra atividade. Não se pode concordar, portanto, com a decisão de que "a expressão 'especialmente destinado' do artigo 291 há de ser entendida no sentido estrito de destinação objetiva, peculiar à falsificação, não se concebendo ao objeto outra aplicação". [27]

Pouco importa, também, que os instrumentos sejam suficientes para falsificação completa, bastando que sejam idôneos a realização de parte da mesma.[15] Em qualquer caso, será necessário afirmar, através de perícia técnica, que os objetos de que se trata são idôneos ou indubitavelmente aptos para a fabricação de moeda.[16] Não deixará de existir o crime "se os objetos adquiridos ou detidos são autênticos ou tenham sido subtraídos da repartição pública incumbida do fabrico da moeda".[17]

9.3.5 Tipo subjetivo

O dolo é a vontade de praticar uma das condutas incriminadas, ciente o sujeito ativo de que o objeto é destinado especialmente à falsificação. Não ocorre o crime em apreço se o fim é outro, lícito ou ilícito, como no caso de estelionato.

9.3.6 Consumação e tentativa

A consumação ocorre, conforme a modalidade da conduta, com a fabricação, aquisição, fornecimento, posse ou guarda. Nas duas últimas hipóteses o crime é permanente, possibilitando-se assim a prisão em flagrante enquanto o agente conserva o petrecho consigo ou o tem a sua disposição.[28]

É possível a tentativa em qualquer das condutas, mesmo no caso de aquisição. A tentativa de posse, porém, equivale à tentativa de aquisição.

---

14. FRAGOSO, H. Cláudio. Ob. cit. v. 3, p. 317.
15. FARIA, Bento de. Ob. cit. v. 7, p. 30.
16. FRAGOSO, H. Cláudio. Ob. cit. v. 3, p. 317.
17. HUNGRIA, Nelson. Ob. cit. v. 9, p. 231.

9.3.7 Distinção e concurso

Praticando o sujeito ativo duas ou mais condutas (fabricar e fornecer, por exemplo), responde o agente por crime único, desde que se trate do mesmo objeto material. Tratando-se de coisas diversas, haverá concurso.

Falsificando o agente moeda falsa, responde apenas pelo crime previsto no art. 289, ficando o delito em exame absorvido pelo mais grave.

9.3.8 Competência

Como nos dois delitos anteriores, a competência para apreciar o fato é da Justiça Federal, tendo em vista o interesse da União no caso.[29]

9.4 EMISSÃO DE TÍTULO AO PORTADOR SEM PERMISSÃO LEGAL

9.4.1 Conceito

Prevê o art. 292 o crime de emissão de título ao portador sem permissão legal: "Emitir, sem permissão legal, nota, bilhete, ficha, vale ou título que contenha promessa de pagamento em dinheiro ao portador ou a que falte indicações do nome da pessoa a quem deva ser pago: Pena – detenção, de um a seis meses, ou multa."

9.4.2 Objetividade jurídica

Tutela-se ainda a fé pública, proibindo-se a concorrência de títulos de crédito não autorizados com a moeda. A circulação deles "perturba ou pode perturbar a normalidade de circulação do dinheiro fiduciário do Estado, que vem a sofrer a concorrência dos papéis de crédito em questão, e isto com grave perigo à fé pública, de vez que estes nem sempre oferecem garantia de reembolso, podendo vir a ser frustrado o seu convencional poder liberatório, o que vale dizer: podendo representar uma espécie de *estelionato* contra indefinido número de pessoas".[18]

9.4.3 Sujeitos do delito

Sujeito ativo do delito é quem emite título ao portador, sem permissão legal. Se o próprio agente subscreve e emite o título, é ele apenas o autor do crime. Caso o subscritor não seja o autor da emissão, será considerado coautor do delito por ter dado causa a sua circulação. Havendo emissão à revelia do formador ou signatário, que não tinha em vista a circulação do título, responde apenas o emitente.

---

18. HUNGRIA, Nelson. Ob. cit. v. 9, p. 232.

Sujeito passivo é a coletividade, já que a emissão de títulos ao portador sem permissão legal viola a fé pública. Pode haver lesão de qualquer pessoa, sendo esta também sujeito passivo, de modo secundário.

9.4.4 Tipo objetivo

A conduta típica é emitir o título. *Emitir* não significa simplesmente formar ou subscrever, mas colocar em circulação o papel. Só a emissão pode fazer concorrência à moeda, o que a lei visa coibir.

O objeto material é o título ao portador, discriminado na lei como nota, bilhete, ficha, vale ou título que contenha promessa de pagamento em dinheiro ao seu portador ou que não contenha a indicação do nome da pessoa a que deva ser pago. *Título ao portador* é o título de crédito sem a indicação de qualquer nome e sem valor *intrínseco*, representando apenas a prestação devida pelo emissor ao seu portador.[19] Característica sua é sua transmissão mediante simples tradição manual independentemente de endosso, autorização especial ou qualquer outro registro ou condição. É também título ao portador aquele a que falta indicação do nome do favorecido.[20]

É indispensável que o título contenha promessa de pagamento em dinheiro. Não estão incluídos, portanto, os que representam mercadorias, serviços, utilidades etc. A emissão irregular de conhecimento de depósito ou *warrant* constitui crime contra o patrimônio (art. 178). Havendo emissão de título que dá direito à mercadoria, com posterior desvirtuamento do mesmo como dinheiro, não se configura o ilícito em estudo.[(30)]

Não configura o ilícito a emissão de *vales íntimos*, que se constituem em apenas um começo de prova por escrito, um lembrete, ou os chamados *vales de caixa*, usados para comprovar retirada de dinheiro, adiantamento ou mesmo empréstimo rápido.[21] Não se destinam eles à circulação indiscriminada mas a ambiente restrito, com fins específicos.

Só ocorre o crime, como deixa claro o dispositivo em estudo, na emissão sem autorização legal (genérica ou especial). São permitidos por lei o cheque, a letra de câmbio, ações etc. Decidiu-se pela inexistência do crime na expedição de nota promissória sem o nome da pessoa a quem devia ser paga, diante da autorização genérica do Decreto nº 2.044, de 31-12-1908.[(31)] O dispositivo é, pois, norma penal em branco, sendo necessário verificar se não há permissão legal para a sua emissão.

---

19. FARIA, Bento de. Ob. cit. v. 7, p. 31.
20. FRAGOSO, H. Cláudio. Ob. cit. v. 3, p. 319.
21. Cf. HUNGRIA, Nelson. Ob. cit. v. 9, p. 233-4. NORONHA, E. Magalhães. Ob. cit. v. 4, p. 187-188. FRAGOSO, H. Cláudio. Ob. cit. v. 3, p. 320. CASTIGLIONE, Teodolindo. Ob. cit. v. 10. p. 219.

9.4.5 Tipo subjetivo

O dolo é a vontade de emitir o título ao portador, estando o sujeito ativo ciente de que não há permissão legal para a sua circulação. Indiferente é o fim da conduta, não socorrendo o agente a alegação de que não houve prejuízo concreto a terceiro.

9.4.6 Consumação e tentativa

O crime em tela somente se consuma com a emissão, ou seja, com a circulação do título, com a sua transferência a qualquer pessoa. Trata-se de crime formal, porém, não sendo necessário o dano.

A subscrição do título irregular poderá constituir tentativa, e não simples ato preparatório, quando o sujeito ativo pratica atos de transferência mas não a consegue por circunstâncias alheias a sua vontade.

9.4.7 Aquisição ou uso de título não permitido

Nos termos do art. 292, parágrafo único, "quem recebe ou utiliza como dinheiro qualquer dos documentos referidos neste artigo incorre na pena de detenção, de quinze dias a três meses, ou multa."

Incrimina a lei também a conduta do *tomador* do título, daquele que o recebe, ou quem utiliza o mesmo como dinheiro. São fatos posteriores à emissão irregular, dependendo desta.

O dolo só existe se o agente tem ciência de que não há permissão legal para a circulação do título. Basta, porém, a dúvida, agindo o sujeito ativo, neste caso, com dolo eventual. Quando o tomador estiver de boa-fé, não há dolo na aquisição do título irregular. Será responsabilizado, porém, se, após tomar conhecimento da ilegalidade, utilizar o título (transferir, caucionar etc.).

9.4.8 Crimes especiais

Como infrações penais especiais, a Lei nº 7.492, de 16-6-1986, que prevê os crimes contra o Sistema Financeiro Nacional, incrimina as condutas de "imprimir, reproduzir ou, de qualquer modo, fabricar ou por em circulação, sem autorização escrita da sociedade emissora, certificado, cautela ou outro documento representativo de título ou valor mobiliário" (art. 2º), de emitir, oferecer ou negociar, irregularmente, "títulos ou valores mobiliários" (art. 7º) e "fazer operar, sem a devida autorização, ou com autorização obtida mediante declaração falsa, instituição financeira, inclusive de distribuição de valores mobiliários ou de câmbio" (art. 16).

10

DA FALSIDADE DE TÍTULOS E OUTROS PAPÉIS PÚBLICOS

10.1 FALSIFICAÇÃO DE PAPÉIS PÚBLICOS

10.1.1 Generalidades

No Capítulo II do Título X, prevê a lei dois crimes de falsidade de títulos e outros papéis públicos. Também estes, além da moeda, estão sob a tutela legal, pois a falsificação ofende a fé pública diante da confiança que merecem da coletividade. Papéis públicos a que alude a lei na espécie são os de feitura atribuída privativamente à administração do Estado ou a entidades de direito público cujos objetivos particulares são realizados no interesse da coletividade e que se ajustam ao programa da atividade funcional do Poder Público. Reproduzem valores de responsabilidade do Estado, referem-se à arrecadação de suas rendas ou servem de autenticação do recebimento de taxas. Os crimes previstos no capítulo em estudo são os de falsificação de papéis públicos (art. 293) e petrechos da falsificação (art. 294). O art. 295 trata de crime funcional especial.

10.1.2 Conceito

Em extenso dispositivo, a lei prevê, no art. 293, o crime de "falsificação de papéis públicos". O dispositivo foi alterado pela Lei nº 11.035, de 22-12-2004, que deu nova redação ao inciso I e ao § 1º e acrescentou o § 5º. Dispõe o art. 293: "Falsificar, fabrican-do-os ou alterando-os: I – selo destinado a controle tributário, papel selado ou qualquer papel de emissão legal destinado à arrecadação de tributo; II – papel de crédito público que não seja moeda de curso legal; III – vale postal; IV – cautela de penhor, caderneta de depósito de caixa econômica ou de outro estabelecimento mantido por entidade de direito público; V – talão, recibo, guia, alvará ou qualquer outro documento relativo à arrecadação de rendas públicas ou a depósito ou caução por que o poder público seja responsável; VI – bilhete, passe ou conhecimento de empresa de transporte administrada pela União, por Estado ou por Município: Pena – reclusão, de dois a oito anos, e multa."

10.1.3 Objetividade jurídica

Tutela-se a fé pública no que se relaciona com a autenticidade dos papéis enume-rados no dispositivo.

10.1.4 Sujeitos do delito

Qualquer pessoa pode praticar o ilícito em apreço. Se o agente for funcionário público e cometer o crime por se prevalecer do cargo, há aumento de pena (item 10.1.13). Sujeito passivo é a coletividade, desde que se trata de crime contra a fé pública. Aquele que, eventualmente, sofre dano decorrente da conduta é sujeito passivo secundário.

10.1.5 Tipo objetivo

O núcleo do tipo é *falsificar* os papéis referidos no dispositivo, por fabricação ou alteração. A *fabricação* consiste na contrafação. O agente cria materialmente, forma o título ou papel. Na *alteração* há um título ou papel autêntico que é modificado, adulterado pelo sujeito ativo. A fabricação ou alteração podem ser obtidas por qualquer meio (impressão, fotografia etc.).

Objeto material é qualquer dos papéis mencionados no dispositivo. No inciso I, do art. 293, refere-se a lei, em sua atual redação, ao selo destinado ao controle tributário, ao papel selado e a qualquer papel de emissão legal destinado à arrecadação de tributo. Tutela-se a fé pública, e, indiretamente, o erário público contra a evasão fiscal. Em sua anterior redação mencionava a lei o *selo postal*, definido no art. 47 da Lei nº 6.538, de 22-6-1978, e a *estampilha*, que é o "selo destinado a facilitar, assegurar e comprovar (atestar) o pagamento de certos impostos ou taxas (federais, estaduais ou municipais), seja na órbita administrativa, seja na órbita judiciária".[22] Com relação ao selo postal, o artigo já havia sido derrogado pelo art. 36 da Lei nº 6.538, que prevê o crime de "falsificação de selo, fórmula de franqueamento ou vale postal" e está assim redigido: "Falsificar, fabricando ou adulterando, selo, outra fórmula de franqueamento ou vale-postal: Pena – reclusão, até oito anos, e pagamento de cinco a quinze dias-multa". A estampilha continua a ser protegida no dispositivo por se tratar de uma espécie de *selo de controle tributário*.

Referindo-se a lei a *papel selado*, indica aquele que, em vez de ser aposto o selo ou estampilha, já o tem produzido, estampado através de processos mecânicos. Tratando-se de franquia postal, o crime é o previsto no art. 36 da Lei nº 6.538.

Por fim, o inciso menciona genericamente *qualquer papel de emissão legal destinado à arrecadação de tributo*, enquanto a lei anterior se referia especificamente à arrecadação de imposto e taxa. Os demais papéis podem ser objeto material de outro delito (art. 297).

No inciso II incrimina-se a falsificação de *papel de crédito público* que não seja moeda de curso legal. São eles os títulos da dívida pública normativos ou ao portador, emitidos pela União, Estado ou Município e expressivos de uma obrigação dessas entidades de direito público (apólices, debêntures, obrigações reajustáveis etc.).

---

22. HUNGRIA, Nelson. *Comentários ao Código Penal*. 5. ed. Rio de Janeiro: Forense, 1958. v. 9, p. 238.

Refere-se o inciso III ao *vale-postal*, que é o "título emitido por uma unidade postal a vista de um depósito de quantia para pagamento na mesma ou em outra unidade postal" (art. 47 da Lei nº 6.538, de 22-6-1978). Esse dispositivo foi revogado e prevalece o tipo penal no artigo 36 da Lei nº 6.538, já reproduzido. É indiferente que a transmissão seja feita por via ordinária, aérea, telegráfica, radiotelegráfica ou por expresso. Diz Fragoso: "A quitação e endosso falsos constituem, para todos os efeitos, falsificação de documento público e se enquadram no mesmo dispositivo. A matéria, todavia, não é pacífica. Veja-se, por exemplo, a opinião em contrário de Nelson Hungria, IX, 239, afirmando que a falsa quitação é apenas falsificação de documento particular (art. 298, CP)." [23]

No inciso IV estão mencionados dois tipos de papéis. O primeiro é a *cautela de penhor*, que é o recibo cuja "apresentação e pagamento de quantia emprestada determinam a entrega da coisa apenhada".[24] Trata-se de um título de crédito, nominativo e transferível por endosso ou ao portador.[25] Como essas cautelas de penhor somente podem ser emitidas pelas caixas econômicas, trata-se de documento público.

O segundo é a *caderneta de depósito* de caixa econômica ou de outro estabelecimento mantido por entidade de direito público, que abrange, indubitavelmente, as denominadas "cadernetas de poupança" desde que desses estabelecimentos. A falsificação de cadernetas de estabelecimentos de direito privado constituirá outro crime (arts. 297 e 298).

Vários são os papéis públicos relacionados no inciso V. *Talão* é o documento que se destaca do canhoto em carnê, bloco, livro etc. *Recibo* é o papel que comprova pagamento. *Guia* é o impresso necessário para o pagamento de tributos, depósitos etc. A sua falsificação não constitui simples ilícito fiscal, como já se tem alegado. Nesse sentido é a jurisprudência.[(1)] Entretanto, não se caracteriza o crime em apreço quando se trata de guia florestal que não se destina ao depósito de dinheiro ou valores *ex vi legis,* mas serve para controle do transporte de madeiras.[(2)] *Alvará* é o documento proveniente de autoridade judiciária ou administrativa para levantamento de certa quantia pela União, Estado ou Município ou qualquer entidade do Poder Público. A falsificação de alvarás com outra finalidade constitui outro crime (art. 297). Em fórmula genérica, refere-se a lei a *qualquer outro documento* relativo à arrecadação de rendas públicas ou a depósitos ou caução em que haja responsabilidade do Poder Público. Não é considerado tal o formulário de retirada de dinheiro da Caixa Econômica em que há falsificação da assinatura do depositante.[(3)]

Por fim, no inciso VI a lei refere-se a bilhete, passe e conhecimento de empresa de transporte administrada pela União, por Estado ou por Município. *Bilhete* é o papel adquirido através de pagamento para utilizar o transporte. Constitui peculato, porém,

---

23. FRAGOSO, H. Cláudio. *Lições de direito penal*. 3. ed. Rio de Janeiro: Forense, 1981. v. 3, p. 325.
24. NORONHA, E. Magalhães. *Direito penal*. 15. ed. São Paulo: Saraiva, 1978. v. 4, p. 193.
25. HUNGRIA, Nelson. Ob. cit. v. 9, p. 240. NORONHA, E. Magalhães. Ob. cit. v. 4, p. 193. FRAGOSO, H. Cláudio. Ob. cit. v. 3, p. 325.

como já se decidiu, a falsificação de bilhetes de passagem ferroviária, com a apropriação do respectivo valor.[4] *Passe* é o documento obtido a título gratuito para transporte de pessoas. *Conhecimento* é o papel referente ao transporte de coisas. Compreende-se no dispositivo o bilhete ou passe destinado apenas às estações ou dependências da empresa transportadora, desde que a lei não os restrinja aos de viagem.[26] Pode o transporte ser terrestre, marítimo, fluvial ou aéreo, sendo irrelevante qual o veículo (ônibus, bondes, trens, aviões etc.). Esclarece Fragoso: "Não se exige que a empresa seja de propriedade da União, Estado ou Município, podendo ser privada: o que interessa à lei penal é que seja administrada pelo Poder Público." [27]

A falsidade de qualquer dos papéis públicos, se grosseira, não integra o delito de falso, mas pode ser meio para a prática de outro ilícito (estelionato, peculato etc.). Sendo inócua, não há crime a punir. Assim se entendeu em caso da falsificação destinada a encobrir apropriação indébita, que se verificou não ter ocorrido.[5]

A prova pericial é indispensável para a comprovação do crime.[6]

10.1.6   Tipo subjetivo

O dolo é a vontade de fabricar ou alterar qualquer dos papéis públicos mencionados, falsificando-os. Não se exige qualquer finalidade especial.

10.1.7   Consumação e tentativa

Consuma-se o crime com a fabricação ou alteração, não se exigindo o seu uso, o que, isoladamente, constitui o crime previsto no § 1º. O crime previsto no art. 293 é formal, configurando-se independentemente de dano. A tentativa é possível, pois o caráter formal do delito não afasta a possibilidade de interrupção da execução. Não procede, *data venia*, decisão em contrário.[7]

10.1.8   Crimes subsequentes à falsificação

Incorre na mesma pena de falsificação quem pratica qualquer das condutas previstas no § 1º do art. 293, modificado pela Lei nº 11.035, de 22-12-2004. Na redação anterior incriminava-se somente o *uso* de qualquer dos papéis falsificados referidos no art. 293, *caput*. Embora ao *uso* se pudesse conferir significado abrangente, incluindo a venda, troca, cessão, empréstimo etc., não configurava o crime a simples guarda, detenção ou posse, ainda que dolosa, dos referidos papéis.[8] Essas condutas podiam constituir, eventualmente, receptação, favorecimento real etc., e não o uso de documento falso previsto no art. 304, já que este se refere apenas aos arts. 297 a 302. Corrigindo-se a deficiência, a atual redação do § 1º prevê as referidas condutas entre diversas outras, todas posteriores

---

26. Cf. FARIA, Bento de. *Código Penal brasileiro*. 2. ed. Rio de Janeiro: Record, 1959. v. 7, p. 37.
27. FRAGOSO, H. Cláudio. Ob. cit. v. 3, p. 327.

à falsificação, à exceção da descrita no inciso III, *b*. No inciso I, tipificam-se, portanto, o uso, a guarda, a posse e a detenção de qualquer dos papéis falsificados.

No inciso II descrevem-se a guarda do selo de controle tributário falsificado e comportamentos relacionados com a sua circulação: importação, exportação, aquisição, venda, troca, cessão, empréstimo, fornecimento ou restituição à circulação.

No inciso III, alínea *a*, são incriminadas condutas praticadas no exercício de atividade comercial ou industrial que tenham como objeto produto ou mercadoria em que tenha sido aplicado o selo de controle tributário falsificado, punindo-se, assim, a sua guarda, depósito, porte, diversas formas de circulação (importação, exportação, aquisição, venda, exposição à venda, troca, cessão, empréstimo, fornecimento) e, genericamente, qualquer forma de utilização em proveito próprio ou alheio. Trata-se, a exemplo dos incisos anteriores, de conduta múltipla alternativa, respondendo o agente por crime único mesmo na hipótese de cometer mais de uma das ações descritas. O dolo é a vontade de praticar uma das ações mencionadas, exigindo-se, ainda, como elemento subjetivo do tipo, o intuito de obtenção de proveito próprio ou de beneficiar terceiro. Cuida-se de crime próprio porque somente pode ser praticado por comerciantes ou industriais, *ainda que fora do exercício legal e regular do comércio*, porque, nos termos do § 5º, também é considerado atividade comercial para os fins do inciso III o comércio irregular ou clandestino, inclusive o exercido em locais públicos ou em residências. Não se configura o crime se o agente não se dedica com certa continuidade ou habitualidade à atividade comercial, que somente se caracteriza com a prática reiterada de atos dessa natureza.

No tocante ao selo ou vale-postal, vige o art. 36, parágrafo único, da lei especial (Lei nº 6.538, de 22-6-1978).

10.1.9 Comercialização de produto ou mercadoria sem selo oficial

No art. 293, § 1º, III, *b*, com a redação da Lei nº 11.035, de 22-12-2004, encontra-se previsto crime que se distingue dos anteriores por não se tratar de falsificação (art. 293, *caput*) ou de conduta que tenha como antecedente a falsificação de selo de controle tributário ou de um dos papéis referidos no artigo. Configura-se o crime com a prática de uma ou mais ações previstas no inciso III que tenham como objeto o produto ou mercadoria destituída de selo oficial cuja aplicação seja obrigatória nos termos da legislação tributária. Embora inserida a conduta entre os crimes contra a fé pública, objetiva-se no art. 293, § 1º, inciso III, *b*, diretamente, a proteção da atividade de fiscalização do Estado contra a evasão fiscal. Somente ocorre o crime se a conduta é praticada no exercício de atividade comercial ou industrial, com a finalidade de obtenção de proveito próprio ou alheio (item 10.1.8).[28]

---

28. HUNGRIA, Nelson. Ob. cit. v. 9, p. 242. NORONHA, E. Magalhães. Ob. cit. v. 4, p. 195-196. FRAGOSO, H. Cláudio. Ob. cit. v. 3, p. 328.

10.1.10 Supressão de carimbo ou sinal de inutilização

Prevê a lei, no § 2º do art. 293, o crime de supressão de carimbo ou sinal indicativo da inutilização dos já mencionados papéis públicos: "Suprimir, em qualquer desses papéis, quando legítimos, com o fim de torná-los novamente utilizáveis, carimbo ou sinal indicativo de sua inutilização: Pena – reclusão, de um a quatro anos, e multa."

A conduta típica é *suprimir* o carimbo ou sinal. Já foi ela examinada, no estudo do crime de moeda falsa (item 9.2.4).

O dolo é a vontade de suprimir o carimbo ou sinal, exigindo-se o elemento subjetivo do tipo (dolo específico), consistente na finalidade de tornar o papel utilizável outra vez.

Consuma-se o crime com a supressão do carimbo ou sinal de modo que o papel, que é legítimo, embora destinado à inutilização, possa ser utilizado novamente. Não é necessário que haja supressão total, absoluta, bastando que o título ou papel seja idôneo a iludir. Desnecessário, para a consumação, a utilização do papel, fato que constituirá, isoladamente, o delito previsto no § 2º. Nada impede a tentativa, que deve ser reconhecida quando o agente não consegue a supressão do carimbo ou sinal. A supressão do sinal ou carimbo em selo configura o crime previsto no art. 37 da Lei nº 6.538.

10.1.11 Uso de papéis em que foi suprimido carimbo ou sinal

Incorre na mesma pena prevista no § 2º quem usa, depois de alterado, qualquer dos papéis a que se refere esse parágrafo (art. 293, § 3º). Faz-se aqui, o mesmo reparo à lei, pela não previsão das condutas de guardar, possuir ou ter a sua disposição o papel em que foi suprimido o carimbo ou sinal (item 10.1.8). Não comete o crime em tela o funcionário postal que coloca em sobrecartas selos já usados, recarimbando-os. O que a lei pune é o uso de processos químicos ou outros, que façam esses selos parecerem ainda não utilizados.[9]

A consumação ocorre com o uso do papel em que foi suprimido o carimbo ou o sinal. O dolo é a vontade de usar o papel, ciente o agente de que foi suprimido o carimbo ou o sinal.

O uso, venda, fornecimento e guarda do selo ou vale-postal em que foi suprimido o carimbo ou sinal estão incriminados no art. 37, § 1º, da Lei nº 6.538.

10.1.12 Circulação de papéis recebidos de boa-fé

Prevê o § 4º uma forma privilegiada de crime: "Quem usa ou restitui à circulação, embora recebido de boa-fé, qualquer dos papéis falsificados ou alterados, a que se referem este artigo e o seu § 2º, depois de conhecer a falsidade ou alteração, incorre na pena de detenção, de seis meses a dois anos, ou multa."

Incrimina-se a conduta de quem, tendo recebido de boa-fé qualquer dos títulos ou papéis (falsificados ou de que foi suprimido carimbo ou sinal), o usa ou restitui à circulação após ter tomado ciência da falsidade, adulteração ou alteração. Excetuando-se o que diz respeito ao objeto material, cabem aqui as explicações expostas quanto ao crime privilegiado de moeda falsa (item 9.1.9). Refere-se a lei ao *uso*, que pode ocorrer sem que se possa falar em circulação.

Tratando-se de selo ou vale-postal, o crime é o previsto no art. 37, § 2º, da Lei nº 6.538.

10.1.13 Crime praticado por funcionário

No art. 295 está previsto um aumento de pena da *sexta parte* do total se o agente é funcionário público e comete o crime prevalecendo-se do cargo. Assim, além de estar o agente revestido da qualidade de funcionário público, que é definida para os efeitos penais do art. 327, é necessário para a caracterização da causa especial de aumento de pena, que se tenha favorecido do cargo que ocupa ou da função que desempenha na administração pública. Não é indispensável, porém, que o crime seja cometido quando do desempenho das atividades específicas do funcionário. E, como bem lembra Hungria, "não é preciso, para o reconhecimento da majorante, que o agente esteja lotado no setor em que se fabriquem, emitam ou expeçam os papéis verdadeiros: basta que a sua qualidade de funcionário lhe proporcione facilidade para a prática do crime." [29]

10.1.14 Distinção e concurso

O uso de papel falsificado ou adulterado, embora constitua crime autônomo, quando praticado pelo próprio falsário a fim de obter vantagem patrimonial, configura crime único.[10] Já se decidiu, entretanto, pela continuação.[11] O crime previsto no art. 293 absorve o de petrechos de falsificação, meio preparatório para aquele delito.[12]

Se a falsificação de papéis públicos objetiva a apropriação indevida do dinheiro do Estado, o delito em apreço é absorvido pelo de peculato.[13] Este entendimento decorre da circunstância de que o peculato é crime mais grave, absorvendo o crime-meio. Se o crime-fim, porém, for menos severamente apenado, como ocorre com o estelionato, ou, se a falsificação visa encobrir o crime patrimonial, há que prevalecer o crime de falso. Nesta última hipótese, assim já se decidiu.[14]

Nada impede o concurso de crime de falso com outro em que o objeto jurídico é diverso. Decidiu-se pelo concurso em caso de falsificação de guias de despacho falsos, que permitiu a entrada de mercadorias sem o pagamento de direitos aduaneiros, com o crime de contrabando.

Reproduzir ou alterar selo ou peça filatélica de valor para coleção, salvo quando a reprodução ou adulteração estiver visivelmente anotada na face ou no verso do selo

---

29. HUNGRIA, Nelson. Ob. cit. v. 9, p. 244.

ou peça, é crime definido no art. 39 da Lei nº 6.538, e o uso para fins de comércio desse selo é o delito previsto no parágrafo único desse artigo.

10.1.15 Competência

A competência para apreciar os crimes em que tenha havido falsificação ou alteração de papéis que interessam diretamente à União é da Justiça Federal,[15] ainda que a conduta seja praticada no exterior.[16] Havendo falsificação e uso, a competência será determinada nos termos do art. 78, II, do CPP. Se ignorado o autor da falsificação, a competência será sempre a do lugar em que foi usado o documento.[17]

10.2 PETRECHOS DE FALSIFICAÇÃO

10.2.1 Conceito

Tal como ocorre com a falsificação da moeda, a lei prevê a incriminação de conduta que constituiria simples ato preparatório da falsificação de papéis públicos. O art. 294, cuja rubrica é "petrechos de falsificação", está assim redigido: "Fabricar, adquirir, fornecer, possuir ou guardar objeto especialmente destinado à falsificação de qualquer dos papéis referidos no artigo anterior: Pena – reclusão, de um a três anos, e multa."

10.2.2 Objetividade jurídica

Tutela-se ainda a fé pública, no tocante aos títulos e outros papéis públicos. Revela-se novamente a impaciência do legislador ao incriminar a simples fabricação, aquisição etc. de objeto destinado à falsificação dos papéis referidos no capítulo. A simples fabricação, aquisição, posse etc. de objeto destinado à falsificação põe em perigo a fé pública.

10.2.3 Sujeitos do delito

Sujeito ativo é qualquer pessoa que pratica uma das condutas típicas. Se for funcionário público e prevalecer-se do cargo, há crime funcional especial com aumento de pena diante do disposto no art. 295 (item 10.1.13). Sujeito passivo é a coletividade.

10.2.4 Tipo objetivo

São condutas típicas *fabricar*, *adquirir*, *fornecer*, *possuir* ou *guardar*, idênticas às previstas no art. 291 (item 9.3.4). Quanto ao objeto material, porém, em vez de referir-se especificamente a maquinismo, aparelho ou instrumento, a lei menciona apenas *objeto*, termo abrangente que dispensa a designação casuística, incluindo máquinas, prelos, matrizes, modelos etc. Já se decidiu pela condenação no caso de apreensão de carimbo, conduzido de forma oculta, inequivocamente destinado a falsificar, mediante alteração, declaração de bagagem[18] e a guarda de carimbo destinado à autenticação de livros.[19]

É indispensável que os objetos se prestem a alteração idônea a lesar a fé pública.[20] É ainda necessário que o objeto apreendido se revele especialmente destinado à falsificação dos papéis públicos, seja a contrafação integral ou apenas parcial. Isto porque a destinação que o agente pretende dar ao objeto constitui dado de capital importância para a caracterização típica da infração[21] (item 9.3.4). Não exige a lei que tal objeto seja suficiente, *per si*, para tal falsificação, mas que seja especialmente destinado a tanto.[22]

Os papéis a que se refere a lei são os previstos no art. 293, e não quaisquer outros documentos públicos ou particulares, como, por exemplo, carteiras de identidade.[30]

Como bem observa Noronha, não repetiu o Código a expressão "a título oneroso ou gratuito", que aliás é dispensável.[31] Não há dúvida de que a lei incrimina qualquer tipo de aquisição, inclusive a obtida por meios *per si* ilegais (furto, peculato etc.).

O crime previsto no art. 294 é absorvido quando à detenção dos meios de falsificação se segue o seu efetivo emprego.[23]

10.2.5 Tipo subjetivo

O dolo é a vontade de praticar uma das ações previstas no artigo, estando o agente ciente de que o objeto é destinado à falsificação de papéis públicos.

10.2.6 Consumação e tentativa

Consuma-se o crime com a prática da conduta típica independentemente de qualquer dano concreto. Nas hipóteses de posse ou guarda há crime permanente, que possibilita a prisão em flagrante do agente enquanto conserva consigo ou tem a sua disposição o objeto. É possível a tentativa em qualquer das modalidades de conduta. A tentativa de possuir equivale à de adquirir.

A simples *encomenda* de um carimbo com dizeres ou formato de selo não constitui tentativa de delito.[24] Trata-se, no caso, de mero ato preparatório impunível.

10.2.7 Distinção

Fabricar, adquirir, fornecer, ainda que gratuitamente, possuir, guardar, ou colocar em circulação objeto especialmente destinado à falsificação de selo, outra fórmula de franqueamento ou vale-postal é crime previsto na Lei nº 6.538, de 22-6-1978.

---

30. Nesse sentido, parecer de MOTTA NETO, Antonio. Petrechos de falsificação. *Justitia* 94/404-6.
31. NORONHA, E. Magalhães. Ob. cit. v. 4, p. 197.

11

DA FALSIDADE DOCUMENTAL

11.1 FALSIFICAÇÃO DO SELO OU SINAL PÚBLICO

11.1.1 Generalidades

No Capítulo III do Título X, prevê a lei os crimes de falsidade documental como espécies dos delitos contra a fé pública. Os crimes de *falsum* podem ser divididos em duas categorias, os de falsidade material e os de falsidade ideológica. Como esclarece Noronha, "integram a primeira os delitos dos artigos 296, 297, 298, 301, § 1º, 303 e 305";[32] constituem a segunda os dos arts. 299, 300, 301 e 302, havendo, como diz o autor, "figuras comuns às duas espécies de falsidade, como as do § 2º do artigo 301 e do artigo 304".[33] Embora nesse capítulo o objeto jurídico tutelado seja a fé pública nos documentos, o primeiro dispositivo refere-se aos selos e sinais públicos que, embora não sejam, em si, documentos, fazem parte dele, integrando-os e dando-lhes autenticidade.

11.1.2 Conceito

O crime de falsificação do selo ou sinal público está previsto no art. 296: "Falsificar, fabricando-os ou alterando-os: I – selo público destinado a autenticar atos oficiais da União, de Estado ou de Município; II – selo ou sinal atribuído por lei a entidade de direito público, ou a autoridade, ou sinal público de tabelião: Pena – reclusão, de dois a seis anos, e multa."

No § 1º é previsto o uso ou utilização dos selos ou sinais falsificados e, no § 2º, o crime praticado por funcionário público (item 11.1.11).

11.1.3 Objetividade jurídica

Tutela-se com o dispositivo em estudo a fé pública no tocante ao selo público destinado à autenticação e ao selo ou sinal atribuído à entidade de direito público, autoridade ou tabelião. Não são propriamente documentos, mas a estes são apostos para integrá-los e dar-lhes autenticidade.

---

32. NORONHA, E. Magalhães. *Direito penal.* 15. ed. São Paulo: Saraiva, 1978. v. 4, p. 199.
33. Cf. NORONHA, E. Magalhães. Ob. cit. v. 4, p. 202-3. FRAGOSO, H. Cláudio. *Lições de direito penal.* 3. ed. Rio de Janeiro: Forense, 1981. v. 3, p. 338.

11.1.4 Sujeitos do delito

Sujeito ativo é qualquer pessoa que pratique a conduta típica. Sujeito passivo é o Estado, titular da fé pública lesada com a falsificação de selos ou sinais destinados a autenticar atos oficiais ou atribuídos por lei a pessoas jurídicas de direito público.

11.1.5 Tipo objetivo

A conduta típica é falsificar por meio de fabricação (contrafação) ou alteração. São ações cujos significados já foram examinados anteriormente (item 9.1.5).

No inciso I, a lei refere-se, no que concerne ao objeto material, ao selo público destinado a autenticar atos oficiais da União, de Estado ou Município. Não se confunde este com o selo destinado a controle tributário, ou à arrecadação de tributo, objetos dos crimes previstos no art. 293 do CP e art. 47 da Lei nº 6.538 (item 10.1.5). Selo público, no caso, é o sinete, com as armas ou emblemas da União, do Estado ou do Município, destinado a autenticar atos que lhe são próprios; é instituído, ordinariamente, em decretos governamentais.[1] Seu fim é autenticar documentos oficiais, que reproduzem ou se referem a *atos oficiais*. A expressão *atos oficiais*, utilizada no artigo, não é a mais adequada.

É também prevista a falsificação de selo ou sinal atribuído por lei a entidade de direito público, ou a autoridade, ou sinal público de tabelião (inciso II). A expressão *entidade de direito público* abrange as organizações autárquicas e demais pessoas jurídicas de direito público. A "autoridade" a que se refere o inciso é a que autentica seus documentos por meio de selo ou sinal. Não caracteriza o crime em exame a falsificação de selo público estrangeiro,[34] nem de outros sinetes empregados em qualquer repartição pública.[2] Tais fatos podem integrar outro ilícito penal.

O "sinal público de tabelião" é tido como o manuscrito composto por traços ou pela disposição especial de certas letras, ou outra fórmula, escritas juntamente com a assinatura, como espécie de distintivo da individualidade funcional.[35] A lei, porém, não se refere a esse manuscrito, hoje sintetizado usualmente em prosaica rubrica, que contém as iniciais do notário, mas, como bem demonstra Sylvio do Amaral, ao "instrumento (sinete, timbre ou cunho) destinado à impressão da rubrica ou desenho com que o serventuário autentica seus atos".[36] Não se tipifica o crime em apreço na falsificação de carimbo para o reconhecimento de firma em tabelionato. Esse carimbo não é sinal público.[3]

---

34. Cf. HUNGRIA, Nelson. *Comentários ao Código Penal*. 5. ed. Rio de Janeiro: Forense, 1958. v. 9, p. 259-260. NORONHA, E. Magalhães. Ob. cit. v. 4, p. 204. FARIA, Bento de. *Código penal brasileiro*. 2. ed. Rio de Janeiro: Record, 1959. v. 7, p. 40. FRAGOSO, H. Cláudio. Ob. cit. v. 3, p. 338. Contra: BALDESSARINI, Francisco de Paula. *Tratado de direito penal*. Rio de Janeiro: Livraria Jacinto, 1943. v. 9, p. 214.
35. Cf. FARIA, Bento de. Ob. cit. v. 7, p. 40. NORONHA, E. Magalhães. Ob. cit. v. 4, p. 338.
36. AMARAL, Sylvio do. *Falsidade documental*. 2. ed. São Paulo: Revista dos Tribunais, 1978. p. 185-195.

Em qualquer caso – afirma corretamente Fragoso – a imitação realizada deve ser idônea para induzir em erro indeterminadamente a várias pessoas, não se exigindo, porém, que se trate de obra perfeita.[37] A ausência de *imitatio veri*, a falsificação grosseira, perceptível *icti oculi* poderá ser considerada como meio para a prática de outro delito (peculato, estelionato etc.), o que ocorre, também, com a falsificação de selo imaginário.

11.1.6 Tipo subjetivo

O dolo é a vontade de falsificar, fabricando ou alterando o selo ou sinal. Indispensável é a ciência do agente de que é destinado à autenticação de documentos oficiais. Não prevê a lei qualquer finalidade específica da conduta.

11.1.7 Consumação e tentativa

Consuma-se o crime com a falsificação, independentemente de qualquer resultado. Tratando-se de crime plurissubsistente, ainda que formal, é possível a tentativa. A proposta a fabricante para confeccionar selo público ou insígnias atribuídas à entidade de direito público ou autoridade não chega a constituir tentativa, mas simples ato preparatório.[4]

11.1.8 Uso de selo ou sinal falsificado

Prevê a lei as mesmas penas previstas para a falsificação para quem usa o selo ou sinal falsificado (art. 296, § 1º, inciso I). A expressão *faz uso* inscrita no tipo significa, além da utilização normal do selo ou sinal como forma de autenticação, a compra, venda, troca etc. do selo ou sinal falsificado. Como no art. 293, § 1º, porém, a lei apresenta deficiência técnica, deixando de incriminar a guarda, detenção ou posse (item 10.1.8).

Não se reconheceu o crime em estudo na aposição, em veículo, de chapa e lacração falsas, o que constituiria simples infração administrativa,[5] mas o fato, hoje, caracteriza o crime previsto no art. 311 (item 12.1.5).

Quando o próprio falsificador usa o selo ou sinal, há crime único e não concurso ou crime progressivo. O uso é crime autônomo quando não se imputa ao agente a falsificação. Há crime único, também, na falsificação do selo e documento respectivo.

O dolo é a vontade de praticar a conduta (fazer uso). A consumação ocorre com a conduta, independentemente de resultado danoso concreto. Possível a tentativa, embora de difícil ocorrência.

---

37. FRAGOSO, H. Cláudio. Ob. cit. v. 3, p. 338.

11.1.9 Uso indevido de selo ou sinal verdadeiro

Há crime também na conduta de "quem utiliza indevidamente o selo ou sinal verdadeiro em prejuízo de outrem ou em proveito próprio ou alheio" (art. 296, § 1º, inciso II). O objeto material já não é o selo ou sinal falsificado, mas o verdadeiro, utilizado indevidamente. Há que se atentar, portanto, para o elemento normativo consignado no termo *indevidamente*.

Pouco importa, como bem assinala Hungria, que o selo ou o respectivo instrumento de confecção tenha sido obtido fraudulenta ou violentamente, de modo definitivo ou momentaneamente.[38]

Não comete esse crime, e sim o de sonegação fiscal, quem insere elementos inexatos ou omite rendimentos ou operações de qualquer natureza, em documentos ou livros exigidos pelas leis fiscais, com a intenção de exonerar-se dos pagamentos dos tributos devidos à Fazenda Pública (art. 1º, II da Lei nº 4.729, de 14-7-1965).[6]

A consumação ocorre com a utilização, desde que cause prejuízo a outrem ou proveito para o agente ou terceiro. O dano (material ou moral) é indispensável à consumação.[39] O dolo é a vontade de utilizar o selo, ciente o agente de que o faz indevidamente.

11.1.10 Alteração, falsificação e uso indevido de marcas, logotipos, siglas e outros símbolos

O art. 2º da Lei nº 9.983, de 14-7-2000, inseriu o inciso III, no § 1º do art. 296, incriminando a conduta de "quem altera, falsifica ou faz uso indevido de marcas, logotipos, siglas ou quaisquer outros símbolos utilizados ou identificadores de órgãos ou entidades da Administração Pública". As condutas de falsificar e alterar são as mesmas do art. 293 (itens 10.1.5 e 11.1.5); as de fazer uso do art. 296, § 1º, I. O crime pode ser praticado por particular ou funcionário público, neste caso com causa de aumento de pena se a conduta for praticada prevalecendo-se o agente do cargo. O objeto material é marca, logotipo, sigla ou qualquer outro símbolo utilizado ou que identifica órgão ou entidade da Administração Pública, seja da União, do Estado ou do Município. São eles sinais de autenticidade, fiscalização, aprovação, identificação etc., utilizados ou apostos em papéis, objetos, imóveis, mercadorias e coisas por agentes da Administração Pública. A consumação e a tentativa do delito não diferem daqueles crimes já examinados.

11.1.11 Crime praticado por funcionário

Pune a lei mais severamente (aumento da pena de sexta parte) o funcionário público que falsifica ou usa o selo ou sinal, ou utiliza o selo ou sinal verdadeiro quando se prevalece do caso, por facilidade ou ocasião (art. 296, § 2º) (item 10.1.13).

---

38. HUNGRIA, Nelson. Ob. cit. v. 9, p. 260.
39. Cf. HUNGRIA, Nelson. Ob. cit. v. 9, p. 260. FRAGOSO, H. Cláudio. Ob. cit. v. 3, p. 339-340. NORONHA, E. Magalhães. Ob. cit. v. 4, p. 205. FARIA, Bento de. Ob. cit. v. 7, p. 41.

11.1.12 Competência

Compete à Justiça Federal processar e julgar os crimes de falsificação de documento e sinal público, praticados em detrimento do interesse e dos serviços da União Federal.[7]

11.2 FALSIFICAÇÃO DE DOCUMENTO PÚBLICO

11.2.1 Conceito

Prevê o art. 297 o crime de falsificação de documento público: "Falsificar, no todo ou em parte, documento público, ou alterar documento público verdadeiro: Pena – reclusão, de dois a seis anos, e multa." Nos termos do § 2º, "para os efeitos penais, equiparam-se a documento público o emanado de entidade paraestatal, o título ao portador ou transmissível por endosso, as ações de sociedade comercial, os livros mercantis e o testamento particular".

11.2.2 Objetividade jurídica

Tutela-se pelo dispositivo a fé pública, no tocante aos documentos públicos e aos que lhe são equiparados por força da lei penal. Como bem observa Fragoso, a distinção entre documento público e particular justifica-se, pois não há dúvida de que "é mais grave a ofensa à fé pública quando a falsificação tem por objeto documento emanado de autoridade ou funcionário, no exercício regular de sua função, o que por si só constitui normalmente uma garantia exterior de autenticidade".[40] A política nacional de arquivos públicos e privados é disciplinada pela Lei nº 8.159, de 8-1-1991, que foi regulamentada pelo Decreto nº 4.073, de 31-1-2002, alterado pelos Decretos nº 7.430, de 17-1-2011 e nº 10.148, de 2-12-2019 .

11.2.3 Sujeitos do delito

Pode praticar o crime qualquer pessoa. Quando o agente é funcionário público e pratica o crime prevalecendo-se do cargo, aumenta-se a pena (item 11.2.8). Nada impede a coautoria, havendo concurso de pessoas quando o agente serve de intermediário entre o falsificador e o destinatário do documento falso.[8]

Sujeito passivo é o Estado, a coletividade e, de maneira secundária, a pessoa física ou jurídica lesada com a falsificação. Muito embora seja a fé pública, em primeiro plano, a violada no delito de falso, também é sujeito passivo aquele que tem seu interesse atacado pelo cometimento do falso. Desde que da prática do falso resulte ofensa para o particular, tem este legitimidade para figurar como assistente da acusação.[41]

---

40. FRAGOSO, H. Cláudio. Ob. cit. v. 3, p. 341.
41. Voto vencido do desembargador Weiss de Andrade. *RT* 487/284.

11.2.4 Conceito de documento

O documento pode ser conceituado de forma ampla ou de modo restrito. Em sentido amplo, é o objeto idôneo a servir de prova, que inclui não só o escrito, mas também uma pedra, um fragmento de metal etc. Em latíssimo sentido, é a materialização do pensamento humano aplicado às artes, às ciências ou às relações do Estado com os indivíduos e dos indivíduos entre si.[42]

A lei penal, porém, ao referir-se a documento, considera-o em sentido bem mais restrito. Podemos conceituá-lo como toda a peça escrita que condensa graficamente o pensamento de alguém, podendo provar um fato ou a realização de algum ato dotado de significação ou relevância jurídica.[43] É ele, como fez notar Hungria, com fundamento em Schütze, a "base principal da fé pública, o indispensável apoio das relações jurídicas, tanto na esfera patrimonial quanto na órbita familiar, seja na vida pública, seja na particular." [44]

O escrito deve ser feito sobre coisa móvel, que possa ser transportada e transmissível, mas não é indispensável que se trate de papel e pode a inscrição ser realizada em pergaminho, tela etc. Não são documentos as inscrições em coisa imóvel (paredes, muros, estátuas, árvores, monumentos, lápides etc.) ou veículos (trens, automóveis etc.).[45]

Afirma Hungria ser indiferente o *modus faciendi* do documento: se à tinta, ou a lápis, ou com emprego de qualquer substância, desde que idôneo para a documentação.[46] Mas a condição essencial de documento *público* consiste no seu caráter de autenticidade, condição essa inexistente nos papéis escritos a lápis, que não oferecem garantia na sua fixidez e inalterabilidade.[9]

O escrito, como anota Fragoso, deve ser feito a mão ou por meio mecânico ou químico de reprodução de caracteres, podendo ser empregados sinais alfabéticos de qualquer língua, inclusive sinais taquigráficos, numéricos, criptográficos ou telegráficos, desde que constituam expressão do pensamento.[47]

É necessário que no escrito seja identificado o seu autor pela aposição de assinatura ou rubrica ou mesmo pelo seu próprio conteúdo nos casos em que a lei não exija expressamente a subscrição. O escrito anônimo não é documento e não pode estabelecer-se a identidade do autor com base em elementos estranhos ao próprio escrito.[48] A impressão digital não substitui a assinatura.[49]

---

42. AMARAL, Sylvio do. Ob. cit. p. 1.
43. Ver, a propósito da definição de documento, TUCUNDUVA, Ruy Cardoso de. Breves considerações sobre o documento, *RJTJESP* 17/22-5.
44. HUNGRIA, Nelson. Ob. cit. v. 9, p. 249-250.
45. Cf. HUNGRIA, Nelson. Ob. cit. v. 9, p. 350-352. FRAGOSO, H. Cláudio. Ob. cit. v. 3, p. 332-333.
46. HUNGRIA, Nelson. Ob. cit. v. 9, p. 255. No mesmo sentido, FRAGOSO, H. Cláudio. Ob. cit. v. 9, p. 333.
47. FRAGOSO, H. Cláudio. Ob. cit. v. 3, p. 333.
48. Cf. HUNGRIA, Nelson. Ob. cit. v. 9, p. 256. FRAGOSO, H. Cláudio. Ob. cit. v. 3, p. 333.
49. Cf. FRAGOSO, H. Cláudio. Ob. cit. v. 3, p. 334.

Exigindo-se a forma escrita, excluem-se desde logo do conceito de documento "as fotografias e reproduções fotográficas não autenticadas de documentos, discos, gravações em fita, pinturas, desenhos, composições musicais etc., que somente poderão ser consideradas meio de prova ou objeto material de outro crime (exs.: arts. 163, 347 etc.)".[50] Como objeto material do crime é o *documento* falsificado, inexiste o ilícito penal quando se trata de falsificação ou alteração de simples reproduções fotográficas (xerocópias) não autenticadas, as quais não constituem documentos.[10][51] A reprodução por fotografia ou outro meio (fotocópia, xerocópia etc.) autenticada, porém, é considerada como documento.[11]

Característica essencial do documento é a relevância jurídica do escrito, ou seja, que a expressão do pensamento nele contido tenha possibilidade de gerar consequências no plano jurídico.[12] Não podem ser objeto dos crimes de falso os documentos juridicamente inócuos. Quando o documento é especialmente destinado a servir de meio de prova, passa a ser *instrumento*.

O conceito de documento, em algumas decisões dos tribunais, tem sido ampliado para abranger outras formas de registro, mecânicas ou eletrônicas, de fatos ou coisas que destes também podem fazer prova, como as reproduções fotográficas, cinematográficas e fonográficas, expressamente mencionadas no art. 225 do Código Civil. Já decidiu, por exemplo, o STF que fitas contendo gravações oriundas de interceptação telefônica judicialmente autorizada constituem documentos para a tipificação do crime descrito no art. 314 do CP.[13] De acordo com a mesma orientação, o processo eletrônico, instituído pela Lei nº 11.419/2006, seria, também, exemplo de documento público. Embora admissível a interpretação progressiva no Direito Penal, em face das transformações técnicas e científicas, a lei, e mesmo a lei civil, persiste em distinguir o "documento", como registro gráfico do pensamento de alguém, de seus próprios traslados, cópias e outras formas de reprodução, bem como dos registros de imagens, cenas e sons por diferentes meios técnicos (fotografias, filmes, registros fonográficas etc.), dispondo, particularizadamente, sobre a sua validade como meio de prova, ainda que, por vezes, para lhes conferir idêntica força probante. O novo Código de Processo Civil estabelece uma presunção de autenticidade à cópia ou a qualquer forma de reprodução ao lhe reconhecer aptidão para fazer prova se a sua conformidade com o documento original não for impugnada por aquele contra quem foi produzida (art. 422).

11.2.5 Tipo objetivo

São duas as formas de conduta inscritas no tipo. A primeira é a de *falsificar*, que significa criar materialmente, fabricar, formar, contrafazer. O agente elabora, forja o escrito integralmente ou acrescenta algo a um escrito inserindo dizeres em espaço em branco. A segunda ação é a de *alterar* o documento verdadeiro. O sujeito ativo exclui

---

50. FRAGOSO, H. Cláudio. Ob. cit. v. 3, p. 332.
51. Cf. TOLEDO, Francisco de Assis. Crimes contra a fé pública. *Revista de Estudos Jurídicos*, 5/312-320.

termos, acrescenta dizeres, substitui palavras por outras etc. A distinção entre essas condutas é claramente exposta por Sylvio do Amaral, ao afirmar que, nos exemplos de *alteração*, o papel, sobre o qual o agente trabalha, no seu criminoso mister, preexiste à sua ação e constitui documento verdadeiro, sendo objetivo do agente precisamente emprestar-lhe aspecto ou sentido diferente daquele com que nasceu e, quando se trata de falsificação, o documento nasce como fruto do trabalho do agente cujo desiderato reside exatamente em dar existência a um documento fictício.[52] A falsificação (contrafação) pode ser, porém, *total*, quando o documento é inteiramente criado, ou *parcial*, quando se distingue da alteração por recair necessariamente em documento de duas ou mais partes perfeitamente individualizáveis. Exemplos de contrafação parcial são a criação de um aval, de um endosso, de quitação etc.

A substituição de fotografia em documento de identidade, segundo a jurisprudência, caracteriza o crime de falsificação de documento público, pois constitui ela parte juridicamente relevante do documento, havendo alteração dos efeitos jurídicos do mesmo,[14] embora haja decisões no sentido de se ter como configurado no caso apenas o delito de falsa identidade.[15]

É indiferente que a falsificação se dê em todo papel ou parte deste; falsificar todas as vias que formam o documento, ou apenas uma delas, constitui o crime em apreço.[16]

A correção de erros materiais em documento não constitui crime.[53]

Discute-se a possibilidade da ocorrência de crime de falso em documento nulo. Para a maioria da doutrina, se o documento é meramente anulável é possível a falsidade enquanto não for declarada a sua anulação, mas não pode ser objeto do crime o documento que apresenta nulidade absoluta.[54] Entendemos, porém, como Fragoso, que, protegendo a lei o documento como o escrito que pode gerar consequências jurídicas, não será indispensável para a ocorrência do ilícito a sua validade. Esclarece o autor: "Evidentemente, não constituirá documento o ato nulo, juridicamente irrelevante, isto é, incapaz de produzir qualquer consequência no mundo do direito"; todavia, aqui não se atende à *nulidade*, mas à *inexistência* do documento. Antolisei (Manuale, II, 481) fornece, a propósito, um exemplo interessante em que mostra que uma promissória falsa (documento absolutamente nulo) pode ser objeto de novo crime de falsidade, com o falso endosso. Como ensina Soler, V, 358, "a relação entre a inexistência e nulidade é a mesma que entre *ser* e *valer*. A distinção tem importância jurídico-penal porque, quando um objeto não chega a constituir documento, não pode ser objeto idôneo de falsidade; um documento nulo, porém, pode sê-lo".[55]

---

52. AMARAL, Sylvio do. Ob. cit. p. 49-50.
53. Cf. HUNGRIA, Nelson. Ob. cit. v. 9, p. 263. FARIA, Bento de. Ob. cit. v. 7, p. 46.
54. Cf. HUNGRIA, Nelson. Ob. cit. v. 9, p. 255. FARIA, Bento de. Ob. cit. v. 7, p. 44. NORONHA, E. Magalhães Ob. cit. v. 4, p. 200-201. AMARAL, Sylvio do. Ob. cit. p. 13-14.
55. FRAGOSO, H. Cláudio. Ob. cit. v. 3, p. 335.

O objeto material do crime previsto no art. 297 é o documento *público*. Para os efeitos penais, público é o documento expedido na forma prescrita em lei, por funcionário público (na acepção do art. 327), no exercício de suas atribuições. São requisitos, pois, da constituição do documento público: 1. a qualidade do funcionário público que o redige; 2. a sua competência na matéria e no território; 3. a formação do ato durante as funções públicas do funcionário; 4. a observância das formalidades legais.[56] A distinção entre *documentos formal* e *substancialmente públicos* (matéria referente a atos legislativos, administrativos ou judiciários) e *documentos formalmente públicos e substancialmente privados* (matéria de interesse de natureza privada) não tem interesse para a aplicação da lei penal. O delito de falsificação de documentos públicos de emissão de órgãos federais é da competência da Justiça Federal.[17]

O documento particular com reconhecimento de firma ou letra feito por tabelião não é documento público, mas a parte relativa à certificação do oficial o é.[57] Tutela a lei também o documento público estrangeiro desde que "haja atendido às formalidades condicionantes de sua eficiência jurídica no país".[58] O telegrama, no que tange ao formulário de expedição, é público quando constitui ato oficial de funcionário público, mas o emitido pela repartição e entregue ao destinatário não é considerado documento, porque lhe falta a assinatura do emitente.

São documentos públicos as cópias autênticas, traslados, certidões, fotocópias e xerocópias autenticadas ou conferidas dos documentos originais. Reconheceu-se a qualidade de documento público nas cédulas de identidade,[18] na carteira de habilitação do trânsito[19] e no cartão de identidade de policial.[20]

Ao documento público a lei equipara certos documentos particulares que, por sua relevância nas relações entre as pessoas ou entre estas e o Estado, exigem maior proteção. São eles o emanado de entidade paraestatal, o título ao portador ou transmissível por endosso, as ações de sociedade comercial, os livros mercantis e o testamento particular (art. 297, § 2º).

As *entidades paraestatais* são pessoas jurídicas de direito privado, cuja criação é autorizada por lei, com patrimônio público ou misto, para realização de atividades, obras ou serviços de interesse coletivo, sob normas e controle do Estado.[59] São elas as empresas públicas, as sociedades de economia mista, as fundações instituídas pelo Poder Público e os serviços sociais autônomos. A *autarquia*, tida por muitos como entidade paraestatal, tem sempre personalidade de direito público, enquanto as entidades paraestatais são sempre de direito privado.[60]

---

56. Ibidem, p. 335.
57. Cf. HUNGRIA, Nelson. Ob. cit. v. 9, p. 261. FRAGOSO, H. Cláudio. Ob. cit. v. 3, p. 343.
58. HUNGRIA, Nelson. Ob. cit. v. 9, p. 261. No mesmo sentido, FRAGOSO, H. Cláudio. Ob. cit. v. 3, p. 342. NORONHA, E. Magalhães. Ob. cit. v. 4, p. 209.
59. O conceito é de MEIRELLES, Hely Lopes. *Direito administrativo brasileiro*. 4. ed. São Paulo: Revista dos Tribunais, 1976. p. 319.
60. MEIRELLES, Hely Lopes. Ob. cit. p. 325.

Está equiparado a documento público também o *título ao portador ou transmissível por endosso*, no seu conceito de direito comercial (cheque, letra de câmbio, nota promissória, *warrant*, conhecimento de depósito, duplicata etc.). Não desnatura essa qualidade o fato de terem sido emitidos em branco o cheque[21] ou a nota promissória.[22] Se o título é nominativo, condição imprescindível para a configuração do crime é que possa ser transferido por simples endosso, não estando nessa situação os cheques após o prazo da apresentação, a promissória vencida etc.[61] Por essa razão, já se decidiu que, tratando-se de cheque já apresentado e rejeitado no estabelecimento bancário por falta de fundos, desaparece a equiparação por não ser ele transmissível por endosso.[23] Da mesma forma não podem ser objeto do crime previsto no art. 297 os títulos imperfeitos. São eles, porém, passíveis de *falsum* como documentos privados (art. 298).[62]

As *ações de sociedade comercial* (sociedade anônima e sociedade em comandita por ações), sejam elas quais forem (preferenciais, ordinárias, de gozo ou fruição, nominativas ou ao portador), também estão tuteladas e, a rigor, estariam incluídas entre os títulos ao portador ou transmissíveis por endosso.

Os *livros mercantis*, de que se serve o comerciante para a escrituração do seu estabelecimento, são também equiparados ao documento público, quer obrigatórios, quer facultativos.[24]

Por fim, inclui a lei o *testamento particular*, ou hológrafo, já que este realiza plenamente o mesmo objetivo do testamento público, que é a disposição dos bens do testador para depois de sua morte. Não descaracteriza o crime a circunstância de ter sido praticado ainda em vida do testador, já que não há qualquer distinção na lei.

É indispensável para a ocorrência do crime de falsidade que o conteúdo do escrito tenha *relevância jurídica*, ou seja, que contenha manifestação ou testemunho de vontade, apto para fundar ou amparar pretensão jurídica ou para provar fato juridicamente relevante. Além disso, como consequência, a falsidade documental não existe sem ao menos a *possibilidade de dano*, material ou moral. Embora nossa lei nenhuma referência faça à exigência da potencialidade do prejuízo, é ela reconhecida na doutrina, que a considera ínsita no tipo penal.[63] É pacífico na jurisprudência que, não sendo necessário o dano efetivo, é indispensável para a caracterização do crime de falso que a falsificação apresente a possibilidade do prejuízo.[25] Assim, a falsidade inócua, sem qualquer repercussão na órbita dos direitos ou obrigações de quem quer que seja, não constitui ilícito penal, embora contenha em si, ostensivamente, o requisito da alteração da verdade

---

61. Cf. HUNGRIA, Nelson. Ob. cit. v. 9, p. 266. NORONHA, E. Magalhães. Ob. cit. v. 4, p. 213. FRAGOSO, H. Cláudio. Ob. cit. v. 3, p. 347.
62. Cf. AMARAL, Sylvio do. Ob. cit. p. 25-26.
63. Cf. HUNGRIA, Nelson. Ob. cit. v. 9, p. 253. NORONHA, E. Magalhães. Ob. cit. v. 4. p. 200. FRAGOSO, H. Cláudio Ob. cit. v. 3. p. 344. AMARAL Sylvio do. Ob. cit. p. 77. LUNA, Everardo da Cunha. Crimes contra a fé pública e o Código Penal de 1969. *Justitia* 84/255.

documental.[26] [64] Não existe falsificação criminosa quando não fica comprometida a verdade do fato que serve de fundamento do direito que se procura garantir por meio do documento.[27]

É indispensável, por fim, que haja imitação da verdade (*imitatio veri*), que a falsificação seja idônea para iludir um número indeterminado de pessoas. O documento falsificado deve apresentar-se com a aparência de verdadeiro, seja pela idoneidade dos meios empregados pelo agente, seja pelo aspecto de potencialidade do dano. Não há falsificação se o documento não pode enganar, se não imita o verdadeiro, se não tem a capacidade de, por si mesmo, iludir o *homo medius*.[28] A falsificação grosseira, reconhecida facilmente, perceptível *icti oculi*, que faz sentir desde logo que o agente não teve o cuidado de imitar a verdade, não configura o crime de falso, embora possa servir como meio para a prática de outro delito (estelionato, peculato etc.). Nesse sentido, a doutrina e a jurisprudência estão de acordo.[29]

Deve-se ponderar, porém, que a *imitatio veri* somente condiciona a falsidade quando necessária à idoneidade do meio e à possibilidade de enganar. Já decidiu o STF pela irrelevância da falta de imitação para o aperfeiçoamento da figura jurídica da falsificação, por exemplo, de títulos transmissíveis por endosso.[30]

A falsidade material, como crime que deixa vestígios, deve ser demonstrada através do competente exame de corpo de delito.[31] Somente quando a perícia for impossível, por terem desaparecido os vestígios ou qualquer outra causa, a prova da materialidade do crime pode ser suprida por testemunhos.[32] A ausência do corpo de delito, porém, não constitui nulidade quando a falha é causada pelo próprio acusado.[33] Já se tem decidido que a perícia é dispensável quando se trata de substituição de fotografias em carteira de identidade,[34] quando o elemento material do delito consta dos autos, podendo ser a todo momento visto e examinado pelo juiz,[35] e quando a falsificação se apura através de outras provas.[36]

11.2.6 Tipo subjetivo

O dolo é a vontade de falsificar ou alterar o documento público, ciente o agente de que o faz ilicitamente.[37] Pouco importa que haja erro, supondo o agente que se trata de documento particular. Deve o dolo abranger, porém, a nocividade da falsificação, estando o agente ciente de que do fato poderá haver prejuízo para qualquer pessoa.[38] [65] Desnecessário, porém, o intuito de prejudicar, já que não exige a lei tal elemento subjetivo do tipo (dolo específico).[39]

---

64. AMARAL, Sylvio do. Ob. cit. p. 68.
65. Ver as lúcidas ponderações de AMARAL, Sylvio do. Ob. cit. p. 85-86. No mesmo sentido, FRAGOSO, H. Cláudio. Ob. cit. v. 3, p. 345. HUNGRIA. Ob. cit. v. 9, p. 264. DELMANTO, Celso. *Código Penal anotado*. 4. ed. São Paulo: Saraiva, 1984. p. 336.

11.2.7 Consumação e tentativa

Consuma-se o crime com a falsificação ou alteração, independentemente do uso ou qualquer consequência ulterior.[40][66] Não é necessário, pois, que o documento saia da esfera individual do agente e inicie uma relação qualquer com outrem, de modo que possa produzir efeitos jurídicos.[41] Há, porém, entendimento diverso, em que se considera que somente o uso do documento é que faz surgir o dano ou prejuízo potencial.[42] Pacífica é, porém, a afirmação de que não é necessária para a consumação a existência de prejuízo efetivo, bastando o simples perigo de dano.[43] Não se caracteriza o crime, porém, se a falsidade não é apta sequer a causar prejuízo pela falta de relevância jurídica de seu conteúdo.[44]

Trata-se de crime plurissubsistente; é teoricamente possível a ocorrência de tentativa, estando nesse caso a prisão do falsificador quando ainda não ultimou a contrafação ou alteração.[45][67] A matéria, porém, é controvertida, opinando alguns doutrinadores pela impossibilidade jurídica da tentativa.[68] Diz-se que ou se aperfeiçoou a imitação da verdade e há o crime consumado, ou não se chegou lá e não há nada além do impulso criminoso atípico.[46]

11.2.8 Crime praticado por funcionário

Quando o agente é funcionário público e comete o crime prevalecendo-se do cargo, aumenta-se a pena de sexta parte (art. 297, § 1°). A elevação da pena justifica-se pela traição ou infidelidade do agente para com o cargo público em que se acha investido.[69] Não basta a qualidade de funcionário público para a exasperação da pena; é necessário que cometa o crime prevalecendo-se do cargo, ou seja, falsifique documento cuja emissão esteja entre as atribuições do seu cargo, "que abuse, no exercício das atribuições respectivas, das funções específicas da sua competência, utilizando-as maliciosamente para a prática do crime".[70] Indispensável, portanto, que a ação delituosa seja praticada em face das facilidades proporcionadas pelo desempenho do ofício.[47]

11.2.9 Distinção

Distingue-se a falsidade material da falsidade ideológica (art. 299) porque a primeira se refere à forma e a segunda ao conteúdo do documento. Na falsidade material existe uma alteração, é forjado ou criado documento falso no todo ou em parte.

---

66. Cf. NORONHA, E. Magalhães. Ob. cit. v. 4, p. 211. FRAGOSO, H. Cláudio. Ob. cit. v. 3, p. 345. FREITAS. Gilberto Passos de. Da competência no crime de falso. *RT* 539/255-6.
67. Cf. NORONHA, E. Magalhães. Ob. cit. v. 4, p. 211-212. FRAGOSO, H. Cláudio. Ob. cit. v. 3, p. 345. AMARAL, Sylvio do. Ob. cit. p. 122-125.
68. Cf. MANZINI, Vincenzo. *Trattato di diritto penale italiano*. Turim: Unione Tipográfico – Editrice Torinese, 1950. v. 6, p. 734-735. HUNGRIA, Nelson. Ob. cit. v. 9, p. 264.
69. HUNGRIA, Nelson. Ob. cit. v. 9, p. 264.
70. AMARAL, Sylvio do. Ob. cit. p. 17.

11 • DA FALSIDADE DOCUMENTAL **221**

Tem-se afirmado, embora com isso não concordemos, que a falsificação e a alteração de certificado de aprovação em exame de madureza ou de eliminação de disciplinas com o intuito de obtê-lo constituem o crime previsto no art. 301, § 1º, diante da regra da especialidade[48] (item 11.6.7). Em face de sua sujeição a registro federal, são também considerados como documentos públicos os diplomas de curso superior emitidos por instituição de natureza privada para os fins do art. 297 do CP.[49]

Não caracteriza o crime de falso definido no art. 297 a alteração de chapa identificadora de veículo,[50] que é punida nos termos do art. 311 (itens 12.1.5 e 12.6.5). A falsificação de documento de identidade militar ou certificado de reservista para a prática de enganos e fraudes sem repercussão no patrimônio militar configura o crime previsto no art. 297 do CP e não no art. 311 do CPM.[51] Por outro lado, a apresentação de documento público falsificado à repartição militar, visando obter benefícios não devidos, configura crime contra a administração militar. A falsificação de carteira de trabalho para uso na prática de crime perante a autoridade estadual, em detrimento de serviço do Estado-membro ou contra ente privado, é da alçada da Justiça Estadual.[52] Embora válidas em todo o território nacional, as carteiras de habilitação de motorista são expedidas pelos órgãos estaduais do trânsito. A falsificação material ou ideológica das carteiras lesa a fé pública do Estado; assim, a competência para apurar a falsificação é da Justiça Estadual.[53]

A alteração de documento subtraído, com a substituição da *fotografia* da vítima pela do agente, passando este a utilizá-lo, não configura o crime de falsidade documental, mas o de falsa identidade (item 12.2.7).

11.2.10 Concurso

Questão muito discutida é a hipótese criada com a falsificação e o uso de documento público ou particular para a prática de outros crimes, em especial o estelionato, ou para encobrir outras infrações penais. Quanto ao primeiro problema, existem quatro correntes jurisprudenciais. Numa primeira posição, tem-se como caracterizado na hipótese apenas o crime de estelionato. Para cometer o crime de estelionato, o agente serve-se de documento forjado, entendendo-se que a falsidade deixa de existir como crime autônomo. Por não haver o propósito de lesar a fé pública, serve ela de ardil, de crime-meio para a prática do delito-fim.[54][71] O STJ, consolidando sua jurisprudência, expediu sobre o assunto a Súmula 17: "Quando o falso se exaure no estelionato, sem mais potencialidade lesiva, é por este absorvido".[55]

Numa segunda posição, tem-se afirmado que se configura no caso o crime de *falsum* (ou do uso de documento falso). Entende-se que a contrafação vai além da simples encenação, do ardil para enganar a vítimas, constituindo-se em delito autônomo,

---

71. A essa orientação aderiu Fragoso depois de defender a tese do concurso material, embora reconhecendo ser juridicamente precária a solução. Ob. cit. v. 3, p. 351.

mais grave, sendo o estelionato nada mais que o exaurimento do falso. Sustenta-se que o entendimento contrário leva ao absurdo de o crime mais grave, ao invés de agravar o fato pelo uso do documento falso, converter-se em infração penal mais leve, razão para prevalecer o *falsum*, com a absorção do estelionato.[56][72]

Uma terceira corrente vê na hipótese *concurso material* de falso e estelionato. Afirma-se que quem usa documento falso, lesando o patrimônio de outrem, fere duas objetividades jurídicas, dois interesses: o patrimônio e a fé pública, sendo o primeiro coisa inteiramente distinta da segunda.[57][73]

Por fim, para uma última corrente, há na hipótese *concurso formal* dos dois crimes. [58] O uso do documento falso é o ardil e constitui ato executório do crime de estelionato. Obtida a vantagem ilícita, há dois resultados: lesão à fé pública e lesão ao patrimônio particular ou do Estado etc., aplicando-se, assim, o disposto no art. 70, primeira parte. Essa é a orientação do STF,[59] mas há precedentes antigos.[60]

Parece-nos mais correta esta última posição. A primeira orientação, inspirada em medida de política criminal provocada pela severidade da sanção prevista para o crime de falso, é insustentável pela ilogicidade de o crime mais grave ser absorvido pelo crime mais leve. Na segunda posição despreza-se o fato de existirem dois resultados lesivos e não apenas um atentado contra a fé pública. Não se pode falar, também, em duas ações, constitutivas do concurso material, diante da circunstância de que a falsificação e o uso do documento falso, salvo situações excepcionais, estão no contexto de uma única conduta causadora de dois resultados. Deve prevalecer, portanto, o entendimento de que na hipótese há concurso formal de delitos.

Quando não se reconhece o crime de falso diante da conclusão de que não houve a *imitatio veri* ou de que a falsificação é grosseira, é induvidosa a ocorrência do estelionato quando o agente, apesar disso logra a obtenção da vantagem ilícita.[61]

Tem-se entendido também que não se pune o falso se o agente visa apenas encobrir delito anteriormente praticado (apropriação indébita, peculato etc.). Tratar-se-ia de exaurimento do crime anterior ou *post factum* não punível.[62] Há no caso, porém, delitos autônomos, em concurso material.[63]

A falsificação de documento após o furto, para vender a coisa subtraída, por exemplo, concorre com o crime contra o patrimônio, pois, além deste, é também ofendido outro bem jurídico, a fé pública. Assim, há na hipótese dois fatos distintos que devem consequentemente, ser considerados em concurso material.[64] Já se tem decidido, porém, pela ocorrência de mero furto, sendo a falsificação *post factum* não punível.[65]

---

72. Essa foi a conclusão da I Conferência dos Desembargadores, no Rio. A afirmação é de HUNGRIA, Nelson. Ob. cit. v. 7, p. 213-216.
73. Noronha, que se manifestara pelo concurso formal, *Código Penal brasileiro comentado*, v. 5, p. 163, parece inclinar-se por essa tese. *Direito penal*. São Paulo: Saraiva, 1958. v. 2, p. 489.

11.2.11 Falsidades contra a Previdência Social

Por força do art. 2º da Lei nº 9.983, de 14-7-2000, foi inserido o § 3º no art. 297 do CP, para incriminar condutas de falsidade ideológica (itens 11.4.1 a 11.4.12) em documentos e papéis particulares relacionados com a Previdência Social, cominando nesses tipos especiais as penas do crime de falsificação de documento público.

Pelo inciso I, comete crime quem insere ou faz inserir, "na folha de pagamento ou em documento de informações que seja destinado a fazer prova perante a Previdência Social, pessoa que não possua a qualidade de segurado obrigatório".

Trata-se de evitar que não seja aquinhoado com os benefícios restritos ao segurado obrigatório aquele que não o é. São objetos materiais do crime a folha de pagamento ou qualquer documento de informações, desde que destinado a fazer prova perante a Previdência Social.

Pelo inciso II, pratica o delito quem insere ou faz inserir "na Carteira de Trabalho e Previdência Social do empregado ou em documento que deva produzir efeito perante a Previdência Social, declaração falsa ou diversa da que deveria ter sido escrita". O sujeito ativo pode ser o proprietário da Carteira ou terceiro. O objeto material desse crime de falsidade ideológica é também qualquer documento destinado a produzir efeito perante a administração previdenciária.

No inciso III, incrimina-se a conduta de quem insere ou faz inserir "em documento contábil ou em qualquer outro documento relacionado com as obrigações da empresa perante a Previdência Social, declaração falsa ou diversa da que deveria ter constado". O objeto material em que se assenta a falsidade ideológica é documento referente à contabilidade da empresa ou qualquer outro. É necessário que esteja ele relacionado com as obrigações da empresa perante a Previdência Social para que se caracterize o crime.

Tratam os incisos de crimes formais, que se consumam com a falsa inserção, pouco importando, pois, a ausência de prejuízo efetivo à Previdência Social ou ao segurado.

O § 3º e seus incisos substituem o art. 95, alíneas *g, h* e *i*, da Lei nº 8.212, de 24-7-1991, revogadas pelo art. 3º da Lei nº 9.983, de 14-7-2000.

11.2.12 Omissão de dados em documentos relacionados à Previdência Social

Também pelo art. 2º da Lei nº 9.983, de 14-7-2000, foi acrescentado o § 4º do art. 297 do CP, para incriminar a conduta de quem "omite, nos documentos mencionados no § 3º, nome do segurado e seus dados pessoais, a remuneração, a vigência do contrato de trabalho ou de prestação de serviços", sujeitando o agente às mesmas penas das falsidades anteriores. Trata-se, ainda, de falsidade ideológica por omissão (item 11.4.4), que tem como objeto material folha de pagamento, documento de informações para fazer prova perante a Previdência Social, Carteira de Trabalho e Previdência Social, documento que deva produzir efeito perante a Previdência Social, documento contábil ou qualquer outro relacionado com as obrigações da empresa perante a Previdência Social.

Evidentemente, exige-se na conduta o dolo, não se caracterizando o ilícito quando se tratar de irregularidade culposa ou que não possa causar qualquer dano. Trata-se, porém, de crime formal, e é indiferente que tenha ou não causado prejuízo efetivo ao segurado ou à Previdência Social.

11.3 FALSIFICAÇÃO DE DOCUMENTO PARTICULAR

11.3.1 Conceito

No art. 298 a lei preocupa-se com a falsificação de documento particular: "Falsificar, no todo ou em parte, documento particular ou alterar documento particular verdadeiro: Pena – reclusão, de um a cinco anos, e multa."

11.3.2 Objetividade jurídica

Ainda que se referindo a documento particular, a falsificação lesa a fé pública, ou seja, a confiança das pessoas na sua autenticidade. O documento particular é também meio de prova e pode estar relacionado com interesses de grande importância. Havendo no fato, porém, menor gravidade objetiva, já que a confiança pública no documento particular não é tão intensa quanto à conferida ao documento público, a pena cominada é menor que a prevista no art. 297.

11.3.3 Sujeitos do delito

Qualquer pessoa pode ser sujeito ativo do crime previsto no art. 298. Não há nenhuma referência a aumento de pena para a falsificação praticada por funcionário público porque ou este comete o crime no exercício de suas funções, e o documento é público, ou o faz como qualquer pessoa, não havendo razão para a elevação da pena. Sujeito passivo é o Estado.

11.3.4 Tipo objetivo

A conduta típica não se distingue da prevista na falsificação do documento público. É a falsificação do documento, no todo ou em parte (contrafação total ou parcial) ou a alteração do verdadeiro (item 11.2.5).

A distinção entre os crimes previstos nos arts. 297 e 298 está no objeto material que, para este, é o documento *particular*. Por documento particular entende-se o que é feito ou assinado por particulares, sem interferência de funcionário público no exercício de suas funções, seja para estabelecer um laço jurídico, criando uma obrigação, seja para atestar qualquer outra manifestação da vontade, ainda quando expressivo de ato unilateral.[74] Deve-se lembrar, porém, que certos documentos particulares são equiparados

---

74. O conceito é fundado em FARIA, Bento de. Ob. cit. v. 7, p. 49.

aos documentos públicos pelo art. 297 (o emanado de entidade paraestatal, o título ao portador ou transmissível por endosso etc.). Por isso, como bem acentua Hungria, a fórmula para defini-lo tem cunho *negativo*, ou se obtém por exclusão: é o documento não reconhecível, nem mesmo por equiparação, como *público*.[75] Ainda que emitido por funcionário público, o documento terá caráter particular sempre que não se enquadre entre os que o funcionário tem por função emitir.

O documento particular não tem forma especial, embora possa apresentar certas características individualizadoras, não o transformando em público a transcrição, o registro, o reconhecimento da firma etc. Esses atos é que são públicos, mas não alteram o caráter do documento, que continua de natureza particular.[76] É de notar-se que são documentos particulares os atos públicos nulos como tais, por serem feitos por oficiais incompetentes ou por não se revestirem das formalidades legais.[77] Se o documento for o que se costuma chamar de prova escrita, pré-constituída ou acidental, seja autossuficiente ou dependa de complementação, tem-se entendido que não tem esse caráter o requerimento, quando for ato meramente postulante, ainda que apresentado à repartição pública.[66] Esse entendimento reforça-se quando o funcionário público está adstrito a averiguar, *propriis sensibus*, a finalidade da declaração.[67] De qualquer forma, a circunstância de ser o documento particular destinado à autoridade pública não o transforma em público.[68]

Não são considerados documentos os papéis totalmente datilografados ou impressos sem assinatura, nem as xerocópias não autenticadas.[69]

Como no crime de falsificação de documento público, para a existência do crime em tela é necessário que o documento particular tenha relevância jurídica. Não podem ser objeto do crime, assim, os documentos juridicamente inócuos, isto é, alheios à prova de qualquer direito ou obrigação, ou a fato sem efetiva ou eventual relevância na órbita jurídica.[70] É preciso também que seja dotado de possibilidade objetiva de enganar o *homo medius*.[71] Ausente a *imitatio veritatis* ou tratando-se de falsificação grosseira, reconhecível imediatamente por qualquer pessoa inesperada, não constitui crime, pois não põe em perigo a fé pública.[72] Já se decidiu que simples rabisco no documento, a título de assinatura da vítima, embora reconhecida pelo tabelião, não basta para a configuração do ilícito penal previsto no art. 298.[73] Havendo dano patrimonial ou outro, porém, poderá ocorrer delito diverso (estelionato, apropriação indébita, peculato etc.).

O falso é punível ainda quando dele nenhum prejuízo efetivamente decorra, contanto que o dano seja possível, isto é, que exista, potencialmente, como consequência de falsificação.[74]

---

75. HUNGRIA, Nelson. Ob. cit. v. 9, p. 267.
76. Cf. FARIA, Bento de. Ob. cit. v. 7, p. 50. HUNGRIA, Nelson. Ob. cit. v. 9, p. 261. FRAGOSO, H. Cláudio. Ob. cit. v. 3, p. 343.
77. FRAGOSO, H. Cláudio. Ob. cit. v. 3, p. 350. No mesmo sentido, NORONHA, E. Magalhães. *Direito Penal*. 15. ed. São Paulo: Saraiva, 1978. v. 4, p. 215.

No parágrafo único do artigo, inserido pela Lei nº 12.737, de 30-11-2012, equiparou-se ao documento particular o *cartão de crédito ou de débito*. Refere-se a lei aos cartões que permitem a realização de operações bancárias eletrônicas para a movimentação de recursos financeiros, como saques, transferências e pagamentos. Em razão da disseminação da falsificação desses cartões como meio para o cometimento de estelionatos e outros delitos patrimoniais, houve por bem o legislador proceder a sua equiparação ao documento particular como forma de antecipar a repressão penal, mediante a tipificação de fato que anteriormente se constituía em mero ato preparatório à prática daquelas infrações.

11.3.5 Tipo subjetivo

O dolo do delito é a mesma vontade de falsificar ou alterar o documento particular, ciente o agente de que o faz ilicitamente, criando a possibilidade de dano à esfera jurídica de outrem[75] (item 11.2.6). Decidiu-se pela inexistência do crime quando ocorre inserção de cláusulas no instrumento contratual impresso, sem o propósito de alterar a verdade e contrariar a vontade do outro contratante;[76] também não há crime no lançamento de nomes de terceiros em impresso destinado a obter atestado de residência que não causou prejuízo a eles ou à autoridade pública que deveria expedi-lo.[77]

11.3.6 Consumação e tentativa

O *falsum* particular, do mesmo modo que o *falsum* público, consuma-se com a simples *editio falsi*, independentemente de uso de documento falso, isto é, sem necessidade de que este saia da esfera individual do agente e inicie uma relação qualquer com outrem, de modo que possa produzir efeitos jurídicos.[78] Em nada difere também a solução a respeito da tentativa do delito (item 11.2.7).

11.3.7 Distinção

Diversas as situações previstas nos arts. 298 e 299 do CP. Na falsidade material, o que se falsifica é a materialidade gráfica, visível, do documento na falsidade ideológica, entretanto, é apenas o teor ideativo.[79] Assim, quando o agente se vale de papel assinado em branco para forjar documento que não lhe fora confiado para ulterior preenchimento, *ex vi legis* ou *ex contractu*, o crime a se reconhecer é o de falsidade material e não o de falsidade ideológica[80] (item 11.4.5).

Tem-se decidido que a falsificação de atestado ou certificado de aprovação em exames de ensino médio ou supletivo configura o crime previsto no art. 301, § 1º, e não o do art. 298[81] e que, não havendo dano a interesse concreto da União, a competência para apreciá-lo é da Justiça comum.[82] Não concordamos, porém, com a classificação indicada, entendendo haver no caso o crime do art. 297 (item 11.2.9).

Compete à Justiça Federal julgar crimes de falsificação de bilhete de loteria ou de cartões da Loteria Esportiva.[83]

11 • DA FALSIDADE DOCUMENTAL | **227**

Tratando-se de nota fiscal, fatura, duplicata, nota de venda ou qualquer documento relativo à operação tributável, a falsificação constituirá crime contra a ordem tributária (art. 1º, III, da Lei nº 8.137, de 27-12-1990).

11.3.8 Concurso

Para as mesmas questões referentes à falsificação e uso do documento particular falsificado para a prática de outro crime ou para encobri-lo, valem as soluções apontadas para o crime previsto no art. 297 (item 11.2.10). Ocorre, porém, que ao estelionato é cominada pena superior àquela prevista para a falsificação do documento particular no que tange à multa, sendo idênticas as sanções privativas de liberdade. Nessas condições, mais aceitável é a absorção do *falsum* pelo crime patrimonial.[84]

Quando o falso se apresenta de par com a apropriação indébita, em relação de meio a fim ou para dissimulá-la, tem prevalecido o entendimento da existência de concurso material por lesar bem jurídico diverso da inviolabilidade do patrimônio.[85] Há decisões, porém, em sentido contrário, que consideram o *falsum* como *post factum* não punível.[86]

O uso da receita médica falsificada pelo próprio autor da falsificação para a aquisição de entorpecente é tido como crime-meio, indispensável ao falsário para conseguir o delito-fim, devendo este absorvê-lo.[87] Já se decidiu, porém, pelo concurso material.[88]

11.4 FALSIDADE IDEOLÓGICA

11.4.1 Conceito

Prevê o art. 299 o crime de falsidade ideológica, assim definido: "Omitir, em documento público ou particular, declaração que dele devia constar, ou nele inserir ou fazer inserir declaração falsa ou diversa da que devia ser escrita, com o fim de prejudicar direito, criar obrigação ou alterar a verdade sobre fato juridicamente relevante: Pena – reclusão, de um a cinco anos, e multa, se o documento é público, e reclusão de um a três anos, e multa, se o documento é particular."

Outras denominações utilizadas para designar esse delito são: falso intelectual, falso ideal, falso moral e falso não material.

Distingue-se o falso ideológico do material porque neste o agente imita a verdade, através de contrafação ou alteração, enquanto naquele o documento é perfeito em seus requisitos extrínsecos, em sua forma, e emana realmente da pessoa que nele figura como seu autor ou signatário, mas é falso no seu conteúdo, no seu teor, no que diz ou encerra. Uma coisa é criar materialmente o documento ou parte dele, outra é declarar um juízo inverídico em lugar da verdade em documento que, materialmente, é verdadeiro. Concerne a falsidade ideológica ao conteúdo, e não à forma.[89] Assim, enquanto na falsidade material o crime é apurado pelo exame do escrito para se verificar se houve contrafação ou alteração, na ideológica somente pode ser constatado pela verificação dos fatos a que se refere o documento.[78]

11.4.2 Objetividade jurídica

O objeto jurídico do art. 299 é a fé pública, não mais no que se refere à autenticidade do documento, mas à sua veracidade, ao seu *conteúdo*. Tutelados pelos dispositivos estão os documentos públicos e os particulares, merecendo o falso ideológico dos primeiros penas mais severas que a dos demais, embora o tipo penal seja o mesmo.

11.4.3 Sujeito ativo

Pode praticar o crime qualquer pessoa. Se o agente for funcionário público e cometer o crime prevalecendo-se do cargo, a pena é aumentada de sexta parte (art. 299, parágrafo único, 1ª parte). Para que se verifique a causa especial de aumento de pena é preciso, portanto, que fique demonstrado ter-se o agente aproveitado da facilidade ou oportunidade pelo exercício do cargo público para a prática do delito.[90]

Pode o particular praticar falso ideológico em documento público ao fazer declarações inverídicas ou omitir circunstâncias que não podia esconder ao funcionário público que elabora, nessa qualidade, o documento (falsidade mediata).

Sujeito passivo do crime, como nos casos de falsidade material, é o Estado e, também, qualquer pessoa a quem a falsificação possa causar dano.

11.4.4 Tipo objetivo

Três são as ações incriminadas pelo art. 299. A primeira delas é a de *omitir* declaração a que estava o agente obrigado. O agente silencia, não menciona fato que era obrigado a fazer constar do documento. Tem-se entendido que se trata de crime omissivo puro (omissão própria), ou seja, aquela que viola um comando imperativo. Mas, como bem observa Everardo da Cunha Luna, *omitir*, no caso da falsidade, significa "fazer um documento com declaração incompleta", constituindo-se, portanto, num crime comissivo.[79]

A segunda ação é a de inserir declaração falsa ou diversa da que devia o agente fazer. *Inserir* significa colocar, introduzir, intercalar, incluir, por ato próprio, a declaração inverídica de modo direto, elaborando o agente o documento. Trata-se, nesse caso, de falsidade imediata.

A terceira ação consiste em *fazer inserir*, em inserir de modo indireto, em utilizar-se o agente de terceiro para introduzir ou incluir por sua determinação a declaração falsa ou diversa da que devia constar. Trata-se de *falsidade mediata*, da

---

78. Cf. FRAGOSO, H. Cláudio. Ob. cit. v. 3, p. 352. NORONHA, E. Magalhães. Ob. cit. v. 4, p. 230. HUNGRIA, Nelson. Ob. cit. v. 9, p. 272.
79. LUNA, Everardo da Cunha. Artigo citado. *Justitia* 84/261-2.

qual será coautor aquele que escreve o documento se tiver ciência da falsidade. Na falsidade mediata não é imprescindível a presença do agente no momento da feitura do documento, já que a declaração pode ser feita por escrito pelo agente para que seja inserida no documento.[80]

Refere-se a lei à declaração *falsa*, inverídica, e à *diversa da que devia ser escrita*, em que "ocorre a substituição de uma declaração verdadeira e substancial por outra também verdadeira, mas inócua ou impertinente ao caso".[81]

Para que ocorra o delito de falsidade ideológica é necessário que o agente vise *prejudicar direito* ou *criar obrigação* ou, ainda, que a alteração seja relativa a *fato juridicamente relevante*, entendendo-se como tal a declaração que, isolada ou em conjunto com outros fatos, tenha significado direto ou indireto para *constituir, fundamentar* ou *modificar* direito, ou relação jurídica pública ou privada.[91] Considerou-se, por isso, haver crime [92] na inserção em escritura de falso pagamento de imposto;[93] na troca de provas realizadas em concurso público, das acusadas, de modo que se fizesse passar uma pela outra;[94] na certidão, em mandado, de falsa citação do réu de ação de despejo;[95] no dizer-se o agente solteiro, quando era casado, em processo de habilitação de casamento;[96] na inserção, em documentos públicos, de declaração que, embora irrelevantes no que tange à substância dos atos nele retratados, visavam provar a presença do tabelião no Cartório, em período que era objeto de investigação, para que fosse apurado o abandono de cargo a ele atribuído;[97] no preenchimento de cambial paga no seu vencimento; portanto, extinta nos seus efeitos circulatórios, com o fito de criar obrigação para o avalista da mesma;[98] na inserção em instrumento de cessão de compromisso de compra e venda, de falsa declaração de estado civil, com o escopo de prejudicar o cônjuge, de quem o agente pretendia separar-se;[99] na falsa declaração de parentesco a fim de que o interessado na aquisição de imóvel pelo SFH atingisse a renda exigida;[100] na conduta do oficial do Registro de Imóveis que, ao promover o registro de formal de partilha, insere no registro confrontações não declaradas nos documentos.[101]

Não se caracteriza o crime quando se trata de falsidade sobre fato juridicamente irrelevante,[102] ou inócuo, que não contém nocividade efetiva ou potencial.[103] Por esse motivo, com o advento do art. 227, § 6º, da Constituição Federal de 1988, que tornou possível o reconhecimento de filho adulterino (arts. 1.596 e 1.607 do CC) ainda que na constância do casamento, dada a equiparação legal dos filhos havidos ou não de justas núpcias, declarou-se atípica a falsa declaração inserida em assento de registro civil dizendo-se o agente solteiro para possibilitar o reconhecimento de filho adulterino.[104]

A declaração prestada por particulares deve valer, por si mesma, para a formação do documento, a fim de configurar-se a falsidade mediata. Se o "oficial ou funcionário

---

80. NORONHA, E. Magalhães, Ob. cit. v. 4, p. 237.
81. AMARAL, Sylvio do. Ob. cit. p. 93-94.

público que a recebe está adstrito a averiguar, *propiis sensibus*, a fidelidade da declaração, o declarante, ainda quando falte à verdade, não comete ilícito penal".[105] [82]

Como por documento se entende aquilo que se costuma chamar de prova escrita, pré-constituída ou acidental, seja autossuficiente ou dependa de complementação, requisitos não encontrados no simples *requerimento* ou *petição*, o requerer, ainda que no pedido conste alguma informação inverídica, não leva à caracterização do delito previsto no art. 299 do CP.[106] Não se reconheceu o crime em estudo na conduta do motorista que, tendo tido apreendida a sua carteira de habilitação, por estar vencido o exame médico, solicita segunda via à autoridade sob a alegação de que perdeu a original;[107] na daquele que subscreveu, como testemunha, requerimento de contribuinte que pretendia isenção fiscal, atestando residir em outro local;[108] no pedido de alvará judicial para levantamento de dinheiro deixado pelo irmão do agente em Caixa Econômica, declarando falsamente inexistirem outros herdeiros;[109] na declaração de falsa residência para submeter-se a exames para habilitação como motorista.[110]

Assim como a falsidade material grosseira não constitui crime, porque não tem potencialidade de dano, pela mesma razão é impunível a falsidade ideológica que afirme fato ou circunstância incompatível com a realidade de todos conhecida. Uma declaração mentirosa, porém inábil para prejudicar, visando criar obrigações ou alterar a verdade sobre fato juridicamente relevante, é inócua, não cria para a sociedade aquele *quid* de perigo necessário e exigível para justificar uma punição. Há necessidade, portanto, de que o falso tenha um mínimo de idoneidade para enganar.[111] Por essa razão, não se reconheceu falsidade ideológica punível nas seguintes hipóteses: falsidade de documento particular de cessão ao portador de direitos hereditários, pois tal cessão se opera mediante escritura pública;[112] falsidade da certidão do oficial de justiça quanto à citação da mulher do réu, por ele certificada, visto ser ela desnecessária por se tratar de ação pessoal;[113] falsidade no registro de óbito quanto à declaração dele constante, de que o de *cujus* não deixara bens a inventariar, por ser incapaz de gerar domínio;[114] a falsidade quanto à residência do agente quando não cria obrigação, nem altera a verdade sobre fato juridicamente relevante;[115] falsidade quanto à idade de filho menor para ingresso em clubes ou bailes;[116] o preenchimento de gabarito em concurso vestibular ou concurso público mediante cola eletrônica;[117] falsidade na petição inicial de advogado que não pode ser tida como documento na acepção jurídica do termo, uma vez que seu conteúdo estará sempre sujeito ao crivo da parte contrária e da própria justiça.[118]

Para a configuração do delito de falsidade ideológica é indispensável o prejuízo potencial ou real, a direito, obrigação ou a fato juridicamente relevante.[119] Por essa razão, absolveu-se acusada que, por vaidade feminina, promoveu novo registro de nascimento, para parecer mais jovem do que o namorado com quem ia casar-se.[120]

---

82. Cf. HUNGRIA, Nelson. Ob. cit. v. 9, p. 280. FRAGOSO, H. Cláudio. Ob. cit. v. 3, p. 355. NORONHA, E. Magalhães. Ob. cit. v. 4, p. 236.

11 • DA FALSIDADE DOCUMENTAL **231**

Dispensa o *crimen falsi*, porém, para a sua configuração, a efetiva ocorrência do prejuízo, bastando a potencialidade do dano.[121][83]

É da competência da Justiça Federal o processo e julgamento da falsidade se dela resulta ofensa aos serviços de empresa pública federal, não obstante a ausência de prejuízo material.[122]

11.4.5 Simulação e papel assinado em branco

Discute-se na doutrina se a *simulação* fraudulenta, além de ilícito civil, configura o crime de falsidade ideológica. Como na simulação as palavras são genuínas, mas o pensamento que traduzem não é verdadeiro, entende Bento de Faria, com fundamento em Manzini, que se trata de declaração fraudulenta da *vontade* e não da *verdade*, o que não constitui o crime em tela.[84] Mas, como bem observa Hungria, a simulação maliciosa substitui, em detrimento de outrem, a verdade real pela mentira com aparência de verdade e, é, portanto, uma declaração fraudulenta deformadora da verdade, constituindo-se em falsidade ideológica quando pode o fato prejudicar terceiros.[85] O grande mestre cita como exemplos: no divórcio, o cônjuge-varão, para prejudicar a mulher, simula dívidas, emite promissórias fantásticas em favor de terceiros (com os quais se mancomuna); o mandatário, de conluio com terceiros, emite títulos de imaginária responsabilidade do mandante.[86] Na jurisprudência, não se reconheceu esse delito, mas apenas crime patrimonial, na suposta aquisição de imóvel através de escritura pública decorrente de transação simulada e com o escopo de evitar a penhora[123] e na simulação entre réus e vítimas para frustrar a estas direito assegurado por leis trabalhistas.[124]

Outra discussão gira em torno da exata capitulação do crime no chamado *abuso de papel em branco assinado*. Hungria distingue a hipótese de que ao agente tenha sido confiado o documento daquela que se apossou do papel, vendo na primeira a falsidade ideológica e, na segunda, a falsidade material.[87] Everardo da Cunha Luna entende haver sempre falsidade material.[88] A primeira solução é a mais acertada: se a folha estiver na posse legítima do agente, para que a preencha de acordo com o entendimento mantido com o signatário, o preenchimento abusivo será falsidade ideológica, pois insere ele declaração diversa da que deveria ser escrita;[125] se o papel foi obtido por meio ilegítimo (fraude, apropriação indébita etc.) ou apenas confiado ao agente para guarda, o preenchimento constituirá falsidade material, pois haverá no caso contrafação total. No preenchimento apenas de alguns claros haverá contrafação parcial.[89]

---

83. AMARAL, Sylvio do. Ob. cit. p. 77-79.
84. DELMANTO, Celso. Ob. cit. v. 7, p. 53-54.
85. HUNGRIA, Nelson. Ob. cit. v. 9, p., 282-3. No mesmo sentido, NORONHA, E. Magalhães. Ob. cit. v. 4, p. 237-9. FRAGOSO, H. Cláudio. Ob. cit. v. 3, p. 355.
86. HUNGRIA, Nelson. Ob. cit. v. 9, p. 283.
87. HUNGRIA, Nelson. Ob. cit. v. 9, p. 277-279.
88. LUNA, Everardo da Cunha. Artigo citado. *Justitia* 84/264-5.
89. Cf. FRAGOSO, H. Cláudio. Ob. cit. v. 3, p. 358.

11.4.6 Tipo subjetivo

O dolo no crime de falsidade ideológica é a vontade de praticar a conduta típica, ciente o agente de que a declaração é falsa ou diversa da que devia ser escrita. [126] Indispensável, porém, é o elemento subjetivo do tipo (*dolo específico*), previsto expressamente na cláusula "com o fim de prejudicar direito, criar obrigação ou alterar a verdade sobre fato juridicamente relevante".[127] Por essa razão, não se reconheceu a ocorrência do crime em estudo nos seguintes casos: na utilização de certidão de nascimento de irmã, já falecida, para obtenção de documentos, a fim de que pudesse a acusada trabalhar;[128] na promoção de um segundo registro de nascimento de filho, com elevação de sua idade para que o mesmo obtivesse emprego;[129] na conduta do tabelião que faz consignar na escritura ter sido ela lavrada em cartório e que o testador expressara de viva voz sua vontade quando o ato foi realizado no hospital, onde aquele estava internado com câncer na laringe;[130] no registro no nome do acusado e no da irmã de sua amásia, de filho havido com esta, com o consentimento daquela, por ser a mãe do menor casada e não poder figurar no registro;[131] na ausência de intenção de violar a fé pública do registro civil, por via de execução do falso assentamento sobre o anterior, verdadeiro.[132]

Não há crime, pela ausência de dolo, quando houver um fim de gracejo ou quando o acusado de um crime mente para se defender,[133] mas o *motivo*, ainda que altruístico ou nobre, não descaracteriza o ilícito. Entretanto, com o fundamento de que, nesta última hipótese, está ausente o prejuízo, real ou futuro, tem-se decidido pela inexistência do crime pela ausência do elemento subjetivo do tipo: no registro de menor que foi entregue ao agente pela mãe verdadeira,[134] de filho exclusivo da amásia, visando possibilitar-lhe a matrícula em escola pública,[135] de filho havido de união extraconjugal, como sendo de suas justas núpcias,[136] de menor enjeitado,[137] abandonado,[138] de pais incógnitos,[139] de filho de mãe solteira,[140] de prostituta[141] e de filho de outrem que não tem meios para criá-lo.[142] O registro de nascimento, porém, encerra relação jurídica de capital importância. É um ato público e sua falsidade põe em insegurança a ordem jurídica garantida pelo Estado, e o motivo nobre não pode excluir a criminalidade, merecendo apenas o reconhecimento da existência de atenuante genérica.[143]

É indiferente que o agente queira o prejuízo, ou seja, a intenção ou propósito de causar dano,[144] configurando-se o crime ainda que não resulte efetivo prejuízo ou lucro.[145]

O erro, ou seja, a falsa representação a respeito do fato objeto da falsidade, exclui o crime.[90] Decidiu-se pela excludente do erro de fato na conduta do acusado, pessoa inculta, que registrou como legítimos os filhos havidos da amásia na suposição de que a palavra *legítimo* significasse *autêntico*, isto é, que era realmente o pai deles.[146]

Não prevê a lei o procedimento meramente culposo da falsidade ideológica.[147]

---

90. Cf. HUNGRIA, Nelson. Ob. cit. v. 9, p. 277.

11.4.7 Consumação e tentativa

O crime de falsidade ideológica consuma-se com a omissão ou a inserção direta ou indireta da declaração falsa ou diversa da que devia constar.[148] Quanto à omissão, pode o agente prestar a declaração verdadeira ou necessária até que se proceda ao encerramento da documentação, pois só nesse momento existirá o documento. Trata-se de crime de natureza formal, que não exige o prejuízo efetivo; basta a possibilidade de dano.[149]

Entende Noronha que a tentativa somente é possível na forma comissiva de *fazer inserir* a declaração, pois na de *inserir* o agente pode declarar a verdade até o encerramento do documento.[91] Fragoso, a nosso ver sem razão, limita a impossibilidade de tentativa apenas à forma de omitir declaração.[92]

11.4.8 Formas qualificadas

No parágrafo único do art. 299 estão previstas duas formas qualificadas do crime em estudo. A primeira delas refere-se à falsidade ideológica do *funcionário público* que comete o ilícito prevalecendo-se do cargo (item 11.4.3). A segunda ocorre quando a falsificação ou alteração diz respeito a *assentamento de registro civil*, ou seja, às inscrições de nascimentos, casamentos, óbitos, emancipações, interdições, sentenças declaratórias de ausência, incluindo-se as averbações (Lei nº 6.015, de 31-12-1973). Justifica-se o aumento de pena pelos interesses morais, econômicos e sociais que são objeto dos assentos do registro civil.

11.4.9 Distinção

Em relação ao documento público, nem sempre o falso ideológico se classifica no art. 299. Pode ocorrer falsidade de atestado ou certidão (art. 301), de nascimento inexistente (art. 241) etc. Promover um segundo registro de nascimento, alterando dados constantes do registro anterior, constitui, porém, o crime de falsidade ideológica e não o do previsto no artigo 241.[150]

Comete crime de falsa identidade e não de falsidade ideológica aquele que comparece a Juízo sob falso nome, a fim de manter-se isento de mácula nos registros públicos.[151]

Fraudar a fiscalização tributária, inserindo elementos inexatos, ou omitindo operação de qualquer natureza, em documento ou livro exigido pela lei fiscal, configura crime contra a ordem tributária (art. 1º, II, da Lei nº 8.137, de 27-12-1990).

A fraude a credores mediante elaboração de escrituração contábil ou balanço com dados inexatos ou omissão de lançamento que deles deveria constar constitui forma agravada de crime previsto na Lei de Falências (art. 168, § 1º, I e II, da Lei nº 11.101, de 9-2-2005).

---

91. NORONHA, E. Magalhães. Ob. cit. v. 4, p. 241.
92. FRAGOSO, H. Cláudio. Ob. cit. v. 3, p. 355.

11.4.10 Concurso

Reunindo-se numa mesma pessoa o autor da falsidade e o usuário do documento falso, responde ele somente pelo primeiro crime.[152] Não havendo possibilidade de bigamia sem antecedente falsidade ou uso do que se falsificou, o crime-fim absorve o anterior.[153] Mas o falso ideológico não é absorvido pelo de bigamia quando a certidão falsa utilizada não foi forjada para servir de base a esta infração penal.[154]

Praticado estelionato com a utilização de documento ideologicamente falso, as soluções apontadas para a questão da existência ou não de concurso de crimes são aquelas já apontadas quando do estudo da falsificação material (item 11.2.10). Há que se observar, porém, que, em se tratando de documento particular, à falsidade é cominada pena menos severa que ao estelionato, não se justificando a absorção deste por aquela.

Tratando-se de crime de sonegação fiscal, a falsidade ideológica, como meio para a execução daquele delito, é absorvida por este, entendendo-se na jurisprudência haver no caso a aplicação do princípio da especialidade.[155]

11.4.11 Prescrição

Tratando-se de falsificação de registro civil, o prazo da prescrição, nos termos do art. 111, IV, conta-se a partir da data em que o fato se tornou conhecido da autoridade pública. Tal conhecimento, segundo Hungria, deve ser presumido quando o fato se fez notório ou foi noticiado por meio de ampla divulgação (imprensa, rádio, televisão etc.).[93] Na jurisprudência, porém, já se considerou como termo inicial no prazo da prescrição o uso do documento falso.[156]

11.4.12 Exame pericial

Como a falsidade ideológica afeta o documento tão somente na sua ideação e não a sua autenticidade ou inalterabilidade, é desnecessária a perícia,[157] embora já se tenha decidido em sentido contrário.[158]

11.5 FALSO RECONHECIMENTO DE FIRMA OU LETRA

11.5.1 Conceito

Modalidade de *falsum* é o crime de falso reconhecimento de firma ou letra, previsto no art. 300, com a seguinte redação: "Reconhecer, como verdadeira, no exercício de função pública, firma ou letra que o não seja: Pena – reclusão, de um a cinco anos, e multa, se o documento é público; e de um a três anos, e multa, se o documento é particular."

Na verdade, o fato não merecia disciplina especial, hipótese que é de falsidade ideológica.[94]

---

93. Cf. LUNA, Everardo da Cunha. Artigo citado. *Justitia* 84/267.
94. HUNGRIA, Nelson. Ob. cit. v. 9, p. 286. No mesmo sentido, FRAGOSO, H. Cláudio. Ob. cit. v. 3, p. 360.

11.5.2 Objetividade jurídica

Tutela-se com o dispositivo em estudo a fé pública no que concerne à autenticação da firma ou letra, atribuída a determinadas pessoas. Para a coletividade, uma firma reconhecida provém, indiscutivelmente, do punho que o nome indica tornando-se imprescindível proteger-se a fé pública desse ato.

11.5.3 Sujeitos do delito

O ilícito previsto no art. 300 é *crime próprio*, visto que só pode ser praticado por aquelas pessoas que são depositárias da fé pública, podendo reconhecer como verdadeira a firma ou letra de outrem. São eles "o tabelião de notas, o oficial do Registro Civil (como tabelião nos distritos que não são sedes de comarca; como oficial, dentro dos processos de habilitação para casamento), os cônsules e os escreventes do tabelionato, designados pelo serventuário, de acordo com o juiz competente, para o reconhecimento de firmas (Decreto estadual nº 5.129, de 1931)".[95]

Segundo Noronha, é necessário apenas que o agente esteja no exercício de função pública, ou seja, que tenha sido investido nela, não se impondo que, *no momento* do crime, se ache exercendo a função.[96]

A responsabilidade pelo ato do reconhecimento de uma firma não é do escrevente que subscreve a certidão, mas sim do que confere a assinatura com a existente em Cartório, afirmando que ela confere com a constante do fichário.[159] Isto ocorre porque não há participação culposa em crime doloso, sendo impunível a negligência do subscritor do reconhecimento.[97]

O "reconhecimento" de firma ou letra por quem não tem fé pública não constitui o crime em apreço, mas o de falsidade de documento público ou particular (arts. 297 e 298). É possível, porém, a participação criminosa quanto à pessoa do apresentante do documento, em conluio com o funcionário, diante do art. 29. Quando o apresentante é o próprio falsificador, o reconhecimento do falso, para ele, é *post factum* não punível, tal como ocorre com o uso do documento falso.[98]

Sujeito passivo é o Estado e, secundariamente, a pessoa que tem seu interesse ou direito lesado pela conduta delituosa.

11.5.4 Tipo objetivo

A conduta típica é reconhecer firma ou letra como verdadeira quando não o é. *Firma* é a assinatura (por extenso ou abreviada), enquanto *letra*, no caso, é o manuscrito integral da pessoa que também subscreve o documento, tal como ocorre no testamento hológrafo.

---

95. AMARAL, Sylvio do. Ob. cit. p. 153-4.
96. NORONHA, E. Magalhães. Ob. cit. v. 4, p. 248.
97. FRAGOSO, H. Cláudio. Ob. cit. v. 3, p. 361.
98. Cf. NORONHA, E. Magalhães. Ob. cit. v. 4, p. 448. Hungria afirma haver concurso material. Ob. cit. v. 9, p. 291. Fragoso concorda com essa orientação, mas assinala que "dada a gravidade das penas impostas, a solução rigorosamente técnica talvez não seja a melhor". Ob. cit. v. 3, p. 361.

O reconhecimento é aposto no próprio documento onde se encontra a firma ou letra, normalmente através do preenchimento de claros da impressão de carimbos. Pode-se reconhecer a firma em escrito datilografado, impresso ou escrito por outrem, pois seu valor probante é o mesmo daquele totalmente manuscrito pelo signatário. É ele "o ato que autentica a realidade da assinatura da pessoa e, consequentemente, torna digno de crédito, de fé, o documento onde ela se encontra".[99]

O reconhecimento pode ser autêntico, semiautêntico, por semelhança e indireto. Esclarece Sylvio do Amaral: "Reconhecimento *autêntico* (ou *por certeza*) é o que o tabelião faz 'vendo escrever a própria pessoa, como tal por ele reconhecida, ou conhecida na ocasião'. Diz-se o reconhecimento *semiautêntico* 'se lançada longe das vistas do tabelião a assinatura, perante ela afirma o respectivo autor a sua veracidade'. O chamado reconhecimento *por semelhança* é, como se sabe, representado pela grande maioria dos casos concretos: é aquele que 'resulta da comparação feita pelo tabelião da letra ou firma, que lhe apresentam para ser reconhecida, com a de que tem lembrança ou consta de papéis ou livros do Cartório'. Finalmente, é *indireto* o reconhecimento 'quando duas pessoas, conhecidas do tabelião, declaram por escrito que a letra ou firma são, na realidade, de determinada pessoa'." [100] O reconhecimento de uma firma, porém, só tem um significado positivo: o de que a firma é verdadeira, ocorrendo o crime qualquer que seja a sua espécie.[101] Não fazendo a lei nenhuma distinção entre os diversos modos, a jurisprudência perfilha esse entendimento, máxime quando o reconhecimento é feito sem explicação ou ressalva.[160]

Não há que falar em crime impossível na infração prevista no art. 300 do CP mesmo que o reconhecimento da firma seja condição para a validade do ato, se tem sido ele adotado para servir como comprovação da autenticidade das assinaturas.[161]

11.5.5 Tipo subjetivo

O dolo é a vontade de praticar a conduta típica, ciente o sujeito ativo de que a firma ou letra não é verdadeira. Atuando o agente em dúvida quanto à autenticidade da assinatura, ocorre dolo eventual, integrador do crime. Nada impede, porém, o erro de tipo; não incorre em sanção penal o notário que reconhece como verdadeira, firma que não sabe ser falsa e que muito se assemelha à verdadeira.[162]

Não há crime quando o reconhecimento falso deriva de culpa do funcionário que, por exemplo, por negligência, não observa as dissemelhanças entre a assinatura reconhecida e a constante do protocolo de firmas. Não procede a afirmação de Bento de Faria em sentido contrário.[102] É indiscutível a necessidade de dolo,[163] ficando a

---

99. NORONHA, E. Magalhães. Ob. cit. v. 4, p. 249.
100. AMARAL, Sylvio do. Ob. cit. p. 144.
101. Cf. AMARAL, Sylvio do. Ob. cit. p. 417-451. DELMANTO, Celso. Ob. cit. p. 243. FRAGOSO, H. Cláudio. Ob. cit. v. 3, p. 361.
102. FARIA, Bento de. Ob. cit. v. 7, p. 58.

falsificação culposa na esfera do ilícito civil e dando lugar apenas à indenização por perdas e danos.[164]

11.5.6 Consumação e tentativa

Consuma-se o crime com o remate da atestação (fórmula do reconhecimento), independentemente da devolução do documento ao apresentante.[165] Trata-se de crime formal, que não exige prejuízo efetivo e que independe do fim que seja dado ao documento em que ocorreu o falso reconhecimento.

Tratando-se de crime plurissubsistente, nada impede a ocorrência da tentativa; pode o agente ser surpreendido antes que lance sua assinatura de reconhecimento em documento que já contém os dizeres a ele referentes.

11.5.7 Distinção

Reconhecer, como verdadeira, no exercício da função pública, firma ou letra que o não seja, para fins eleitorais, é crime previsto especialmente no art. 352 do Código Eleitoral vigente (Lei nº 4.737, de 15-7-1965).

11.6 CERTIDÃO OU ATESTADO IDEOLOGICAMENTE FALSO

11.6.1 Conceito

No art. 301 o Código prevê o crime de certidão ou atestado ideologicamente falso, assim definido: "Atestar ou certificar falsamente, em razão de função pública, fato ou circunstância que habilite alguém a obter cargo público, isenção de ônus ou de serviço de caráter público, ou qualquer outra vantagem: Pena – detenção, de dois meses a um ano."

No § 1º do citado artigo está previsto o crime de falsidade material de atestado ou certidão e, no § 2º, a forma qualificada de ambos os delitos.

11.6.2 Objetividade jurídica

O objeto jurídico tutelado pelo dispositivo é a fé pública referente à autenticidade de atestado ou certidão que possa proporcionar a alguém os fins previstos no artigo. Trata o *caput* de um caso de falsidade ideológica a que é cominada pena sensivelmente inferior àquela prevista para a falsidade ideológica, embora o objeto material do delito (atestado ou certidão) represente uma das espécies de documento público.[166]

11.6.3 Sujeitos do delito

O crime do art. 301 é *próprio do funcionário público*, não podendo ser cometido por particular.[167] Só aquele pode *atestar* ou *certificar*, em razão da função pública, qualquer fato ou circunstância. Ao contrário do que ocorre com o disposto no art. 300, exige-se que o sujeito ativo pratique o fato quando executa ato de ofício, não bastando estar ele no exercício da função pública.

Tratando-se da expedição por particular de *atestado* ou *certidão* (que na verdade é apenas uma *declaração*), contendo afirmação falsa, configurar-se-á o crime de falsidade ideológica (art. 299).

Sujeito passivo é o Estado, titular da fé pública, inerente aos documentos públicos ou particulares.

11.6.4 Tipo objetivo

A conduta típica é atestar ou certificar falsamente fato ou circunstância. *Atestar* é afirmar ou provar algo em caráter oficial. *Certificar* é afirmar, convencer da verdade ou da certeza de algo, também com caráter público. É necessário que se trate de atestado ou certidão originários do funcionário, pois a reprodução fraudulenta de certificado ou atestado emitido por funcionário público configura o crime previsto no art. 297.[103]

Como a lei se refere a "fato ou circunstância", é desnecessário que a falsidade seja integral; basta que haja diversidade sobre qualquer particularidade ou pormenor do fato com aquilo que é atestado ou certificado para que se tenha por caracterizado o delito.

O fato ou circunstância que se atesta ou certifica deve ser inerente ou atinente à pessoa a quem se destina o atestado ou certidão.[168][104] Indispensável, ainda, para a caracterização do crime que seja idôneo e habilite a pessoa interessada a obter cargo público, isenção de ônus ou de serviço de caráter público, ou qualquer outra vantagem. Não haverá, pois, o conteúdo material do delito, se o fato ou circunstância a que se refere o documento não constituir condição, pressuposto ou requisito da vantagem pretendida.[169][105]

A fórmula genérica final que se refere a "qualquer outra vantagem" obriga a uma interpretação analógica, restringindo o seu alcance àquelas semelhantes às citadas casuisticamente no dispositivo.[106] Adotada uma interpretação apenas lexiológica, "desprezando-se o elemento finalístico e o sistemático, casos de bem mais gravidade seriam subtraídos da órbita do artigo 299 e parágrafo único, para serem punidos com as brandas penas do artigo em tela".[107] Já se decidiu, aliás, que "não obstante a forma gramatical ampla em que está redigida a parte final do artigo 301 do Código Penal, 'ou qualquer outra vantagem', deve ser interpretada restritamente, ou seja, a outra vantagem também deve ser de caráter público".[170]

---

103. Cf. NORONHA, E. Magalhães. Ob. cit. v. 4, p. 253. HUNGRIA, Nelson. Ob. cit. v. 9, p. 293.
104. Cf. HUNGRIA, Nelson. Ob. cit. v. 9, p. 292. FRAGOSO, H. Cláudio. Ob. cit. v. 3, p. 362-363.
105. FRAGOSO, H. Cláudio. Ob. cit. v. 3, p. 363.
106. HUNGRIA, Nelson. Ob. cit. v. 9, p. 292. NORONHA, E. Magalhães. Ob. cit. v. 4, p. 253.
107. NORONHA, E. Magalhães, Ob. cit. v. 4, p. 253.

Cita Hungria exemplos do crime: "o atestar boa conduta de alguém para que possa ser candidato a cargo público; o atestar a indigência de outrem para obter o patrocínio do Ministério Público, justiça gratuita, internação em estabelecimento hospitalar do Estado etc.; o certificar que alguém serviu na FEB para isentá-lo de tal ou qual isenção fiscal; o certificar que alguém já serviu efetivamente como jurado, para isentá-lo temporariamente do serviço do júri etc." [108]

11.6.5 Tipo subjetivo

O dolo do delito é a vontade de atestar ou certificar fatos ou circunstâncias de que tem o agente ciência que não são verídicos. Para que o ato cometido pelo funcionário se torne típico, mister é que certifique ou ateste como verdadeiro fato ou circunstância em tais condições e disso tenha ciência.[171] Afirma-se não ser necessário que o falsário tenha conhecimento da finalidade do documento.[109] Mas, como bem observa Fragoso, deve o agente saber que o fato ou circunstância falsamente atestado habilita o favorecido à obtenção da vantagem a que se refere a lei, já que se trata de elemento do tipo que deve estar abrangido pelo dolo.[110]

11.6.6 Consumação e tentativa

Consuma-se o crime quando o agente encerra o atestado ou certidão, não sendo necessária a sua entrega ao destinatário. O art. 301 prevê um crime formal, sendo irrelevante indagar-se se o beneficiário do documento chegou ou não a alcançar o objetivo preconcebido. É suficiente à tipificação do crime tratar-se de documento apto ou hábil à finalidade de sua destinação.[172] Na jurisprudência, tem-se entendido que a consumação se dá com o ato inicial do uso ou utilização do documento ideologicamente falso.[173] Cuida-se de crime instantâneo de efeitos permanentes.

No que tange à possibilidade de tentativa, reportamo-nos ao que foi exposto quanto ao crime de falsidade ideológica (item 11.4.7).

11.6.7 Distinção

Quando a falsidade ideológica destina-se a fins eleitorais o crime é o previsto no art. 350 da Lei nº 4.737, de 15-7-1965 (Código Eleitoral). Declarar ou atestar falsamente prestação de trabalho do preso para instrução de pedido de remição de penas não constitui o crime do art. 301, mas sim o de falsidade ideológica (art. 299), por força do disposto no art. 130 da Lei de Execução Penal.[174]

---

108. HUNGRIA, Nelson. Ob. cit. v. 9, p. 292-293.
109. NORONHA, E. Magalhães. Ob. cit. v. 3, p. 254.
110. FRAGOSO, H. Cláudio. Ob. cit. v. 3, p. 363.

11.6.8 Falsidade material de atestado ou certidão

Prevê o art. 301, § 1º, um crime de falsidade material, tendo como objeto material atestado ou certidão: "Falsificar, no todo ou em parte, atestado ou certidão, ou alterar o teor de certidão ou de atestado verdadeiro, para prova de fato ou circunstância que habilite alguém a obter cargo público, isenção de ônus ou de serviço de caráter público, ou qualquer outra vantagem: Pena – detenção, de três meses a dois anos."

Refere-se o dispositivo a um tipo de falsidade material, total ou parcial, que pode ser praticado por qualquer pessoa,[175] e cujas condutas típicas, de contrafazer ou alterar, são idênticas às previstas no art. 297 (item 11.2.5). É necessário, portanto, que a falsa declaração tenha idoneidade, seja constituída de um ato capaz de produzir efeitos jurídicos, no caso especificados no próprio tipo. Na jurisprudência, a interpretação quanto à expressão "ou qualquer outra vantagem" não tem se restringido apenas às de caráter público. Além de considerar-se incluído no artigo documento para obter emprego[176] ou obtenção de vantagem perante o seu empregador[177] e carimbo de aprovação em exame psicotécnico para poder dirigir,[178] são inúmeras as decisões no sentido de que ocorre o crime em estudo e não o previsto no art. 297 quando se trata de falsificação de certificado de aprovação no ensino médio para inscrição e admissão em curso superior.[179] [111] Entretanto, essa orientação deve ser contestada. Enquanto o art. 301, *caput*, diz respeito à falsidade ideológica, o § 1º, refere-se à falsidade material de atestado ou certidão. Não há como interpretar este isoladamente, sem atentar que o primeiro se refere a ato cometido "em razão da função pública". Determinam as regras de interpretação que para o parágrafo também se leve em conta aquela função. Se a falsificação foi praticada à margem da função pública, a falsidade de certificado de aprovação em ensino médio, supletivo ou equivalente para inscrição e admissão em curso superior não pode constituir o crime em tela.[180] Deve-se reconhecer portanto, no fato, o crime de falsidade material previsto no art. 297.[181] Trata-se de documento público por vir sempre assinado tal certificado por funcionário público. Entretanto, tem-se decidido que o particular pode também praticar o delito previsto no art. 301, § 1º, do CP.[182]

Compete à Justiça Estadual o processo e julgamento do crime de falsificação e de uso de certificado de conclusão de curso secundário expedido por estabelecimento estadual.[183]

Da expressão "alguém", utilizada no dispositivo, não está excluído o próprio falsificador.[184]

O dolo do delito inscrito no § 1º do art. 301 é a vontade de falsificar, contrafazendo ou alterando a certidão ou atestado que possa servir de prova de fato ou circunstância. Quanto à consumação e à possibilidade de tentativa valem as considerações expostas

---

111. Nesse sentido, pareceres de Roberto Joacir Grassi. Falsidade documental e falsidade de atestado ou certidão. *Justitia* 104/274-6 e 110/235/7. BARAUNA, José Roberto. Falsificação de atestado ou certidão escolar. *Justitia* 107/266-70. Foram eles acatados pelo *TJSP* conforme reprodução nas publicações citadas.

quanto ao crime de falsificação de documento (item 11.2.7). Acrescente-se, porém, que se trata de crime instantâneo, embora de efeitos permanentes, e a prescrição começa a correr, segundo a jurisprudência, do primeiro ato de uso da certidão ou atestado falso.[185]

11.6.9 Forma qualificada

No § 2º prevê o Código forma qualificada dos crimes de certidão ou atestado ideologicamente falso e falsidade material de atestado ou certidão: "Se o crime é praticado com o fim de lucro, aplica-se, além da pena privativa de liberdade, a de multa." A aplicação da pena pecuniária exige assim um especial fim de agir, o elemento subjetivo do tipo (dolo específico), que é o fim de lucro. Justifica-se a imposição da multa diante da cupidez do sujeito ativo.

11.7 FALSIDADE DE ATESTADO MÉDICO

11.7.1 Conceito

A falsidade de atestado médico, modalidade especial do *falsum* ideológico, é prevista no art. 302: "Dar o médico, no exercício da sua profissão, atestado falso: Pena – detenção, de um mês a um ano." A pena, como se vê, é incompreensivelmente bem mais suave que a prevista para a falsidade ideal, certamente por ser o fato uma forma de falso muito frequente nos nossos dias.

11.7.2 Objetividade jurídica

Tutela-se com o dispositivo a fé pública inerente ao atestado médico, documento de conteúdo científico que interessa não apenas ao particular, mas também ao Estado.

11.7.3 Sujeitos do delito

O sujeito ativo do crime previsto no art. 302 é o médico. Trata-se de *crime próprio*, que exige no agente essa condição pessoal, embora não seja impossível a participação criminosa de qualquer pessoa. Não pratica o crime o veterinário, eis que a falsidade deve versar sobre a existência ou inexistência de alguma enfermidade, ou condição higiênica, do *indivíduo* a que se destina o atestado.[186] O falso atestado de veterinário, dentista, parteira ou de outros profissionais ligados à atividade sanitária poderá constituir o crime mais grave de falsidade ideológica (art. 299). Criou-se com o dispositivo em análise – como diz Sylvio do Amaral – "um privilégio desarrazoado e manifestamente imoral. Quando a falsidade é praticada por qualquer cidadão a pena é mais severa e no tratamento mais benigno é dispensado justamente ao procedimento mais grave, que envolve o abuso das prerrogativas do grau profissional".[112]

---

112. AMARAL, Sylvio do. Ob. cit. p. 159.

Sujeito passivo é, em primeiro lugar, o Estado, e, secundariamente, aquele que vem a sofrer dano pela utilização do atestado falso.

11.7.4   Tipo objetivo

O delito em estudo constitui-se em falsidade ideológica ao afirmar o agente, por escrito, o que não é verdadeiro ou negar o que realmente existe. Atesta-se a existência de moléstia de que o destinatário não padece, a sanidade física ou mental daquele que é portador de doença etc., ou seja, que estava ele em situação diversa da que realmente se encontrava.[187] Deve a falsidade, que pode ser total ou parcial, referir-se ao exercício da profissão médica, a fato que o atestado se destina a provar e relacionado com a referida profissão. Afirma-se na doutrina que o falso deve versar um fato e não um juízo, uma convicção. "Se um médico – diz Noronha – atesta que a gripe de seu cliente o impede de comparecer ao pretório, ainda que tal impossibilidade não seja real, pelo caráter brando da doença, não há falsidade, visto que a atestação exprime uma opinião, enquanto o fato – a gripe – é verdadeiro." [113] Mas, como bem acentua Fragoso, pode a falsidade referir-se aos *juízos* feitos sobre os fatos, matéria que, todavia, deve ser considerada com cautela, em face das possibilidades de erro.[114] Não há crime, porém, quando a falsidade se relaciona com circunstâncias secundárias ou acidentais, juridicamente irrelevantes. Assim, se no atestado menciona-se que as visitas médicas foram realizadas em casa do doente, quando o foram na residência de seu irmão, essa circunstância não elide o fato da enfermidade, que é o que se deseja provar.[115] O atestado, ou falso, referente a outro assunto que não à atividade médica (de idoneidade, de residência etc.) emitido pelo profissional, pode configurar outro ilícito penal.

A atestação de óbito, mediante paga, sem exame do cadáver, configura, em tese, o delito do art. 302 do CP.[188]

11.7.5   Tipo subjetivo

O dolo é a vontade de fornecer atestado falso, exigindo-se, evidentemente, a ciência por parte do agente de que o teor do documento não corresponde à verdade.[189] Basta, porém, o dolo eventual, que poderá ser reconhecido quando o agente está em estado de dúvida e atesta o fato como certo. Comete o crime o médico ao atestar a moléstia quando não examinou sequer o paciente, pois assumiu o risco de afirmar o que não existe ou negar o que é uma realidade.[190] É possível, porém, o erro excludente do dolo, como no diagnóstico equivocado, por exemplo. Não se pune, também, a conduta simplesmente culposa.

É irrelevante a finalidade do atestado ou o motivo determinante da conduta.[191]

---

113. NORONHA, E. Magalhães. Ob. cit. v. 4, p. 256.
114. FRAGOSO, H. Cláudio. Ob. cit. v. 3, p. 367.
115. NORONHA, E. Magalhães. Ob. cit. v. 4, p. 256.

11.7.6 Consumação e tentativa

Consuma-se o crime com o fornecimento, a entrega do atestado ideologicamente falso, já que a conduta típica é "dar",[192] mas não se exige qualquer resultado lesivo. Nada impede a possibilidade da tentativa do delito, que é plurissubsistente. Exemplo é o do atestado já elaborado que não chega às mãos do destinatário por circunstâncias alheias à vontade do agente (interceptação pela polícia, extravio etc.).

11.7.7 Forma qualificada

Nos termos do art. 302, parágrafo único, "se o crime é cometido com o fim de lucro, aplica-se também multa". Exige-se, para a imposição da pena de multa, o elemento subjetivo do tipo (dolo específico), que é o *animus lucri faciendi*. A vantagem pecuniária não se confunde com o pagamento normal de consulta ou visita.[116]

11.7.8 Distinção

Quando o médico é funcionário público e pratica o delito abusando da sua função, ocorre o crime previsto no art. 301, e, se, pelo atestado, solicita ou recebe vantagem indevida, o de corrupção passiva (art. 317). Pode o médico responder como coautor pelo crime que vier a ser praticado com o atestado falso (falsidade ideológica; cárcere privado, na hipótese do art. 148, § 1º, II, CP etc.), se lhe conhecia a destinação.[117] O uso do atestado falso constitui o crime previsto no art. 304, mas não responderá o médico em concurso com este delito que, no caso, é *post factum* não punível.

11.8 REPRODUÇÃO OU ALTERAÇÃO DE SELO OU PEÇA FILATÉLICA

11.8.1 Conceito

Prevê o art. 303 do CP a reprodução ou adulteração de selo ou peça filatélica: "Reproduzir ou alterar selo ou peça filatélica que tenha valor para coleção, salvo quando a reprodução ou a alteração está visivelmente anotada na face ou no verso do selo ou peça: Pena – detenção, de um a três anos, e multa." O dispositivo, porém, foi derrogado pelo art. 39 da Lei nº 6.538, de 22-6-1978, que dispõe sobre os Serviços Postais, ao prever o ilícito com redação idêntica mas cominando pena menor: "Reproduzir ou alterar selo ou peça filatélica de valor para coleção, salvo quando a reprodução ou a alteração estiver visivelmente anotada na face ou no verso do selo ou peça: Pena – detenção, até dois anos, e pagamento de três a dez dias-multa." [118]

---

116. Cf. FRAGOSO, H. Cláudio. Ob. cit. v. 3, p. 368.
117. Ibidem, p. 367.
118. Cf. DELMANTO, Celso. Ob. cit. p. 346.

11.8.2 Objetividade jurídica

O objeto jurídico do dispositivo em análise é a fé pública, a confiança que deve existir entre colecionadores de selos. Observa Hungria: "O extenso e intenso incremento que adquiriu, modernamente, o colecionismo filatelista (isto é, de selos postais) e a necessidade de evitar a fraude contra os colecionistas, cada vez mais aliciada pela crescente elevação dos valores em jogo, levaram o legislador brasileiro a tomar a iniciativa de fazer intervir, na espécie, de modo claro e expresso, a sanção penal." [119]

11.8.3 Sujeitos do delito

O crime em exame é comum, podendo ser praticado por qualquer pessoa. Sujeito passivo é o Estado, diante da fé pública, e também a pessoa que sofre eventual prejuízo com o fato.

11.8.4 Tipo objetivo

Trata o art. 39 da Lei nº 6.538 de um tipo especial de falsificação, normalmente meio para a prática de estelionato. Duas são as modalidades de conduta. A primeira é a de reproduzir o selo ou a peça filatélica. *Reproduzir* é contrafazer, fazer, copiar, produzir, multiplicar, criar um selo ou peça igual ou semelhante ao original. *Alterar* é modificar, mudar, contrafazer parcialmente (na cor, na data, no picote etc.), dando ao selo ou peça genuínas características diversas da original para fingir ser de maior valor.

São objetos materiais do crime o selo e a peça filatélica. O *selo* a que se refere o artigo é a estampilha adesiva ou fixa, já utilizada, correspondente à franquia postal. Afirma Noronha que "a coleção filatélica compõe-se também de selos não usados, porém o dispositivo refere-se àqueles, sendo a falsificação destes o delito do artigo 293, I".[120] Entretanto, é de assinalar-se que o selo *não usado*, mas *fora de curso* e o selo estrangeiro, ainda que de curso legal, por não serem tutelados pelo dispositivo referido, podem ser objeto do crime em estudo desde que possuam valor filatélico.[121] Protegida está também a *peça filatélica*, isto é, a que se destina exclusivamente à coleção ou só tem valia para tal fim, como sejam: os blocos, folhas ou carimbos comemorativos, as "provas" ou "ensaios" etc.[122] Em ambos os casos é necessário que tenham valor para coleção, como está expresso na lei.

Excluída está a tipicidade quando a reprodução ou alteração está visivelmente anotada na face ou no verso do selo ou peça.

11.8.5 Tipo subjetivo

O dolo é a vontade de falsificar, ou seja, de reproduzir ou alterar o selo postal ou a peça filatélica, tendo o agente ciência de que se trata de papel ou objeto de valor para coleção.

---

119. HUNGRIA, Nelson. Ob. cit. v. 9, p. 295.
120. NORONHA, E. Magalhães. Ob. cit. v. 9, p. 219.
121. Cf. AMARAL, Sylvio do. Ob. cit. p. 162-163.
122. HUNGRIA, Nelson. Ob. cit. v. 9, p. 296.

11.8.6 Consumação e tentativa

Consuma-se o crime com a reprodução ou adulteração concluída, ainda que o selo ou peça fique na posse do agente. Trata-se de crime formal que se configura independentemente de venda, entrega etc. A tentativa é possível e ocorre, por exemplo, quando o falsário é surpreendido no trabalho de contrafação ou alteração.

11.8.7 Uso de selo ou peça filatélica

O art. 39, parágrafo único, da Lei nº 6.538, que substituiu com vantagem o parágrafo do art. 303 do CP, prevê o uso do selo ou peça filatélica: "Incorre nas mesmas penas (do *caput*) quem, para fins de comércio, faz uso de selo ou peça filatélica de valor para coleção, ilegalmente reproduzidos ou alterados." No dispositivo original não se fazia alusão à *falsidade* do selo ou da peça filatélica.

A conduta típica é usar o produto contrafeito para fim de comércio (venda, troca etc.). A simples posse ou guarda do produto contrafeito sem essa finalidade, por parte de quem não é responsável pela falsificação, não constitui o crime. Também não se configura o ilícito se, não tendo sido feita a anotação visível a respeito da reprodução ou alteração, quando o vendedor anuncia que se trata de selo reproduzido ou alterado.[123] Da essência do delito é a fraude, que não ocorre em tal caso.

O selo ou peça falsificados, quando realizadas venda ou troca com fraude, são meios para prática de estelionato. O ilícito, porém, não é absorvido, podendo ocorrer concurso material com a falsificação, ou formal, com o uso.

11.9 USO DE DOCUMENTO FALSO

11.9.1 Conceito

O uso de documento falso é o crime previsto no art. 304: "Fazer uso de qualquer dos papéis falsificados ou alterados, a que se referem os artigos 297 a 302: Pena – a cominada à falsificação ou à alteração." Como bem diz Hungria, é com o uso que o documento falso vai exercer a função maléfica a que é destinado, devendo o usuário ser submetido à mesma pena que o falsificador.[124]

11.9.2 Objetividade jurídica

Tutela-se ainda uma vez a fé pública, lesada com o uso do documento falso. A falsificação e o uso do escrito falsificado são ações da mesma natureza, da mesma criminalidade; "os dois atos tendem ao mesmo fim, concorrendo na realização do

---

123. FARIA, Bento de. Ob. cit. v. 7, p. 64.
124. HUNGRIA, Nelson. Ob. cit. v. 9, p. 297.

mesmo crime e se o falsário revela maior habilidade, o agente aqui manifesta maior audácia".[125]

11.9.3 Sujeitos do delito

Qualquer pessoa pode praticar o delito, inclusive o falsificador. Este, porém, responderá apenas por um dos delitos (item 11.9.7). Sujeito passivo principal do crime previsto no art. 304 é o Estado. É também vítima, porém, aquele a quem o uso pode causar prejuízo.

11.9.4 Tipo objetivo

A conduta típica é *fazer uso*, ou seja, é usar, utilizar o documento material ou ideologicamente falso, como se fosse autêntico ou verídico. Como esclarece Hungria, "é o emprego ou tentativa de emprego de tal documento como atestado ou meio probatório (aparentemente informado de *coação jurídica*) do fato juridicamente relevante a que se refere".[126] Indispensável é, portanto, que seja empregado o documento falso em sua específica destinação probatória. Não basta, pois, como afirmam alguns doutrinadores, "que saia ele da esfera individual íntima do agente, iniciando uma relação qualquer com outra pessoa ou com a autoridade, de modo que determine efeitos jurídicos".[127] Observa com propriedade Fragoso: "O simples reconhecimento de firma em documento ideologicamente falso, por exemplo, é mero ato preparatório de uso. Este deve ser reconhecido tendo-se em vista a destinação probatória do documento, consumando-se quando o escrito se torna acessível à pessoa a que visa iludir, possibilitando-lhe o conhecimento do mesmo." [128]

O uso pode ser *judicial* ou *extrajudicial*: "instruir com o documento falso uma petição inicial levada a despacho, seja para a propositura de uma ação, seja para o fim de notificação, de interpelação, de uma medida preventiva; juntá-lo a um inventário, a uma habilitação de casamento etc.; apresentá-lo a resgate, a protesto, a desconto, a depósito, para reconhecimento de letra ou firma, para registro, para caução; exibi-lo para qualquer fim a uma autoridade administrativa ou pô-lo, de qualquer forma, em circulação".[129] Na jurisprudência tem-se reconhecido o crime: na utilização de documento alheio como se fora seu;[193] na exibição de falso certificado de aprovação em exame de madureza para instruir pedido de matrícula em Faculdade;[194] no uso de alvará de soltura falsificado para evasão de preso[195] etc.

---

125. FRAGOSO, H. Cláudio. Ob. cit. v. 3, p. 370.
126. HUNGRIA, Nelson. Ob. cit. v. 9, p. 297.
127. Nesse sentido amplo: MANZINI, Vincenzo. *Trattato di diritto penale italiano*. Turim: Unione Tipográfico – Editrice Torinese, 1951. v. 6, § 2.360, p. 831-832. NORONHA, E. Magalhães. Ob. cit. v. 4, p. 226. FARIA, Bento de. Ob. cit. v. 7, p. 65.
128. FRAGOSO, H. Cláudio. Ob. cit. v. 3, p. 372.
129. HUNGRIA, Nelson. Ob. cit. v. 9, p. 297-298.

É indispensável para a caracterização do delito o *uso efetivo*, não sendo de considerar tal a exibição com o fim de vangloriar-se, por ostentação etc., quando não há possibilidade de prejuízo ou dano.[130] Não basta a mera alusão ao documento e não há crime, também: se o documento falso foi encontrado em revista policial ou em decorrência da prisão do portador;[196] se o portador for forçado pela autoridade a exibi-lo;[197] se foi solicitado pela autoridade e não exibido espontaneamente;[198] se foi retirado do bolso do portador;[199] se o agente apenas o traz consigo.[200] As decisões em sentido contrário, de que o trazer consigo, no caso de carteira de habilitação para dirigir, e a exibição do documento falso constituem crime, que eram raras, têm agora prevalecido na jurisprudência de nossos tribunais.[201]

Objetos materiais do delito são os documentos falsos referidos nos arts. 297 a 302 e, assim, o uso de documento ideologicamente falso configura o ilícito quando o agente conhecia-lhe o falso conteúdo.[202] O artigo em análise refere-se a crime *remetido*, isto é, faz menção a outro dispositivo da lei que, de certa forma, o integra. Faltando o documento capaz de configurar o *falsum*, impossível dar-se como tipificado o *uso*. A existência do falso penalmente reconhecido é pressuposto básico para a consequente responsabilidade pelo uso.[203] Por essa razão não há que se falar em crime de uso de documento falso se ele não é apto para enganar o homem médio[204] ou se é juridicamente inócuo[205] (item 11.2.5).[131]

Também se tem por não configurado o delito quando o documento é cópia *xerox* não autenticada[206] ou é apresentado em requerimento para a renovação da carta de motorista[207] (item 11.2.4).

Tratando-se de infração que deixa vestígios, exige-se, para a prova da falsidade material, o exame de corpo de delito direto, o qual somente pode ser suprido pelo indireto quando sua realização for absolutamente impossível.[208] Já se decidiu pela dispensabilidade da perícia: quando não se pôs em dúvida a falsificação;[209] quando há inequívoca certeza da falsidade;[210] quando é reconhecida a falsificação pelo réu, sendo o documento trazido para os autos.[211]

11.9.5 Tipo subjetivo

O dolo é a vontade de usar o documento falso, sendo indispensável que o agente tenha ciência da falsidade.[212] A dúvida do agente quanto à autenticidade do documento integra o dolo eventual, configurando o seu uso o crime em estudo.[213] O erro, ou seja, a boa-fé do usuário, exclui o dolo e, portanto, o crime.[214] [132]

É indiferente à lei penal a finalidade do uso do documento, existindo o ilícito quando pode o fato causar prejuízos econômicos, morais, sociais, políticos etc.

---

130. NORONHA, E. Magalhães. Ob. cit. v. 4, p. 227. No mesmo sentido: HUNGRIA, Nelson. Ob. cit. v. 9, p. 298. FRAGOSO, H. Cláudio. Ob. cit. v. 3, p. 372.
131. Sobre o assunto: LIMA, Rogério Medeiros Garcia. O uso da carteira de motorista falsa, *RT* 695/437; PEDROSO, Fernando de Almeida. Uso de documento falso: CNH – Exibição mediante solicitação de agente policial, *RT* 685/409-11.
132. HUNGRIA, Nelson. Ob. cit. v. 9, p. 298. FARIA, Bento de. Ob. cit. v. 7, p. 298.

11.9.6 Consumação e tentativa

Consuma-se o crime no instante em que o documento falso entra no âmbito da pessoa iludida, desde que possa ser o fato considerado como uso, com o primeiro ato de utilização, ainda que não haja proveito para o agente ou prejuízo efetivo para a vítima.[215] Trata-se de crime instantâneo, embora com efeitos permanentes, e a prescrição começa a correr do primeiro ato de uso.[133]

É pacífica a opinião de que não é admissível a tentativa de uso de documento falso. Se o uso é o emprego ou tentativa de emprego o começo de uso já é uso.[216] É nesse sentido a jurisprudência[217] e a doutrina.[134]

11.9.7 Concurso

Apresenta-se divergência jurisprudencial quando há o uso do documento pelo próprio falsificador. A primeira corrente é a de que, nesse caso, responderá o agente pelo crime de falso, sendo a utilização do documento fato posterior não punível, exaurimento do primeiro delito.[218] [135] De outro lado, há ponderável opinião no sentido de que o uso é o *crime-fim*, denunciador de maior audácia do agente, devendo absorver a anterior falsificação.[219] [136] Segundo se tem decidido reiteradamente, o delito de uso de documento falso é absorvido quando é o meio fraudulento empregado para o crime de sonegação fiscal.[220]

Há concurso material entre o uso de passaporte falso para facilitar a prática de tráfico internacional de entorpecentes.[221]

Responderá certamente pelo uso do documento falso aquele que foi acusado também da *autoria* da falsificação não comprovada, bem quando, tendo ele praticado os dois fatos, o primeiro foi alcançado por causa de extinção da punibilidade, circunstância que não faz com que o documento ganhe autenticidade.[222]

Há divergência também quanto à existência ou não de concurso entre o uso do documento falso e o estelionato praticado tendo por meio o produto contrafeito. As opiniões a respeito do assunto já foram examinadas (item 11.2.10).

11.9.8 Competência

Desde que usado o documento falso, não há de indagar qual o lugar em que foi feita a falsificação: o foro competente para a ação penal é o do lugar em que foi usado o documento.[223] O uso de certificado falso de aprovação em segundo ciclo junto a esta-

---

133. É a lição de HUNGRIA, Nelson. Ob. cit. v. 9, p. 399.
134. Cf. HUNGRIA, Nelson. Ob. cit. v. 9, p. 298. FARIA, Bento de. Ob. cit. v. 7, p. 66. FRAGOSO, H. Cláudio. Ob. cit. v. 3, p. 372. AMARAL, Sylvio do. Ob. cit. p. 173.
135. Cf. HUNGRIA, Nelson. Ob. cit. v. 9, p. 299. NORONHA, E. Magalhães. Ob. cit. v. 4, p. 228. FRAGOSO, H. Cláudio. Ob. cit. v. 3, p. 370-371. FARIA, Bento de. Ob. cit. v. 7, p. 66.
136. Cf. AMARAL, Sylvio do. Ob. cit. p. 174-180.

belecimento particular, municipal ou estadual, configura fato afeto à Justiça comum,[224] como aliás, ocorre com qualquer documento, ainda que expedido pela União, quando utilizado perante autoridade estadual.[225][137]

Nos termos do art. 70 do CPP e conforme a Súmula 200 do STJ: "O Juízo Federal competente para processar e julgar acusado de crime de uso de passaporte falso é o do lugar onde o delito se consumou." [138]

11.10 SUPRESSÃO DE DOCUMENTO

11.10.1 Conceito

O último dos crimes previstos no Capítulo III, do Título X, é o de supressão de documento, definido no art. 305: "Destruir, suprimir ou ocultar, em benefício próprio ou de outrem, ou em prejuízo alheio, documento público ou particular verdadeiro, de que não podia dispor: Pena – reclusão, de dois a seis anos, e multa, se o documento é público, e reclusão, de um a cinco anos, e multa, se o documento é particular."

11.10.2 Objetividade jurídica

Embora em algumas legislações a supressão ou destruição de documento seja considerada crime patrimonial, não há melhor classificação do que a que a inclui entre os delitos de falsidade documental. Tutela-se com o dispositivo a fé pública, violada com a supressão do documento. Com a prática da conduta ilícita, faz-se desaparecer a prova de um fato juridicamente relevante, comprometendo-se a segurança do documento como prova.

11.10.3 Sujeitos do delito

Qualquer pessoa pode cometer o crime em apreço, não se excluindo o proprietário do documento diante da referência no tipo penal a documento de que o agente "não podia dispor". Sujeito passivo é o Estado, titular do bem jurídico ofendido (fé pública) mas, em segundo lugar, aquele a quem o fato causar prejuízo.

11.10.4 Tipo objetivo

Prevê a lei três ações típicas: destruir, suprimir e ocultar. *Destruir*, no caso, é eliminar, desfazer, desmanchar, demolir, queimar, rasgar, dilacerar, estragar, arruinar o

---

137. Nesse sentido são as súmulas 104 ("Compete à Justiça Estadual o processo e julgamento dos crimes de falsificação e uso de documento falso relativo a estabelecimento particular de ensino") e 546 ("A competência para processar e julgar o crime de uso de documento falso é firmada em razão da entidade ou órgão ao qual foi apresentado o documento público, não importando a qualificação do órgão expedidor") do STJ.

138. Também compete à Justiça Federal comum processar e julgar civil denunciado pelos crimes de falsificação e de uso de documento falso quando se tratar de falsificação da Caderneta de Inscrição e Registro (CIR) ou de Carteira de Habilitação de Amador (CHA), ainda que expedidas pela Marinha do Brasil (Súmula Vinculante 36).

documento, ou, como diz Noronha, "toda a ação que recai sobre a coisa de modo que a faça perder a essência ou forma primitivas, atentando contra a sua existência, por diversos modos (combustão, dilaceração etc.)".[139] Inclui o dispositivo a destruição parcial quando atingido o documento em parte juridicamente relevante. *Suprimir* significa fazer desaparecer o documento sem que o fato implique em destruição ou ocultação. O agente torna ilegível, risca, deteriora o documento. Sylvio do Amaral cita como exemplo a conduta de cobrir o documento com uma camada de tinta, de modo a tornar ilegível o seu texto.[140] *Ocultar* é esconder ou tirar da disponibilidade de outrem o documento, colocá-lo em local onde não possa ser encontrado ou reconhecido. É indiferente que o agente se haja apoderado do documento ilicitamente (subtração), ou que lhe haja sido confiado, ou que, embora lhe pertencendo, dele não podia dispor arbitrariamente.[226] Há ocultação quando o agente sonega o documento que tinha o dever jurídico de apresentar.[227] Praticando o agente duas condutas (suprimir e depois destruir, p. ex.) há apenas um crime.

O objeto material do crime é o documento público ou o documento particular verdadeiro (itens 11.2.4, 11.2.5 e 11.3.4). Não ocorre o ilícito em tela quando se tratar de "documentos que sejam traslados, certidões ou cópias, de *originais* constantes de livros notariais ou de arquivos de repartição pública, pois, em tal caso, com a facilidade de obtenção de outros traslados, certidões ou cópias, não estará conculcada a prova do fato ou relação jurídica de que se trate".[228] [141] O mesmo se tem decidido com relação à duplicata, documento que não é mais insubstituível. Sendo facilmente substituída pela triplicata, pode-se dizer que ela nem mesmo se ajusta ao clássico conceito de título de crédito, como "documento necessário ao exercício de direito literal e autônomo nele contido". É que, substituível pela triplicata, a duplicata não mais se apresenta como documento necessário.[229] Mas as duplicatas somente são títulos substituíveis quando ainda sem aceite. Contendo este também aval, ato praticado por terceiros, e não por quem possa emitir a triplicata, passam a ser insubstituíveis, podendo ser objeto do crime em estudo.[230] [142]

Quando a ação incidir sobre documento substituível ou falso, pode configurar-se outro crime (furto, dano, fraude processual, favorecimento pessoal etc.).[231]

Na jurisprudência reconheceu-se o ilícito em estudo nas seguintes condutas: riscar o aval extinguindo, consequentemente, garantia cambiária aposta no título;[232] recusar-se o locador a devolver ao inquilino a segunda via do contrato de locação a ele confiada para registro;[233] de supressão de assinatura ou subtração ou destruição

---

139. NORONHA, E. Magalhães. Ob. cit. v. 4, p. 223.
140. AMARAL, Sylvio do. Ob. cit. p. 201.
141. HUNGRIA, Nelson. Ob. cit. v. 9, p. 301. No mesmo sentido: FRAGOSO, H. Cláudio. Ob. cit. v. 3, p. 375. AMARAL, Sylvio do. Ob. cit. p. 207.
142. Nesse sentido, referindo-se a nota promissória, parecer de TUCUNDUVA, Ruy Cardoso de Mello. Supressão de documento. *Justitia* 97/446-8.

de nota promissória.[234] Configura o crime tanto a conduta de riscar a assinatura do cheque[235] como de rasgá-lo.[236]

Há casos em que se exige como prova do ilícito exame pericial,[237] mas nada impede que o delito do art. 305 possa ser provado através de exame de corpo de delito indireto.[238]

11.10.5 Tipo subjetivo

O dolo é a vontade de praticar uma das condutas incriminadas, sendo indispensável, porém, o elemento subjetivo do tipo (dolo específico), compreendido nas expressões "em benefício próprio ou de outrem" ou "em prejuízo alheio".[239] Sem a finalidade de conculcação de relação jurídica, *ut verum non appareat* não se configura o crime.[240] [143] Exige-se, portanto, que o agente pratique a conduta com o objetivo de afetar uma relação jurídica.

Não distingue a lei qualquer espécie de benefício ou prejuízo, que poderá ser de natureza econômica ou moral. É irrelevante, porém, a ocorrência do fim colimado.[144]

11.10.6 Consumação e tentativa

Consuma-se o crime com a destruição, a ocultação ou supressão do documento verdadeiro, não se exigindo a ocorrência do fim visado (proveito próprio ou alheio ou prejuízo alheio).[241]

É perfeitamente possível a tentativa. São exemplos citados na doutrina o lançamento ao fogo do documento para destruí-lo quando alguém o recolhe sem que tenha havido destruição e a dilaceração em que os fragmentos são reunidos, possibilitando a imediata recomposição.[242] [145] Quanto à destruição ou supressão parcial, cabe reproduzir a lição de Sylvio do Amaral: "Quando apenas partes do documento sejam afetadas pela ação delituosa, o crime será havido por simplesmente tentado se as partes faltantes ou obscurecidas não impedem a compreensão suficiente do documento, e, pois, a realização dos seus fins específicos (prova de fato juridicamente relevante); e dar-se-á por consumado quando a impossibilidade se verifique, pois, então, é *irreparável* o dano." [146]

11.10.7 Distinção

Os crimes de furto, apropriação indébita e dano que tenham como objeto o documento são consumidos pelo delito previsto no art. 305 quando se visa fazer desaparecer a prova de um fato juridicamente relevante. Prevalecem aqueles delitos, porém, quando o agente procede com *animus furandi* ou *nocendi* visando à peça documental como

---

143. Cf. FRAGOSO, H. Cláudio. Ob. cit. v. 3, p. 376-377.
144. Cf. parecer de TAVARES, Sylvio Fonseca. Supressão de documento, *Justitia* 97/444-6.
145. NORONHA, E. Magalhães. Ob. cit. v. 4, p. 224. FARIA, Bento de. Ob. cit. v. 7, p. 67. AMARAL, Sylvio do. Ob. cit. p. 201-202.
146. AMARAL, Sylvio do. Ob. cit. p. 202.

valor patrimonial *in se*.[147] O dolo peculiar do crime de supressão de documento e a qualidade do agente distinguem esse crime de outros semelhantes (arts. 312, 314, 337, 356).[148] A supressão de documentos tendo por fim a sonegação fiscal, fica absorvida por este ilícito.[(243)] A destruição, ocultação ou inutilização, total ou parcial, de documentos de escrituração contábil obrigatórios constitui forma agravada do crime de fraude a credores, previsto no art. 168, § 1º, V, da Lei de Falências (Lei nº 11.101, de 9-2-2005).

_____

147. Cf. AMARAL, Sylvio do. Ob. cit. p. 206-208.
148. Ver, a propósito do conflito aparente de normas, AMARAL, Sylvio do. Ob. cit. p. 208-213 e acórdãos insertos em *RT* 403/83; *RF* 232/394; *RJTJESP* 26/367.

12

DE OUTRAS FALSIDADES

12.1 FALSIFICAÇÃO DO SINAL EMPREGADO NO CONTRASTE DE METAL PRECIOSO OU NA FISCALIZAÇÃO ALFANDEGÁRIA, OU PARA OUTROS FINS

12.1.1 Generalidades

Estão reunidos no Capítulo IV, do Título X, sob a denominação genérica de "de outras falsidades" figuras penais que não se ajustam às definidas no capítulo III pelas particularidades de que se revestem os fatos incriminados. São os crimes de falsificação do sinal empregado no contraste de metal precioso ou na fiscalização alfandegária, ou para outros fins (art. 306), falsa identidade (art. 307), uso de documento de identidade alheia ou cessão ilegal de documento (art. 308), fraude de lei sobre estrangeiros (art. 309), atribuição de falsa qualidade a estrangeiro (art. 309, parágrafo único), falsidade em prejuízo da nacionalização de sociedade (art. 310) e adulteração de sinal identificador de veículo automotor (art. 311).

12.1.2 Conceito

O crime a ser examinado está previsto no art. 306: "Falsificar, fabricando-o ou alterando-o, marca ou sinal empregado pelo poder público no contraste de metal precioso ou na fiscalização alfandegária, ou usar marca ou sinal dessa natureza, falsificado por outrem: Pena – reclusão, de dois a seis anos, e multa." No parágrafo único, prevê a lei as mesmas condutas no que se refere a outros sinais: "Se a marca ou sinal falsificado é o que usa a autoridade pública para o fim de fiscalização sanitária, ou para autenticar ou encerrar determinados objetos, ou comprovar cumprimento de formalidade legal: Pena – reclusão ou detenção, de um a três anos, e multa."

12.1.3 Objetividade jurídica

Tutela-se no *caput* do artigo em estudo a fé pública no que se relaciona à marca ou sinal usados no contraste de metal precioso, para garantia da genuinidade ou qualidade dele, e a marca ou sinal aduaneiro. No parágrafo, protegidos estão os sinais de fiscalização sanitária, de autenticação ou encerramento de objetos ou quaisquer outros que sirvam para comprovar cumprimento de formalidade legal.

12.1.4 Sujeitos do delito

Sujeito ativo do crime é qualquer pessoa que pratique uma das condutas típicas. Ao contrário do que ocorre em outros crimes semelhantes, não prevê a lei especial aumento de pena quando o agente é funcionário público no desempenho de suas funções, cabendo, nesse caso, apenas o reconhecimento da agravante genérica (art. 61, II, *g*).

Sujeito passivo é o Estado, titular de fé pública e, eventualmente, a pessoa lesada em decorrência da conduta criminosa.

12.1.5 Tipo objetivo

Reúnem-se, no tipo penal, as condutas de *falsificar*, pela fabricação (contrafação) ou alteração e de *usar* o produto contrafeito ou alterado. O significado de fabricação, alteração e uso já foram examinados anteriormente (itens 11.2.5 e 11.9.4). Exige-se, sempre, como em qualquer crime de falsidade, que seja ela idônea, capaz de enganar a pessoa comum. O crime em estudo, aliás, aproxima-se do delito previsto no artigo 296 (item 11.1.5).

Diante da dificuldade do consumidor em verificar a qualidade do produto, torna-se muitas vezes obrigatória a utilização de marca ou sinal nos objetos fabricados. São as marcas ou sinais a que se refere o artigo (figuras, emblemas, nomes, siglas, letras, algarismos, brasões etc.), ou seja, qualquer sinal destinado a distinguir produtos pela sua maior pureza ou perfeição quando se trata de metal precioso. O ouro, a prata, a platina são distinguidos segundo o *quilate* ou *toque*. As marcas e os sinais podem ser gravados no próprio metal (contraste) ou adicionados através de carimbos, selos, tarjetas adequadas ou impressas a seco, apostas sobre lacre, por etiquetas etc. Refere-se a lei, porém, apenas às marcas ou sinais empregados pelo poder público (autoridades administrativas, judiciárias ou legislativas) da União, Estado ou Município. Não se exige, porém, que o emprego de determinada marca tenha sido estabelecido por lei, podendo ser simplesmente regulamentar.[149]

Além dos sinais utilizados para o contraste de metal precioso, refere-se o *caput* àqueles usados para a fiscalização alfandegária, destinados a assinalar as mercadorias liberadas pela aduana.

No parágrafo, incrimina-se a *falsificação* dos sinais destinados à fiscalização sanitária (casos de interdição de estabelecimentos industriais ou comerciais, epidemia etc.), para autenticação ou encerramento de determinados objetos ou comprovação do cumprimento de formalidade legal, assim como o *uso* dos sinais falsificados. Atribui-se ao fato, porém, gravidade menor, cominando-se pena menos severa que a prevista no *caput*.

---

149. FRAGOSO, H. Cláudio. *Lições de direito penal*. 3. ed. Rio de Janeiro: Forense, 1981, v. 3, p. 379.

Não afasta a possibilidade da existência do crime a circunstância de que a marca ou sinal não identifica ou integra o Poder Público mas o particular, como já se entendeu.[1]

Como nos demais crimes de falsidade, se o usuário é o próprio falsificador, responde por crime único. No caso do art. 306, aliás, expressamente a lei se refere à falsificação por "outrem".[150] [2-3-4]

12.1.6   Tipo subjetivo

O dolo é a vontade de falsificar ou usar a marca ou sinal falsificado, ciente o agente de que é ele empregado pelo poder público para as finalidades mencionadas no dispositivo. Não é exigido fim especial de agir (dolo específico).

12.1.7   Consumação e tentativa

Consuma-se o crime, quanto à primeira parte do dispositivo em tela, com a fabricação ou alteração idônea acabada, ou, quanto à segunda, com o uso por aquele que não falsificou a marca ou sinal. Não é indispensável à caracterização do crime o dano, nem se exige que o objeto cuja marca ou sinal foi falsificado ou adulterado seja vendido, tenha saído da alfândega etc.

A tentativa é possível quanto à falsificação (crime plurissubsistente) mas não com relação ao uso, já que o primeiro ato de utilização configura a consumação (crime unissubsistente).

12.1.8   Distinção

A adulteração ou remarcação do número de chassi ou qualquer sinal identificador de veículo automotor, de seu componente ou equipamento, o que inclui as placas do automóvel, configura agora o crime previsto no art. 311 do CP e não mais o art. 306, conforme se decidia anteriormente.[5]

12.2 FALSA IDENTIDADE

12.2.1   Conceito

Prevê o art. 307 o crime de falsa identidade com a seguinte redação: "Atribuir-se ou atribuir a terceiro falsa identidade para obter vantagem, em proveito próprio ou alheio, ou para causar dano a outrem: Pena – detenção, de três meses a um ano, ou multa, se o fato não constitui elemento de crime mais grave."

---

150. Cf. HUNGRIA, Nelson. *Comentários ao Código Penal.* 5. ed. Rio de Janeiro: Forense, 1958. v. 9, p. 300. FARIA, Bento de. *Código Penal brasileiro.* 2. ed. Rio de Janeiro: Record, 1959. v. 7, p. 70. NORONHA, E. Magalhães. Ob. cit. v. 4, p. 260.

12.2.2 Objetividade jurídica

Protege-se com o dispositivo a fé pública no que se refere à identidade das pessoas, nas suas relações jurídicas públicas ou privadas. Constitui o ilícito uma espécie de falsidade pessoal, visando o engano a pessoa na sua identidade, inculcando-a como outra para induzir em erro a autoridade ou um número indeterminado de pessoas. Trata-se de crime subsidiário, como deixa claro o artigo na cominação da pena, punindo-se o crime de falsa identidade quando não for elemento de crime mais grave (estelionato, falsidade ideológica, bigamia etc.).

12.2.3 Sujeitos do delito

Sujeito ativo do crime pode ser qualquer pessoa que se atribua ou atribua a outrem uma falsa identidade. Sujeito passivo é o Estado. Pode ser também vítima secundária a pessoa ou pessoas que sofram prejuízo em decorrência da conduta, casos em que poderá haver, porém, a prevalência de outro delito (estelionato, furto com fraude etc.).

12.2.4 Tipo objetivo

As condutas típicas são *atribuir-se* e *atribuir a outrem* a falsa identidade. Como bem sintetiza Hungria, "a *falsa identidade* pode consistir tanto em fazer-se passar ou a terceiro por outra pessoa realmente existente (substituição de pessoa), quanto em atribuir-se identidade imaginária".[151]

Lexicamente, identidade é o conjunto de caracteres próprios e exclusivos de uma pessoa: nome, idade, estado, profissão, sexo, defeitos físicos, impressões digitais etc.[152] Por essa razão entende-se na doutrina que comete o delito quem se atribui ou atribui a terceiro falso *estado civil* (filiação, idade, matrimônio, nacionalidade etc.) ou *condição social* (profissão ou qualidade individual). Pratica o crime, assim, não só aquele que se utiliza de patronímico ou prenome falsos, como os que, indevidamente, se dizem funcionários, militares, sacerdotes, médicos, brasileiros etc.[153] Nesse sentido, tem-se admitido a ocorrência do crime na inculca falsa de ser oficial do Exército,[6] advogado,[7] funcionário público,[8] fiscal,[9] cidadão brasileiro[10] etc. Até o empréstimo da Carteira Nacional de Habilitação, documento comprobatório da qualidade de motorista habilitado, à pessoa não habilitada foi considerado crime de falsa identidade para os fins do art. 308.[11] Tal posição, porém, não é tranquila, afirmando Bento de Faria que quem alega um estado civil diverso, ou qualidades que não tem, não cometerá o questionado delito, se não se

---

151. HUNGRIA, Nelson. Ob. cit. v. 9, p. 306.
152. FERREIRA, Aurélio Buarque de Holanda. *Novo dicionário da língua portuguesa*. Rio de Janeiro: Nova Fronteira, 1980.
153. Cf. NORONHA, E. Magalhães. Ob. cit. v. 4, p. 266-207. HUNGRIA, Nelson. Ob. cit. v. 9, p. 206. FRAGOSO, H. Cláudio. Ob. cit. v. 3, p. 381. FRANCESCHINI, Azevedo. Jurisprudência do Tribunal de Alçada Criminal de São Paulo J. L. V., Leud. II, nº 2.344-A, p. 167.

incultar como pessoa diversa ou não atribuir a outrem falsa personalidade.[154] É esse o entendimento prevalente na jurisprudência, podendo o fato constituir, conforme o caso, as infrações previstas nos arts. 45, 46 ou 47 da LCP.[12] O nosso legislador utilizou-se, porém, de um termo amplo (identidade) que, segundo Aurélio Buarque de Holanda, é o "conjunto de caracteres próprios e exclusivos de uma pessoa: nome, idade, estado, profissão, sexo, defeitos físicos, impressões digitais etc." Deve prevalecer, portanto, a primeira opinião, fundada na interpretação literal.

Não ocorrerá o delito se o agente limitar-se à dissimulação ou ocultação da própria identidade sem substituir-se a outra pessoa, e sem atribuir-se falso nome ou alguma qualidade que a lei atribuir efeito jurídico para prova de identidade.[13] [155] Prevendo a lei a *atribuição* de falsa identidade, não comete também o crime quem apenas silencia sobre a errônea identidade que lhe é imputada.[156] Não há falsa identidade, ainda, na apresentação da pessoa pelo nome com que habitualmente é conhecida (nome artístico, nome de guerra) por não estar ela se fazendo passar por outra.

Indispensável para a caracterização do crime é que a falsa atribuição seja praticada para que o agente obtenha vantagem, em proveito próprio ou alheio, ou para causar dano a outrem.[14] É preciso que o fato seja ou possa vir a ser juridicamente relevante porque, se dele não resultar, nem puder resultar efeito jurídico, será, do ponto de vista penal, inócuo.[15]

Não distingue a lei a espécie de vantagem, que poderá ser de caráter patrimonial, social, sexual, moral.[16] [157] Decidiu-se pela existência do crime nos casos em que o agente se apresentou a exame de habilitação para motociclista em lugar do pai,[17] ou em lugar de amigo para exame de madureza,[18] com o propósito de libertar o irmão da prisão[19] etc.

Não ocorre o crime de falsa identidade se a vantagem não era ilícita ou indevida. Nesse sentido, parecer de José G. Marcos Garcia, acolhido pelo TACrSP em caso de estudantes que obtiveram documentos seus que lhes eram negados por estabelecimento de ensino sob a alegação de débitos junto à escola.[158]

É indispensável que o meio utilizado pelo agente seja idôneo a confundir, não caracterizando o crime a falsidade grosseira, que não pode enganar.[20] Não se reconheceu o delito no caso do acusado que se arrogou a qualidade de juiz da comarca para ordenar, por telefone, a soltura de determinada pessoa.[21] Sustenta validamente Valdir Sznick que o travesti comete o ilícito: "Em regra geral, a infração se constitui na tipificada no artigo 307, ou seja, a assunção, por parte do agente, de uma falsa identidade: faz-se passar

---

154. FARIA, Bento de. Ob. cit. v. 7, p. 73-4.
155. Cf. FARIA, Bento de. Ob. cit. v. 7, p. 72.
156. Cf. FRAGOSO, H. Cláudio. Ob. cit. v. 3, p. 381.
157. Cf. NORONHA, E. Magalhães. Ob. cit. v. 4, p. 267. HUNGRIA, Nelson. Ob. cit. v. 9, p. 307. FRAGOSO H. Cláudio. Ob. cit. v. 3, p. 382. FARIA, Bento de. Ob. cit. v. 7, p. 74.
158. GARCIA, José G. Marcos. Falsa identidade. *Justitia* 107/270-2.

por mulher, vestindo-se como tal e usando nome feminino, o que leva assim outrem a pensar que se trata de mulher." [159]

Discute-se a existência ou não do delito em pauta nos casos em que o acusado se inculca falsa identidade perante a autoridade, ao ser interrogado. Não ocorre, nesse caso, o ilícito em estudo, pois o acusado não tem o dever de dizer a verdade diante do princípio universal *"nemmo tenetur se detegere"*.[22] Há porém decisões em que se reconheceu a prática do crime na falsa identidade quando da qualificação do agente.[23] Também já se tem defendido a tese de que não há o crime quando o agente se apresenta com falsa identidade ao ser preso, invocando-se nesse caso a autodefesa legítima[24] ou a inexistência de vantagem.[25] Aqui, porém, a situação é diversa da anterior, pois, se permite a lei a mentira na qualificação ou interrogatório (atos processuais), e a fuga, num instinto de defesa, não torna lícita a conduta quando se destina a evitar uma prisão regular.[26] Pacificou-se, assim, no STJ o entendimento de que configura o crime do art. 307 do CP atribuir-se falsa identidade perante a autoridade policial, ainda que em situação de alegada autodefesa (Súmula 522). No mesmo sentido é a orientação dominante no STF. [27]

12.2.5   Tipo subjetivo

O dolo do delito é a vontade de atribuir-se ou atribuir a outrem a falsa identidade, exigindo-se, porém, o elemento subjetivo do tipo, que é a finalidade de conseguir vantagem para si ou para outrem ou de causar dano a terceiro (dolo específico).[28] Entendeu-se inexistir este na falsa identidade para fugir a passado criminoso[29] e na conduta da mulher que se faz passar por pessoa do sexo masculino ao prestar depoimento.[30]

12.2.6   Consumação e tentativa

Consuma-se o crime quando o agente irroga, inculca ou imputa a si próprio ou a terceiro a falsa identidade, independentemente da obtenção da vantagem visada. [31] Trata-se de crime formal, que independe de ulteriores consequências do fato.[32] É necessário, porém, que se verifique ser idôneo o meio utilizado pelo agente, não se caracterizando o ilícito quando a falsidade for grosseira de modo a não poder iludir a sagacidade, inteligência ou experiência da vítima.[160]

A tentativa é possível, já que o ato executivo pode ser interrompido.

12.2.7   Distinção e concurso

Constitui o crime de falsa identidade e não o de falsidade material a alteração no documento subtraído pelo agente com a simples substituição da fotografia da vítima

---

159.   SZNICK, Valdir. Travesti, nova modalidade de falsa identidade. *Justitia* 110/166-72 e Vox Legis 147/85.
160.   FARIA, Bento de. Ob. cit. v. 7, p. 74.

pela sua, desde que passe a utilizá-lo.[33] Mas já se decidiu que o delito de falsa identidade, como infração subsidiária, cede passo ao crime principal de falsidade material, por qual deve responder o agente.[34] A posse de documento falsificado (não com a simples substituição de fotografia), para esconder a própria identidade, vai além da figura da falsa identidade e o agente responde pela falsificação de documento, absorvendo-se o uso.[35]

A falsa identidade é absorvida quando for meio para a prática de delito mais grave, como o estelionato[36] ou a bigamia.[37]

Constituem não o crime de falsa identidade, mas contravenção fingir-se funcionário público (art. 45 da LCP) ou usar, publicamente, uniforme, ou distintivo de função que não exerce, bem como usar, indevidamente, de sinal, distintivo ou denominação cujo emprego seja regulado por lei (art. 46 da LCP).

12.3 USO DE DOCUMENTO DE IDENTIDADE ALHEIA

12.3.1 Conceito

Sem rubrica a indicar o *nomen juris*, o art. 308 prevê o crime de uso de documento de identidade alheia, modalidade de falsa identidade: "Usar, como próprio, passaporte, título de eleitor, caderneta de reservista ou qualquer documento de identidade alheia ou ceder a outrem, para que dele se utilize, documento dessa natureza, próprio ou de terceiro: Pena – detenção, de quatro meses a dois anos, e multa, se o fato não constitui elemento de crime mais grave."

12.3.2 Objetividade jurídica

Protege-se ainda a fé pública, no que se refere à identidade das pessoas, nas suas relações jurídicas públicas ou privadas. Trata-se, também, de crime subsidiário, como se verifica do dispositivo na cominação da pena.

12.3.3 Sujeitos do delito

Qualquer pessoa pode praticar o delito. Sujeito ativo é aquele que usa o documento de identidade alheio ou cede documento seu ou de outrem para uso pelo destinatário. Sujeito passivo é o Estado, já que lesada é a fé pública, mas também a pessoa a quem o fato causa, eventualmente, dano.

12.3.4 Tipo objetivo

A primeira conduta típica prevista no art. 308 é a de *usar*, ou seja, a de fazer uso de documento de identidade de outra pessoa, como se fosse próprio, em qualquer relação jurídica (judicial ou extrajudicial), para provar falsamente a identidade que o agente se atribui falsamente. Valem aqui as considerações a respeito do crime de uso de documento falso (item 11.9.4).

A segunda ação típica é a de *ceder*, transferir a posse a outrem, a qualquer título (oneroso ou gratuito), para que o destinatário se utilize do documento de identidade alheia (do cedente ou de terceiro). Refere-se a lei, evidentemente, ao uso ilegítimo do documento de identidade, caracterizando-se o crime quando o tomador utiliza o documento como se fosse seu.

O objeto material do ilícito em estudo é, em primeiro lugar, o passaporte, documento que possibilita a pessoa entrar ou sair do território nacional (diplomático, oficial, comum e para estrangeiro) (Lei nº 13.445, de 24-5-2017). Em segundo lugar está o título de eleitor, documento que habilita a pessoa a votar ou exercer outros direitos políticos (arts. 42 e seguintes da Lei nº 4.737, de 15-7-1965).

Refere-se a lei, em terceiro lugar, à caderneta de reservista, ou seja, àquela que é concedida após a exclusão do incorporado às Forças Armadas (reforma etc.) ou ao convocado que é isentado do serviço militar. O uso de documento militar de outrem configura delito praticado em detrimento da União, pelo que a competência para conhecimento do fato é da Justiça Federal.[38]

Por fim, pode ser objeto material do crime qualquer documento de identidade, tais como a carteira profissional, a caderneta de identidade civil ou militar etc. Já se defendeu a tese de que documento de identidade seria apenas aquele que contivesse fotografia, pois somente este é apto a reconhecer a identidade do respectivo portador. Pondera-se, porém, que a identidade é constituída do estado civil (filiação, idade, matrimônio, nacionalidade etc.) e o único meio hábil a provar, por exemplo, o matrimônio, é a certidão de casamento que, portanto, é documento de identidade. Nesse sentido, considerou-se existir o crime no uso ilegítimo da certidão de casamento.[39] Por outro lado, entendeu-se que a carteira de estudante, emitida por estabelecimento particular de ensino, por não conter dados essenciais, tais como nacionalidade, naturalidade, estado civil, filiação e profissão, não pode ser considerada documento de identidade para fins previstos no art. 308 do CP.[40] Por outro lado, já se entendeu configurado o crime pela mera substituição de fotografia de passaporte.[41]

Não se exige que o uso ou a cessão tenha por finalidade a obtenção de vantagem ou a intenção de causar dano, como ocorre no crime previsto no art. 307. Caracteriza-se a infração, portanto, independentemente de qualquer resultado lesivo.[42]

12.3.5 Tipo subjetivo

O dolo é a vontade de fazer uso, como sendo seu, de documento de identidade alheia, no primeiro caso, e a vontade de ceder a outrem documento próprio ou de terceiro para que o tomador o utilize. Evidentemente, é necessário que o agente tenha consciência de que está cuidando de uso ou cessão ilícita. Não exige, porém, a lei, quanto ao uso, qualquer elemento subjetivo do tipo.[43] Quanto à cessão, todavia, é necessário que haja a finalidade prevista expressamente na lei, ou seja, que a cessão seja efetivada

12 • DE OUTRAS FALSIDADES   **261**

para o uso pelo destinatário. Há, portanto, a exigência do elemento subjetivo do tipo. Noronha nega a necessidade de dolo específico, uma vez que "o fim é do cessionário, bastando que o cedente conheça essa circunstância".[161] Esse estado anímico do agente, porém, é um elemento subjetivo do tipo para a teoria finalista.

12.3.6   Consumação e tentativa

Consuma-se o crime, na primeira parte do dispositivo, com o uso do documento de identidade alheia. Não constitui o ilícito simples porte ou guarda de documentos de identidade alheia; o fato configura apenas ato preparatório impunível.[44] Não é possível, nesse caso, a tentativa: ou ocorreu a primeira utilização, e o delito está consumado, ou não houve ato de execução.

Na segunda modalidade, o crime se consuma com a cessão do documento próprio ou alheio. Aquele que recebe o documento não pratica o ilícito, que ocorrerá apenas quando ele o utilizar (primeira modalidade). No caso de cessão, por haver possibilidade de interrupção da conduta, é admissível a tentativa.

12.3.7   Distinção e concurso

Sendo o crime de falsa identidade subsidiário, é absorvido pelo crime de uso de documento de identidade alheia, previsto no art. 308 do CP, por ser delito-meio, elemento constitutivo de outro.[45]

Quando a falsificação de documento de identidade é grosseira, escapando à sanção penal pelo falso material, tem-se decidido que o uso configura o crime previsto no art. 308.[46]

12.4   FRAUDE DE LEI SOBRE ESTRANGEIROS

12.4.1   Conceito

O crime de fraude de lei sobre estrangeiros, outra modalidade de falsa identidade, está previsto no art. 309: "Usar o estrangeiro, para entrar ou permanecer no território nacional, nome que não é o seu: Pena – detenção, de um a três anos, e multa."

12.4.2   Objetividade jurídica

O art. 309 visa proteger uma política de imigração e mesmo a regular entrada no país de estrangeiro. O direito de entrada ou permanência de estrangeiro em território nacional é restringido pela lei. Não se concede visto de entrada ao estrangeiro menor de dezoito anos, desacompanhado do responsável legal ou sem a sua autorização

---

161. NORONHA, E. Magalhães. Ob. cit. v. 4, p. 270.

expressa, a quem não preencher os requisitos para a obtenção do visto pleiteado ou a quem ocultar condição impeditiva da concessão de visto ou de ingresso (art. 10 da Lei nº 13.445, de 24-5-2017).

Com o dispositivo tutela-se, concomitantemente, a fé pública, violada pela falsa identidade do estrangeiro.

12.4.3 Sujeitos do delito

Sujeito ativo do crime só pode ser o estrangeiro, inclusive o apátrida; trata o art. 309 de crime próprio. Nada impede, porém, a participação de brasileiro no crime. Sujeito passivo é ainda o Estado, titular da política de imigração e de entrada ou permanência de estrangeiros em território nacional, bem como da fé pública.

12.4.4 Tipo objetivo

Certas exigências contidas nas leis que disciplinam a entrada e a permanência no Brasil, em especial a Lei de Migração (Lei nº 13.445, de 24-5-2017, regulamentada pelo Decreto nº 9.199, de 20-11-2017), visam ao conhecimento seguro da identidade do não nacional, fraudando-o, portanto, aquele que usa de falso nome para ocultar a sua verdadeira individualidade.

Usar, ou seja, fazer uso do nome falso é a conduta típica do crime em estudo. O sujeito ativo usa nome que não é o seu, atribui a si mesmo o nome de outra pessoa ou um nome imaginário (prenome, nomes de família etc.). Assim, se para entrar no país se utiliza o agente de passaporte em que se apresenta com nome alheio, comete o crime em tela.[47] O ilícito não depende, porém, da apresentação de documento falso, podendo existir sem a apresentação deste.

Referindo-se a lei apenas ao *nome* falso, não caracteriza o ilícito em estudo a conduta de quem faz declaração falsa somente com relação a outros elementos de identificação (idade, profissão, nacionalidade etc.), podendo o fato constituir outro ilícito penal (arts. 307, 310 etc.). Não se reconheceu, sem razão, o ilícito previsto no art. 309 do CP na apresentação de documento de identidade de alienígena que retirou a fotografia original e colocou a sua no lugar.[48]

Para a caracterização do crime é ainda necessário que o uso de nome falso se destine a possibilitar a entrada ou a permanência do estrangeiro no território nacional, constituindo outro ilícito a conduta com outro fim (falsa identidade, uso de documento falso etc.).

Emprega a lei a expressão *território nacional* no sentido jurídico, incluindo, portanto, o mar territorial e o espaço aéreo correspondente à coluna atmosférica.

A competência para julgar o fato é da Justiça Federal diante da violação de interesse nacional.

12.4.5 Tipo subjetivo

O dolo é a vontade de usar nome falso, exigindo-se o elemento subjetivo do tipo, ou seja, a finalidade de entrar ou permanecer em território nacional (dolo específico).

12.4.6 Consumação e tentativa

Consuma-se o crime com o primeiro ato de utilização do nome falso, independente da entrada ou permanência no território nacional, desde que fosse esta a finalidade do agente. Sem razão, a nosso ver, já se entendeu que se trata de crime permanente, podendo o agente ser preso em flagrante enquanto permanecer no país. Na verdade, o fato típico não é a permanência do estrangeiro no território nacional, mas o uso de nome falso com essa finalidade. Assim, a prisão em flagrante só se justifica quando do ato de uso do nome falso. Não se admite a tentativa, tratando-se na hipótese de crime unissubsistente.

12.4.7 Distinção e concurso

O crime definido no art. 309 é também subsidiário (subsidiariedade implícita), sendo absorvido por crime mais grave quando for elemento constitutivo deste. Absorverá o ilícito em pauta o crime de falsa identidade (infração penal menos grave). Poderá haver, porém, concurso material ou formal entre o crime em estudo e o de falsidade ideológica.[162]

12.4.8 Atribuição de falsa qualidade a estrangeiro

Outra modalidade de fraude da lei sobre estrangeiro é a atribuição de falsa qualidade a estrangeiro, que era prevista pelo art. 310 do CP, mas, por força do art. 1º da Lei nº 9.426, de 24-12-1996, passou a ser o parágrafo único do art. 309 do Estatuto. A redação, porém, continuou sendo a mesma: "Atribuir a estrangeiro falsa qualidade para promover-lhe a entrada em território nacional: Pena – reclusão, de um a quatro anos, e multa."

12.4.9 Objetividade jurídica

A objetividade jurídica do delito é a mesma daquela referida no exame do art. 309 (item 12.4.2).

12.4.10 Sujeitos do delito

Sujeito ativo é qualquer pessoa que pratique a conduta incriminada, podendo tratar-se de funcionário do serviço de imigração. Sujeito passivo, como no crime antecedente, é o Estado, titular da fé pública e do interesse político da imigração e seleção de imigrantes.

---

162. É a opinião de FRAGOSO, H. Cláudio. Ob. cit. v. 3, p. 384.

12.4.11 Tipo objetivo

A conduta prevista no tipo penal é atribuir (inculcar, imputar, irrogar) a estrangeiro, por escrito ou verbalmente, falsa qualidade para que possa entrar no território nacional. De um lado, o dispositivo é mais amplo que o anterior, referindo-se a lei não só ao nome, mas também a qualquer qualidade que, segundo Noronha, é todo "atributo ou predicado emprestado ao estrangeiro, como nacionalidade, profissão, conduta anterior etc., devendo ser, entretanto, requisito para que o destinatário penetre no território pátrio, pelo que é mister considerar o que dispõem as leis sobre imigração".[163] Refere-se a esses requisitos, por exemplo, os arts. 10 e 11 da Lei de Migração (Lei nº 13.445, de 24-5-2017). De outro lado, porém, não cuida o tipo penal da falsa atribuição de qualidade para a permanência do estrangeiro no país, que não constitui esse ilícito.[49] O fato, porém, poderá constituir outro ilícito penal (falsidade ideológica etc.).

A competência para apreciar o fato é, também, da Justiça Federal, já que é atingido interesse da União.

12.4.12 Tipo subjetivo

O dolo do delito é a vontade de atribuir a estrangeiro falsa qualidade, exigindo-se o elemento subjetivo que consiste na finalidade de possibilitar ao estrangeiro a entrada no território nacional (dolo específico). Indiferente é o móvel do agente, a gratuidade ou não da conduta etc.

12.4.13 Consumação e tentativa

Consuma-se o crime com a falsa inculcação, não sendo necessária a entrada do estrangeiro no país. Trata-se, pois, de crime formal. É inadmissível a configuração da tentativa.

12.4.14 Distinção

Crimes especiais eram previstos no art. 125, incisos XI, XII e XIII, da revogada Lei de Estrangeiros (Lei nº 6.815, de 19-8-1980). Na atual Lei de Migração são previstas condutas que constituem, exclusivamente, infrações administrativas (arts. 106 a 110 da Lei nº 13.445, de 24-5-2017).

12.5 FALSIDADE EM PREJUÍZO DA NACIONALIZAÇÃO DE SOCIEDADE

12.5.1 Conceito

O crime de falsidade em prejuízo da nacionalização de sociedade era previsto no art. 311 do CP. Por força da Lei nº 9.426, de 24-12-1996, o ilícito passou a constituir o art. 310, com a mesma redação: "Prestar-se a figurar como proprietário ou possuidor de

---

163.   NORONHA, E. Magalhães. Ob. cit. v. 4, p. 274.

ação, título ou valor pertencente a estrangeiro, nos casos em que a este é vedada por lei a propriedade ou a posse de tais bens: Pena – detenção, de seis meses a três anos, e multa."

12.5.2 Objetividade jurídica

É próprio das nações estabelecer certas restrições aos estrangeiros, no interesse da ordem econômica, ajustável ao conceito de segurança nacional. Impõe-se, muitas vezes, a nacionalização de sociedades, com fundamento no interesse público, tanto quanto à sua direção quanto à percentagem mínima de nacionais em estabelecimentos industriais e comerciais. A Constituição Federal de 1988 restringe ao estrangeiro a pesquisa e a lavra de recursos minerais e o aproveitamento das jazidas e demais recursos minerais e os potenciais de energia hidráulica (art. 176, § 1º), proíbe ser proprietário de empresa jornalística e de radiodifusão sonora e de sons e imagens (art. 222) etc.

Tutela a lei penal, portanto, além da fé pública violada pela falsidade, a regularidade da participação de estrangeiros em sociedades do país.

12.5.3 Sujeitos do delito

Somente o brasileiro pode cometer o delito em estudo, pois somente ele pode prestar-se a ser o "testa de ferro" do estrangeiro. Afirma Noronha que o nacional que encobrir a situação de brasileiro naturalizado praticará do mesmo modo o delito. O art. 2º, da Lei nº 6.192, de 19-12-1974, determinou que a condição de "brasileiro nato" exigida em leis ou decretos, para qualquer fim, ficasse modificada para "brasileiro", eliminando a distinção legal, mas esta permanece em nível constitucional, como, p. ex., no art. 222, *caput*. A lei, porém, refere-se apenas à propriedade ou posse de "estrangeiro", não se permitindo aquela interpretação, que resultará na aplicação da analogia *in malam partem*, vedada no direito penal.

Sujeito passivo do crime é o Estado, titular da fé pública e da regularidade na nacionalização das sociedades.

12.5.4 Tipo objetivo

A conduta típica é prestar-se a figurar como proprietário ou possuidor de certos bens (ação, título ou valor) pertencentes a alienígena, não distinguindo a lei se o agente o faz mediante remuneração ou a título gratuito. Irrelevante é o móvel do sujeito ativo.

O art. 310 é uma norma penal em branco, devendo ser verificada a restrição à propriedade ou posse do estrangeiro na legislação extrapenal, inclusive constitucional, como, aliás, é expresso o dispositivo.

12.5.5 Tipo subjetivo

O dolo é a vontade de figurar como proprietário ou possuidor dos bens referidos, ciente o agente de que o faz ilicitamente. Não se exige finalidade própria para a caracterização do crime.

12.5.6 Consumação e tentativa

Consuma-se o crime quando o agente passa a figurar como proprietário ou possuidor dos bens, ou seja, quando "o 'homem de palha' passa a ter ou possuir aparentemente os valores que não lhe pertencem".[164] Não há necessidade de ocorrência de qualquer consequência ulterior. O crime previsto no art. 310 é permanente, perdurando a conduta ilícita enquanto o agente figurar como proprietário ou possuidor dos bens do estrangeiro. Admite-se a tentativa.

12.6 ADULTERAÇÃO DE SINAL IDENTIFICADOR DE VEÍCULO AUTOMOTOR

12.6.1 Conceito

Com o *nomen juris* de adulteração de sinal identificador de veículo automotor, o art. 1º da Lei nº 9.426, de 24-12-1996, inseriu mais um tipo penal específico de falsidade no art. 311, alterado pela Lei nº 14.562, de 26-4-2023. Em sua atual redação, reza o dispositivo: "Adulterar, remarcar ou suprimir número de chassi, monobloco, motor, placa de identificação, ou qualquer sinal identificador de veículo automotor, elétrico, híbrido, de reboque, de semirreboque, ou de suas combinações, bem como de seus componentes ou equipamentos, sem autorização do órgão competente: Pena – reclusão, de três a seis anos, e multa."

12.6.2 Objetividade jurídica

Tutela-se mais uma vez a fé pública, agora no que diz respeito a propriedade, registro e segurança dos veículos, reboques e seus componentes ou equipamentos. O dispositivo visa também preservar o poder de polícia e de fiscalização do Estado, dificultado pela alteração dos sinais de identificação neles gravados.

12.6.3 Sujeito ativo

Qualquer pessoa pode cometer o delito, sendo comum a prática dessa conduta por mecânicos de desmanches, oficinas de vendas, revendas ou reparos de veículos.

12.6.4 Sujeito passivo

O novo tipo penal evidentemente não deixa de ser um crime de falsidade, sendo o Estado sujeito passivo como titular da fé pública. Entretanto, é também sujeito passivo o particular quando o veículo foi objeto de crime anterior (furto, roubo, estelionato etc.), já que a conduta de adulteração ou remarcação dificulta a recuperação do bem.

---

164. NORONHA, E. Magalhães. Ob. cit. v. 4, p. 278.

12.6.5 Tipo objetivo

A conduta típica é *adulterar* (mudar, alterar, modificar, contrafazer, falsificar, deformar, deturpar), *remarcar* (marcar de novo, tornar a marcar) ou *suprimir* (fazer desaparecer, retirar, cortar, eliminar) o número do chassi, monobloco, motor, placa de identificação ou o sinal identificador do veículo, de seus componentes ou equipamentos, pouco importando o processo utilizado na adulteração, remarcação ou supressão.

Objeto material é veículo automotor, ou seja, o que se move mecanicamente, especialmente a motor de explosão, para transporte de pessoas ou carga, como automóveis, utilitários, caminhões, ônibus, motocicletas etc. Estão agora abrangidos pelo dispositivo também os veículos elétricos ou, híbridos, de reboque, de semirreboque ou de suas combinações, bem como seus componentes ou equipamentos.

Incide a conduta sobre o número do chassi do veículo, monobloco, motor, placa de identificação, bem como qualquer sinal identificador (números, marcas, logotipos etc.) de quaisquer componentes ou equipamentos (motor, placas, vidros, peças etc.).

O veículo é identificado externamente por meio das placas dianteira e traseira, cujos caracteres serão individualizados e o acompanharão até a baixa do registro, conforme determinação legal (art. 115 do CTB). Tipifica, portanto, a conduta prevista no art. 311 do CP a adulteração ou remarcação desses sinais identificadores, bem como daqueles gravados no chassi ou monobloco (art. 114 do CTB).[50] Constituindo as placas sinal de identificação externo do veículo, a sua substituição por outras com diferentes caracteres configura o delito.[51] Há crime nessa hipótese porque ocorre a remarcação, mediante a supressão do sinal original e a colocação pelo agente de um novo e distinto sinal identificador no veículo. A tinta que recobre os caracteres inscritos nas placas é parte integrante do sinal identificador e, assim, comete o delito previsto no art. 311 do CP, por adulteração do sinal, o agente que modifica os caracteres originais mediante pintura ou raspagem da tinta.[52] Tem-se decidido que a alteração de caracteres das placas do veículo mediante a colocação de fita adesiva com o fim de iludir a fiscalização e evitar multas não configura o crime, mas mero ilícito administrativo.[53] Embora o processo utilizado pelo agente e a finalidade específica de sua conduta sejam irrelevantes diante do tipo penal, justifica-se a orientação no caso de alteração grosseira e inócua, por sua natureza incapaz de iludir a fé pública, e sem o caráter de permanência mínima exigível na adulteração. Decidia-se que a supressão por raspagem do número de identificação do chassi do veículo não configuraria o crime, porque tal conduta não equivaleria a adulterar, podendo constituir apenas como ato preparatório daquele ilícito.[54] Observa-se, porém, que, ao suprimir total ou parcialmente o número do chassi, o agente altera, deturpa ou deforma o sinal de identificação do veículo, praticando a adulteração e cometendo o crime previsto no art. 311 do CP. Diante da nova redação do dispositivo, em que se inclui expressamente a *supressão* do sinal, nenhuma dúvida remanesce no sentido de que, na hipótese, o crime se caracteriza.

12.6.6 Tipo subjetivo

O dolo é a vontade dirigida à prática de uma das condutas típicas, de adulterar, remarcar ou suprimir o número de chassi, monobloco, motor, placa de identificação, ou sinal identificador, não se exigindo qualquer finalidade específica do agente.[55] Como a adulteração, remarcação ou supressão desses números ou sinais são proibidas em si mesmas, não há qualquer necessidade de que o sujeito tenha conhecimento de que se trata de veículo objeto de crime. Porque não exige a lei nenhum outro elemento subjetivo, não se escusa o agente por eventualmente ignorar que o veículo foi ou será objeto material de ato ou negócio ilícito.[56]

12.6.7 Consumação e tentativa

Consuma-se o crime com a adulteração, remarcação ou supressão do número ou sinal identificador. A tentativa é possível quando o agente é interrompido sem que tenha completado a adulteração, remarcação ou supressão do chassi do veículo ou de qualquer sinal indicativo do componente ou equipamento.

12.6.8 Aumento de pena

Prevê a lei o aumento de pena de um terço se o agente comete o crime no exercício da função pública ou em razão dela. Não basta que o agente seja funcionário público, mas o simples fato de ter o fato criminoso alguma relação de causa e efeito com a sua função pública qualifica o crime. A traição ou infidelidade do agente ao exercício da função pública ou a facilidade encontrada pelo funcionário público para a prática do crime em virtude de seu exercício justificam a causa de aumento de pena.

12.6.9 Concurso

Admite-se o concurso formal ou material entre o crime descrito no art. 311 e o estelionato. Contudo, se a adulteração de sinal identificador de veículo automotor é empregada unicamente como meio fraudulento para a prática de crime de estelionato, nele se exaurindo sua potencialidade lesiva, há a absorção do primeiro pelo crime patrimonial segundo a orientação adotada na Súmula 17 do STJ.[57] No concurso de crime de adulteração de sinal identificador de veículo automotor e crime de trânsito, não se aplica a agravante prevista no art. 298, II, do Código de Trânsito Brasileiro, por se tratar de *post factum* não punível da falsidade.

12.6.10 Crimes assemelhados

No § 2º do art. 311, foram inseridas novas figuras penais especiais relacionadas com o tipo previsto no *caput* e punidas com as mesmas penas.

A Lei nº 9.426, de 24-12-1996, inseriu um outro tipo penal especial, agora renumerado como inciso I, o de contribuição para o licenciamento ou registro do veículo remarcado ou adulterado, com a seguinte redação: "Incorre nas mesmas penas o funcionário público que contribui para o licenciamento ou registro do veículo remarcado ou adulterado, fornecendo indevidamente material ou informação oficial."

Trata-se de crime próprio, que exige do sujeito ativo a qualidade de funcionário público, em seu conceito penal (art. 327), nada impedindo a participação de terceiros. A conduta típica é *fornecer*, que significa prover, dar, proporcionar indevidamente *material* (placas, licenças, carimbos, selos, adesivos etc.) ou *informação oficial* (certidões, atestados, declarações, vistos etc. próprios do Poder Público).

O dolo do crime em tela é a vontade de fornecer o material ou a informação, desde que presente o elemento normativo do tipo, ou seja, a ciência do agente de que os está fornecendo indevidamente. Exige-se, porém, que o agente tenha consciência de que a finalidade é o licenciamento ou registro de veículo remarcado ou adulterado na forma do art. 311, *caput*. Inexistente tal finalidade, não se caracteriza tal ilícito, mas outro (arts. 297, 299, 304 etc.). É possível que o agente seja induzido a erro, o que exclui o dolo, quando desconhece que foram a ele apresentados documentos ou indicações falsas. O erro culposo do funcionário exclui o dolo, tornando o fato inócuo penalmente, embora possibilite a ocorrência de falta funcional.

Como se exige no tipo penal que haja a contribuição do funcionário para o licenciamento ou registro do veículo adulterado ou remarcado, a consumação do crime só ocorre quando for um ou outro alcançado. É possível a tentativa quando o funcionário fornece indevidamente o material ou informação oficial, mas não se logra o licenciamento ou registro do veículo.

Também na contribuição ilícita para o licenciamento ou registro de veículo remarcado ou adulterado se aplicava o aumento de pena de um terço previsto no § 1º, uma vez que o § 2º cominava para o fato as "mesmas penas" da infração simples ou qualificada. Assim, se para o funcionário que contribuía fornecendo indevidamente material ou informação oficial fora de sua função, a pena, de três a seis anos de reclusão, era aumentadas de um terço quando o fizesse no exercício da função pública ou em razão dela. Diante da nova redação do dispositivo, porém, resta claro que as penas aplicáveis a todos os tipos previstos nos incisos I a III são somente as cominadas no *caput*. Assim, não são aplicáveis a essas figuras a causa de aumento prevista no §1º.

A Lei nº 14.562, de 26-4-2023, inseriu dois novos incisos e dois novos parágrafos ao art. 311.

Pelo inciso II comete também crime, "aquele que adquire, recebe, transporta, oculta, mantém em depósito, fabrica, fornece, a título oneroso ou gratuito, possui ou guarda maquinismo, aparelho, instrumento ou objeto especialmente destinado à falsificação e/ou adulteração de que trata o *caput* deste artigo".

As condutas típicas são: adquirir, receber, transportar, ocultar, manter em depósito, fabricar, fornecer, possuir ou guardar. *Adquirir* significa obter a propriedade (pela compra, dação em pagamento, permuta, doação, herança etc.). *Receber* é a conduta de quem, sem o *animus rem sibi habendi*, toma posse da coisa. *Transportar* é levar, transferir ou carregar a coisa de um lugar para outro. *Ocultar* significa esconder, colocar em lugar em que não se pode encontrar a coisa, conduta que normalmente ocorre após o recebimento da coisa. *Manter em depósito*, é acondicionar, armazenar. *Fabricar* significa preparar, produzir por qualquer meio. *Fornecer* é ceder, ministrar, doar, abastecer, proporcionar. *Possuir* é ter a propriedade ou a posse material da coisa. *Guardar* é ter consigo, a sua disposição, abrigar, conservar, proteger. Nas hipóteses de transportar, ocultar, manter em depósito, possuir e guardar há crime permanente, que permite a prisão em flagrante enquanto durarem essas condutas. Os objetos materiais mencionados na lei são: o *maquinismo* (máquina ou conjunto de peças que a compõem), *aparelho* (conjunto de mecanismos, engenho, utensílio para uso), *instrumento* (objeto mais simples que o aparelho e que serve de agente mecânico na execução de qualquer trabalho), *objeto* (artigo, mercadoria, peça), que se destinem *especialmente* à falsificação e/ou adulteração de qualquer sinal identificador do veículo ou de seus componentes ou equipamentos. O elemento subjetivo é o dolo, a vontade de praticar uma das condutas com a consciência de que os objetos se destinam à falsificação ou adulteração do sinal. A consumação se dá com a prática de uma das ações típicas. Desnecessário é que ocorra a falsificação ou adulteração. É possível a tentativa.

De acordo com o inciso III comete ainda crime "aquele que adquire, recebe, transporta, conduz, oculta, mantém em depósito, desmonta, monta, remonta, vende, expõe à venda, ou de qualquer forma utiliza, em proveito próprio ou alheio, veículo automotor, elétrico, híbrido, de reboque, semirreboque ou suas combinações ou partes, com número de chassi ou monobloco, placa de identificação ou qualquer sinal identificador veicular que devesse saber estar adulterado ou remarcado".

Além das condutas de adquirir, receber, transportar, ocultar e manter em depósito já examinadas no inciso II, acrescentou a lei, no inciso III, as ações de: *conduzir* (dirigir, guiar um veículo qualquer), *desmontar* (desencaixar, separar peças de um todo), *montar* (armar, encaixar peças, aprontar para funcionar), remontar (montar o que foi desmontado, remendar, consertar, reparar, acrescentar ou substituir peças), *vender* (ato de transferir a propriedade da coisa tendo como contraprestação o preço), *expor à venda* (exibir, mostrar para venda) e *de qualquer forma utilizar* (fazer uso, usar, valer-se, empregar com utilidade, aproveitar, ganhar, lucrar). O novo dispositivo tem por finalidade coibir principalmente a comercialização ilícita de veículos ou de suas peças ou componentes. O tipo subjetivo é o dolo, ou seja, a vontade dirigida à prática de uma das condutas previstas no tipo. A exemplo do que ocorre no crime de receptação dolosa qualificada, é indispensável, também o elemento subjetivo do tipo contido na expressão "devesse saber estar adulterado ou remarcado", não se exigindo que o agente tenha efetivo conhecimento da circunstância (v. item 16.1.11). Consuma-se o crime com a prática de uma das ações típicas, admitindo-se a tentativa.

No § 3º prevê-se a forma qualificada dos crimes descritos nos incisos II e III, consistente na prática da conduta "no exercício de atividade comercial ou industrial", para a qual é prevista a pena de reclusão, de 4 a 8 anos, e multa. Nessas hipóteses, o sujeito ativo deve ser comerciante ou industrial, tratando-se, aqui, de *crime próprio*, que só pode ser praticado por essas pessoas. Não se exige que o sujeito ativo se dedique ao comércio legal ou regular, por prever a lei, no § 4º, que está incluída "qualquer forma de comércio irregular ou clandestino, inclusive o exercício em residência". Exige-se, porém, o caráter de habitualidade no exercício da atividade, não qualificando os crimes a prática isolada de um único ato de comércio.

13

DAS FRAUDES EM CERTAMES DE INTERESSE PÚBLICO

13.1 FRAUDES EM CERTAMES DE INTERESSE PÚBLICO

13.1.1 Generalidades

A ausência de tipos gerais ou específicos criminalizando as diversas formas de fraude em concursos públicos e em exames de interesse público, como os de seleção para o ingresso no ensino superior (vestibulares), tem dificultado, há tempos, a responsabilização penal de condutas que provocam sérios danos a um elevado número de pessoas que participam dos certames e às *entidades públicas e privadas* que os promovem, gerando o descrédito das instituições e ferindo importantes princípios constitucionais como os da moralidade, impessoalidade e isonomia. Embora alguns meios fraudulentos empregados possibilitem a incriminação do agente em razão da adequação da conduta a diferentes tipos penais, como os de falsidade ideológica (art. 299), falsificação de documentos (arts. 297 e 298) ou uso de documento falso (art. 304) etc.,[1] diversas outras modalidades de fraude têm permanecido impunes, recusando-se, com razão, a maior parte da doutrina e dos tribunais a reconhecer no fato, de forma sistemática, o crime de estelionato (art. 171), inclusive nos casos de utilização da denominada "cola eletrônica".[2] Em meio a inúmeras notícias de ocorrência de fraudes e à tramitação de diversos projetos de lei versando sobre o assunto, foi sancionada a Lei nº 12.550, de 15-12-2011,[165] que incluiu no Título X da Parte Especial o Capítulo V – Das fraudes em certames de interesse público, composto por um único artigo, 311-A, sob a mesma denominação, que tipifica fraudes praticadas mediante acesso, divulgação e utilização do conteúdo sigiloso de concursos públicos, processos seletivos, avaliações e exames públicos ou de interesse público. A mesma lei inseriu no art. 47 o inciso V, que prevê como pena de interdição temporária de direitos a "proibição de inscrever-se em concurso, avaliação ou exame públicos".

---

165. O art. 311-A e o inciso V do art. 47 do Código Penal foram inseridos pela Lei nº 12.550, de 15-12-2011, que dispõe sobre autorização ao Poder Executivo para a criação de empresa pública denominada Empresa Brasileira de Serviços Hospitalares – EBSERH. A inclusão, no curso da tramitação do projeto, de matéria absolutamente estranha ao objeto da lei viola o disposto no art. 7º, I e II, da Lei Complementar nº 95, de 26-2-1998.

13.1.2 Conceito

Sob o *nomen juris* de fraudes em certames de interesse público, prevê o art. 311-A: "Utilizar ou divulgar, indevidamente, com o fim de beneficiar a si ou a outrem, ou de comprometer a credibilidade do certame, conteúdo sigiloso de: I – concurso público; II – avaliação ou exame públicos; III – processo seletivo para ingresso no ensino superior; ou IV – exame ou processo seletivo previstos em lei: Pena – reclusão, de 1 (um) a 4 (quatro) anos, e multa."

No § 1º do mesmo artigo tipifica-se a conduta de quem permite ou facilita o acesso às referidas informações sigilosas (item 13.1.8). No § 2º é prevista a fraude qualificada e no § 3º uma causa de aumento de pena.

13.1.3 Objetividade jurídica

No art. 311-A, a lei tutela a fé pública, protegendo a confiança das pessoas na lisura de certames de interesse público, que é lesada pela quebra do sigilo essencial à legalidade e moralidade do procedimento e à observância do princípio da isonomia. A violação do sigilo em concursos públicos, processos seletivos, exames e avaliações de interesse público afeta intensamente a credibilidade das instituições, gerando ou reforçando nas pessoas em geral a suspeita quanto à seriedade dos inúmeros certames que ordinariamente são realizados por entidades públicas e privadas. Além de lesar a confiança pública, a utilização ou divulgação dos dados sigilosos provoca, frequentemente, graves danos que incluem expressivos prejuízos econômicos a essas entidades e aos participantes do certame, decorrentes de seu adiamento, invalidação ou refazimento. Muito raramente o dano corresponde unicamente à vantagem indevida obtida pelo participante mediante o acesso indevido às informações sigilosas. Assim, embora o bem jurídico tutelado pelo dispositivo seja a fé pública, acautelam-se, também, interesses públicos e particulares.

13.1.4 Sujeitos do delito

Sujeito ativo do crime é qualquer pessoa que pratique a conduta típica. Não se exige especial capacidade ou posição do sujeito ativo, cometendo o crime não somente o organizador ou participante do concurso ou exame, mas também o terceiro que utilize ou divulgue o material sigiloso indevidamente e para uma das finalidades especificadas no dispositivo. Quando o agente é funcionário público, aumenta-se a pena (item 13.1.10). Sujeito passivo é o Estado, titular do bem jurídico violado, a fé pública. Podem ser sujeitos passivos, também, os entes públicos ou privados responsáveis pelo certame e as pessoas que dele participem e que suportem com o fato eventual prejuízo. Havendo dano para a administração pública, o crime é qualificado (item 13.1.9).

13.1.5 Tipo objetivo

Prevê o art. 311-A, *caput*, duas ações típicas: utilizar e divulgar. *Utilizar* é fazer uso, empregar, valer-se ou tirar proveito do conteúdo sigiloso dos certames elencados no dispositivo, de forma indevida e com uma das finalidades enunciadas (item 13.1.6). Pratica o delito o candidato que, com conhecimento prévio do gabarito oficial, o utiliza para obter a aprovação ou melhor resultado no exame; o professor que, após ter acesso, devido ou indevido, às questões sigilosas, embora não as divulgue, ministra aula baseada no conhecimento necessário para que seus alunos obtenham melhor desempenho na prova etc. *Divulgar* é tornar público, fazer conhecer a terceiros, por qualquer forma, o mesmo conteúdo sigiloso. Não é claro o dispositivo, a exemplo do que se verifica no crime de divulgação de segredo (art. 153), se a comunicação da informação sigilosa a uma única pessoa não autorizada configura o crime. Considerando, porém, a *mens legis* e que entre as finalidades da conduta está a de beneficiar a *outrem*, que pode ser uma única pessoa determinada, deve-se entender que, no tipo em exame, divulgar tem a acepção de transmitir, comunicar ou revelar o conteúdo sigiloso do exame a terceiro não autorizado a ele ter acesso, não se exigindo o seu conhecimento por um elevado número de pessoas. Ocorre o crime no "vazamento" do material sigiloso pelo funcionário da organização do certame com o fim de comprometer a credibilidade deste; na disponibilização das questões da prova na Internet pelo *hacker* que invadiu o sistema de dados que as contém, com a mesma finalidade; na aplicação em sala de aula de teste contendo as mesmas questões sigilosas que integrarão a prova oficial a ser realizada, com o fim de favorecer os alunos etc.

A redação do dispositivo permite dúvidas com relação à caracterização do crime nas hipóteses de "cola eletrônica", mas incorre no tipo penal o candidato que, durante a realização da prova, transmite por meio eletrônico as questões a terceiro para ser por este informado da resposta correta, porque utiliza e divulga indevidamente as informações que permanecem acobertadas pelo sigilo, embora já sejam de seu conhecimento. Não se configura o delito, porém, se o candidato somente recebe por meio eletrônico as respostas corretas transmitidas por terceiro que teve acesso às perguntas sem violação do sigilo.

Contém o tipo o elemento normativo consignado no termo *indevidamente*. Somente ocorrerá o crime se o sujeito utilizar ou divulgar o conteúdo sigiloso de forma indevida, isto é, contrária aos fins que justificam o sigilo. Não é indevida, por exemplo, embora possa não ser recomendável, a utilização de questões em procedimentos prévios de testagem para aferição de sua exatidão e valor discriminatório, se previstos em lei ou regulamentos, desde que preservado o sigilo quanto à sua utilização. Se existir justa causa para a utilização ou divulgação, o fato é atípico. O candidato que teve conhecimento em sala de aula de questões a serem aplicadas no exame não pratica o crime ao comunicar o fato às autoridades, ainda que com sua conduta vise comprometer a credibilidade do certame, diante da existência de justa causa para a divulgação. Não pode ser considerada indevida a conduta que objetiva, precisamente, expor ou evitar a fraude ou atenuar as suas consequências nocivas.

Objeto do delito é o conteúdo sigiloso dos certames mencionados no dispositivo, que consiste em todos os dados e informações que devem permanecer de conhecimento de um número restrito de pessoas autorizadas, em razão de sua natureza e da previsão contida em leis, regulamentos, instruções, editais. O conteúdo sigiloso abrange, assim, questões, temas ou gabaritos de provas a serem aplicadas no certame, critérios de avaliação a serem empregados, dados relativos aos responsáveis por sua elaboração quando forem reservados etc.

Enunciam-se nos incisos I a IV os certames que são especialmente protegidos. Nos incisos I e II são previstos certames de natureza pública, que assim devem ser considerados os realizados ou promovidos pelo Poder Público, por meio dos órgãos da Administração direta ou indireta. Refere-se a lei, inicialmente, ao concurso público (inciso I), exigido pela Constituição Federal como condição para a investidura em cargo ou emprego público (art. 37, inciso II). Mencionam-se, também, a avaliação ou exame públicos (inciso II), que são procedimentos destinados à aferição de conhecimentos, habilidades ou competências dos inscritos, geralmente estudantes ou profissionais, com vistas a aprovação, seleção ou habilitação para fins determinados. São exemplos o ENEM e o ENAD, promovidos por autarquia federal vinculada ao Ministério da Educação, que objetivam a avaliação do desempenho escolar e acadêmico dos estudantes, respectivamente, ao final do ensino médio e durante o curso superior. Tutelam-se, ainda, os exames vestibulares em geral, que visam aferir conhecimentos dos estudantes e classificar os candidatos para o acesso às universidades e outras instituições de ensino superior (inciso III), não fazendo a lei distinção entre as entidades públicas e privadas. Por fim, mediante fórmula genérica, incluem-se qualquer exame ou processo seletivo que se realize em decorrência de expressa previsão legal (inciso IV), independentemente, também, de serem promovidos ou aplicados pela Administração Pública ou por entes privados. São exemplos dessa espécie o Exame da Ordem, no qual devem ser aprovados os graduados em Direito como requisito necessário para o exercício da advocacia (art. 8º, inciso IV, da Lei 8.906, de 4-7-1994), o Exame de Suficiência previsto para o exercício da profissão de contador (art. 12 do Decreto-Lei nº 9.295, de 27-5-1946, com a redação dada pela Lei nº 12.249, de 11-6-2010), os processos seletivos para contratação de pessoal pela Administração, nos casos em que a Constituição torna dispensável o concurso com o fim de atender necessidade temporária de excepcional interesse público (art. 37, inciso IX, da CF e Lei nº 8.745, de 9-12-1993) etc. Estão excluídos da tutela especial, embora possam ser do interesse de um elevado número de pessoas, demais avaliações, exames e processos seletivos promovidos e aplicados por entidades privadas que não estejam previstos em lei.

13.1.6   Tipo subjetivo

O dolo no tipo em exame é a vontade do agente de utilizar ou divulgar o conteúdo sigiloso, com a ciência de que o faz indevidamente. Exige-se, também, como elemento subjetivo do tipo, que atue o agente com o fim de *beneficiar a si próprio ou a outrem, ou o*

13 • DAS FRAUDES EM CERTAMES DE INTERESSE PÚBLICO   **277**

de *comprometer a credibilidade do certame*. Na ausência dessas especiais finalidades da conduta, a utilização ou a divulgação indevida do conteúdo sigiloso no certame não configuram o crime em estudo, podendo caracterizar outro delito (arts. 153, § 1º-A, 325 etc.).

13.1.7 Consumação e tentativa

Na primeira modalidade de conduta, consuma-se o crime com a utilização da informação sigilosa. Tratando-se de conduta que, em princípio, não possibilita o seu fracionamento, a tentativa é de difícil caracterização. Na segunda modalidade, a consumação ocorre com o conhecimento por terceiros do material sigiloso indevidamente divulgado. Nesse caso é perfeitamente admissível a tentativa. Em ambas as formas, a consumação independe da efetiva obtenção do proveito almejado pelo agente ou do comprometimento da credibilidade do certame.

13.1.8 Permitir ou facilitar o acesso indevido ao conteúdo sigiloso

Nos termos do § 1º do art. 311-A, pune-se com as mesmas penas, de um a quatro anos e multa, "quem permite ou facilita, por qualquer meio, o acesso de pessoas não autorizadas às informações mencionadas no *caput*".

A primeira ação típica é a de *permitir*, no sentido de consentir, admitir, facultar ou tolerar, que pessoa não autorizada tenha acesso às informações sigilosas do certame. *Facilitar* é tornar mais fácil, afastar obstáculos, ajudar, favorecer esse mesmo acesso indevido. A conduta pode ser praticada "por qualquer meio" e por forma comissiva ou omissiva. Praticam, assim, o crime o examinador ou funcionário envolvido na organização do exame que permitem a terceiro não autorizado a leitura das questões sigilosas; o porteiro ou fiscal que, omitindo-se no seu dever de vigilância, deixam de trancar a porta da sala onde são guardadas as provas, facilitando o acesso indevido do terceiro; o técnico em informática que fornece a senha para acesso ao sistema onde são armazenadas as informações sigilosas etc. Admitem-se a coautoria e a participação. O dolo é a vontade de praticar a conduta, de permitir ou facilitar o acesso às informações sigilosas por pessoa não autorizada. Diversamente do que ocorre no *caput*, não se exige no § 1º um especial fim de agir, porque se protege diretamente o sigilo das informações contra acessos indevidos, independentemente de sua eventual utilização ou divulgação. Não sendo prevista a forma culposa, a mera negligência de quem tem o dever de impedir o acesso ao material sigiloso não configura o crime. Consuma-se o crime com o acesso da pessoa não autorizada ao conteúdo sigiloso. É possível a tentativa.

13.1.9 Crime qualificado pelo resultado

Prevê o § 2º do art. 311-A as penas de dois a seis anos de reclusão e multa, "se da ação ou omissão resulta dano à administração pública". O dispositivo aplica-se aos crimes previstos no *caput* e no § 1º. Além da lesão à fé pública, a fraude provoca, invariavelmente, prejuízos econômicos vultosos à Administração Pública, relacionados com os custos envolvidos na revisão, invalidação ou refazimento dos certames públicos etc., que justificam o maior rigor punitivo. Os danos causados a entidades privadas, conquanto possam ser igualmente elevados, e os suportados pelos particulares, ainda que eventualmente grande o número de pessoas prejudicadas, não ensejam a incidência da qualificadora.

13.1.10 Crime praticado por funcionário público

Nos termos do § 3º do art. 311-A, a circunstância de ser o fato praticado por funcionário público determina o aumento da pena de um terço. Aplica-se o dispositivo aos crimes descritos no *caput* e no § 1º, nas formas simples e qualificada (§ 2º). O conceito de funcionário público é o previsto no art. 327. Diversamente de outros dispositivos contidos no Código Penal (arts. 295, 296, § 2º, 297, § 1º, etc.), não se exige, expressamente, que o funcionário se prevaleça do cargo para a prática do crime. É certo que a circunstância de ser o crime praticado por funcionário público pode justificar a exasperação da pena, porque a fraude praticada com violação de deveres inerentes ao cargo público e às funções públicas fere mais gravemente, em princípio, o bem tutelado que é a fé pública. Não existindo, porém, qualquer relação entre a prática do crime e a condição de funcionário público do agente, o dispositivo legal é inaplicável, sob pena de violação dos princípios da isonomia e da proporcionalidade.

13.1.11 Distinção

Na ausência do elemento subjetivo do tipo ou outra circunstância elementar, a divulgação da informação sigilosa do certame pode configurar o crime descrito no art. 153, § 1º-A, desde que se cuide de sigilo previsto em lei, ou o de violação de sigilo funcional, previsto no art. 325 como crime subsidiário. No conflito aparente de normas, a fraude em certame de interesse público prevalece sobre esses delitos em razão do princípio da especialidade. A violação de sigilo em licitações públicas é punida nos termos do art. 337-J (item 17.6.1). Se não há divulgação ou utilização da informação sigilosa, mas a sua mera obtenção mediante invasão do sistema informatizado que a contém, pode se configurar o crime descrito no art. 154-A do CP.

PARTE V
DOS CRIMES CONTRA A ADMINISTRAÇÃO PÚBLICA

14

DOS CRIMES PRATICADOS POR FUNCIONÁRIO PÚBLICO CONTRA A ADMINISTRAÇÃO EM GERAL

14.1 CONSIDERAÇÕES GERAIS

14.1.1 Generalidades

A fim de atingir os resultados a que se destina, o Estado estabelece normas a respeito de sua própria organização, regula as suas relações com os indivíduos e as havidas entre estes, e executa essas normas, promovendo o que elas visam, protegendo-as e zelando para que sejam obedecidas. São as funções legislativas, executivas e judiciárias do Estado. Em sentido amplo, a administração pública compreende essas funções e é nesse caráter que a lei a ela se refere no Título XI do Código Penal. A Administração Pública, como diz Fragoso, "é aqui considerada pela lei penal num sentido amplo, ou seja, como *atividade funcional do Estado* em todos os setores em que se exerce o *poder público* (com exceção da atividade política)".[1] Selecionando os fatos graves, que mais ofendem aos interesses da administração, prevê a lei no referido título os crimes contra a Administração em Geral. A objetividade jurídica desses crimes é, portanto, o interesse da normalidade funcional, probidade, prestígio, incolumidade e decoro da *Administração Pública*.[2] As faltas mais leves, não contempladas na lei penal, podem constituir ilícitos administrativos. "O ilícito administrativo de menor entidade não reclama a severidade da pena criminal, nem o vexatório *strepitus judicii*." [3]

É de se ressaltar, porém, que a Lei nº 8.429, de 2-6-1992, dispõe sobre as sanções aplicáveis aos agentes públicos em decorrência da prática de atos de improbidade administrativa (art. 37, § 4º, da CF). O diploma legal prevê a perda de bens ou valores acrescidos ilicitamente ao patrimônio e o ressarcimento integral do dano, independentemente das sanções penais, civis e administrativas, previstas na legislação específica (art. 12, *caput*).

---

1. FRAGOSO, H. Cláudio. *Lições de direito penal*. 3. ed. Rio de Janeiro: Forense, 1981. v. 3, p. 387.
2. HUNGRIA, Nelson. *Comentários ao Código Penal*. 5. ed. Rio de Janeiro: Forense, 1958. v. 9, p. 311.
3. Ibidem, p. 319.

Nos termos do § 4º do art. 33 do CP, acrescentado pela Lei nº 10.763, de 12-11-2003, o condenado por crime contra a administração pública terá a progressão de regime de cumprimento de pena condicionada à reparação do dano que causou ou à devolução do produto do ilícito praticado, com os acréscimos legais.

A exigência legal abrange os crimes definidos no Título XI do Código Penal, praticados por funcionário público ou por particular.

Trata-se de *requisito* à progressão a ser examinado quando da decisão judicial e não de *condição* a ser imposta ao regime menos rigoroso para qual é o condenado promovido.

A comprovação de efetiva impossibilidade de reparação do dano causado afasta a exigência, como ocorre nas hipóteses de *sursis* especial (art. 78, § 2º) e de livramento condicional (art. 83, inciso IV), para as quais há norma expressa nesse sentido (*Manual de Direito Penal*, P. G., item 7.8.3).

Conforme orientação que se cristalizou no Superior Tribunal de Justiça (Súmula 599), nos crimes contra a administração pública é inaplicável o princípio da insignificância (*Manual de Direito Penal*, P. G., item 3.2.13).

Mencionem-se, ainda, o Decreto nº 4.410, de 7-10-2002, alterado pelo Decreto nº 4.534, de 19-12-2002, que promulgou a Convenção Interamericana contra a Corrupção de 29-3-1996, o Decreto nº 5.687, de 31-1-2006, que promulgou a Convenção das Nações Unidas contra a Corrupção, de 31-10-2003. Medidas de combate à corrupção em escala internacional foram também adotadas na Convenção das Nações Unidas contra o Crime Organizado Transnacional, cujo texto foi promulgado pelo Decreto nº 5.015, de 12-3-2004. O Decreto nº 4.923, de 18-12-2003, dispõe sobre o Conselho de Transparência Pública e Combate à Corrupção, que se encontra estruturada pelo Decreto nº 8.910, de 22-11-2016. Por força da EC nº 45, de 8-12-2004, determina a CF no art. 103-B, § 4º, IV, e no art. 130-A, § 2º, IV, que o Conselho Nacional de Justiça e o Conselho Nacional do Ministério Público devem representar ao Ministério Público na hipótese de constatação, no exercício de suas funções, de indícios da prática de crimes contra a administração pública ou de abuso de autoridade.

14.1.2 Crimes funcionais

No Título XI, em razão das alterações introduzidas pelas leis nº 10.028, de 19-10-2000, nº 10.467, de 11-6-2002, e nº 13.964, de 24-12-2019, estão contidos cinco capítulos: I – Dos crimes praticados por funcionário público contra a Administração em Geral; II – Dos crimes praticados por particular contra a Administração em Geral; II-A – Dos crimes praticados por particular contra a Administração Pública Estrangeira; II-B – Dos crimes em licitações e contratos administrativos; III – Dos crimes contra a Administração da Justiça; e IV – Dos crimes contra as Finanças Públicas.

Os tipos penais referidos no Capítulo I, delitos *próprios*, são chamados de *crimes funcionais*, já que praticados pelas pessoas físicas que se entregam à realização

14 • DOS CRIMES PRATICADOS POR FUNCIONÁRIO PÚBLICO CONTRA A ADMINISTRAÇÃO EM GERAL   **283**

das atividades do Estado. A essas infrações também tem-se dado, impropriamente, a denominação de *crime de responsabilidade* (arts. 513 ss do CPP), quando seriam estes uma espécie daqueles (Constituição Federal, arts. 52, I e II, 85, 102, I, *c*, 105, I, *a*, 108, I, *a*, etc., Lei nº 1.079, de 10-4-1950, e Decreto-lei nº 201, de 27-2-1967, alterados pela Lei nº 10.028, de 19-10-2000).[4]

Distinguem-se na doutrina os crimes funcionais *próprios* dos *impróprios*.

Os primeiros têm como elemento essencial a função pública, indispensável para que o fato constitua infração penal. Sem ela a conduta seria penalmente irrelevante. São os casos de crimes de concussão, excesso de exação, prevaricação, corrupção passiva etc. Os crimes funcionais impróprios são os que se destacam apenas por ser o sujeito ativo funcionário público. Se o agente não estivesse revestido dessa qualidade o crime seria outro. O peculato nada mais é do que uma apropriação indébita praticada em decorrência da função pública; a violência arbitrária poderia constituir, se não fosse o sujeito ativo funcionário público, sequestro, constrangimento ilegal, vias de fato etc.

No Capítulo I não estão esgotados todos os crimes praticados por funcionários públicos que, no exercício de suas funções, podem, responder por outros ilícitos (arts. 289, § 3º, 290, parágrafo único, 295, 296, § 2º etc.).

Nos termos do art. 514 do CPP, tratando-se de crime afiançável, deve o funcionário público ser notificado para apresentar defesa preliminar, sob pena de nulidade absoluta.[1] O Supremo Tribunal Federal e o Superior Tribunal de Justiça (Súmula 330) têm decidido, porém, que a notificação prévia não é exigível quando se trata de denúncia lastreada em inquérito policial instaurado para a apuração dos fatos.[2]

Tratando-se de crime funcional, como peculato p. ex., não incide a agravante relativa à violação de dever funcional. Segundo a regra exceptiva constante da parte final do *caput* do art. 61 do CP, em decorrência de princípio no *bis in idem*, não se agrava a pena quando a circunstância constitui elementar do crime.

14.1.3 Conceito de funcionário público

Para efeitos puramente administrativos, *funcionário público* era definido nos termos do art. 2º do antigo Estatuto dos Funcionários Públicos Civis da União (Lei nº 1.711, de 28-10-1952), como "a pessoa legalmente investida em cargo público" e cargo público como "o criado por lei, com denominação própria, em número certo e pago pelos cofres da União". A Lei nº 8.112, de 11-12-1990, que revogou o Estatuto, e dispõe sobre o regime jurídico dos servidores públicos civis da União, das autarquias e das fundações públicas federais, conferiu a mesma definição a *servidor público* (art. 2º), conceituando cargo público como o "conjunto de atribuições e responsabilidades previstas na estrutura organizacional que devem ser cometidas a um servidor" (art. 3º). Em

---

4. Acham imprópria a denominação: HUNGRIA, Nelson. Ob. cit. v. 9, p. 313-314. NORONHA, E. Magalhães. *Direito penal.* 15. ed. São Paulo: Saraiva, 1978. v. 4, p. 286. FRAGOSO, H. Cláudio. Ob. cit. v. 3, p. 389.

sentido mais amplo, na doutrina, funcionários públicos são "os servidores legalmente investidos nos *cargos públicos* da Administração Direta e sujeitos às normas do Estatuto da entidade estatal a que pertencem".[5] São eles uma das espécies de servidores públicos, como os agentes políticos, os agentes honoríficos e agentes delegados, reunidos sob a denominação genérica de agentes públicos. Agentes públicos são "todas as pessoas físicas incumbidas definitiva ou transitoriamente, do exercício de alguma função estatal".[6] No dizer de Maria Sylvia Zanella Di Pietro, agente público é "toda pessoa física que presta serviço ao Estado e às pessoas jurídicas da administração indireta".[7]

No intuito de evitar divergências e controvérsias referentes ao conceito de funcionário público, além de resguardar mais efetivamente a Administração Pública, a lei dispõe: "Considera-se funcionário público, para os efeitos penais, quem, embora transitoriamente ou sem remuneração, exerce cargo, emprego ou função pública" (art. 327). Com esse dispositivo, adotou-se a expressão no sentido mais amplo possível, correspondente ao conceito doutrinário de *agente público*.

Menciona a lei, em primeiro lugar, o *cargo* público, no que se refere ao conceito mais estrito de funcionário público (lugar instituído na organização do funcionalismo, com denominação própria, atribuições específicas e estipêndio correspondente). Menciona ainda o *emprego* público, que se refere à admissão de servidores para serviços temporários, contratados em regime especial ou pelo disposto na CLT (contratados, mensalistas, diaristas, tarefeiros, nomeados a título precário etc.). Por fim, refere-se também à *função* pública, que "é a atribuição ou conjunto de atribuições que a Administração confere a cada categoria profissional, ou comete individualmente a determinados servidores para a execução de serviços eventuais".[8] Como bem acentua Hungria: "Referindo-se à função pública *in genere*, o art. 327 abrange todas as órbitas de atividade do Estado: a de *legis executio* (atividade *rectória*, pela qual o Estado praticamente se realiza), a da *legis latio* (atividade *legislatória*, ou de normatização da ordem político-social) e a da *jurisdictio* (atividade *judiciária*, ou de apuração e declaração da vontade da lei nos casos concretos)." [9] Nesse conceito amplo, para efeitos penais são funcionários públicos o Presidente da República, o prefeito municipal,[3] eleito ou nomeado,[4] os membros das casas legislativas, inclusive o vereador,[5] o militar,[6] o serventuário de Justiça (oficial, escrivão, escrevente) de cartório não oficializado, ainda que não remunerado,[7] o perito judicial,[8] o advogado encarregado da cobrança da dívida ativa municipal,[9] o contador da Prefeitura Municipal,[10] o guarda municipal,[11-12] o guarda-noturno no exercício de função de policiamento,[13] o estudante de Direito atuando como estagiário junto à Defensoria Pública, mesmo sem designação regular,[14] o zelador de fato de um próprio municipal[15] etc. Estende-se o conceito a todas as pessoas que exercem qualquer ativi-

---

5. MEIRELLES, Hely Lopes. *Direito administrativo brasileiro*. 4. ed. São Paulo: Revista dos Tribunais, 1976. p. 370.
6. Ibidem, p. 59.
7. *Direito Administrativo*. São Paulo: Atlas, 1990. p. 305.
8. Ibidem, p. 381.
9. HUNGRIA, Nelson. Ob. cit. v. 9, p. 398-399.

dade com fins próprios do Estado, ainda que estranhas à administração pública, com ou sem remuneração (jurado, depositário nomeado pelo juiz etc.).

Não são funcionários públicos para os efeitos penais os que exercem apenas um *múnus público*, em que prevalece um interesse privado, como ocorre no caso de tutores ou curadores dativos, inventariantes judiciais, síndicos (administradores judiciais) falimentares[16] etc.[10]

Equipara-se a funcionário público, pelo § 1º do art. 327 (antigo parágrafo único, renumerado pela Lei nº 6.799, de 23-6-1980, e modificado pela Lei nº 9.983, de 14-7-2000), "quem exerce cargo, emprego ou função em entidade paraestatal, e quem trabalha para empresa prestadora de serviço contratada ou conveniada para a execução de atividade típica da Administração Pública". As *entidades paraestatais* não se confundem com as autarquias, órgãos do próprio Estado e que realizam atividades públicas típicas. Aquelas, paralelas ao Estado, são "pessoas jurídicas de direito privado, cuja criação é autorizada por lei, com patrimônio público ou misto, para realização de atividades, obras ou serviços de interesse coletivo, sob normas e controle do Estado".[11] Dividem-se elas em *empresas públicas, sociedades de economia mista, fundações instituídas pelo Poder Público* e *serviços autônomos*.[12] As duas primeiras, juntamente com as autarquias, compõem a Administração Indireta da União, e, os dois últimos, fora dessa Administração, constituem os entes de cooperação.[13] Embora a interpretação literal do § 1º do art. 327 não deixe dúvidas quanto à inclusão no conceito de funcionário público, para os efeitos penais, das pessoas que exercem cargo, emprego ou função pública nessas entidades paraestatais, há na doutrina séria resistência em abrangê-las na definição. Fragoso afirma que, realizando essas entidades serviços industriais ou comerciais que não constituem fins próprios do Estado e que não configuram função pública para os efeitos da lei, a ampliação é inadmissível.[14] Ana Maria Babette Bajer Fernandes, afirmando que na elaboração do Código Penal não se previa o desenvolvimento "desenfreado" da estrutura burocrática do Estado, repele a solução normal da interpretação progressiva, recomendando que se restrinja o conceito.[15] Na jurisprudência, embora pacífica a admissão de funcionários autárquicos no conceito,[17] alguns tribunais não têm admitido essa qualidade nos funcionários de sociedades de economia mista, como o Banco do Brasil S/A, por exemplo, entendendo não serem elas entidades paraestatais.[18] Decisões do STF, porém, confirmam que "o empregado de empresa pública ou de sociedade de economia mista está equiparado, para os efeitos

---

10. Cf. HUNGRIA, Nelson. Ob. cit. v. 9, p. 400. FRAGOSO, H. Cláudio. Ob. cit. v. 3, p. 392. NORONHA, E. Magalhães. Ob. cit. v. 4, p. 290.
11. Conceito de MEIRELLES, Hely Lopes. Ob. cit. p. 319, Ver ainda, do mesmo autor, Autarquias e entidades paraestatais. *RF* 204/26-38.
12. Sobre empresas públicas. CRETELLA JÚNIOR, José. Regime jurídico das empresas públicas. *RF* 237/5-13. Sobre sociedades de economia mista. LEÃES, Luís Gastão de Barros. O conceito jurídico de sociedades de economia mista. *RF* 212/25-35. Sobre fundações instituídas pelo poder público. CRETELLA JÚNIOR, José. Conceito de fundação de direito público. *RF* 212/36-40.
13. MEIRELLES, Hely Lopes. Ob. cit. p. 324-325.
14. FRAGOSO, H. Cláudio. Ob. cit. v. 3, p. 393-394.
15. FERNANDES, Ana Maria Babette Bajer. Conceito de funcionário público no direito penal. *Justitia* 98/33-5.

penais, ao funcionário público".[19] Assim já se decidiu em outras ocasiões no STF,[20] no TFR,[21] no TJSP,[22] no TACrSP[23] e no TJDF.[24] Não há que se negar que, em se tratando de entidade paraestatal de qualquer espécie, a equiparação é indiscutível.[16] Não é só a interpretação literal da expressão "entidade paraestatal" que leva a essa conclusão. O § 2º, acrescentado pela Lei nº 6.799, de 23-6-1980, dissipa qualquer dúvida ao dispor: "A pena será aumentada de terça parte quando os autores dos crimes previstos neste capítulo forem ocupantes de cargos em comissão ou de função de direção ou assessoramento de órgão da administração direta, sociedade de economia mista, empresa pública ou fundação instituída pelo poder público." Adotou o legislador, portanto, o sentido jurídico próprio da expressão *entidade paraestatal* na conceituação de funcionário público para os efeitos penais, abrangendo todos os que exercem cargo, emprego ou função nessas entidades (diretores ou empregados), embora o aumento de pena previsto no dispositivo somente se aplique aos ocupantes dos cargos especificados na lei. Não se pode concluir que a equiparação se refere apenas aos dirigentes; já no § 1º, referindo-se a lei à entidade paraestatal, abrange todas as entidades citadas, o que fica confirmado no § 2º. Embora possam não ter elas fins próprios do Estado, são constituídas, ao menos em parte, com patrimônio público, visam à realização de vários fins de interesse coletivo, e se submetem às normas e controle do Estado, justificando-se a maior proteção que a lei vai-lhes emprestando.

A nova redação dada ao art. 327 passou a abranger, no conceito de funcionário público, particulares que trabalham em empresa prestadora de serviço contratada ou conveniada para a execução de atividade típica da Administração Pública. Na ausência de definição legal do que seja "atividade típica" da Administração Pública deve-se considerar como "toda atividade material que a lei atribui ao Estado para que a exerça diretamente ou por meio de seus delegados, com o objetivo de satisfazer concretamente às necessidades coletivas, sob regime jurídico total ou parcialmente público". Nessa categoria estão as empresas de coleta de lixo, de energia elétrica e iluminação pública, de serviços médicos e hospitalares, de telefonia, de transporte, de segurança etc., desde que contratadas ou conveniadas com o Estado (União, Estados e Municípios). Já decidiu o STJ que administradores e médicos que trabalham em hospitais particulares integrantes do *SUS*, por convênio ou contrato, equiparam-se a funcionários públicos.[25]

O Código de Ética Profissional do Servidor Público Civil do Poder Executivo Federal, aprovado pelo Decreto nº 1.171, de 22-6-1994, prevê a criação de comissões de ética em órgãos e entidades da Administração Pública direta, indireta, autárquica e fundacional, ou qualquer órgão ou entidade que exerça atribuições delegadas pelo poder público. Para fins de apuração de comprometimento ético, entende-se por servidor público todo aquele que, por força de lei, contrato ou de qualquer ato jurídico, preste serviços de natureza permanente, temporária ou excepcional, ainda que sem retribuição financeira, desde que ligado direta ou indiretamente a qualquer órgão do poder estatal, como as autarquias, as fundações públicas, as entidades paraestatais,

---

16. Nesse sentido, MEIRELLES, Hely Lopes. Ob. cit. p. 331. SIMAS, Henrique de Carvalho. *Manual elementar de direito administrativo*. 2. ed. Rio de Janeiro: Freitas Bastos, 1978. p. 242.

as empresas públicas e as sociedades de economia mista, ou em qualquer setor onde prevaleça o interesse do Estado.

Na esteira de Hungria, tem-se afirmado que a equiparação a funcionário público daqueles que exercem cargo, emprego ou função em entidade paraestatal tem em vista os efeitos penais apenas com relação ao *sujeito ativo* do crime.[26] "Se assim não fosse – afirma o mestre – o art. 327 teria de figurar como disposição geral do Título XI, e não apenas do respectivo Capítulo I." [17] Na jurisprudência não se tem considerado como funcionário público, na qualidade de sujeito passivo do crime, os empregados de empresa de economia mista.[27] Não há que se fazer tal distinção. Embora o art. 327 do Código Penal esteja no capítulo dos crimes praticados por funcionários públicos, o conceito aí definido, como é pacífico na jurisprudência, estende-se não só a toda parte especial como às leis penais extravagantes, tendo a característica de *regra geral*, como a chama o art. 12 do CP. O fato de ter sido incluída na parte especial não lhe retira essa qualidade.[18] Ademais, referindo-se a lei genericamente a "efeitos penais", não há porque se excluir do conceito de *sujeito passivo* do crime aqueles que a lei equipara ao funcionário público como agentes do delito,[28] máxime quando se admite como vítima de crimes praticados contra funcionários públicos, aqueles que não o são no sentido estrito, como os vereadores,[29] e mesmo os particulares quando exercem função pública,[30] como os peritos judiciais[31] e guardas-noturnos.[32]

14.2 PECULATO

14.2.1 Conceito

O peculato é previsto no art. 312: "Apropriar-se o funcionário público de dinheiro, valor ou qualquer outro bem móvel, público ou particular, de que tem a posse em razão do cargo, ou desviá-lo, em proveito próprio ou alheio: Pena – reclusão, de dois a doze anos, e multa."

O vocábulo *peculato*, como diz Noronha, deriva de *pecus* (gado), "que foi meio de troca nas sociedades primitivas, sendo, aliás, as primeiras moedas feitas de pele de animal e trazendo, depois, as de metal, a imagem de um boi".[19] Daí a denominação romana de *peculatus* ou *depeculatus*.

14.2.2 Objetividade jurídica

Tem em vista a lei a probidade administrativa, tutelando-se a administração pública no que tange ao patrimônio público, o interesse patrimonial do Estado, ainda que de bens

---

17. HUNGRIA, Nelson. Ob. cit. v. 9, p. 401. Cf. NORONHA, E. Magalhães. Ob. cit. v. 4, p. 292. No mesmo sentido: PEREIRA, Paulo Cyrillo. Funcionário público: titularidade passiva nos crimes contra a Administração Pública, *RT* 665/258.
18. Cf. FRAGOSO, H. Cláudio. Ob. cit. v. 3, p. 393.
19. MAGALHÃES, Nelson. Ob. cit. v. 4, p. 293.

particulares. A maior relevância, porém, não é tanto a defesa dos bens da administração, mas o interesse do Estado, genericamente visto, no sentido de zelar pela probidade e fidelidade da administração. O dano, mais do que material, é moral e político.[33]

14.2.3 Sujeito ativo

Sujeito ativo do crime de peculato é o funcionário público, no amplo conceito previsto no art. 327 (item 14.1.3). Nada impede, porém, que havendo concurso de agentes seja responsabilizado por tal ilícito quem não se reveste dessa qualidade, diante do que dispõe o art. 30, já que se trata de circunstância elementar do crime.[34] Desconhecendo, porém, o particular, a condição de funcionário do agente não responderá por peculato, mas por outro ilícito.[35] No caso, o dolo do coautor ou partícipe não abrange aquela circunstância elementar.

É irrelevante que o funcionário tenha prestado compromisso ou tomado posse ou que sua admissão tenha sido irregular.[20] Somente aquele que ocupa o cargo arbitrariamente não responde por esse delito mas pelo crime previsto no art. 328 além de eventual furto ou estelionato.[21]

14.2.4 Sujeito passivo

Sujeito passivo do crime é o Estado, pois se trata de crime contra a administração pública. Diante do conceito abrangente da expressão, além da União, Estados e Municípios, podem ser vítimas as autarquias e as entidades paraestatais (empresas públicas, sociedades de economia mista etc.), diante da equiparação prevista pelo art. 327, como já foi acentuado. O art. 552 da CLT, com a redação que lhe deu o Decreto-lei nº 925, de 10-10-1969, equiparou ao crime de peculato os praticados em detrimento de patrimônio das associações sindicais, até então assimilados aos delitos contra a economia popular.[36]

Sujeito passivo é ainda o particular proprietário do bem apropriado ou desviado que se encontrava na posse, guarda ou custódia da administração (peculato-malversação).[22]

14.2.5 Tipo objetivo

No peculato *próprio*, definido no *caput* do artigo em estudo, as condutas típicas constituem-se em *apropriação* ou *desvio*. Na primeira hipótese, como ocorre com o crime de apropriação indébita, o agente se dispõe a fazer sua a coisa de que tem a posse; é o ato pelo qual se inverte a posse em situação idêntica a do domínio, atuando o agente como se dono fosse. Pressuposto material do crime é, portanto, a situação de posse (*Manual de Direito Penal*, v. 2, item 14.1.6). Quanto à conceituação de posse, precisa é a lição de

---

20. Cf. NORONHA, E. Magalhães. Ob. cit. v. 4, p. 296. HUNGRIA, Nelson. Ob. cit. v. 9, p. 339.
21. Cf. HUNGRIA, Nelson. Ob. cit. v. 9, p. 339. NORONHA, E. Magalhães. Ob. cit. v. 4, p. 296.
22. Sobre o conceito de peculato-malversação, ver parecer de Marcelo Fortes Barbosa. *Justitia* 91/412-6.

Fragoso: "A *posse* aqui deve ser entendida em sentido amplo, compreendendo não só o poder material de disposição sobre a coisa, como também a chamada, disponibilidade jurídica, isto é, a possibilidade de livre disposição que ao agente faculta (legalmente) o cargo que desempenha. Nesse sentido é perfeita a lição de *Antolisei* (Manuale, II, 606), quando afirma que a posse aqui consiste na possibilidade de dispor, fora da esfera de vigilância de outrem, de coisa, seja em virtude de uma situação de fato, seja em consequência da função jurídica desempenhada pelo agente no âmbito da administração. Tem, assim, a posse, o funcionário a quem incumbe receber, guardar ou conferir a coisa, como também seu chefe e superior hierárquico, que dela pode dispor mediante ordens ou requisições." [23] Abrange o termo, portanto, a detenção (guarda, depósito, arrecadação, administração, exação, custódia etc.). Deve-se tratar de posse lícita, ou seja, que a entrega da coisa resulte de mandamento legal, regulamento ou, pelo menos, de inveterada praxe, não proibida por lei.[37] É indispensável, também, que a posse exista em razão do cargo (*ratione oficii*), estabelecendo-se, assim, uma relação de causa e efeito, expressiva de confiança, não só da que é necessariamente estabelecida por lei, como a resultante de ato facultativo, dependente, portanto, da vontade de quem entrega, quando tal seja permitido ou tolerado pela administração.[24]

Quando a entrega da coisa ao sujeito ativo for viciada por fraude, erro ou violência, não ocorrerá a posse lícita e, portanto, não existirá o estelionato mas outro delito, como o peculato mediante erro de outrem, a concussão, o roubo etc. Não advindo a entrega em razão do cargo, pode ocorrer a apropriação indébita.[38] Assim se decidiu no caso de oficial de justiça que recebeu numerário para efetuar pagamento de custas sem que o recolhesse aos cofres públicos.[39] No mesmo sentido se pronuncia, em parecer, José Fernando de Mafra Carbonieri, em caso semelhante.[25]

Observa-se que, se o agente não tinha a posse *exclusiva* da coisa, haverá subtração e, portanto, o crime do art. 312, § 1º.[26]

O objeto material do crime pode ser dinheiro, valor ou qualquer bem móvel, público ou particular. *Dinheiro* é moeda corrente, coisa fungível. *Valor*, no sentido legal, é título, documento ou efeito que representa dinheiro ou mercadorias (títulos da dívida pública, apólices, conhecimentos de gêneros, letras de câmbio, vale postal, letras do tesouro etc.). Refere-se a lei, genericamente, a qualquer *bem móvel*, cujo conceito já foi exposto anteriormente, abrangendo a energia elétrica (*Manual de Direito Penal*, v. 2, item 10.1.12). Com fundamento no princípio da insignificância já se decidiu que não configura peculato a doação de bens de valores insignificantes e inservíveis, sem qualquer proveito próprio ou alheio.[40]

---

23. FRAGOSO, H. Cláudio. Ob. cit. v. 3, p. 398-399.
24. É a lição de FARIA, Bento de. Ob. cit. v. 7, p. 84.
25. CARBONIERI, José Fernando Mafra. Qualificação legal de fato delituoso. *Justitia* 105/291-2.
26. Cf. FRAGOSO, H. Cláudio. Ob. cit. v. 3, p. 399. HUNGRIA, Nelson. Ob. cit. v. 9, p. 334, nota 17, segundo parágrafo.

Tutelados pelo dispositivo estão não só os bens públicos mas também os pertencentes aos particulares que estejam sob a guarda, vigilância, custódia etc. da administração. [41] Pratica peculato, por exemplo, o policial ou carcereiro que se apropria de bens do preso.[42] Não estando a coisa sob guarda e responsabilidade da Administração Pública não ocorre o crime, mas outro, como no caso de policial que subtraiu aparelho de som de automóvel que perseguira e que fora abandonado pelo motorista.[43]

A segunda hipótese de peculato próprio é o de desviar a coisa. *Desviar* é mudar de direção, alterar o destino ou a aplicação, deslocar, desencaminhar. O agente dá à coisa destinação diversa da exigida, em proveito próprio ou de outrem. Como bem acentua Noronha, ao invés de destino *certo* e *determinado* do bem de que tem a posse, o agente lhe dá outro, no *interesse próprio* ou *de terceiro*.[27] Na doutrina cita-se como exemplo o empréstimo pelo funcionário de dinheiro de quem tem a guarda.[28] Na jurisprudência considerou-se a ocorrência do peculato-desvio na conduta do coletor que empregou dinheiro público em fim diverso daquele para o qual lhe fora confiado[44] e do policial que apreendeu o dinheiro do crime e dele se apropriou, desviando, assim, em proveito próprio aquilo que detinha em nome da Administração Pública.[45] Comete peculato--desvio o funcionário que, conscientemente, efetua pagamentos pela administração por serviço não efetuado ou por mercadoria não recebida, ou a maior, ainda que em benefício apenas do pseudoprestador de serviço ou fornecedor. Também se teve como caracterizado o crime, em tese, na utilização de verba de representação para finalidade que não se comportava na sua destinação.[46]

Quando o desvio de verba se verifica em favor do próprio ente público, com utilização diversa da prevista na sua destinação e em desacordo com as determinações legais, o que ocorre é o emprego irregular da verba (art. 315) e não o peculato.[47] [29]

O proveito a que se refere a lei no caso de peculato tanto pode ser material como moral, auferindo o agente outra vantagem que não de natureza econômica. Não se afasta sequer constituir-se na obtenção de prestígio pessoal ou político.[48] Em se tratando de peculato-desvio não é necessário que o agente obtenha a vantagem, bastando para o seu aperfeiçoamento o desvio do bem público.[49]

É indispensável que a conduta recaia sobre coisa corpórea, não constituindo o crime o uso de mão de obra ou de serviços.[50] [30]

Não prevê a lei penal o denominado peculato de uso.[51] [31] Para falar-se, porém, em peculato de uso impunível é necessário que se trate de coisa infungível,[52] pois a utilização de dinheiro público, ainda que ocorra a intenção de restituir, configura o crime de peculato.[53] Como bem assinala Fragoso, ainda que sem o *animus rem sibi habendi*,

---

27. NORONHA, E. Magalhães. Ob. cit. v. 4, p. 300.
28. HUNGRIA, Nelson. Ob. cit. v. 9, p. 333-334. NORONHA, E. Magalhães. Ob. cit. v. 4, p. 300.
29. Cf. HUNGRIA, Nelson. Ob. cit. v. 9, p. 347. FRAGOSO, H. Cláudio. Ob. cit. v. 3, p. 402-403.
30. Cf. NORONHA, E. Magalhães. Ob. cit. v. 4, p. 297-298. TUCUNDUVA, Ruy Cardoso de Mello. Peculato. *Justitia* 100/468-72. Parecer acolhido pelo *TJSP*.
31. Ibidem, p. 334. NORONHA, E. Magalhães. Ob. cit. v. 4, p. 300.

14 • DOS CRIMES PRATICADOS POR FUNCIONÁRIO PÚBLICO CONTRA A ADMINISTRAÇÃO EM GERAL

a punibilidade subsiste, pois se trata inequivocamente de um *desvio*.[32] Já se decidiu, porém, em sentido contrário.[54] É pacífico que o uso de máquinas e veículos, portanto, não constitui o crime,[55] mas acertadamente se tem concluído pela condenação pelo consumo do combustível utilizado.[56] Também não se caracteriza o crime no desvio de mão de obra pública, porque não se configuram nem o peculato-apropriação, nem o peculato-desvio.[57]

O Decreto-lei nº 201, de 27-2-1967, prevê um caso especial de peculato de uso como crime de responsabilidade de Prefeitos Municipais na utilização indevida de bens, rendas ou serviços públicos (art. 1º, inciso II).[33]

Não exclui a responsabilidade penal o fato de ter sido o agente inocentado por órgão administrativo do Poder Executivo ou Judiciário quando do procedimento necessário ao afastamento do cargo.[58]

14.2.6 Tipo subjetivo

O dolo do crime de peculato é a vontade de transformar a posse em domínio, como ocorre com o delito de apropriação indébita (*Manual de Direito Penal*, v. 2, item 14.1.7). Quanto ao peculato-apropriação diz-se que basta a vontade referida a esta, que pressupõe, conceitualmente, o *animus rem sibi habendi*, ou seja, a intenção definitiva de não restituir a *res*.[34] No peculato-desvio é necessário o elemento subjetivo do tipo que consiste na finalidade de obter proveito próprio ou para terceiro.

Na jurisprudência, embora se tenha por configurado o crime com o "dolo genérico",[59] tem-se entendido, muitas vezes, que a ausência do elemento subjetivo do peculato (*animus rem sibi habendi*) afasta a configuração do peculato.[60] Na verdade, ainda que não exista o referido *animus*, pretendendo o agente restituir, não há que se falar em inexistência do peculato. Diversamente do que ocorre na apropriação indébita, não importa o *animus restituendi*, ainda no caso da solvabilidade do agente, sendo irrelevante que a coisa seja fungível ou infungível; se é empregada em fim diverso daquele a que está destinada, desde que o agente vise a proveito seu ou de terceiro, configura-se a infração.[61] Há, no caso, uma ofensa não só ao patrimônio mas aos interesses da administração pública, violados com a simples apropriação ou desvio ainda que com o intuito de restituir.[35] Não se exclui o crime, também, pela compensação do dinheiro desviado com créditos reais ou supostos do agente junto à administração pública.[36]

---

32. FRAGOSO, H. Cláudio. Ob. cit. v. 3, p. 399-400.
33. Cf. NOGUEIRA, Paulo Lúcio. Do peculato. *Jurispenal* 36/20-1.
34. Cf. HUNGRIA, Nelson. Ob. cit. v. 9, p. 347. NORONHA, E. Magalhães. Ob. cit. v. 4, p. 300-301.
35. Cf. NORONHA, E. Magalhães. Ob. cit. v. 4, p. 301.
36. Cf. HUNGRIA, Nelson. Ob. cit. v. 9, p. 344. NORONHA, E. Magalhães. Ob. cit. v. 4, p. 301. FRAGOSO, H. Cláudio. Ob. cit. v. 3, p. 400.

Quanto ao peculato-desvio em favor de terceiro, é indispensável o elemento subjetivo do tipo, ou seja, a vontade de desviar de forma que o terceiro tenha proveito desse desvio do bem.[62]

14.2.7 Consumação e tentativa

Consuma-se o peculato quando ocorre, na primeira hipótese, a apropriação, ou seja, quando o funcionário público torna seu o dinheiro, valor ou bem móvel de que tem a posse em razão do cargo.[63] No caso de desvio a consumação ocorre quando o funcionário dá às coisas destino diverso, quando as emprega em fins outros que não o próprio ou regular,[64] não havendo necessidade de ser alcançado o fim visado pelo agente.

Tem-se entendido que é o peculato um crime de dano e "consequentemente se consuma com este, que existe sempre na *apropriação* ou no *desvio*, seja pela *diminuição* efetiva do patrimônio da administração, seja pela falta de *acréscimo* ou aumento devido".[37] Exigir-se-ia, assim, um dono patrimonial efetivo.[65] Sendo o peculato, porém, um crime contra a Administração Pública e não contra o patrimônio, o dano necessário e suficiente para a sua integração é o inerente à violação do dever de fidelidade para a mesma administração, quer associado, quer não, ao patrimonial.[66] Por essa razão, afirma-se na doutrina ocorrer a consumação do delito ainda que haja caução ou fiança do peculatário, pois elas se destinam justamente à indenização do dano causado.[67][38] De qualquer forma, pouco importa que o agente tenha obtido a vantagem do crime[68] e não é necessário que se fixe o montante dos valores assenhoreados ou extraviados.[69]

Não é indispensável à caracterização do delito a tomada ou a prestação de contas.[70][39] Também é pacífico que não se subordina a acusação de peculato ao prévio reconhecimento dele pelo Tribunal de Contas,[71] nem a aprovação das contas por esse órgão da administração exclui a possibilidade de reconhecimento do crime.[72][40]

Também não se exige, salvo nos casos excepcionais, o exame pericial para a comprovação do peculato, máxime quando está ele demonstrado por documentos.[73][41]

O ressarcimento do dano ou a restituição da coisa apropriada, em se tratando de peculato doloso, não exclui o delito, podendo apenas influir na aplicação da pena.[74] A reparação do dano anterior ao recebimento da denúncia é causa de diminuição de pena, nos termos do artigo 16 do CP.[75]

---

37. NORONHA, E. Magalhães. Ob. cit. v. 4, p. 303. HUNGRIA, Nelson. Ob. cit. v. 9, p. 343-344.
38. Cf. HUNGRIA, Nelson. Ob. cit. v. 9, p. 344-345. NORONHA, E. Magalhães. Ob. cit. v. 3, p. 400.
39. Cf. HUNGRIA, Nelson. Ob. cit. v. 9, p. 341. NORONHA, E. Magalhães. Ob. cit. v. 4, p. 302-303. FRAGOSO, H. Cláudio. Ob. cit. v. 3, p. 402.
40. Cf. NORONHA, E. Magalhães. Ob. cit. v. 4, p. 303-304. FRAGOSO, H. Cláudio. Ob. cit. v. 3, p. 402.
41. Cf. NOGUEIRA, Paulo Lúcio. Do peculato. *Jurispenal* 36/32-4. FRAGOSO, H. Cláudio. Ob. cit. v. 3, p. 402.

14 • DOS CRIMES PRATICADOS POR FUNCIONÁRIO PÚBLICO CONTRA A ADMINISTRAÇÃO EM GERAL

É admissível a tentativa de peculato, citando Noronha a hipótese do tesoureiro ou caixa da repartição que é detido ao sair desta portando dinheiro que devia ter ficado no cofre.[42]

14.2.8 Distinção e concurso

Tratando-se de Prefeito Municipal o peculato é previsto também como crime de responsabilidade no art. 1º do Decreto-lei nº 201, de 27-2-1967. Em se tratando de militar, o crime é o previsto no artigo 303 do CPM.

Ocorrendo falsidade ideológica ou material que constitui apenas o elemento essencial e indispensável à prática do desfalque é ela absorvida pelo peculato.[76] Já decidiu o STF, porém, pela existência de concurso formal entre peculato e falsidade[77] e o TJSP pelo concurso material.[78] Comete o crime de peculato, absorvendo este a violação de correspondência, o funcionário dos Correios que viola mala de correspondência dela retirando o dinheiro remetido.[79] É possível a continuidade delitiva no peculato.[80]

14.2.9 Peculato-furto

O peculato *impróprio*, também denominado na doutrina de *peculato-furto*, está previsto no art. 312, § 1º, com a seguinte redação: "Aplica-se a mesma pena (do peculato próprio), se o funcionário público, embora não tendo a posse do dinheiro, valor ou bem, o subtrai, ou concorre para que seja subtraído, em proveito próprio ou alheio, valendo-se de facilidade que lhe proporciona a qualidade de funcionário."

A conduta típica não é mais de apropriação e sim de subtração (furto). O sujeito ativo não tem a posse da *res* nem o crime ocorre em virtude de sua função mas aproveita-se ele da facilidade que a condição de funcionário lhe concede para praticar a conduta. Essa qualidade não é causa do resultado, mas se revela em ocasião para a sua ocorrência. Ausente a facilidade criada pelo exercício do cargo e função não ocorre o peculato mas simples furto.[81]

Não basta também a condição de funcionário ou que tenha se valido das facilidades para perpetrar a subtração; é necessário que a coisa seja pública ou que, sendo particular, esteja sob guarda da administração pública.[82]

Duas são as hipóteses previstas no artigo. Na primeira, o funcionário *subtrai* a coisa nas condições já citadas. Citam-se como exemplos: o funcionário subtrai dinheiro do cofre da repartição em que trabalha por encontrar aberta a porta; o policial subtrai peças de uma motocicleta furtada e que arrecadara em razão de suas funções;[83] o policial subtrai cheque assinado pela vítima de crime ao proceder investigações para apurá-lo;[84] o policial subtrai cédulas do porta-notas de uma pessoa na qual se dava

---

42. NORONHA, E. Magalhães. Ob. cit. v. 4, p. 304-305. No mesmo sentido, FRAGOSO, H. Cláudio. Ob. cit. v. 3, p. 401. NOGUEIRA, Paulo Lúcio. Do peculato. *Jurispenal* 36/28 e 34.

uma busca pessoal.[85] Nos dois últimos casos, porém, não se pode afirmar que a coisa estava sob guarda ou custódia da Administração, ocorrendo apenas furto.

Na segunda hipótese, o funcionário apenas concorre conscientemente para a subtração praticada por um terceiro, como no exemplo de Noronha, de distrair o caixa ou pagador da repartição para que outrem se aposse do dinheiro.[43] O terceiro, ainda que não funcionário público, responde por peculato diante do disposto no art. 30.

Não se consumando a subtração, responde o terceiro pela tentativa de peculato--furto.[86]

Admite-se a tentativa de peculato-furto quando perfeitamente caracterizado o fracionamento do *iter criminis*,[87] consumando-se o ilícito com a efetiva subtração. O dolo é a vontade de praticar uma das ações incriminadas, visando o agente proveito próprio ou alheio, com a consciência de que se prevalece da condição de funcionário.

14.2.10 Peculato culposo

Registra o art. 312, § 2º, o crime de peculato culposo: "Se o funcionário concorre culposamente para o crime de outrem: Pena – detenção, de três meses a um ano."

Nessa hipótese, o funcionário, por negligência, imprudência ou imperícia, permite que haja apropriação ou desvio (*caput*), subtração ou concurso (§ 1º). Não se trata de concurso de agentes em sentido próprio, pois não há que se falar em participação culposa em crime doloso.[44] Há apenas uma oportunidade criada por culpa do funcionário a possibilitar a ocorrência de peculato doloso. Pressupõe, portanto, o dispositivo a conduta dolosa de um outro funcionário, ou seja, a prática de um crime de peculato próprio ou peculato-furto.[88] Quem, por exemplo, deixa a serventia de cartório por conta de outrem, irregularmente, sem conhecimento oficial de autoridade superior, cria culposamente condições favoráveis à prática de ilícitos administrativos e criminais, respondendo por peculato culposo.[89] Não é suficiente, porém, a inobservância pelo agente de disposição regulamentar se esta não constitui, no caso concreto, culpa penal.[45] É necessário que se comprove a falta de cautela ordinária e especial a que estava obrigado o funcionário, na guarda e preservação das coisas que lhe são confiadas, por força da função pública que desempenha.[46]

Noronha acrescenta a hipótese da conduta culposa do funcionário no caso de subtração praticada por estranho sem colaboração dolosa de outro funcionário (furto comum).[47] O § 2º, porém, deve ser interpretado em conjunto com o *caput* e § 1º, referentes apenas a espécies de peculato. No caso citado pelo ilustre doutrinador haverá fato impunível para o funcionário.

---

43. NORONHA, E. Magalhães. Ob. cit. v. 4, p. 306.
44. A propósito: LYRA, Roberto. Concorrência culposa para peculato alheio. *RT* 254/56.
45. Ibidem, p. 57.
46. FRAGOSO, H. Cláudio. Ob. cit. v. 3, p. 403.
47. NORONHA, E. Magalhães. Ob. cit. v. 4, p. 308-9.

14 • DOS CRIMES PRATICADOS POR FUNCIONÁRIO PÚBLICO CONTRA A ADMINISTRAÇÃO EM GERAL | **295**

É de se observar também que para a configuração da modalidade culposa de peculato é necessário que se estabeleça estreita relação entre o ato do funcionário e a ação dolosa de outrem, de modo a evidenciar que o primeiro tenha dado ensejo à prática do último.[90]

14.2.11 Extinção da punibilidade e atenuação de pena

Prevê o art. 312, § 3º, casos de extinção da punibilidade e de atenuação da pena em peculato culposo: "No caso do parágrafo anterior, a reparação do dano, se precede à sentença irrecorrível, extingue a punibilidade; se lhe é posterior, reduz de metade a pena imposta."

A reparação do dano para dar causa à extinção da punibilidade deve ser anterior ao trânsito da sentença. Como fator de redução da pena, é posterior à sentença irrecorrível. Em ambos os casos, porém, deve ser completa e não exclui eventual sanção administrativa contra o funcionário.[48]

Refere-se a lei exclusivamente ao crime culposo. No ilícito doloso, a restituição anterior ao recebimento da denúncia constitui, diante da nova Parte Geral do Código Penal, causa de diminuição de pena (art. 16).[49]

A reparação do dano ou a devolução do produto do ilícito para o condenado por crime contra a administração pública constitui requisito para a progressão de regime, diante do que dispõe o § 4º do art. 33 do CP, acrescentado pela Lei nº 10.763, de 12-11-2003 (item 14.1.1).

14.3 PECULATO MEDIANTE ERRO DE OUTREM

14.3.1 Conceito

O peculato mediante erro de outrem está previsto no art. 313: "Apropriar-se de dinheiro ou qualquer utilidade que, no exercício do cargo, recebeu por erro de outrem: Pena – reclusão, de um a quatro anos, e multa."

Como bem observa Noronha, embora na doutrina tenha se dado a denominação ao crime de *peculato-estelionato*, a infração se aproxima mais da apropriação por erro (art. 169, 1ª parte), qualificada pela qualidade do agente.[50]

14.3.2 Objetividade jurídica

No art. 313, como no anterior, tutela-se a administração pública no seu aspecto moral e patrimonial.

---

48. A propósito da reparação integral no peculato culposo, ver parecer de BARBOSA, Marcelo Fortes. Peculato. *Justitia* 91/412-6.
49. No peculato culposo permanece a extinção da punibilidade no caso de reparação do dano, se precede à sentença irrecorrível.
50. NORONHA, E. Magalhães. Ob. cit. p. 4, p. 310. No mesmo sentido, FRAGOSO, H. Cláudio. Ob. cit. v. 3, p. 406.

14.3.3 Sujeitos do delito

Sujeito ativo do crime em estudo é o funcionário público, tomando-se a expressão no seu sentido penal, nada impedindo a participação de um particular (item 14.2.3). Noronha cita a hipótese de um funcionário receber, por equívoco, determinada quantia de um contribuinte, pensando em restituí-la, no que, entretanto, é desaconselhado por um amigo – não funcionário – acabando por dividirem entre si o dinheiro.[51]

Sujeito passivo é o Estado, já que se trata de crime contra a Administração Pública. Podem ser vítimas, também, um *extraneus* ou outro funcionário público, que entregam a *res* por erro ou são dela proprietários.

14.3.4 Tipo objetivo

A conduta prevista no dispositivo traduz-se, como no peculato próprio (primeira hipótese), na *apropriação* do objeto do crime (item 14.2.5). A posse do agente, porém, agora decorre de erro (de direito ou de fato) daquele que faz a entrega. Esse erro pode versar sobre a *coisa* que é entregue; sobre a *obrigação* que deu causa à entrega; sobre a *pessoa* a quem faz a entrega; ou mesmo sobre a *quantidade* da coisa devida.[91] Nesta última hipótese, a apropriação entre a importância realmente devida e o indébito configurará o delito.[52] O erro tanto pode ser do particular como da própria Administração Pública.[53]

Dá causa ao crime em estudo apenas o erro espontâneo daquele que entrega a coisa; se foi ele induzido ao engano pelo funcionário caracterizar-se-á o estelionato.[54]

Não caracteriza crime o simples recebimento quando o funcionário também labora em erro. Ainda que ocorrente erro na transferência de dinheiro ou qualquer utilidade, só se consubstancia o peculato mediante erro de outrem por parte de quem os recebeu, se este se recusa a devolvê-los, embora notificado.[92] Descoberto o engano, porém, se ele não a devolve, ocorre o peculato.

Indispensável para a existência do ilícito previsto no art. 313 é que o recebimento ocorra quando o sujeito ativo está no exercício do cargo, ou seja, em função do exercício do cargo.[93] Não ocorrendo essa circunstância elementar o crime será de apropriação por erro (art. 169). Por outro lado, se o recebimento se der em razão do cargo, sem que haja erro, haverá o peculato previsto no art. 312, *caput*. Decidiu-se que devia responder por peculato mediante erro de outrem e não por apropriação indébita o escrivão de Cartório de Notas que, tendo recebido dinheiro de partes para pagamento de sisa e lavratura de escritura, se apropria do numerário deixando de praticar os referidos atos.

---

51. NORONHA, E. Magalhães. Ob. cit. v. 4, p. 311. FRAGOSO, H. Cláudio, a nosso ver sem razão, entende difícil a participação do *extraneus*, figurando hipótese que, realmente, não configura o peculato. Ob. cit. v. 3, p. 407.
52. FARIA, Bento de. Ob. cit. v. 7, p. 93. FRAGOSO, H. Cláudio. Ob. cit. v. 3, p. 408.
53. FARIA, Bento de. Ob. cit. v. 7, p. 93.
54. Cf. NORONHA, E. Magalhães. Ob. cit. v. 4, p. 312. FARIA, Bento de. Ob. cit. v. 7, p. 93; HUNGRIA, Nelson refere-se à possibilidade de haver concussão. Ob. cit. v. 9, p. 352.

(94) Isso porque a vítima entregou o dinheiro da sisa ao serventuário por manifesto erro, supondo fosse ele o encarregado de receber o imposto.

O objeto material do crime é o dinheiro ou qualquer utilidade. O conceito de dinheiro já foi examinado anteriormente (item 14.2.5). *Utilidades* é termo que abrange apenas coisas móveis e não outras vantagens, como a moral, por ex., já que são estas incompatíveis com a noção de peculato.[55]

14.3.5 Tipo subjetivo

O dolo é a vontade de se apropriar do dinheiro ou de outra coisa móvel, que recebeu por erro de outrem. Existe o dolo quando o sujeito ativo, verificando que houve o engano, não o desfaz, tornando seu o objeto (*animus rem sibi habendi*). Não há que se falar em dolo *superveniente*; existe ele no momento da apropriação, que é a conduta caracterizadora do ilícito. Exige-se também que o agente tenha consciência do exercício da função pública e de sua relação com a errônea consignação.[56]

14.3.6 Consumação e tentativa

Consuma-se o crime com a apropriação, isto é, quando o funcionário, ciente do erro de outrem, torna a coisa sua, agindo como se dono fosse (item 14.2.6). Em se tratando de peculato impróprio, em que o funcionário é dela proprietário, sendo devedor apenas de "quantidade", o momento consumativo do delito se opera quando, chamado a dar conta do alcance, cai em mora e não o entrega – conforme adverte Carrara (*apud* Galdino de Siqueira, Código Penal Brasileiro, Parte Especial, nº 197, ed. 1924). Assim ocorre quando o funcionário recebe vencimentos a mais.(95)

A tentativa é admissível, citando os doutrinadores como exemplo a conduta do funcionário que, recebendo, por erro, uma carta com valores, para cujo registro não é competente, é surpreendido no momento em que rasga o envelope para apropriar-se da importância.[57] Haverá também tentativa quando o funcionário receber por erro um valor de que não consegue apropriar-se pela oportuna intervenção de seu superior hierárquico.[58]

14.3.7 Distinção

Haverá estelionato e não peculato mediante erro de outrem se o funcionário induziu a vítima ao enganado ou se, percebendo no momento do recebimento o equívoco, mantém o ofendido nesse estado. Haverá concussão se a entrega não se faz espontaneamente, mas por exigência do funcionário (art. 316).

---

55. MANZINI, Vincenzo. *Trattato de diritto penale italiano*. Turim: Unione Tipográfico – Editrice Torinese, 1950. v. 5, § 1.305, p. 151-152. NORONHA, E. Magalhães. Ob. cit. v. 4, p. 313. HUNGRIA, Nelson. Ob. cit. v. 9, p. 351. FARIA, Bento de. Ob. cit. v. 7, p. 93. FRAGOSO, H. Cláudio. Ob. cit. v. 3, p. 408.
56. FRAGOSO, H. Cláudio. Ob. cit. v. 3, p. 409.
57. FARIA, Bento de. Ob. cit. v. 7, p. 94. HUNGRIA, Nelson. Ob. cit. v. 9, p. 352-353. NORONHA, E. Magalhães. Ob. cit. v. 4, p. 314.
58. FRAGOSO, H. Cláudio. Ob. cit. v. 3, p. 408.

14.4 INSERÇÃO DE DADOS FALSOS EM SISTEMA DE INFORMAÇÃO

14.4.1 Conceito

Por força do art. 1º da Lei nº 9.983, de 14-7-2000, foi inserido o art. 313-A, que prevê o crime de inserção de dados falsos em sistema de informações, com a seguinte redação: "Inserir ou facilitar, o funcionário autorizado, a inserção de dados falsos, alterar ou excluir indevidamente dados corretos nos sistemas informatizados ou bancos de dados da Administração Pública com o fim de obter vantagem indevida para si ou para outrem ou para causar dano: Pena – reclusão, de 2 (dois) a 12 (doze) anos, e multa."

14.4.2 Objetividade jurídica

Protege-se com o dispositivo a regularidade dos sistemas informatizados ou bancos de dados da Administração Pública. A Lei nº 8.159, de 8-1-1991, dispõe sobre a política nacional de arquivos públicos e privados. A Lei nº 12.527, de 18-11-2011, regulamentando o art. 5º, XXXIII, da Constituição Federal, dispõe sobre o sigilo dos documentos públicos cuja divulgação ponha em risco a segurança da sociedade e do Estado, bem como sobre as restrições de acesso necessárias ao resguardo da inviolabilidade da intimidade, da vida privada, da honra e da imagem das pessoas.

14.4.3 Sujeitos do delito

Sujeito ativo do crime é o funcionário público, no conceito legal (art. 327) desde que esteja autorizado a operar com os sistemas informatizados ou com os bancos de dados da Administração Pública. Nada impede, porém, o concurso de agentes pela participação criminosa, por meio de instigação, ou mesmo a coautoria, quando a conduta de inserção, alteração ou exclusão é praticada por terceiro. Sujeito passivo é o Estado, pois se trata de crime contra a Administração Pública.

14.4.4 Tipo objetivo

São várias as condutas típicas previstas na descrição penal. Trata a lei em primeiro lugar da conduta do funcionário público, de *inserir* dados falsos nos sistemas informatizados ou bancos de dados da Administração em que funcionário acrescenta dados que não correspondem à verdade. Também comete o delito quando *altera* dados existentes, modificando a veracidade deles. Por fim, é responsável pelo crime quando *exclui* indevidamente dados que deviam ficar constando do sistema ou do banco de dados.

Em segundo lugar, comete o ilícito o funcionário que *facilita* a terceiro que pratique a inserção de dados falsos, a alteração dos existentes ou a exclusão indevida.

Se o agente não é funcionário público, a conduta pode configurar outro delito, como o descrito no art. 154-A.

14.4.5 Tipo subjetivo

Trata-se de crime doloso, exigindo-se, pois, a vontade de inserir dados falsos, alterar os existentes ou excluí-los indevidamente. Exige-se, porém, o elemento subjetivo do tipo consistente na finalidade de obter vantagem indevida para si ou para outrem, qualquer que seja ela, ou para causar dano à Administração Pública. Na facilitação, exige-se igualmente a vontade da prática do núcleo do tipo, com o mesmo fim de vantagem indevida ou de causar prejuízo.

14.4.6 Consumação e tentativa

Consuma-se o crime, tanto na forma de atuação pessoal como de facilitação quando houver a inserção, a alteração ou a exclusão dos dados corretos no sistema. Trata-se de crime instantâneo[96] e formal, que independe de prejuízo efetivo para a Administração Pública.

É possível a tentativa, que ocorre quando o agente é surpreendido quando procura a inserção, a alteração ou a exclusão, que não ocorre por circunstâncias alheias a sua vontade.

14.5 MODIFICAÇÃO OU ALTERAÇÃO NÃO AUTORIZADA DE SISTEMA DE INFORMAÇÕES

14.5.1 Conceito

Também por determinação do art. 1º da Lei nº 9.983, de 14-7-2000, foi inserido no Código Penal o art. 313-B para tipificar a conduta de modificação ou alteração não autorizada de sistema de informações. Está ele assim redigido: "Modificar ou alterar, o funcionário, sistema de informações ou programa de informática sem autorização ou solicitação de autoridade competente: Pena – detenção, de 3 (três) meses a 2 (dois) anos, e multa."

14.5.2 Objetividade jurídica

Protege-se com o dispositivo, ainda, a regularidade dos sistemas informatizados ou bancos de dados da Administração Pública (item 14.4.2).

14.5.3 Sujeitos do delito

Trata-se de crime próprio, sendo o agente funcionário público, esteja ou não autorizado a operar o sistema de informações ou o programa de informática. Nada impede, porém, a participação de terceiro, por instigação.

Sujeito passivo é o Estado, já que se trata de fato que pode lesar a Administração Pública, nada impedindo que terceiros sejam prejudicados.

14.5.4 Tipo objetivo

Como primeira conduta típica, a lei refere-se à ação de modificar o sistema ou programa de informática. O agente o substitui por outro. Na segunda, o comportamento é de alterar o sistema ou programa existente. Evidentemente, de acordo com o elemento normativo do tipo, não se caracterizará o ilícito se o funcionário for autorizado pela autoridade competente para a modificação ou alteração ou este a tiver solicitado. A alteração do sistema de informações praticada por quem não é funcionário público pode configurar o crime de invasão de dispositivo informático (art. 154-A).

14.5.5 Tipo subjetivo

O dolo é a vontade de modificar ou alterar o sistema de informações ou o programa de informática, tendo consciência de que não está autorizado para tanto. Não se exige finalidade especial da conduta.

14.5.6 Consumação e tentativa

Consuma-se o crime do art. 313-B com a modificação ou alteração total ou parcial do sistema de informações ou do programa de informática, independente de haver ou não prejuízo efetivo para a Administração Pública ou terceiro, que, se ocorrer, eleva a pena (item 15.5.6).

A tentativa pode ocorrer quando, apesar da conduta do funcionário, não ocorre o resultado por circunstâncias alheias a sua vontade.

14.5.7 Aumento de pena

De acordo com o parágrafo único do novel art. 313-B, as penas são aumentadas de um terço até a metade se da modificação ou alteração resulta dano para a Administração Pública ou para o administrado. O fato tem consequências mais graves por causar, além do atentado à regularidade da Administração Pública, dano a esta ou a terceiro interessado.

14.6 EXTRAVIO, SONEGAÇÃO OU INUTILIZAÇÃO DE LIVRO OU DOCUMENTO

14.6.1 Conceito

Prevê o art. 314 o crime de extravio, sonegação ou inutilização de livro ou documento: "Extraviar livro oficial ou qualquer documento, de que tem a guarda em razão do cargo; sonegá-lo ou inutilizá-lo, total ou parcialmente: Pena – reclusão, de um a quatro anos, se o fato não constituir crime mais grave."

14 • DOS CRIMES PRATICADOS POR FUNCIONÁRIO PÚBLICO CONTRA A ADMINISTRAÇÃO EM GERAL · **301**

14.6.2 Objetividade jurídica

Tem necessidade a administração pública de confiar a guarda de livros e documentos a funcionários, sendo indispensável a tutela pela lei penal ao normal e regular desenvolvimento das atividades administrativas. O objeto jurídico, portanto, é a regularidade do funcionamento da administração pública, no que tange à proteção dos livros e documentos de propriedade ou posse do Estado, coibindo-se o extravio, a sonegação e a inutilização deles.

14.6.3 Sujeitos do delito

Sujeito ativo do crime é o funcionário público na sua acepção para os efeitos penais, nada impedindo que o particular seja responsabilizado quando houver concurso de agentes (item 14.2.3). Sujeito passivo é o Estado e, eventualmente, o particular proprietário do documento confiado à administração pública.

14.6.4 Tipo objetivo

Três são as ações inscritas no tipo penal em estudo: extraviar, sonegar e inutilizar. *Extraviar* é desviar, ocultar, desencaminhar, dar destino diverso do devido, fazer desaparecer.[97] *Sonegar* é não exibir, não apresentar, não entregar, relacionar ou mencionar quando isso é devido.[98] *Inutilizar* é tornar imprestável, inútil, ainda que não ocorra a destruição do livro ou documento.

É necessário que as ações sejam praticadas pelo funcionário no exercício do cargo, ou seja, que tenha a guarda do livro ou documento em decorrência de sua função (*ratione oficii*). O local da guarda pode ser a própria repartição ou aquele em que, fora dela, é exercitada a função pública, *v. g.*, o carro do Correio, transportado por via férrea etc., ou ainda o lugar onde estiver o objeto em mãos do próprio funcionário, mas sempre dentro da esfera da sua custódia e vigilância, pouco importando que, por sua conta, a tenha confiado a outrem, circunstância essa não impediente da possibilidade do delito.[59]

O objeto material é o livro oficial ou qualquer documento. Livro *oficial* é apenas o pertencente à administração pública. Quanto ao documento, porém, o emprego do termo *qualquer* pelo dispositivo inclui, além do documento oficial, qualquer outro, de particular. O conceito de documento já foi apreciado anteriormente (item 11.2.4). Sua relevância jurídica é indispensável para a conceituação de "documento" em face da lei penal. Assim, se ao material extraviado e inutilizado não se pode dar tal conceituação tem-se como não configurado o delito do art. 314 do CP.[99]

Segundo Noronha, estão inseridos no artigo: os livros de registros, notas, atas, lançamentos, termos, protocolos, documentos de arquivos ou de museus, projetos, provas de concurso, estudos, pareceres, relatórios, autos de processo administrativo

---

59. FARIA, Bento de. Ob. cit. v. 7, p. 95.

etc.[60] Refere-se a lei tanto aos originais como às cópias; basta que, de qualquer modo "afete o interesse administrativo ou de qualquer serviço público, ou de particulares".[61]

Na jurisprudência, por interpretação progressiva, por vezes se tem considerado como abrangidos pelo conceito de documento não somente os papéis ou escritos, mas também outras formas de registro de informações, mecânicas ou eletrônicas, como a fonográfica, cinematográfica etc. Já decidiu o STF que gravações decorrentes de interceptação telefônica em investigação criminal incluem-se no conceito de documento para a tipificação do crime do art. 314 do CP.

14.6.5 Tipo subjetivo

O dolo é a vontade de praticar uma das condutas previstas na lei, ou seja, extraviar, sonegar ou inutilizar o livro ou documento. Exige-se a consciência do agente de que a prática é antijurídica e que o livro ou documento lhe está confiado em razão do cargo. É irrelevante o fim do agente, não se referindo a lei a qualquer finalidade específica. Já se decidiu pela ausência de dolo na conduta do escrivão de justiça que mantinha irregularmente na sua residência os documentos.[100] Ainda que o funcionário tenha certa disponibilidade com relação ao objeto, ela não subsiste após se ter determinado que o exiba ou o restitua.[62]

Não há dolo na conduta do funcionário que empresta os autos ao interessado, de boa-fé.[101]

Não há punição a título de culpa, ainda que esta possa caracterizar falta funcional.[102]

14.6.6 Consumação e tentativa

Consuma-se o crime com o extravio, a sonegação ou a destruição. A sonegação é crime permanente. Quanto à inutilização, basta a parcial, sendo o dispositivo expresso a esse respeito. Consuma-se o crime ainda que não ocorra prejuízo efetivo.[103] [63]

A tentativa é possível com relação ao extravio ou a inutilização, já que se trata de conduta plurissubsistente. A sonegação, porém, não admite o *conatus*: ou o funcionário exibe o livro ou documento quando lhe é exigido ou o crime está consumado.

14.6.7 Distinção

Tratando-se o objeto de documento de valor probatório recebido por advogado ou procurador, ocorre o crime previsto no art. 356. Distingue-se o crime em estudo, também, do previsto no art. 337, porque este só pode ser praticado por particular.[64]

---

60. NORONHA, E. Magalhães. Ob. cit. v. 4, p. 318.
61. HUNGRIA, Nelson. Ob. cit. v. 9, p. 353.
62. É a lição de Antolisei, citada em parecer de COGAN, Arthur. Crime de sonegação, extravio ou inutilização de livro ou documento. *Justitia* 77/307-8.
63. HUNGRIA, Nelson. Ob. cit. v. 9, p. 354. FRAGOSO, H. Cláudio. Ob. cit. v. 3, p. 411.
64. Cf. HUNGRIA, Nelson. Ob. cit. v. 9, p. 354.

14 • DOS CRIMES PRATICADOS POR FUNCIONÁRIO PÚBLICO CONTRA A ADMINISTRAÇÃO EM GERAL **303**

O crime previsto no art. 314 é expressamente subsidiário. Poderá o fato, assim, consistir em crime mais grave. Havendo ofensa à fé pública, por exemplo, prevalece o art. 305.

14.7 EMPREGO IRREGULAR DE VERBAS OU RENDAS PÚBLICAS

14.7.1 Conceito

O conceito de emprego irregular de verbas ou rendas públicas está previsto no art. 315: "Dar às verbas ou rendas públicas aplicação diversa da estabelecida em lei: Pena – detenção, de um a três meses, ou multa."

O dispositivo não foi revogado pelo art. 1º da Lei nº 6.397/76, que deu nova redação ao art. 59 da Lei nº 4.320/64.[104]

14.7.2 Objetividade jurídica

O objeto jurídico do crime em tela é ainda a regularidade da administração pública, no que concerne, agora, à aplicação dos recursos públicos de conformidade com a destinação legal prévia. Embora o fato possa não causar dano patrimonial, é inegável que o emprego irregular das verbas e rendas públicas causa dano à regularidade administrativa. Visa o referido preceito impedir o arbítrio administrativo no tocante à discriminação das verbas, rendas e respectivas aplicações, sem a qual haveria a anarquia nas finanças públicas, não se cogitando do prejuízo resultante do seu emprego irregular.[105]

14.7.3 Sujeitos do delito

Sujeito ativo do crime é o funcionário público a que se refere o art. 327 (item 14.1.3). No caso do art. 315 somente pode ser aquele que tem a faculdade de dispor de verbas ou rendas públicas. Cometem, pois, o delito, o presidente da República e seus ministros, os governadores e seus secretários, os prefeitos municipais, os diretores de entidades paraestatais e, em geral, os administradores públicos.

Sujeito passivo é sempre o Estado: União, Estados, Municípios, autarquias e entidades paraestatais.

14.7.4 Tipo objetivo

A conduta típica inscrita no art. 315 é a de empregar irregularmente fundos públicos. A aplicação das verbas ou rendas públicas, por constituir *despesa pública*, há de ser efetuada de acordo com as leis orçamentárias ou especiais, cuja execução se fará estritamente, segundo as discriminações respectivas. Conseguintemente, há emprego *irregular* das mesmas verbas ou rendas, quando são desviadas do seu destino legal para atender a outra exigência de natureza diversa, embora expressiva de interesse da própria administração.[65]

---

65. FARIA, Bento de. Ob. cit. v. 7, p. 97.

Verbas públicas, segundo o sentido usual que lhe dá a doutrina, são *dinheiros* destinados, por lei orçamentária, à satisfação de um serviço, de uma finalidade de interesse público, por dotações ou subvenções.[66] Em sentido técnico, porém, o vocábulo traduz, no orçamento ou em leis especiais, simplesmente a especificação quantitativa do custo de execução de determinado serviço público, autorizado por lei.[67] *Rendas públicas* são dinheiros percebidos pela Fazenda Pública, seja qual for a sua origem. As verbas destinadas a um serviço não podem ser, total ou parcialmente, aplicadas em outro e as rendas não podem ser empregadas senão mediante determinações legais. Assim, o emprego *irregular* consiste na mudança de destino dado aos fundos, já que não é possível ao administrador, sob a alegação de que foram mal destinados os fundos, ou de serem insuficientes em determinado setor, aplicá-los em outro.

Duas são as hipóteses previstas no artigo em estudo: a) emprego irregular de verbas; b) emprego irregular de rendas. Resume Magalhães Drumond. "Na primeira, há uma verba por cuja conta não se poderia fazer despesa não incluída nela legalmente. Na segunda, há aplicação de renda fora de qualquer autorização legal." [68]

É irrelevante, para a caracterização do crime, ter ou não havido objeto de lucro ou proveito do sujeito ativo ou de terceiro ou mesmo a moralidade no emprego indevido das verbas ou renda.

É pressuposto indeclinável do fato que exista *lei* que regulamente a aplicação dos dinheiros.[106] Como bem acentua Fragoso, "a palavra *lei* não permite interpretação extensiva, excluindo-se, portanto, os decretos e quaisquer atos administrativos (ao contrário do que ocorre no direito espanhol e argentino). Será, pois, geralmente, a lei orçamentária ou lei especial".[69]

14.7.5 Tipo subjetivo

O dolo é a vontade de destinar as verbas ou rendas em desacordo com o estipulado na legislação. É indiferente à lei penal a finalidade da conduta, não estando previsto determinado elemento subjetivo do tipo.

Em casos extremos poder-se-á alegar como excludente da antijuridicidade o estado de necessidade. Cita Hungria como exemplo a verba que, destinada à construção de uma estrada, é aplicada no custeio de medidas de emergência, para debelação de epidemia ou socorro às vítimas de uma calamidade (*salus populi suprema lex esto*).[70]

Já se decidiu, com votos vencidos: a antecipação do Executivo no emprego de renda excedente do orçamento, desde que útil e proveitosamente feita no interesse público,

---

66. Cf. NORONHA, E. Magalhães. Ob. cit. v. 4, p. 323. HUNGRIA, Nelson. Ob. cit. v. 9, p. 355. FRAGOSO, H. Cláudio. Ob. cit. v. 3, p. 412.
67. AZEVEDO, Eurico de Andrade. Crime de emprego irregular de verbas públicas. *Justitia* 26/94.
68. DRUMOND, Magalhães. *Comentários ao Código Penal.* Rio de Janeiro: Forense, 1944. v. 9. p. 280.
69. FRAGOSO, H. Cláudio. Ob. cit. v. 3, p. 412.
70. HUNGRIA, Nelson. Ob. cit. v. 9, p. 356.

14 • DOS CRIMES PRATICADOS POR FUNCIONÁRIO PÚBLICO CONTRA A ADMINISTRAÇÃO EM GERAL **305**

sem dolo ou malícia da autoridade, não constitui crime, porque o objeto da tutela penal é justamente o interesse público, no sentido mais amplo possível;[107] o emprego irregular de verbas punível há de ser, sem dúvida, o emprego tumultuado, irracional ou eivado de má-fé, prejudicando a boa marcha da Administração, e tal não se dá quando ocorre apenas gestão de fato, forma lícita, ditada pelas necessidades momentâneas.[108]

Não é imprescindível a prévia aprovação das contas do prefeito para a propositura da ação contra ele por emprego irregular de verbas públicas.[109]

14.7.6 Consumação e tentativa

Consuma-se o crime com a aplicação irregular efetiva dos fundos públicos, não bastando para caracterizá-lo a simples destinação destes. Esta constitui simples tentativa da infração penal.

14.7.7 Distinção

Tratando-se do Presidente da República, ministros de Estado, governadores dos Estados e seus secretários, são crimes de responsabilidade contra a guarda e o legal emprego dos dinheiros públicos os previstos na Lei nº 1.079, de 10-4-1950. São crimes de responsabilidade dos prefeitos e vereadores os descritos no Decreto-lei nº 201, de 27-2-1967. Ambos os diplomas foram alterados pela Lei nº 10.028, de 19-10-2000.

"Ordenar despesa não autorizada por lei" e "ordenar, autorizar ou realizar operação de crédito, interno ou externo, sem prévia autorização legislativa", constituem crimes previstos nos arts. 359-D (item 19.4.1) e 359-A (item 19.1.2), acrescentados ao Código Penal pela Lei nº 10.028/2000.

14.8 CONCUSSÃO

14.8.1 Conceito

Prevê o art. 316, *caput*, o crime de concussão (de *concutere* = sacudir a árvore para que os frutos caiam): "Exigir, para si ou para outrem, direta ou indiretamente, ainda que fora da função ou antes de assumi-la, mas em razão dela, vantagem indevida: Pena – reclusão, de dois a doze anos, e multa." A pena máxima foi majorada de oito para doze pela Lei nº 13.964, de 24-12-2019.

14.8.2 Objetividade jurídica

Objetiva a incriminação do fato tutelar a regularidade da administração, no que tange à probidade dos funcionários, ao legítimo uso da qualidade e da função por eles exercida. Em plano secundário, protegido está também o interesse patrimonial de particular, ou mesmo de funcionário, de quem é exigida a vantagem.

14.8.3 Sujeitos do delito

Sujeito ativo do crime é o funcionário público, tomada esta expressão no seu sentido penal (item 14.1.3). Não está excluída a possibilidade de autoria por parte daquele que, embora não tenha ainda assumido a função, atue em razão dela. Pode o particular ser coautor ou partícipe, comunicando-se a ele a circunstância elementar de ser o agente funcionário público.[110]

Quanto ao jurado, há disposição expressa no sentido da possibilidade de sua responsabilização criminal nos mesmos termos em que se dá a dos juízes togados (art. 445 do CPP).

Sujeito passivo é o Estado, como titular da regularidade dos atos administrativos, e, concomitantemente, aquele que vem a ser lesado.

14.8.4 Tipo objetivo

A conduta típica está centrada no exigir vantagem indevida. *Exigir* significa ordenar, reclamar imperiosamente, impor como obrigação,[111] constrangendo-se assim a liberdade individual para que a pessoa conceda ao sujeito ativo a vantagem indevida. Há na base da incriminação o *metus publicae potestatis*, ou seja, o temor de represálias por parte do agente.[112] Não é necessário que se faça a promessa de um mal determinado; basta o temor genérico que a autoridade inspira, desde que influa na manifestação volitiva do sujeito passivo.[113] É, portanto, uma espécie de extorsão praticada pelo funcionário público, com abuso de autoridade.[114] Citem-se como exemplos a exigência de vantagem: para aliviar sanções impostas em decorrência de infração de posturas municipais;[115] para libertar preso;[116] para permitir funcionamento de prostíbulos;[117] para evitar instauração de inquérito policial;[118] para efetuar pagamento, à vítima, de importância devida pela municipalidade;[119] para dispensá-la de multa;[120] para emitir parecer declarando o espólio quite com os tributos estaduais;[121] para dar andamento a procedimento administrativo;[122] para o deferimento de aposentadoria[123] etc.

Prevê a lei a concussão *explícita*, ou seja, a feita abertamente pelo funcionário, que não encobre a exigência da vantagem indevida ou as possíveis represálias, e a *implícita*, muito comum, em que o sujeito ativo, veladamente, com malícia, dá a entender à vítima, de modo capcioso, que deseja obter a vantagem indevida, ou que é ela legítima.[124] Mas não se considerou integralizado o tipo penal da concussão na insinuação sutil, na sugestão, na proposta maliciosa para que a vantagem fosse proporcionada.[125]

Pode a vantagem ser exigida pelo próprio funcionário (direta) ou por interposta pessoa (indireta), ainda que não seja esta funcionária pública.[126]

Indispensável, porém, para a caracterização do crime é que o sujeito ativo se valha da função que exerce ou vai exercer, ou que se prevaleça da autoridade que possui ou vai possuir. Não se reconheceu o ilícito em questão na exigência, por parte de inspetor de quarteirão, de dinheiro para permitir evasão de pessoa detida para averiguação, por não ter agido ele em razão da função, visto não possuir poder para soltar alguém.[127] Indiferente, porém, que o agente esteja afastado de sua função pública (licença, férias, suspensão etc.) desde que se valha dele.[128] É necessário que exista ameaça de represálias *imediatas* ou *futuras*, inexistindo a infração penal quando já não se pode vislumbrar a infusão do temor que a autoridade inspira.[71]

O objeto do crime é a vantagem indevida, ilícita ou ilegal, não autorizada por lei. Não há exigência de vantagem *indevida*, por exemplo, na cobrança de honorários advocatícios, que constitui um direito do advogado, para a soltura do preso.[129]

É entendimento prevalente na doutrina que a lei se restringe à vantagem econômica, excluindo-se, portanto, os proveitos puramente sentimentais, as satisfações de vaidade, as meramente estéticas, os prazeres sexuais etc.[72] Referindo-se a lei, porém, a *qualquer* vantagem e não sendo a concussão crime patrimonial, entendemos, como Bento de Faria, que a vantagem pode ser expressa por dinheiro ou qualquer outra utilidade, seja ou não de ordem patrimonial, proporcionando um lucro ou proveito.[73]

14.8.5 Tipo subjetivo

À concussão é indispensável a vontade de exigir a vantagem prevalecendo-se da função. Indiscutível também a existência do elemento subjetivo do tipo registrado na expressão "para si ou para outrem".

Não se reconheceu a existência no dolo na ausência de consciência do indébito pelo agente,[130] assim como na interpretação ainda que desarrazoada dada por depositário ao regimento de custas.[131] Na verdade há erro de tipo, excludente do crime, quando o funcionário supõe que está exigindo vantagem devida.

14.8.6 Consumação e tentativa

Consuma-se o crime, que é de natureza formal, com a simples exigência da vantagem indevida; se sobrevém a efetiva percepção desta, o que ocorre é apenas o exaurimento do delito.[132] Não se desnatura o crime, portanto, se a vantagem é devolvida[133] ou se não ocorre prejuízo.[134] Ainda que a consumação ocorra com a exigência, é coautor aquele que, sendo ou não funcionário, intervém posteriormente à conduta do agente, procurando auxiliá-lo na obtenção da vantagem.[135]

Estando consumado o delito com a exigência, é nulo o auto de prisão em flagrante quando o sujeito ativo é detido, por flagrante preparado (esperado), ao tentar receber a

---

71. PERES, João Severino de Oliveira. Concussão. Caracterização. *Justitia* 88/378.
72. Cf. MANZINI, Vincenzo. Ob. cit. p. 167-168. NORONHA, E. Magalhães. Ob. cit. v. 4, p. 331. HUNGRIA, Nelson. Ob. cit. v. 9, p. 359-360.
73. FARIA, Bento de. Ob. cit. v. 7, p. 99. FRAGOSO, H. Cláudio dá a entender que também admite vantagem não patrimonial. Ob. cit. v. 3, p. 415.

vantagem.[136][74] O crime continua a existir, mas a prisão em flagrante é irregular, a não ser que o agente seja detido quando faz a exigência. Não há que se falar, assim, em crime impossível pelo flagrante preparado, quando ocorre a intervenção policial apenas na fase de pagamento da vantagem indevida, quando já consumado o delito pela simples exigência daquela.[137]

É possível a tentativa desde que a exigência não seja oral. Noronha cita um exemplo: a carta extorsionária, interceptada antes que chegue ao conhecimento do destinatário, é ato de execução, configurando-se a tentativa. A confecção do escrito é ato preparatório e a leitura é a consumação.[75]

14.8.7 Distinção

Diante da similitude entre a extorsão (art. 158) e a concussão, necessário se torna a sua distinção. Na segunda, a ameaça diz respeito à função pública e as represálias prometidas, expressa ou implicitamente, a ela se referem.[138] Havendo violência, ou ameaça de mal estranho à qualidade ou função do agente, ocorre extorsão.[139] Configura-se esta, por exemplo, em policiais civis ou militares constrangerem a vítima sob a ameaça de revólveres.[140]

A corrupção passiva (art. 317) também se assemelha à concussão, mas na primeira há *solicitação*, na segunda, *exigência*. Na concussão, a vítima é levada pelo medo a atender a exigência; na corrupção passiva satisfaz ao pedido livremente, recebendo ou não, em contrapartida, alguma vantagem.[141]

Comete furto e não concussão o policial que, surpreendendo terceiro em conduta ilícita, exige apresentação de documento encontradiço no local diverso da interpelação para, mediante tal afastamento fraudulento, despojá-lo de objeto deixado sob a guarda do agente.[142]

Havendo na concussão ameaça explícita ou implícita, são incompossíveis no mesmo fato a existência desse delito e a de corrupção ativa praticada pelo particular.[143]

O Código Penal Militar define a concussão praticada por agente militar quer pelo abuso de sua função, como pelo abuso de sua qualidade.[144]

Exigir, solicitar ou receber, para si ou para outrem, direta ou indiretamente, ainda que fora da função ou antes de iniciar o seu exercício, mas em razão dela, vantagem indevida; ou aceitar promessa de tal vantagem, para deixar de lançar tributo ou contribuição social, ou cobrá-los parcialmente, é crime especial (art. 3º, II, da Lei nº 8.137, de 27-12-1990).

---

74. Cf. FRAGOSO, H. Cláudio. Ob. cit. v. 3, p. 416. TUCUNDUVA, Ruy Cardoso de Mello. Concussão. *Justitia* 81/406-8. FERRAZ, Antonio Celso de Camargo. Concussão. *Justitia* 93/351-3.
75. NORONHA, E. Magalhães. Ob. cit. v. 4, p. 332.

14.8.8 Excesso de exação

No art. 316, § 1º, do CP, com a redação que lhe foi dada pelo art. 20 da Lei nº 8.137, de 27-12-1990, está previsto um tipo especial de concussão, denominado "excesso de exação": Se o funcionário exige tributo ou contribuição social que sabe ou deveria saber indevido, ou, quando devido, emprega na cobrança meio vexatório ou gravoso, que a lei não autoriza: Pena – reclusão, de 3 (três) a 8 (oito) anos, e multa".

Sujeito ativo é, segundo Noronha, o funcionário que pratica uma das ações incriminadas na lei, ainda que não encarregado de arrecadação.[76] Entretanto, presume a lei, em princípio, que o sujeito ativo pretende recolher aos cofres públicos o que arrecadou indevidamente, pois, se não o fizer, incidirá na forma qualificada. Assim, somente o funcionário encarregado da arrecadação poderá praticar o ilícito em estudo.[77] Não o sendo, o crime será outro (extorsão, estelionato etc.).

Sujeito passivo é o Estado, e, secundariamente, a pessoa atingida pela conduta.

Exação é a cobrança rigorosa de dívida ou imposto; é a exatidão, pontualidade, correção. Consiste o crime, pois, em exceder-se o funcionário no desempenho da função que é a de receber tributo ou contribuição social. Na primeira hipótese do preceito (excesso no modo de exação), há uma exigência de tributo ou contribuição que não é devido, tendo o sujeito ativo consciência da ilegitimidade. Para que se configure o delito é necessário que a vantagem exigida seja indevida, isto é, não correspondente, no todo ou em parte, a dispositivo legal.[145] Na segunda (exação fiscal vexatória), a exigência é de tributo devido, mas a cobrança se faz de modo não permitido pela lei, de maneira vexatória ou gravosa para o devedor. Explica Fragoso: "*Vexatório* é o meio que expõe o contribuinte à vergonha ou humilhação (diligências aparatosas, violências física ou moral, injúria etc.). *Gravoso* é o meio que traz ao contribuinte maiores ônus." [78] A exigência a que alude a lei penal equipara-se à pura cobrança, pois, dadas as peculiaridades das situações dos agentes ativo e passivo, o *metus publicae potestatis* completa o constrangimento, ainda que a cobrança indevida seja, por exemplo, meramente sinuosa ou matreira.[146]

Refere-se a lei, como objeto do crime, ao tributo e à contribuição social. Os tributos "são receitas derivadas que o Estado recolhe do patrimônio dos indivíduos, baseados no seu poder, mas disciplinado por normas de direito público que constituem o Direito Tributário".[79] Na nomenclatura constitucional são tributos os impostos, as taxas e as contribuições de melhoria. *Imposto*, segundo o art. 16 do CTN, "é o tributo cuja obrigação tem por fato gerador uma situação independente de qualquer atividade estatal específica, relativa ao contribuinte". *Taxa,* no dizer de Aliomar Baleeiro, "é o tributo

---

76. NORONHA, E. Magalhães. Ob. cit. v. 4, p. 333.
77. FRAGOSO, H. Cláudio. Ob. cit. v. 3, p. 417. FARIA, Bento de. Ob. cit. v. 7, p. 100.
78. FRAGOSO, H. Cláudio. Ob. cit. v. 3, p. 418.
79. NOGUEIRA, Ruy Barbosa. *Curso de direito tributário.* 4. ed. São Paulo: Instituto Brasileiro de Direito Tributário, 1976. p. 131.

cobrado de alguém que se utiliza de serviço público especial e divisível, de caráter administrativo ou jurisdicional, ou o que tem à sua disposição, e ainda quando provoca em seu benefício, ou por ato seu, despesa especial dos cofres públicos".[80] Em termos constitucionais, as taxas podem ser instituídas "em razão do exercício do poder de polícia ou pela utilização, efetiva ou potencial, de serviços públicos específicos e divisíveis, prestados ao contribuinte ou postos a sua disposição" (art. 145, II, da CF). E, portanto, a contribuição corresponde a um serviço prestado à coletividade. As *contribuições de melhoria* são as arrecadadas em decorrência da valorização dos bens dos particulares em decorrência de obras públicas (art. 145, III, da CF), e não eram previstos no tipo do art. 316, § 1º, do CP, na redação anterior. Também não eram mencionadas as *contribuições sociais*, as de intervenção do domínio econômico e de interesse das categorias profissionais ou econômicas, que podem ser instituídas pela União, e as cobradas dos servidores dos Estados, do Distrito Federal e dos Municípios, para o custeio, em benefício destes, de sistemas de previdência e assistência social. Não configura o crime, entretanto, a cobrança excessiva de custas ou emolumentos por serventuário da Justiça, pois estes não se equiparam juridicamente a tributos ou contribuição social, um dos elementos essenciais do tipo.[147]

O crime pode ser praticado com dolo, quando o agente sabe que está exigindo tributo ou contribuição indevida, ou quando emprega meio vexatório ou gravoso na cobrança do valor devido. Mas o delito, na sua primeira parte, também pode ser cometido por culpa. Na expressão "deveria saber indevido" a lei refere-se à culpa do funcionário que erra na cobrança do tributo ou da contribuição de melhoria contra o contribuinte por negligência, imprudência ou imperícia. Não se trata de responsabilidade objetiva, de presunção de culpa, que devem ser afastadas do direito penal, mas da ocorrência de falta de cuidado objetivo do agente na cobrança, que, no exercício da sua função, devia saber indevida. De qualquer forma, a lei é extremamente severa, ao equiparar as formas dolosa e culposa da mesma infração.

14.8.9 Forma qualificada de excesso de exação

Há forma qualificada de excesso de exação, prevista no art. 316, § 2º: "Se o funcionário desvia, em proveito próprio ou de outrem, o que recebeu indevidamente para recolher aos cofres públicos: Pena – reclusão, de dois a doze anos, e multa." O dispositivo não se refere à concussão comum, uma vez que nesta sempre há o intuito de obter vantagem indevida.

A lei prevê uma pena de dois a doze anos de reclusão, além de multa, diante da maior gravidade do fato. Depois de efetuado o pagamento pela vítima, o agente, em vez de recolher a quantia obtida aos cofres públicos, desvia-a em proveito seu ou alheio. Exige-se, pois, a conduta de desvio da quantia (total ou parcial), bem como o elemento

---

80. BALEEIRO, Aliomar. *Direito tributário brasileiro*. 10. ed. Rio de Janeiro: Forense, 1981. p. 324.

14 • DOS CRIMES PRATICADOS POR FUNCIONÁRIO PÚBLICO CONTRA A ADMINISTRAÇÃO EM GERAL — 311

subjetivo do tipo, que é a finalidade de beneficiar-se ou beneficiar terceiro. Indiferente para a caracterização do crime em apreço se o sujeito ativo resolve praticar o desvio antes ou depois do recebimento. Haverá peculato, porém, se o tributo já estiver recolhido e o agente apossar-se dele.

Há, porém, um gritante equívoco na legislação, provocado pelo art. 20 da Lei nº 8.137, de 27-12-1990, pois, ao autor do crime previsto no art. 316, § 1º, com a nova redação, comina-se uma pena de 3 (três) a 8 (oito) anos de reclusão, além da multa (na lei anterior a pena era de seis meses a dois anos de reclusão, além da multa), superior, em seu limite mínimo à forma qualificada. Por coerência e lógica o julgador, quando se tratar da forma qualificada, não poderá impor pena inferior a 3 (três) anos de reclusão, mínimo fixado para o crime simples.

14.9 CORRUPÇÃO PASSIVA

14.9.1 Conceito

Corrupção passiva é o *nomem juris* do crime previsto no art. 317: "Solicitar ou receber, para si ou para outrem, direta ou indiretamente, ainda que fora da função ou antes de assumi-la, mas em razão dela, vantagem indevida, ou aceitar promessa de tal vantagem." As penas cominadas, de acordo com a redação dada ao dispositivo pela Lei nº 10.763, de 12-11-2003, são as de "reclusão, de 2 (dois) a 12 (doze) anos, e multa." Trata-se do "tráfico da função pela qual se estabelece uma relação ilícita entre o funcionário indigno e o terceiro que, valendo-se da sua venalidade, sujeita-o às iniciativas da sua vontade".[81]

A corrupção ativa, do *extraneus*, que oferece, promete ou entrega a vantagem indevida configura o crime previsto no art. 333.

14.9.2 Objetividade jurídica

O objeto da tutela jurídica é o funcionamento normal da administração pública, no que diz respeito à preservação dos princípios de probidade e moralidade no exercício da função.[82] O crime, por um lado, compromete a eficiência do serviço público e, por outro, põe em perigo o prestígio da administração e a autoridade do Poder Público.

14.9.3 Sujeitos do delito

Sujeito ativo do crime é o funcionário público, na sua acepção de direito penal prevista no art. 327 (item 14.1.3). Comete o crime não só o agente que esteja afastado de sua função (férias, licença, suspensão etc.), como também aquele que ainda

---

81. FARIA, Bento de. Ob. cit. v. 7, p. 101.
82. VIEIRA, Gerson Franceschi. Da corrupção passiva. *Jurispenal* 22/24.

não a assumiu, sendo o art. 317 expresso a esse respeito. O jurado pode ser sujeito ativo, porque responde penalmente nos mesmos termos que os juízes togados (art. 445 do CPP). Responde pelo crime em coautoria ou participação outro funcionário ou o particular que colabora na prática da conduta típica. Não é coautor aquele que concede a vantagem indevida, respondendo este pelo crime de corrupção ativa (art. 333). Trata-se de mais um crime em que a lei excepciona o art. 29, fazendo um dos participantes do fato responder por delito diverso daquele pelo qual o funcionário é responsabilizado.

Sujeito passivo é o Estado, titular do bem jurídico penalmente tutelado, e o *extraneus*, quando este não pratica o crime de corrupção ativa. Sendo o sujeito ativo da corrupção passiva funcionário público federal, a competência para a apreciação do fato, ainda que seja particular o autor da corrupção ativa, é da Justiça Federal.[148]

14.9.4 Tipo objetivo

O tipo penal contém três modalidades de condutas típicas: solicitar ou receber vantagem indevida ou aceitar a promessa desta. *Solicitar* é pedir, procurar, buscar, rogar, induzir, manifestar o desejo de receber. Pode a solicitação ser expressa, clara, indubitável, como velada, insinuada. *Receber* é tomar, obter, acolher, alcançar, entrar na posse. *Aceitar promessa* de vantagem é consentir, concordar, estar de acordo, anuir ao recebimento. Na solicitação, a iniciativa é do agente; no recebimento e aceitação da vantagem é do *extraneus*, com a concordância do funcionário.

É indiferente que a oferta ou promessa seja feita ao funcionário público diretamente pelo corruptor ou por interposta pessoa. Embora o tipo penal possa indicar, à primeira vista, que a corrupção por via *indireta* ocorre apenas na solicitação ou recebimento, nada impede que a aceitação também ocorra através de terceira pessoa, coautor, que, em nome do funcionário, comunica ao *extraneus* a sua concordância com a vantagem prometida. A existência do crime por via indireta ficou reconhecida no caso de candidatos a obtenção de carteira de motorista que, por intermédio de autoescola, subornavam funcionários públicos para aquele fim.[149]

É indispensável para a caracterização do ilícito em estudo que a prática do ato tenha relação com a função do sujeito ativo (*ratione oficii*). O ato ou abstenção a que se refere a corrupção deve ser da competência do funcionário, isto é, deve estar compreendido nas suas especificadas atribuições funcionais, porque somente nesse caso se pode deparar com o dano efetivo ou potencial ao regular funcionamento da administração. Além disso, o pagamento feito ou prometido deve ser a contraprestação de ato de atribuição do sujeito ativo.[150] Não se tipifica a infração se a vantagem desejada pelo corruptor não é da atribuição e competência do funcionário.[151] Nesses casos, poderá ocorrer o crime de tráfico de influência (art. 332) ou coautoria do funcionário em corrupção ativa se transferir o pagamento ou a promessa de vantagem indevida ao colega que tem atribuições para a prática do ato.

14 • DOS CRIMES PRATICADOS POR FUNCIONÁRIO PÚBLICO CONTRA A ADMINISTRAÇÃO EM GERAL | 313

Pode o ato objeto do tráfico ser legítimo, lícito, justo (corrupção *imprópria*) ou ilegítimo, ilícito, injusto (corrupção *própria*). Há crime, assim, se a vantagem é solicitada ou recebida ou a promessa é aceita para a prática de ato regular e legal. É indiferente, também, que se trate de ato definitivo ou irrevogável ou sujeito a recurso e confirmação ou revogação.[83]

Desde que a solicitação, recebimento ou aceitação tenha relação com o ato de ofício, pode a conduta ser anterior à prática do ato (corrupção *antecedente*), como posterior a esta (corrupção *subsequente*). Não importa, assim, que o agente tenha solicitado ou fixado o *quantum* da vantagem indevida ou que a receba no dia seguinte à prática do ato. Ele pode praticar o ato na esperança ou convicção da recompensa imoral, vindo a aceitá-la posteriormente e de acordo com a sua expectativa. Há do mesmo modo mercancia de função.[152] [84] Entretanto, é necessário que se tenham elementos probatórios que indiquem ter havido essa esperança ou convicção da recompensa por parte do funcionário para que se configure o ilícito quando o pagamento efetuado ao funcionário o foi posteriormente à prática do ato de ofício.[153]

O objeto do ilícito é a vantagem indevida. Não ocorre o ilícito, pois, se a vantagem é solicitada e recebida para ressarcimento de despesas realizadas pelo agente no exercício da função pública.[154] Não se tratando de crime contra o patrimônio, é de se entender que se refere a lei a qualquer vantagem, patrimonial ou não.[85] É indiferente que seja destinada ao funcionário ou a terceiro (esposa, filho ou estranho);[155] se for, porém, revertida em proveito da pessoa jurídica de direito público, descaracteriza-se o ilícito. Assim se decidiu na hipótese da aceitação de delegado de polícia de dinheiro aplicado na aquisição de gasolina para a viatura policial a fim de intensificar o policiamento da cidade.[156] Não desaparece o ilícito ainda que a vantagem seja aceita como gratificação.[157] Adverte Hungria, porém, "que as gratificações usuais, de pequena monta, por serviços extraordinários (não se tratando, é bem de ver, de ato contrário à lei), não podem ser consideradas *material* de corrupção".[86] Em tais casos, não há da parte do funcionário consciência de aceitar retribuição por um ato funcional, que é elementar ao dolo do delito, nem haveria vontade de corromper.[158] Aplica-se, na hipótese, o *princípio da insignificância* ou *da bagatela*.

Não se aperfeiçoa a corrupção passiva se o funcionário recusa a oferta por entender exígua a recompensa, mas, se a aceitou, discutindo apenas o *quantum*, consumou-se o ilícito. Pouco importa, ainda, a capacidade penal do *extraneus*, que pode ser um menor de 18 anos ou um incapaz.[87]

---

83. FARIA, Bento de. Ob. cit. v. 7, p. 104.
84. NORONHA, E. Magalhães. Ob. cit. v. 4, p. 345. FRAGOSO, H. Cláudio. Ob. cit. v. 3, p. 426-427. HUNGRIA, Nelson. Ob. cit. v. 9, p. 367.
85. Cf. NORONHA, E. Magalhães. Ob. cit. v. 4, p. 344-346. FARIA, Bento de. Ob. cit. v. 7, p. 104. FRAGOSO, H. Cláudio. Ob. cit. v. 3, p. 425-426. VIEIRA, Gerson Franceschi. Corrupção passiva. *Jurispenal*, 22-27. Contra: HUNGRIA, Nelson. Ob. cit. v. 9, p. 368.
86. HUNGRIA, Nelson. Ob. cit. v. 9, p. 369. No mesmo sentido, NORONHA, E. Magalhães. Ob. cit. v. 4, p. 347. FRAGOSO, H. Cláudio. Ob. cit. v. 4, p. 347. FRAGOSO, H. Cláudio. Ob. cit. v. 3, p. 427. FARIA, Bento de. Ob. cit. v. 7, p. 106. NOGUEIRA, Paulo Lúcio. Da corrupção ativa e passiva. *Jurispenal* 32/15-7.
87. HUNGRIA, Nelson. Ob. cit. v. 9, p. 370.

14.9.5 Tipo subjetivo

O dolo é a vontade de praticar uma das modalidades da conduta típica, tendo o agente consciência da sua ilicitude. O elemento subjetivo do tipo está previsto na expressão *para si ou para outrem*. Indiferente que o sujeito ativo tenha a vontade ou não de praticar o ato que deu ensejo à corrupção.

14.9.6 Consumação e tentativa

A corrupção passiva é um crime formal, que independe da ocorrência do resultado. Consuma-se assim com a simples solicitação da vantagem ou aceitação da promessa, ainda que esta não se concretize.[159] Desnecessário, portanto, que o ato funcional venha a ser praticado, omitido ou retardado.

Já se tem entendido que, como a punibilidade da corrupção passiva independe da realização do ato, é inadmissível a tese do delito impossível;[160] não há falar em crime putativo quando, sem ter sido artificialmente provocada, mas previamente conhecida a iniciativa dolosa do agente, a este apenas se dá o ensejo de agir, tomadas as devidas precauções;[161] não procede a polícia como agente provocador da prática de crime, quando se posta em posição de verificar a reiteração, pelo acusado, de seu desígnio criminoso;[162] não se descaracteriza o crime pela preparação do flagrante para apanhar o agente no ato do recebimento da vantagem,[163] já que não há confundir flagrante preparado com flagrante de espera.[164]

O arrependimento posterior à aceitação da vantagem ou da promessa, isto é, depois do tráfico ilícito, não modifica a responsabilidade nem faz desaparecer o delito.[88]

A tentativa é possível quando a conduta cumpre um *iter* que pode ser interrompido. Noronha cita o exemplo de o funcionário remeter pedido que é interceptado antes de chegar ao *extraneus*.[89]

14.9.7 Corrupção passiva agravada

Prevê o art. 317, § 1º, uma forma agravada de corrupção passiva: "A pena é aumentada de um terço, se, em consequência da vantagem ou promessa, o funcionário retarda ou deixa de praticar qualquer ato de ofício ou o pratica infringindo dever funcional."

Consumada a corrupção, prossegue o sujeito ativo na conduta ilícita, ocorrendo então *efetiva violação do dever funcional*. Pode, em primeiro lugar, *retardar* a prática do ato de ofício por um lapso de tempo juridicamente relevante ou *deixar de praticá-lo* ou, finalmente, *praticá-lo* com infringência do dever funcional. É necessário, na hipótese

---

88. FARIA, Bento de. Ob. cit. v. 7, p. 108.
89. NORONHA, Nelson. Ob. cit. v. 4, p. 348-349. Contra, pela inadmissibilidade de tentativa, HUNGRIA, Nelson. Ob. cit. v. 9, p. 369-370.

14 • DOS CRIMES PRATICADOS POR FUNCIONÁRIO PÚBLICO CONTRA A ADMINISTRAÇÃO EM GERAL | **315**

qualificada, que o retardamento, a omissão ou a prática irregular do ato ocorra após a solicitação, recebimento ou aceitação da promessa da vantagem.

Exemplos colhidos na jurisprudência a respeito da forma agravada são os seguintes: recebimento de propina por guardas de trânsito, que apreenderam veículo condutor de mercadorias contrabandeadas, a fim de encobrir a prática do delito;[165] recebimento de propina por funcionário da secção de trânsito de delegacia de polícia para fornecimento de carteira de motorista sem os necessários exames;[166] recebimento de quantia qualquer por delegado de polícia para colocar em liberdade quem se encontra preso;[167] recebimento de propinas pelo policial rodoviário para abster-se de lavrar multas diante de irregularidades comprovadas;[168] solicitação de dinheiro por funcionários a proprietários de *drive-in* para a não apuração de irregularidades que envolvem conduta de casal no interior de veículo ali estacionado;[169] recebimento por chefe de Turmas Julgadoras, da Delegacia Regional Tributária, de dinheiro de comerciantes a fim de "quebrar galhos", forçar situações e redistribuir processos;[170] solicitação de dinheiro para relevar falha em carteira de motorista;[171] solicitação de vantagem indevida por escrevente de cartório criminal para influir no andamento do processo, acenando com a eventual prescrição da ação penal.[172] De acordo com o § 1º do art. 317, a prática do ato com infração do dever funcional, que agrava a pena, pode constituir, por si só, outro delito ou não, havendo, na primeira hipótese, concurso de crimes (item 14.9.10).

14.9.8 Corrupção passiva privilegiada

Registra o art. 317, § 2º, uma modalidade especial, privilegiada, da corrupção passiva: "Se o funcionário pratica, deixa de praticar ou retarda ato de ofício, com infração de dever funcional, cedendo a pedido ou influência de outrem: Pena – detenção, de três meses a um ano, ou multa."

Trata-se de conduta de menor gravidade que as anteriores, uma vez que o sujeito ativo, em vez de atuar no interesse próprio, visando a uma vantagem indevida para si ou para outrem, cede a *pedido* ou *influência de outrem*. Na primeira hipótese, há solicitação por parte de terceiro; na segunda, o agente, por timidez, gratidão, bajulação, fraqueza etc., presta deferência ilícita a terceiro. As condutas do sujeito ativo, de retardamento, omissão ou prática irregular do ato são idênticas à do previsto na forma qualificada (item 14.9.7). Estabelece-se a diferença apenas em torno da motivação do funcionário. O dolo é a vontade de retardar, deixar de praticar ou praticar o ato irregular, exigindo-se um elemento subjetivo do tipo que é ceder a pedido ou à influência de terceiro. Opera-se a consumação quando caracterizado o retardamento, a omissão ou a prática irregular do ato de ofício, ao contrário do que ocorre nas demais modalidades típicas semelhantes.

14.9.9 Distinção

A bilateralidade não é requisito indispensável da corrupção. Pode apresentar-se esta de maneira unilateral. Por isso, cogitou o legislador da corrupção em duas formas autônomas, separadamente, conforme a qualidade do agente. Para a caracterização da corrupção passiva, não é indispensável a existência da infração prevista no art. 333 (corrupção ativa), embora, conforme as circunstâncias do caso, possam verificar-se ao mesmo tempo as duas figuras delituosas.[173] Na modalidade de solicitação, o crime é apenas do funcionário, mas, havendo recebimento ou aceitação de promessa de vantagem, pratica o *extraneus* o crime de corrupção ativa.

Distingue-se a corrupção passiva da concussão (art. 316). Naquela há solicitação, nesta exigência, ainda que tácita, da vantagem indevida.[174] Distingue-se a corrupção passiva da prevaricação (art. 319) porque nesta não há qualquer intervenção ou proposta ao *extraneus*, agindo o sujeito ativo por interesse ou sentimento pessoal; distingue-se também, do estelionato (art. 171), quando o proveito ilícito não é obtido em razão da função, mas mediante meio fraudulento, valendo-se o agente, para tanto, de sua condição a fim de enganar a vítima.[175]

Se o agente for testemunha, perito, contador, tradutor ou intérprete em processo judicial, policial ou administrativo, ou em juízo arbitral, o crime será o previsto no art. 342, § 1º; se militar, o previsto no art. 308, § 1º, ou 309 do CPM.

O fato pode constituir crime eleitoral se o recebimento ou solicitação de funcionário tiver como fim obter ou dar voto ou para conseguir ou prometer abstenção, ainda que a oferta não seja aceita (art. 299 da Lei nº 4.737, de 15-7-1965 – Código Eleitoral).

14.9.10 Concurso

Se o ato praticado pelo funcionário constitui por si só um crime (exemplos, arts. 305, 308, 320 etc.), haverá concurso formal ou material entre a corrupção passiva qualificada e o crime resultante.[176] [90] Há concurso material de infrações se, após aceitarem vantagem indevida em razão da função pública que exercem, promovem os agentes a fuga de pessoa legalmente presa.[177] Já se decidiu em caso idêntico haver apenas o crime previsto no art. 351 diante do princípio da especialidade, uma vez que o art. 351 tem caráter específico, ao contrário do ditado pelo art. 317.[178] Reconhecido foi o concurso material entre corrupção e falsidade ideológica na expedição, por delegado de polícia, de carteiras de habilitação falsas, com aposição de sua assinatura, pela participação em vantagens indevidas.[179] Mas já se considerou absorvido o crime de falsa perícia pela qualificadora prevista no art. 317, § 1º.[180]

É possível o concurso material entre a corrupção passiva e o crime de *lavagem* previsto na Lei nº 9.613, de 3-3-1998, se, após a solicitação, aceitação ou recebimento da vantagem indevida, o agente pratica uma das ações típicas descritas nesse diploma com o fim de ocultar ou dissimular a utilização dos bens ou valores provenientes daquele delito. Nada impede, também, a caracterização do concurso formal heterogêneo, como na hipótese de recebimento da vantagem indevida mediante método que visa, desde logo, à ocultação ou

---

90. É a lição de FRAGOSO, H. Cláudio. Ob. cit. v. 3, p. 428-429.

14 • DOS CRIMES PRATICADOS POR FUNCIONÁRIO PÚBLICO CONTRA A ADMINISTRAÇÃO EM GERAL **317**

dissimulação de sua origem criminosa. Não há que se falar, nesses casos, em crime único ou em *post factum* impunível, por serem distintos os bens jurídicos protegidos nos tipos penais, tutelando-se no crime de *lavagem* não somente o patrimônio lesado pelo crime anterior, mas, também, a administração da justiça e a ordem econômica.

14.10 FACILITAÇÃO DE CONTRABANDO OU DESCAMINHO

14.10.1 Conceito

Incrimina-se no art. 318 a participação do funcionário na prática do contrabando ou descaminho: "Facilitar, com infração de dever funcional, a prática de contrabando ou descaminho (art. 334): Pena – reclusão, de 3 (três) a 8 (oito) anos, e multa". A pena, que era de reclusão, de dois a cinco anos, e multa, foi substituída pelo art. 21 da Lei nº 8.137, de 27-12-1990.

A conduta do funcionário não deixaria de caracterizar a prática, por concurso de agentes, do crime previsto no art. 334, mas o legislador a erigiu à categoria de crime próprio, com pena mais severa em virtude de violação do dever funcional.

14.10.2 Objetividade jurídica

Tutela-se também a administração pública, não só na regularidade das importações e exportações, como também nos seus interesses econômicos referentes aos impostos, na ordem pública, na moralidade, na preservação da saúde pública etc.

14.10.3 Sujeitos do delito

Sujeito ativo é o funcionário público na acepção ampla prevista no art. 327 (item 14.1.3). Não basta, porém, a qualidade de ser o agente funcionário público, exigindo-se que viole o seu dever funcional (*ratione oficii*). Deve o agente ter, *por lei*, o dever funcional de reprimir o contrabando e o descaminho.[181] Há, porém, decisão no sentido de que o policial civil pode praticar o delito do art. 318 do Código Penal, embora a apuração do delito de contrabando ou descaminho incumba à polícia federal, sob o fundamento de que sua conduta viola o dever geral de preservar a ordem pública que lhe é fixado pela Constituição Federal (art. 144).[182] Quando o funcionário participa do fato sem estar no exercício de sua função, responderá, como qualquer particular, pelo crime previsto no art. 334 ou no art. 334-A, diante da regra geral do art. 29. Decidiu-se pela coautoria, na prática deste último delito, na conduta de policiais militares que teriam dado cobertura a praticante de contrabando.[183]

Sujeito passivo é o Estado, titular da regularidade da administração, no que se refere à importação e exportação, e dos tributos devidos nessas atividades.

14.10.4 Tipo objetivo

Pratica o crime o funcionário que, no exercício funcional, facilita a prática do contrabando ou do descaminho. Os crimes de descaminho e contrabando estão atualmente definidos nos arts. 334 e 334-A, respectivamente. Antes da vigência da Lei nº 13.008, de 26-6-2014, eram descritos conjuntamente no art. 334 sob o mesmo *nomen juris* "contrabando ou descaminho".

Facilitar é tornar fácil, coadjuvar, afastar obstáculos, auxiliar de forma comissiva ou omissiva a prática do crime previsto no art. 334 ou no art. 334-A. Tanto comete o crime aquele que indica ao autor do contrabando ou do descaminho as vias mais seguras para a entrada ou saída da mercadoria, como aquele que, propositadamente, não efetua regularmente as diligências de fiscalização destinadas a evitá-las.

Contrabando é a importação ou exportação fraudulenta de mercadoria, cuja entrada ou saída seja absoluta ou relativamente proibida. *Descaminho* é o ato fraudulento que se destina a evitar, total ou parcialmente, o pagamento de direitos e impostos previstos pela entrada, saída ou consumo (pagável na alfândega) de mercadorias.[91] (v. itens 15.7.4 e 15.8.4). Inclui-se na figura do contrabando a sub-reptícia importação ou exportação de mercadorias *sem trânsito pela alfândega* e na de descaminho o fazer transitar pela aduana, ocultamente, mercadorias de importação ou exportação para não efetuar o pagamento dos impostos devidos.[92]

Não é indispensável para a comprovação do crime o exame de corpo de delito.[184]

14.10.5 Tipo subjetivo

O dolo é a vontade de facilitar o contrabando ou o descaminho, tendo o agente consciência da ilicitude da conduta, o que envolve a ciência de que está infringindo dever funcional. O mero descumprimento do dever funcional concernente à vistoria na oportunidade da saída do cais não pode conduzir à conclusão da ocorrência do delito,[185] porque não basta a culpa do funcionário para a caracterização do tipo subjetivo. Assim, também não ocorre o crime no simples *erro de classificação* que permite o despacho ou o livre trânsito da mercadoria.[93]

Não exige a lei finalidade especial, pouco importando que o agente proceda gratuitamente, por favor ou influência, visando à vantagem recebida ou à sua promessa.

14.10.6 Consumação e tentativa

Consuma-se o crime com a facilitação por parte do agente, independente de se ter ou não completado o contrabando ou descaminho.[94] É possível a ocorrência do crime

---

91. É a definição concorde de NORONHA, E. Magalhães. Ob. cit. v. 4, p. 441. HUNGRIA, Nelson. Ob. cit. v. 9, p. 372. FRAGOSO, H. Cláudio. Ob. cit. v. 3, p. 430.
92. Cf. HUNGRIA, Nelson. Ob. cit. v. 9, p. 332.
93. Cf. FARIA, Bento de. Ob. cit. v. 7, p. 109.
94. Cf. HUNGRIA, Nelson. Ob. cit. v. 9, p. 373. NORONHA, E. Magalhães. Ob. cit. v. 4, p. 448. FRAGOSO, H. Cláudio. Ob. cit. v. 3, p. 430.

em apreço sem que esteja consumado ou mesmo se iniciado a execução do crime previsto no art. 334 ou no art. 334-A.

Possível é a tentativa quando se tratar de conduta comissiva. Na omissão não se pode falar em *conatus:* ou o funcionário pode impedir o contrabando ou descaminho e não se caracteriza a execução, ou já não pode fazê-lo, o que configura a consumação.

14.10.7 Competência

Competente para apreciar o fato é a Justiça Federal diante do interesse da União. Tal ocorre ainda que o sujeito seja funcionário estadual[186] ou haja conexão com o crime de contrabando ou de descaminho.[187]

14.11 PREVARICAÇÃO

14.11.1 Conceito

A prevaricação é o crime previsto no art. 319: "Retardar ou deixar de praticar, indevidamente, ato de ofício, ou praticá-lo contra disposição expressa de lei, para satisfazer interesse ou sentimento pessoal: Pena – detenção, de três meses a um ano, e multa."

A infração constitui, pois, a infidelidade ao dever de ofício, em que o agente não cumpre as obrigações inerentes à sua função, ou as pratica contra disposição legal, para satisfazer a interesse ou sentimento pessoal. "Etimologicamente – afirma Hungria – *praevaricator* é o que anda obliquamente ou desviado do caminho direito" e "no sentido figurado, designava aquele que, tomando a defesa de uma causa, favorecia a parte contrária".[95] Na lei penal brasileira, o sentido é mais abrangente, atingindo qualquer função pública.

14.11.2 Objetividade jurídica

O objeto jurídico é a regularidade da administração pública, lesada pela omissão ou atividade irregular do funcionário.

14.11.3 Sujeitos do delito

É o funcionário público, na acepção abrangente do art. 327, o sujeito ativo do crime de prevaricação (item 14.1.3). Por essa razão, pode praticar o crime em estudo o vereador,[188] mas não o síndico (administrador judicial) de uma falência, que exerce apenas um *munus* público.[189]

---

95. HUNGRIA, Nelson. Ob. cit. v. 9, p. 373-374.

Sujeito passivo é o Estado, titular da regularidade da administração pública. Como observa Gilberto Passos de Freitas, porém, nada impede que, além do Estado, venha um particular a ser atingido pela prática do delito, sofrendo assim os efeitos da ação delituosa.[96]

14.11.4 Tipo objetivo

São três as condutas inscritas no art. 319: *Retardar* é atrasar, delongar, adiar, protelar, protrair, procrastinar. O funcionário não realiza o ato que deve executar no prazo prescrito, se existe, ou em tempo útil para que produza seus efeitos normais. *Deixar de praticar* constitui-se na omissão do agente, que não tem intenção de praticar o ato devido, diferindo da conduta anterior porque, naquela, a vontade é apenas de protelar. *Praticar* é a conduta comissiva, em que o agente executa o ato de forma ilegal.

Prevê a lei expressamente, nas duas primeiras hipóteses, que a omissão seja indevida (ilegal, injusta ou injustificada), inscrevendo assim no tipo um elemento normativo, concernente à antijuridicidade (tipo anormal). Ato indevido é o ato reprovável, contra o senso comum de moralidade, "vale dizer, é o ato que poderia ser exercido de modo lícito ou omitido para evitar-se sua ilicitude, mas que vem à luz maliciosa e voluntariamente pelo seu agente, perturbado por seus apetites pessoais. É o ato contra a *salus publica*." [97] Tratando-se de conduta comissiva (praticar), exige-se que seja esta ilegal, *contra disposição expressa de lei*. Indispensável, portanto, que exista norma jurídica em sentido estrito violada para a ocorrência do crime, não o constituindo a infringência de outra (portaria, regulamento etc.). Não basta pois que se viole o princípio da moralidade, pois o tipo penal exige que a conduta seja violadora de "disposição expressa de lei".[190] Exige-se, inclusive, que se defina a própria legitimidade da norma legal que veda o ato incriminado, pois o não cumprimento de norma flagrantemente inconstitucional não caracteriza o crime.[191]

Não há que se falar em ato ilegítimo quando o funcionário tem certa disposição na escolha da conduta a tomar. Não se reconheceu o ilícito no ato do prefeito municipal que sancionou e promulgou lei de iniciativa da Câmara e unanimemente aprovada, ainda que o fato pudesse ferir, eventualmente, interesse de adversário político;[192-193] e no acolhimento pela autoridade policial de versão mais verossímil entre as que lhe são apresentadas, para decidir sobre a lavratura de auto de flagrante.[194]

O objeto do tipo é o *ato de ofício*; é necessário que o funcionário seja responsável pela função relacionada ao fato que esteja em suas atribuições ou competência.[195] É abrangente o dispositivo; inclui o ato administrativo, o legislativo e o judicial.

Não pode haver prevaricação se o ato praticado, omitido ou retardado refoge ao âmbito da competência funcional do servidor, já que o delito se caracteriza pela

---

96. FREITAS, Gilberto Passos de. Da prevaricação. *Justitia* 96/104.
97. JUNQUEIRA, Roberto Rezende. Prevaricação e o Decreto-lei nº 201, de 1967. *RT* 441/317.

infidelidade do dever funcional e pela parcialidade no seu desempenho.[196] Não se reconheceu o ilícito no caso do soldado que permitia a saída de preso, para serviço fora da cadeia, por ser a função de guarda do carcereiro e de seu superior hierárquico;[197] também, não se reconheceu o ilícito no caso do guarda-civil que, não se achando em serviço e de uniforme, deixou de prender o amigo em cuja companhia se encontrava e que tentara utilizar a arma que portava ilegalmente.[198] Assim, não pratica o delito de prevaricação o funcionário que, ao deixar de praticar o ato de ofício, não se encontra no exercício de suas atividades.[199] É indiferente para a lei penal que o ato deva merecer confirmação ou dele caiba recurso.

14.11.5 Tipo subjetivo

O dolo é a vontade de retardar, omitir ou praticar ilegalmente o ato de ofício. Exige-se, porém, o elemento subjetivo do tipo que é o intuito de satisfazer interesse ou sentimento pessoal, indispensável à caracterização do ilícito.[200] [98]

Interesse pessoal é a relação de *reciprocidade* entre um indivíduo e um objeto que corresponde a determinada necessidade daquele; é um estado anímico em relação a qualquer fato ou objeto, seja patrimonial, material ou moral. Reconheceu-se esse elemento subjetivo do tipo no ato de secretário da Câmara Municipal que se omitiu em ato que devia praticar para atender a interesse de amigos políticos[201] e na conduta de prefeito que ordenou a construção de obra pública sem a prévia concorrência, favorecendo, abertamente, firma na qual tinha interesse.[202]

Sentimento é um estado *afetivo* ou *emocional*, decorrente, pois, de uma paixão ou emoção (amor, ódio, piedade, avareza, cupidez, despeito, desejo de vingança, subserviência, animosidade, simpatia, benevolência, caridade etc.). Na jurisprudência, entendeu-se ter ocorrido conduta típica nas hipóteses seguintes: de funcionário que, movido a princípio por comodismo e depois pelo prazer de mandonismo e prepotência, se recusa a atender durante o horário normal de expediente os contribuintes que desejavam recolher, tempestivamente, seus débitos fiscais;[203] de médico, chefe de Centro de Saúde, que retarda expedição de atestado de óbito em face da animosidade com a autoridade policial que o solicitara;[204] de militar que deixa de tomar providências para beneficiar superior hierárquico;[205] de delegado de polícia que deixa de cumprir ordem judicial com relação a recolhimento em cela especial, permitindo que investigador a ela submetido tivesse livre trânsito pelas dependências da delegacia, facilitando-lhe com isso a fuga;[206] de funcionário que, por sua influência, autoridade e tolerância, permite que os seus amigos pesquem em local proibido.[207] É indiferente à lei a natureza do sentimento, se social ou antissocial, se moral ou imoral, se nobre ou torpe.[208] [99] Como diz Fernando H. Mendes de Almeida: "Não aproveita ao prevaricador dizer

---

98. Cf. SIQUEIRA, Geraldo Batista de. Prevaricação. Estrutura típica e aspectos processuais. *RT* 618/265.
99. Cf. NORONHA, E. Magalhães. Ob. cit. v. 4, p. 355-356. HUNGRIA, Nelson. Ob. cit. v. 9, p. 376, nota 41. FRAGOSO, H. Cláudio. Ob. cit. v. 3, p. 433.

que seu procedimento atendeu a sentimento pessoal dos mais nobres e respeitáveis, tais como o religioso, o da amizade, o da apreciabilidade política, ou o da solidariedade humana. Sentimentos pessoais do funcionário somente ele os deve exercitar à custa de seu patrimônio e nas coisas que disserem respeito à sua vida de cidadão, na esfera doméstica." [100] A nobreza do sentimento influirá apenas na fixação da pena, como motivo determinante do crime (art. 59).

Quando a omissão se refere a ato de ofício cuja execução poderá acarretar consequências gravosas, penalmente relevantes, para o omitente, excluído está o crime de prevaricação, pois ninguém pode ser compelido a, desvelando-se, agravar a própria situação criminal (*nemo tenetur se detegere*).[101] Nosso ordenamento jurídico garante ao imputado o silêncio e até mesmo a negativa da autoria, razão pela qual não se responsabilizou policial que deixou de elaborar boletim de ocorrência de acidente de trânsito que provocara,[209] nem prefeito que não apurou fato ocorrido em sua administração e praticado por funcionário, que poderia incriminá-lo.[210]

Referindo-se o art. 319 à disposição *expressa* de lei, conclui-se que o erro sobre a interpretação do mandamento legal pelo funcionário exclui o crime quando este não é suficientemente claro.[211] [102] Também, não constitui o tipo subjetivo a simples negligência, desídia, desleixo, indolência ou preguiça,[212] a simples falta disciplinar[213] ou a mera deficiência administrativa.[214]

14.11.6 Consumação e tentativa

Consuma-se o crime com o retardamento, omissão ou prática do ato, independentemente de estar sujeito a confirmação ou recurso. Tratando-se das formas omissivas, não há que se falar em tentativa: ou existiu o retardamento ou omissão, e o crime está consumado, ou o agente pratica o ato na ocasião devida, inexistindo conduta executiva. Na forma comissiva, porém, é possível o início da execução, obstada a consumação por circunstâncias alheias à vontade do agente.

14.11.7 Distinção

Distingue-se a prevaricação da corrupção passiva (art. 317) porque esta exige a bilateralidade, a intervenção do *extraneus*, por acordo ou por ser destinatário da solicitação, enquanto naquela está ele totalmente alheio à prática da conduta. Não se confunde o delito em estudo com a desobediência (art. 330), que somente pode ser praticada por particular ou por funcionário que não age nessa qualidade (item 15.3.3). A omissão diante de tortura quando tem o agente o dever de evitá-la ou apurá-la con-

---

100. ALMEIDA, Fernando Henrique Moraes de. *Dos crimes contra a administração pública*. São Paulo: Saraiva, 1955. p. 97.
101. Nesse sentido, parecer de GRASSI, Roberto Joacir. *Habeas corpus*. Prevaricação – peculato. *Justitia* 93/384-9.
102. Cf. HUNGRIA, Nelson. Ob. cit. v. 9, p. 377. NORONHA, E. Magalhães. Ob. cit. v. 4, p. 355.

14 • DOS CRIMES PRATICADOS POR FUNCIONÁRIO PÚBLICO CONTRA A ADMINISTRAÇÃO EM GERAL **323**

figura o crime previsto no art. 1º, § 2º, da Lei nº 9.455, de 7-4-1997. Tratando-se de fato ligado à vida eleitoral, podem ocorrer delitos especiais (arts. 291, 292, 295, 307, 308 etc. da Lei nº 4.737, de 15-7-1965), notando-se que, nesses casos, não se exige o elemento subjetivo do injusto e basta a vontade da prática do fato. A omissão de ato funcional de ofício pode configurar ainda outros crimes previstos no Código Penal (arts. 317, § 1º, 318, 319-A, 320 etc.) ou em leis especiais, como o de abuso de autoridade (art. 12, da Lei nº 13.869, de 5-9-2019), os descritos no Estatuto da Criança e do Adolescente (arts. 227-A, 231, 234, 235) etc.

14.12 OMISSÃO NO DEVER DE VEDAR AO PRESO ACESSO A APARELHO TELEFÔNICO, DE RÁDIO OU SIMILAR

14.12.1 Conceito

No art. 319-A, inserido pela Lei nº 11.466, de 28-3-2007, está previsto novo crime funcional, com a seguinte redação: "Deixar o Diretor de Penitenciária e/ou agente público, de cumprir seu dever de vedar ao preso o acesso a aparelho telefônico, de rádio ou similar, que permita a comunicação com outros presos ou com o ambiente externo: Pena – detenção, de 3 (três) meses a 1 (um) ano."

Na ausência de rubrica a indicar o *nomen juris,* o novo tipo penal tem sido denominado *prevaricação imprópria,* por não exigir que a conduta seja praticada para satisfazer interesse ou sentimento pessoal, ou *especial,* por se tratar de violação de um específico dever funcional.

14.12.2 Objetividade jurídica

Tutela-se no art. 319-A a regularidade da administração pública em relação ao funcionamento dos estabelecimentos prisionais. A lei assegura ao preso o direito de comunicação com o mundo exterior por meio de correspondência escrita, leitura e outros meios de informação (art. 41, XV, da LEP), sendo vedada, porém, a posse de aparelhos que permitam a livre comunicação *intra* e *extra* muros, porque incompatíveis com a disciplina e segurança nos presídios. A Lei nº 11.466, de 28-3-2007, foi elaborada com o intuito de coibir o acesso dos presos a aparelhos de telefonia, de rádio e outros similares, que vêm sendo utilizados no interior de estabelecimentos penitenciários por integrantes de facções criminosas no planejamento e coordenação de rebeliões e de ações criminosas no ambiente externo. O diploma também passou a prever como falta disciplinar de natureza grave a conduta do preso de possuir, fornecer ou utilizar os citados aparelhos de comunicação (art. 50, VII, da LEP). A mesma finalidade orientou a Lei nº 12.012, de 6-8-2009, que, ao inserir no Código Penal o art. 349-A, criminalizou condutas dirigidas à entrada de aparelho de comunicação móvel no interior de estabelecimento prisional, as quais podem ser praticadas inclusive por particulares e pelo próprio preso (item 18.13). O art. 4º da Lei nº 10.792, de 1º-12-2003, dispõe que os estabelecimentos penitenciários devem ser dotados de equipamentos bloqueadores para telefones celulares, radiotransmissores e outros meios de telecomunicação.

14.12.3 Sujeitos do delito

Sujeito ativo do delito é o funcionário público, na acepção de direito penal prevista no art. 327, que tenha o dever de vedar ao preso o acesso a aparelho telefônico, de rádio ou similar. Trata-se, portanto, de crime próprio. Diante da referência a qualquer *agente público* a quem incumba esse dever, a menção no dispositivo ao diretor da penitenciária não exclui a possibilidade de ser o crime praticado pelo diretor ou funcionário de estabelecimentos penais de espécies diversas, como as cadeias públicas ou centros de detenção provisória. Tratando-se de crime omissivo puro (item 14.12.4), não se admite a coautoria. Se dois ou mais funcionários se omitem no cumprimento do dever, responderão eles, isoladamente, pela prática do crime. É possível, porém, a participação, mediante instigação, de outro funcionário público ou de terceiro que não ostente essa condição. Nesse caso, a circunstância de ser o agente funcionário público comunica-se ao partícipe por ser elementar do crime (art. 30).

Sujeito passivo é o Estado, titular da regularidade da administração pública, no que concerne ao regular funcionamento dos estabelecimentos penais e à observância das normas legais e regulamentares que disciplinam a custódia do preso.

14.12.4 Tipo objetivo

A conduta típica está centrada na omissão do agente de um *dever funcional específico*. Diante da redação dada ao dispositivo, trata-se de crime omissivo puro e crime próprio. Pratica o crime o funcionário que deixa de praticar ato destinado a impedir o acesso do preso aos aparelhos vedados, se o ato omitido se insere entre seus deveres funcionais. O dever do funcionário deve estar previsto em normas gerais, contidas em leis, regulamentos, regimentos internos dos presídios etc., ou resultar de ordens concretas exaradas no âmbito da administração pública.

Vedar significa proibir ou impedir. Praticam a infração tanto o diretor do presídio que se omite na adoção das providências destinadas a proibir o acesso dos presos a aparelho telefônico celular, como o agente penitenciário que não impede esse acesso por deixar de proceder à apreensão quando encontrado o aparelho no interior do estabelecimento penal ou na posse de um visitante, omitindo-se no cumprimento de dever de ofício ou de ordem recebida. Referindo-se a lei ao *preso*, não se pune a conduta na omissão que propicia o acesso aos mencionados aparelhos por interno em estabelecimento destinado à execução de medida de segurança detentiva ou por adolescente infrator submetido a medida socioeducativa de internação. O dispositivo abrange, porém, tanto o preso provisório, recolhido à cadeia pública, como o preso que se encontra recolhido a estabelecimento penal no cumprimento de pena privativa de liberdade imposta por sentença condenatória transitada em julgado.

Os aparelhos mencionados no artigo são os de telefonia, de rádio ou similar, que permitam a comunicação entre os presos ou entre esses e o ambiente externo. Entre os primeiros incluem-se, diante da inexistência de restrição, tanto os aparelhos de telefonia fixa, em que a transmissão dos sinais se realiza por meio de fios ou cabos, como os celulares, que funcionam por difusão no ar de ondas eletromagnéticas. Por aparelhos de rádio entendem-se aqueles que possibilitam a comunicação mediante a difusão de ondas eletromagnéticas em determinadas faixas de frequência, como os radiocomunicadores, *pagers* etc. Excluem-se os aparelhos que são meros receptores de sinais radiofônicos emitidos por estações radiodifusoras que veiculam programas de entretenimento ou informação, por não permitirem a comunicação do detento com outros detentos ou com interlocutores no meio externo. Mencionando a norma legal também os aparelhos *similares* aos de rádio ou de telefonia, incluem-se entre os aparelhos de acesso vedado outros que permitam a comunicação do preso por processos semelhantes aos empregados por aqueles expressamente citados. Inserem-se na proibição os computadores que permitem o acesso à *Internet*, porque esta também viabiliza a comunicação entre pessoas por fio ou cabo, à semelhança dos aparelhos de telefonia fixa, ou por ondas eletromagnéticas dispersas no ar (*wireless*), guardando, então, similitude com os aparelhos de rádio e de telefonia celular. Porque o aparelho deve ser apto a permitir a comunicação, nos termos do dispositivo legal, é atípica a conduta quando revela ele absoluta impropriedade para o fim a que se destina, por apresentar, por exemplo, danos irreparáveis.

14.12.5 Tipo subjetivo

O tipo subjetivo é constituído do dolo, ou seja, da vontade de se omitir no cumprimento do dever de vedar o acesso do preso a aparelho telefônico, de rádio ou similar. Diferentemente do que ocorre na prevaricação, em que se prevê que a conduta seja praticada para satisfazer interesse ou sentimento pessoal, a motivação do agente é irrelevante para a caracterização do crime descrito no art. 319-A. Não se exige, também, a vontade do agente de que o preso venha a ter acesso ao aparelho vedado. Não é prevista a forma culposa. Não se configura o ilícito pela simples negligência do funcionário ou quando a omissão decorre de mera falha ou deficiência no cumprimento do dever.

14.12.6 Consumação e tentativa

Consuma-se o crime no momento em que o sujeito, omitindo-se no cumprimento do dever funcional, deixa de praticar o ato impeditivo de acesso do preso a um dos aparelhos mencionados no dispositivo. Não é necessária para a consumação do delito que o preso venha a ter a posse do aparelho. Tratando-se de crime omissivo puro, não há falar-se em tentativa. Ou o agente se omitiu quando devia agir, consumando-se o delito, ou praticou o ato na ocasião adequada, inexistindo a infração. Consuma-se o crime, portanto, se, após a omissão do agente, outro funcionário intervém, apreendendo o aparelho e evitando que algum detento dele se ap
osse.

14.12.7 Distinção

Distingue-se o crime da prevaricação por tipificar a violação de um dever funcional específico e por dispensar para a sua caracterização o intuito de satisfazer interesse ou sentimento pessoal. Mesmo que a conduta seja praticada com esse intuito, responde o agente pelo crime descrito no art. 319-A, por se tratar de norma especial em relação ao art. 319.

Não se confunde o delito em estudo, crime funcional, com o previsto no art. 349-A, crime comum, que pode ser praticado tanto pelo funcionário como por particular ou pelo próprio preso (v. item 18.13.7). Em razão também do princípio da especialidade, a *prevaricação imprópria* prevalece no confronto com a corrupção passiva privilegiada (art. 317, § 2º), que, a exemplo da prevaricação, tipifica a violação de dever de ofício em geral, na hipótese de agente que pratica a conduta cedendo a pedido ou influência de outrem. Tratando-se, porém, do recebimento ou de aceitação de promessa de vantagem indevida para que o agente viole o seu dever funcional, configura-se o crime de corrupção passiva (art. 317, *caput* e § 1º).

14.13 CONDESCENDÊNCIA CRIMINOSA

14.13.1 Conceito

Prevê o art. 320 o crime de condescendência criminosa: "Deixar o funcionário, por indulgência, de responsabilizar subordinado que cometeu infração no exercício do cargo ou, quando lhe falte competência, não levar o fato ao conhecimento da autoridade competente: Pena – detenção, de quinze dias a um mês, ou multa."

Trata o artigo de uma espécie de prevaricação privilegiada, em que o sentimento pessoal do agente é a indulgência, e a omissão refere-se à responsabilização de subalterno.

14.13.2 Objetividade jurídica

Tutela-se ainda a regularidade administrativa. Estando os funcionários públicos sujeitos às normas e princípios que disciplinam o exercício de suas respectivas funções, exige-se que os superiores promovam a responsabilidade daqueles que as infringirem. Tenta-se evitar, com o dispositivo em apreço, a dissimulação e ocultação das faltas praticadas pelos funcionários.

14.13.3 Sujeitos do delito

Sujeito ativo do crime é o funcionário público, na acepção penal do termo compreendida no art. 327 (item 14.1.3). Com relação à condescendência criminosa, é indeclinável que o agente seja superior hierárquico do funcionário infrator, como se observa do emprego da palavra *subordinado* inscrita no tipo penal. Inexistindo essa situação de hierarquia funcional, não há que se falar no crime previsto no art. 320.

14 • DOS CRIMES PRATICADOS POR FUNCIONÁRIO PÚBLICO CONTRA A ADMINISTRAÇÃO EM GERAL

Sujeito passivo é o Estado, titular da regularidade da administração e da repressão às infrações administrativas ou penais praticadas por seus agentes.

14.13.4 Tipo objetivo

A primeira modalidade de conduta inscrita no tipo é a de deixar, por indulgência, de responsabilizar subordinado que cometeu infração no exercício do cargo. Trata-se, portanto, de crime omissivo puro, em que o superior não toma as providências necessárias para aplicar ao subordinado a sanção administrativa, não promove a sua responsabilidade. É elemento do tipo a espécie de infração praticada pelo subalterno, seja ela mero ilícito administrativo[(215)] seja crime funcional. Nos dois casos deve existir conexão entre os fatos e o exercício do cargo. Por isso, ficam fora do âmbito do tipo penal mesmo as faltas disciplinares que importam demissão de cargo, como a de procedimento irregular ou incontinência pública e escandalosa, vício de jogos proibidos e embriaguez, que não se relacionam ao exercício do cargo.[103]

Deve-se entender que, referindo-se a lei apenas ao exercício do *cargo*, está excluída a responsabilidade penal quando a falta do subalterno ocorrer apenas na *função* pública. Aquele tem sentido próprio, diverso do emprestado à função, como se pode notar do art. 327 (item 14.1.3). Exige-se, pois, a modificação do dispositivo para harmonizá-lo com o artigo citado.

A segunda modalidade de conduta típica é a de, não tendo o superior atribuição para responsabilizar o subordinado pela infração praticada, *deixar de levar* o fato ao conhecimento da autoridade competente. Trata-se também de crime omissivo. Deve o sujeito ativo comunicar a ocorrência da falta à autoridade que tenha atribuição para responsabilizar o funcionário; não o fazendo, responde pelo ilícito previsto no art. 320.

14.13.5 Tipo subjetivo

O dolo é a vontade de não responsabilizar o funcionário, na primeira hipótese, ou de não comunicar o fato à autoridade competente, na segunda. A vontade de omitir-se pressupõe, evidentemente, que o superior tenha ciência da infração e da sua autoria. Se a ignora, inclusive nos casos em que foi negligente, não há omissão criminosa. A lei incrimina apenas a conduta dolosa.[104]

Exige o tipo subjetivo que o superior se omita por *indulgência*. Esta é um estado anímico de tolerância, de brandura, clemência, complacência, condescendência para com o infrator. Havendo outro interesse ou sentimento pessoal, o crime será o de prevaricação (art. 319), ou corrupção passiva (art. 317), se o agente visa obter vantagem indevida.

---

103. Cf. NORONHA, E. Magalhães. Ob. cit. v. 4, p. 361. HUNGRIA, Nelson. Ob. cit. v. 9, p. 379. FARIA, Bento de. Ob. cit. v. 7, p. 379.
104. A nosso ver sem razão, FERNANDO, H. Mendes de Almeida ao se referir à possibilidade de crime culposo. Ob. cit. p. 111.

14.13.6 Consumação e tentativa

Consuma-se o crime com a omissão quando o sujeito ativo, ao tomar conhecimento do fato e de sua autoria, não promove de imediato a responsabilidade do infrator ou não comunica o fato à autoridade competente, se não tiver atribuições para fazê-lo. A omissão estará caracterizada quando decorrer prazo juridicamente relevante, levando-se em conta as circunstâncias do fato e as providências necessárias para a apuração da responsabilidade.[216]

A condescendência criminosa é crime omissivo puro e não admite tentativa: ou o superior providenciou como devido, no momento oportuno, não se falando em tentativa, ou não o fez, consumando-se o ilícito.

14.14 ADVOCACIA ADMINISTRATIVA

14.14.1 Conceito

Sob o *nomem juris* de advocacia administrativa, o art. 321 prevê mais um crime funcional: "Patrocinar, direta ou indiretamente, interesse privado perante a administração pública, valendo-se da qualidade de funcionário: Pena – detenção, de um a três meses, ou multa."

14.14.2 Objetividade jurídica

Não deve a administração pública submeter-se à influência ou ao prestígio de seus funcionários que pretendam atuar em função de interesse particular, comprometendo a normalidade e a moralidade administrativas. Tutela o art. 321 a regularidade da administração contra os efeitos nocivos da advocacia administrativa, incompatível com a posição funcional do agente do Poder Público.

14.14.3 Sujeitos do delito

Pratica o crime apenas o funcionário público, assim considerado quem exerce cargo, emprego ou função pública (item 14.1.3). Indispensável, por isso, que tenha entrado no exercício da função, não bastando a nomeação ou a posse.[217] Não importa, porém, que o sujeito tenha iniciado o patrocínio quando ainda não se revestia da qualidade de funcionário público se, após assumir suas funções, continua praticando atos caracterizadores do ilícito. Embora o *nomem juris* pareça indicar que o sujeito ativo seja advogado, o patrocínio a que se refere a lei no corpo do artigo faz incluir no âmbito do dispositivo qualquer funcionário público, a quem a lei veda, salvo algumas exceções, atuar como procurador ou intermediário junto às repartições públicas (art. 117, XI, da Lei nº 8.112, de 11-12-1990, que dispõe sobre o regime jurídico dos servidores públicos civis da União, das autarquias e fundações públicas federais).

14 • DOS CRIMES PRATICADOS POR FUNCIONÁRIO PÚBLICO CONTRA A ADMINISTRAÇÃO EM GERAL

Coautor é o particular que colabora na conduta do funcionário, estendendo-se àquele a circunstância elementar, nos termos do art. 30. Comum, aliás, é apresentar-se o particular como "testa de ferro" do funcionário na advocacia administrativa. É partícipe também o particular em benefício de quem atua o funcionário desde que, ciente da ilicitude de seu procedimento, solicita o patrocínio.

Sujeito passivo do crime é o Estado, titular da regularidade administrativa violada com a prática da conduta do funcionário.

14.14.4 Tipo objetivo

Patrocinar interesse privado é o centro do tipo penal. É advogar, defender, patronear, facilitar, proteger, apadrinhar, pleitear, favorecer um interesse particular alheio perante a administração pública, em qualquer dos seus setores, junto a companheiros ou superiores hierárquicos. Não basta, porém, à configuração do crime que o agente ostente a condição de funcionário público, mas é necessário e indispensável que pratique a ação aproveitando-se das facilidades que a sua qualidade de funcionário lhe proporcione.

Pode exercer-se o patrocínio diretamente, sem intermediário (de modo formal e explícito), agindo o sujeito ativo junto à repartição, através de requerimentos, defesas, justificações, cuidados na tramitação de procedimentos, e solicitando providências a outros funcionários etc. Indiretamente atua o funcionário quando se vale de interposta pessoa ("testa de ferro" ou "homem de palha") que aparece ostensivamente como procurador, assinando requerimentos, petições etc. (atuação dissimulada).

Pode o sujeito ativo atuar de modo que não se pratique ato administrativo e seja beneficiado o interessado. Não constitui o crime a atividade que não se possa chamar de patrocínio, como a de prestar simples informação, sem qualquer outra manifestação demonstrativa de patrocínio efetivamente dispensado ao interesse privado.[105]

Como a conduta típica é *patrocinar* interesse, não configura advocacia administrativa a conduta do agente que *executa* ato administrativo em benefício de outrem, o que poderá constituir outro ilícito. Não se considerou haver o crime previsto no art. 321 na antecipação de pagamento de obra determinada por prefeito municipal.[218]

O interesse privado a que se refere a lei tanto pode ser legítimo como ilegítimo, ocorrendo nesta última hipótese uma qualificadora (parágrafo único).

14.14.5 Tipo subjetivo

O dolo é a vontade de patrocinar interesse privado perante a administração pública. Embora a finalidade de obter vantagem seja comum não exige a lei esse intuito, podendo o funcionário agir por amizade, ou qualquer interesse ou sentimento pessoal.

---

105. FARIA, Bento de. Ob. cit. v. 7, p. 113.

14.14.6 Consumação e tentativa

Consuma-se o crime com a prática de um ato de patrocínio, independentemente de atuar o sujeito ativo como verdadeiro patrono do particular ou de obter o resultado pretendido. É possível a tentativa, como no exemplo citado por Noronha: uma petição em que se advoga o interesse de terceiro, sendo, entretanto, o funcionário obstado de, no momento preciso, apresentá-la a quem de direito.[106]

14.14.7 Advocacia administrativa qualificada

Dispõe o art. 321, parágrafo único: "Se o interesse é ilegítimo: Pena – detenção, de três meses a um ano, além da multa." Como já se acentuou, pode o interesse privado ser legítimo ou ilegítimo. Nesta hipótese, a pena é maior, já que sofre maior dano a administração pública com a defesa de interesses ilegais ou indevidos. Exige-se para a caracterização da qualificadora que o sujeito ativo tenha ciência da ilegitimidade do interesse.

14.14.8 Distinção

Na advocacia administrativa podem ocorrer, em concurso formal, os crimes de corrupção ativa, corrupção passiva ou concussão, seja a conduta do sujeito ativo solicitar ou receber vantagem ilícita (art. 317), oferecê-la ou prometer a vantagem a outro funcionário (art. 333), ou exigi-la (art. 316).

Quando o interesse privado corresponde a ato de ofício do sujeito ativo, ocorre apenas corrupção passiva ou prevaricação, delitos mais graves. Se o dinheiro entregue não for exigido ou reclamado pelo sujeito ativo, mas simples retribuição por serviços prestados, ocorre apenas o crime previsto no art. 321.[219] Ocorre estelionato quando o funcionário não patrocina o interesse privado, mas ilude o particular para obter vantagem indevida. É o que se decidiu no caso em que o agente lesou contribuintes, fazendo-os acreditar que estavam pagando com descontos imposto devido, embolsando as quantias recebidas.[220]

Se o patrocínio do interesse privado se realiza perante a administração fazendária, pode ocorrer o crime previsto no art. 3º, III, da Lei nº 8.137, de 27-12-1990, e se dá causa à instauração de licitação ou à celebração de contrato cuja invalidação vier a ser decretada pelo Poder Judiciário, o crime é o descrito no art. 337-G, (item 17.3).

Por expressa disposição legal, incorre nas penas do art. 321 do CP o Presidente ou Conselheiro do CADE (Conselho Administrativo de Defesa Econômica) que, no período de 120 dias a partir da data em que deixar o cargo, representar qualquer pessoa, física ou jurídica, ou interesse perante o SBDC (Sistema Brasileiro de Defesa da Concorrência), ressalvada a defesa de direito próprio (art. 8º, § 3º, da Lei nº 12.529, de 30-11-2011).

---

106. NORONHA, E. Magalhães. Ob. cit. v. 4, p. 366.

14 • DOS CRIMES PRATICADOS POR FUNCIONÁRIO PÚBLICO CONTRA A ADMINISTRAÇÃO EM GERAL **331**

14.15 VIOLÊNCIA ARBITRÁRIA

14.15.1 Conceito

O art. 322 prevê a infração penal denominada violência arbitrária: "Praticar violência, no exercício de função ou a pretexto de exercê-la: Pena – detenção, de seis meses a três anos, além da pena correspondente à violência."

14.15.2 Objetividade jurídica

Tutela-se ainda a regularidade da administração pública, violada com a atuação arbitrária de seus funcionários. Exige-se que as funções administrativas sejam exercidas regularmente, impedindo-se a violência desnecessária. Objeto jurídico secundário é a integridade física do particular.

14.15.3 Sujeitos do delito

Sujeito ativo é o funcionário público conceituado no art. 327 (item 14.1.3). Embora seja mais comum a prática do crime por agentes policiais, não há dúvida de que pode cometê-lo qualquer funcionário público. O guarda-noturno, ainda que remunerado por particulares, exerce função evidentemente pública, ligado que está, de perto, à segurança da coletividade; pratica, portanto, o ilícito.[221]

Sujeito passivo é não só o Estado, titular da regularidade da administração, como também a pessoa física contra quem é praticada a violência.

14.15.4 Tipo objetivo

O núcleo do tipo é praticar *violência*, cujo conceito já foi exposto anteriormente (*Manual*, v. 2, item 3.1.2). Refere-se a lei apenas à violência física, não configurando o ilícito a prática de violência moral (ameaça).[222] [107] Sempre que o estatuto básico menciona a "violência", *tout court*, quer referir-se à *vis corporalis* ou *vis physica*, empregada contra a pessoa, pois, quando também trata da *vis compulsiva*, usa a expressão "grave ameaça".[223]

Deve a violência ser *arbitrária*, sem motivo legítimo, não autorizada em qualquer norma jurídica. Permite a lei, eventualmente, o emprego de força para a consecução de atos administrativos (arts. 284 e 292 do CPP, por exemplo). Assim, se o preso, ao reagir à sua autuação em flagrante, dá lugar a uma necessária ação da Polícia, no sentido de levar a efeito o ato, não se configura o delito.[224]

Indispensável é que a violência ocorra no exercício da função ou que o agente pretexte exercê-la (*in officio*). Imprescindível a existência de íntima conexão entre a violên-

---

107. Cf. NORONHA, E. Magalhães. Ob. cit. v. 4, p. 369-370. HUNGRIA, Nelson. Ob. cit. v. 9, p. 385. FARIA, Bento de. Ob. cit. v. 7, p. 115. FRAGOSO, H. Cláudio. Ob. cit. v. 3, p. 440.

cia e o desempenho da função, mesmo porque tal classe de delitos é caracterizada pela violação do dever de exercer corretamente a autoridade pública.[225] Quando a função não é a razão determinante do excesso nem o seu objetivo final, mas apenas a ocasião em que o sujeito ativo atua, inexiste o crime funcional. Reconheceu-se a existência do crime de lesões corporais, exclusivamente, na agressão de um soldado a cidadão que o importunava, embora uniformizado e em serviço,[226] e da contravenção de vias de fato em tapa desferido por delegado de polícia que se desentendeu com a vítima durante diligência policial.[227]

14.15.5 Tipo subjetivo

O dolo é a vontade de praticar a violência no exercício da função ou a pretexto de exercê-la, sendo indispensável que o agente tenha consciência da ilegitimidade da sua conduta. São indiferentes para a lei penal os motivos do crime (ódio, vingança, prazer sádico etc.).

14.15.6 Consumação e tentativa

Consuma-se o crime com a violência, pois basta a prática de vias de fato para configurar o crime. Ocorrendo lesões corporais ou homicídio, haverá acúmulo de sanções diante do que dispõe o art. 322 na cominação da pena (item 14.15.7).

É possível a tentativa, como aliás ocorre nos crimes de homicídio, lesões corporais etc.

14.15.7 Concurso

Determina a lei que seja somada à pena prevista pelo art. 322 aquela prevista para a violência (homicídio, lesões etc.). As vias de fato, porém, estão subsumidas no crime; seria impossível a prática isolada da violência arbitrária se adotada outra interpretação.

14.15.8 Violência arbitrária e abuso de autoridade

A Lei nº 4.898, de 9-12-1965, revogada pela Lei nº 13.869, de 5-9-2019, definia os crimes de abuso de autoridade, prevendo como ilícito qualquer atentado à "incolumidade física do indivíduo" (art. 3º, i). Diante desse diploma legal, passou-se a discutir a vigência do art. 322 do Código Penal. O STF e alguns tribunais estaduais vinham decidindo pela não revogação do referido dispositivo do estatuto básico[228] [108] mediante os seguintes argumentos:

1º) a Lei nº 4.898 referia-se apenas ao abuso de autoridade, como constante do corpo do art. 3º, e não à violência arbitrária;

---

108. Cf. NORONHA, E. Magalhães. Ob. cit. v. 4, p. 417. FREITAS, Oscar Xavier de. O abuso de autoridade. Inteligência da Lei nº 4.348, de 26-6-1964. *Justitia* 53/209.

14 • DOS CRIMES PRATICADOS POR FUNCIONÁRIO PÚBLICO CONTRA A ADMINISTRAÇÃO EM GERAL

2º) a lei especial não se referiu à cumulação de penas, sendo absurdo defender-se a absorção de lesões corporais ou homicídio, mais severamente apenados que a violência arbitrária, por este delito;

3º) a lei especial não revogou expressamente o art. 322, não regulou toda a matéria e não era incompatível com este.

Em sentido contrário, porém, a maioria da doutrina, entendendo revogado o art. 322, no que acompanhada em vários julgados.[229] [109] Em favor dessa orientação: "Os partidários desse entendimento argumentam que a Lei nº 4.898, de 9-12-1965, regulou inteiramente a punição dos crimes de abuso de poder, classe a que pertencia o denominado crime de violência arbitrária. A aplicação do artigo 322 do Código Penal aos casos concretos, durante sua vigência, ofereceu enormes dificuldades de interpretação, causando críticas e sugestões de reforma. O legislador, sensível a tais reclamos, simplesmente disciplinou a matéria na lei nova, empregando expressões minuciosas e concedendo ao juiz maior elasticidade na dosagem da pena, possibilitando, assim, imposições específicas e mais adequadas à maior ou menor gravidade dos fatos. Além disso, havia dúvida a respeito de a descrição do artigo 322 abranger somente a violência física ou também a moral, sendo predominante a primeira corrente. A Lei nº 4.898 surgiu para dirimir tais dúvidas, revogando o artigo 322 do Código Penal." [110]

É essa a melhor posição. Contestando os argumentos expendidos pela tese que afirma não ter havido a revogação, pode-se argumentar o seguinte: (1º) referindo-se o art. 3º da Lei nº 4.898, a *qualquer atentado à incolumidade física do indivíduo* (alínea *i*), abrangia a prática de violência arbitrária; (2º) embora a lei especial não se tenha referido à cumulação de penas, deve ser aplicada a regra geral do art. 69 do CP, por força do art. 10 do mesmo Estatuto, que não a impede; (3º) a Lei nº 4.898 regulou toda a matéria referente ao abuso de autoridade e à violência arbitrária, havendo revogação tácita.

Com o advento da Lei nº 13.869, de 5-9-2019, que revogou a Lei nº 4.898/65, reacende-se a discussão a respeito da vigência do art. 322 do Código Penal. Para os que entendiam, como nós, que esse dispositivo foi tacitamente revogado pela Lei nº 4.898/65, não há que se cogitar de conflito aparente de normas com a nova Lei de Abuso de Autoridade. Entretanto, para os que sempre seguiram entendimento contrário e porque o art. 322 não foi expressamente revogado pela Lei nº 13.869/2019, embora outros dispositivos do Código Penal o tenham sido (art. 44), deve-se observar que o novo estatuto não contém tipo penal abrangente que permita afastar a aplicabilidade do art. 322. A nova Lei prevê infrações penais praticadas por agente público, no exercício de suas funções ou a pretexto de exercê-las, com abuso do poder, estabelecido que a mera divergência na interpretação da lei ou na avaliação de fatos

---

109. Assim pensam: FRAGOSO, H. Cláudio. Ob. cit. v. 3, p. 439. FREITAS, Gilberto Passos de, FREITAS, Vladimir Passos de. *Abuso de autoridade* São Paulo: Revista dos Tribunais, 1979. p. 120. JESUS, Damásio E. de. *Questões criminais.* São Paulo: Saraiva, 1981. p. 178. NOGUEIRA, Paulo Inácio. *Questões penais controvertidas.* p. 121. SILVA, Técio Lins e. *Liberdade e abuso de poder na pressão à criminalidade.* 1980 nº 22.

110. Jurisprudência. *Justitia* v. 1, p. 14-15.

e provas não configura o ilícito, exigindo-se para a configuração do crime que este tenha sido cometido com a finalidade específica de prejudicar outrem ou beneficiar a si mesmo ou a terceiro, ou por mero capricho ou satisfação pessoal (art. 1º). Não obstante a amplitude da conceituação geral, ao descrever as condutas típicas que exigem o emprego de violência, ao contrário do que prevê art. 322 em tipo bastante aberto, a Lei nº 13.869/2019 define três delitos, nos arts. 13, 22, § 1º, I, e 24, nos quais se exige o emprego de violência como forma de constrangimento dirigida à obtenção de um determinado e específico comportamento da vítima. Nos casos dessas figuras típicas, devem elas prevalecer em face do crime de violência arbitrária, em razão de sua especialidade. Diante, porém, das múltiplas outras formas possíveis da prática de violência no exercício de função pública ou a seu pretexto, há que se reconhecer que permaneceria aplicável o dispositivo do Código Penal no que não conflitante com o novel estatuto. Todavia, conforme já observado acima, partilhamos da orientação de que o art. 322 já fora revogado pela Lei nº 4.898/65.

14.15.9 Violência arbitrária e tortura

Embora o crime de tortura possa ser praticado por particular, preocupou-se o legislador com o crime que seja cometido por funcionário público. O crime de tortura encontra-se definido na Lei nº 9.455, de 7-4-1997: "art. 1º – Constitui crime de tortura: I – constranger alguém com emprego de violência ou grave ameaça, causando-lhe sofrimento físico ou mental: a) com o fim de obter informação, declaração ou confissão da vítima ou de terceira pessoa; b) para provocar ação ou omissão de natureza criminosa; c) em razão de discriminação racial ou religiosa; II – submeter alguém, sob sua guarda, poder ou autoridade, com emprego de violência ou grave ameaça, a intenso sofrimento físico ou mental, como forma de aplicar castigo pessoal ou medida de caráter preventivo. Pena: reclusão, de dois a oito anos. § 1º Na mesma pena incorre quem submete pessoa presa ou sujeita a medida de segurança a sofrimento físico ou mental, por intermédio da prática de ato não previsto em lei ou não resultante de medida legal". Quem não pratica a tortura, mas se omite quando tinha o dever de evitá-la ou apurá-la, responde nos termos do § 2º, em que se comina pena de detenção, de um a quatro anos. Prevê o § 4º o aumento da pena de um sexto a um terço, se o crime é cometido por *agente público* (inciso I).

Se a violência arbitrária consiste em tortura, responde o funcionário por crime de tortura, na forma agravada, que absorve o crime previsto no art. 322, aplicando-se o princípio da *consunção* (*Manual de Direito Penal*, P. G., item 3.2.15). A circunstância de ser cometida a violência no exercício de função ou a pretexto de exercê-la encontra-se abrangida na Lei nº 9.455 pela previsão da causa de aumento de pena (art. 1º, § 4º, I). A possibilidade de imposição de pena pelo resultado da violência é substituída pela previsão da forma qualificada, nas hipóteses de lesão grave ou gravíssima e morte (art. 1º, § 3º), absorvida a lesão corporal leve pelo tipo previsto no *caput* ou no § 1º.

14 • DOS CRIMES PRATICADOS POR FUNCIONÁRIO PÚBLICO CONTRA A ADMINISTRAÇÃO EM GERAL

14.16 ABANDONO DE FUNÇÃO

14.16.1 Conceito

Prevê a lei, no art. 323, o crime de abandono de função: "Abandonar cargo público, fora dos casos permitidos em lei: Pena – detenção, de quinze dias a um mês, ou multa."

14.16.2 Objetividade jurídica

Tutela a lei penal a regularidade e o normal desempenho das atividades do funcionário na administração pública. A continuidade do exercício das funções pelos agentes públicos é indispensável à boa ordem, harmonia e eficiência dos serviços públicos. Não se permite, sem sanção penal, o abandono individual de um ofício ou serviço, o que pode levar a uma perturbação ou mesmo interrupção da atividade administrativa do Estado. O art. 323 do CP pune o desrespeito do funcionário público às disposições regulamentares que organizam o serviço público, eis que o Estado tem interesse em garantir o normal funcionamento de seus serviços.[230]

14.16.3 Sujeitos do delito

Embora a rubrica do dispositivo se refira ao abandono de *função*, o tipo penal evidencia que somente pode cometer o crime aquele que está investido em *cargo público* (item 14.1.3). Assim, ao contrário do que ocorre nos demais crimes previstos no Capítulo I, do Título XI, não prevalece no art. 323 a amplitude do conceito de funcionário público previsto pelo art. 327. Só o ocupante de cargo público (criado por lei, com denominação própria, em número certo e pago pelos cofres públicos), ainda que de entidades paraestatais, pode cometer o ilícito em apreço.

Sujeito passivo é o Estado, titular da regularidade da administração.

14.16.4 Tipo objetivo

O núcleo do tipo é abandonar cargo público. *Abandonar* é largar, deixar, desertar, afastar-se. Trata-se de crime omissivo puro, em que o agente deixa de exercer as funções de seu cargo.

Para haver abandono punível é necessário que o fato acarrete perigo à Administração Pública. É indispensável que, decorrido um prazo juridicamente relevante, a omissão do sujeito ativo possa causar prejuízo à Administração. Não ocorrendo essa situação de perigo o fato constituirá mera falta disciplinar, sujeito o funcionário às sanções administrativas. Visando a lei não deixar paralisada a máquina administrativa, não ocorre o ilícito em apreço quando está presente o funcionário a quem incumbe assumir o cargo na ausência do ocupante. Nesse caso, não havendo probabilidade de dano, que é a condição mínima para a existência de um evento criminoso, não se configura o delito.[(231) 111]

O abandono pode ocorrer pelo afastamento do funcionário ou por não ter-se apresentado para o desempenho de suas funções no local e ocasião devidos. Se depois de empossado, não chega o acusado a exercer, por vontade própria, o cargo para o qual foi nomeado, abandonando a função pública com prejuízos para a Administração, incide nas disposições do art. 323 do CP.[(232)]

Indispensável, como já se notou, que o sujeito ativo seja titular de cargo público, que tem conceito diverso da mera função pública (item 14.15.3).

Somente ocorre o delito quando o abandono é total, deixando o funcionário de exercer todas as suas funções. Não configura ilícito penal, mas mera falta disciplinar, a inexecução de uma tarefa determinada, a desídia, a falta de diligência, a ausência esporádica ao serviço etc.

Devendo permanecer no cargo até sua exoneração ou aposentadoria, não pode deixar o exercício o funcionário que apresentou pedido de exoneração ou aposentadoria ainda não deferido. Deu-se por não configurado o crime no caso do acusado que apresentou pedido de exoneração e aguardou no exercício do cargo o decurso do prazo legal, improrrogável, para a solução, só abandonando o exercício após esse limite.[(233)]

Prescreve o art. 323 que não há abandono nos casos *permitidos em lei*. Trata-se de um elemento normativo do tipo que está a confirmar, em dispositivo a rigor dispensável, a ausência da antijuridicidade. Evidentemente, não ocorre o crime quando o afastamento ocorre com expressa autorização da autoridade competente.[(234) 112] É também o que acontece quando o abandono é motivado por *força maior* (doença, coação irresistível, prisão etc.) ou *estado de necessidade* (como, por exemplo, no caso de peste, guerra, inundação, seca etc.), cumprindo ter em atenção que o funcionário não é obrigado a arrostar senão os perigos específicos do cargo ou inerentes a este.[113] Reconheceu-se a ausência de antijuridicidade em caso do funcionário que se encontrava enfermo.[(235)]

Não se confunde o crime de abandono de função com o abandono do emprego por mais de 30 dias. Nos termos do art. 138 da Lei nº 8.112, de 11-12-1990, que dispõe sobre o regime jurídico dos servidores públicos civis da União, configura abandono de cargo, que permite a aplicação da pena de demissão (art. 132, inciso II), "a ausência intencional do servidor ao serviço por mais de trinta dias consecutivos". Pode ocorrer o abandono sem possibilidade de prejuízo para a administração, não existindo o ilícito penal, ou o crime por afastamento inferior àquele prazo, na hipótese inversa.

---

111. Cf. HUNGRIA, Nelson. Ob. cit. v. 9, p. 388. NORONHA, E. Magalhães. Ob. cit. v. 4, p. 376. FRAGOSO H. Cláudio, com reservas. Ob. cit. v. 3, p. 442. LEVAI, Emeric. Abandono de função. *Justitia* 81/401-2.
112. Nesse sentido, parecer de LEVAI, Emeric. Abandono de função. *Justitia* 81/401-2.
113. HUNGRIA, Nelson. Ob. cit. v. 9, p. 389.

14.16.5 Tipo subjetivo

O dolo do crime em estudo é a vontade de abandonar o cargo; só se caracteriza com a vontade deliberada do funcionário de abandonar o cargo fora dos casos permitidos em lei. [236] É o abandono proposital, intencional, onde o agente tem consciência da possibilidade de prejuízo para a administração, embora possa não ser esse o seu intuito, já que não se exige qualquer fim especial de agir. Não importa, porém, que o sujeito ativo não tenha o ânimo definitivo de abandonar o cargo; não exclui o crime o *animus revertendi*.[237]

14.16.6 Consumação e tentativa

Consuma-se o crime com o abandono, ou seja, com o afastamento do cargo por tempo juridicamente relevante, de modo que haja possibilidade de dano para a Administração Pública.[114] Há que ser uma ausência injustificada, por tempo suficiente para criar a possibilidade de dano.[238]

Tratando-se de crime omissivo puro, não é possível a tentativa.

14.16.7 Crimes qualificados

Prevê o art. 323, § 1º, a pena de detenção, de três meses a um ano, e multa, "se do fato resulta prejuízo público".

Havendo prejuízo efetivo (patrimonial ou não) para a Administração Pública, e não a simples probabilidade de dano, há fato mais grave, sendo o funcionário merecedor de sanção mais severa.

A pena também é aumentada: detenção, de um a três anos, e multa, "se o fato ocorre em lugar compreendido na faixa de fronteira" (art. 323, § 2º). Considera-se por lei faixa de fronteira a situada dentro de 150 quilômetros ao longo das fronteiras nacionais (Lei nº 6.634/79).

14.16.8 Distinção

O crime do art. 323 é o abandono individual ou coletivo do cargo, podendo o fato constituir, nesta última hipótese, o crime previsto no art. 201 do CP.

14.17 EXERCÍCIO FUNCIONAL ILEGALMENTE ANTECIPADO OU PROLONGADO

14.17.1 Conceito

Com a denominação *exercício funcional ilegalmente antecipado ou prolongado* prevê o art. 324 mais um crime contra a Administração Pública: "Entrar no exercício de função pública antes de satisfeitas as exigências legais, ou continuar a exercê-la, sem

---

114. NORONHA. E. Magalhães. Ob. cit. v. 4, p. 380.

autorização, depois de saber oficialmente que foi exonerado, removido, substituído ou suspenso: Pena – detenção, de quinze dias a um mês, ou multa."

14.17.2 Objetividade jurídica

O objeto jurídico do crime em apreço é ainda a regularidade administrativa, perturbada pelo exercício irregular das funções por quem está impedido de exercê-la, quer por não preencher ainda os requisitos legais, quer porque deixou de reuni-las. Visa o dispositivo, pois, tutelar a atividade normal e eficiente da Administração Pública.

14.17.3 Sujeitos do delito

Sujeito ativo é o funcionário público, na acepção ampla do art. 327. Quando se trata de exoneração, agente é aquele que deixou de ter aquela qualidade e que continua a exercer funções ilegalmente. Tais circunstâncias distinguem o crime em apreço do delito de *usurpação de função* (art. 328), que tem como sujeito ativo o particular.

Sujeito passivo é o Estado, titular da regularidade da Administração Pública quanto às funções desempenhadas por seus agentes.

14.17.4 Tipo objetivo

A primeira conduta incriminada pelo tipo penal é a de o funcionário público antecipar-se para exercer suas funções antes de satisfeitas as exigências legais (posse, exames médicos, prestação de fiança em determinados casos etc.). O art. 324 é, pois, normal penal em branco, já que deve ser integrada, para a sua aplicação, por normas jurídicas que preveem quais as exigências para o exercício da função.

É atípica a conduta daquele que acumula dois cargos públicos remunerados, sujeito o agente apenas a sanções administrativas.[239]

A segunda modalidade típica é a de prosseguir o agente no exercício da função depois da exoneração, remoção, substituição ou suspensão. Esqueceu-se o legislador da demissão e da aposentadoria. Enquanto na primeira hipótese pode-se tê-la como espécie de exoneração, na segunda a omissão da lei faz com que o fato não configure o ilícito previsto no art. 324.

É indispensável, nos termos expressos da lei, que o funcionário tenha conhecimento oficial do impedimento ao exercício das funções. Exige-se, pois, a comunicação expressa ao agente público, não a suprindo a publicação no *Diário Oficial* quando não houver prova de que o agente tomou conhecimento inequívoco da exoneração, remoção, substituição ou suspensão. Faz a doutrina exceção no caso da aposentadoria compulsória, aos 70 ou 75 anos de idade (art. 40, § 1º, inciso II, da CF), que é automática, independendo de notificação.[115] Nessa hipótese, porém, entendemos não haver o ilícito por falta de previsão legal.

---

115. Cf. HUNGRIA, Nelson. Ob. cit. v. 9, p. 392. NORONHA, E. Magalhães. Ob. cit. v. 4, p. 384.

Não ocorre o crime também quando se trata de cessação temporária (férias, licença etc.) ou em casos de necessidade ou autorização. Diz bem Fragoso: "Exige-se, por outro lado, a ilegitimidade do fato, que pode ser excluída pela *necessidade* premente do serviço (*negotiorum gestio sine mandato*) e pela *autorização*, a que se refere expressamente a lei. Tal autorização deve ser legal (emanar de superior hierárquico competente e revestir as formas legais). É evidente que em tais casos não há ofensa ao interesse que a lei penal tutela." [116]

14.17.5 Tipo subjetivo

O dolo é a vontade de exercer a função pública tendo ciência da irregularidade da conduta. Exigindo-se o conhecimento oficial da exoneração, remoção, substituição ou suspensão, na segunda hipótese, não basta a culpa ou o dolo eventual. O erro sobre essa circunstância, sobre a necessidade premente ou sob a legitimidade da autorização exclui o crime.

É irrelevante o fim do agente, não eximindo de responsabilidade o intuito de auxiliar a administração, exceto no caso de necessidade.

14.17.6 Consumação e tentativa

Consuma-se o crime quando o funcionário pratica qualquer ato constitutivo de exercício da função antes de satisfeitas as exigências legais (o que equivale a entrar em exercício) ou depois do conhecimento oficial do impedimento. É indiferente que não persista o agente na prática irregular dos atos de exercício da função, bastando um deles para consumar o ilícito.[240] Tratando-se de crime plurissubsistente é possível a tentativa.

14.18 VIOLAÇÃO DE SIGILO FUNCIONAL

14.18.1 Conceito

O crime de violação de sigilo funcional está previsto no art. 325: "Revelar fato de que tem ciência em razão do cargo e que deva permanecer em segredo, ou facilitar-lhe a revelação: Pena – detenção, de seis meses a dois anos, ou multa, se o fato não constitui crime mais grave."

14.18.2 Objetividade jurídica

Enquanto nos arts. 153 e 154 a lei penal tutela a inviolabilidade dos segredos da pessoa física, no art. 325 está tutelado o sigilo da Administração Pública. Embora impere hoje o princípio da publicidade da atividade administrativa, há fatos que devem ser mantidos em sigilo, ao menos temporariamente, para não se comprometer o regular

---

116. FRAGOSO, H. Cláudio. Ob. cit. v. 3, p. 446.

340 MANUAL DE DIREITO PENAL – PARTE ESPECIAL – ARTS. 235 A 361 DO CP • Julio Mirabete e Renato Fabbrini

funcionamento da Administração Pública. Tutela-se, pois, a regularidade administrativa com relação ao segredo que deve ser mantido pelos funcionários públicos em casos determinados.

A Lei nº 12.527, de 18-11-2011, que regulamenta o disposto no inciso XXXIII do art. 5º e no inciso II do § 3º do art. 37 da CF, dispõe sobre o sigilo dos documentos públicos, cuja divulgação ponha em risco a segurança da sociedade e do Estado, bem como sobre o direito de acesso às informações e as restrições de acesso necessárias ao resguardo da inviolabilidade da intimidade, da vida privada, da honra e da imagem das pessoas.

14.18.3 Sujeitos do delito

Sujeito ativo do crime é o funcionário público na acepção prevista pelo art. 327 (item 14.1.3). Quando a revelação do segredo ocorre depois de ter o funcionário público deixado definitivamente a função pública não existe o ilícito.[117] Nesse caso, não só desaparece o dever funcional, como também não existe mais a qualidade especial na ocasião do fato, indispensável à configuração típica. Pode o crime ser praticado, porém, pelo *aposentado*, "pois este não se desvincula totalmente de deveres para com a administração".[118]

Pode ocorrer participação de particular nos casos em que este induz, auxilia ou colabora de qualquer forma na conduta do funcionário.

Sujeito passivo é o Estado, titular do sigilo necessário a determinadas atividades administrativas. É possível que, concomitantemente, seja lesado um particular interessado no segredo.

14.18.4 Tipo objetivo

A primeira conduta típica é *revelar* o segredo, ou seja, comunicar a qualquer pessoa (por escrito, verbalmente, através de exibição de documentos etc.) fato ou circunstância dele que deve ser mantida em sigilo. A segunda ação incriminada é *facilitar* a revelação do segredo. Nesta hipótese, o agente torna possível ou mais fácil o conhecimento do segredo pelo particular. Exemplifica Noronha: "Facilita a revelação o que propositadamente deixa aberta a porta do cofre ou gaveta onde se encontra o documento sigiloso, o que dá informes sem os quais o terceiro não poderia descobrir o segredo." [119] Constitui tal ilícito a denominada "quebra do sigilo fiscal ou bancário", com o fornecimento de dados referentes a contribuintes, correntistas, investidores etc. Evidentemente não ocorre o crime se o destinatário da revelação já tinha conhecimento integral do fato.

O objeto do crime é o *segredo funcional*: "é tudo o que não é nem pode ser conhecido senão de determinadas pessoas, ou de certa categoria de pessoas, em razão do ofício;

---

117. Cf. HUNGRIA, Nelson. Ob. cit. v. 9, p. 394. FRAGOSO, H. Cláudio. Ob. cit. v. 3, p. 448. NORONHA, E. Magalhães. Ob. cit. v. 4, p. 389.
118. HUNGRIA, Nelson. Ob. cit. v. 9, p. 394. No mesmo sentido, FRAGOSO, H. Cláudio. Ob. cit. v. 3, p. 448.
119. NORONHA, E. Magalhães. Ob. cit. v. 4, p. 390.

é o que não pode, portanto, ser sabido por qualquer".[120] Deve-se referir ao interesse da coisa pública e estar contido em "expressa disposição de lei ou de regulamento, ou mesmo, eventualmente, de ordem (circular, aviso, instrução) administrativa".[121] Embora nada impeça que, concomitantemente, seja interessado um particular, não haverá ilícito se o segredo é exclusivamente deste, não atingindo a regular atividade da Administração. Considerou-se haver crime na conduta de professor, integrante de banca examinadora de universidade federal, que, antecipadamente, forneceu a alguns dos alunos cópia das questões que iam ser formuladas nas provas.[241] O mesmo se decidiu com relação a servidor público em concurso público para preenchimento de cargo público municipal.[242]

Só existe o crime se o funcionário teve ciência do segredo em razão do cargo, como consta expressamente do dispositivo em estudo. É indispensável, pois, que tenha ele tido conhecimento em razão das suas atribuições ou competência. "Não haverá crime – diz Hungria – se o indiscreto funcionário *ocasionalmente* surpreendera o segredo, pouco importando que para isso tivesse contribuído sua qualidade de *intraneus*." [122] Poderá o agente responder, nesse caso, se houver envolvimento de interesse particular, pelo art. 151 quando se tratar de correspondência fechada, dirigida a outrem.

Em se tratando de autos de processo somente existirá o crime se deferido expressamente o segredo de justiça.[243]

14.18.5 Tipo subjetivo

O dolo é a vontade de transmitir a qualquer pessoa o que deve ficar em sigilo. Não basta a simples culpa, não ocorrendo o ilícito se, por esquecimento, o funcionário, p. ex., deixa ao alcance de terceiro documento confidencial da administração, possibilitando-lhe o conhecimento do conteúdo.

Admite-se o fato com *animus defendendi*, por não se poder exigir que o funcionário se sacrifique ao interesse público, cessando também a obrigatoriedade do sigilo quando deve prevalecer interesse público maior.[123]

14.18.6 Consumação e tentativa

Consuma-se o crime quando qualquer pessoa, particular ou funcionário não autorizado a conhecer o segredo, toma ciência dele. Independe a consumação de dano efetivo, tratando o art. 325 de crime formal. Nada impede a tentativa quando não se tratar de revelação oral.

---

120. FARIA, Bento de. Ob. cit. v. 7, p. 121.
121. HUNGRIA, Nelson. Ob. cit. v. 9, p. 392-393.
122. HUNGRIA, Nelson. Ob. cit. v. 9, p. 394.
123. Cf. NORONHA, E. Magalhães. Ob. cit. v. 4, p. 392.

14.18.7 Distinção e concurso

Por expressa previsão contida no art. 3º, 5º, da Lei nº 11.671, de 8-5-2008, por força de modificação introduzida pela Lei nº 13.964, de 24-12-2019, configura o crime descrito no art. 325 a conduta de proceder, sem autorização judicial, ao monitoramento de áudio e vídeo nas celas e no atendimento advocatício nos estabelecimentos penais federais de segurança máxima.

O crime de violação de sigilo funcional é expressamente subsidiário, podendo o fato constituir crime mais grave, previsto no § 2º do art. 359-K ou no CPM (arts. 143, 144, 325 e 326). A Lei Complementar nº 105, de 10-1-2001, dispõe sobre o sigilo das operações de instituições financeiras e no seu art. 10 prevê a pena de um a quatro anos, e multa, para quem violá-lo fora das hipóteses autorizadas no mesmo diploma legal, aplicando-se, no que couber, o Código Penal, sem prejuízo de outras sanções cabíveis.

Tratando-se de simples violação de segredo particular, que não afete interesse algum da Administração, poderão ocorrer os crimes previstos nos arts. 151, 153, 154 do CP. Se o fato constitui informação sigilosa ou reservada por definição legal, pode-se configurar o crime previsto no artigo 153, § 1º-A, que pode ser praticado por qualquer pessoa, funcionário público ou não (*Manual de Direito Penal*, v. 2, item 9.16.9).

Utilizar ou divulgar, indevidamente, conteúdo sigiloso de determinados certames de interesse público, com o fim de beneficiar a si ou a outrem, ou de comprometer a credibilidade do certame, e permitir ou facilitar o acesso ao sigilo a pessoas não autorizadas configuram os crimes previstos no art. 311-A, *caput* e § 1º, do CP, que prevalecem no confronto com o art. 325, em razão de sua especialidade.

Com a conduta praticada para obter vantagem poderá o agente responder, em concurso formal, com o crime de corrupção passiva (art. 317).

Constituem crimes autônomos previstos na Lei das Organizações Criminais (Lei nº 12.850, de 2-8-2013) revelar a identidade, fotografar ou filmar o suspeito ou réu colaborador (art. 18) e descumprir determinação de sigilo das investigações que envolvam a ação controlada e a infiltração de agentes (art. 20).

Configura, também, crime especial a conduta de violar sigilo processual ao permitir que depoimento de criança ou adolescente seja assistido por pessoa estranha ao processo, quando inexistente autorização judicial e consentimento do depoente ou de seu representante legal (art. 24 da Lei nº 13.431, de 4-4-2017).

14.18.8 Fornecimento e empréstimo de senha

Como crime especial de violação de sigilo, o art. 2º da Lei nº 9.983, de 14-7-2000, inseriu o § 1º no art. 325 do CP, com a seguinte redação: "Nas mesmas penas deste artigo incorre quem: I – permite ou facilita, mediante atribuição, fornecimento e empréstimo de senha ou qualquer outra forma, o acesso de pessoas não autorizadas a sistemas de

14 • DOS CRIMES PRATICADOS POR FUNCIONÁRIO PÚBLICO CONTRA A ADMINISTRAÇÃO EM GERAL — 343

informações ou banco de dados da Administração Pública; II – se utiliza, indevidamente, do acesso restrito."

Protege-se com o dispositivo a regularidade da Administração Pública, no que se refere ao sigilo que deve existir quanto aos dados dos sistemas de informação ou banco de dados dos serviços públicos.

O sujeito ativo, nas duas hipóteses, é o funcionário público que opera os sistemas ou o banco de dados da Administração Pública. O sujeito passivo é o Estado, lesada que é a regularidade da Administração Pública no sigilo de informações e banco de dados.

No inciso I, a primeira conduta inscrita é de o agente *permitir*, mediante *atribuição* indevida por parte de superior hierárquico, *fornecimento* ou *empréstimo* de senha, ou de qualquer outra forma, o acesso de pessoas não autorizadas aos sistemas de informação ou banco de dados. Na segunda, o de *facilitar*, ou seja, de auxiliar, ajudar, pelos mesmos meios, o referido acesso. Exige-se para a caracterização do crime o dolo, ou seja, a vontade de atribuir, fornecer ou emprestar a senha, ou de praticar qualquer outro comportamento, que terceiro, não autorizado, tenha acesso ao sistema de informação ou banco de dados.

Trata-se de crime formal, que se consuma com a simples atribuição, fornecimento ou empréstimo de senha, ou com a prática de qualquer comportamento que permita o acesso. Não há necessidade de que haja prejuízo efetivo para a Administração Pública, mas é indispensável que ocorra o acesso indevido pela pessoa não autorizada.

No inciso II, é incriminada a conduta do próprio funcionário, que se utiliza indevidamente, de qualquer forma, dos dados que obtém do sistema ou do banco, quando tais dados são de acesso restrito aos interesses da Administração Pública. Também é irrelevante que tenha ocorrido dano à Administração Pública ou a terceiro, bastando para a consumação do crime a utilização indevida dos dados.

Não configurado o crime de fornecimento e empréstimo de senha por não ser o agente funcionário público ou em razão da ausência de alguma elementar do tipo, o acesso não autorizado aos sistemas informatizados ou ao banco de dados da Administração Pública pode caracterizar o crime de invasão de dispositivo informático descrito no art. 154-A.

14.18.9 Crimes qualificados

Inserido pelo art. 2º da Lei nº 9.983, de 24-7-2000, o § 2º do art. 325 do CP prevê forma qualificada dos crimes definidos no *caput* e no § 1º, prevendo para o fato a pena de reclusão, de 2 (dois) a 6 (seis) anos, e multa, se da ação ou omissão resulta dano à Administração Pública ou a outrem. Isso porque, além da lesão à regularidade da Administração Pública no que concerne ao sigilo dos sistemas de informação e do banco de dados, há prejuízo patrimonial para o Estado ou para particular em decorrência da conduta delituosa.

14.19 VIOLAÇÃO DO SIGILO DE PROPOSTA DE CONCORRÊNCIA

14.19.1 Conceito e revogação

Uma espécie privilegiada de violação de sigilo funcional é prevista no art. 326, com o *nomen juris* de violação do sigilo de proposta de concorrência: "Devassar o sigilo de proposta de concorrência pública, ou proporcionar a terceiro o ensejo de devassá-lo: Pena – detenção, de três meses a um ano, e multa."

Deve-se assinalar, porém, que o artigo foi tacitamente revogado pela Lei nº 8.666, de 21-6-1993, que institui normas de licitações e contratos da Administração Pública e que no art. 94 passou a tipificar a infração de forma a abranger as demais modalidades de licitação: "Devassar o sigilo de proposta apresentada em procedimento licitatório, ou proporcionar a terceiro o ensejo de devassá-lo: Pena – detenção, de 2 (dois) a 3 (três) anos, e multa."

Subsequentemente, entrou em vigor a Lei nº 14.133, de 1º-4-2021, e que inseriu no Código Penal os arts. 337-E a 337-P, que ora tipificam os crimes em licitações e contratos administrativos.

14.19.2 Objetividade jurídica

Tutela-se a regularidade da Administração Pública, especificamente no que concerne às relações dos negócios do Estado com particulares ou mesmo com empresas públicas. Visa a lei impedir que se fraude a finalidade da licitação, "que é a de colocar os contratantes com o Estado em pé de igualdade, ensejando que vença o que melhores condições (preços, qualidade, eficiência, prazo etc.) oferecer".[124]

14.19.3 Sujeitos do delito

Sujeito ativo é o funcionário público no conceito amplo do art. 327 (item 14.1.3). Afirma Noronha que somente pode praticar o crime em espécie aquele "cujas funções se relacionam com a concorrência: receber as propostas, guardá-las e abri-las no momento oportuno".[125] Entretanto, não se refere a lei ao exercício do cargo ou das funções no tipo penal, como o faz no art. 325. Basta, portanto, que o agente se revista da qualidade de funcionário público que, por isso, está submetido à exigência de respeitar o sigilo. Nada impede que um particular possa participar da prática do delito, havendo concurso de agentes no induzimento, instigação, auxílio, bem como na conduta de devassar o sigilo pela facilitação por parte do funcionário.

Sujeito passivo é o Estado, titular da lisura das concorrências públicas e das demais modalidades de licitação, em especial do sigilo de que devem estar revestidas as propostas. Também são sujeitos passivos do crime os concorrentes eventualmente prejudicados com a violação.

---

124. Cf. NORONHA, E. Magalhães. Ob. cit. v. 4, p. 393-394.
125. Ibidem, p. 394. No mesmo sentido: HUNGRIA, Nelson. Ob. cit. v. 9, p. 369. FRAGOSO, H. Cláudio. Ob. cit. v. 3, p. 451.

14.19.4 Tipo objetivo

O objeto do crime é a concorrência pública, nos termos do art. 326. *Concorrência* é a modalidade de licitação própria para contratos de grande valor, em que se admite a participação de quaisquer interessados, cadastrados ou não, que satisfaçam as condições do edital, convocados com antecedência mínima de 30 dias, com ampla publicidade pelo órgão oficial e pela imprensa particular.[126] Na atual Lei de Licitações, (Lei 14.133, de 1º-4-2021) a concorrência será obrigatoriamente para bens e serviços especiais e obras e serviços especiais de engenharia (art. 6º, XXXVIII). Fragoso inclui não só as concorrências que eram previstas no Código de Contabilidade Pública, como também as concorrências administrativas, excluindo, no entanto, as coletas de preços.[127] Esclarece, porém, Hely Lopes Meirelles que "o legislador mudou a antiga denominação 'concorrência pública' para, simplesmente concorrência, substituindo ainda 'concorrência administrativa' por *tomada de preços*".[128] Como a expressão é um elemento normativo do tipo, de caráter jurídico, somente poderá considerar-se ilícito na violação de sigilo de *concorrência* no seu sentido estrito. No entanto, atualmente, a matéria é regulada, pela Lei 14.133, de 1º-4-2021, (Lei de Licitações e Contratos Administrativos) que não prevê mais como modalidades de licitação a tomada de preços e o convite.

A primeira conduta típica inscrita no art. 326 é devassar o sigilo da proposta. *Devassar* é invadir e pôr a descoberto, penetrar na essência, descobrir, é tomar conhecimento indevidamente do conteúdo da proposta, não sendo indispensável que o agente providencie a abertura fraudulenta do envelope que contenha a proposta. Pode o sigilo ser violado utilizando-se o agente da transparência do envelope ou de processos técnicos que possibilitem o conhecimento do conteúdo. Pouco importa, porém, que a proposta se ache em invólucro fechado, ou esteja simplesmente guardada para não ser conhecida antes do momento oportuno.

A segunda modalidade de conduta é possibilitar a terceiro o conhecimento do conteúdo do sigilo. O agente não toma conhecimento do conteúdo mas possibilita, por ação ou omissão, que outrem o faça. "É bem de ver – salienta Hungria – que o devassamento terá de ser praticado em tempo útil, isto é, antes de expirado o prazo do edital ou antes do momento seletivo, de modo a permitir ou possibilitar a insídia de substituições ou alterações, ou a quebra de normalidade da concorrência." [129]

A violação do sigilo é causa de nulidade da licitação, mas não implica exclusão do crime por esse motivo já que a nulidade é efeito da própria conduta ilícita. Quando por outro motivo a licitação é nula não há ilícito penal, pois *quod nullum est nullum producit effectum*.[130]

---

126. O conceito é de MEIRELLES, Hely Lopes. Ob. cit. p. 283.
127. FRAGOSO, H. Cláudio. Ob. cit. v. 3, p. 451.
128. HUNGRIA, Nelson. Ob. cit. v. 9, p. 396. No mesmo sentido, FRAGOSO, H. Cláudio. Ob. cit. v. 3, p. 451.
129. HUNGRIA, Nelson. Ob. cit. v. 9, p. 397.
130. Cf. HUNGRIA, Nelson. Ob. cit. v. 9, p. 397. FRAGOSO, H. Cláudio. Ob. cit. v. 3, p. 451-452. NORONHA, E. Magalhães. Ob. cit. v. 4, p. 396.

14.19.5 Tipo subjetivo

O dolo é a vontade de devassar ou de proporcionar o devassamento ilegal por outrem, não se exigindo qualquer finalidade especial de agir. Não incrimina a lei a conduta culposa, não se responsabilizando o agente que, por mera negligência, por exemplo, possibilita a terceiro o conhecimento do conteúdo da proposta.

14.19.6 Consumação e tentativa

Consuma-se o crime com o conhecimento, por parte do agente, na primeira hipótese, ou de terceiro, na segunda, do conteúdo da proposta. Também não se exige a divulgação (conhecimento por outras pessoas) ou que ocorra dano efetivo ao Estado ou aos concorrentes.

Possível é a tentativa, citando Noronha um exemplo: se o funcionário é colhido no momento de rasgar o envelope, antes que conheça o teor da proposta, que é novamente encerrada, continuando secreto aquele, houve tentativa de devassamento, o crime não chegou à consumação.[131]

14.20 DISPOSIÇÕES COMUNS AOS CRIMES FUNCIONAIS

14.20.1 Aumento de pena

No art. 327, em que se conceitua o funcionário público para os efeitos penais (item 14.1.3), prevê-se, no § 2º, uma causa especial de aumento de pena nos crimes previstos no Capítulo I do Título XI: "A pena será aumentada de terça parte quando os autores dos crimes previstos neste capítulo forem ocupantes de cargos em comissão ou de função de direção ou assessoramento de órgão da Administração Direta, sociedade de economia mista, empresa pública ou fundação instituída pelo poder público."

Refere-se o dispositivo, assim, aos funcionários da Administração Direta (conjunto dos órgãos integrados na estrutura administrativa da União, Estado ou Município) e da Administração Indireta (conjunto dos entes [personalizados] vinculados a Ministérios e Secretarias: autarquias, empresas públicas e sociedades de economia mista), bem como de entes de cooperação (fundações instituídas pelo poder público) (item 14.1.3).

O aumento de pena somente é cabível quando os agentes exercerem cargos em comissão ou funções de direção ou assessoramento dos órgãos citados.

14.20.2 Ação penal

Preveem os arts. 513 e seguintes do CPP procedimento preliminar nos processos dos crimes de responsabilidade dos funcionários públicos, dispondo que, "nos crimes

---

131. NORONHA, E. Magalhães. Ob. cit. v. 4, p. 395.

14 • DOS CRIMES PRATICADOS POR FUNCIONÁRIO PÚBLICO CONTRA A ADMINISTRAÇÃO EM GERAL

afiançáveis, estando a denúncia ou queixa em devida forma, o juiz mandará autuá-la e ordenará a notificação do acusado, para responder por escrito, dentro do prazo de quinze dias" (art. 514). Já decidiu, porém, o STJ que a resposta preliminar é desnecessária na ação penal instruída por inquérito policial (Súmula 330).

14.20.3 Efeito da condenação

Nos crimes praticados por funcionário público é comum que a conduta inclua abuso de poder ou violação de dever para com a Administração Pública. Nesta hipótese, sendo aplicada pena igual ou superior a um ano, ocorre a perda do cargo, função pública ou mandato eletivo do funcionário, nos termos do art. 92, inciso I, alínea *a*. A condenação de funcionário público a pena superior a quatro anos, ainda que não praticado o crime com abuso de poder ou violação do dever funcional, enseja, igualmente, o mesmo efeito. O efeito, porém, em ambas as hipóteses, não é automático, devendo ser motivadamente declarado na sentença (*Manual de Direito Penal*, P. G., item 8.2.6).

Se o crime, porém, é praticado contra a mulher por razões da condição do sexo feminino, nos termos do § 1º do art. 121-A do Código Penal, estabelece-se no § 2º, inciso III, do art. 92, que os efeitos da condenação previstos nos incisos I e II do *caput*, do mesmo art. 92, são automáticos. Para essa hipótese, prevê-se, também, a perda de cargo, função pública ou mandato eletivo (§ 2º, inciso I) e veda-se a nomeação, designação ou diplomação em qualquer cargo, função pública ou mandato eletivo entre o trânsito em julgado da condenação até o efetivo cumprimento da pena (§ 2º, inciso II).

Cometido o crime no exercício do cargo ou função e havendo violação dos deveres que lhes são inerentes, a pena inferior a um ano pode ser substituída pela proibição do exercício de cargo, função ou atividade pública, bem como de mandato eletivo, nos termos do art. 56 (*Manual de Direito Penal*, P.G., itens 7.3.5 e 7.3.8).

15

DOS CRIMES PRATICADOS POR PARTICULAR CONTRA A ADMINISTRAÇÃO EM GERAL

15.1 USURPAÇÃO DE FUNÇÃO PÚBLICA

15.1.1 Generalidades

No Capítulo II do Título XI, o Código prevê os tipos penais relativos aos crimes praticados por particular contra a Administração em Geral, tutelando a eficiência e a regularidade das atividades administrativas contra a ação nociva do *extraneus*. Distinguem-se esses ilícitos dos previstos no capítulo anterior por não serem crimes *funcionais*, mas praticados por particular embora, eventualmente, possam ser cometidos por funcionário público.

15.1.2 Conceito

O primeiro dos crimes previstos no Capítulo II é o de usurpação de função pública, assim definido no art. 328: "Usurpar o exercício de função pública: Pena – detenção, de três meses a dois anos, e multa."

15.1.3 Objetividade jurídica

Tutela o disposto em estudo o interesse relativo ao regular e normal funcionamento da Administração Pública, lesado com a conduta de quem indevidamente exerce funções administrativas sem estar habilitado legalmente para o desempenho dessas atividades. Tal conduta não só compromete a eficiência da Administração, como também ofende o direito exclusivo do Estado de escolher e nomear seus funcionários ou pessoas para desempenharem funções próprias da atividade estadual. Ainda que, eventualmente, possa disso não resultar dano material, a usurpação de função pública pelo particular acarreta evidente descrédito para a Administração. Assim, a objetividade jurídica é o interesse na normalidade funcional, probidade, prestígio, incolumidade e decoro no serviço público.[1]

15.1.4 Sujeitos do delito

Comete o crime aquele que usurpa função pública, sendo, em regra, o particular. Nada impede, porém, que seja sujeito ativo um funcionário público que usurpa função pública que não lhe é atribuída, que não lhe compete.[2] [132] Já se decidiu, porém, em sentido contrário, afirmando-se que o sujeito ativo do delito em apreço somente pode ser o particular.[3] Não se pode, porém, deixar de reconhecer o ilícito quando se verifica distinção precisa entre a atribuição funcional do agente e a função por ele exercida. Já se decidiu, aliás, que ocorreria o delito se a atividade desempenhada pelo sujeito fosse de tal forma gritantemente anômala, que o fizesse igual ao particular intruso.[4]

Cumpre distinguir, porém, o *usurpador* do funcionário *incompetente*, isto é, de "quem pratica o ato exorbitante dos limites das suas atribuições, como se o mesmo estivesse compreendido na órbita funcional do seu cargo".[133]

Quando aquele que pratica o ato é titular da função, mas se acha suspenso dela por *decisão judicial*, ocorre o crime previsto no art. 359. Entretanto, como sabiamente afirma Hungria, "se a suspensão foi decretada por *ato administrativo*, nada mais se poderá reconhecer que uma falta disciplinar".[134]

Sujeito passivo é o Estado, titular da regularidade e moralidade da atividade administrativa. Secundariamente poderá ser lesado um particular, envolvido, de alguma forma, no ato de ofício.

15.1.5 Tipo objetivo

A conduta típica é usurpar o exercício da função. *Usurpar* significa apossar-se, alcançar sem direito, assumir o exercício indevidamente, obter com fraude. O crime em estudo é a invasão indébita da função pública por agente que não está habilitado legalmente para exercê-la. Pratica o crime quem, ilegitimamente, executa ato de ofício.

Refere-se a lei a qualquer função, gratuita ou remunerada. Quando a usurpação da função ocorre em repartição ou estabelecimento militar, ocorre o crime previsto no art. 335 do CPM. Prevê esse estatuto também várias hipóteses de usurpação, excesso ou abuso de autoridade (arts. 167 a 176 do CPM).

Tratando a lei da usurpação da *função pública*, é erro dizer que se refere somente a cargos públicos, que, nos termos do art. 3º, parágrafo único, da Lei nº 8.112, de 11-12-1990, são "criados por lei, com denominação própria e vencimento pago pelos cofres públicos, para provimento em caráter efetivo ou em comissão".[5] Indispensável, porém, que se trate de função própria da Administração. Não se deve reconhecer o crime, portanto, na conduta da simples entrega de impressos[6] ou na intitulação pelo agente de ser detetive, cargo inexistente no organismo policial do Estado. Também não se reconheceu o ilícito na conduta de advogados da Comissão de Defesa dos Direitos

---

132. HUNGRIA, Nelson. *Comentários ao Código Penal*. 5. ed. Rio de Janeiro: Forense, 1958. v. 9, p. 406, FARIA, Bento de. *Código Penal brasileiro*. 2. ed. Rio de Janeiro: Record, 1959. v. 7, p. 129. NORONHA, E. Magalhães. *Direito penal*. 15. ed. São Paulo: Saraiva, 1978. v. 4, p. 399-400. FRAGOSO, H. Cláudio. *Lições de direito penal*. 3. ed. Rio de Janeiro, 1981, v. 3, p. 455.
133. FARIA, Bento de. Ob. cit. v. 7, p. 129.
134. HUNGRIA, Nelson. Ob. cit. v. 9, p. 407.

e Prerrogativas do Advogado que pretendiam efetuar trabalho de levantamento de processos com carga a juiz de Direito e Ministério Público.[7]

Afirma percucientemente Hungria: "Há casos em que o particular, independentemente de investidura oficial, pode exercer, *ex vi legis*, uma função pública, como quando, por exemplo, prende alguém surpreendido em flagrante delito. Além disso, há certas funções que, por seu caráter puramente impessoal, podem ser *delegadas* a um particular pelo funcionário autêntico. Em tais hipóteses, como é óbvio, não poderia ser identificado o crime." [135] Já se decidiu, aliás, não haver crime na nítida cooperação a policiais em atividade de ofício.[8] Também não ocorre o ilícito quando a atividade está ligada às funções do funcionário, como no caso de Delegado de Polícia que atua em guarda-noturna de município do interior.[9]

Para a ocorrência do ilícito é necessária a ausência de ato de autoridade competente, legitimador da investidura no cargo; não se configura ele quando se discute a legitimidade ou ilegitimidade desta, ainda quando resultante de fraude.[10]

Não basta que o agente intitule-se funcionário ou se apresente como ocupante de determinado cargo, na mera autoatribuição dessa qualidade. Tal fato poderá constituir a infração prevista no art. 45 da LCP. É indispensável para a caracterização do crime que o agente pratique ao menos um ato de ofício, embora seja indiferente que observe ou não a forma estabelecida para a prática de ato válido. Não é indispensável, também, que agente procure obter vantagem; se a conseguir, aliás, haverá crime qualificado (item 15.1.8).

15.1.6 Tipo subjetivo

O dolo é a vontade livre e consciente de praticar a conduta ilícita, tendo o agente ciência da ilegitimidade do fato. A ausência do *animus* de usurpar desnatura o delito. Assim se decidiu no caso de interrogatório judicial realizado por escrivão e datilografado por escrevente de cartório diante da comprovação da vontade apenas de colaborar para o bom andamento dos serviços forenses.[11] Também se decidiu pela ausência de dolo na conduta do vereador que foi eleito irregularmente pelos seus para exercer, com o afastamento do titular, a Presidência da Câmara Municipal.[12]

O dolo estará excluído, portanto, quando houver erro por parte do agente, que considera legítima a sua conduta, insciente de que age sem direito.[13]

A embriaguez do agente, comprovada a voluntariedade do ato, não exclui a sua caracterização.[14]

Não prevê a lei a forma culposa e, se o agente for funcionário público, poderá o fato configurar simples infração administrativa.

---

135. HUNGRIA, Nelson. Ob. cit. v. 9, p. 407.

15.1.7 Consumação e tentativa

Consuma-se o crime com a prática efetiva de pelo menos um ato de ofício. A prática de vários atos funcionais, desnecessária para a configuração do ilícito, constitui delito permanente. Não é necessária, ainda, a verificação do dano, ínsita na simples usurpação pelo descrédito à administração.

É possível a tentativa, que ocorre quando o agente, praticando atos inequívocos, não consegue a execução do ato de ofício por circunstâncias alheias à sua vontade.

15.1.8 Usurpação de função pública qualificada

Nos termos do art. 328, parágrafo único, a pena é de reclusão, de dois a cinco anos, e a multa, "se do fato o agente aufere vantagem". A pena é bem mais severa quando o agente obtém, efetivamente, vantagens, que pode ser patrimonial, moral, social, política etc.

15.1.9 Distinção e concurso

A simples falsa apresentação do agente na qualidade de funcionário público configura apenas uma contravenção (art. 45 da LCP), que é absorvida quando o agente usurpa função pública.

Divergem, substancialmente, os delitos de estelionato e de usurpação de função pública, pois, enquanto no primeiro o bem jurídico vulnerado pelo agente é o patrimônio, no segundo o agente, particular ou funcionário público, obra em detrimento da Administração Pública, concorrendo para o seu descrédito e lesando interesse público. [15] Há que se distinguir, porém: quando o agente, praticando ilicitamente ato de ofício, aufere vantagem, deve-se reconhecer o crime de usurpação de função pública qualificada (art. 328, parágrafo único); quando apenas se intitula funcionário para obter vantagem, o fato é considerado estelionato, sendo a falsa intitulação o meio fraudulento para a obtenção da vantagem. [16] Já se decidiu, porém, pelo concurso de crimes na conduta de quem usurpa função pública, praticando atos inerentes ao serviço policial como se nele estivesse investido legalmente, daquela se valendo para a prática de estelionato. [17]

Configura os crimes de usurpação de função pública e constrangimento ilegal o ato de quem, a pretexto de ser policial, mas a serviço de empresa particular, mediante violência procura investigar sobre alcance praticado contra aquela e atribuído a empregado. [18] Não há concurso material entre usurpação de função pública e roubo, este absorvendo aquele como meio. [19]

15.2 RESISTÊNCIA

15.2.1 Conceito

Prevê o art. 329 o crime de resistência: "Opor-se à execução de ato legal, mediante violência ou ameaça a funcionário competente para executá-lo ou a quem lhe esteja prestando auxílio: Pena – detenção, de dois meses a dois anos."

15.2.2 Objetividade jurídica

Tutela-se com o dispositivo o princípio de autoridade e o prestígio da função pública, indispensáveis à liberdade de ação do poder estatal e à execução da própria vontade. Deve a lei assegurar o cumprimento das funções públicas, punindo os agentes que entravam ilegal e abusivamente a atividade estatal.

15.2.3 Sujeitos do delito

Sujeito ativo do crime é qualquer pessoa que se opõe à execução de ato legal, independentemente de dirigir-se ele ao agente ou outra pessoa. Responde pelo crime quem intervém na execução de ato legal por autoridade, opondo-se, por exemplo, à prisão de terceiro ou comparsa por policiais no exercício de suas funções.[20]

Sujeito passivo é o Estado, titular de regularidade administrativa e do fiel cumprimento das ordens legais. Também é vítima o funcionário público que executa ou deve executar o ato. É necessário que o funcionário seja competente para a prática do ato de ofício, já que o dispositivo se refere a ordem legal, e um dos requisitos desta é a de que tenha o executor atribuição para praticá-lo. Na expressão *funcionário competente* – já se decidiu – inclui-se o guarda-noturno, pois não se pode negar a qualidade de funcionário ao membro de uma corporação que exerce função delegada e pública.[21]

É necessário para a caracterização do crime que o funcionário esteja exercendo suas funções quando o agente se opõe à execução do ato; não ocorre o ilícito, por exemplo, se o funcionário pratica o ato, ainda que legal, como a prisão em flagrante, quando está de folga.[22]

Pode ser sujeito passivo, ainda, a pessoa que esteja prestando auxílio, solicitado ou não, ao funcionário. Não será ofendido do crime de resistência o mero espectador, embora se manifeste a favor do funcionário, mas sem lhe prestar assistência material.[136] O agente responderá, com relação a este, por eventual crime de lesões corporais ou ameaça.

15.2.4 Tipo objetivo

A conduta típica, configuradora da resistência, é a oposição do agente ao ato legal mediante violência ou ameaça. É indispensável, pois, que o agente empregue força física ou ameaça.[23] Deixa claro o dispositivo que a violência deve ser exercida contra a pessoa do funcionário ou de quem o auxiliar.[24][137] Assim, inexiste o delito, por exemplo, quando alguém, notificado por oficial de justiça, à sua frente, amassa a contrafé oferecida.[25] A ameaça pode ser *real* (brandir um punhal, apontar uma arma de fogo) ou *verbal* (promessa de um mal).[138]

---

136. FARIA, Bento de. Ob. cit. v. 7, p. 132.
137. Cf. NORONHA, E. Magalhães. Ob. cit. v. 4, p. 408-409. FRAGOSO, H. Cláudio. Ob. cit. v. 3, p. 458. Equivoca-se Nelson Hungria ao abranger no dispositivo a violência contra a coisa. Ob. cit. v. 9, p. 409.
138. HUNGRIA, Nelson. Ob. cit. v. 9, p. 409.

A *oposição* à prática do ato legal deve ser atuante e positiva, não a configurando a resistência passiva, a passividade do agente, a atitude que, embora possa ser tendente a impedir o ato legal, não se constitui em violência ou ameaça.[26] Nesse caso poderá ocorrer o crime de desobediência.[27] Não caracteriza o crime em análise, portanto, a mera recusa em acompanhar os detentores;[28] o ato de simples indisciplina;[29] a recusa em ingressar em viatura policial e o uso de palavrões;[30] o espernear ou esbravejar;[31] deitar-se no chão ou agarrar-se a um poste para evitar a prisão; recusar-se a abrir a porta para o ingresso de policiais etc. Pode o fato, eventualmente, constituir o crime de desacato (item 15.4.5).

É indispensável, ainda, que a oposição ocorra quando o ato está sendo executado, não constituindo o crime de resistência a violência ou ameaça praticada antes do início da execução do ato ou aquela ocorrida após ter sido este concluído em represália ao agente da autoridade.[139]

É pressuposto do crime a execução de um ato *legal* por parte do funcionário. Há, assim, resistência na oposição ao cumprimento de mandado de prisão;[32] à prisão em flagrante;[33] à prisão de sentenciado foragido;[34] à realização de penhora;[35] à execução de despejo;[36] à busca e apreensão;[37] à vistoria por perito judicial;[38] à prisão após a prática de crime;[39] à ordem de identificar-se;[40] à investigação de suspeitada infração;[41] à prisão em caráter preventivo em face das contingências do momento[42] etc. Não se faz mister haja o agente previamente recebido qualquer formal "voz de prisão", exigência não prevista na legislação vigente.[43]

Sem comprovação rigorosa da legalidade do ato, não há resistência punível.[44] Não há crime na oposição a ordem ilícita, quer seja a ilegalidade patente, quer seja dissimulada.[140] É lícita a resistência, pois, a ato ilegal[45] e a prisão ilegal.[46]

Tem-se decidido, também, que não constitui crime empreender fuga à prisão legal.[47] Justificada estaria a reação por se tratar de movimento instintivo do agente, reflexo de seu desejo de preservar ou garantir a sua liberdade. É preciso, porém, distinguir: pode-se reagir até com violência, por exemplo, contra a chamada prisão para averiguações, que é ilegítima,[48] mas não contra o agente que efetua prisão em flagrante ou em cumprimento de regular mandado da autoridade.

Quanto à legalidade do ato, vale reproduzir o ensinamento de Fragoso: "A legalidade é *substancial* quando diz respeito à ordem a ser executada, e é *formal* quando se relaciona com a forma ou meio de sua execução. Exige-se, assim, a competência do funcionário em relação ao ato a ser praticado, bem como a legalidade intrínseca do mesmo (emanar de autoridade competente e ser fundada em lei), além do emprego de meios legais na execução." [141] Por essas razões, já se tem decidido pela não ocorrência

---

139. Cf. NORONHA, Nelson. Ob. cit. v. 4, p. 408. FRAGOSO, H. Cláudio. Ob. cit. v. 3, p. 458. FARIA, Bento de. Ob. cit. v. 7, p. 131.
140. NORONHA, E. Magalhães. Ob. cit. v. 4, p. 407.
141. HUNGRIA, Nelson. Ob. cit. v. 9, p. 415.

do crime quando: não tem o funcionário atribuição ou competência para executar o ato;[49] o mandado de prisão não preenche os requisitos do art. 352 do CPP; há abuso de autoridade;[50] mesmo sendo legal a ordem, no seu cumprimento é empregada violência arbitrária[51] etc. Já se afastou o crime de resistência na oposição a diligência efetuada por guardas municipais, por serem incompetentes para abordar, revistar ou prender alguém.[52] Entretanto, por recente decisão, o STF, diante da necessidade de união de esforços para o combate à criminalidade, decidiu que as guardas municipais são órgãos integrantes do sistema de segurança pública.[142]

Não supre a legalidade da ordem irregular, para a caracterização do crime, a circunstância de o funcionário supor, por erro, que está executando ato legal.

Não se deve confundir, porém, a ilegalidade do ato com a injustiça da decisão de que este deriva. Como bem acentua Hungria, uma vez que o ato seja regular na sua *forma* e se *funde in thesi* em preceito legal, já não é permitida a resistência. "Esta será lícita, por exemplo, quando dirigida contra a execução de um mandado de prisão preventiva (embora revestido das formalidades legais) expedido contra autor de crime afiançável fora dos casos dos incisos II e III do artigo 313 do Código de Processo Penal; mas já não o será quando praticada a pretexto de evitar uma prisão decorrente de sentença condenatória supostamente contrária à prova dos autos." [143]

15.2.5 Tipo subjetivo

O dolo é a vontade de se opor à execução do ato, mediante violência ou ameaça,[53] mas é indispensável que o agente tenha consciência da antijuridicidade de sua conduta. A dúvida quanto a esta basta para o reconhecimento do dolo eventual.

O erro do agente quanto à legalidade do ato, ainda que culposo, exclui o dolo. Assim se decidiu quanto ao acusado que supunha ser injusta a agressão que o irmão sofria por parte de terceiro e o auxiliou, ignorando que este era policial e executava prisão legal.[54]

Há três posições quanto à exclusão do dolo no caso de estar o agente embriagado. Na primeira, há o entendimento de que a embriaguez é incompatível com o elemento subjetivo do crime de resistência.[55] Na segunda, afirma-se que, dispondo a lei penal que a embriaguez voluntária ou culposa do agente não exclui a responsabilidade, não se pode, com base nela, absolver o acusado do delito de resistência, que não exigiria o dolo específico.[56] Por fim, numa interpretação intermediária exclui-se a responsabilidade apenas quando o agente está inteiramente dominado pela intoxicação alcoólica.[57] Deve-se acatar a segunda orientação: presumindo a lei, expressamente, a responsabilidade do agente que atua sob embriaguez voluntária ou culposa, não há que se excluir o crime de resistência em casos que tais, mesmo porque o elemento subjetivo do tipo é um só, não distinguindo a lei entre dolo genérico e dolo específico.

---

142. ADPF 995 j. em 28-8-2023, *DJe* de 9-10-2023.
143. Ibidem, p. 415.

15.2.6 Consumação e tentativa

A resistência é um crime formal, consumando-se com a prática da violência ou ameaça. Dispensável, portanto, o resultado pretendido pelo agente, que é a não execução do ato legal.[58] Obtendo esse efeito, aliás, o agente responde pelo crime agravado (item 15.2.7).[144]

Sendo possível a tentativa da violência ou da ameaça (por escrito, por exemplo), é possível o *conatus* na resistência, cuja execução é a prática daqueles ilícitos (lesão corporal ou ameaça).

15.2.7 Resistência qualificada pelo resultado

Prevê o art. 329, § 1º: "Se o ato, em razão da resistência, não se executa: Pena – reclusão, de um a três anos." Há, nesse caso, maior lesão à Administração Pública. Se o funcionário não consegue dominar a resistência e tem de desertar ou ceder em face da violência material ou constrangimento moral, a maior gravidade do fato é evidente: não só deixa de ser cumprida a lei, como também é desmoralizada a autoridade e criado um incentivo a que outros imitem o exemplo de rebeldia.[59] O reconhecimento da qualificadora depende dessa impossibilidade de execução do ato, que é a resistência invencível.[60] Não basta, pois, que desista o funcionário da execução do ato por falta de empenho; neste caso não estará configurada a qualificadora.

15.2.8 Distinção

O art. 4º da Lei nº 1.579, de 18-3-1952, que dispõe sobre as comissões parlamentares de inquérito, e segundo o qual constitui crime "impedir, ou tentar impedir, mediante violência, ameaça ou assuadas, o regular funcionamento de comissão parlamentar de inquérito, ou o livre exercício das atribuições de qualquer de seus membros", manda aplicar ao fato as penas do art. 329 do CP.[145]

As simples ofensas por palavras, quando não constituem violência ou ameaça ao funcionário, não configuram resistência, mas o crime de desobediência.[61]

O crime de impedir ou embaraçar a ação de autoridade judiciária, membro do Conselho Tutelar ou representante do Ministério Público no exercício de função prevista na Lei nº 8.069, de 13-2-1990, é previsto no art. 236 do Estatuto da Criança e do Adolescente, punido com pena de detenção de seis meses a dois anos. Nos termos do art. 109 da Lei nº 10.741, de 1º-10-2003 (Estatuto da Pessoa Idosa), constitui crime "impedir ou embaraçar ato do representante do Ministério Público ou de qualquer outro agente fiscalizador", para o qual é cominada pena de reclusão de seis meses a um ano e multa. Aplicam-se esses dispositivos quando não há emprego de violência ou ameaça contra o funcionário ou quem o auxilia. Na hipótese contrária, responde o agente pelo crime

---

144. SILVA, Alberto Carlos de Sabóia e. Crime de resistência. *Justitia* 115/267-8.
145. FRAGOSO, H. Cláudio. Ob. cit. v. 3, p. 462.

15 • DOS CRIMES PRATICADOS POR PARTICULAR CONTRA A ADMINISTRAÇÃO EM GERAL

de resistência, configurando-se a forma qualificada se o agente impede a execução do ato. Se o agente, mediante violência ou ameaça, *embaraçar* a ação dos funcionários referidos nas leis especiais, atrapalhando e criando dificuldades, mas o ato vem a ser executado, responde nos termos do art. 329, *caput,* devendo atentar o juiz, porém, na aplicação da pena, à incoerência do legislador, evitando a imposição de pena inferior a seis meses, porque estaria punindo o agente menos severamente do que se agisse sem o emprego de violência ou ameaça. Também por incoerência do legislador, pune-se com reclusão a conduta descrita no art. 109 do Estatuto da Pessoa Idosa, quando prevista para o crime de resistência a pena de detenção (art. 329, *caput*).

Incorre, também, nas penas do art. 329, por força de disposição contida em lei especial, quem se opuser ou obstaculizar a intervenção judicial prevista na lei que disciplina as infrações contra a ordem econômica (art. 111 da Lei nº 12.529, de 30-11-2011).

Quem impede ou embaraça investigação de delito que envolva organização criminosa incorre em crime mais severamente punido (reclusão de 3 a 8 anos), previsto no art. 2º, § 1º, da Lei nº 12.850, de 2-8-2013.

15.2.9 Concurso

Além das penas aplicadas pela resistência, executado ou não o ato, as penas do art. 329 são aplicáveis sem prejuízo das correspondentes à violência (art. 329, § 2º). Determina-se na lei, assim, a cumulação das penas da resistência com as de lesão corporal ou homicídio.[62] Não há que se falar em concurso formal, como já se decidiu.[63]

O crime de resistência absorve, como elementos do tipo, os crimes de exposição a perigo de vida,[64] ameaça,[65] de desobediência.[66] Decidiu-se também pela absorção do porte ilegal de arma, quando configurava simples contravenção.[67]

É prevalente o entendimento de que a resistência oposta por autores de crime (roubo, por exemplo) para evitar a prisão, quando perseguidos logo após a prática do ilícito, não constitui crime autônomo, mas simples desdobramento da violência caracterizadora daquele,[68] máxime quando se trata de roubo impróprio.[69] Tal raciocínio, porém, é válido quando ainda não se consumou o crime patrimonial por não ter sido a *res* furtiva afastada da esfera da vigilância da vítima nem terem os agentes a posse tranquila da coisa. Quando já ocorreu a consumação e os agentes são encontrados logo após, em situação de quase flagrante, haverá concurso material de crimes.[70] Já se decidiu que o agente que durante a fuga do local do delito, para evitar a prisão em flagrante, efetua disparos de arma de fogo contra os policiais que o perseguem comete o crime de resistência.[71] A Lei nº 10.826, de 22-12-2003, que dispõe sobre armas de fogo, pune com pena de dois a quatro anos de reclusão e multa a conduta de "disparar arma de fogo ou acionar munição em lugar habitado ou em suas adjacências, em via pública ou em direção a ela" (art. 15), exigindo, porém, que "essa conduta não tenha como finalidade a prática de *outro crime*".

A resistência a dois funcionários não configura concurso formal e sim crime único, porque o sujeito passivo é a Administração como um todo, ou seja, o Estado.[72]

15.3 DESOBEDIÊNCIA

15.3.1 Conceito

O crime de desobediência está previsto no art. 330, com a seguinte redação: "Desobedecer a ordem legal de funcionário público: Pena – detenção, de quinze dias a seis meses, e multa."

15.3.2 Objetividade jurídica

Tutela a lei o prestígio e a dignidade da Administração Pública representada pelo funcionário que age em seu nome. É a defesa do princípio da autoridade, que não deve ser ofendido.[73]

15.3.3 Sujeitos do delito

Pratica o crime em apreço quem desobedece a ordem legal emanada de autoridade competente. Em regra, portanto, será o particular, mesmo porque está o ilícito incluído entre os crimes praticados por este contra a Administração em geral. A lei, porém, não faz distinção, e o funcionário público também pode ser sujeito ativo do crime de desobediência.[74] É necessário, no entanto, que não esteja no exercício da função.[75] Não se configura o citado ilícito se tanto o autor da ordem como o agente se achavam no exercício da função quando da sua ocorrência.[76] [146] Neste caso, o fato poderá caracterizar, eventualmente, o crime de prevaricação (art. 319).[77]

É possível a participação em coautoria, citando-se o exemplo do advogado que vai além do estrito cumprimento do mandado, atuando em concurso de agentes com o cliente autor do ilícito.[78]

Sujeito passivo é o Estado, titular da normalidade e regularidade da atividade administrativa e, em especial, do princípio da autoridade. Ofendido também é o funcionário que dá ou expede a ordem desde que tenha atribuições para tanto. Afirma-se na doutrina que, na espécie, se entende por funcionário público aquele que o é no estrito sentido do direito administrativo, afastada a extensão que a expressão inclui diante do art. 327.[147] A distinção, porém, parece-nos equivocada, como já salientamos anteriormente (item 14.1.3).

15.3.4 Tipo objetivo

O núcleo do tipo, no art. 330, é *desobedecer* (não acatar, não atender, não aceitar, não cumprir, não se submeter à ordem legal de funcionário público). Como bem acen-

---

146. Sobre o assunto: CARVALHO, Ivan Lira de. O descumprimento de ordem judicial por funcionário público, *Ajuris* 62/231-43.
147. Cf. HUNGRIA, Nelson. Ob. cit. v. 9, p. 417. FRAGOSO, H. Cláudio. Ob. cit. v. 3, p. 464/465. NORONHA, E. Magalhães. Ob. cit. v. 4, p. 412.

15 • DOS CRIMES PRATICADOS POR PARTICULAR CONTRA A ADMINISTRAÇÃO EM GERAL **359**

tua Noronha, o delito tanto pode ser comissivo, como omissivo: "Se a ordem impõe uma ação, a desobediência pode constituir em omissão, e vice-versa." [148] Exemplos do crime de desobediência são, para a jurisprudência: a recusa à identificação datiloscópica;[79] [149] a oposição ao cumprimento de mandado judicial;[80] o não atendimento à ordem judicial concessiva de segurança, liminar ou definitiva;[81] a recusa da entrega de objetos necessários à prova de infração penal;[82] a venda de bebidas alcoólicas no dia das eleições, diante da ordem de proibição do juiz competente:[83] a recusa do médico em fornecer esclarecimento a respeito de paciente,[84] máxime quando esta é a vítima do crime apurado em inquérito que foi solicitado pela ofendida;[85] a recusa em exibir documentos pessoais, deixando de acatar ato próprio de função policial;[86] o não acatamento da ordem de não continuar viagem quando o agente transporta gado com atestado de vacina irregular;[87] o desatendimento a determinação judicial, que proíbe o emprego de menores em atividade inadequada e mesmo perigosa, moralmente, aos menores;[88] a recusa pelo agressor em entregar a arma utilizada na prática de crime;[89] a desobediência de ordem de funcionário público municipal que intima o sujeito ativo a demolir ou regularizar obra que edifica;[90] o deixar estacionado veículo, que transporta mercadoria, depois de advertido pelo funcionário;[91] o deixar de parar a moto que dirige, sem capacete ao sinal da autoridade policial;[92] o desatender a ordem de retirar o veículo estacionado em lugar proibido;[93] a recusa de motorista em atender à ordem de parar o veículo que dirige,[94] em especial na hipótese de ter este cometido infração penal;[95] a recusa de apresentar documentos do veículo que dirige quando legalmente solicitados;[96] a exploração de jogo carteado em residência, com cobrança de "barato", quando advertido o agente pela autoridade policial da proibição legal.[97]

A desobediência só ocorre quando não atendida a ordem legal (item 15.2.4). Se o ato de ofício não é legal, não se pode cogitar de crime contra a Administração Pública.[98] Não se reconheceu o ilícito, por exemplo: na recusa do motorista de pedir desculpas ao guarda de trânsito que quase atropelou ao cometer infração regulamentar;[99] no não atendimento a ordem emanada de autoridade policial que, através de portaria, proibiu motorista habilitado de dirigir veículos;[100] e no não atendimento à busca e apreensão sem êxito efetuada sem mandado formalizado.[101] É imprescindível, assim, que o destinatário da ordem tenha o dever jurídico de agir ou deixar de agir, não se configurando o crime, por exemplo, na recusa do agente à determinação de exame hematológico em ação de investigação de paternidade.[102]

Além disso, o agente pode estar protegido por uma excludente da ilicitude, como p. ex. o exercício regular do direito referente ao sigilo profissional. Assim, não pratica o crime de desobediência: o advogado que desatende intimação judicial que lhe ordena fornecer o endereço residencial de seu constituinte;[103] o advogado que se recusa a dar

---

148. NORONHA, E. Magalhães. Ob. cit. v. 4, p. 412.

149. Observe-se, porém, que, agora, "o civilmente identificado não será submetido a identificação criminal, salvo nas hipóteses previstas em lei" (art. 5º, LVIII, da CF). Assim, o civilmente identificado tem o direito de não se submeter a identificação criminal, deixando o fato de configurar o crime de desobediência.

informações ao Ministério Público sobre fatos havidos em que funcionou, bem como em fornecer esclarecimentos acerca de suas relações profissionais com seu cliente;[104] o médico que se recusa a fornecer informações a respeito do tratamento a que está ou foi submetida determinada pessoa[105] etc.

Diante do princípio constitucional de que ninguém é obrigado a fazer ou deixar de fazer alguma coisa senão em virtude de lei, cabe ao agente examinar a legalidade da ordem.[106] Havendo dúvida sobre a legitimidade da ordem, estabelece-se um estado de dúvida sobre a própria existência do delito, que só se configura quando a ordem desobedecida seja legal e emane de funcionário competente.[107] Ninguém está obrigado a suportar desmandos; assim, se o funcionário age arbitrariamente, não pode exigir obediência e a sua conduta não caracteriza o crime de desobediência.[108][150] Além disso, é indispensável que a ordem se revista das formalidades legais[151] e que o funcionário esteja no exercício do cargo.[109] Decidiu-se, aliás, que, sendo a autoridade impetrada incompetente para atender ao pedido feito em mandado de segurança, por ilegitimidade passiva *ad causam*, não se pode falar em crime de desobediência, pela impossibilidade material de atendimento à ordem judicial.[110]

Não há que se confundir, porém, a legalidade da ordem com a sua justiça; ou a ordem é legal, como se presume na maioria dos casos, ou não o é. Se for legal, não cabe a quem a recebe discutir-lhe o acerto.[111]

Indispensável para a configuração do delito é ainda a circunstância de que a ordem parta da autoridade que esteja no exercício do cargo, pois só assim pode ser considerada legítima.[112] Ainda assim, já se decidiu que é irrelevante à configuração da desobediência não ser a ordem legal proferida *in officium*, pois que a tipificação do delito basta provir, *propter officium*, de funcionário que, entre as suas atribuições, seja competente para emiti-las.[113]

Para que se tipifique o crime em apreço, a ordem deve ser transmitida diretamente ao desobediente, o que pode ser feito por várias maneiras e modos (por escrito, verbalmente etc.). Essas formas, porém, devem conduzir ao conhecimento perfeito da ordem.[114] Por essa razão, já se decidiu que não há falar em desobediência, ante o não atendimento à intimação policial para prestação de depoimento em inquérito, se aquela for entregue a terceiro sem poderes expressos para recebê-la em nome da testemunha.[115]

O crime somente existe quando a ordem é individualizada, isto é, quando dirigida inequivocamente a quem tem o dever jurídico de recebê-la ou acatá-la.[116][152] Deve ser, portanto, expressa, real e atual, não podendo ser presumida em nenhum caso.[117] Não se exige, entretanto, que esteja presente aquele que expediu a ordem, bastando que se comprove ter o agente ciência da determinação e que tenha o dever jurídico de obedecer para que se configure o ilícito de desobediência.

---

150. Cf. FARIA, Bento de. Ob. cit. v. 7, p. 133.
151. FRAGOSO, H. Cláudio. Ob. cit. v. 3, p. 466.
152. NORONHA, E. Magalhães. Ob. cit. v. 4, p. 413.

15 • DOS CRIMES PRATICADOS POR PARTICULAR CONTRA A ADMINISTRAÇÃO EM GERAL — 361

Não basta à caracterização do crime que haja pedido ou solicitação, sendo mister a efetiva *ordem*.[153] Assim, um simples ofício em que se solicita providência, caso não respondido, não basta para a caracterização do ilícito.[118]

O crime em estudo não se constitui por ato de desobediência à lei, mas unicamente por ato de desobediência à ordem de funcionário em atuação da lei. Assim, a desobediência às normas jurídicas, preceitos gerais, regulamentos, portarias, avisos e editais complementares à lei que importam na sua exequibilidade não configura a infração penal em discussão.[119] [154] Mas, como observa Hungria, "o texto do artigo 330 não impede se reconheça mesmo em tal caso o crime (desde que se prove a inequívoca ciência do edital por parte do agente)";[155] nesse sentido, já se tem decidido.[120]

A doutrina e a jurisprudência estão de acordo no sentido de que não se configura o crime de desobediência quando alguma lei de conteúdo não penal comina penalidade administrativa, civil ou processual para o fato.[121] [156] Não há que se falar, porém, em *bis in idem* na aplicação cumulativa de sanções administrativas e penal quando a própria lei extrapenal prevê, expressamente, a possibilidade de reprimenda em ambas as esferas.[122] Assim, se o art. 219 do CPP declara de maneira expressa que as providências passíveis de serem aplicadas às testemunhas faltosas podem ser utilizadas sem prejuízo do crime de desobediência, a existência de infração administrativa não descaracteriza o crime previsto no art. 330.[123] A regra, porém, somente se aplica à testemunha e não à vítima,[124] ao indiciado[125] ou ao réu.[126] É descabida a exigência de que a ação penal só deve ser instaurada depois de esgotadas, sem sucesso, outras medidas previstas em lei como a condução coercitiva[157], a aplicação de multa e o pagamento das custas da diligência, como já se decidiu.[127]

A simples fuga, sem violência, não caracteriza o crime de desobediência, mesmo diante de voz de prisão. Tal atitude é natural, inspirada não pela vontade de transgredir a ordem, mas pela busca e impulso instintivo de liberdade.[128] Mas já se entendeu caracterizado o referido crime.[129]

Tem-se decidido ainda pela inexistência do delito nas seguintes hipóteses: no simples propósito de dilação para entrega da coisa;[130] na recusa de mover seu veículo, estacionado em local proibido, caso em que cabe a providência administrativa de remoção do veículo;[131] no não atendimento de sinal de parada dado por autoridade

---

153. DELMANTO, Celso. *Código Penal anotado*. 4. ed. São Paulo: Saraiva, 1984. p. 410. FRAGOSO, H. Cláudio. Ob. cit. v. 3, p. 466.
154. Cf. NORONHA, E. Magalhães. Ob. cit. v. 3, p. 412-413. HUNGRIA, Nelson. Ob. cit. v. 9, p. 417. FARIA, Bento de. Ob. cit. v. 7, p. 134-143.
155. HUNGRIA, Nelson. Ob. cit. v. 9, p. 417. Nesse sentido, FRAGOSO, H. Cláudio. Ob. cit. v. 3, p. 466.
156. Cf. HUNGRIA, Nelson. Ob. cit. v. 9, p. 417. FRAGOSO, H. Cláudio. Ob. cit. v. 3, p. 466-467. NORONHA, E. Magalhães. Ob. cit. v. 4, p. 414. SILVEIRA, Sérgio da. Crime de desobediência. *Justitia* 116/257.
157. Decidiu o STF, por maioria de votos, que a condução coercitiva do réu ou investigado *para interrogatório* (art. 260 do CPP), não foi recepcionada pela Constituição Federal, por afronta ao princípio da não-culpabilidade e à vedação à autoincriminação (ADPFs 395 e 444, ajuizadas, respectivamente, pelo Partido dos Trabalhadores e pela Ordem dos Advogados do Brasil).

policial de trânsito;[132] na recusa de entregar as chaves do veículo em caso de exame médico vencido;[133] na recusa em se identificar perante a autoridade policial, da parte de quem se encontra detido;[134] na recusa de assinar peças de inquérito policial;[135] na recusa ao exame hematológico em ação de investigação de paternidade;[136] na negativa do réu ao exame para a pesquisa e dosagem de álcool de seu sangue.[137] Em casos tais, dispõe a autoridade, eventualmente, de medida administrativa para fazer cumprir a lei e, na última hipótese, a recusa gera presunção em desfavor do agente.

15.3.5 Tipo subjetivo

O dolo é a vontade de não obedecer à ordem legal do funcionário público. Evidentemente, é indispensável que o agente tenha ciência da determinação e consciência da antijuridicidade da sua conduta.[138] Isso implica inclusive o agente ter consciência de que a ordem emana de funcionário competente para expedi-la. Ignorando o agente a qualidade de funcionário, que não se identifica, não se configura o ilícito.[139] A dúvida caracteriza o crime por dolo eventual. Já se decidiu que a embriaguez exclui o dolo.[140] A embriaguez, porém, que na desobediência pode afastar o genérico dolo da infração é a que elimina a capacidade intelecto-volitiva do agente, revelando-se em atitudes inconsequentes ou irracionais, e não em simples perturbação alcoólica que não chega a infirmar-lhe a consciência de suas atitudes.[141] Basta, também, a simples vontade consciente de desobedecer, não se exigindo dolo específico.[142]

O não comparecimento de testemunha na audiência, por ter-se enganado quanto à data da realização da mesma, descaracteriza o crime de obediência, visto que, não havendo dolo, não há que falar em crime.[143]

15.3.6 Consumação e tentativa

Podendo ser o crime comissivo ou omissivo, a consumação ocorre no momento da ação ou da omissão ilícita, ou seja, após decorrido o prazo fixado pela autoridade ou lapso suficiente que caracterize o descumprimento da ordem.[144]

A tentativa somente é possível na forma comissiva. Na omissão, ou o agente praticou o ato no prazo, nada havendo a punir, ou, escoado aquele, estará consumado o crime.

15.3.7 Distinção

Distingue-se a desobediência da resistência pelo não emprego de violência ou ameaça ao funcionário competente para executar a ordem. A violência contra a coisa não configura a resistência, mas simples desobediência.

Quando o agente desobedece à ordem legal para satisfazer pretensão, ainda que legítima, ocorre o crime de exercício arbitrário das próprias razões (art. 345). Não há falar em desobediência, também, se o ato que a configuraria já constitui, por si, a prática de outro crime, como o previsto no art. 359, no art. 233 do CP[145] ou de contravenção.[146]

15 • DOS CRIMES PRATICADOS POR PARTICULAR CONTRA A ADMINISTRAÇÃO EM GERAL

A Lei nº 10.741, de 1º-10-2003, prevê como crime mais severamente punido o descumprimento de ordem judicial expedida na ação civil disciplinada no Estatuto da Pessoa Idosa e nas ações em que for parte ou interveniente o idoso (arts. 100, inciso IV, e 101).

A Lei nº 12.529, de 30-11-2011, no art. 111, dispõe expressamente que pratica o crime de desobediência quem desobedecer a ordem legal de interventor nomeado pelo juiz em processo de execução judicial de decisões do CADE (Conselho Administrativo de Defesa Econômica).

A recusa ou omissão de dados, documentos ou informações requisitadas pelo juiz, Ministério Público ou Delegado de Polícia no âmbito da apuração de crimes decorrentes de organizações criminosas configura o delito previsto no art. 21 da Lei nº 12.850, de 2-8-2013.

A Lei nº 11.340, de 7-8-2006, prevê, no art. 22, § 2º, a responsabilização por crime de desobediência ou de prevaricação do superior hierárquico do agressor, em caso de violência doméstica ou familiar contra a mulher, que deixar de dar cumprimento à determinação judicial de suspensão ou restrição do porte de arma e tipifica no art. 24-A a conduta de descumprir decisão judicial que defere medidas protetivas de urgência previstas nessa Lei. Disposições análogas foram incluídas nos arts. 20, § 2º, e 25 da Lei nº 14.344, de 24-5-2022, aplicáveis aos crimes de violência doméstica e familiar contra a criança e adolescente.

15.4 DESACATO

15.4.1 Conceito

Prevê o art. 331 o crime de desacato com a seguinte redação: "Desacatar funcionário público no exercício da função ou em razão dela: Pena – detenção, de 6 (seis) meses a 2 (dois) anos, ou multa."

15.4.2 Objetividade jurídica

O bem jurídico tutelado é a dignidade, o prestígio, o decoro, o respeito devido à função pública. Está o Estado interessado nessa proteção para que se possibilite a regular atividade da Administração Pública.[147] Como bem acentua Fragoso: "não há, pois, aqui, apenas injúria, difamação ou desrespeito ao funcionário (que seria, eventualmente, crime contra a pessoa), mas atentado a um interesse geral, relativo à normalidade do funcionamento da administração pública".[158]

15.4.3 Sujeito ativo

Sujeito ativo é qualquer pessoa que desacata funcionário público. O funcionário público também pode ser autor de desacato, desde que despido dessa qualidade ou

---

158. FRAGOSO, H. Cláudio. Ob. cit. v. 3, p. 469.

fora de sua própria função.[148] Discute-se, porém, se é possível falar-se em desacato quando o agente é funcionário público e a ofensa se refere às funções públicas. Numa primeira posição, entende-se que não há desacato na ofensa praticada por funcionário público contra outro funcionário público, já que o delito somente pode ser cometido por *extraneus* em se tratando de crime praticado por *particular* contra a Administração Pública.[149] 159 Em uma segunda orientação, há desacato quando a ofensa é praticada pelo servidor contra seu superior hierárquico, inocorrendo o delito quando os sujeitos ativo e passivo são funcionários públicos em iguais funções e categorias.[150] 160 Na terceira posição, com a qual concordamos, não há que se fazer distinção, ocorrendo o ilícito independentemente da função que exerçam os sujeitos ativo e passivo, ou de subordinação hierárquica.[151] Diz, com precisão, Noronha: "Se o ofendido, no delito em apreço, é primacialmente a Administração Pública ou o Estado, o superior, que ofende o inferior, ofende, como qualquer outra pessoa, a administração não podendo ele sobrepor-se a esta. É óbvio que, tutelando-se a administração, protegem-se seus agentes, não se excluindo os humildes e modestos." 161

Já se pretendeu excluir o advogado como sujeito ativo do crime porque exerceria funções equiparadas à do oficial de justiça que desacatara. O STF, porém, entendeu que o primeiro só exerce *múnus* público no desempenho de uma defensoria dativa, o que não pode ser confundido com a função pública propriamente dita, uma vez que não há qualquer vinculação com o Estado, nem ao Estado os advogados devem qualquer satisfação; não existe, portanto, a pretendida equiparação.[152] Também a inviolabilidade assegurada pelo art. 133, da nova Constituição, não exclui a responsabilidade do advogado pelo crime de desacato pois é balizada pelos traços da lei, os quais, no tema do princípio da recepção, continuam cingidos à chamada imunidade judiciária.[153] 162

15.4.4 Sujeito passivo

No delito de desacato, o sujeito passivo é o Estado, "não se admitindo que alguém destrate funcionário seu, no exercício do cargo, ou fora da função, mas em razão dela e na prática de ato que diz respeito ao interesse público".[154] É também sujeito passivo o funcionário público desacatado, entendendo-se como tal o previsto no art. 327 do

---

159. Cf. MANZINI, Vicenzo. Trattato de diritto penale italiano. Turim, Unione Tipográfico – Editrice Torinese, 1950, v. 5, p. 422-5. HUNGRIA, Nelson. Ob. cit. v. 9, p. 422. SABINO JÚNIOR, Vicente, *Direito penal*. São Paulo: Sugestões Literárias, 1967. 1. 4, p. 1.234. Para esses autores haveria, na hipótese, apenas abuso de função.

160. 3. Cf. parecer de LEVAI, Emeric. Desacato. *Justitia* 98/371 e 99/404.

161. NORONHA, E. Magalhães. Ob. cit. v. 4, p. 417-418. Cf. FRAGOSO, H. Cláudio. Ob. cit. v. 3, p. 469-470. MAGGIORE, Giuseppe. *Diritto penale*. Bologna, Caruchelli, 1951. v. 1, p. 205. VANNINI, Ottorino. *Problemi relativi al delito de oltragio*. Milão: Giuffrè, 1935. p. 9. LEVI, Nino. *Dellitti contra la publica amministrazione*. Milão, 1935. p. 425 e voto vencido do Juiz Goulart Sobrinho, *RT* 452/386.

162. O art. 7º, § 2º, da Lei nº 8.906/94 (EAOAB), na parte em que prevê a imunidade do advogado em relação ao crime de desacato, após a suspensão de sua eficácia por medida liminar em 1994, foi declarado inconstitucional pelo STF em 17-5-2006 (ADIN 1.127-8, *DJe* de 11-6-2010) e, posteriormente, revogado pela Lei nº 14.365, de 2-6-2022.

CP.[155] Reconheceram-se como ofendidos pelo delito funcionário da Caixa Econômica Federal,[156] os integrantes de Guarda Municipal.[157 158 159] Pode ser vítima aquele que, embora não funcionário público, esteja no exercício de função pública.[160] Por outro lado, como é imprescindível um nexo funcional – que terá caráter ocasional, se a ofensa ocorre onde e quando esteja o funcionário a exercer funções de seu cargo, ou de natureza causal, quando, embora presente, o funcionário não esteja a desempenhar ato de ofício, mas a ofensa se dê em razão de suas funções públicas não há desacato quando o ofendido não se encontra em qualquer dessas situações, sendo mero assistente de atos da Administração.[161]

15.4.5 Tipo objetivo

O núcleo do verbo é *desacatar*, que significa ofender, vexar, humilhar, espezinhar, desprestigiar, menosprezar, menoscabar, agredir o funcionário, ofendendo a dignidade ou o decoro da função. É, pois, o desacato toda e qualquer ofensa direta e voluntária à honra ou ao prestígio de funcionário público com a consciência de atingi-lo no exercício ou por causa de suas funções, tutelando a figura delituosa a dignidade da Administração Pública personificada em seus mandatários.

Pode o desacato constituir-se em palavras ou atos (gritos, gestos, escritos se presente o funcionário) e, evidentemente, violência que constitua a contravenção de vias de fato ou o crime de lesões corporais. "Há, assim, toda uma escala, toda uma gama a percorrer, que vai da simples intenção de não tomar conhecimento da presença do funcionário, da ironia brutal, do sarcasmo, até o doesto, a injúria, o achincalhe mais brutal".[162] Na jurisprudência deu-se por caracterizado o desacato nas seguintes hipóteses: nas ofensas morais seguidas de agressão física;[163] na tentativa de agressão;[164] no insulto seguido de um tapa;[165] nas palavras grosseiras;[166] nas palavras de baixo calão;[167] nas palavras de desafio, brandindo o agente um facão;[168] nos altos brados, provocando escândalo;[169] na ofensiva caçoada;[170] na gesticulação desrespeitosa, nas ameaças veladas; no dirigir-se ao funcionário de modo arrogante, grosseiro e insultuoso;[171] no desafio a magistrado, com afronta e irreverência ao mesmo;[172] nas palavras e atos que ofendem, humilham ou espezinham funcionário;[173] no tapa no rosto, ainda que não deixe vestígios;[174] no arrebatar, amassar e rasgar ou atirar ao solo auto de infração que está sendo lavrado;[175] no amassar, atirar sobre balcão do cartório contrafé recebida e proferir expressões inamistosas contra o funcionário;[176] no atirar ovos contra policiais.[177] Como acentuou Sérgio da Silveira, em parecer acatado pelo STF, até o riso ou sorriso, como outra forma de expressão qualquer, pode representar essa injúria qualificada que é o desacato.[163]

---

163. SILVEIRA, Sérgio da. Desacato. Advogado que sorri da atitude do magistrado. *Justitia* 99/400-4.

Pouco importa que o funcionário se julgue, ou não, ofendido (pois não está em jogo apenas a integridade moral ou física do funcionário, senão também a dignidade e o prestígio do seu cargo ou função).[164]

Para a configuração do delito de desacato é indispensável o nexo funcional, ou seja, que a ação ocorra quando o funcionário esteja no exercício da função (*in officio*) ou, não estando, que a ação se verifique em função dela (*propter officium*). Na primeira hipótese, basta que o funcionário esteja no desempenho de sua atividade funcional (nexo causal), caracterizando-se a infração ainda que a ofensa não diga respeito à função (nexo ocasional).[178] Não importa que o funcionário esteja fora da repartição, nem deixa de existir o ilícito, por exemplo, quando está em diligência. Na segunda hipótese, ou seja, quando o funcionário não está no exercício da atividade funcional, é necessário que a ofensa diga respeito à sua função.[179] Se o funcionário, porém, é ofendido *extra officium*, como particular e as expressões usadas não têm ligação alguma com o exercício de sua função pública, não há cogitar do delito de desacato.[180] Haverá, no caso, crime contra a honra (injúria, difamação ou calúnia).

É indispensável à caracterização do desacato a presença do funcionário por ocasião da ofensa.[181] [165] Não é necessário, porém, como bem nota Hungria, que a ofensa seja irrogada *facie ad faciem*, bastando que, próximo o ofendido, seja por ele percebida. Ainda que haja, por exemplo, um tabique ou biombo entre o ofensor e o funcionário, que não impeça a audição da injúria proferida, do aleive assacado, da ameaça formulada, pode caracterizar-se o desacato.[166] É indispensável, também, que o funcionário veja ou ouça a injúria que lhe é assacada, estando no local.[182] [167]

Sendo indispensável a presença do funcionário, não há desacato na ofensa cometida através de documento,[183] telefone,[184] imprensa,[185] por escrito, em razões de recurso[186] ou petição[187] etc. Ocorrerá nesse caso crime contra a honra qualificado ou ameaça.

Ocorre o delito ainda que o fato não seja presenciado por terceiro, pois a publicidade da ofensa não é elemento do tipo penal.

Não ocorre o crime quando o ofendido já não é funcionário público, ainda que se refira a ofensa ao anterior exercício da função. Não há, no caso, ofensa à Administração Pública.

Também não há crime nas críticas genéricas a uma instituição, por si, pois para a tipificação do desacato é mister que a ofensa seja dirigida contra o funcionário público no exercício de suas funções ou em razão delas.[188]

---

164. HUNGRIA, Nelson. Ob. cit. v. 9, p. 423.
165. Cf. HUNGRIA, Nelson. Ob. cit. v. 9, p. 421. NORONHA, E. Magalhães. Ob. cit. v. 4, p. 420. FRAGOSO, H. Cláudio. Ob. cit. v. 3, p. 471. MARINO JÚNIOR, Alberto. Desacato. *Justitia* 39/129-32.
166. HUNGRIA, Nelson. Ob. cit. v. 9, p. 421.
167. Ibidem, p. 421. Contra: NORONHA, E. Magalhães. Ob. cit. v. 4, p. 421. FRAGOSO, H. Cláudio. Ob. cit. v. 3, p. 471.

15 • DOS CRIMES PRATICADOS POR PARTICULAR CONTRA A ADMINISTRAÇÃO EM GERAL   **367**

Não constitui desacato, a mera censura ou crítica, ainda que veementes e exaltadas, sobre a atuação de servidor público, quando não há adjetivação ofensiva.[189]

15.4.6 Tipo subjetivo

Consiste o dolo na vontade consciente de praticar a ação ou proferir a palavra injuriosa, com o propósito de ofender ou desrespeitar o funcionário a quem se dirige.[168] Embora em algumas decisões se tenha dispensado o fim determinado de ofender,[190] é amplamente majoritária a corrente que afirma ser indispensável o denominado dolo específico, o elemento subjetivo do tipo.[191]

Deve saber o agente que o ofendido é funcionário público e que está ele no exercício da função ou que a ofensa é irrogada em razão desta.[192] A ignorância ou o erro sobre essa circunstância exclui o dolo com relação ao desacato, devendo o agente responder pelo crime contra a honra, por ameaça, lesões etc.

Discute-se se o estado de exaltação ou de nervosismo do agente pode ser aceito para justificar a afronta contra funcionário por ele desacatado no exercício das funções. Em posição minoritária, afirma-se na jurisprudência que constituiria arrepio a qualquer lei psicológica que um indivíduo desacatasse outro a sangue frio, sem qualquer motivo antecedente, pelo simples prazer de desabafar, sendo irrelevante, portanto, à configuração do delito o estado emotivo ou colérico do agente.[193] Outra corrente, fundamentada no fato de que se exige o chamado dolo específico, afirma estar excluído o dolo nos casos em que o agente está sob o efeito de cólera,[194] ou irritação;[195] ou a conduta se deve a exaltação momentânea,[196] desabafo,[197] vivacidade de temperamento, incontinência de linguagem ou simples falta de controle emocional.[198] Nesse sentido, é predominante a jurisprudência.[199] Também é aceito que não se caracteriza o desacato por ausência do dolo específico se a ofensa constitui apenas repulsa a ato injusto e ilegal da vítima, que deu causa, assim, ao ultraje.[200] [169] Existirá desacato, porém, se a ofensa é proferida quando da prática de ato regular, como no caso de providência derivada do poder de polícia.[201]

Divergências existem quando à existência ou não de desacato se o agente estiver embriagado. Numa primeira posição, tem-se entendido que a embriaguez, voluntária ou culposa, não excluindo a responsabilidade nos termos do art. 24 do CP, não afasta o dolo, havendo isenção de pena somente nos casos de ebriez fortuita ou proveniente de força maior;[202] salienta-se em alguns julgados que o crime em apreço não exige o dolo específico.[203] Em sentido oposto, existe corrente jurisprudencial no sentido de que a embriaguez, ainda que incompleta, isenta o agente de responsabilidade. Alega-se que o estado alcoólico é paralisador dos processos psíquicos mais elevados, não se harmonizando com o fim certo e deliberado estatuído na própria tipicidade para a caracterização

---

168. FRAGOSO, H. Cláudio. Ob. cit. v. 3, p. 472.
169. Cf. HUNGRIA, Nelson. Ob. cit. v. 9, p. 423. NORONHA, E. Magalhães. Ob. cit. v. 4, p. 422. FRAGOSO, H. Cláudio. Ob. cit. v. 3, p. 472-3.

do desacato, que exige o fim especial de agir, ou seja, ultrajar o funcionário.[204] Em uma orientação intermediária, que nos parece mais correta, tem-se exigido que seja completa a embriaguez para que se exclua o dolo do desacato.[205] Realmente, a embriaguez, em sua fase inicial de exaltação, não compromete a plenitude do discernimento, não excluindo assim o elemento subjetivo do crime de desacato.[206]

15.4.7 Consumação e tentativa

O delito está consumado com a prática da ofensa, como ocorre nos crimes contra a honra, ou seja, no momento e lugar em que o agente pratica ato ofensivo ou profere palavras ultrajantes. Trata-se de crime formal, sendo irrelevantes as consequências do fato (se o funcionário se sentiu atingido ou se foi abalado o prestígio ou o decoro da função que exerce etc.). Caracterizado o crime, é irrelevante eventual pedido de desculpas por parte do agente.[207] Tratando-se de crime de ação pública, não admite retratação, exclusiva para os crimes contra a honra, de falso testemunho e de falsa perícia.

É possível a tentativa, salvo nos casos de ofensa oral. Assim, ocorrerá o *conatus* quando alguém for impedido de agredir o servidor, quando é impedido de atirar sobre ele imundície etc.[170]

15.4.8 Distinção

Distingue-se o desacato da resistência; naquela há agressão com a intenção de ofender a dignidade ou decoro do funcionário ou da Administração Pública; nesta, a violência é exercida para impedir o cumprimento de ordem legal. Haverá injúria, ameaça, lesões corporais etc. se o fato não ocorrer *in officio* ou *propter officium*.

15.4.9 Concurso

Quando o desacato se traduz em agressão física, subsiste apenas esse delito pela regra da consumação, absorvido o crime de lesões corporais;[208] ocorre o mesmo com a tentativa de agressão ou ameaça[209] e com a injúria.[210] Haverá, porém, *concurso* formal se se tratar de lesões corporais graves ou calúnia.[211] [171]

Ainda que haja vários funcionários ofendidos, o crime é um só se houve apenas uma conduta, já que se trata de infração contra a Administração Pública.[212] Já se decidiu, porém, nesta hipótese, pelo concurso formal.[213] Há crime continuado no comportamento do agente que, em atitudes sucessivas, desacata vários funcionários,[214] e concurso material se ocorre, além do desacato, desobediência ou resistência.

---

170. Os exemplos são de NORONHA, E. Magalhães. Ob. cit. v. 4, p. 423.
171. Cf. HUNGRIA, Nelson. Ob. cit. v. 9, p. 421-412. FRAGOSO, H. Cláudio. Ob. cit. v. 3, p. 472. NORONHA, E. Magalhães. Ob. cit. v. 4, p. 423.

15.5 TRÁFICO DE INFLUÊNCIA

15.5.1 Conceito

Prevê o art. 332 o crime de tráfico de influência denominado na doutrina como *venditio fumi* (venda de fumaça) ou *millantato credito* (influência jactanciosa). Com a nova redação dada ao dispositivo pela Lei n° 9.127, de 16-11-1995, ficou assim redigido o tipo penal: "Solicitar, exigir, cobrar ou obter, para si ou para outrem, vantagem ou promessa de vantagem, a pretexto de influir em ato praticado por funcionário público no exercício da função: Pena – reclusão, de dois a cinco anos, e multa."

15.5.2 Objetividade jurídica

Tutela-se o prestígio, o bom nome, a confiança da administração contra o descrédito causado pelo agente que, gabando-se da influência junto a funcionário, desprestigia o conceito que aquela deve merecer. O ilícito atenta também contra o patrimônio do particular, numa espécie de estelionato, já que o agente induz a erro o particular para obter vantagem indevida.

15.5.3 Sujeito ativo

Pode cometer o delito todo aquele que obtém vantagem ou promessa dela, para si ou para terceiro, arrogando influência junto a funcionário público. Tanto o particular como o funcionário público, portanto, podem ser sujeito ativo do crime. Há, porém, decisão em sentido contrário.[215]

15.5.4 Sujeito passivo

Sujeito passivo do delito de tráfico de influência é o Estado, pois, na espécie, o objeto da tutela penal é o interesse público em seu mais amplo sentido; não é justo, portanto, que o particular exponha a honra e o prestígio da Administração Pública à situação de objeto de mercadejamento, transformando o funcionário em aparentemente corruptível.[216]

Vítima secundária também é a pessoa que pretende "comprar" a influência que o sujeito ativo diz ter. Quanto a este, embora sua conduta seja imoral, por pretender satisfazer a um fim através de influência de terceiro, não é ele coautor ou partícipe, pois está adquirindo influência inexistente. Supõe ele que está praticando um crime de corrupção ativa, que somente existirá se houver realmente a influência efetiva sobre o funcionário. Há, na hipótese, crime putativo quanto à participação na corrupção ativa.

15.5.5 Tipo objetivo

Com a atual redação, as condutas típicas são *solicitar* (pedir, procurar, buscar, rogar, induzir, manifestar o desejo de receber); *exigir* (ordenar, reclamar imperiosamente, impor); *cobrar* (pedir pagamento); e *obter* (receber, conseguir, adquirir) vantagem ou promessa de vantagem, sob o pretexto de influência junto a funcionário público. Há, portanto, fraude contra o comprador da influência. Esta pode ocorrer mediante o uso de artifício, ardil ou outro meio fraudulento, como a simples mentira, tal como ocorre no estelionato. Afirma Noronha que o delito também pode ocorrer com o silêncio do agente, "como sói acontece no caso em que, mal informado, o pretendente a um fato dirige-se-lhe, supondo-o influente, e ele silencia, aceitando a vantagem ou sua promessa".[172] É preciso, porém, que o agente alardeie prestígio, persuasivamente, atribuindo-se influência sobre o funcionário.[217] Sem a prova de que o agente houvesse, efetivamente, alardeado prestígio junto a funcionário público, elemento essencial da infração prevista no art. 332 do CP, esta não se configura.[218]

Exige-se que "o agente se arrogue prestígio junto a *funcionário público*, pois, caso contrário, o fato não ofende à administração pública, e poderá constituir apenas um estelionato".[173] Tem-se entendido na jurisprudência que não ocorre o crime quando se trata de pessoa equiparada a funcionário público para os efeitos penais, como nos casos de empregado de empresa de economia mista, como o Banco do Estado.[219] Já nos manifestamos em sentido contrário, entendendo não fazer a lei a referida distinção (item 14.1.3, *in fine*).

Não é indispensável que o agente mencione expressamente o nome do funcionário sobre o qual se exercerá a suposta influência.[174] Já se decidiu, porém, que não se pode cogitar do referido ilícito quando não se sabe junto a que funcionário pretextava influir na obtenção de vantagem para terceiro.[220]

Como acentua Hungria, "o prestígio de que se faz praça pode ser junto a terceira pessoa, que, por sua vez, teria decisiva influência sobre o funcionário (exemplo: uma suposta ou real amante deste)".[175]

O fim lícito ou ilícito do fraudado não conta, pois a essência do delito reside em o agente conseguir vantagem ou promessa desta, a pretexto de atuar junto ao funcionário de quem depende a satisfação daquele fim.[176] Decidiu-se pela existência de crime na conduta de quem dizia ser funcionário da Caixa Econômica Federal, com influência naquela repartição, de tal sorte que poderia conseguir ali, facilmente, o empréstimo que se quisesse.[221] A vantagem, porém, pode ser não só patrimonial, como também moral, sexual etc.

---

172. NORONHA, E. Magalhães. Ob. cit. v. 4, p. 427. No mesmo sentido, HUNGRIA, Nelson. Ob. cit. v. 9, p. 425.
173. FRAGOSO, H. Cláudio. Ob. cit. v. 3, p. 476.
174. Cf. HUNGRIA, Nelson. Ob. cit. v. 9, p. 426. NORONHA, E. Magalhães. Ob. cit. v. 4, p. 427. FRAGOSO, H. Cláudio. Ob. cit. v. 3, p. 476. ALMEIDA, Fernando Henrique Mendes de. *Dos crimes contra a administração pública*. São Paulo: Saraiva, 1955. p. 193. COGAN, Arthur. Exploração de prestígio. *Justitia* 112/61.
175. HUNGRIA, Nelson. Ob. cit. v. 9, p. 425. No mesmo sentido, FRAGOSO, H. Cláudio. Ob. cit. p. 3, p. 476. NORONHA, E. Magalhães. Ob. cit. v. 4, p. 427. DELMANTO, Celso. Ob. cit. p. 415.
176. NORONHA, E. Magalhães. Ob. cit. v. 4, p. 427.

15 • DOS CRIMES PRATICADOS POR PARTICULAR CONTRA A ADMINISTRAÇÃO EM GERAL

Quando o agente realmente goza de influência e dela se utiliza, poderá haver outro crime (corrupção ativa, por exemplo), que absorverá o crime previsto no art. 332.

Se o prestígio arrotado junto a funcionário público não causa a mínima impressão na vítima, que não se deixa enganar, não há que se cogitar do delito.[222]

15.5.6   Tipo subjetivo

O dolo é a vontade de obter a vantagem ou promessa desta, arrogando-se influência junto a funcionário público. Não se exige, porém, que o agente tenha a consciência de atingir a administração ou, muito menos, de desacreditá-la, já que tal fato é inerente à conduta do agente.

15.5.7   Consumação e tentativa

Consuma-se o delito com a simples prática de uma das condutas previstas no dispositivo, independentemente de obter o agente a vantagem pretendida,[223] salvo na última figura, em que o agente, sem ter praticado uma das demais ações inscritas no tipo, recebe ele a vantagem.

É possível a tentativa quando a solicitação, exigência ou cobrança, por ser feita por mensagem ou por intermédio de terceiro, não chega ao conhecimento do ofendido.

15.5.8   Distinção

Distingue-se o crime de tráfico de influência do estelionato, porque no primeiro há sempre o pretexto de influir na Administração. Há no caso concurso aparente de normas que se resolve pelo princípio da especialidade. Se a exploração de prestígio chega a constituir o crime de corrupção ativa, este será o único delito a identificar-se, excluindo-se, assim, o concurso.[177]

Quando a vantagem é patrimonial e o pretexto é de influir em juiz, jurado, órgão do Ministério Público, funcionário de justiça, perito, tradutor, intérprete ou testemunha, o crime passa a ser o de exploração de prestígio previsto no art. 357. Se a influência alardeada é sobre funcionário público estrangeiro e se o ato se relaciona com o comércio internacional, o crime é o definido no art. 337-C.

15.5.9   Aumento de pena

A pena é aumentada de metade, se o agente alega ou insinua que a vantagem é também destinada ao funcionário (art. 332, parágrafo único).

O desprestígio para a Administração, nesta hipótese, é maior, justificando-se o aumento de pena inclusive pela eventual ofensa à honra do funcionário. Observa

---

177.   FRAGOSO, H. Cláudio. Ob. cit. v. 3, p. 476-477.

372 MANUAL DE DIREITO PENAL – PARTE ESPECIAL – ARTS. 235 A 361 DO CP • Julio Mirabete e Renato Fabbrini

acuradamente Noronha que o rigor da lei não impõe a declaração expressa do agente, bastando que insinue o suborno do funcionário.[178]

15.6 CORRUPÇÃO ATIVA

15.6.1 Conceito

O crime de corrupção ativa está previsto no art. 333, que tem a seguinte redação: "Oferecer ou prometer vantagem indevida a funcionário público, para determiná-lo a praticar, omitir ou retardar ato de ofício." A pena cominada, conforme redação dada pela Lei nº 10.763, de 12-11-2003, é de "reclusão, de dois a doze anos, e multa".

15.6.2 Objetividade jurídica

Tutela-se com o dispositivo a probidade da Administração Pública. Tenta-se com o dispositivo evitar que uma ação externa provoque a corrupção do funcionário para que pratique este ato de improbidade e venalidade no exercício de sua função. Reforçando a tutela do bem jurídico, a Lei nº 12.846, de 1º-8-2013, que dispõe sobre a responsabilização administrativa e civil de pessoas jurídicas pela prática de atos contra a administração pública, prevê como ato lesivo à administração pública "prometer, oferecer ou dar, direta ou indiretamente, vantagem indevida a agente público, ou a terceira pessoa a ele relacionada" (art. 5º, I). Prevê a Lei a responsabilização objetiva da pessoa jurídica em cujo interesse ou benefício for praticado o ato lesivo e a imposição de sanções na esfera administrativa, consistentes em multa e publicação da decisão condenatória (art. 6º), e na esfera judicial, que incluem o perdimento dos bens, direitos ou valores auferidos com a infração, a suspensão ou interdição parcial de suas atividades e a dissolução compulsória da pessoa jurídica (art. 19).

15.6.3 Sujeitos do delito

O crime pode ser cometido por qualquer pessoa, não se afastando a possibilidade de ser o sujeito ativo funcionário público que, despido dessa qualidade, age como particular.

Tratando-se de crime contra a Administração Pública, o sujeito passivo direto não é o funcionário, mas o próprio Estado. É este o titular da regularidade da função administrativa, em especial no que diz respeito à probidade dos seus funcionários, que a coletividade quer que sejam incorruptíveis.[224]

15.6.4 Tipo objetivo

Prevê a lei as ações de oferecer ou de prometer vantagem indevida ao funcionário público. *Oferecer* é colocar à disposição, apresentar, exibir, expor. *Prometer* é obrigar-se,

---

178. FRAGOSO, H. Cláudio. Ob. cit. v. 3, p. 476-477.

comprometer-se, anunciar, fazer promessa. Diz com propriedade Noronha: "De todos os meios pode valer-se o corruptor: palavras, atos, gestos, escritos etc. Tanto é corruptor quem *dá* dinheiro ao funcionário, como o que lhe envia uma *carta* com ele, ou o *deixa* sobre sua mesa da repartição. É mister apenas que a ação seja *inequívoca*, positivando o propósito do agente." [179]

É necessário que a oferta ou promessa tenha por finalidade que o funcionário *pratique* (execute), *omita* (deixe de praticar) ou *retarde* (atrase) ato de ofício. São exemplos colhidos na jurisprudência: a proposta feita a escrevente de justiça para compra de processo que se encontra sob sua guarda;[225] o pagamento a funcionário público para obtenção de decisão favorável em julgamento, em Delegacia Regional Tributária;[226] o oferecimento de dinheiro a investigador de polícia, que encaminhara o agente à presença do delegado de polícia, a fim de impedir a apuração de sua ilícita atividade;[227] o oferecimento de vantagem pecuniária à guarda para livrar o agente da prisão;[228] o oferecimento de propina para evitar a legítima apreensão de carteira de motorista;[229] a oferta de dinheiro para que o funcionário solte o agente, impedindo a prática de ato de ofício.[230]

Não é necessário que a oferta ou promessa seja feita diretamente ao servidor, nada impedindo que seja ela efetuada através de interposta pessoa, coautor do crime em apreço.[231] [180] Assim se considerou no caso de candidatos que, para indevida habilitação como motoristas, entregaram a proprietário de autoescola quantia em dinheiro para obter aquele resultado.[232]

A oferta ou promessa deve ser feita a funcionário, assim considerado o definido no art. 327, que inclui não só os que exercem cargo, emprego ou função pública, como também os empregados de entidade paraestatal, sociedades de economia mista, empresa pública ou fundação instituída pelo Poder Público (item 14.1.3).

Tem se entendido que a lei não distingue se a oferta ou promessa se faz por sugestão ou solicitação do funcionário, pois, para que possam constituir corrupção ativa, devem ser espontâneas, o que não exclui que a iniciativa da ação parta do funcionário corrompido.[233] [181] Entretanto, deve-se convir que, solicitada a vantagem pelo funcionário e configurado o crime de corrupção ativa, a simples conduta do particular de entregá-la é atípica, pois apenas acede à solicitação. Não está oferecendo ou prometendo a vantagem, e sua ação, embora voluntária, não é espontânea.[182]

É indispensável para a caracterização da corrupção ativa que o ato que deva ser omitido, retardado ou praticado, seja *ato de ofício* e esteja compreendido nas específicas

---

179. Ibidem, p. 435.
180. Cf. HUNGRIA, Nelson. Ob. cit. v. 9, p. 435. NORONHA, E. Magalhães. Ob. cit. v. 4, p. 428. FRAGOSO, H. Cláudio. Ob. cit. v. 3, p. 479.
181. Nesse sentido: COSTA JUNIOR, Paulo José da. *Comentários ao Código Penal,* São Paulo: Saraiva, v. 3, p. 518; FRAGOSO, Heleno Cláudio. *Lições de Direito Penal,* Rio de Janeiro: Forense, 191, v. 3, p. 479.
182. Nesse sentido: RIBEIRO, Fábio Tavares. A seara dos incorruptíveis. Inteligência dos artigos 317 e 333 do Código Penal, *Revista de Estudos Jurídicos,* Instituto de Estudos Jurídicos, Rio de Janeiro, 1991, v. 2, p. 131-135.

atribuições funcionais do servidor público visado.[234] Se o ato não é da competência do funcionário a quem é oferecida ou prometida a vantagem, poder-se-á identificar outro crime, não, porém, o de corrupção ativa.

A configuração do crime independe de ser a oferta ou promessa aceita pelo funcionário.[235] Embora possam coexistir os crimes de corrupção ativa e de corrupção passiva, se o *extraneus* oferece a vantagem e o funcionário a recebe, o ilícito em estudo não é *bilateral*: pode ser feita a oferta ou promessa sem que o funcionário a aceite.[236] [183] Trata-se, neste último dado, de corrupção *imprópria*.

Não se caracteriza o crime de corrupção ativa quando a oferta ou promessa tem o fim de impedir ou retardar *medida* ou *ato ilegal*.[237] Por essa razão, tem-se entendido não haver o ilícito na oferta ou promessa: para evitar apreensão ou retenção de veículo por estar vencido o exame médico do motorista[238] ou por não estar em ordem a documentação;[239] para impedir guinchamento de veículo em caso de legalidade duvidosa;[240] quando o agente não praticou qualquer infração[241] etc.

Desde que não haja oferta explícita de vantagem indevida, também não há que se falar em corrupção ativa quando o sujeito pedir ao funcionário para dar um "jeitinho" ou para "quebrar o galho".[242]

O objeto material do delito é a vantagem indevida, que não se reveste apenas de cunho patrimonial, configurando o ilícito qualquer vantagem moral e até mesmo a promessas de prestação de natureza sexual.[243] [184] A vantagem indevida é a não prevista em lei, que não tenha o funcionário direito a ela.

Pouco importa, para a caracterização do crime, que o ato a ser praticado seja ilícito, injusto ou ilegítimo.[244]

Como a lei se refere a ação do sujeito ativo destinada a *determinar* o funcionário à prática, omissão ou retardamento do ato de ofício, não é típica a conduta de quem oferece ou promete vantagem após ter o funcionário praticado, omitido ou retardado o ato.[245] [185] Nesse caso, poderá responder o funcionário, se presentes os requisitos típicos, por prevaricação.

15.6.5 Tipo subjetivo

O dolo, no delito de corrupção ativa, é a vontade de praticar a conduta inscrita no núcleo do tipo: oferecer ou prometer a vantagem indevida, incluindo o elemento subjetivo que é o *fim* de conseguir do funcionário a *omissão*, *retardamento* ou *prática* do ato de ofício (dolo específico).[246] É necessário, pois, que se estabeleça a relação entre a oferta

---

183. Cf. HUNGRIA, Nelson. Ob. cit. v. 9, p. 427. NORONHA, E. Magalhães. Ob. cit. v. 4, p. 436. FRAGOSO, H. Cláudio. Ob. cit. v. 3, p. 478.
184. Contra esse entendimento, HUNGRIA, Nelson. Ob. cit. v. 9, p. 368-9 e 428. Admitem como elemento do crime *qualquer* vantagem: NORONHA, E. Magalhães. Ob. cit. v. 4, p. 435. FRAGOSO, H. Cláudio. Ob. cit. v. 3, p. 479.
185. Cf. NORONHA, E. Magalhães. Ob. cit. v. 4, p. 437. FRAGOSO, H. Cláudio. Ob. cit. v. 3, p. 480.

ou promessa e a intenção de obter a prática, omissão ou retardamento de algum ato de ofício.[247] Decidiu-se pela inexistência do elemento subjetivo nas hipóteses de simples prodigalidade do ofertante[248] e na carta aberta, publicada em jornal, onde se denuncia corrupção e, ironicamente, se convida a aumentar a percentagem do suborno.[249]

A embriaguez do agente, que não exclui o dolo, nem mesmo quando o elemento subjetivo exige a forma específica, não exclui o ilícito.[250] Está excluído o elemento subjetivo, porém, na oferta por "pilhéria".[251]

15.6.6 Consumação e tentativa

Consuma-se o crime de corrupção ativa com a simples oferta ou promessa de vantagem indevida por parte do *extraneus*.[252] Trata-se, assim, de crime formal, em que a consumação independe da aceitação pelo funcionário da vantagem que lhe é oferecida ou prometida.[253]

É possível a tentativa nas hipóteses em que a oferta ou promessa é feita de tal forma que não chegue ao conhecimento do funcionário por circunstâncias alheias à vontade do agente (por escrito interceptado, por exemplo).

15.6.7 Aumento de pena

A pena é aumentada de um terço, se, em razão da vantagem ou promessa, o funcionário *retarda* ou *omite* ato de ofício, ou o pratica infringindo dever funcional (art. 333, parágrafo único). Trata-se no caso de condição de maior punibilidade do delito em que se justifica a agravação da pena pelo dano maior causado à Administração Pública.

15.6.8 Distinção

Configura crime eleitoral dar, oferecer, prometer, solicitar ou receber, para si ou para outrem, dinheiro, dádiva, ou qualquer outra vantagem, para obter ou dar voto e para conseguir ou prometer abstenção, ainda que a oferta não seja aceita (art. 299 da Lei nº 4.737, de 15-7-1965). Quando a oferta ou promessa se destina a testemunha, perito, contador, tradutor ou intérprete, ocorre o crime previsto no art. 343. Se o ato é da atribuição de funcionário público estrangeiro e se relaciona com transação comercial internacional, configura-se o crime descrito no art. 337-B. Tratando-se de ato funcional militar, o crime é o definido no art. 309 do CPM.

Afirma bem Fragoso que, "se o oferecimento ou promessa forem praticados por imposição, ou ameaça do funcionário (*metupublicae potestatis*), haverá apenas concussão".[186] Na jurisprudência, aliás, tem-se entendido que são incompossíveis os crimes de corrupção ativa, praticados por particular, e de concussão, cometidos pela autoridade pública.[254]

---

186. FRAGOSO, H. Cláudio. Ob. cit. v. 3, p. 479.

15.6.9 Concurso

Se a corrupção é praticada para que o funcionário infrinja dever funcional que, por sua vez, constitui crime, haverá coautoria nesse delito, em concurso material com a corrupção ativa e a corrupção passiva.[187]

15.7 DESCAMINHO

15.7.1 Conceito

Em sua redação original, o art. 334 descrevia o crime de "contrabando ou descaminho". Embora pela disjuntiva *ou* a lei utilizasse os termos como sinônimos, *contrabando*, em sentido estrito, designa a importação ou exportação fraudulenta da mercadoria, e *descaminho* o ato fraudulento destinado a evitar o pagamento de direitos e impostos. A Lei nº 13.008, de 26-6-2014, procedeu à separação dos crimes, prevendo no art. 334 o descaminho e no novo art. 334-A o contrabando.

No art. 334 o crime de descaminho é descrito nos seguintes termos: "Iludir, no todo ou em parte, o pagamento de direito ou imposto devido pela entrada, pela saída ou pelo consumo de mercadoria: Pena – reclusão, de 1 (um) a 4 (quatro) anos."

15.7.2 Objetividade jurídica

Em primeiro lugar, o objeto jurídico do crime é o erário público, prejudicado pela evasão de renda que resulta do descaminho. Tutela-se, porém, no dispositivo, de forma mais abrangente, o interesse da Administração na regularidade da importação ou exportação de mercadorias, por serem os tributos aduaneiros instrumentos importantes de política econômica e de proteção da indústria nacional.

15.7.3 Sujeitos do delito

O descaminho é crime comum, podendo ser praticado por qualquer pessoa. Quando participam do fato funcionários públicos que infringem o dever funcional, respondem estes pelo crime previsto no art. 318. Não existindo essa circunstância, serão eles partícipes ou coautores do crime em estudo.

Sujeito passivo é o Estado, principal interessado na regularidade da importação ou exportação de mercadoria e na cobrança dos direitos e impostos delas decorrentes.

15.7.4 Tipo objetivo

A conduta típica descrita no art. 334, *caput*, é a de *iludir*, que no dispositivo tem o significado de frustrar, burlar, fraudar, evitar, mediante fraude ou subterfúgios, o

---

187. Ibidem, p. 481.

15 • DOS CRIMES PRATICADOS POR PARTICULAR CONTRA A ADMINISTRAÇÃO EM GERAL **377**

pagamento de direito ou imposto devido pela entrada ou saída de mercadoria do território nacional. Os impostos de importação e exportação são de competência da União e têm como fatos geradores, respectivamente, a entrada de produtos estrangeiros no território nacional e a saída deste de produtos nacionais ou nacionalizados (art. 153, I e II, da CF e arts. 19 e 23 do CTN). O tipo abrange, porém, outros tributos ou direitos relacionados com o ingresso ou saída das mercadorias do país, como taxas e tarifas relativas à expedição de guias, armazenagem das mercadorias etc. A liberação da mercadoria apreendida pela autoridade fazendária não exclui o crime de descaminho.[255]

Configura-se o crime na posse de mercadoria estrangeira sem comprovante da importação regular e em quantidade superior às necessidades de uso pessoal do agente.[256] Defende-se, porém, a tese de que só o fato de inexistir documento dando conta de que o imposto de importação foi recolhido não possui o condão de ter-se por tipificado o crime e que a pessoa que traz em sua bagagem, colocada no lugar próprio do ônibus, sem se desviar de barreira alfandegária, produto importado, facilmente encontrável mediante singela fiscalização, não pratica conduta típica, merecendo apenas sanções de âmbito fiscal.[188] Também não configura o descaminho a entrada de produto sobre o qual não incide tributo[257] ou a saída se não são devidos tributos fiscais.[258] A caracterização do descaminho prescinde da utilização de artifícios destinados a iludir o agente fiscal por se referir a lei somente à ilusão do pagamento do tributo devido.[259]

São comuns ainda as decisões a respeito da existência do "delito de bagatela", fundado no princípio da insignificância, quando é irrelevante o valor da coisa objeto de descaminho,[260] [189] afastando-se, porém, a aplicação do mesmo princípio na hipótese de prática reiterada da infração.[261] Há, porém, decisões em que se reconhece o delito de bagatela em crime de descaminho mesmo nos casos de reincidência ou reiteração criminosa, sob o fundamento de que o princípio da insignificância relaciona-se com o bem jurídico tutelado e o tipo do injusto, o que torna irrelevantes as circunstâncias de caráter pessoal[262] (v. *Manual de Direito Penal*, v. 1, item 3.2.13). Como critério de aferição da insignificância da lesão ao bem jurídico tutelado tem-se adotado na jurisprudência, por vezes, o de não superar o valor do tributo devido o mínimo exigido para o ajuizamento das execuções fiscais (art. 20 da Lei nº 10.522, de 19-7-2002).[263]

Há decisões subordinando o crime de descaminho a questões prévias, prejudiciais, de natureza administrativa e fiscal.[264] Segundo essa orientação, estende-se ao delito, dada a sua natureza tributária, o entendimento de que a ausência de prévia constituição do crédito na esfera administrativa, mediante o lançamento definitivo do tributo, impede a configuração de crime material contra a ordem tributária.[265] A Súmula Vinculante 24[190], porém, refere-se somente aos crimes materiais contra a ordem tributária,

---

188. NORONHA, E. Magalhães. Ob. cit. v. 4, p. 445.
189. A propósito do assunto: SILVEIRA, Eustáquio Nunes. *Contribuições à literatura jurídica*, pub. do TRF da 1ª Região, julho/96, Brasília, p. 93-96.
190. "Não se tipifica crime material contra a ordem tributária, previsto no art. 1º, incisos I a IV, da Lei 8.137/1990, antes do lançamento definitivo do tributo".

previstos no art. 1º, incisos I a IV, da Lei nº 8.137/90, enquanto o descaminho é crime formal e o interesse por ele tutelado não se restringe ao da arrecadação tributária, mas abrange a fiel observância das regras aduaneiras estabelecidas pela Administração Pública como instrumentos de política econômica. Assim e conforme se tem decidido prevalentemente, a existência e a consumação do crime de descaminho independem da constituição definitiva do crédito tributário.[266]

Também não são diligências absolutamente necessárias à apuração do ilícito a busca e apreensão[267] ou o exame pericial.[268]

15.7.5 Tipo subjetivo

O dolo é a vontade livre e consciente de praticar a conduta, ou seja, de iludir o pagamento, total ou parcial, do tributo devido. Não se exige especial elemento subjetivo do tipo. Já se decidiu, porém, que, sem o ânimo de lesar o fisco, não se tem como configurado o crime de descaminho, tanto mais quando cobrados pelo menos em parte os direitos relativos às mercadorias trazidas do estrangeiro.[269]

15.7.6 Consumação e tentativa

Consuma-se o crime de descaminho com a entrada da mercadoria no território nacional ou a sua saída sem que o agente proceda ao pagamento do tributo devido. No caso de importação em que a mercadoria é introduzida clandestinamente no país, com o contorno das barreiras alfandegárias, a consumação ocorre com a transposição da linha de fronteira. Se o agente, porém, introduz a mercadoria através da alfândega, a consumação ocorre com a sua entrada ou liberação sem o pagamento do imposto devido.[270] É irrelevante que a mercadoria importada não tenha chegado ao seu destino.[271] Na exportação, consuma-se o delito com a transposição da linha de fronteira, sem o recolhimento do imposto, tanto na saída clandestina da mercadoria do território nacional como no caso de indevida liberação pelo controle fiscal.

É possível a tentativa. A apreensão de mercadoria estrangeira, no momento de seu desembarque no país ou na zona fiscal, configura o *conatus*.[272] Há decisões, porém, que somente reconhecem a possibilidade da tentativa em momento anterior à entrada da mercadoria no território nacional, e, assim, o crime estará consumado com a ilusão do pagamento do tributo ainda que a mercadoria esteja na zona alfandegária.[273]

15.7.7 Fatos assimilados a descaminho

Prevê o art. 334, § 1º, com a redação dada pela Lei nº 13.008, de 26-6-2014, fatos assimilados a descaminho, cominando as mesmas penas a essas modalidades.

A primeira hipótese é a prática de navegação de cabotagem fora dos casos permitidos em lei (§ 1º, I). Navegação de cabotagem é definida legalmente como "a realizada entre portos ou pontos do território brasileiro, utilizando a via marítima ou esta e as

15 • DOS CRIMES PRATICADOS POR PARTICULAR CONTRA A ADMINISTRAÇÃO EM GERAL | **379**

vias navegáveis interiores" (art. 2º, IX, da Lei nº 9.432, de 8-1-1997). Essa espécie de navegação para o transporte de mercadorias é privativa de navios nacionais, exceto em casos de necessidade pública. Trata-se, portanto, de norma penal em branco.

A segunda hipótese é a prática de fato assimilado, em lei especial, ao descaminho (§ 1º, II). Trata-se, também, de lei penal em branco.

Terceira hipótese é a prevista no § 1º, III, para quem "vende, expõe à venda, mantém em depósito ou, de qualquer forma, utiliza em proveito próprio ou alheio, no exercício de atividade comercial ou industrial, mercadoria de procedência estrangeira que introduziu clandestinamente no País ou importou fraudulentamente ou que sabe ser produto de introdução clandestina no território nacional ou de importação fraudulenta por parte de outrem". Tratando-se, no primeiro caso, de conduta praticada pelo próprio autor da importação ilegal, responde este apenas pelo crime previsto no parágrafo, absorvido o tipo penal do *caput*. No segundo caso a lei prevê um caso especial de *receptação*, que absorve o ilícito previsto no art. 180, *caput*. Exigindo-se a ciência da origem irregular da mercadoria, a dúvida exclui o delito, que não pode ser praticado com dolo eventual. Exige a lei, nesses casos, que o fato ocorra na atividade comercial ou industrial, equiparando àquela "qualquer forma de comércio irregular ou clandestino de mercadorias estrangeiras, inclusive o exercido em residências" (art. 334, § 2º). Como bem assinala Celso Delmanto, "as expressões usadas ('comércio', 'exercido') indicam que deve estar presente na conduta o requisito da *habitualidade*, não bastando uma ou mais vendas esporádicas".[191] Assim já se decidiu,[274] mas na jurisprudência dominante se entende que esse requisito não é necessário, bastando ter o agente atividade comercial ilícita ou irregular.[275]

Uma quarta modalidade de conduta típica é a de quem "adquire, recebe ou oculta, em proveito próprio ou alheio, no exercício de atividade comercial ou industrial, mercadoria de procedência estrangeira, desacompanhada de documentação legal ou acompanhada de documentos que sabe serem falsos" (§ 1º, IV). O STJ já decidiu que mercadoria estrangeira em estabelecimento comercial, sem documentação legal, configura o crime.[276] São casos também de *receptação* quando a ação é praticada em proveito próprio, ou de *favorecimento real* quando em benefício do autor do descaminho. Exige ainda a lei que a ação seja praticada na atividade comercial ou industrial. É indispensável, porém, que o agente tenha ciência inequívoca da origem ilícita da mercadoria.

O princípio da insignificância ou da bagatela é aplicável também às condutas assimiladas ao crime de descaminho.[277]

15.7.8 Forma qualificada

A pena para os crimes em estudo é aplicada em dobro se forem cometidos através de transporte aéreo, marítimo ou fluvial. As duas últimas hipóteses foram acrescen-

---

191. DELMANTO, Celso. Ob. cit. p. 419.

tadas pela Lei nº 13.008, de 26-6-2014. A severidade maior da sanção deve-se à maior facilidade para a prática do ilícito e, assim, à menor possibilidade de repressão ao fato. No transporte aéreo, é irrelevante para o reconhecimento da forma qualificada se o voo é regular ou clandestino.[278]

15.7.9   Extinção da punibilidade

Em que pese o teor da Súmula 560, as Leis nºs 9.249/95, 10.684/2003, 11.941/2009 e 9.430/1996 ao preverem o pagamento do tributo como causa de extinção da punibilidade, aplicam-se somente aos crimes nelas mencionados (arts. 1º e 2º da Lei nº 8.137/1990 e arts. 168-A e 337-A do CP), não se justificando a sua aplicação, por extensão, ao crime de descaminho.[279] Há, porém, decisões em sentido contrário, fundadas no entendimento de ser o descaminho também um crime de natureza tributária.[280]

15.7.10   Concurso de crimes

A falsidade ideológica praticada como meio para o cometimento do descaminho deve ser considerada por este absorvida.[281] Há, porém, concurso de crimes se a potencialidade lesiva do falso não se esgota no descaminho ou é praticada após a consumação deste.[282]

15.7.11   Distinção

Recaindo a importação ou exportação sobre mercadoria proibida, o crime é o de contrabando (art. 334-A). No confronto com crime de sonegação fiscal, prevalece o descaminho em razão do princípio da especialidade.[283]

15.8 CONTRABANDO

15.8.1   Conceito

O art. 334-A define o crime de contrabando com a seguinte redação: "Importar ou exportar mercadoria proibida: Pena – reclusão, de 2 (dois) a 5 (cinco) anos."

O novo dispositivo foi inserido pela Lei nº 13.008, de 26-6-2014, que procedeu à separação entre os crimes de descaminho (art. 334) e contrabando e elevou as penas mínima e máxima cominadas para este último.

15.8.2   Objetividade jurídica

Tutela-se no dispositivo não somente o interesse geral da Administração Pública na regularidade das atividades de importação e exportação, mas, também, o bem jurídico específico que com a proibição de determinada mercadoria se visa proteger, como a saúde, a higiene, a moral, a ordem pública etc.

15.8.3 Sujeitos do delito

Qualquer pessoa pode ser sujeito ativo do contrabando. Trata-se de crime comum. O funcionário público, porém, que, como partícipe, facilita a prática do ilícito com violação de dever funcional responde nos termos do art. 318, o qual, embora se refira ao art. 334, menciona, também, expressamente o contrabando, ora tipificado no art. 334-A.

Sujeito passivo do delito é o Estado, principal interessado na regularidade da importação ou exportação de mercadorias.

Comum é a associação de várias pessoas para a prática do contrabando, podendo ocorrer, assim, o crime de associação criminosa em concurso material com esse delito.

15.8.4 Tipo objetivo

A conduta típica é a de importar ou exportar mercadoria proibida. *Importar* significa trazer para o país e *exportar* é tirar dele qualquer mercadoria, pouco relevando se o faça através da alfândega ou fora dela. É necessário que o objeto material seja mercadoria proibida, que inclui não só a que o é em si mesma (proibição *absoluta*), como a que o é apenas em determinadas circunstâncias (proibição *relativa*). Decidiu-se pela existência do crime, por exemplo, na exportação, sem licença, de platina não trabalhada,[284] e na hipótese de mercadoria nacional fabricada exclusivamente para exportação que é reintroduzida clandestinamente no país.[285] Nessa última hipótese, porém, o fato agora é típico nos termos do § 1º, III. Mercadoria de importação suspensa não equivale a mercadoria de importação proibida.[286]192

Quando a importação de certas coisas configura, por si mesma, ilícito penal (tráfico de entorpecentes, literatura e filmes obscenos, armas de fogo ou engenho explosivos ou armas de guerra ou utilizáveis como instrumentos de destruição etc.), prevalece a norma especial, absorvido o crime de contrabando.[287] A Lei nº 10.826, de 22-12-2003, prevê no art. 18 que "importar, exportar, favorecer a entrada ou saída do território nacional, a qualquer título, de arma de fogo, acessório ou munição, sem autorização da autoridade competente" constitui o crime de *tráfico internacional de arma de fogo*.

15.8.5 Tipo subjetivo

O dolo é a vontade de praticar a conduta, exigindo-se que o agente tenha consciência de que se trata de mercadoria proibida. Como bem assinala Noronha, "quem pensa não ser *proibida* a mercadoria que importa ou exporta, sobre errar acerca de elemento essencial do tipo, não tem *consciência da antijuridicidade* do fato e sem isso não há dolo".

---

192. Conforme tese adotada pelo Superior Tribunal de Justiça: "O princípio da insignificância é aplicável ao crime de contrabando de cigarros quando a quantidade apreendida não ultrapassar 1.000 (mil) maços, seja pela diminuta reprovabilidade da conduta, seja pela necessidade de se dar efetividade à repressão ao contrabando de vulto, excetuada a hipótese de reiteração da conduta, circunstância apta a indicar maior reprovabilidade e periculosidade social da ação" (REsp 1977652-SP, j. em 13-9-2023, *DJe* de 19-9-2023).

15.8.6 Consumação e tentativa

Na modalidade de importação, o crime se consuma com a entrada da mercadoria proibida no território nacional[288] e na exportação com a sua saída.

Tratando-se de crime plurissubsistente, admite-se a tentativa. Configura-se o *conatus*, por exemplo, se o agente é detido ainda na área de fronteira, sem que tenha ultrapassado a zona de fiscalização aduaneira,[289] ou se a mercadoria é apreendida no centro de triagem e remessas postais do correio.[290] Há, porém, decisões em contrário, no sentido de que nessas hipóteses já se consumara o delito com a transposição da mercadoria da fronteira nacional.

15.8.7 Fatos assimilados a contrabando

Prevê o art. 334-A, § 1º, fatos assimilados a contrabando. São eles a prática de fato assimilado, em lei especial, ao contrabando (inciso I), de que é exemplo a saída das mercadorias da Zona Franca de Manaus sem a devida autorização legal (art. 39 do Decreto-lei nº 288/67);[291] importação ou exportação clandestina de mercadoria que depende de registro, análise ou autorização de órgão público competente (inciso II); reinserção no território nacional de mercadoria brasileira destinada à exportação (inciso III); venda, exposição à venda, mantença em depósito ou utilização no exercício de atividade comercial ou industrial, de mercadoria proibida pela lei brasileira (inciso IV); aquisição, recebimento ou ocultação, no exercício de atividade comercial ou industrial, de mercadoria proibida pela lei brasileira (inciso V). Nos termos do § 2º equipara-se às atividades comerciais, para a tipificação, qualquer forma de comércio irregular ou clandestino de mercadorias estrangeiras, inclusive em residências. Desnecessária é a habitualidade para a caracterização do delito.

15.8.8 Forma qualificada

A exemplo do descaminho, se o contrabando é praticado mediante transporte aéreo, marítimo ou fluvial, a pena é aplicada em dobro (item 15.7.8).

15.8.9 Concurso de crimes

Quando a importação de certas coisas configura, por si mesma, ilícito penal, como no tráfico internacional de substâncias entorpecentes (art. 33 da Lei nº 11.343/2006) ou de armas de fogo, acessórios ou munição (art. 18 da Lei nº 10.826/2003), prevalece a norma especial, absorvido o crime de contrabando.

15.9 IMPEDIMENTO, PERTURBAÇÃO OU FRAUDE DE CONCORRÊNCIA

15.9.1 Conceito e revogação

Prevê o art. 335 o crime de impedimento, perturbação ou fraude de concorrência: "Impedir, perturbar ou fraudar concorrência pública ou venda em hasta pública, promovida pela administração federal, estadual ou municipal, ou por entidade paraestatal;

15 • DOS CRIMES PRATICADOS POR PARTICULAR CONTRA A ADMINISTRAÇÃO EM GERAL

afastar ou procurar afastar concorrente ou licitante, por meio de violência, grave ameaça, fraude ou oferecimento de vantagem: Pena – detenção, de seis meses a dois anos, ou multa, além da pena correspondente à violência."

É de se notar que as condutas mencionadas no dispositivo passaram a figurar como infrações penais previstas na Lei nº 8.666, de 21-6-1993, que regulamentou o art. 37, inciso XXI, da Constituição Federal e instituiu normas para licitações e contratos da Administração Pública (arts. 89 a 98), revogando, portanto, tacitamente, o art. 335, *caput*, do Código Penal. Posteriormente, a Lei nº 14.133, de 1º-4-2021 (Lei de Licitações e Contratos Administrativos), inseriu no Código Penal, no novo Capítulo II-B, os arts. 337-E a 337-P, que versam sobre os crimes em licitações e contratos administrativos.

15.9.2 Objetividade jurídica

Tutela-se com o dispositivo a regularidade das concorrências e hastas públicas promovidas pela Administração, inclusive as das entidades paraestatais.

15.9.3 Sujeitos do delito

Pode praticar o crime qualquer pessoa, inclusive o funcionário público. Quanto a este, se violar o sigilo da proposta de concorrência, ocorrerá o crime previsto no art. 326 (item 14.18.4).

Sujeito passivo é o Estado, titular do objeto jurídico violado (regularidade da Administração nas concorrências e hastas públicas) como também os concorrentes lesados no direito de livre participação na disputa.

15.9.4 Tipo objetivo

Na primeira parte a lei prevê as modalidades de impedir, perturbar ou fraudar a concorrência ou a venda em hasta pública. *Impedir* é obstar, atalhar, impossibilitar a execução ou o prosseguimento. *Perturbar* significa embaraçar, criar dificuldades, confundir, criar desordem, atrapalhar, agitar. *Fraudar* consiste no emprego de qualquer meio, enganando, iludindo, causando erro.

Refere-se a lei, em primeiro lugar, à concorrência, excluindo-se as demais formas de licitação (item 14.18.4). Concorrência, no dizer de Hely Lopes Meirelles, "é a modalidade de licitação própria para contratos de grande valor, em que se admite a participação de quaisquer interessados, cadastrados ou não, que satisfaçam as condições do edital, convocados com antecedência mínima de 30 dias, com ampla publicidade pelo órgão oficial e pela imprensa particular".[193] *Hasta* pública é o leilão. A que está em causa, na espécie, é tão somente a promovida por entidade de direito público, como por exemplo,

---

193. MEIRELLES, Hely Lopes. *Direito administrativo brasileiro*. 4. ed. São Paulo: Revista dos Tribunais, 1976. p. 283. De acordo com a Lei 14.133/2021, a concorrência é modalidade de licitação para contratação de bens e serviços especiais e de obras e serviços comuns e especiais de engenharia, cujo critério de julgamento poderá ser, de menor preço, melhor técnica ou conteúdo artístico, técnica e preço, maior retorno econômico e maior desconto.

para venda de seus bens móveis ou nos executivos fiscais.[194] Além da administração federal, estadual ou municipal, inclui a lei a entidade paraestatal (item 14.1.3).

Nessas hipóteses, há crime de ação livre, podendo a infração penal ser praticada por qualquer meio idôneo à obtenção do resultado.

Na segunda parte, as modalidades de conduta são de *afastar* ou *procurar afastar* concorrente ou licitante. Não é indispensável para a caracterização do delito, portanto, que o agente consiga o resultado pretendido. É preciso, porém, que a conduta seja praticada com violência contra a pessoa (*Manual de Direito Penal*, v. 2, item 3.1.2), grave ameaça (*Manual de Direito Penal*, v. 2, item 3.1.3) ou fraude (*Manual de Direito Penal*, v. 2, item 3.1.4), ou que o agente ofereça vantagem (material, moral etc.) ao concorrente ou licitante. O afastamento, como bem assinala Fragoso, não significa um deslocamento no espaço, mas, sim, o afastamento da concorrência ou hasta pública, ou seja, a abstenção do interessado ou a sua desistência.[195]

Concorrente ou licitante, diante da redação dada ao dispositivo, não é só o que já apresentou ou fez oferta, como aquele que também se achava em condições de participar. Não há crime quando a oferta é feita a concorrente *fingido* ou *fictício* (crime putativo).[196]

Não há crime, também, quando o sujeito apenas roga, suplica, pede a abstenção, sem oferta de vantagem.

15.9.5 Tipo subjetivo

Na primeira parte do dispositivo, as condutas exigem apenas, como dolo, a vontade de impedir, perturbar ou fraudar a concorrência ou venda em hasta pública, não se exigindo qualquer fim específico. Na segunda, porém, indispensável é a vontade de praticar a violência, grave ameaça, fraude ou oferta com o fim de afastar o concorrente ou licitante.

15.9.6 Consumação e tentativa

Nas primeiras hipóteses a consumação ocorre com o impedimento, perturbação ou fraude, não se exigindo, nestas últimas, a não realização ou ultimação da concorrência ou da hasta pública. É possível a tentativa.

Nas hipóteses previstas na segunda parte do dispositivo, a consumação ocorre com a prática da violência, grave ameaça etc., ainda que o agente não obtenha o afastamento do concorrente. Somente pode-se falar em tentativa no caso de não se consumar tais atos, pois, a prática da violência, grave ameaça ou fraude e a oferta, ainda que não aceita, já consumam o ilícito.

Prevê a lei, na cominação da pena, que, havendo violência, ocorrerá concurso material com o delito em estudo.

---

194. HUNGRIA, Nelson. Ob. cit. v. 9, p. 438. O Leilão é a modalidade de licitação para alienação de bens imóveis ou de bens móveis inservíveis ou legalmente apreendidos a quem oferecer o maior lance (art. 6º, XL da Lei nº 14.133/2021).
195. FRAGOSO, H. Cláudio. Ob. cit. v. 3, p. 494.
196. Cf. HUNGRIA, Nelson. Ob. cit. v. 9, p. 440. FRAGOSO, H. Cláudio. Ob. cit. v. 3, p. 494.

15.9.7 Distinção e concurso

Quando se trata de hasta pública judicial promovida por particular e não pela Administração Pública, o crime a identificar-se é o previsto no art. 358 (violência ou fraude em arrematação judicial) (item 17.21.4).

Sendo diversos os sujeitos passivos da violência, diversos também serão os respectivos delitos por ela constituídos que concorrerão com o crime em estudo.[197]

Como a lei exige que a violência seja praticada contra o concorrente ou licitante, a exercida contra terceiro poderá constituir o crime previsto na primeira parte do *caput* ou outro delito (lesões corporais, constrangimento ilegal etc.).

15.9.8 Corrupção passiva de concorrente ou licitante

Dispõe o art. 335, parágrafo único, que "incorre na mesma pena quem se abstém de concorrer ou licitar, em razão da vantagem oferecida". Trata-se de crime que somente pode ser praticado por licitante ou concorrente. Sendo este *fictício* poderá existir o crime de estelionato. A conduta é omissiva, não participando o sujeito ativo, ou desistindo da participação da concorrência ou hasta pública, em razão da promessa de vantagem por parte de terceiro. Não ocorre o ilícito, portanto, quando a abstenção ocorre em razão de violência, grave ameaça, fraude, amizade, altruísmo etc.

Consuma-se o crime, nessa modalidade, com a omissão, sendo inadmissível a tentativa (crime omissivo puro). O dolo é a vontade de se abster com a finalidade específica de obter a vantagem ofertada (patrimonial, moral etc.).

15.10 INUTILIZAÇÃO DE EDITAL OU DE SINAL

15.10.1 Conceito

O crime de inutilização de edital ou de sinal está previsto no art. 336, com a seguinte redação: "Rasgar ou, de qualquer forma, inutilizar ou conspurcar edital afixado por ordem de funcionário público; violar ou inutilizar selo ou sinal empregado, por determinação legal ou por ordem de funcionário público, para identificar ou cerrar qualquer objeto: Pena – detenção, de um mês a um ano, ou multa."

15.10.2 Objetividade jurídica

Tutela-se, ainda uma vez, a regularidade da Administração Pública, com a proteção do edital, requisito de vários atos administrativos ou judiciários, e do selo ou sinal, garantia de identidade e intangibilidade de coisas em que o Estado tem interesse. As condutas incriminadas representam, ainda, uma ofensa ao prestígio do ato oficial de um funcionário público.

---

197. NORONHA, E. Magalhães. Ob. cit. v. 4, p. 455. No mesmo sentido, FRAGOSO, H. Cláudio. Ob. cit. v. 3, p. 495. HUNGRIA, Nelson. Ob. cit. v. 9, p. 444.

15.10.3 Sujeitos do delito

O crime é comum, podendo ser praticado por qualquer pessoa, inclusive por funcionário público, quer tenha ou não sua função alguma relação com a afixação do edital, selo ou sinal. Sujeito passivo é o Estado, titular da regularidade e prestígio da Administração Pública, bem como o particular a quem o fato causar perigo ou dano.

15.10.4 Tipo objetivo

Na primeira parte do dispositivo a lei registra as ações de rasgar (cortar, dilacerar, romper, partir, dividir em pedaços), *inutilizar* (destruir, invalidar, tornar inútil ou imprestável, tornar ilegível) e *conspurcar* (sujar, macular, emporcalhar, manchar, enodoar). Tais condutas podem ser praticadas de qualquer forma (apor dizeres, rasurar etc.) e é suficiente a inutilização ou conspurcação parciais. O objeto material é, nesse caso, o edital (judicial, administrativo ou legislativo). São exemplos os casos de editais de casamento, citação, hasta pública, concorrência pública, concurso etc. Não se confunde o edital com a portaria. Entendeu-se não configurado o ilícito na conduta do agente que rasgou portaria de autoridade policial, afixada em autoescola, proibindo a atividade no local em razão de irregularidades.[292]

Sendo necessária a inutilização ou conspurcação do edital, decidiu-se não existir o crime no ato de cancelar, por meio de traços, um nome em lista de devedores por custas judiciais na presença do oficial de justiça.[293]

Na segunda parte do dispositivo, as modalidades de condutas inscritas são violar ou inutilizar selo ou sinal. *Violar* significa romper, afastar, quebrar ou mesmo iludir o obstáculo permitindo que se devasse o conteúdo. *Inutilizar*, como já se acentuou, é destruir, invalidar, tornar inútil ou imprestável. O objeto material, agora, é o selo ou sinal de qualquer espécie (lacre, chumbo, papel, pano, arame etc.), aposto de qualquer modo (amarrado, colado, pregado etc.).

É indispensável que os selos ou sinais sejam exigíveis por lei ou que tenham sido empregados por funcionários competentes para identificar ou cerrar (fechar) qualquer objeto. Deu-se por caracterizado o crime com o rompimento do lacre que vedava o funcionamento do estabelecimento do agente, interditado pelo Serviço de Policiamento da Administração Pública.[294] Em compensação, por entender-se, que se tratava de ato prepotente e arbitrário de funcionário público, entendeu-se não ter ficado configurado o ilícito na conduta do morador que rasgou tira de papel afixada pelo oficial de justiça na porta de sua casa, anunciando seu despejo.[295] Também se entendeu, por não ocorrer dano ou perigo, inexistir o ilícito na inutilização de lacre aposto pela autoridade sobre produto interditado quando o agente incinera a mercadoria.[296]

Não há crime se o edital, selo ou sinal não têm mais utilidade (edital com prazo vencido, objeto já decerrado etc.)[297] ou se estiverem eles estragados, sem serventia.

15.10.5 Tipo subjetivo

O dolo é a vontade de praticar uma das modalidades de condutas típicas, tendo o agente ciência de que se trata de edital, selo ou sinal aposto por funcionário. É indiferente o fim do agente.

15.10.6 Consumação e tentativa

Consuma-se o crime com uma das condutas inscritas na lei. O devassamento do objeto, no caso de selo ou sinal que estes visam resguardar, só é necessário no caso de violação sem atuação direta do agente sobre os mesmos.[198]

Nada impede a ocorrência de tentativa em qualquer das modalidades.

15.10.7 Concurso

Pode ocorrer concurso com outros crimes, se o agente visa a qualquer outro fim (furto, violação de domicílio, fraude processual).[199]

15.11 SUBTRAÇÃO OU INUTILIZAÇÃO DE LIVRO OU DOCUMENTO

15.11.1 Conceito

No art. 337 a lei prevê o crime de subtração ou inutilização de livro ou documento: "Subtrair, ou inutilizar, total ou parcialmente, livro oficial, processo ou documento confiado à custódia de funcionário, em razão de ofício, ou de particular em serviço público: Pena – reclusão, de dois a cinco anos, se o fato não constitui crime mais grave."

15.11.2 Objetividade jurídica

O objeto jurídico do crime em estudo é a regularidade da Administração Pública no que se refere à guarda e proteção dos livros oficiais, processos ou documentos.

15.11.3 Sujeitos do delito

Sujeito ativo do crime é qualquer pessoa que pratica a conduta inscrita no dispositivo. Pode ser também o funcionário público que atue como particular e não em suas funções; se o fizer quando tem a guarda em razão do cargo praticará o ilícito previsto no art. 314 (item 14.6.4). Se o agente for advogado ou procurador e nesta qualidade tiver recebido autos ou documentos, o crime será o do art. 356.[200]

Sujeito passivo é o Estado, titular da regularidade da Administração Pública e, secundariamente, qualquer pessoa que sofra ou possa sofrer dano em decorrência do fato.

---

198. HUNGRIA, Nelson. Ob. cit. v. 9, p. 443.
199. FRAGOSO, H. Cláudio. Ob. cit. v. 3, p. 500.
200. FRAGOSO, H. Cláudio. Ob. cit. v. 3, p. 501.

15.11.4 Tipo objetivo

As condutas típicas são *subtrair* (*Manual de Direito Penal*, v. 2, item 10.1.6) e *inutilizar* (*Manual*, v. 2, item 13.1.6). Diz bem Noronha: "A *ocultação* e a *substituição* são subtrações. Em ambas há *tirada* da coisa de seu lugar próprio, numa se impedindo que ela apareça, e noutra substituindo-a, comportamentos posteriores à subtração e que visam antes à eficácia desta." [201]

É indispensável para a caracterização do ilícito que o livro, processo ou documento estejam sob a custódia do funcionário competente ou de particular que aja em serviço público. Se não existirem essas circunstâncias poderá haver um outro crime.

Tratando-se de fato posterior à consumação, a reconstituição do livro, processo ou documento não exclui a infração, e assim tem-se decidido.[298] Optou-se, porém, pelo simples desacato na ação do réu que arrebatou e inutilizou auto de prisão em flagrante no momento em que este lhe foi apresentado para assinar, sendo imediatamente reconstituído.[299]

Os objetivos materiais são o *livro oficial* (item 14.6.4), o *processo* (considerado em sentido amplo como autos e peças referentes a procedimento policial, judiciário ou administrativo) e o *documento* público ou particular (itens 11.2.4 e 11.3.4).

15.11.5 Tipo subjetivo

O dolo do delito é a vontade de subtrair ou inutilizar, tendo o agente ciência de que se trata de coisa confiada à guarda de funcionário em razão de suas funções ou de particular em serviço público.

É indiferente o fim do agente.[300] Entende Fragoso que, na forma de subtrair, requer-se especial fim de agir porque não se concebe a subtração sem o propósito de, em definitivo, assenhorear-se do documento, tirando-o para si ou para outrem.[202] Sob esse fundamento, entendeu-se não caracterizado o ilícito na conduta do agente que retirou publicamente da Secretaria da Câmara, onde era vereador, processo contendo projeto de lei, a fim de levá-lo ao conhecimento das autoridades militares,[301] bem como na ação do advogado que retirou autos de cartório, sem autorização do serventuário, devolvendo-o dias depois e tendo assinado a carga do processo numa folha de papel avulso.[302] O art. 337, porém, não registra o chamado dolo específico, como o faz o art. 155, na locução "para si ou para outrem", que indica o elemento subjetivo do tipo. Por isso, deve-se entender que basta tão só a remoção da coisa, ainda que momentânea, suscetível de violar a respectiva guarda, seja com a intenção de repô-la nas condições anteriores, depois de havê-la usado ou examinado, para se configurar o ilícito em apreço.[303]

---

201. NORONHA, E. Magalhães. Ob. cit. v. 4, p. 463.
202. FRAGOSO, H. Cláudio. Ob. cit. v. 3, p. 501.

15.11.6 Consumação e tentativa

Consuma-se o crime com a subtração (*Manual*, v. 2, item 10.1.8) ou inutilização total ou parcial (*Manual de Direito Penal*, v. 2, item 13.1.8), sendo irrelevante a ocorrência de dano ou prejuízo.[203] Nada impede a tentativa, tal como ocorre nos crimes de furto e dano.

15.11.7 Distinção

O crime em tela é expressamente subsidiário, como se verifica pelo dispositivo ao cominar a pena. Distingue-se do previsto no art. 305, em que o objeto material é documento merecedor de fé pública que se destina especificamente à prova de uma relação jurídica, atuando o agente com fim de locupletação. Quando o agente é funcionário público que tem a guarda em razão do cargo e o objeto é livro oficial ou qualquer documento (que inclui processo), trata-se de crime funcional (art. 314). Sendo o sujeito ativo advogado ou procurador, que recebeu autos ou documento nessa qualidade, configura-se o crime previsto no art. 356.

15.12 SONEGAÇÃO DE CONTRIBUIÇÃO PREVIDENCIÁRIA

15.12.1 Conceito

Inserido pelo art. 1º da Lei nº 9.983, de 14-7-2000, o art. 337-A do CP prevê o crime de sonegação de contribuição previdenciária com a seguinte redação: "Suprimir ou reduzir contribuição social previdenciária e qualquer acessório, mediante as seguintes condutas: I – omitir de folha de pagamento da empresa ou de documento de informações previsto pela legislação previdenciária segurados empregado, empresário, trabalhador avulso ou trabalhador autônomo ou a este equiparado que lhe prestem serviços; II – deixar de lançar mensalmente nos títulos próprios da contabilidade da empresa as quantias descontadas dos segurados ou as devidas pelo empregador ou pelo tomador de serviços; III – omitir, total ou parcialmente, receitas ou lucros auferidos, remunerações pagas ou creditadas e demais fatos geradores de contribuições sociais previdenciárias: Pena – reclusão, de 2 (dois) a 5 (cinco) anos, e multa." O dispositivo substitui o art. 95, alíneas *a, b e c*, da Lei nº 8.212, de 24-7-1991, revogado pela lei supracitada.

15.12.2 Objetividade jurídica

O objeto jurídico do crime em estudo é o patrimônio da Previdência Social, lesada pela supressão ou redução da contribuição social e de seus acessórios. As contribuições são as referentes ao salário-contribuição, 13º salário, diárias, férias, ganhos habituais etc.

---

203. MELLO, Dirceu de. Subtração ou inutilização de livro ou documento. *Justitia* 84/358-60.

15.12.3 Sujeitos do delito

Sujeito ativo do crime é qualquer pessoa responsável pelo lançamento nas folhas de pagamento, documentos de informações, títulos da contabilidade e outros documentos relacionados com os deveres e obrigações para com a Previdência Social (titular de firma individual, sócios, gerentes, diretores etc.), nada impedindo a coautoria e a participação criminosa.

Sujeito passivo é a Previdência Social, lesada em seu patrimônio pela conduta do agente.

15.12.4 Tipo objetivo

Trata-se de crime de conduta vinculada, em que a supressão ou redução da contribuição social previdenciária e de seus acessórios é obtida por meio de um dos comportamentos omissivos referidos nos incisos do art. 337-A. A primeira delas refere-se à omissão na folha de pagamento da empresa ou de documentos de informações segurados empregado, empresário, trabalhador avulso ou trabalhador autônomo ou a este equiparado que lhe prestem serviços (I). A segunda é também a omissão de lançamento mensal nos livros de contabilidade das quantias descontadas dos segurados ou que sejam devidas pelo empregador ou pelo tomador de serviços (II). A terceira é constituída pela omissão total ou parcial de receitas ou lucros auferidos, remunerações pagas ou creditadas e demais fatos geradores de contribuições sociais previdenciárias (III). Não se caracteriza o crime se as omissões nos referidos documentos não tiverem qualquer relação com as contribuições previdenciárias, podendo ocorrer outro ilícito (falsidade ideológica, por exemplo).

15.12.5 Tipo subjetivo

O dolo do delito é a vontade de suprimir ou reduzir a contribuição social previdenciária e qualquer acessório, omitindo as declarações referidas nos incisos do artigo. As omissões que não tiverem essa finalidade descaracterizam o crime, podendo ocorrer a prática de outro ilícito (falsidade, estelionato etc.).

15.12.6 Consumação e tentativa

Trata-se de crime material, que só se consuma com a supressão ou redução da contribuição social previdenciária ou de seus acessórios. Por se tratar de crime material, há decisões no sentido da impossibilidade da instauração de ação penal ou de inquérito policial para apuração do crime na ausência do lançamento definitivo do tributo devido na esfera administrativa, na esteira do entendimento adotado na Súmula Vinculante 24.[304] Esta, porém, refere-se em seu enunciado somente aos crimes materiais previstos no art. 1º, incisos I a IV, da Lei nº 8.137/90.[204] A Lei nº 9.430, de 27-12-1996, no entanto, por força das alterações introduzidas pela Lei nº 12.350, de 20-12-2010, e 12.382, de 25-2-2011, determina que a representação ao Ministério Público por crimes previstos nos arts. 168-A e 337-A do CP e nos arts. 1º e 2º da Lei nº 8.137, de 27-12-1990, somente deverá ser ofertada na hipótese de existência de final decisão administrativa sobre a exigência fiscal do crédito tributário (art. 83, *caput*).

Nada impede a tentativa, que ocorre quando não acontece a supressão ou redução do devido, apesar da omissão, por circunstâncias alheias à vontade do agente.

15.12.7 Concurso de crimes

Nada impede o reconhecimento do crime continuado na reiteração das condutas tipificadas nos incisos I a III do art. 337-A se presentes os requisitos previstos no art. 71. Embora os crimes de sonegação de contribuição previdenciária (art. 337-A) e apropriação indébita previdenciária (art. 168-A) sejam distintos e estejam previstos em títulos diversos do Código Penal, admite-se a continuidade entre essas infrações em razão de sua estreita relação e por tutelarem o mesmo bem jurídico, o patrimônio da previdência social.

15.12.8 Extinção da punibilidade e suspensão da pretensão punitiva

Extingue-se a punibilidade "se o agente, espontaneamente, declara e confessa as contribuições, importâncias ou valores e presta as informações devidas à previdência social, na forma definida em lei ou regulamento, antes do início da ação fiscal" (art. 337-A, § 1º). Caso esse fato ocorra após o início da ação fiscal, mas antes do recebimento da denúncia, ocorre a causa de diminuição de pena do arrependimento posterior (art. 16).

Regra diversa encontra-se no art. 9º, § 2º, da Lei nº 10.684, de 30-5-2003, que prevê expressamente, em relação aos crimes definidos no art. 168-A, bem como no art. 337-A e nos arts. 1º e 2º da Lei nº 8.137, de 27-12-1990, a extinção da punibilidade em decorrência do pagamento, não exigindo que este ocorra antes do início da ação fiscal ou da ação penal: "extingue-se a punibilidade dos crimes referidos neste artigo quando a pessoa jurídica relacionada com o agente efetuar o pagamento integral dos débitos oriundos de tributos e contribuições sociais, inclusive acessórios". Prevê-se, também, no mesmo art. 9º, a suspensão da pretensão punitiva no período em que a pessoa jurídica estiver incluída no regime de parcelamento do crédito tributário, durante o qual não tem curso a prescrição (§ 1º). A Lei nº 11.941, de 27-5-2009, também dispõe a respeito dos mesmos crimes. O parcelamento do crédito tributário suspende a pretensão punitiva e o curso da prescrição e, se anterior ao início da ação penal, impede o oferecimento da

---

204. O Supremo Tribunal Federal aprovou, em 2-12-2009, a Súmula Vinculante 24, com o seguinte teor: "Não se tipifica crime material contra a ordem tributária, previsto no art. 1º, incisos I a IV, da Lei nº 8.137/90, antes do lançamento definitivo do tributo".

denúncia (arts. 67 e 68). Extingue-se a punibilidade pelo pagamento integral dos débitos que tiverem sido objeto de concessão do parcelamento (art. 69). Aplicam-se também ao crime descrito no art. 337-A, diante de expressa previsão legal, as normas inseridas na Lei nº 9.430, de 27-12-1996, que determinam a suspensão da pretensão punitiva e do prazo prescricional pela inclusão do devedor no regime de parcelamento do débito, desde que a formalização se verifique anteriormente ao recebimento da denúncia, e a extinção da punibilidade pelo pagamento integral do tributo devido (art. 83, §§ 2º a 4º). A Lei nº 9.964, de 10-4-2000, já dispunha sobre a suspensão da pretensão punitiva e da prescrição, referindo-se, porém, somente aos mencionados crimes contra a ordem econômica e tributária, na hipótese de inclusão da pessoa jurídica no *Refis* (Programa de Recuperação Fiscal), e exigindo para a extinção da punibilidade que a concessão do parcelamento ocorresse antes do recebimento da denúncia (art. 15, § 3º). Por fim, a Lei nº 13.254, de 13-1-2016, prevê a extinção da punibilidade do crime do art. 337-A, pelo cumprimento, antes do trânsito em julgado da condenação, das condições do programa nela disciplinado com vistas à repatriação de recursos, bens e direitos de origem lícita não declarados e remetidos ao exterior (art. 5º, § 1º, inciso III). A mesma causa extintiva da punibilidade aplica-se aos crimes previstos nos arts. 297, 298, 299 e 304 do CP, quando sua potencialidade lesiva esgotar-se na prática do crime de sonegação de contribuição previdenciária, de sonegação fiscal (Lei nº 4.729, de 14-7-1965) ou de alguns crimes contra a ordem tributária (arts. 1º e 2º, incisos I, II e V, da Lei nº 8.137, de 27-12-1990). Beneficiam-se, também, da mesma regra os autores de crimes de operação de câmbio não autorizada (art. 22 da Lei nº 7.492, de 16-6-1986) e de lavagem de dinheiro (art. 1º da Lei nº 9.613, de 3-3-1998) que incida sobre recursos provenientes dos delitos anteriores.

15.12.9 Perdão judicial ou aplicação de pena de multa

Caso o agente seja primário e de bons antecedentes a lei faculta ao juiz a aplicação do perdão judicial ou a aplicação apenas da multa se "o valor das contribuições devidas, inclusive acessórios, seja igual ou inferior àquele estabelecido pela previdência social, administrativamente, como sendo o mínimo para o ajuizamento de suas execuções fiscais" (art. 337-A, § 2º, II). O pequeno valor sonegado e a consequente dispensa do ajuizamento da execução fiscal justificam o benefício.

15.12.10 Crime privilegiado

Também prevê a lei a possibilidade de redução da pena de um terço ou a aplicação exclusiva de multa para o autor do crime. Para que o agente possa beneficiar-se, é necessário que o empregador não seja pessoa jurídica e sua folha de pagamento mensal não ultrapasse R$ 1.510,00 (um mil e quinhentos e dez reais) (art. 337-A, § 3º). Esse valor é reajustado nas mesmas datas e nos mesmos índices do reajuste dos benefícios da previdência social (art. 337-A, § 4º).

16

DOS CRIMES PRATICADOS POR PARTICULAR CONTRA A ADMINISTRAÇÃO PÚBLICA ESTRANGEIRA

16.1 CORRUPÇÃO ATIVA EM TRANSAÇÃO COMERCIAL INTERNACIONAL

16.1.1 Generalidades

Houve por bem o legislador inserir dois tipos penais em novo Capítulo (II-A) do Título XI no sentido de melhor promover a proteção às transações comerciais internacionais quando são ofendidos os interesses de Administração Pública estrangeira. São eles os crimes de corrupção ativa em transação comercial internacional (art. 337-B) e tráfico de influência em transação comercial internacional (art. 337-C).

16.1.2 Conceito de funcionário público estrangeiro

Constando dos tipos penais previstos nos arts. 337-B e 337-C a expressão "funcionário público estrangeiro", foi exigido do legislador que definisse o seu conceito para os efeitos penais em nosso país, o que o fez sem se distanciar muito da definição contida no art. 327 do CP (item 14.1.3). Assim, considera-o como aquele que, ainda que transitoriamente ou sem remuneração, exerce cargo, emprego ou função pública em entidades estatais ou em representações diplomáticas de país estrangeiro. Equipara ainda a lei a funcionário público estrangeiro quem exerce cargo, emprego ou função em empresas controladas, direta ou indiretamente, pelo Poder Público de país estrangeiro ou em organizações públicas internacionais (art. 337-D).

16.1.3 Conceito

A Lei nº 10.467, de 11-6-2002, definiu o crime de corrupção ativa em transação comercial internacional para figurar no art. 337-B do Código Penal, com a seguinte redação: "Art. 337-B. Prometer, oferecer ou dar, direta ou indiretamente, vantagem indevida a funcionário público estrangeiro, ou a terceira pessoa, para determiná-lo a praticar, omitir ou retardar ato de ofício relacionado à transação comercial internacional: Pena – reclusão, de 1 (um) a 8 (oito) anos, e multa. Parágrafo único. A pena é aumentada de 1/3 (um terço), se, em razão da vantagem ou promessa, o funcionário público estrangeiro retarda ou omite o ato de ofício, ou o pratica infringindo dever funcional."

16.1.4 Objetividade jurídica

A nova lei visa dar efetividade ao Decreto nº 3.678, de 30-11-2000, que promulgou a Convenção sobre o Combate da Corrupção de Funcionários Públicos estrangeiros em Transações Comerciais, concluída em Paris em 17-12-1997. O Decreto nº 4.410, de 7-10-2002, alterado pelo Decreto nº 4.534, de 19-12-2002, promulgou a Convenção Interamericana contra a Corrupção, adotada em Caracas, em 29 de março de 1996. Medidas de combate à corrupção, inclusive quando envolva agente público estrangeiro ou funcionário internacional e lavagem de dinheiro, foram também adotadas na Convenção das Nações Unidas contra o Crime Organizado Transnacional, realizada em Nova York em 15-12-2000, cujo texto foi promulgado no Brasil pelo Decreto nº 5.015, de 12-3-2004, e na Convenção das Nações Unidas contra a Corrupção, de 31-10-2003, promulgada pelo Decreto nº 5.687, de 31-1-2006. A Lei nº 12.846, de 1º-8-2013, disciplina a responsabilização objetiva, administrativa e civil, da pessoa jurídica beneficiária de ato lesivo à administração pública, nacional ou estrangeira, consistente em "prometer, oferecer ou dar, direta ou indiretamente, vantagem indevida a agente público, ou a terceira pessoa a ele relacionada" (art. 5º, I) (v. item 15.6.2).

16.1.5 Sujeitos do delito

Sujeito ativo desse especial crime de corrupção ativa é qualquer pessoa, inclusive o funcionário público, despido dessa qualidade e agindo como particular. Nada impede a coautoria ou participação de intermediários para a promessa, oferta ou dação da vantagem indevida.

Sujeito passivo é a administração pública do país ou do estrangeiro com relação às transações comerciais internacionais.

16.1.6 Tipo objetivo

A primeira conduta típica é *prometer*, fazer uma promessa de vantagem indevida. A segunda é *oferecer*, ou seja, colocar à disposição, a referida vantagem. A última é *dar*, significando a sua entrega efetiva. A oferta, promessa ou dação pode ser feita diretamente ao funcionário público estrangeiro ou a terceira pessoa para encaminhá-la ao primeiro. Não se configura o crime se a oferta ou promessa não tem endereço individualizado, ou seja a pessoas determinadas. É necessário que a promessa, oferta ou dação se destine à prática, omissão ou retardamento de ato de ofício relacionado à transação comercial internacional e que esteja nas específicas atribuições funcionais do servidor estrangeiro.

16 • DOS CRIMES PRATICADOS POR PARTICULAR CONTRA A ADMINISTRAÇÃO PÚBLICA ESTRANGEIRA

A concretização do crime independe de ser a promessa ou oferta aceita ou não pelo funcionário. Aceita a oferta, promessa ou dação, o funcionário estrangeiro comete outro ilícito, o de corrupção passiva.

16.1.7 Tipo subjetivo

O dolo é a vontade de praticar uma das ações descritas no tipo, exigindo-se também o elemento subjetivo que é o fim de conseguir do funcionário a omissão, retardamento ou prática do ato de ofício esperado.

16.1.8 Consumação e tentativa

Consuma-se o crime com a simples promessa ou oferta de vantagem indevida por parte do agente, ou então com a sua efetiva entrega ao funcionário. Nas duas primeiras hipóteses, trata-se de crime formal, em que a consumação independe da aceitação pelo funcionário da vantagem que lhe é prometida ou oferecida.

Embora crime formal, em tese é possível a tentativa quando a oferta ou promessa, embora efetuada, não chega ao conhecimento do funcionário.

16.1.9 Aumento de pena

Há um aumento de pena de um terço se em razão da conduta o funcionário público estrangeiro ou omite o ato de ofício ou o pratica infringindo dever funcional.

16.2 TRÁFICO DE INFLUÊNCIA EM TRANSAÇÃO COMERCIAL INTERNACIONAL

16.2.1 Conceito

Assim definiu o crime de tráfico de influência em transação comercial internacional a Lei nº 10.467, de 11-6-2002, para figurar como o tipo do art. 337-C do Código Penal: "Solicitar, exigir, cobrar ou obter, para si ou para outrem, direta ou indiretamente, vantagem ou promessa de vantagem a pretexto de influir em ato praticado por funcionário público estrangeiro no exercício de suas funções, relacionado a transação comercial internacional: Pena – reclusão, de 2 (dois) a 5 (cinco) anos, e multa. Parágrafo único. A pena é aumentada da metade, se o agente alega ou insinua que a vantagem é também destinada a funcionário estrangeiro".

16.2.2 Objetividade jurídica

O novo tipo penal é uma forma de proteção à comunidade internacional no que tange as transações internacionais quando os fatos não se ajustem ao art. 332 do CP por estar este dispositivo a se referir a funcionário público brasileiro.

16.2.3 Sujeito do delito

O crime pode ser praticado por qualquer pessoa, inclusive o funcionário público. Sujeito passivo é a administração pública do país ou estrangeira no que se refere às transações comerciais internacionais.

16.2.4 Tipo objetivo

As condutas descritas no tipo são: *solicitar* (pedir, procurar, buscar); *exigir* (mandar, impor); *cobrar* (pedir pagamento); ou *obter* (receber, conseguir) vantagem ou promessa de vantagem sob o pretexto de influir junto a funcionário público estrangeiro. No caso há uma fraude contra o comprador de influência que pode ocorrer mediante uso de artifício, ardil ou simples mentira. É indispensável, aliás, que o agente apregoe prestígio, atribuindo-se poder de influência sobre o servidor competente para a prática do ato desejado. É irrelevante se o fim objetivado pelo comprador de influência é lícito ou ilícito, pois a essência do crime reside no agente conseguir vantagem, ou promessa dessa, de qualquer natureza a pretexto de atuar junto ao funcionário. Não ocorre o crime quando o interessado não é iludido pelo agente que alega prestígio.

16.2.5 Tipo subjetivo

O dolo é a vontade de praticar uma das ações descritas no tipo, exigindo-se também o elemento subjetivo que é o fim de conseguir do funcionário a omissão, retardamento ou prática do ato de ofício esperado.

16.2.6 Consumação e tentativa

Consuma-se o tráfico de influência com a prática de uma das condutas: solicitação, exigência, cobrança ou obtenção da vantagem. Em tese, é admissível a tentativa, que ocorre, por exemplo, quando o agente solicita, exige ou cobra a vantagem por escrito, interceptado antes do conhecimento do funcionário, ou por intermédia pessoa, na mesma hipótese.

16.2.7 Aumento de pena

Determina a lei o aumento da metade da pena se o agente alega ou insinua que a vantagem é também destinada ao funcionário estrangeiro, devido ao maior dano à regularidade da administração.

17

DOS CRIMES EM LICITAÇÕES E CONTRATOS ADMINISTRATIVOS

17.1 CONTRATAÇÃO DIRETA ILEGAL

17.1.1 Generalidades

A Lei nº 14.133, de 1º-4-2021, é a lei que hoje contém as normas gerais disciplinadoras da licitação e da contratação a serem observadas pela administração pública direta e indireta. Estão sujeitos a essa disciplina legal os órgãos dos três poderes, Legislativo, Executivo e Judiciário, da União, Estados e Municípios, as autarquias, as fundações, os fundos especiais e todas as demais entidades controladas direta ou indiretamente pela Administração Pública, excetuadas as empresas públicas, sociedades de economia mista e suas subsidiárias, que se sujeitam ao regramento contido na Lei nº 13.303, de 30-06-2016.

Por força de mandamento constitucional, ressalvados os casos especiais previstos em lei, a contratação de obras, serviços, compras e alienações pela Administração está condicionada à realização do processo de licitação pública (art. 37, XXI, da CF). A licitação é o processo pelo qual se abre a todos os interessados, que preencham as condições previamente estabelecidas, a possibilidade de, em igualdade de condições, formularem suas propostas, dentre as quais a mais conveniente e vantajosa para a Administração deverá ser ao final selecionada para a celebração do contrato. O processo de licitação deve observar um procedimento determinado, conforme a sua modalidade, o qual é composto por uma série de atos encadeados regulados em lei. O processo licitatório é informado pelos da impessoalidade, da isonomia, da moralidade e da probidade administrativa, entre outros, que estão relacionados no art. 5º da Lei nº 14.133/2021, como os princípios do planejamento, da transparência, da vinculação ao edital, do julgamento objetivo, da eficácia, da competitividade, da celeridade e da segurança jurídica. Há casos, porém, previstos em lei, em que a licitação não é exigível diante da inviabilidade de competição e outros em que pode ser ela dispensada por diversos motivos (arts. 74 e 75 da Lei nº 14.133/2021). Nessas hipóteses, possibilita-se a *contratação direta* pela Administração, independentemente da realização do processo licitatório.

A Lei nº 14.133/2021 introduziu no Título XI do Código Penal, que versa sobre os Crimes contra a Administração Pública, o Capítulo II-B, no qual se descrevem os crimes atinentes às licitações e contratos administrativos. Essas normas incriminadoras são aplicáveis também às licitações e contratações realizadas pelas empresas públicas, sociedades de economia mista e suas subsidiárias, embora regidas estas pela Lei nº 13.303/2016, conforme expressa determinação contida no art. 1º, § 1º, da nova Lei de Licitações, que manda aplicar a essas entidades os crimes nela descritos.

Os novos arts. 337-E a 337-O contêm tipos penais que em sua grande maioria são reproduções quase literais dos crimes antes previstos nos arts. 89 a 98 da Lei nº 8.666/93. Entre as inovações, a mais significativa reside no art. 337-O, que não possui disposição anterior equivalente. Em todos os artigos, como bem jurídico, tutela-se, de forma geral, a regularidade da atividade da Administração Pública mediante a observância das normas e princípios que regem o processo de licitação e a celebração do contrato dele derivado ou do que decorre da contratação direta. No art. 337-P estabelece-se um piso mínimo para a pena de multa.

17.1.2 Conceito

Dispõe o art. 337-E, inserido pela Lei nº 14.133/2021: "Admitir, possibilitar ou dar causa à contratação direta fora das hipóteses previstas em lei: Pena – reclusão, de 4 (quatro) a 8 (oito) anos, e multa". Embora com diferente redação, incrimina-se o mesmo comportamento antes descrito no art. 89 da Lei nº 8.666/93.

17.1.3 Objetividade jurídica

O bem jurídico tutelado no Capítulo II-B, é a regularidade da atuação da Administração no âmbito da contratação de obras, serviços, compras, locação, alienação, concessão e permissão de uso de bens públicos. Essas atividades sujeitam-se à observância estrita das normas legais e regulamentares, aos princípios gerais da Administração Pública, como os da legalidade, igualdade, impessoalidade, moralidade, probidade e publicidade, e outros, mais específicos, que norteiam a licitação pública (art. 5º da Lei nº 14.133, de 1º-4-2021). No art. 337-E, tutela-se, especificamente, a observância da obrigatoriedade geral do processo licitatório prévio à contratação pela Administração e das normas que preveem, por exceção, os casos de inexigibilidade e dispensa de licitação.

17.1.4 Sujeitos do delito

Somente podem cometer o crime os funcionários públicos, de acordo com o conceito do art. 327, que têm entre suas atribuições o dever de fazer o procedimento administrativo licitatório antes da contratação ou de proceder à contratação direta somente nas hipóteses previstas em lei. Sujeito passivo é o Estado e, mais individualizadamente, o ente da Administração que procede à contratação ilegal.

17.1.5 Tipo objetivo

Descreve-se no artigo a conduta de admitir, possibilitar ou dar causa à contratação direta fora das hipóteses legais. As ações típicas podem ser praticadas por quaisquer meios por se tratar de crime de ação livre. *Admitir* tem no tipo o sentido de permitir,

17 • DOS CRIMES EM LICITAÇÕES E CONTRATOS ADMINISTRATIVOS

concordar, aceitar, acolher. *Possibilitar* é tornar possível, viável, propiciar. *Dar causa* é ensejar, provocar, por qualquer forma, a contratação direta. A contratação direta pela Administração é a que ser realiza sem a observância de prévio procedimento licitatório. Essa contratação será ilegal se não estiver em consonância com as normas que disciplinam os casos de inexigibilidade e dispensa da licitação. Cuida-se de norma penal em branco, na qual a descrição típica é complementada pelas normas legais que admitem a contratação direta. As situações de inexigibilidade, que decorre da inviabilidade de competição, e de dispensa de licitação, possível em diversas hipóteses legais, na Lei nº 14.133, de 1º-4-2021 estão previstas nos arts. 74 e 75 e, com relação às empresas públicas e sociedades de economia mista, nos arts. 29 e 30 da Lei nº 13.303/2016.

17.1.6 Tipo subjetivo

O elemento subjetivo no crime do art. 337-E é o dolo, a vontade livre e consciente de admitir, possibilitar ou dar causa à contratação direta fora das hipóteses em que é ela legalmente admissível. O erro em relação à inexigibilidade ou dispensa legal da licitação no caso concreto exclui o dolo e, consequentemente, afasta a tipicidade do fato.

17.1.7 Consumação e tentativa

Consuma-se o crime com a celebração do contrato entre o particular e a Administração. A mera edição de um ato administrativo dispensando a licitação no caso concreto não autoriza ter-se por aperfeiçoada a infração. A tentativa é admissível em todas as situações em que, apesar de todos os atos praticados pelo sujeito ativo, circunstâncias alheias a sua vontade obstam a contratação.

17.2 FRUSTRAÇÃO DO CARÁTER COMPETITIVO DE LICITAÇÃO

17.2.1 Conceito

O crime de frustação do caráter competitivo de licitação está assim descrito no art. 337-F: "Frustrar ou fraudar, com o intuito de obter para si ou para outrem vantagem decorrente da adjudicação do objeto da licitação, o caráter competitivo do processo licitatório: Pena – reclusão, de 4 (quatro) anos a 8 (oito) anos, e multa."

17.2.2 Objetividade jurídica

Protege-se pelo dispositivo a regularidade do processo licitatório objetivando-se, aqui, a preservação do caráter competitivo que é um de seus aspectos essenciais. Tutela-se, portanto, precipuamente, a observância dos princípios da igualdade de condições entre os concorrentes (art. 37, XXI, da CF) e da competitividade da licitação (art. 5º da Lei nº 14.133, de 1º-4-2021), sem a qual não se asseguram a legitimidade do processo e a busca do contrato mais vantajoso para a Administração. Indiretamente protege-se o patrimônio público de dispêndios excessivos e se evita o locupletamento indevido pelo particular licitante.

17.2.3 Sujeitos do delito

Sujeito ativo pode ser qualquer pessoa, inclusive o particular licitante e o agente público envolvido no processo licitatório.

Sujeito passivo é a Administração Pública, a entidade que, ainda quando, eventualmente, não sofra prejuízo patrimonial, tem violados os mencionados princípios da moralidade, da igualdade e da competividade que regem a licitação pública. Podem ser também sujeitos passivos os eventuais licitantes prejudicados pela fraude do certame.

17.2.4 Tipo objetivo

A ação típica é a de fraudar ou frustrar o caráter competitivo do processo licitatório. *Frustrar* é impedir a realização, inviabilizar, baldar, fazer falhar o caráter competitivo da licitação. *Fraudar* é burlar, empregar qualquer meio enganoso para iludir outrem, fazendo-o incidir em erro; no tipo, é tornar o caráter competitivo do processo licitatório uma mera ilusão, levando a erro a administração pública e/ou outros licitantes. Cometem o crime, por exemplo, os licitantes que se ajustam previamente com relação ao teor das propostas a serem oferecidas e ao provável vencedor do certame, somente simulando uma competição, bem como o agente público que, em conluio com um dos licitantes, faz inserir no edital, embora dispensável, requisito que somente este ou alguns poucos podem satisfazer.

17.2.5 Tipo subjetivo

O elemento subjetivo é o dolo, a consciência e a vontade de fraudar ou frustrar o caráter competitivo da licitação. Deve ter o agente a consciência de valer-se de um expediente fraudulento e deste tornar falha a competição entre os licitantes. Para o aperfeiçoamento do tipo exige-se também, como elemento subjetivo do tipo, que o agente atue com o intuito de obter para si ou para outrem vantagem decorrente da adjudicação do objeto da licitação. Deve ele almejar que de sua ação e que do resultado da licitação com a consequente adjudicação de seu objeto, advenha para si ou outrem uma vantagem. Refere-se a Lei à vantagem advinda da adjudicação do objeto, fase final do procedimento licitatório, pelo qual se atribui ao licitante vencedor, obrigações e direitos, entre os quais o de celebrar o contrato com a administração, na hipótese de efetiva contratação. A obtenção ou não dessa vantagem é irrelevante para o aperfeiçoamento do crime, bastando que ela seja almejada pelo agente. Não se exige no dispositivo que a vantagem seja necessariamente econômica, embora, na maior parte das vezes, seja esta o intuito do agente. Diante da inexistência da especificação legal, porém, há que se admitir que a vantagem esperada seja de natureza diversa.

17 • DOS CRIMES EM LICITAÇÕES E CONTRATOS ADMINISTRATIVOS — **401**

17.2.6 Consumação e tentativa

Consuma-se o crime com a frustração ou fraude do caráter competitivo da licitação. Não se exige que o processo licitatório não se realize a final ou que tenha sido ultimado. A obtenção ou não da vantagem é irrelevante, porque esta se insere no tipo subjetivo. Igualmente não é necessária a efetiva ocorrência de prejuízo à Administração ou a licitantes. A tentativa é admissível em ambas as modalidades da conduta.

17.3 PATROCÍNIO DE CONTRATAÇÃO INDEVIDA

17.3.1 Conceito

O crime de patrocínio de contratação indevida está descrito no art. 337-G: "Patrocinar, direta ou indiretamente, interesse privado perante a Administração Pública, dando causa à instauração de licitação ou à celebração de contrato cuja invalidação vier a ser decretada pelo Poder Judiciário: Pena – reclusão, de 6 (seis) meses a 3 (três) anos, e multa".

17.3.2 Objetividade Jurídica

Tutela-se, mais uma vez, a regularidade do processo licitatório e da contratação pela Administração, aqui contra a possibilidade de interferências indevidas em sua realização, assegurando-se que esta não seja ditada pelo interesse público, mas, sim, por interesses privados. Visa o dispositivo dar efetividade sobretudo aos princípios da transparência, da moralidade, da probidade e da igualdade que regem o processo licitatório e a atividade de contratação pela Administração Pública.

17.3.3 Sujeitos do delito

Em regra, patrocinar interesses privados perante a Administração Pública não configura um ilícito, desde que quem atue não seja funcionário público. O crime descrito no art. 337-G assemelha-se ou é uma espécie do delito de advocacia administrativa tipificado no art. 321, o qual exige a condição de funcionário público como elementar do tipo. Assim, embora não se refira o art. 337-G à essa condição, trata-se de crime próprio, podendo ser cometido por quem exerce cargo, emprego ou função pública (v. item 14.1.3). O particular que, licitamente, patrocina perante a administração a realização de uma licitação ou contratação não poderá ser responsabilizado penalmente somente em razão de sua eventual e posterior invalidação. Porque a condição de funcionário público não é elementar do tipo, não se pode pretender que o particular que provoca o funcionário a patrocinar o interesse privado responda como autor. Todavia, tanto aquele, normalmente um intermediário, que induz ou instiga o funcionário a atuar assim como o particular detentor do interesse patrocinado podem assumir a condição de partícipes.

Sujeito Passivo é a Administração Pública, especificamente a entidade que promove a licitação ou contratação.

17.3.4 Tipo objetivo

Patrocinar interesse privado perante a Administração Pública, como já analisado, é advogar, defender, patronear, facilitar, proteger, apadrinhar, pleitear, favorecer um interesse particular alheio perante a administração pública. Patrocinar diretamente é agir sem intermediário e indiretamente por interposta pessoa, que pode ser outro funcionário ou mesmo um particular. Em acréscimo ao tipo descrito no art. 321, exige-se como elementar que o sujeito ativo, ao patrocinar o interesse privado, dê causa à instauração de licitação ou à celebração de contrato posteriormente invalidados pela Justiça. Exige-se, portanto, para a configuração do crime que o patrocínio, de início, seja bem sucedido, por ensejar a instauração de um processo licitatório ou a celebração de um contrato, os quais, porém, ao final vieram a ser invalidados pelo Poder Judiciário. A intervenção do agente por ocasião de licitação em andamento não configura o ilícito, que exige que sua atuação seja causa da instauração, podendo ocorrer na hipótese a advocacia administrativa ou outro delito.

Divergem os autores a respeito da natureza da circunstância concernente à invalidação decretada pelo Poder Judiciário, se configuradora ou não de uma condição objetiva de punibilidade.[205] Da adoção de um ou outro entendimento decorrem diferentes orientações com relação ao momento consumativo e à exigência de ser a circunstância abrangida ou não pelo dolo. Conquanto, doutrinariamente, razão assista aos que veem na expressão da lei uma elementar do tipo, diante da deficiente técnica legislativa não é desarrazoado nela vislumbrar uma espécie sui generis de condição objetiva de punibilidade, porque, embora descrita no tipo, trata-se de evento futuro e estranho ao comportamento do agente, porque decorrente de posterior decisão judicial, o qual não se poderia exigir seja coberto pelo dolo. Não se configura o crime na hipótese de invalidação da licitação ou do contrato pela própria Administração, por se exigir, no tipo, que seja ela decretada pelo Poder Judiciário.

17.3.5 Tipo subjetivo

Entendemos que o elemento subjetivo do crime é o dolo, consistente na vontade de patrocinar o interesse privado e de dar causa à instauração da licitação ou à celebração do contrato.

17.3.6 Consumação e tentativa

Do entendimento que se venha adotar com relação à natureza da expressão relativa à invalidação pelo Poder Judiciário decorre a orientação sobre o momento

---

205. No sentido de se cuidar de uma condição objetiva de punibilidade à vista da Lei nº 8.666/93: NUCCI, Guilherme de Souza, *Leis Penais e Processuais Penais Comentadas*, 3º ed. RT, 2008, p. 819, DE FREITAS, André Guilherme Tavares, Crimes da Lei de Licitações, p. 115; Contra Vicente Greco Filho, *Dos Crimes conta a Administração Pública*, p. 81-82, DA COSTA Paulo José, *Direito Penal das Licitações*, e BITTENCOURT, Cezar Roberto, *Tratado de Direito Penal*, 11 ed. Saraiva, v. 2, p. 126-127.

consumativo. Como elementar do tipo, há que se reconhecer a consumação com a invalidação do processo licitatório ou da celebração do contrato. Reconhecendo-se-a, porém, como condição objetiva de punibilidade sui generis, a despeito de integrar o tipo, consuma-se o crime com a instauração da licitação ou a celebração do contrato. A tentativa é inadmissível. Se a despeito dos atos praticados pelo agente não houve a instauração ou celebração, não há licitação ou contratação que possa vir a ser invalidada.

17.4 MODIFICAÇÃO OU PAGAMENTO IRREGULAR EM CONTRATO ADMINISTRATIVO

17.4.1 Conceito

No art. 337-H está descrito o crime de modificação ou pagamento irregular em contrato administrativo: "Admitir, possibilitar ou dar causa a qualquer modificação ou vantagem, inclusive prorrogação contratual, em favor do contratado, durante a execução dos contratos celebrados com a Administração Pública, sem autorização em lei, no edital da licitação ou nos respectivos instrumentos contratuais, ou, ainda, pagar fatura com preterição da ordem cronológica de sua exigibilidade: Pena – reclusão, de 4 (quatro) anos a 8 (oito) anos, e multa."

17.4.2 Objetividade Jurídica

O bem jurídico protegido no art. 337-H é a regularidade na execução dos contratos firmados pela Administração Pública com os particulares. Visa-se assegurar que sejam eles cumpridos com estrita observância do pactuado e que nenhuma modificação em favor do contratado ocorra fora das hipóteses admitidas em lei. Tutela-se a observância de princípios que regem os contratos administrativos, entre os quais os da legalidade, impessoalidade, moralidade e probidade, evitando-se o indevido favorecimento do particular em detrimento do interesse público.

17.4.3 Sujeitos do delito

Trata-se de crime próprio, porque somente pode praticá-lo o funcionário público que tem entre suas atribuições a de promover as alterações no curso da execução do contrato celebrado pela Administração no curso de sua execução, ou na segunda figura a de determinar o pagamento das faturas. O particular, inclusive o beneficiário da alteração, que tenha por qualquer forma concorrido para a prática do crime responde na condição de partícipe. Eliminou-se no dispositivo a previsão contida no correspondente o parágrafo único do art. 92 da Lei nº 8.666/93, que por sua deficiente redação dificultava e limitava a responsabilização penal dos particulares.

Sujeito passivo é a Administração Pública em sentido amplo, e, especificamente, a entidade pública que celebrou o contrato.

17.4.4 Tipo objetivo

Os contratos celebrados pela Administração, precedidos de licitação ou resultantes de contratação direta, devem ser executados em consonância com o pactuado e em estrita obediência às regras legais. As alterações admissíveis são somente as previstas em lei. Delas cuidam, por exemplo, os arts. 124 a 136 da Lei nº 14.133, de 1º-4-2021 e o art. 81 da Lei nº 13.303/2016 entre outros dispositivos. No mesmo sentido a possibilidade de prorrogação do contrato deve estar legalmente autorizada.

Para garantir a observância da legalidade na execução dos contratos, contempla o art. 337-H duas figuras típicas. A primeira é a de *admitir* (permitir, concordar, aceitar, acolher), *possibilitar* (tornar possível, viável, propiciar) ou *dar causa* (ensejar, provocar por qualquer forma) a uma alteração contratual indevida durante a execução de contrato celebrado pela Administração Pública. Essa alteração consiste em qualquer modificação indevida, inclusive prorrogação contratual, que seja promovida em favor, isto é, em benefício do contratado. Em que pese a deficiente redação do dispositivo, pode-se entender que para a configuração do crime exige-se que a modificação promovida deve ensejar uma vantagem ou um favorecimento ao contratado. Como elemento normativo prevê-se que essa modificação se realize sem autorização em lei, no edital de licitação ou nos respectivos instrumentos contratuais. Haverá crime, portanto, se a alteração não encontrar amparo na lei. Se esta a admitir, ainda assim haverá crime se a alteração estiver em desacordo com o edital ou o contrato. Atípica será a conduta somente se a modificação, admitida em lei, encontrar amparo no edital ou nos termos do contrato celebrado que se encontre em execução.

Pela segunda figura tipifica-se a conduta de *pagar* fatura com preterição da ordem cronológica de sua exigibilidade. Pagar é efetuar um pagamento de uma despesa, liquidar um débito, quitar um valor devido. *Fatura*, no tipo, é o documento que registra o valor devido ao contratado em decorrência da execução total ou parcial do contratado pela Administração. Os pagamentos pela Administração deverão obedecer uma ordem cronológica (art. 141 da Lei nº 14.133, de 1º-4-2021) que leva em consideração a data da exigibilidade do crédito que o contratado possui em face da Administração em decorrência da execução do contrato, a qual coincide com o fim do período previsto para o adimplemento da obrigação. Deve-se, observar, porém, que a própria Lei autoriza a alteração da ordem cronológica em determinadas hipóteses condicionando-a à justificação prévia da autoridade competente e à posterior comunicação ao órgão de controle interno da Administração e ao Tribunal de Contas (art. 141, § 1º, da Lei nº 14.133, de 1º-4-2021). Se a alteração da ordem cronológica satisfaz as exigências legais, a conduta do funcionário será atípica em face da existência de uma justa causa, ou seja, uma causa que a legitima e que está contida nas próprias normas que complementam o tipo penal.

17.4.5   Tipo subjetivo

O elemento subjetivo no art. 337-H é o dolo, a vontade, na primeira figura, de proceder à modificação na execução do contrato em favor do contratado, com a consciência de que essa alteração não encontra amparo na lei ou está em desacordo com os termos do edital ou dos instrumentos contratuais, e, na segunda, a de pagar a fatura com a consciência de que foge à legal observância da ordem cronológica de sua exigibilidade. Nenhum especial fim de agir é exigido na norma incriminadora.

17.4.6   Consumação e tentativa

Consuma-se o crime, na primeira parte do art. 337-H com a modificação do contrato no curso de sua execução. Não é necessário para o aperfeiçoamento do tipo que o contratado concretamente aufira vantagem, benefício ou qualquer favor decorrente da alteração contratual, o que, ocorrendo, insere-se na fase de exaurimento do crime. Na segunda figura, porém, o delito somente se consuma com o efetivo pagamento da fatura, isto é, com a concreta quitação do valor devido. Diante dos expressos termos da norma, não é suficiente para a consumação a ordem de pagamento exarada pelo sujeito ativo. Nessa hipótese, inocorrendo, a final, o efetivo pagamento, caracteriza-se a tentativa.

17.5   PERTURBAÇÃO DE PROCESSO LICITATÓRIO

17.5.1   Conceito

O crime de perturbação de processo licitatório versa sobre condutas que já eram típicas inicialmente em face do art. 335 do Código Penal e, posteriormente, do art. 93 da Lei nº 8.666/93, que revogou tacitamente aquele dispositivo. Dispõe o art. 337-I: "Impedir, perturbar ou fraudar a realização de qualquer ato de processo licitatório: Pena – detenção, de 6 (seis) meses a 3 (três) anos, e multa."

17.5.2   Objetividade Jurídica

A regularidade geral dos processos licitatórios promovidos pela administração é, aqui, o objeto central de tutela.

17.5.3   Sujeitos do delito

Sujeito ativo do crime é qualquer pessoa, incluído o funcionário público.

Sujeito passivo é o Estado, a Administração Pública, titular do objeto jurídico violado, a regularidade dos processos licitatórios.

17.5.4 Tipo objetivo

O art. 337-I prevê as modalidades de impedir, perturbar ou fraudar a realização de qualquer ato de processo licitatório. *Impedir* é obstar, atalhar, impossibilitar a execução ou o prosseguimento. *Perturbar* significa embaraçar, criar dificuldades, confundir, criar desordem, atrapalhar, agitar. *Fraudar* consiste no emprego de qualquer meio, enganando, iludindo, causando erro. Trata-se de crime de ação livre, que pode ser praticado por qualquer meio idôneo a provocar o resultado, consistente no impedimento, perturbação ou fraude da licitação. Para a configuração do crime não há a necessidade de que a licitação seja invalidada e todo o procedimento licitatório, que é um conjunto ordenado de atos, seja frustrado ou afetado, bastando, conforme a expressa previsão, que qualquer de seus atos seja atingido pela conduta do agente. Estão abrangidas pelo dispositivo todas as modalidades de licitação, que, na Lei nº 14.133, de 1º-4-2021, são o pregão, a concorrência, o concurso, o leilão e o diálogo competitivo (art. 28). Estão também abrangidas pelo tipo as licitações promovidas pelas empresas públicas e sociedades de economia mista que devem obedecer os ditames da Lei nº 13.303/2016.

Não comete o crime quem impede ou perturba a prática de ato licitatório mediante o ajuizamento de ação judicial pela qual se pretenda a discussão de sua regularidade, porque, nessa hipótese, está ele no exercício regular de um direito, o direito de ação. Discute-se se o uso abusivo desse direito poderia configurar a prática do crime. Certamente não há que se cogitar do delito se o autor da ação, mesmo acreditando que terá insucesso, exercer o direito que lhe é assegurado por lei de provocar a manifestação do Poder Judiciário na solução de um conflito de interesses. Tratando-se, porém, de crime de forma livre, não se pode descartar a possibilidade de cometimento do crime por meio do exercício abusivo do direito de ação que, por ser abusivo não é regular. É o que pode se verificar em determinados casos, como, por exemplo, no ajuizamento de múltiplas ações e medidas judiciais evidentemente descabidas contra o regular curso da licitação em que se reconhecem a litigância de má-fé e o inequívoco propósito do autor de somente impedir ou perturbar ilegitimamente o processo licitatório.

17.5.5 Tipo subjetivo

O tipo subjetivo é preenchido pelo dolo. Exige-se somente a vontade de impedir, perturbar ou fraudar o processo licitatório. Não prevê o dispositivo qualquer fim específico para a ação.

17.5.6 Consumação e tentativa

Consuma-se o crime com a frustração da regular prática do ato licitatório em razão de seu impedimento, perturbação ou fraude. A tentativa é admissível em todas as modalidades de conduta.

17.6 VIOLAÇÃO DE SIGILO EM LICITAÇÃO

17.6.1 Conceito

A violação de sigilo em licitação está prevista no art. 337-J: "Devassar o sigilo de proposta apresentada em processo licitatório ou proporcionar a terceiro o ensejo de devassá-lo: Pena – detenção, de 2 (dois) anos a 3 (três) anos, e multa." O tipo reproduz o revogado art. 94 da Lei nº 8.666/93 e abrange a conduta antes descrita no art. 326 do Código Penal, que por esta já fora tacitamente revogado.

17.6.2 Objetividade Jurídica

Tutela-se, uma vez mais, a regularidade dos processos licitatórios levados a efeito pela Administração Pública, visando-se à garantia do sigilo das propostas ofertadas pelos licitantes, sem o qual ferem-se os princípios administrativos, entre os quais, particularmente, os da competividade e isonomia entre os licitantes. O sigilo das propostas é expressamente assegurado por lei até a sua abertura, a partir do que prevalece o princípio da publicidade (art. 13 da Lei nº 14.133, de 1º-4-2021).

17.6.3 Sujeitos do delito

Sujeito ativo é o funcionário público na acepção ampla do termo (v. item 14.1.3) e não somente aquele que tem entre suas atribuições funções relacionadas com o processo licitatório. Afirma, porém, Noronha, ao comentar o art. 326 do CP que somente pode praticar o crime em espécie aquele "cujas funções se relacionam com a concorrência: receber as propostas, guardá-las e abri-las no momento oportuno"[206] Diversamente do que se verifica em relação ao crime de violação de sigilo funcional em que se exige que a ciência do fato deve decorrer do exercício do cargo, no caso do art. 337-J. Basta que o agente se revista da qualidade de funcionário público, que, por isso, está submetido à exigência de respeitar o sigilo. Nada impede que um particular possa participar da prática do delito, havendo concurso de agentes no induzimento, instigação, auxílio, bem como na conduta de devassar o sigilo pela facilitação proporcionada por parte do funcionário.

Sujeito passivo é o Estado, titular da lisura das licitações públicas e, em especial, do sigilo de que devem estar revestidas as propostas. Também são sujeitos passivos do crime os licitantes eventualmente prejudicados pela violação.

17.6.4 Tipo objetivo

A primeira conduta típica inscrita no art. 326 é devassar o sigilo da proposta apresentada em processo licitatório. *Devassar* é invadir e pôr a descoberto, penetrar na

---

206. Ibidem, p. 394. No mesmo sentido: HUNGRIA, Nelson. Ob. cit. v. 9, p. 369. FRAGOSO, H. Cláudio. Ob. cit. v. 3, p. 451.

essência, descobrir, tomar conhecimento indevidamente do conteúdo da proposta, não sendo indispensável que o agente providencie a abertura fraudulenta de um envelope que contenha a proposta. Pode o sigilo ser violado valendo-se o agente da transparência de envelopes, de indevido acesso a arquivos ou correspondências digitais ou de processos outros quaisquer que possibilitem o conhecimento do conteúdo da proposta.

A segunda modalidade de conduta é *possibilitar* a terceiro o ensejo de devassá-lo. O agente não toma conhecimento do conteúdo mas, por ação ou omissão, proporciona, viabiliza, facilita a outrem a oportunidade de fazê-lo, mediante a devassa do sigilo. O particular a quem foi facilitada a devassa do sigilo em razão de prévio ajuste com o funcionário público, responde como partícipe.

17.6.5 Tipo subjetivo

O dolo é a vontade de devassar ou de proporcionar o devassamento ilegal por outrem, não se exigindo qualquer finalidade especial de agir. Não incrimina a lei a conduta culposa, não se responsabilizando o agente que, por mera negligência, por exemplo, possibilita a terceiro o conhecimento do conteúdo da proposta.

17.6.6 Consumação e tentativa

Consuma-se o crime com o conhecimento do conteúdo da proposta por parte do agente, na primeira modalidade, ou de terceiro, na segunda. Não se exige a divulgação (conhecimento por outras pessoas) ou que ocorra dano efetivo ao Estado ou aos licitantes

Possível é a tentativa, citando Noronha um exemplo: se o funcionário é colhido no momento de rasgar o envelope, antes que conheça o teor da proposta, que é novamente encerrada, continuando secreto aquele, houve tentativa de devassamento, o crime não chegou à consumação.[207]

17.7 AFASTAMENTO DE LICITANTE

17.7.1 Conceito

Afastamento de licitante é o crime previsto no art. 337-K: "Afastar ou tentar afastar licitante por meio de violência, grave ameaça, fraude ou oferecimento de vantagem de qualquer tipo: Pena – reclusão, de 3 (três) anos a 5 (cinco) anos, e multa, além da pena correspondente à violência. Parágrafo único. Incorre na mesma pena quem se abstém ou desiste de licitar em razão de vantagem oferecida." A conduta era tipificada, anteriormente, no art. 335 do Código Penal, e, posteriormente, no art. 95 da Lei nº 8.666/93.

---

207. NORONHA, E. Magalhães. Ob. cit. v. 4, p. 395.

17.7.2 Objetividade Jurídica

Tutela-se com o dispositivo, mais uma vez, a lisura e a regularidade das licitações públicas, visando-se resguardar os princípios que as regem, como o da moralidade, probidade, competividade e isonomia entre os licitantes, e assegurar a final seleção da proposta mais vantajosa para a Administração.

17.7.3 Sujeitos do delito

Pode praticar o crime qualquer pessoa, inclusive o funcionário público. Sujeito passivo é o Estado, titular do objeto jurídico violado, na pessoa jurídica da entidade que promove a licitação, bem como os licitantes lesados no direito de livre participação na disputa.

17.7.4 Tipo objetivo

No art. 337-K estão previstas duas figuras típicas. No *caput* as modalidades de conduta são as de *afastar* ou *tentar afastar* licitante, por meio de violência, grave ameaça, fraude ou oferecimento de vantagem de qualquer tipo. Não é indispensável para a caracterização do delito que o agente consiga o resultado pretendido. É preciso, porém, que a conduta seja praticada com violência contra a pessoa (*Manual de Direito Penal*, v. 2, item 3.1.2), grave ameaça (*Manual de Direito Penal*, v. 2, item 3.1.3) ou fraude (*Manual de Direito Penal*, v. 2, item 3.1.4), ou que o agente ofereça vantagem de qualquer natureza (material, moral etc.) ao licitante. O afastamento, como bem assinala Fragoso, não significa um deslocamento no espaço, mas, sim, o afastamento da licitação, ou seja, a abstenção do interessado ou a sua desistência.[208] Licitante, diante da redação dada ao dispositivo, não é só o que já apresentou ou fez oferta, como aquele que também se achava em condições de participar. Não há crime quando a oferta é feita a licitante fingido ou fictício (crime putativo).[209] Não há crime, também, quando o sujeito apenas roga, suplica, pede a abstenção, sem oferta de vantagem. Se a violência ou fraude visa afastar concorrente ou licitante em arrematação judicial, o crime é outro, previsto no art. 358.

Na segunda figura, descrita no parágrafo único, incrimina-se, sob as mesmas penas, a conduta de quem se *abstém* ou *desiste de licitar* em razão de vantagem oferecida. Trata-se de crime que somente pode ser praticado por licitante. Sendo este fictício poderá existir o crime de estelionato. As modalidades são a de abster-se, que implica não ter ainda o licitante formulado a proposta, e a de desistir, que se traduz no abandono da proposta que já fora feita. A conduta é, portanto, omissiva, não participar da licitação em razão da promessa de vantagem por parte de terceiro. Não ocorre o ilícito, portanto, quando a abstenção ocorre em razão de violência, grave ameaça, fraude, amizade, altruísmo etc. A vantagem oferecida, como ocorre em relação ao tipo descrito no caput, pode ser de qualquer natureza e não somente a patrimonial, diante da ausência de especificação na lei.

---

208. FRAGOSO, H. Cláudio. Ob. cit. v. 3, p. 494.
209. Cf. HUNGRIA, Nelson. Ob. cit. v. 9, p. 440. FRAGOSO, H. Cláudio. Ob. cit. v. 3, p. 494.

17.7.5 Tipo subjetivo

Na primeira figura o elemento subjetivo é o dolo consistente na vontade consciente de afastar o licitante e de, para esse desiderato, a de praticar a violência, grave ameaça, fraude ou oferta de vantagem.

No tipo previsto no parágrafo único, o dolo é a vontade de se abster ou desistir de licitar com a finalidade específica de obter a vantagem ofertada (patrimonial, moral etc.).

17.7.6 Consumação e tentativa

No crime descrito no caput do art. 337-K, a consumação ocorre com a prática da violência, grave ameaça etc., ainda que o agente não obtenha o afastamento do concorrente. Somente pode-se falar em tentativa no caso de não se consumarem tais atos, pois, a prática da violência, grave ameaça ou fraude e a oferta, ainda que não aceita, já consuma o ilícito.

Prevê a lei, na cominação da pena, que, havendo violência, ocorrerá concurso entre o crime por esta configurado e o delito em estudo, a ser punido com a cumulação das penas previstas para ambos.

Na modalidade prevista no parágrafo único, consuma-se o crime com a omissão, sendo inadmissível a tentativa (crime omissivo puro).

17.8 FRAUDE EM LICITAÇÃO OU CONTRATO

17.8.1 Conceito

O crime de fraude em licitação ou contrato versa sobre conduta que era em parte tipificada no art. 96 da Lei nº 8.666/93. Assim dispõe o art. 337-L "Fraudar, em prejuízo da Administração Pública, licitação ou contrato dela decorrente, mediante: I – entrega de mercadoria ou prestação de serviços com qualidade ou em quantidade diversas das previstas no edital ou nos instrumentos contratuais; II – fornecimento, como verdadeira ou perfeita, de mercadoria falsificada, deteriorada, inservível para consumo ou com prazo de validade vencido; III – entrega de uma mercadoria por outra; IV – alteração da substância, qualidade ou quantidade da mercadoria ou do serviço fornecido; V – qualquer meio fraudulento que torne injustamente mais onerosa para a Administração Pública a proposta ou a execução do contrato. Pena – reclusão, de 4 (quatro) anos a 8 (oito) anos, e multa."

17.8.2 Objetividade Jurídica

O bem jurídico tutelado no art. 337-L é a regularidade das licitações e da execução dos contratos delas decorrentes, visando-se coibir fraudes em detrimento do patrimônio da Administração Pública e dos interesses públicos pelos quais lhe incumbe promover e zelar.

17.8.3 Sujeitos do delito

O crime tem como sujeito ativo, principalmente o licitante ou contratado, mas diante do tipo descrito e, principalmente, dos termos abertos do inciso V, não se pode excluir o funcionário público ou terceiro particular.

Sujeito passivo é o Estado, a Administração Pública, e, especificamente, a entidade contratante que tem seu patrimônio ou interesses lesados pela fraude.

17.8.4 Tipo objetivo

O crime descrito no art. 337-L é o de fraudar licitação ou contrato dela decorrente, mediante um dos meios descritos nos incisos I a V.

Fraudar, como já assinalado, é burlar, empregar qualquer meio enganoso para iludir outrem, fazendo-o incidir em erro; no artigo, é burlar os termos da licitação ou do contrato, por qualquer dos meios mencionados no dispositivo, em prejuízo dos interesses da Administração. Mencionando a lei tão somente a fraude em "licitação ou contrato dela decorrente", há que se considerar excluída do alcance do dispositivo a fraude praticada na execução de um contrato celebrado mediante o processo de contratação direta, que é realizado sem a prévia licitação, porque inexigível ou dispensada (art. 72 da Lei nº 14.133, de 1º-4-2021).

Especifica a lei nos incisos I a IV, os meios pelos quais a fraude pode ser cometida: "I - entrega de mercadoria ou prestação de serviços com qualidade ou em quantidade diversas das previstas no edital ou nos instrumentos contratuais"; "II fornecimento como verdadeira ou perfeita de mercadoria falsificada, deteriorada, inservível para consumo ou com prazo de validade vencido" "III – entrega de uma mercadoria por outra"; "IV alteração da substância, qualidade ou quantidade da mercadoria ou do serviço fornecido". Alguns desses meios fraudulentos quando praticados no exercício do comércio, podem configurar outros ilícitos, como fraude no comércio (art. 175), crime contra as relações de consumo (art. 7º da Lei nº 8.137/90) ou crime contra a economia popular (art. 2º da Lei nº 1.521/51).

No inciso V, o legislador optou por abrir o tipo penal para abranger *qualquer outro meio fraudulento* que torne injustamente mais onerosa para a Administração Pública a proposta ou a execução do contrato. A relativa indeterminação do fato típico demanda especial cautela na sua aferição, tornando-se crucial o exame que recaia sobre a presença do elemento normativo "injustamente", que se destina a excluir da tipicidade todos os casos em que a maior onerosidade para a Administração, na proposta licitatória ou na execução do contrato, não decorre de fraude, mas de circunstâncias concretas que a justificam. Não haverá o crime, obviamente, na formulação da proposta por um licitante, que, sem conluio com os demais, eleva o preço da mercadoria em comparação com o praticado no mercado. Não será típica a conduta, também, por exemplo, se a alteração do preço ocorrer na execução do contrato para restabelecer o equilíbrio econômico financeiro em decorrência de força maior, caso fortuito ou fato do príncipe, como na hipótese de uma elevação extraordinária do preço de um insumo que impacte o custo de produção suportado pelo contratado. Essencial na verificação da tipicidade na hipótese do inciso V, é a constatação do emprego de um meio fraudulento e do maior ônus a ser suportado pela Administração, bem como a verificação de que este não é justificável, exame este que deverá se pautar pelas normas contidas na Lei de Licitações e pelos termos da proposta licitatória e do contrato decorrente.

17.8.5 Tipo subjetivo

O elemento é o dolo, a vontade de fraudar a licitação ou contrato, com a consciência de fazê-lo em prejuízo da Administração Pública. O dolo deve abranger também o meio fraudulento empregado pelo agente, tal como descrito nos incisos I a V, inclusive, neste último caso, o elemento normativo.

17.8.6 Consumação e tentativa

O crime do art. 337-L se consuma com a efetiva entrega de mercadoria ou prestação do serviço numa das condições elencadas em seus incisos. Não é necessária para o aperfeiçoamento do tipo a comprovação da ocorrência do prejuízo ou da obtenção de vantagem, conforme, aliás, já decidira o STJ, por se tratar de crime formal, à vista do revogado art. 96 da Lei nº 8.666/93 (Súmula 645)[210]. Há, porém, entendimento no sentido de que a consumação somente ocorreria com o prejuízo econômico verificado no pagamento da mercadoria ou serviço pela Administração. A tentativa é admissível.

17.9 CONTRATAÇÃO INIDÔNEA

17.9.1 Conceito

No art. 337-M define-se o crime de contratação inidônea, nos seguintes termos: "Admitir à licitação empresa ou profissional declarado inidôneo: Pena – reclusão, de 1 (um) ano a 3 (três) anos, e multa. § 1º Celebrar contrato com empresa ou profissional declarado inidôneo: Pena – reclusão, de 3 (três) anos a 6 (seis) anos, e multa. § 2º Incide na mesma pena do *caput* deste artigo aquele que, declarado inidôneo, venha a participar de licitação e, na mesma pena do § 1º deste artigo, aquele que, declarado inidôneo, venha a contratar com a Administração Pública."

17.9.2 Objetividade Jurídica

Tutela-se como bem jurídico a regularidade das licitações e das contratações realizadas pelo Estado com particulares, pessoas físicas ou jurídicas, que já foram conside-

---

210. "O crime de fraude à licitação é formal, e sua consumação prescinde da comprovação do prejuízo ou da obtenção de vantagem".

rradas inaptas para essas finalidades por falta de idoneidade. Protegem-se os princípios que regem a atividade da Administração, em especial os da legalidade, moralidade e probidade administrativas.

17.9.3 Sujeitos do delito

Nas figuras definidas no caput e no § 1º somente podem ser sujeitos ativos o funcionário público com atribuição para decidir sobre a admissão ou rejeição dos licitantes e o competente para celebrar o contrato. Qualquer pessoa, porém, que participe da licitação ou contrate com a Administração pode praticar as condutas descritas no § 2º.

Sujeito passivo é mais uma vez a Administração Pública e, especificamente, a entidade que promove a licitação ou celebra o contrato.

17.9.4 Tipo objetivo

No art. 337-M definem-se quatro figuras típicas que guardam estreita relação. Nas duas primeiras, previstas no *caput* e no § 1º, tipificam-se as condutas do funcionário público e no § 2º as do particular, licitante ou contratado. Funcionário e particular recebem a mesma sanção, cominando-se penas mais brandas para o crime cometido no processo licitatório (1 a 3 anos de reclusão) e mais severas para o praticado mediante a celebração ilegal do contrato (3 a 6 anos de reclusão).

Pune-se no *caput* a conduta de *admitir* (admitir, aceitar, acolher, permitir) à licitação empresa ou profissional declarado inidôneo. A declaração de inidoneidade para licitar ou contratar é sanção que pode ser aplicada pela Administração a uma empresa ou pessoa física em razão de infrações definidas em lei e por elas praticadas no curso de licitação ou execução do contrato, após apuração em regular procedimento (arts. 156, IV, §§ 5º e 6ª, da Lei nº 14.133, de 1º-4-2021). As sanções aplicadas pelos três poderes e todos os entes federativos impedem que a empresa, pelo prazo fixado, de 3 a 6 anos, possa participar de licitação e celebrar contratos com a Administração Pública e devem ser comunicadas para a atualização de um cadastro nacional (art. 161). Para a configuração do crime não basta a existência de um procedimento instaurado ou de uma sanção imposta, exigindo-se que a decisão administrativa tenha transitado em julgado.

No § 1º tipifica-se a conduta do funcionário que celebra contrato com a empresa ou profissional declarado inidôneo e no § 2º está prevista a conduta do particular que, embora declarado inidôneo, participa da licitação ou celebra o contrato com a Administração, aplicando-se à primeira as penas de reclusão previstas no caput (1 a 3 anos) e à segunda as previstas no § 1º (3 a 6 anos).

Os crimes previstos no art. 337-M podem ser praticados nos processos licitatórios e nos contratos celebrados por empresas públicas e sociedades de economia mista, que também devem observar o impedimento para licitar ou contratar decorrente da declaração de inidoneidade estabelecida pela Administração Pública (art. 38 da Lei nº

13.303/2016), por força, também, do que dispõe expressamente o art. 1º, § 1º da Lei nº 14.133, de 1º-4-2021.

Discute-se se os tipos descritos no art. 337-M abrangeriam a empresa ou pessoa física a quem foi imposta a sanção de proibição de contratar com o Poder Público em decorrência de ato de improbidade administrativa (art. 12, I a III da Lei nº 8.429/92). Argumenta-se, em síntese, que a resposta afirmativa implicaria violação do princípio da tipicidade, porque o significado do elemento normativo "declarado inidôneo" forçosamente haveria de ser buscado na Lei de Licitações que é o diploma que trata especificamente da matéria. Em sentido contrário pode-se objetar que a expressão abrangeria não somente a declaração na esfera administrativa em razão de uma infração contratual ou às normas licitatórias, mas, também, por admissível interpretação extensiva, a inidoneidade expressamente declarada em uma condenação judicial transitada em julgado decorrente de ato grave de improbidade administrativa.

17.9.5 Tipo subjetivo

O elemento subjetivo, em todas as condutas descritas no art. 337-M é o dolo, a vontade consciente de praticar a ação típica, de admitir à licitação, celebrar o contrato, participar da licitação ou contratar com a Administração Pública. É imprescindível o conhecimento pelo agente de que o particular, empresa ou profissional, tenha sido declarado inidôneo para licitar ou contratar. O desconhecimento da situação configurador do erro a respeito dessa circunstância elementar afasta a tipicidade da conduta.

17.9.6 Consumação e tentativa

Consumam-se os crimes com a admissão da empresa ou pessoa na licitação e com a celebração do contrato com a Administração Pública. A tentativa é possível.

17.10 IMPEDIMENTO INDEVIDO

17.10.1 Conceito

Impedimento indevido é crime descrito no art. 337-N: "Obstar, impedir ou dificultar injustamente a inscrição de qualquer interessado nos registros cadastrais ou promover indevidamente a alteração, a suspensão ou o cancelamento de registro do inscrito: Pena – reclusão, de 6 (seis) meses a 2 (dois) anos, e multa."

17.10.2 Objetividade Jurídica

Protege-se a lisura do processo licitatório contra a indevida atuação do funcionário público por ele responsável em desfavor de um particular determinado com direito a ter acolhida a sua pretensão de inserção e manutenção de seu registro no cadastro de licitantes. Tutelam-se, assim, os princípios da legalidade, da impessoalidade, da isonomia e da competitividade que informam o processo de licitação.

17 • DOS CRIMES EM LICITAÇÕES E CONTRATOS ADMINISTRATIVOS 415

17.10.3 Sujeitos do delito

Pode praticar o crime somente o funcionário público que tem atribuições relacionadas com a inscrição dos interessados nos registros cadastrais ou para proceder à sua alteração.

Sujeito passivo é a Administração Pública em face da violação dos mencionados princípios administrativos e do interesse lesado de ter o maior número de particulares legitimados a participar dos certames públicos. Sujeito passivo, também, é o particular que teve lesado o seu direito de regular inscrição no cadastro.

17.10.4 Tipo objetivo

O *registro cadastral*, que é o objeto do crime, é um sistema público unificado de interessados em participar das licitações públicas que satisfaçam os requisitos legais e regulamentares e que tenham solicitado a sua inscrição. É um instrumento auxiliar que visa facilitar, simplificando e tornando mais ágil, os processos licitatórios, além de lhes conferir ampla publicidade (art. 87 da Lei nº 14.133, de 1º-4-2021).

O crime é de ação múltipla. As condutas tipificadas são as de *obstar* (opor-se, obstaculizar), *impedir* (obstar, não consentir, atalhar, impossibilitar) ou *dificultar* (tornar difícil, árduo, trabalhoso, estorvar, embaraçar) a inscrição de qualquer interessado nos registros cadastrais e as de *promover* (dar impulso, dar causa por qualquer meio), indevidamente, a alteração, suspensão ou cancelamento de registro de inscrito. A menção aos elementos normativos "injustamente" e "indevidamente" se faz necessária visto que o funcionário competente deve impedir os registros dos interessados que não satisfizerem os requisitos exigidos e deve promover as alterações, suspensões e cancelamentos decorrentes de previsões legais (art. 88, § 5º), situações em que a conduta, evidentemente, será atípica.

17.10.5 Tipo subjetivo

É o dolo, a vontade consciente de realizar uma das ações típicas descritas no dispositivo, de obstar, impedir, dificultar a inscrição ou de alterar, suspender ou cancelar o registro. O dolo deve abranger a consciência da presença do elemento normativo, i.é, a de saber o funcionário ser "injusta" ou "indevida" a sua ação em face das normas legais e regulamentares. A incidência em erro com relação a esses elementos determina a atipicidade da conduta.

17.10.6 Consumação e tentativa

Na primeira parte do dispositivo o crime se consuma com a prática das ações típicas, obstar, impedir ou dificultar a inscrição do interessado. Na segunda modalidade, a consumação ocorre com a alteração, suspensão ou cancelamento do registro.

A tentativa é admissível em qualquer das modalidades de conduta.

17.11 OMISSÃO GRAVE DE DADO OU DE INFORMAÇÃO POR PROJETISTA

17.11.1 Conceito

O último crime previsto no Capítulo II-B é o de omissão grave de dado ou de informação por projetista. Dispõe o art. 337-O: "Omitir, modificar ou entregar à Administração Pública levantamento cadastral ou condição de contorno em relevante dissonância com a realidade, em frustração ao caráter competitivo da licitação ou em detrimento da seleção da proposta mais vantajosa para a Administração Pública, em contratação para a elaboração de projeto básico, projeto executivo ou anteprojeto, em diálogo competitivo ou em procedimento de manifestação de interesse. Pena – reclusão, de 6 (seis) meses a 3 (três) anos, e multa.

17.11.2 Objetividade Jurídica

Tutela-se no dispositivo a regularidade dos processos licitatórios e contratações visando-se coibir em determinados casos a apresentação pelo particular à Administração de dados não condizentes com a realidade que possam viciar o caráter competitivo da licitação ou frustrar a seleção da proposta mais vantajosa para a Administração Pública.

17.11.3 Sujeitos do delito

Trata-se de crime comum, que pode ser praticado por qualquer pessoa.

Sujeito passivo é, a Administração Pública, titular do interesse da regularidade do processo licitatório e do interesse de selecionar a proposta mais vantajosa. Podem ser também sujeitos passivos licitantes prejudicados pela conduta do agente.

17.11.4 Tipo objetivo

A ação incriminada é a de *omitir* (não declarar, deixar de fazer alusão), *modificar* (alterar, mudar) ou *entregar* (dar, efetuar a transferência, passar para as mãos) à Administração um levantamento cadastral ou condição de contorno em relevante dissonância com a realidade, ou seja, que guarde uma divergência significativa com relação aos fatos concretos. Não configura o crime a apresentação de dados que resultem de mero equívoco ou que se refiram a circunstância de fato de menor relevância. O conceito de condição de contorno é dado no § 1º do dispositivo: "Consideram-se condição de contorno as informações e os levantamentos suficientes e necessários para a definição da solução de projeto e dos respectivos preços pelo licitante, incluídos sondagens, topografia, estudos de demanda, condições ambientais e demais elementos ambientais impactantes, considerados requisitos mínimos ou obrigatórios em normas técnicas que orientam a elaboração de projetos".

Para a configuração do delito exige-se que a ação seja apta a *frustrar o caráter competitivo da licitação* ou a *prejudicar a final seleção da proposta mais vantajosa para a Administração*. Estimativas de preços ou custos de matérias primas, insumos, serviços etc. irreais, i.é, em flagrante discrepância com os praticados no mercado e a previsão irreal ou desconsideração de impactos ou custos ambientais significativos decorrentes da adoção da solução proposta são somente algumas entre diversas outras distorções dos dados em face da realidade a respeito da condição de entorno que podem ser apresentadas à Administração e sejam aptas a ensejar a configuração do delito. Exige-se, porém, ainda, como elementar do tipo, que a omissão, modificação ou entrega dos dados discrepantes da realidade se realize no decorrer de um diálogo competitivo, modalidade especifica de licitação a ser adotada em casos em que necessária se torna a busca de solução para problemas complexos ou que reclamam inovação técnica ou tecnológico (art. 32 da Lei nº 14.133, de 1º-4-2021); em procedimento de manifestação de interesse, pelo qual a Administração, mesmo sem qualquer processo licitatório em andamento, propõe a realização de estudos, levantamentos e projetos de soluções inovadoras envolvendo questões de relevância pública (art. 81); ou na contratação para elaboração de projetos, abrangendo os anteprojetos e os projetos básico e executivo, exigidos em diversas hipóteses legais como na contratação de obras e serviços de engenharia.

17.11.5 Tipo subjetivo

O dolo no crime é a vontade de omitir, modificar ou entregar à Administração os dados contrastantes com a realidade, com a ciência de que tais dados implicariam frustração ao caráter competitivo ou prejuízo à seleção da proposta mais vantajosa para a Administração. Aparentemente, procurou o legislador, embora por deficiente redação, conferir à frustração do caráter competitivo e ao detrimento da solução mais vantajosa um caráter objetivo, evitando a menção à finalidade do agente numa ou noutra direção, como elemento subjetivo do tipo. Se o agente atua com o objetivo de obtenção de qualquer benefício, próprio ou de outrem, o crime é qualificado (item 17.11.7).

17.11.6 Consumação e tentativa

Consuma-se o crime com a omissão do elemento de informação que devia constar de algum documento, com sua modificação, ou seja, a sua distorção em um dado incorreto, ou a entrega à Administração do dado dissonante da realidade que vicia o processo licitatório ou a escolha da solução mais vantajosa para a Administração.

17.11.7 Forma qualificada

Prevê o § 2º a forma qualificada do delito. A pena é aplicada em dobro se o crime é praticado com o fim de obter benefício, direto ou indireto, próprio ou de outrem. A presença desse elemento subjetivo na conduta do agente é o elemento necessário e suficiente para a punição mais severa.

17.12 PENA DE MULTA

O art. 337-P dispõe que a multa cominada para os crimes previstos no Capítulo deve seguir a metodologia de cálculo prevista no Código Penal para os crimes em geral (arts 49, 58 e 60), estabelecendo, porém, um valor mínimo para a multa a ser aplicada, consistente em 2% do valor do contrato licitado ou celebrado com contratação direta.

18

DOS CRIMES CONTRA A ADMINISTRAÇÃO DA JUSTIÇA

18.1 REINGRESSO DE ESTRANGEIRO EXPULSO

18.1.1 Generalidades

No Capítulo III do Título XI, passa o Código a prever os crimes contra a Administração da Justiça, *nomen juris* que pela primeira vez aparece na legislação pátria, embora alguns dos tipos penais que integram o referido capítulo já fossem previstos em leis anteriores. São descritos os fatos que se referem à atuação da justiça, cuja finalidade está ligada à tutela de direitos individuais e coletivos. Tutela-se, assim, a atuação, o desenvolvimento normal da instituição contra fatos atentatórios à sua atividade, autoridade e à própria existência.

18.1.2 Conceito

Como primeiro delito contra a administração da justiça, prevê a lei penal, no artigo 338, o reingresso de estrangeiro expulso: "Reingressar no território nacional o estrangeiro que dele foi expulso: Pena – reclusão, de um a quatro anos, sem prejuízo de nova expulsão após o cumprimento da pena."

18.1.3 Objetividade jurídica

Tutela-se a eficiência do ato administrativo de expulsão do estrangeiro, bem como a paz pública e outros interesses, eventualmente postos em perigo com a presença do estrangeiro no território nacional.

Na verdade, o crime de reingresso de estrangeiro expulso não atenta contra a administração da justiça, já que o ato de expulsão é administrativo, cabendo exclusivamente ao Poder Executivo embora não se afaste do Judiciário a possibilidade de decidir sobre a sua regularidade formal.

Compete à Justiça Federal o julgamento do crime em apreço diante do disposto no art. 109, X, da CF.

18.1.4 Sujeitos do delito

Sujeito ativo do crime somente pode ser o estrangeiro, diante do impedimento à possibilidade de expulsão de brasileiro. Trata-se de crime próprio. Não cometem o ilícito penal aqueles que reingressarem no país após deportação ou extradição diante da impossibilidade de aplicação da analogia *in malam partem*.

Sujeito passivo é o Estado, titular da eficácia da expulsão do estrangeiro.

18.1.5 Tipo objetivo

Pressuposto da existência do crime em tela é a anterior expulsão do sujeito ativo. A expulsão de estrangeiro é o ato administrativo previsto nos arts. 54 e seguintes da Lei nº 13.445, de 24-5-2017 (Lei de Migração, regulamentada pelo Decreto nº 9.199, de 20-11-2017). Constitui causa de expulsão a condenação transitada em julgado pela prática de crimes de genocídio, contra a humanidade, de guia ou agressão e de crime comum doloso passível de pena privativa de liberdade. Na segunda hipótese, a conveniência da expulsão há de ser aferida de acordo com a gravidade do delito e as possibilidades de ressocialização em território nacional. Não se procederá à expulsão quando: I – a medida configurar extradição inadmitida pela legislação brasileira; II – o expulsando: (a) tiver filho brasileiro que esteja sob sua guarda ou dependência econômica ou socioafetiva ou tiver pessoa brasileira sob sua tutela; (b) tiver cônjuge ou companheiro residente no Brasil, sem discriminação alguma, reconhecido judicial ou legalmente; (c) tiver ingressado no Brasil até os 12 (doze) anos de idade, residindo desde então no País; (d) for pessoa com mais de 70 (setenta) anos que resida no País há mais de 10 (dez) anos, considerados a gravidade e o fundamento da expulsão. Veda-se, também, a efetivação da expulsão se existirem razões para se temer que a medida colocará em risco a integridade pessoal do expulsando. Como efeito da expulsão, a pessoa expulsa está impedida de ingressar no país, por prazo a ser fixado pela autoridade competente, que deverá ser proporcional ao tempo da pena aplicada, nunca inferior ao seu dobro.

O STF decidiu que, tendo o agente exibido certidão de nascimento que o dava como nacional, não havia justa causa para a ação penal pelo crime previsto no artigo 338 do CP enquanto não se comprovasse falsidade do documento, embora tivesse sido expulso anteriormente.[1]

A conduta típica é *reingressar* no território nacional. Reingressar é reentrar, voltar, ingressar de novo, entrar novamente. Não cabe ao juiz penal verificar se a decisão administrativa da expulsão foi justa ou conveniente, bastando que seja o ato formalmente regular.[2]

O território a que se refere a lei não é apenas o espaço físico entre as fronteiras e o mar territorial, mas compreende todos os lugares abrangidos pelo conceito jurídico do termo (*Manual de Direito Penal*, P. G., item 2.5.4).

Referindo-se a lei ao *reingresso*, não caracteriza o crime a permanência do estrangeiro no território nacional, ainda que irregular, após o decreto de sua expulsão não cumprido.

Inexiste o crime do art. 338 do CP, se o reingresso do agente foi autorizado por autoridade consular competente.[3] Hungria afirma haver estado de necessidade no retorno de estrangeiro expulso quando este não é nacional do país limítrofe, para o qual foi enviado.[211]

É possível a descaracterização do crime quando foi revogado o decreto de expulsão,[4] ou quando, vencido o prazo de impedimento, a reentrada do expulso for admitida pela autoridade competente.

18.1.6 Tipo subjetivo

O dolo do crime em apreço é a vontade de retornar ao território nacional, ciente o estrangeiro da antijuridicidade de sua conduta, ou seja, de que foi expulso do país. Evidentemente, tendo sido precedido de processo regular, no qual foi ouvido e se defendeu, não pode o estrangeiro pretender desconhecer o ato de expulsão, porque o simples fato de ter sido embarcado compulsoriamente pelas autoridades torna inequívoco o seu conhecimento.[5] Pode, porém, ocorrer erro de proibição se o sujeito ativo supõe que seu reingresso foi autorizado. A coação contra estrangeiro (sequestro, tráfico internacional de pessoas etc.) evidentemente exclui o dolo.

18.1.7 Consumação e tentativa

Consuma-se o crime quando o agente reingressa no território nacional, considerado este em seu sentido jurídico, ainda que o faça com o propósito de permanecer por breve tempo. Trata-se de crime de mera conduta e não está excluído com a saída espontânea do agente após o reingresso. É possível a tentativa, como no caso de ser o agente impedido de penetrar em navio público brasileiro ancorado em porto estrangeiro.

18.2 DENUNCIAÇÃO CALUNIOSA

18.2.1 Conceito

A denunciação caluniosa, chamada também de calúnia qualificada, é prevista no art. 339, agora com a redação que lhe foi dada pela Lei nº 14.110, de 18-12-2020: "Dar causa à instauração de inquérito policial, de procedimento investigatório criminal, de processo judicial, de processo administrativo disciplinar, de, inquérito civil ou de ação de improbidade administrativa contra alguém, imputando-lhe crime, infração ético-disciplinar ou ato ímprobo de que o sabe inocente: Pena – reclusão, de dois a oito anos, e multa."

18.2.2 Objetividade jurídica

O objeto jurídico do delito é a regular administração da justiça e da administração pública em geral, que devem ficar a salvo de falsas imputações de crime. Protege-se,

---

211.   HUNGRIA, Nelson. *Comentários ao Código Penal.* 5. ed. Rio de Janeiro: Forense, 1958.

422 MANUAL DE DIREITO PENAL – PARTE ESPECIAL – ARTS. 235 A 361 DO CP • Julio Mirabete e Renato Fabbrini

também, a liberdade e a honra daquele que poderá ser objeto de investigação ou acusado de crime que não praticou. Compete à Justiça Federal julgar a denunciação caluniosa quando o delito, a infração ético-disciplinar ou o ato ímprobo falsamente imputado for por ela apurado[6] ou quando servidor federal foi acusado da prática de crime funcional.[7]

18.2.3 Sujeitos do delito

Pratica o delito qualquer pessoa que imputa a prática de crime, infração ético-disciplinar ou ato ímprobo a alguém, sabendo-o inocente, dando causa, assim, a instauração de inquérito policial, procedimento investigatório criminal, processo judicial, processo administrativo disciplinar, inquérito civil ou ação de improbidade administrativa. Entretanto, em se tratando de imputação de crime que se apura mediante ação privada ou por meio de ação pública que depende de representação, somente aquele que tiver qualidade para oferecer queixa ou formular a representação poderá ser sujeito ativo do crime quanto à investigação policial ou processo judicial.

O delegado de polícia, o juiz de direito e o promotor de justiça podem ser sujeitos ativos do crime se, tendo ciência da inocência do imputado, dão causa à instauração de investigação, inquérito, procedimento investigatório criminal, ação penal, inquérito civil ou ação de improbidade administrativa. No mesmo sentido, *também* pode ser sujeito ativo a autoridade administrativa se esta determina a instauração do processo administrativo disciplinar, mesmo com o conhecimento da inveracidade dos fatos atribuídos ao sujeito passivo.

Em tese, também o advogado pode praticar o delito como autor ou coautor, mesmo no exercício do mandato, se agiu com consciência da falsidade da imputação feita por seu cliente,[8] máxime quando o cliente não subscreve o requerimento em que se pleiteia a instauração do inquérito policial[9] ou o sujeito ativo age em desconformidade com a orientação do representado.[10] Entretanto, não pode ser acusado de denunciação caluniosa o advogado que se limita a subscrever petição de abertura de inquérito estritamente dentro dos limites do mandato conferido pelo cliente, em especial quando este também assina o requerimento. O exercício regular de um *munus* público, sem excesso ou desvio, não pode acarretar responsabilidade criminal.[11] 212

Sujeito passivo é o Estado, já que a Justiça ou a Administração em geral é prejudicada em seu prestígio, em seu crédito, exposta que fica a cometer injustiça e ser convencida de ter agido mal, descriteriosamente e assim claudicar e se deixar apanhar em falso, desabonando-se, quer como garantidora de direitos, quer como repressora de crimes.[12] É sujeito passivo também aquele que se vê falsamente acusado, podendo-se habilitar como assistente da acusação.[13]

---

212. Parecer de LEVAI, Emeric. Denunciação caluniosa. *Justitia* 100/444-7.

18.2.4 Tipo objetivo

Ocorre o crime quando o sujeito ativo *der causa* à instauração de inquérito policial, procedimento investigatório criminal, processo judicial, processo administrativo disciplinar, inquérito civil ou ação de improbidade administrativa contra alguém. Trata-se de crime de forma livre, que pode ser praticado de modos diversos: oralmente, por escrito, por telefone etc., não sendo condição de sua existência a apresentação formal de denúncia ou de queixa.[14] É suficiente que o meio utilizado pelo sujeito ativo seja idôneo para provocar a ação da autoridade policial ou judiciária. Afirma percucientemente Fragoso: Pode, igualmente, ser praticado, de forma *indireta*, quando o agente dá causa, por qualquer meio, à instauração de inquérito ou processo. Neste último caso, pode tratar-se de denúncia anônima ou feita maliciosamente a terceiro de boa-fé (para que este leve o fato ao conhecimento da autoridade), bem como de qualquer outra espécie de maquinação astuciosa pela qual o agente aponta como culpada pessoa inocente (ex.: colocação de coisa furtada no bolso de alguém).[213] É indispensável, porém, essa malícia ou astúcia: não se reconheceu o ilícito em apreço nos casos da menor púbere que afirmou ao pai ter sido vítima de um estupro[15] e do empregado que comunicou fato reputado criminoso à diretoria de empresa comercial.[16]

Também tem-se decidido ser essencial que o sujeito ativo tenha agido por sua própria iniciativa (voluntariamente) e não em resposta a pergunta de terceiro.[17] Essa exigência, porém, não é revelada na lei penal.

O crime apenas existe quando se dá causa a instauração de inquérito policial, a processo criminal, processo administrativo disciplinar, inquérito civil ou ação de improbidade administrativa. Antes da vigência da Lei nº 14.110, de 18-12-2020, o princípio da reserva legal impedia a extensão analógica da norma para incriminar o agente que desse causa à instauração de sindicâncias, ainda que formais,[18] inquéritos administrativos,[19] representação à Corregedoria de Polícia[20] etc. Entretanto, com a redação que foi dada ao *caput* do art. 339 pela Lei nº 10.028/2000, passou a ser fato típico, também, dar causa a instauração de investigação administrativa (sindicância, processo administrativo etc.), de inquérito civil (art. 8º, § 1º, da Lei nº 7.347, de 24-7-1985) ou de ação de improbidade administrativa (Lei nº 8.429, de 2-6-1992). De acordo com a atual redação do dispositivo, não somente a instauração da investigação policial, mas também de qualquer procedimento investigatório criminal, como na hipótese de ser ele presidido pelo Ministério Público, está abrangida pelo art. 339. Substituiu-se também a referência a qualquer investigação administrativa pela menção ao processo administrativo disciplinar. Essa referência abrange, inclusive, o procedimento administrativo disciplinar instaurado para apuração de falta grave pelo condenado ou preso provisório (*Execução penal*. 17. ed. São Paulo: Foco, 2024, item 59.1).

---

213. FRAGOSO, H. Cláudio. Ob. cit. v. 3, p. 509-510.

É indispensável para a configuração do delito que se impute falsamente a prática de crime, infração ético-disciplinar ou ato ímprobo, ou seja, de um fato determinado e preciso, atribuindo-o a pessoa certa, bastando que os dados oferecidos pelo sujeito ativo, ao solicitar a abertura do inquérito, sejam suficientes para identificar a pessoa visada pelo agente.[21] [214]

Nas hipóteses de instauração de inquérito policial ou ação penal, para que se caracterize a denunciação caluniosa é preciso que o fato imputado constitua típico ilícito penal. Se embora instaurado o inquérito ou a ação penal, o fato não é penalmente típico (por configurar apenas ilícito civil, infração administrativa, ato de improbidade administrativa etc.), exclui-se *ab initio* a possibilidade de instauração de qualquer procedimento pelo crime previsto no art. 339.[22] [215] Em se tratando da imputação falsa de contravenção haverá crime atenuado (item 18.2.8).

Discute-se a possibilidade de falar em denunciação caluniosa no requerimento de instauração de inquérito policial para apuração do crime de fraude no pagamento de cheque quando o título foi dado pré-datado ou em garantia de dívida, fato que não enseja a condenação pelo crime previsto no art. 171, § 2º, VI. Segundo a jurisprudência prevalente, não é possível falar, no caso, em denunciação caluniosa, justificando-se essa orientação porque o fato de não ser crime emitir cheque sem fundos como garantia ou para recebimento futuro não é resultante da lei, mas de construção jurisprudencial.[23]

Não se confunde o crime de denunciação caluniosa com a conduta de quem solicita à Polícia que apure e investigue determinado delito, fornecendo-lhe os elementos de que dispõe.[24] [216] Decidiu-se também não existir o delito na conduta de autoridade policial que procede fundada numa queixa recebida[25] e na do presidente do Conselho Regional de Psicologia que solicita medida policial para impedir que pessoa, sem habilitação legal, ministre curso sobre o assunto.[26] Nessas hipóteses fundaram-se os julgadores no cumprimento do dever legal por parte do agente.

Clara é a lição de Hungria: "Ocorre a denunciação caluniosa não só quando é atribuída infração penal verdadeira a quem dela não participou, como quando se atribui a alguém infração penal inexistente. Nesta última hipótese inclui-se a falsa imputação de infração mais grave do que a realmente praticada, afirmando-se circunstâncias não ocorrentes (ex.: acusar de roubo a quem se limitou à prática de furto; ou de extorsão a quem não passou do crime de ameaça)." [217] Inexiste, porém, o ilícito, se o agente se limita apenas a afirmar circunstância agravante ou qualificadora ou se o fato é parcialmente verdadeiro.[27]

---

214. Ver a esse respeito JESUS, Damásio E. de. Crime de denunciação caluniosa. *Tribuna da Justiça*, 10-4-1982, p. 12.
215. LEVAI, Emeric. Artigo citado. *Justitia* 99/396-9.
216. MARINO JÚNIOR, Alberto. Denunciação caluniosa. *Justitia* 99/447-9.
217. HUNGRIA, Nelson. Ob. cit. v. 9, p. 459.

Exige a lei que a acusação falsa objetive pessoa *determinada* (alguém), já que é necessário que o agente a saiba inocente.[28]

Não ocorre o delito de denunciação caluniosa quando não mais for possível a apuração da infração atribuída pelo agente a outrem, objeto de inquérito instaurado a seu pedido por motivo de extinção da ação penal.[29][218] Restará, no caso, o crime de calúnia. Por igual, não há denunciação caluniosa quando o fato imputado caracteriza um caso excludente da antijuridicidade (não há crime) ou existe uma imunidade absoluta (não é possível a instauração de inquérito ou ação penal).[219]

Não comete o crime de denunciação caluniosa quem, em interrogatório, atribui falsamente a outrem a autoria ou a coparticipação, justificando-se a exclusão pelo direito de autodefesa.[30]

Não é pressuposto da instauração de ação penal o arquivamento de inquérito policial aberto a pedido do indigitado autor do crime de denunciação caluniosa para só então valer aquele como peça de informação à *persecutio criminis* do Estado. Assim tem-se decidido, inclusive no STF.[31] Isso porque a prova da inocência da pessoa que foi acusada falsamente pode ser qualquer uma. Há outras decisões, porém, exigindo o arquivamento do inquérito policial originado com a denunciação caluniosa.[32] Discute-se, também, se é necessário, para a condenação por denunciação caluniosa, o deslinde final do processo instaurado contra o inocente. Opinam pela resposta afirmativa Noronha e Hungria[33][220] e pela negativa Fragoso,[221] que, em seguida, expende opinião contrária.[222] Pela razão já exposta, a de ser possível a prova da inocência de outro modo, entendemos desnecessária a sentença definitiva na ação penal movida contra a pessoa inocente.[34]

18.2.5 Tipo subjetivo

O dolo é a vontade de provocar a instauração de inquérito policial, procedimento investigatório criminal, processo judicial, processo administrativo disciplinar, inquérito civil ou ação de improbidade administrativa, exigindo que o agente saiba que imputa a alguém crime, infração ético-disciplinar ou ato ímprobo que este não praticou. É mister, assim, que a acusação seja objetiva e subjetivamente falsa, isto é, que esteja em contradição com a verdade dos fatos e que haja por parte do agente a certeza da inocência da pessoa a quem atribui a prática do crime. Sem essa certeza não se configura a denunciação caluniosa.[35] A tônica desse fato típico está no elemento normativo consubstanciado na cláusula imputando-lhe fato de que o sabe inocente.[36] O simples estado de dúvida

---

218. Diz bem Marcelo Fontes Barbosa que não pode haver denunciação caluniosa contra pessoa morta. Denunciação caluniosa. *RJTJESP* 29/18.
219. Cf. HUNGRIA, Nelson. Ob. cit. v. 9, p. 459. NORONHA, E. Magalhães. Ob. cit. v. 4, p. 476. FRAGOSO, H. Cláudio. Ob. Cit. v. 3, p. 510.
220. NORONHA, E. Magalhães. Ob. cit. v. 4, p. 476-7. HUNGRIA, Nelson. Ob. cit. v. 9, p. 462-463.
221. FRAGOSO, H. Cláudio. Ob. cit. v. 3, p. 511.
222. Ibidem, p. 512.

a esse respeito afasta a tipicidade do delito.[37] Exigindo-se a certeza moral da inocência do acusado, não é suficiente para a configuração do delito o dolo eventual.[38]

Agindo de boa-fé o denunciante, a circunstância de ter posteriormente ciência da falsidade da imputação é irrelevante, não se caracterizando o ilícito pela não retratação espontânea.

18.2.6 Consumação e tentativa

A denunciação caluniosa consuma-se com a instauração da investigação criminal, do processo formal,[39][223] judicial ou administrativo, do inquérito civil ou da ação de improbidade administrativa. Como as investigações policiais podem anteceder o inquérito policial, era dispensável a instauração deste ou a apresentação formal de denúncia ou queixa.[40] Na jurisprudência, contudo, já se exigia a instauração do inquérito policial.[41][224] Diante da atual redação do dispositivo, exige-se a formal instauração do inquérito ou de outro procedimento investigatório criminal para a consumação do crime.

Consumado o crime, é de nenhum efeito a retratação do agente, que somente vale para a calúnia. Assim, o arquivamento do inquérito por solicitação do próprio denunciante não exclui o delito, valendo apenas como circunstância atenuante.[42] Reconheceu-se o arrependimento eficaz, porém, no caso do agente que, logo após ter apresentado a *notitia criminis*, retratou-se na própria delegacia de polícia.[43] Admite-se a tentativa quando, apesar da denunciação, não se instaura qualquer procedimento ou processo por circunstâncias alheias à vontade do agente.

18.2.7 Aumento de pena

Dispõe o art. 339, § 1º: "A pena é aumentada de sexta parte, se o agente se serve de anonimato ou de nome suposto." Explica Hungria: "O indivíduo que se resguarda sob o anonimato ou nome suposto é mais perverso do que aquele que age sem dissimulação. Ele sabe que a autoridade pública não pode deixar de investigar qualquer possível *pista* (salvo quando evidentemente inverossímil), ainda quando indicada por uma carta anônima ou assinada com pseudônimo; e por isso mesmo, trata de esconder-se na sombra para dar o bote viperino. Assim, quando descoberto, deve estar sujeito a um *plus* de pena." [225]

18.2.8 Denunciação caluniosa de contravenção

Perante o *caput* do artigo, a denunciação caluniosa alcançaria apenas a falsa imputação de crime, mas reza o § 2º desse artigo: "A pena é diminuída de metade, se a imputação é de prática de contravenção." Exigem-se os mesmos requisitos já mencionados, e a diminuição

---

223. HUNGRIA, Nelson. Ob. cit. v. 9, p. 462. NORONHA, E. Magalhães. Ob. cit. v. 4, p. 476.
224. Cf. HUNGRIA, H. Cláudio. Ob. cit. v. 3, p. 511.
225. HUNGRIA, Nelson. Ob. cit. v. 9, p. 466.

18 • DOS CRIMES CONTRA A ADMINISTRAÇÃO DA JUSTIÇA **427**

da pena deve-se à menor gravidade do fato. É sempre indispensável que a denunciação se refira a fato contravencional, não configurando o ilícito em apreço, mas eventual difamação, a falsa imputação de atos imorais ou mesmo de simples abuso funcional.[44]

18.2.9 Distinção

A falsa imputação sem a vontade de provocar a instauração de inquérito policial, procedimento investigatório criminal, processo criminal, processo administrativo disciplinar, inquérito civil ou ação de improbidade, constitui calúnia. Esta e a denunciação caluniosa, quando fundadas no mesmo fato, excluem-se uma à outra,[45] e, quando inexistente um dos requisitos do tipo previsto no art. 339, que é crime complexo em sentido amplo, pode restar configurado o crime contra a honra.

A distinção que existe entre os delitos de denunciação caluniosa e de comunicação falsa de crime ou contravenção (art. 340), está em que, neste último, não há acusação contra pessoa alguma, ao passo que no primeiro acusa-se pessoa determinada e certa. [46] Também difere aquela do crime de autoacusação falsa (art. 341), porque em tal crime o denunciado não é pessoa diversa do denunciante, mais ele próprio.[226]

Na imputação falsa em representação por ato de improbidade administrativa que não constitui crime, respondia o agente pelo delito descrito no art. 19 da Lei nº 8.429, de 2-6-1992. Diante da atual redação dada ao art. 339, que passou a abranger a hipótese de imputação de ato ímprobo não criminoso, a conduta descrita no art. 19 da Lei nº 8.429/1992 se subsume no crime de denunciação caluniosa, operando-se, por conseguinte a revogação tácita. Observe-se que mesmo na hipótese do oferecimento de representação por ato de improbidade ao qual não se segue a instauração de qualquer procedimento, inquérito civil ou ação de improbidade com vista à sua apuração, configura-se o crime de denunciação caluniosa em sua forma tentada (item. 18.2.6).

A falsa imputação de infração penal a pessoa que sabe ser inocente, sob o pretexto de colaboração com a Justiça, na apuração de crimes decorrentes de organização criminosa configura o delito descrito no art. 19 da Lei nº 12.850, de 2-8-2013. Nessa hipótese, a imputação pode ocorrer no curso de investigação ou ação penal. Sobre essa figura típica, entretanto, deverá prevalecer o art. 339 se em razão da falsa imputação de crime o inquérito, procedimento investigatório ou ação penal vier a ser instaurado.

Quando a denunciação caluniosa tem fins eleitorais o crime é o previsto no art. 326-A da Lei nº 4.737, de 15-7-1965, introduzido pela Lei nº 13.834, de 4-6-2019: "dar causa à instauração de investigação policial, de processo judicial, de investigação administrativa, de inquérito civil ou ação de improbidade administrativa, atribuindo a alguém a prática de crime ou ato infracional de que o sabe inocente, com finalidade eleitoral". A pena prevista é a mesma, de reclusão, de 2 a 8 anos e multa, e idênticos são os dispositivos contidos nos §§ 1º e 2º desse artigo e nos correspondentes do art. 339 do

---

226. Ibidem, p. 459.

Código Penal (v. itens 18.2.7 e 18.2.8). No § 3º, promulgado após veto presidência, incorrerá nas mesmas penas deste artigo quem, comprovadamente ciente da inocência do denunciado e com finalidade eleitoral, divulga ou propala, por qualquer meio ou forma, o ato ou fato que lhe foi falsamente atribuído.

A conduta, praticada pela autoridade, de requisitar ou proceder à instauração de procedimento de investigação de infração penal ou administrativa, à falta de qualquer indício da prática de crime, ilícito funcional ou infração administrativa, e a de dar início ou proceder à persecução penal, civil ou administrativa sem justa causa fundamentada ou contra quem sabe inocente configuram crimes de abuso de autoridade (arts. 27 e 30 da Lei nº 13.869, de 5-9-2019.

18.2.10 Concurso

Haverá concurso formal na denunciação falsa contra várias pessoas ou concurso material quando o agente efetuar várias denúncias. Pode haver também concurso material com a extorsão indireta, já que ambos os delitos pressupõem condutas diversas. A denunciação caluniosa não é, também, meio necessário para esse crime, os bens jurídicos atingidos são diversos e ela não se transforma em *post factum* impunível. Inexiste, pois, em tese, interdependência entre ambas as figuras delituosas.[47]

18.3 COMUNICAÇÃO FALSA DE CRIME OU DE CONTRAVENÇÃO

18.3.1 Conceito

A comunicação falsa de crime ou contravenção é o ilícito definido no art. 340: "Provocar a ação de autoridade, comunicando-lhe a ocorrência de crime ou de contravenção que sabe não se ter verificado: Pena – detenção, de um a seis meses, ou multa."

18.3.2 Objetividade jurídica

O objeto jurídico é ainda a regular administração da Justiça. A falsa comunicação de infração penal ofende o prestígio e a eficácia da atividade judiciária, provocando investigações ou diligências inúteis e embaraçando o seu normal desenvolvimento.

18.3.3 Sujeitos do delito

Pode ser sujeito ativo do crime qualquer pessoa, inclusive o funcionário público no exercício de suas funções. Sujeito passivo é o Estado, titular da normalidade e regularidade da atividade judiciária.

18.3.4 Tipo objetivo

A conduta-núcleo do tipo é provocar (dar causa, ocasionar) a ação da autoridade. Tal provocação deve ocorrer pela comunicação da ocorrência de crime ou contravenção que não se verificou. O agente não imputa falsamente a alguém a prática de crime, fato que configura o crime previsto no art. 339, mas comunica a ocorrência de infração penal que não se verificou. Essa conduta pode ser praticada através de meios diversos (oral, escrito, pelo telefone, rádio, *Internet* etc.) e de modo anônimo, com nome suposto etc. Não deixa de configurar-se o crime ainda quando se indiquem pessoas, mas imaginárias ou indetermináveis, fornecendo o agente dados que não permitam a individualização do suposto autor da suposta infração penal.[227] Caracteriza o crime previsto no art. 340 do CP a comunicação falsa de roubo à Polícia, quando, na verdade, o agente, tendo recebido, como pagamento de veículo vendido, cheque sem provisão de fundos, visa, com a falsa comunicação, à recuperação do bem.[48]

A lei refere-se não só a autoridade policial, destinatária normal da *notitia criminis* mas também ao representante do Ministério Público, ao juiz ou a qualquer autoridade administrativa que, ao tomar conhecimento oficial da ocorrência de ilícito penal, deve provocar a ação da primeira.[228]

Não se deve reconhecer o ilícito na falsa comunicação de crime perante policiais militares, já que a lei se refere a ação da "autoridade" e não se pode equiparar aqueles a esta, impedindo o princípio da reserva legal tal conceito ampliado.[49]

Afirma Noronha que inexiste o crime em apreço se a comunicação referir-se a ilícito penal que se apura mediante queixa, pois que esta não levaria à instauração da ação penal.[229] Entretanto, a lei procura evitar não só a instauração de processo formal, mas de investigações ou inquérito policial, nada impedindo que alguém comunique à autoridade policial ter sido vítima de estupro ou calúnia, deixando de apontar o autor do suposto fato. Tal comunicação pode provocar a ação da autoridade policial, ocorrendo o ilícito penal em pauta.

Por outro lado, haverá crime impossível na comunicação de crime ou contravenção atingidos por causa de extinção da punibilidade (prescrição, decadência etc.).

Não haverá crime – como bem acentua Fragoso – se o fato delituoso que o agente simula é da mesma natureza do que efetivamente ocorreu (roubo em vez de furto, estelionato em vez de apropriação indébita etc.).[50] Haverá crime, porém, se o fato alegado é essencialmente diverso do verdadeiramente ocorrido.[230] Decidiu-se pela configuração do crime em apreço em caso de troca de tiros entre os agentes que comunicaram à autoridade policial uma versão diferente, imputando delito a indivíduos não identificados e desviando a atenção da autoridade no tocante à ação praticada,[51] bem como na conduta de motorista envolvido em acidente de trânsito que declarou à polícia ter sido seu veículo furtado, lavrando-se o boletim de ocorrência.[52]

---

227. Cf. HUNGRIA, Nelson. Ob. cit. v. 9, p. 467. FRAGOSO, H. Cláudio. Ob. cit. v. 3, p. 515. NORONHA, E. Magalhães. Ob. cit. v. 4, p. 482.
228. Cf. NORONHA, E. Magalhães. Ob. cit. v. 4, p. 481. HUNGRIA, Nelson. Ob. cit. v. 9, p. 467.
229. NORONHA, E. Magalhães. Ob. cit. v. 4, p. 482.
230. FRAGOSO H. Cláudio. Ob. cit. v. 3, p. 515-516. No mesmo sentido, HUNGRIA, Nelson. Ob. cit. v. 9, p. 467. NORONHA, E. Magalhães. Ob. cit. v. 4, p. 482.

18.3.5 Tipo subjetivo

O dolo é a vontade de comunicar a ocorrência da infração penal inexistente com o fim de provocar, ou mesmo aceitando o risco de causar a ação da autoridade. Exige-se, porém, o elemento subjetivo que é a certeza moral do agente de não ter sido praticada a infração penal.[53] A dúvida a respeito exclui o dolo. Exemplifica Hungria: "Assim, se alguém perde o dinheiro que trazia consigo, mas supõe, embora não muito convencidamente, ter sido vítima de uma *punga*, comunicando o fato à polícia, não comete o crime em apreço."[231]

18.3.6 Consumação e tentativa

O crime do art. 340 consuma-se desde que provocada, com a falsa comunicação, a ação da autoridade, ainda que não vá além de indagações preliminares, isto é, não se chegando a abrir inquérito formalizado.[54][232] Decidiu-se, aliás, que é prescindível a formalização escrita da falsa notícia, isto é, que seja tomada por termo.[55]

É perfeitamente possível a tentativa.[56] Feita a comunicação e não sendo iniciadas as investigações por circunstâncias alheias à vontade do agente, ocorre o *conatus*. Decidiu-se pela existência de arrependimento eficaz no caso do agente que, antes de ter sido lavrado o flagrante e de ter a polícia iniciado diligências para apurar a autoria do fato aparentemente criminoso, decidiu confessar que fizera uma comunicação falsa de crime, pondo termo, assim, a qualquer atividade policial.[57]

18.3.7 Distinção e concurso

A distinção que existe entre os delitos de denunciação caluniosa e de comunicação falsa de crime ou contravenção está em que, neste último, não há acusação contra pessoa alguma, ao passo que no primeiro acusa-se pessoa determinada e certa.[58]

Comete o delito de apropriação indébita, e não de comunicação falsa de crime, aquele que, para ficar com o dinheiro que recebera em benefício do patrão, afirma ter sofrido um assalto, levando o pseudo fato ao conhecimento da Polícia para manter a posse daquele.[59] Trata-se, no caso, de *post factum* não punível.

No caso de comunicação falsa de crime para obter o seguro, entende Hungria haver apenas o crime de estelionato previsto no art. 171, § 2º, inciso V.[233] Discordam, acertadamente, Noronha e Fragoso, referindo-se a concurso.[234] Havendo, no caso, duas condutas, atingindo bens jurídicos inteiramente diversos, há que se reconhecer o concurso material de crimes.

---

231. HUNGRIA, Nelson. Ob. cit. v. 9, p. 468.
232. Cf. HUNGRIA, Nelson. Ob. cit. v. 9, p. 468. FRAGOSO, H. Cláudio. Ob. cit. v. 3, p. 516.
233. HUNGRIA, Nelson. Ob. cit. v. 9, p. 468.
234. NORONHA, E. Magalhães. Ob. cit. v. 4, p. 484. FRAGOSO, H. Cláudio. Ob. cit. v. 3, p. 515.

18.4 AUTOACUSAÇÃO FALSA

18.4.1 Conceito

Define o art. 341 o crime de autoacusação falsa: "Acusar-se, perante a autoridade, de crime inexistente ou praticado por outrem: Pena – detenção, de três meses a dois anos, ou multa."

18.4.2 Objetividade jurídica

O objeto jurídico do crime é a regularidade da administração da justiça, comprometida pela autoacusação falsa. Esta enseja infrutíferas investigações e diligências, podendo prejudicar a apuração da verdade no caso de crime praticado por outrem e comprometer a eficácia da prestação jurisdicional no campo penal.

18.4.3 Sujeitos do delito

Qualquer pessoa pode ser sujeito ativo de autoacusação falsa. Pode haver coautoria e assim se entendeu no caso do agente que completou e corroborou a autoacusação de outrem.[60] Nada impede, também, que terceiro colabore no fato por instigação.[61] Sujeito passivo é o Estado, titular do desenvolvimento regular da atividade judiciária.

18.4.4 Tipo objetivo

Acusar-se falsamente perante a autoridade é a conduta inscrita no art. 341. O agente imputa a si mesmo a prática de um crime que não ocorreu ou que foi praticado por outra pessoa. Pode o agente praticar o crime por qualquer meio idôneo (verbalmente, por escrito etc.) ainda que o faça por meio de uma comunicação em que não apareça como denunciante (anonimamente ou com nome suposto).

É indispensável que a autoacusação se faça perante a autoridade. Perante a autoridade não significa que o agente deva estar frente a frente à autoridade, mas que a autoacusação se dirija à autoridade. Assim, a conduta daquele que dá causa à elaboração do *boletim* de ocorrência acusando-se falsamente de crime consubstancia o ilícito penal.[62] [235] Evidentemente, o simples fato de constar o nome do sujeito no BO não significa que houve autoacusação falsa se este não admite a prática do crime perante a autoridade.[63]

A autoridade a que se refere a lei é tanto a policial ou judiciária como a administrativa que tenha o dever legal de levar o fato ao conhecimento da autoridade competente.

Exige-se, no tipo penal, que a autoacusação falsa se refira a crime, não constituindo o ilícito em estudo a imputação a si mesmo de contravenção.[64] As condições de pu-

---

235. Cf. parecer de CARBONIERI, José Fernando de. Autoacusação falsa. *Justitia* 83/396. COGAN, Arthur. Autoacusação falsa. *RT* 577/317.

nibilidade do fato denunciado e mesmo a existência real de uma perfeita infração não constituem requisitos de sua integração, bastando que o engano sugerido ou acarretado à autoridade se refira a um fato física e juridicamente possível, em tese delituoso, e cuja falsa denúncia ou falsa auto imputação seja hábil para provocar atividade policial ou judiciária.[65] Assim, aquele que assume a autoria para arredar menor inimputável pratica o crime de autoacusação falsa.[66] Ainda assim, entendeu-se já que inexiste o delito quando o verdadeiro autor é absolvido por não ser o fato considerado criminoso.[67]

Não se configura o delito de falsa autoacusação quando o agente chama a si a exclusiva responsabilidade por ilícito penal de que deve ser considerado coautor.[68] Como bem acentua Damásio, "o delito exige que o sujeito ativo não tenha sido autor, coautor ou participado do crime cuja autoria atribui a si próprio".[236]

Da mesma forma que na denunciação caluniosa, inexiste o delito em apreço na autodefesa. Se *nemo tenetur se acusare* e se, contando a verdade sobre o sucedido, estaria o agente confirmando a prática de infração penal, a conduta deixa de ser punível a título de autoacusação falsa.[69]

18.4.5 Tipo subjetivo

A autoacusação falsa exige, como elemento subjetivo, a vontade de acusar-se falsamente e que esteja o agente ciente de que a autoridade tomará conhecimento da autoacusação. Tratando-se de crime de perigo, não se tem em vista o resultado da ação do agente, mas unicamente a vontade de causar o perigo que essa ação possibilita.[70]

Não se exige que a conduta seja espontânea, praticando o ilícito aquele que, interrogado, confessa o crime que não praticou. Evidentemente, não se pode falar em dolo se a autoacusação foi extorquida pela autoridade.[71] Não exclui o dolo, porém, o fato de estar o agente apavorado ou nervoso.[72]

O delito é punível sem atender-se para a sua motivação ou grau de parentesco entre as pessoas envolvidas no caso (ao contrário do que ocorre, por exemplo, no crime de favorecimento pessoal). Haja espírito altruístico (para salvar o criminoso verdadeiro que é seu amigo ou parente querido)[73] ou para assegurar-se, com a prisão, abrigo, alimento etc., nada disso exclui a punibilidade do fato.[74] Os objetivos visados, em sendo altruísticos, apenas merecem ser ponderados para a eleição da penalidade e para a sua dosimetria.[75]

18.4.6 Consumação e tentativa

Consuma-se o crime de autoacusação falsa quando esta chega ao conhecimento da autoridade policial ou judiciária, pouco importando as ulteriores consequências.[76]

---

236. JESUS, Damásio E. de. Autoacusação falsa: pode ser praticada pelo coautor ou partícipe de fato criminoso antecedente? *Questões criminais*. São Paulo: Saraiva, 1981. p. 48. No mesmo sentido, COGAN, Arthur. Autoacusação falsa. *RT* 577/318.

18 • DOS CRIMES CONTRA A ADMINISTRAÇÃO DA JUSTIÇA **433**

Não prevê a lei, no caso de autoacusação falsa, a retratação do agente, como ocorre no falso testemunho.[77] Isso se justifica porque o mal à administração da justiça se perfaz no momento em que foi comunicada a falsa acusação à autoridade policial ou judiciária, não importando as ulteriores consequências.[78] Mesmo assim, já se entendeu, no TACr. de São Paulo, possível a retratação no caso do art. 341.[79]

Admite-se a tentativa quando se trata de crime plurissubsistente, como na hipótese de ser feita a autoacusação por escrito, que é interceptado antes do conhecimento da autoridade.

18.4.7 Concurso

Quando o agente, além de acusar-se, imputa falsamente a terceiros a participação no crime, haverá concurso material entre a autoacusação e a denunciação caluniosa.[237]

18.5 FALSO TESTEMUNHO OU FALSA PERÍCIA

18.5.1 Conceito

O art. 342 do CP, com a redação que lhe foi dada pela Lei nº 10.268, de 28-8-2001, e pela Lei nº 12.850, de 2-8-2013, está assim redigido: "Fazer afirmação falsa, ou negar ou calar a verdade como testemunha, perito, contador, tradutor ou intérprete em processo judicial, ou administrativo, inquérito policial, ou em juízo arbitral: Pena – reclusão, de 2 (dois) a 4 (quatro) anos, e multa."

18.5.2 Objetividade jurídica

Tutela-se a regularidade da administração da justiça, violada por fatos que comprometem a apuração da verdade. O testemunho é, apesar de sua imperfeição, um dos meios de prova mais importantes, em especial no processo penal, e a perícia é de fundamental importância tanto nas ações penais como nas civis. A proteção a tais meios de prova visa evitar a conduta nociva que impede a apuração da verdade, fim da realização da justiça.

18.5.3 Sujeito ativo

O crime previsto no art. 342 é de mão própria: somente pode ser executado por testemunha, perito, contador, tradutor ou intérprete.

Testemunha é a pessoa física chamada a depor em processo perante a autoridade com o de fornecer prova de fatos relativos ao objeto do mesmo.[238] Discute-se se as pes-

---

237. Cf. FRAGOSO, H. Cláudio. Ob. cit. v. 3, p. 517. HUNGRIA, Nelson. Ob. cit. v. 9, p. 469. NORONHA, E. Magalhães refere-se a concurso formal. Ob. cit. v. 4, p. 487.
238. Definição de FRAGOSO, H. Cláudio. Ob. cit. v. 3, p. 522.

soas que depõem sem estarem obrigadas ao compromisso, na forma dos arts. 458 do CPC e 203 do CPP, cometem o crime em apreço. Argumenta-se que a lei não distingue entre as testemunhas compromissadas e as informantes e que os depoimentos destas podem levar o juiz a firmar sua convicção, cometendo assim o crime de falso testemunho.[80] [239] Entretanto, se a lei não as submete ao *compromisso de dizer a verdade*, o que as distingue das compromissadas, as testemunhas informantes não podem cometer o ilícito em apreço.[81] [240] Na jurisprudência, tem-se por excluído o crime no caso de falso depoimento da vítima.[82]

Em interpretação coerente com a evolução do direito de família, considerou-se que não pratica o crime de falso testemunho a amásia do acusado pelas mesmas razões que justificam não se deferir o compromisso ao cônjuge legítimo.[83]

No que se relaciona à afinidade, não se inclui o parentesco tio-sobrinho entre os que se desobrigam a testemunha do compromisso legal. A afinidade em linha reta é a que se estabelece entre sogro, sogra, padrasto, madrasta (afinidade em linha reta ascendente), e genro, nora, enteado, enteada (afinidade em linha reta descendente).[84] Nos termos do art. 207 do CPP, são proibidas de depor as pessoas que, em razão de função, ministério, ofício ou profissão, devam guardar segredo, salvo se, desobrigadas pela parte interessada, quiserem dar o seu testemunho. Como devem prestar compromisso, podem cometer o falso testemunho.

Perito é a pessoa que possui conhecimentos técnicos para, após exame, emitir parecer a respeito de questões relativas aos seus conhecimentos (arts. 158 ss do CPP e 156 ss do CPC). *Tradutor* é quem verte para o idioma nacional texto de língua estrangeira. *Intérprete* é o perito encarregado de fazer com que se entendam, quando necessário, a autoridade e alguma pessoa (acusado, ofendido, testemunha, parte interessada) que não conhece o idioma nacional ou não pode falar em razão de defeito psicofísico ou qualquer outra particular condição anormal.[241] Tradutor e intérprete são também peritos, mas não elaboram prova, sendo meros intermediários. O contador, que passou a ser sujeito ativo do crime a partir da vigência da Lei nº 10.268/2001, é o funcionário responsável pelos cálculos a serem efetuados nos processos judiciais, policiais, administrativos e de juízo arbitral.

Como o delito de falso testemunho ou falsa perícia é crime de *mão própria*, discute-se a possibilidade de responder por ele outra pessoa que não a testemunha. Afirma-se que nos crimes de mão própria, que só podem ser cometidos pelo sujeito em pessoa,

---

239. Cf. NORONHA, E. Magalhães. Ob. cit. v. 4, p. 490. HUNGRIA, Nelson. Ob. cit. v. 9, p. 482. FARIA, Bento de. *Código Penal brasileiro*. 2. ed. Rio de Janeiro: Record, 1959, v. 7, p. 177. SABINO JÚNIOR, Vicente. *Direito penal*. São Paulo: Sugestões Literárias, 1977. v. 4, p. 1.452.

240. Cf. FRAGOSO, H. Cláudio. Ob. cit. v. 3, p. 522. FARINELLI, Lucy. Em torno do delito de falso testemunho. *RT* 470/296-7. DRUMOND, Magalhães. *Comentários ao código penal*. Rio de Janeiro: Forense, 1944. v. 9, p. 1.375. Ver também JESUS, Damásio E. de. Falso testemunho: compromisso da testemunha como elemento do tipo; inteligência do disposto no artigo 342 do CP. In: *Questões criminais*. São Paulo: Saraiva, 1981 p. 138-9. CUNHA, Renan Severo Teixeira da. Testemunho falso de irmão. Ap. crim. 4.946-3 – Marília. TJSP.

241. HUNGRIA, Nelson. Ob. cit. v. 9, p. 482.

18 • DOS CRIMES CONTRA A ADMINISTRAÇÃO DA JUSTIÇA **435**

é impossível a coautoria por instigação, dado o caráter personalíssimo da infração.[85] Sustenta-se, também, que o legislador seccionou a unidade jurídica do falso testemunho resultante do concurso de pessoas, incriminando apenas, no art. 343, a conduta de quem der, oferecer ou prometer dinheiro ou qualquer vantagem estimativa para fazer afirmação falsa, negar ou calar a verdade.[86] Em decorrência dessa orientação, tem-se entendido que o advogado que se limita a orientar, insinuar ou pedir à testemunha para fornecer ao Juízo a versão mais favorável ao cliente, ainda que não ajustada à realidade dos fatos, embora incida em falta de caráter ético, não transgride o art. 342.[87] [242] Há que se fazer, porém, distinção, indispensável para a colocação do problema, entre *coautoria* e *participação*. Na primeira, os vários agentes praticam o comportamento descrito pela figura típica, o que impede a coautoria em crimes de mão própria. Na participação, embora os agentes não pratiquem o ato executivo, concorrem, de algum modo, para a realização do delito. Fazer afirmação falsa, ou negar, ou calar a verdade sobre fato juridicamente relevante constituem condutas que permitem as formas de instigação, ajuste, mandato, auxílio etc. No falso testemunho, portanto, a participação mostra-se perfeitamente possível, como, aliás, já se tem decidido, inclusive no STF,[88] mesmo quanto à responsabilidade do advogado.[89] [243]

18.5.4 Sujeito passivo

Sujeito passivo é o Estado, titular da regularidade da administração da justiça. Também pode ser vítima aquele a quem o falso testemunho ou a falsa perícia possa provocar dano.

18.5.5 Tipo objetivo

A primeira ação prevista no tipo penal em estudo é "fazer afirmação falsa". O agente, no caso, afirma algo que não corresponde à verdade. A segunda é a de "negar a verdade". O agente afirma não saber o que realmente sabe. A terceira é a de "calar a verdade". O agente deixa de dizer o que sabe, silencia.

Segundo a teoria objetiva, há falsidade quando o que é exposto não corresponde à verdade. Para a teoria subjetiva, porém, o critério da falsidade não depende apenas da relação entre o dito e a realidade das coisas, mas da relação entre o exposto e o conhecimento do sujeito. Não é bastante, para a configuração do delito do art. 342, que haja divórcio entre a realidade concreta e o testemunho. É preciso que a pessoa que o presta tenha consciência de que opera essa deformidade positiva entre a narração e o fato. Falso é o depoimento que não está em correspondência qualitativa ou quantitativa com o que a testemunha viu, percebeu, sentiu ou ouviu. Nesse sentido, a doutrina e a

---

242. Cf. HUNGRIA, Nelson. Ob. cit. v. 9, p. 487. FRAGOSO, H. Cláudio. Ob. cit. 2. ed., 1965. v. 4, p. 1.226, SOLER, Sebastião. *Derecho penal argentino*. Buenos Aires, Editora Argentina, 1956. v. 5, p. 297.

243. Cf. CICOTE, Odival. A coautoria na infração do artigo 32 da Lei das Contravenções Penais. *RT* 576/323-30. MELLO, Dirceu de. Voto. *RT* 570/290-1.

jurisprudência.[90][244] "Consequência disto – como diz Noronha – é que pode haver falso testemunho sobre fato verdadeiro: este realmente ocorreu, mas a testemunha não o viu, e, contudo, declara tê-lo presenciado; há falsidade sobre a ciência da testemunha, ou falsidade acerca da *causa scientiae*. Por outro lado, pode o fato não se haver verificado, mas a testemunha estar crente do contrário (falibilidade do testemunho) e não haver falsidade. Finalmente, o fato ocorreu e a testemunha o presenciou, mas depõe de modo que supõe ser contrário à verdade, o que, entretanto, não acontece. Há crime simplesmente *putativo*, pois, não obstante a vontade do depoente, há correspondência entre o que disse e o que se realizou." [245]

A falsidade do testemunho, para se considerar capaz de incidir o agente na sanção penal, deve versar sobre circunstância *juridicamente relevante* e ter a possibilidade de impedir que a atividade judiciária realize sua finalidade de aplicar corretamente a lei. [91] Se o depoimento falso em nada pode influir na decisão da causa, se não há possibilidade de prejuízo, se não há potencialidade lesiva, não há crime de falso testemunho. [92] Entretanto, como se trata de crime formal, basta para a sua configuração a simples potencialidade de dano para a administração da justiça, sendo irrelevante que tenha ou não influído na decisão da causa, um resultado particular.[93][246]

Decidiu o TJSP que pode cometer falso testemunho quem falseia verdade depondo em processo relativo a fato atípico, não criminoso.[94] O STF, porém, no mesmo caso concreto, entendeu que o crime estava desativado de potencial para criar qualquer perigo de dano à administração da justiça, objetividade jurídica do fato definido no art. 342 do CP, e trancou a ação penal.[95] No mesmo sentido se pronunciou o TACrSP.[96]

Entende Noronha praticado o crime na mendacidade a respeito da qualificação do depoente (nome, estado civil, profissão etc.), já que é formalidade substancial do testemunho, que influi no mérito e valor que serão dados ao depoimento.[247] Argumenta Fragoso, com razão, que no caso não se trata de falsidade sobre *fatos da causa* e sim sobre a condição pessoal da testemunha, ocorrendo apenas o crime previsto no art. 307.[248]

Não responde pelo crime previsto no art. 342 quem presta falso testemunho que traga no bojo do depoimento interesse próprio, ligado ao fato objeto do processo e que envolve elucidação que poderá acarretar responsabilidade penal ao depoente.[97] Como afirma José Sylvio Fonseca Tavares, a teoria da inexigibilidade de outra conduta ajusta-se à tese que se discute;[249] como corolário natural da autodefesa decorre o princípio de que ninguém é obrigado a declarar a verdade se assumir, com essa declaração, o risco de ser incriminado.[98]

---

244. Cf. HUNGRIA, Nelson. Ob. cit. v. 9, p. 473. NORONHA, E. Magalhães. Ob. cit. v. 4, p. 492. FRAGOSO, H. Cláudio. Ob. cit. v. 3, p. 524.
245. NORONHA, E. Magalhães. Ob. cit. v. 4, p. 492.
246. Cf. HUNGRIA, Nelson Ob. cit. v. 9, p. 476. NORONHA, E. Magalhães. Ob. cit. v. 4. p. 495. FRAGOSO. H. Cláudio. Ob. cit. v. 3, p. 525. JESUS. Damásio de. Ob. cit. p. 145.
247. NORONHA, E. Magalhães. Ob. cit. v. 4, p. 492. Cf. HUNGRIA, Nelson. Ob. cit. v. 9, p. 475.
248. FRAGOSO, H. Cláudio. Ob. cit. v. 3, p. 523.
249. TAVARES, José Sylvio Fonseca. Falso testemunho. *Justitia* 103/289.

18 • DOS CRIMES CONTRA A ADMINISTRAÇÃO DA JUSTIÇA | **437**

Por essa razão, não pode ser responsabilizado pelo crime de falso testemunho o autor do crime a ser apurado,[99] o seu coautor,[100] o partícipe[101] ou mesmo a parte no processo.[102]

Para a ocorrência do ilícito penal é necessário que o falso testemunho ou a falsa perícia se refira a processo judicial, policial, administrativo ou a juízo arbitral. Quanto ao processo *judicial*, inclui-se o civil ou penal, o contencioso ou voluntário. O processo *policial* é o inquérito policial civil ou militar. Processo *administrativo* é o que tem por escopo a apuração de faltas ou transgressões disciplinares ou administrativas (ilícito administrativo).[250] *Juízo arbitral* é o disciplinado na Lei nº 9.307, de 23-9-1996, que dispõe sobre a *arbitragem*, com as alterações introduzidas pela Lei nº 13.129, de 26-5-2015. Incide nas penas do art. 342 quem faz afirmação falsa, ou nega ou cala a verdade como testemunha, perito, tradutor ou intérprete, perante comissão parlamentar de inquérito (art. 4º, inciso II, da Lei nº 1.579, de 18-3-1952). O termo "processo" é empregado em sua acepção ampla, incluindo-se, na hipótese, o falso testemunho em sindicância.[103] Há, entretanto, opinião de que o fato é atípico.[104]

No caso de o depoimento falso ser prestado em processo que posteriormente se reconheça nulo ou ele próprio, isoladamente, seja nulo por motivo outro que não sua falsidade mesma, não será configurável o crime, pois *quod nullum est nullum producit effectum.*[105] [251]

O fato de ter sido julgada extinta a punibilidade do acusado, pela prescrição ou outra causa, na ação penal em que foi prestado o depoimento como falso, sendo potencialmente lesivo, não tem o condão de excluir o crime perpetrado contra a administração da justiça.[106] Já se decidiu, porém, em sentido contrário.[107] Certamente há que se reconhecer a ocorrência de crime impossível se o depoimento foi prestado quando não mais se justificava a apuração do delito, por estar extinta a punibilidade do agente, diante da impossibilidade de consumar-se o crime com a potencialidade do dano.[108] Já se reconheceu a ocorrência da exclusão da culpabilidade prevista no art. 22 do CP na conduta do encarcerado que não relatou devidamente os fatos por temor das represálias dos demais presos.[109]

18.5.6 Ação penal

Várias são as correntes a respeito da oportunidade de início da ação penal para a apuração do crime de falso testemunho ou falsa perícia.[252] São as seguintes: 1ª) pode ser iniciada e julgada a ação penal por crime de falso testemunho antes de proferida a sentença no processo em que foi prestado o depoimento, uma vez que a retratação, causa de extinção da punibilidade, não é pressuposto ou elemento do crime;[110] 2ª) pode a ação penal ser iniciada antes de proferida a sentença em que foi prestado o testemunho falso ou apresentada a falsa perícia, mas o seu julgamento só pode ocorrer após a decisão no

---

250. Conceito de NORONHA, E. Magalhães. Ob. cit. v. 4, p. 493.
251. HUNGRIA, Nelson. Ob. cit. v. 9, p. 483.
252. Cf. JESUS, Damásio de. Ob. cit. p. 140-143.

processo originário, dando-se oportunidade a retratação;[111] [253] 3ª) não pode ser iniciada a ação penal pelo crime de falso testemunho antes do trânsito em julgado da decisão proferida no processo em que ele foi prestado;[112] 4ª) não pode ser iniciado o processo por falso testemunho antes de proferida a sentença no processo em que foi prestado, pois até a referida decisão é possível a retratação;[113] [254] 5ª) não se impede que se inicie a ação penal por crime de falso testemunho antes de proferida a sentença no processo que lhe deu causa, mas, se o depoimento falso foi proferido em ação penal, devem as ações correr juntas em decorrência da conexão;[114] [255] não se pode, realmente, impedir a propositura da ação antes do trânsito em julgado desde que haja sentença proferida.[115]

Quando o falso testemunho foi prestado em processo em curso na Justiça Federal, é da competência desta a apuração do crime previsto no art. 342.[116]

O crime em estudo apura-se mediante ação pública e não está condicionada esta à providência do juiz prevista no art. 211 do CPP.[117]

Não se pode promover a responsabilidade do agente de falso testemunho por ação penal privada exclusiva.[118]

18.5.7 Tipo subjetivo

O dolo do crime previsto no art. 342 é a vontade de prestar depoimento ou realizar perícia em desacordo com o que o agente tem ciência ou verificou. Exige, pois, a vontade e a consciência de estar o agente cometendo uma falsidade.[119] Não basta, pois, que o testemunho ou perícia seja contrário à verdade; é necessário que tenha o agente ciência dessa diversidade entre a narração e o fato (item 18.5.5). Não importa o fim do agente[120] e muito menos que o agente tenha obtido o fim a que se propusera.[121]

O erro exclui o dolo. Afirma Hungria: "Se o agente é vítima de um erro, de uma falsa percepção da realidade, do propósito esquecimento ou de uma deformação inconsciente da lembrança, fica excluído o elemento subjetivo do crime. É lição banal da psicologia judiciária que a testemunha (mesmo quando não se trata de mórbidos *mitônamos* ou de desequilibrados psíquicos inclinados ao *fabulismo*) pode ser vítima de ilusões ao fixar a realidade ou ao recompor suas impressões." [256] A mentira voluntária e o erro involuntário dos depoimentos, porém, assumem frequentemente as mesmas formas, tornando-se difícil distingui-los, mas, em regra, a testemunha dolosa frequentemente acrescenta fatos inverídicos, ao passo que o erro involuntário se limita a modificar os fatos verdadeiros.[257]

Já se entendeu que a testemunha, quando alcoolizada, tem seus sentidos afetados, razão por que não se pode afirmar tenha ela intencionalmente narrado fatos inverídicos

---

253. Cf. SALLES, Alcides Amaral. Falso testemunho. *Justitia* 97/393-5.
254. Cf. DELMANTO, Celso. *Código penal anotado.* 4. ed. São Paulo: Saraiva. 1984. p. 432.
255. Cf. HUNGRIA, Nelson. Ob. cit. v. 9, p. 486.
256. Ibidem, p. 476-477.
257. SHALDERS, José Luiz. Falso testemunho – mentira voluntária e erro involuntário. *Justitia* 92/386.

18 • DOS CRIMES CONTRA A ADMINISTRAÇÃO DA JUSTIÇA

ou percebido apenas detalhes, alguns até deformados, da realidade, provocando dúvidas quanto à existência do dolo do crime de falso testemunho.[122]

18.5.8 Consumação e tentativa

Consuma-se o falso testemunho quando é encerrado o depoimento, com a assinatura pela testemunha, e a falsa perícia consuma-se com a entrega do laudo correspondente.[123] [258] Até esse momento é possível que o sujeito ativo reponha a verdade. Trata-se, porém, de crime formal, que se consuma independentemente do resultado produzido pelo depoimento ou perícia inidôneos, sendo suficiente que tenham estes incidido sobre fato juridicamente relevante.[124]

Teoricamente é possível a tentativa, embora de difícil ocorrência. Existiria o *conatus*, por exemplo, quando não se pudesse, por causa fortuita, encerrar o depoimento ou quando a perícia, remetida à autoridade, é interceptada e não chega a ser juntada aos autos. Já se decidiu, porém, pela inadmissibilidade da tentativa.[125]

18.5.9 Aumento de pena

Dispõe o art. 342, § 1º, com a redação que lhe foi dada pela Lei nº 10.268, de 28-8-2001: "As penas aumentam-se de um sexto a um terço, se o crime é praticado mediante suborno ou se cometido com o fim de obter prova destinada a produzir efeito em processo penal, ou em processo civil em que for parte entidade da administração pública direta ou indireta." Na primeira hipótese, de suborno, a corrupção do sujeito ativo, e o fim visado pelo agente, dinheiro ou qualquer outra vantagem econômica, torna o fato mais grave pelo móvel que o impeliu à prática do crime.

Na segunda hipótese, justifica-se a cominação de pena mais severa, pelos valores em jogo no processo penal, ou em processo civil em que for parte entidade da administração pública direta ou indireta. No primeiro caso, estão envolvidos a liberdade e o patrimônio do indivíduo; no segundo, a parte interessada é o Estado, o bem público, a administração pública etc. É irrelevante que a conduta tenha beneficiado ou prejudicado o acusado ou, no processo civil, a administração pública.

18.5.10 Retratação

Prevê o art. 342, § 2º, com a nova redação: "O fato deixa de ser punível se, antes da sentença no processo em que ocorreu o ilícito, o agente se retrata ou declara a verdade." *Retratar-se* é retirar o que se disse, é declarar que faltou com a verdade. Duas são as razões que levaram o legislador a prever a referida causa de extinção da punibilidade. Em primeiro lugar, o interesse da Justiça em chegar à verdade para a correta prestação

---

258. Cf. HUNGRIA, Nelson. Ob. cit. v. 9, p. 475-476. NORONHA, E. Magalhães. Ob. cit. v. 4, p. 494-495. FRAGOSO, H. Cláudio. Ob. cit. v. 3, p. 525.

jurisdicional. Em segundo lugar, o arrependimento do agente que, embora consumando o crime, vai evitar a ocorrência de prejuízo efetivo.

A retratação deve ser completa e não basta, portanto, que o agente confesse que mentiu; é necessário que reponha a verdade dos fatos. Deve ela ser voluntária, mas não é necessário que seja espontânea, ou seja, que o agente tome a iniciativa de depor novamente ou de esclarecer a verdade.

Determinando-se na lei que "o fato deixa de ser punível", tem-se entendido que se comunica a retratação aos coautores (no caso de falso testemunho apenas partícipes). [126] 259 Afirma-se, quanto à falsa perícia, que a retratação é uma circunstância mista, porque, embora pessoal do agente, reflete sobre a objetividade do crime e que, não havendo mais perícia, excluída pela retratação, não pode haver lesão à administração da justiça. [127] Em sentido contrário, pelo caráter pessoal da retratação, pronunciam-se outros doutrinadores e o próprio STF. [128] 260 A primeira posição parece-nos a mais correta, pelos motivos expostos.

Havia também divergências quanto à oportunidade de se possibilitar a retratação como causa da extinção da punibilidade. Dispondo a lei que deve ela ocorrer até a sentença, já se tem entendido que o dispositivo se refere à decisão da ação penal movida contra aquele que prestou o falso testemunho ou realizou a falsa perícia. [129] Essa posição carece de fundamento. A retratação, em virtude da qual o fato deixa de ser punível, é a verificada antes de proferida a sentença no processo em que foram prestados os falsos depoimentos e não no processo pelo crime de perjúrio; caso contrário, a punição do réu ficaria ao alvedrio deste, em hipótese de ação pública. Ademais, a conduta já poderia ter provocado o prejuízo efetivo que a lei pretende evitar ao estabelecer referida causa de extinção da punibilidade. Nesse sentido é a jurisprudência francamente majoritária. [130] Evidentemente, refere-se a lei à sentença de primeiro grau. [131] Diante da nova redação dada pela Lei nº 10.268/2001, não pode haver mais discussão a respeito, já que o § 2º, que agora se refere à extinção da punibilidade, refere-se expressamente ao "processo em que ocorreu o ilícito". Em caso de processo por crime doloso contra a vida, a retratação é válida até a sentença final do Tribunal do Júri [132] e não apenas até a sentença de pronúncia, como já se decidiu. [133] 261

A retratação do agente, por deixar a falsidade de produzir seus efeitos, comunica-se ao partícipe que induziu ou instigou a testemunha a mentir em Juízo. [134]

Extinta a punibilidade pela retratação oferecida no juízo competente, não há justa causa para a ação penal contra o agente, ainda que já instaurada, devendo ser trancado o respectivo processo. [135]

---

259. Cf. LEVAI, Emeric. Retratação penal. *Revista do Processo* 21/159. NORONHA. E. Magalhães. Ob. cit. v. 1. p. 429. DELMANTO. Celso. Ob. cit. p. 434.
260. Cf. HUNGRIA, Nelson. Ob. cit. v. 9, p. 487. FRAGOSO. H. Cláudio. Ob. cit. v. 3, p. 528.
261. JESUS. Damásio de. Ob. cit. p. 144.

18.5.11 Distinção e concurso

Se o sujeito ativo é funcionário público e recebe dinheiro ou o aceita para realizar falsa perícia, haverá crime de corrupção passiva, já que o art. 317 é regra especial em relação ao art. 342.[262]

A falsa perícia em licenciamento, concessão florestal ou outro procedimento administrativo ambiental é tipificada como crime contra a administração ambiental na Lei nº 9.605, de 12-2-1998, que prevê também a forma culposa (art. 69-A, inserido pela Lei nº 11.284, de 2-3-2006).

A declaração falsa destinada a produzir efeito em juízo, onde é confirmada em depoimento prestado pelo seu signatário, configura o delito de falso testemunho que, por ser a infração maior, absorve a falsidade de documento particular.[136]

Se o agente depõe falsamente em fases sucessivas, nas jurisdições civil e criminal, e inclusive na prejudicial, do mesmo processo (exemplo: no inquérito policial, na instrução criminal e em plenário), há unidade de crime e não concurso material ou crime continuado.[137] Se o agente imputar caluniosamente a alguém a prática de um crime, haverá concurso material com o crime de denunciação caluniosa ou calúnia, conforme o caso.[263] Existirá este último delito se o depoente, por ser informante ou agir em autodefesa, não for responsabilizado pelo falso testemunho.

18.6 CORRUPÇÃO ATIVA DE TESTEMUNHA OU PERITO

18.6.1 Conceito

No art. 343, com a redação que lhe foi dada pela Lei nº 10.268, de 28-8-2001, está tipificada a conduta de corrupção ativa de testemunha ou perito: "Dar, oferecer ou prometer dinheiro ou qualquer outra vantagem a testemunha, perito, contador, tradutor ou intérprete, para fazer afirmação falsa, negar ou calar a verdade em depoimento, perícia, cálculos, tradução ou interpretação: Pena – reclusão, de três a quatro anos, e multa."

18.6.2 Objetividade jurídica

Tutela o dispositivo a administração da justiça no que se relaciona especialmente com a prova testemunhal ou pericial. É nociva à regularidade da realização da justiça, comprometendo a veracidade da prova, a conduta incriminada, ainda que o agente não obtenha o fim pretendido.

---

262. Cf. NORONHA, E. Magalhães. Ob. cit. v. 4, p. 496. HUNGRIA, Nelson. Ob. cit. v. 9, p. 485. FRAGOSO. H. Cláudio Ob. cit.; v. 3, p. 327.
263. FRAGOSO, H. Cláudio. Ob. cit. v. 3, p. 525.

18.6.3 Sujeitos do delito

Sujeito ativo do crime é qualquer pessoa que pratique a conduta incriminada, dando, oferecendo ou prometendo recompensa à testemunha, ao perito, contador, tradutor ou intérprete que não sejam titulares de cargos públicos (item 18.6.8).

Sujeito passivo é o Estado, titular da regularidade da administração da justiça. Será vítima também a pessoa que sofre dano efetivo em decorrência da conduta.

18.6.4 Tipo objetivo

Núcleos do tipo penal são os verbos *dar*, *oferecer*, ou *prometer*. *Dar* é ceder, entregar, presentear, transferir gratuitamente. *Oferecer* é colocar à disposição, apresentar, exibir, expor. *Prometer* é obrigar-se, comprometer-se, anunciar, fazer promessa.

A conduta, como no caso do crime previsto no art. 333, pode ser praticada por vários meios: palavras, atos, gestos, escritos etc., inclusive através de intermediários, que responderão pelo crime como coautores.

Embora o dispositivo em estudo não seja expresso, está referindo-se a lei aos processos mencionados no art. 342 (judicial, policial ou administrativo e ao juízo arbitral) (item 18.5.5).

Não é necessária, para a caracterização do ilícito, a aceitação da oferta ou da promessa, embora da nova redação do dispositivo tenha se excluído a expressa menção legal nesse sentido.

Refere-se a lei à dação ou promessa de dinheiro ou qualquer outra vantagem (moral, prestação sexual etc.). Decidiu-se pela inclusão como vantagem a promessa de prestação de serviços profissionais de advogado.[138]

O crime em estudo somente se configura quando a pessoa subornada ou a que se pretende subornar assume, atualmente, a qualidade de testemunha (figurando no rol apresentado pelas partes ou mandada ouvir pela autoridade) ou de perito, contador, tradutor ou intérprete (já nomeado ou designado por quem de direito).[139]

Referindo-se a lei à *testemunha*, não pode ocorrer o delito em estudo quando o destinatário da ação ou promessa não pode ser assim considerado.[140] Não ocorre o crime, pois, no caso de suborno de menores[141] ou vítimas.[142]

Assim como no crime de falso testemunho ou falsa perícia, é indispensável que o agente pretenda obter falsidade de testemunha ou perito sobre fato ou circunstância relevante na decisão da causa.[264]

18.6.5 Tipo subjetivo

O dolo do crime em apreço é a vontade de dar, oferecer ou prometer dinheiro ou qualquer outra vantagem. Exige-se, porém, o elemento subjetivo do tipo, ou seja, que

---

264. Cf. FRAGOSO, H. Cláudio. Ob. cit. v. 3, p. 529.

18 • DOS CRIMES CONTRA A ADMINISTRAÇÃO DA JUSTIÇA

se tenha por finalidade obter da testemunha ou perito a prática do crime previsto no art. 342.

18.6.6 Consumação e tentativa

Consuma-se a corrupção ativa de testemunha ou perito, crime formal, com a dação, oferta ou promessa da recompensa. Não é ele, portanto, crime bilateral, pois é possível que o destinatário da recompensa não a aceite.[143] Não deixa de existir o crime se o beneficiado aceita a recompensa, mas não presta o falso testemunho ou não apresenta a falsa perícia.

Não prevê a lei a retratação do agente que prestou o falso testemunho ou apresentou a falsa perícia como causa extintiva da punibilidade do crime previsto no art. 343.

A tentativa, embora de difícil ocorrência, é possível quando não se tratar de crime unissubsistente. Uma hipótese é a da oferta feita por meio de um bilhete ou carta interceptada por outrem.

Ainda que o advogado seja o agente não há necessidade para a propositura da ação de prévia instauração de procedimento administrativo pela OAB, o que não figura como condição de procedibilidade para a persecução penal.[144]

18.6.7 Aumento de pena

Nos termos do art. 343, parágrafo único, "as penas aumentam-se de um sexto a um terço, se o crime é cometido com o fim de obter prova destinada a produzir efeito em processo penal ou em processo civil em que for parte entidade da administração pública direta ou indireta". Como no crime previsto no artigo anterior, o fato é mais grave, diante da maior relevância do processo penal, ou do processo civil em que é parte entidade da administração pública direta ou indireta, exigindo-se mais severidade na repressão. Também nessa hipótese é irrelevante se o corruptor deseja a condenação ou absolvição do réu ou se a ação penal versa sobre crime ou contravenção.

18.6.8 Distinção

A conduta prevista no art. 343 absorve o crime de falso testemunho ou falsa perícia em que o corruptor seria partícipe.

Se o perito ou testemunha for oficial (exercendo a função como titular de específico cargo público), o crime será o do art. 333.[145] 265

Havendo, em vez de dação ou promessa, violência ou ameaça, ocorrerá o crime previsto no art. 344.

---

265. Cf. HUNGRIA, Nelson. Ob. cit. v. 9, p. 488. FRAGOSO, H. Cláudio. Ob. cit. v. 3, p. 529.

18.7 COAÇÃO NO CURSO DO PROCESSO

18.7.1 Conceito

Prevê o art. 344 o crime de coação no curso do processo: "Usar de violência ou grave ameaça, com o fim de favorecer interesse próprio ou alheio, contra autoridade, parte, ou qualquer outra pessoa que funciona ou é chamada a intervir em processo judicial, policial ou administrativo, ou em juízo arbitral: Pena – reclusão, de um a quatro anos, e multa, além da pena correspondente à violência."

18.7.2 Objetividade jurídica

O objeto jurídico do crime é a regularidade da administração da justiça. Procura-se impedir que pessoas busquem interesses próprios ou alheios por meio de coação àqueles que intervêm, de algum modo, na instauração ou desenvolvimento do processo. Tutela-se, também, a incolumidade física e a liberdade psíquica dos participantes desses procedimentos.

18.7.3 Sujeitos do delito

Qualquer pessoa pode praticar o crime, tenha ou não interesse próprio no processo. Nada impede que seja sujeito ativo uma das pessoas que intervêm na própria administração da justiça. Sujeito passivo é o Estado, titular da regularidade da atividade da administração da justiça, bem como a pessoa submetida à coação pelo sujeito ativo.

18.7.4 Tipo objetivo

O crime em estudo é um tipo especial do constrangimento ilegal em que não se exige, para a sua caracterização, que o coacto se submeta ao sujeito ativo. A conduta típica é constituída pelo emprego de violência ou grave ameaça contra a autoridade, parte ou qualquer outra pessoa que intervém no processo. Quanto à violência e à grave ameaça, já foram objeto de apreciação anterior (*Manual de Direito Penal*, v. 2, itens 3.1.2 e 3.1.3). Exigindo a lei, quanto a esta, que seja grave, não ocorre o crime se a ameaça não acarreta à pessoa visada temor reverencial a ponto de render sua vontade ao que o agente determina.[146] Basta, porém, que seja capaz de intimidar seriamente o *homo medius*, pouco importando que o mal prometido não seja injusto, pois a ameaça como meio de crime não coincide com o crime de ameaça.[147]

Não há dúvida de que afirmar que alguém possa ser envolvido em processo por alguma coisa infunde receio maior ou menor, dependendo da pessoa à qual a observação é feita. Mas a argumentação de um advogado frente à vítima pode não constituir a grave ameaça necessária a configurar crime em questão.[148]

É indispensável que a violência física ou moral se dirija contra as pessoas mencionadas no dispositivo: *autoridade* (delegado de polícia, juiz), *parte* (autor, réu, opoente, litisconsorte, promotor de justiça etc.) ou *qualquer outra pessoa* que funciona ou é chamada a intervir no processo (escrivão, meirinho, perito, testemunha, jurado, tradutor, intérprete etc.). Evidentemente, exige-se que a violência ou grave ameaça ocorra em razão da interveniência dessas pessoas no processo. Por essa razão, não se configura o crime previsto no art. 344 se o sujeito passivo não mais intervirá no processo. Decidiu-se pela exclusão do crime em apreço no caso de ameaça feita a testemunha que já prestara seu depoimento.[149] Também não se configura tal crime se não se iniciou o procedimento (inquérito).[150]

Refere-se a lei aos mesmos processos mencionados no art. 342, incluindo-se o instaurado por determinação de comissão parlamentar de inquérito (item 18.5.5).

18.7.5 Tipo subjetivo

Além da vontade de praticar a violência ou a grave ameaça, exige o dolo a finalidade de favorecer interesse próprio ou alheio (elemento subjetivo do tipo).[151] O *interesse* que o agente visa beneficiar pode ser de qualquer natureza, moral ou material, desde que esteja relacionado com a demanda.[266] São exemplos: a intimidação à mãe da vítima para não fazer carga contra o réu em suas declarações;[152] a ameaça ao juiz e ao advogado para evitar o prosseguimento da execução civil, com a realização da venda do bem penhorado em hasta pública;[153] a coação destinada a evitar o oferecimento da denúncia; a ameaça a testemunha para que falte com a verdade em testemunho etc.

18.7.6 Consumação e tentativa

Consuma-se o crime, de natureza formal, com a violência ou a grave ameaça, independentemente de lograr o agente o fim visado ou mesmo de ficar a vítima intimidada.[154] Decidiu-se que o crime não se desfigura pelo fato de terem as pessoas ameaçadas confirmado em juízo os depoimentos anteriores.[155] Basta que a ameaça seja grave, capaz de incluir na vítima justificável receio, para que se configure o delito.[156] É admissível a tentativa, como nos crimes de lesões corporais, ameaça etc.

18.7.7 Aumento de pena

Por força da Lei nº 14.245, de 22-11-2021, introduziu-se no art. 344 o parágrafo único, que determina o aumento da pena de um terço até a metade se o processo envolver crime contra a dignidade sexual. Diante da redação do dispositivo infere-se que a majoração é devida qualquer que seja a natureza do processo, cuide-se ou não de ação penal, se nele é objeto de discussão questão relativa a um crime sexual. O mesmo diploma legal incluiu no Código de Processo Penal o art. 400-A, que dispõe sobre o

---

266. FRAGOSO, H. Cláudio. Ob. cit. v. 3, p. 531.

comportamento devido pelas partes e demais sujeitos processuais no decorrer de audiência de instrução que verse sobre crime contra a dignidade sexual.

18.7.8 Distinção e concurso

A coação no curso do processo pode se configurar em processo de execução judicial de decisões do CADE (Conselho Administrativo de Defesa Econômica), por força do disposto no art. 111 da Lei nº 12.529, de 30-11-2011.

Determina a lei, na cominação da pena, que será somada à pena aquela correspondente à violência (lesão corporal, homicídio etc.), ocorrendo o concurso material ainda que o crime componente fique em grau de tentativa.

A reiteração de ameaças, para se conseguir o mesmo objetivo, não implica continuidade de infração, mas crime único.[157]

A Lei nº 14.321, de 31-3-2022, inseriu na Lei de Abuso de Autoridade, Lei nº 13.869, de 5-9-2019, o art. 15-A, *violência institucional*, o qual prevê que submeter a vítima ou testemunha de crimes violentos a procedimentos desnecessários que leve a reviver, uma situação de violência ou que gerem sofrimento ou estigmatizações desnecessárias. Nos §§ 1º e 2º preveem-se duas causas de aumento de pena, a primeira de 2/3 se o agente público permita que terceiro intimide a vítima de crimes violentos; na segunda aplica-se a pena em dobro se o *agente público* intimidar a vítima, nas duas causas a conduta violenta do agente criminoso deve gerar indevida revitimização, ou seja, um sofrimento adicional, desnecessário, onde a pessoa revive por diversas vezes todo seu sofrimento.

18.8 EXERCÍCIO ARBITRÁRIO DAS PRÓPRIAS RAZÕES

18.8.1 Conceito

Com a rubrica de "exercício arbitrário das próprias razões", prevê o Código, no art. 345, mais um crime contra a administração da justiça: "Fazer justiça pelas próprias mãos, para satisfazer pretensão, embora legítima, salvo quando a lei o permite: Pena – detenção, de quinze dias a um mês, ou multa, além da pena correspondente à violência."

18.8.2 Objetividade jurídica

Tutela-se com o dispositivo em estudo a regularidade da administração da justiça, impedindo-se que o particular satisfaça sua pretensão, legítima ou ilegítima, fazendo valer sua vontade por meio de violência, ameaça, fraude etc. Compete ao Judiciário dirimir conflitos de interesses, não se podendo permitir que qualquer pessoa crie embaraço à atuação regular da justiça. Ademais, a conduta incriminada revela no agente desprezo pela justiça, já que usurpa a prerrogativa do magistrado e demonstra desconfiança na administração da justiça.

18.8.3 Sujeitos do delito

Sujeito ativo do crime é qualquer pessoa que pratica a conduta inscrita no art. 345. Tratando-se de funcionário público, poderá o fato, eventualmente, constituir outro crime (abuso de autoridade, violência arbitrária etc.).

Sujeito passivo do crime é o Estado, titular da regularidade na administração da justiça, bem como a pessoa que sofre qualquer lesão em decorrência da conduta típica. Decidiu-se ser a mulher casada parte ilegítima para propor queixa quando o negócio de que se originou o fato fora realizado com o marido de que estava desquitando-se.[158]

18.8.4 Tipo objetivo

Segundo o tipo penal, o crime configura-se quando o agente faz justiça pelas próprias mãos, para satisfazer a uma *pretensão*. A pretensão, como diz Noronha, assenta-se em um *direito* que o agente tem ou julga ter, isto é, pensa de boa-fé possuí-lo, o que deve ser apreciado não apenas quanto ao direito *em si*, mas também de acordo com as circunstâncias e as condições da pessoa.[267] A pretensão pode ser, assim, ilegítima, ocorrendo o ilícito em tela desde que o agente esteja convencido de ser titular do direito. Se a ação ou omissão alcançada por meio de constrangimento ilegal pode, em tese, ser obtida da vítima por meio judicial, a infração qual é o exercício das próprias razões.[159]

É indispensável que a pretensão possa ser apreciada pela justiça; não ocorrerá o crime se faltar, em tese, a possibilidade jurídica do pedido ou o interesse de agir (objeto ilícito, prescrição etc.). É indiferente, porém, a efetiva existência do direito.

Não distinguindo a lei as espécies de pretensão ou direito, pode referir-se a qualquer um: *real* (propriedade, posse, servidão etc.); pessoal (obrigações em geral, cumprimento ou rompimento de contrato etc.) ou de *família* (coabitação, posse e guarda de filhos etc.).[268]

A pretensão pode ser do próprio agente ou de terceiros nos casos em que haja mandato ou gestão de negócios.[269]

O crime previsto no art. 345 é de ação livre, podendo ser praticado de diversos meios: violência, ameaça, fraude etc. O tipo penal compõe-se de uma pretensão legítima (ou supostamente tal) e de uma ação (ou omissão) que em outras circunstâncias constituiria fato delituoso autônomo (furto, dano, apropriação indébita etc.), mas que é em parte justificada pelo propósito específico do agente. Não existe o crime, portanto, quando a ação (ou omissão) é lícita ou representa mero ilícito civil.[160]

---

267. NORONHA, E. Magalhães. Ob. cit. v. 4, p. 505.
268. Cf. HUNGRIA, Nelson. Ob. cit. v. 9, p. 492. FRAGOSO, H. Cláudio. Ob. cit. v. 3, p. 533. NORONHA, E. Magalhães. Ob. cit. v. 4, p. 506.
269. FRAGOSO, H. Cláudio. Ob. cit. v. 3. p. 533. No mesmo sentido. HUNGRIA, Nelson. Ob. cit. v. 9, p. 492. NORONHA, E. Magalhães. Ob. cit. v. 4, p. 506.

Na jurisprudência, decidiu-se pela existência do crime de exercício arbitrário das próprias razões e não os de: extorsão mediante sequestro, quando a vantagem era legítima, ou supostamente tal, em concurso com o delito de sequestro;[161] furto, se a intenção do agente, ao se apoderar da coisa alheia móvel, foi a de se pagar dívida que o dono se recusava a satisfazer;[162] sequestro, se o médico reteve paciente no hospital para a satisfação das despesas de internação e tratamento;[163] redução à condição análoga à de escravo, se o agente acorrenta a vítima com o intuito de fazê-la trabalhar para si, a pretexto de se ressarcir de prejuízo causado por aquela;[164] extorsão, se a vantagem pretendida não era indevida, pois o agente cuidava de se reembolsar do dinheiro que fornecera à vítima;[165] roubo, se o objetivo não era a subtração mas a retenção do objeto até que fosse saldada a dívida;[166] [270] dano, se praticada a conduta para reaver coisa que o agente supunha pertencer-lhe;[167] sequestro, se o agente, para conter a agressividade da vítima, depois de dominá-la fisicamente e amarrá-la a um mourão, se dirigiu à polícia para comunicar o fato, persuadido de haver exercido um direito[168] etc. Outros exemplos do crime em estudo, segundo a jurisprudência: expulsar de suas casas empregados da fazenda sob a alegação de que as vítimas se entregavam à prática de propaganda comunista;[169] derrubar muro divisório de sua propriedade erguido pelo confinante;[170] exigir, mediante ameaça, restituição de dinheiro perdido em jogo fraudado;[171] cortar luz e água do locatário, absorvendo-se a contravenção referente à economia popular;[172] o adquirente de imóvel arrematado em execução hipotecária, aproveitando a ausência do ocupante, mudar cilindro da fechadura para imitir-se na posse.[173]

Prevê a lei elemento normativo ao excluir do tipo penal a prática do ato quando a lei o permite. A rigor, tal elemento seria dispensável, já que o agente atuaria em exercício regular de direito, mas, com a cláusula, exclui-se a própria tipicidade. Não há crime: na utilização do direito de retenção;[174] na reação defensiva no esbulho;[175] no decote de árvores limítrofes etc. Absolveu-se prefeito que, para entrar na Prefeitura, se viu na contingência de substituir fechaduras, em virtude da recusa de o antecessor entregar-lhe o edifício regularmente.[176]

18.8.5 Tipo subjetivo

O dolo constitui-se não só pela vontade de empregar o meio (violência, ameaça, fraude etc.), como também pela finalidade especial de fazer justiça pelas próprias mãos, ou seja, satisfazer a uma pretensão real ou supostamente legítima.[177] Inexistente essa finalidade, sabendo o agente que é ilegítima sua pretensão, o crime será outro (furto, dano etc.).

18.8.6 Consumação e tentativa

Como o núcleo do tipo é fazer justiça pelas próprias mãos, o crime de exercício arbitrário das próprias razões consuma-se com a satisfação da pretensão.[271] Não obtido o resultado pretendido, haverá tentativa, ao contrário do que afirma Noronha.[272]

---

270. Parecer de VIZOTTO, Bruno Irineu. Exercício arbitrário das próprias razões. *Justitia* 94/366.
271. Cf. HUNGRIA, Nelson. Ob. cit. v. 9, p. 493. FRAGOSO. H. Cláudio. Ob. cit. v. 3, p. 533.
272. NORONHA, E. Magalhães. Ob. cit. p. 4, p. 506/507. FRAGOSO. H. Cláudio. Ob. cit. v. 3, p. 534-535.

18.8.7 Concurso e distinção

Responde o agente pelo crime de exercício arbitrário das próprias razões em concurso material com a violência (lesões, homicídio etc.). É o que determina o dispositivo em estudo ao cominar a pena ao delito. O dano é absorvido.[178]

Não se confunde o referido crime com o esbulho possessório (art. 161, § 1º, II). Aquele tem como pressuposto uma "pretensão" a que deve corresponder um direito de que o agente é ou supõe ser titular, ao passo que este tem como pressuposto a invasão de propriedade alheia com o fim de esbulho possessório.[179] Também não se confunde o ilícito com o roubo, em que há subtração com a intenção do agente de apossar-se definitivamente do objeto como forma de recebimento da dívida, ocorrendo violência praticada por terceiros que receberam recompensa.[180]

18.8.8 Ação penal

Determina o parágrafo único do art. 345: "Se não há emprego de violência, somente se procede mediante queixa." Afasta-se assim, desde logo, a ação pública nos casos em que haja simples ameaça, ainda que grave.[181] Quanto à violência contra a coisa, há divergência na doutrina. Fragoso afirma que a lei não distingue; se pretendesse limitar a ação pública ao caso de violência à pessoa, teria dito, como o fez em várias outras passagens do Código.[273] Assim, para o autor, cabe ação pública ainda que se trata de violência contra a coisa, com o que concordamos. Entretanto, prevalece a opinião de Hungria e Noronha de que a lei se refere apenas à *vis corporalis*, à força empregada contra a pessoa.[182][274] Decidiu-se que a ação penal é privada ainda que cometido o crime em detrimento de entidade de direito público interno; pode-se, porém convalidar a iniciativa do MP, se lhe couber, em comarca interiorana, a representação judicial do Estado ofendido.[183] Hoje, por força do § 2º do art. 24 do CPP, acrescentado pela Lei nº 8.699, de 27-8-1993, a ação penal é pública quando o crime é praticado em detrimento do patrimônio ou interesse da União, Estado ou Município.

18.9 SUBTRAÇÃO, SUPRESSÃO OU DANO A COISA PRÓPRIA NA POSSE LEGAL DE TERCEIRO

18.9.1 Conceito

Sem rubrica e instituindo uma espécie de exercício arbitrário das próprias razões, o art. 346 prevê a subtração, supressão ou dano a coisa própria na posse legal de terceiro: "Tirar, suprimir, destruir ou danificar coisa própria, que se acha em poder de terceiro por determinação judicial ou convenção: Pena – detenção, de seis meses a dois anos, e multa."

---

273. FRAGOSO, H. Cláudio. Ob. cit. v. 3, p. 534-535.
274. Respectivamente. HUNGRIA, Nelson. Ob. cit. v. 9, p. 491 e NORONHA, E. Magalhães Ob. cit. v. 4, p. 508.

18.9.2 Objetividade jurídica

O objeto jurídico do crime é a regularidade da administração da justiça, violada pelo agente que causa lesão a pessoa que detém coisa do sujeito ativo por determinação judicial ou convenção. Tutela-se, ainda, a posse legítima da vítima.

18.9.3 Sujeitos do delito

O crime previsto no art. 346 somente pode ser praticado pelo proprietário da coisa que é objeto do crime, como aliás deixa claro o dispositivo. Nada impede, porém, a coautoria ou participação de terceiros.

Tratando-se de crime contra a administração da justiça, sujeito passivo é o Estado. É ofendido, também, aquele que tem a posse da coisa ou a pessoa submetida à violência ou ameaça.

18.9.4 Tipo objetivo

São várias as modalidades de conduta inscritas no tipo penal, analisadas anteriormente: *tirar*, que significa subtrair (*Manual*, v. 2, item 10.1.6); *suprimir* (item 11.10.4); *destruir* (*Manual de Direito Penal*, v. 2, item 13.1.6); e *danificar*, que equivale a destruir parcialmente.

O objeto material do crime é a coisa própria, ou seja, a coisa pertencente ao sujeito ativo e que está na posse legítima de outrem. Pode ser móvel ou imóvel, salvo no caso de subtração, quando a conduta somente pode incidir sobre coisa móvel.

É indispensável que a coisa esteja sob a posse de terceiro por determinação judicial (depósito de coisa penhorada, por exemplo) ou convenção (penhor, locação, comodato etc.). Assim, o procedimento do dono que tira coisa própria que se acha em poder de terceiro *injustificadamente* não integra a figura do art. 346.[184]

É necessário, também, quanto à primeira hipótese típica, o desapossamento da coisa *invito domini*. Assim, se a coisa tirada não for contra a vontade do possuidor, não há reconhecer o delito.[185]

Configuram o crime: a venda de bens sequestrados por determinação judicial, ainda quando não haja sido assinado o auto de depósito lavrado, desde que dele já tenha sido intimado o alienante que os tinha em seu poder[186] ou mesmo que tenha sido realizado eventual acordo entre autor e réu em pendência civil que deu origem ao fato típico penal;[187] o dano causado pelo proprietário de casa alugada para forçar a sua desocupação pelo inquilino;[188] o apossamento de coisa apreendida judicialmente e em poder do depositário nomeado;[189] a subtração de coisa própria que se encontra em poder da vítima por determinação judicial[190] etc. Por outro lado, como apenas o dono da coisa pode cometer o ilícito em estudo, o depositário judicial que inutiliza a coisa penhorada, de que tem a guarda, antes que ela seja removida para a mão de terceiros, não pratica o delito do art. 346, configurando-se antes o do art. 179.[191]

18.9.5 Tipo subjetivo

O dolo é apenas a vontade de praticar uma das modalidades de conduta inscrita no tipo (subtração, supressão, destruição ou dano), ciente o agente de que a coisa está na posse legítima do sujeito passivo. Ao contrário do que ocorre no crime previsto no art. 345, não se exige que o agente tenha a finalidade de satisfazer a uma pretensão de direito real ou suposto. São irrelevantes, pois, os fins ou motivos do agente.

18.9.6 Consumação e tentativa

Consuma-se o crime com a subtração, como no furto (*Manual*, v.2, item 10.1.8); com a supressão, como no crime previsto no art. 305; com o dano, como no ilícito constante do art. 163 (*Manual*, v. 2, item 13.1.8). Em qualquer das hipóteses, é possível a tentativa.

18.9.7 Distinção

Quando a coisa, objeto do crime, pertence não só ao agente, como também a terceiros, que não sejam coautores ou partícipes, ocorrerá, no caso de subtração, o crime previsto no art. 156 (*Manual*, v. 2, item 10.2.1).

18.9.8 Ação penal

No crime previsto no art. 346, ao contrário do que ocorre com o exercício arbitrário típico das próprias razões (art. 345), a ação penal é sempre pública.[192]

18.10 FRAUDE PROCESSUAL

18.10.1 Conceito

Prevê o art. 347 o crime de fraude processual: "Inovar artificiosamente, na pendência de processo civil ou administrativo, o estado de lugar, de coisa ou de pessoa, com o fim de induzir a erro o juiz ou o perito: Pena – detenção, de três meses a dois anos, e multa."

18.10.2 Objetividade jurídica

Tutela-se com o dispositivo em estudo a regular atividade da justiça. Evita-se a fraude que possa produzir o falseamento da prova e que pode levar ao erro de julgamento.

18.10.3 Sujeitos do delito

Pode cometer o crime qualquer pessoa, seja ou não interessada na solução da lide. Também será sujeito ativo o funcionário público se a conduta não configurar crime próprio. Nada impede que pelo delito seja responsabilizado o procurador da parte, embora se exija, como sempre, que de alguma forma concorra para o resultado, pois a simples conivência apenas poderá acarretar medidas disciplinares.

Sujeito passivo é o Estado, titular da regularidade da administração da justiça, bem como a parte lesada com a fraude.

18.10.4 Tipo objetivo

É pressuposto do crime em pauta a pendência de processo civil ou administrativo; o crime somente pode ocorrer quando iniciado ou instaurado o procedimento. Não há este crime sem processo civil ou administrativo pendente em que ocorra a inovação.[193] Há crime mais grave em se tratando de processo penal (item 18.10.5).

A conduta inscrita no tipo é a *inovação artificiosa*. O agente modifica, muda, deforma os objetos materiais (o estado de lugar, de coisa ou de pessoa), alterando a situação preexistente. Citam os doutrinadores alguns exemplos: o plantio ou a derrubada de árvores, a remoção de marcos, a abertura de uma janela, bem como manchar um objeto ou apagar sua mancha, fazer desaparecer características de pessoa por meio de cirurgia estética, a operação destinada a esterilização etc.

Tratando-se de pessoa, abrange a lei a inovação no aspecto físico, ou externo, ou anatômico interno, mas não psíquico, civil ou social.[194] Por isso, tem-se decidido, acertadamente, que não constitui o crime do art. 347: a simples mentira sobre a própria identidade;[195] a simples afirmação, ainda que inverídica;[196] a atitude de inculcar falsa identidade ou de utilizar alheio documento pessoal.[197] Nessas hipóteses, poderão ser identificados outros ilícitos penais (arts. 307, 308 etc.).

Referindo-se a lei à inovação *artificiosa*, estão excluídas as alterações em que não é utilizado um artifício. Para que se integre a figura delituosa, é mister da parte do agente um *quid* de malícia, inerente ao artifício empregado, sem o que perde este qualquer relevo na esfera repressiva.[198] É indispensável, aliás, que o meio empregado pelo agente, objetivamente considerado, seja idôneo para conseguir o engano.[199] Se o ardil for grosseiro ou perceptível *prime facie*, não é reconhecível o crime pela inexistência de dano potencial.[200]

Como o tipo penal exige a inovação, não se caracteriza o crime de fraude processual na transferência a terceiro de bem sujeito a penhora por força de execução civil, podendo o fato configurar, em tese, o delito do art. 179.[201]

18.10.5 Fraude no processo penal

Prevê o art. 347, em seu parágrafo único, a fraude no processo penal: "Se a inovação se destina a produzir efeito em processo penal, ainda que não iniciado, as penas aplicam-se em dobro."

A conduta incriminada é idêntica à da modalidade prevista no *caput* do dispositivo, divergindo desta quanto à espécie do processo. Não é necessário, porém, que se tenha

18 • DOS CRIMES CONTRA A ADMINISTRAÇÃO DA JUSTIÇA **453**

iniciado o processo penal; é possível a prática do crime a partir do início das investigações para a apuração do ilícito, mesmo que não se tenha instaurado formalmente o inquérito policial.

Tratando-se, todavia, de ação privada ou de ação pública condicionada à representação ou requisição, o pressuposto somente existe após o oferecimento da queixa, ou do requerimento para a instauração do inquérito na primeira hipótese, e da existência daquelas condições de procedibilidade, nas demais. Isso porque somente após essas providências por parte do ofendido ou de seu representante legal é possível a apuração do fato.

Exemplos do ilícito em apreço são: colocar uma arma na mão da vítima para alegação futura de legítima defesa; modificar o local do crime que será submetido a perícia; eliminar impressões digitais da arma utilizada pelo agente etc.

Evidentemente, só responderá pelo ilícito aquele que colaborar na inovação, e não, por exemplo, o corréu que não denuncia a troca de pessoa em audiência, se não participou da trama.[202]

Por ser mais grave o ilícito previsto no parágrafo, já que no processo penal estão em jogo direitos mais relevantes, as penas são cominadas no dobro daquelas fixadas para o crime praticado na pendência de processo civil ou administrativo.

18.10.6 Tipo subjetivo

O dolo é a vontade de praticar a alteração, exigindo-se que o agente tenha como fim induzir a erro o juiz ou perito (elemento subjetivo do tipo). Com fundamento no princípio da inexigibilidade de conduta diversa, já se entendeu que não ocorre o ilícito quando o autor de crime de homicídio nega a autoria e dá sumiço à arma, atuando assim no direito natural de auto defesa.[203]

Ausente a finalidade de induzir a erro o juiz ou perito, não se caracteriza o crime em estudo. Assim, a simples sentença do juízo civil, que julga procedente incidente de atentado, não importa declarar que o procedimento do agente constitua o crime de fraude processual.[204]

18.10.7 Consumação e tentativa

Consuma-se o crime com a alteração, não sendo necessário para a integração da fraude processual que o juiz ou o perito seja levado a erro ou que o processo não tenha chegado à fase de julgamento. É suficiente que a fraude idônea provoque o engano. É possível a tentativa, já que a conduta de alterar, modificar etc. é fracionável.

18.10.8 Distinção e concurso

O crime de fraude processual é subsidiário. Se o fato constitui crime mais grave, será absorvida por este (como, por exemplo, na falsidade documental, supressão de marca de animais etc.).[275] Já se decidiu, porém, pela admissibilidade do concurso de fraude processual com o crime previsto no art. 211 na remoção de tecidos do rosto e das regiões palmares e plantares do corpo da vítima, para dificultar o seu reconhecimento, anterior à ocultação do cadáver.[205]

A inovação artificiosa ou fraude processual nos acidentes de trânsito com vítima é objeto de figura típica especial (art. 312 do Código de Trânsito Brasileiro). As alegações mendazes e as alterações dos fatos não constituem o delito, mas caracteriza o crime de uso de documento falso a tentativa de corroborá-las com prova documental falsificada.[206] A repetição da prática do ato de fraude em outro local da discussão possessória pode configurar crime continuado e não mero *bis in idem*.[207]

A inovação artificiosa praticada por agente público está tipificada, como crime próprio, na atual Lei de Abuso de Autoridade: "inovar artificiosamente, no curso de diligência, de investigação ou de processo, o estado de lugar, de coisa ou de pessoa, com o fim de eximir-se de responsabilidade ou de responsabilizar criminalmente alguém ou agravar-lhe a responsabilidade: Pena - detenção, de 1 (um) a 4 (quatro) anos, e multa" (art. 23 da Lei nº 13.869, de 5-9-2019).

18.11 FAVORECIMENTO PESSOAL

18.11.1 Conceito

O favorecimento pessoal é o crime previsto no art. 348: "Auxiliar a subtrair-se à ação de autoridade pública autor de crime a que é cominada pena de reclusão: Pena – detenção, de um a seis meses, e multa."

18.11.2 Objetividade jurídica

O objeto jurídico é, ainda, a regular administração da justiça, que ficaria comprometida desde que se conferisse a qualquer pessoa a possibilidade de prejudicar, estorvar ou dificultar a ação da autoridade.

18.11.3 Sujeitos do delito

Sujeito ativo é qualquer pessoa, excetuando-se, evidentemente, o autor, já que a lei prevê a conduta de quem presta *auxílio a criminoso*. Nem mesmo o coautor ou partícipe pode cometer o ilícito em apreço, pois a conduta destes integra, necessariamente, a prática do crime por coautoria ou participação.[208]

Não se exclui a possibilidade de o advogado cometer o crime. Embora não deva revelar à Justiça o paradeiro de seu constituído, não pode auxiliá-lo na fuga, escondê-

---

275. Cf. HUNGRIA, Nelson. Ob. cit. v. 9, p. 497. FRAGOSO, H. Cláudio. Ob. cit. v. 3, p. 538-539.

18 • DOS CRIMES CONTRA A ADMINISTRAÇÃO DA JUSTIÇA **455**

-lo etc.[209] Nada impede, também, que a vítima responda pelo ilícito quando auxilia o sujeito ativo do crime principal a furtar-se à ação da autoridade.

Sujeito passivo é o Estado, titular do bem jurídico ofendido, ou seja, da regularidade da administração da justiça.

18.11.4 Tipo objetivo

O favorecimento pessoal é crime acessório, que exige como pressuposto a existência de crime anterior (principal), já que é indispensável para a caracterização do ilícito em tela o auxílio a autor de *crime*.

Refere-se a lei apenas ao crime (doloso ou culposo, consumado ou tentado) e não à contravenção.[210] Inexiste favorecimento pessoal no auxílio ao autor de ilícito contravencional.

Não ocorre favorecimento quando em relação ao crime principal existe causa excludente de antijuridicidade, já que nesse caso *não há crime*, mas mero fato típico. Também não se configura o ilícito quando o auxílio é prestado no momento em que já tiver ocorrido a extinção da punibilidade do crime principal, bem como nos casos de escusa pessoal absolutória (imunidade nos crimes contra o patrimônio), de inimputabilidade pela minoridade, e até nos casos excludentes de culpabilidade quando reconhecidos judicialmente. Isso porque é imprescindível que o fato anterior seja punível na época do auxílio; ocorrendo qualquer das hipóteses mencionadas, não está o autor do fato típico principal submetido à ação da autoridade que, se agir, pratica constrangimento ilegal.

Afirma Hungria que a absolvição do favorecido *por falta de provas* não exclui o crime.[276] Ousamos discordar do mestre. Não pode ser considerado autor de crime aquele que foi absolvido, qualquer que tenha sido o fundamento da decisão absolutória.[277]

Também por não ser possível a ação da autoridade, não há possibilidade da prática do crime enquanto não for requerida a instauração de inquérito em crimes que se apuram mediante ação privada, ou não forem apresentadas a representação ou requisição nas hipóteses de ação pública condicionada.

O núcleo do tipo em estudo é *auxiliar* o criminoso para *subtraí-lo* à ação da autoridade. Está incriminada, portanto, qualquer conduta que impeça a autoridade de prender ou deter o autor do crime, sendo indiferente que a ação ocorra logo após o crime ou não. Pode ocorrer o favorecimento tanto no auxílio prestado para impedir a prisão em flagrante, como no cumprimento de mandado de prisão para execução da pena. O auxílio, evidentemente, não deve ser o dirigido à consumação do crime, com o que haverá concurso de agentes, respondendo o agente apenas por coautoria ou participação no ilícito que está sendo praticado.

---

276. HUNGRIA, Nelson. Ob. cit. v. 9, p. 503.
277. Cf. ARRUDA, Aluízio de. Favorecimento pessoal, *Justitia* 91/398. Contra *RT* 378/99.

É irrelevante – afirma Hungria – que já tenha sido ou não instaurado inquérito policial, ou que se trate ou não de réu já denunciado, pronunciado ou condenado (mas ainda em liberdade, pois, se já legalmente recolhido à prisão, a facilitação de sua evasão constituirá outro crime).[278]

A conduta típica, que é auxílio para que o autor do crime não seja alcançado fisicamente pela ação da autoridade,[211] pode ser praticada de vários modos: desviando o agente a atenção da autoridade para outro fato (provocando desordem, sarilho etc.), ocultando o criminoso, fornecendo-lhe condução, ajudando-o a disfarçar-se etc., seja a subtração definitiva ou temporária.[279] Na jurisprudência, registram-se os seguintes casos: o despistamento, com simulação de indícios, da procura para a descoberta do paradeiro do autor do crime;[212] auxílio à fuga de autor de homicídio, providenciando-lhe automóvel e oferecendo-lhe dinheiro;[213] o escondimento de pessoas que praticaram infração penal em sua propriedade;[214] o auxílio consistente no homizio, escondimento ou dissimulação do criminoso ou facilitação de sua fuga (*auxilium ad celandum, auxilium ad evadendum*)[215] etc. É indispensável que haja efetivo favorecimento à subtração do autor de crime, não constituindo o ilícito, por exemplo, a simples permissão para que o criminoso se lave na residência do agente.[216] Referindo-se a lei exclusivamente ao auxílio, não constitui também ação típica a conduta de mero induzimento ou instigação à fuga. É necessário o "favorecimento" à subtração do autor do crime, que se pode dar inclusive com indicações ou informações do agente que o auxiliem no ato de furtar-se à autoridade, não caracterizando o crime, todavia, a simples ação de incentivá-lo a tal comportamento.

O auxílio somente pode dar-se de forma comissiva, não podendo configurar-se pela omissão.[217] Não constitui o crime, por isso, a falta de comunicação do crime à autoridade policial.[218] Nem mesmo um agente da autoridade, que tem o dever legal de impedir o resultado, pode praticar o crime: haverá no caso delito próprio (prevaricação, corrupção passiva etc.).

Referindo-se a lei genericamente a *autoridade pública*, estão incluídas a judiciária e a policial, não se excluindo o ilícito quando a busca está sendo efetuada por agentes da autoridade, que apenas cumprem suas ordens.

Não é preciso que, no momento da conduta, a autoridade esteja procurando o criminoso, bastando que, mais cedo ou mais tarde, o favorecido tenha de ser alcançado pela autoridade como criminoso. Inexiste o crime, porém, se ao ser prestado o auxílio não há possibilidade jurídica de prisão[219] ou de outra diligência com relação à pessoa do criminoso.

A lei veda apenas a assistência, a ajuda a criminoso para permitir que se furte à prisão ou detenção do autor de crime, não se punindo o favorecimento destinado a

---

278. HUNGRIA, Nelson. Ob. cit. v. 9, p. 501.
279. Os exemplos são de NORONHA, Ob. cit. v. 4, p. 519.

18 • DOS CRIMES CONTRA A ADMINISTRAÇÃO DA JUSTIÇA 457

impedir ou dificultar a investigação da autoridade.[220] Não se reconheceu o ilícito, por exemplo, na supressão de prova judiciária.[221]

Decidiu o STF que, ao acolher a vítima com o único objetivo de subtrair à ação da autoridade competente o autor de crime anterior, já que o fim era aguardar o desaparecimento da materialidade das agressões contra ela praticada, cometeu o agente o crime de favorecimento pessoal.[222] A interpretação não nos parece a mais feliz; o artigo refere-se apenas à subtração de delinquente e não à ajuda para evitar as investigações da autoridade.[223] [280]

18.11.5 Tipo subjetivo

O dolo é a vontade de auxiliar o criminoso a subtrair-se da ação da autoridade, ciente o agente do fato de ser ele autor de crime. Não se exige, porém, conhecimento aprofundado dos fatos, sendo suficiente que o agente saiba ser o favorecido autor do ilícito penal. Não havendo esse conhecimento, está excluído o dolo; a dúvida, porém, constitui o dolo eventual. É indiferente o motivo do agente ao prestar o auxílio à subtração do criminoso.

18.11.6 Consumação e tentativa

Consuma-se o crime, segundo Maggiore, com o ato do favorecimento, não se exigindo que o agente obtenha êxito na empreitada.[281] Não é essa, porém, a melhor orientação. Pela redação do dispositivo, em que não se fala apenas do *fim* de subtrair-se o autor do crime, mas de *subtrair-se* efetivamente à ação da autoridade, deve entender-se que, para a consumação é necessário que o sujeito ativo tenha conseguido o seu intento, que o favorecido tenha sido subtraído à ação da autoridade, ainda que só momentaneamente.[282]

É possível a tentativa por se tratar de conduta típica fracionável.

18.11.7 Favorecimento pessoal privilegiado

Refere-se o *caput* apenas ao favorecimento àquele que praticou crime apenado com reclusão. No § 1º, incrimina-se o favorecimento ao autor de crime a que é cominada pena que não seja de reclusão (detenção e/ou multa). Nessa hipótese, a pena é reduzida à detenção, de quinze dias a três meses, e à multa, diante da menor gravidade do fato.

18.11.8 Imunidade penal

Dispõe o art. 348, § 2º: "Se quem presta o auxílio é ascendente, descendente, cônjuge ou irmão do criminoso, fica isento de pena".[224] A lei prevê um caso de *escusa*

---

280. HUNGRIA, Nelson. Ob. cit. v. 9, p. 502.
281. MAGIORE, Giuseppe. *Diritto penale*. Bologna: Zonichelli, v. 1, p. 295.
282. Cf. MANZINI, Vincenzo. *Trattato di diritto penale italiano*. Turim, Unione Tipográfico – Editrice Torinense, 1950. v. 5, p. 856. HUNGRIA, Nelson. Ob. cit. v. 9, p. 504. NORONHA, E. Magalhães. Ob. cit. v. 4, p. 520. FRAGOSO, H. Cláudio Ob. cit. v. 3, p. 542. DELMANTO, Celso. Ob. cit. p. 442.

penal absolutória fundamentado na inexigibilidade de conduta diversa decorrente dos laços afetivos que unem o agente ao favorecido. A eximente consiste numa aplicação do princípio ético-jurídico *nemo tenetur se excusare* e no reconhecimento da força incoercível dos afetos familiares.[225]

A enumeração legal, por se tratar de imunidade, é taxativa, excluindo-se a escusa nos casos de parentesco por afinidade.

18.12 FAVORECIMENTO REAL

18.12.1 Conceito

No art. 349 a lei prevê o crime de favorecimento real com a seguinte redação: "Prestar a criminoso, fora dos casos de co-autoria ou de receptação, auxílio destinado a tornar seguro o proveito do crime: Pena – detenção, de um a seis meses, e multa."

18.12.2 Objetividade jurídica

Tutela-se com o dispositivo, ainda uma vez, a regularidade da administração da justiça visando-se impedir que qualquer pessoa auxilie o autor de crime a tornar seguro o proveito do ilícito. Secundariamente, protege-se também o patrimônio da vítima do crime antecedente, que vê afastada ainda mais de si o produto do crime.

18.12.3 Sujeitos do delito

Sujeito ativo do crime é qualquer pessoa, mas não pode praticá-lo, evidentemente, o autor do crime antecedente, o seu coautor ou partícipe, como deixa claro o dispositivo ao excluir a hipótese da coautoria.[226] Responde, assim, pelo crime praticado, como partícipe, o agente que, antes da execução, adere expressamente ao plano criminoso, embora só intervenha em fase posterior da tarefa criminosa;[227] e, como coautor em roubo, quem dá cobertura e apoia outro meliante na efetivação da subtração, conduzindo-o em seu veículo após a prática do crime.[228]

Sujeito passivo é o Estado, titular da regularidade administrativa. A vítima do crime anterior, que era proprietária ou possuidora da coisa, também pode ser ofendida no crime em pauta.

18.12.4 Tipo objetivo

Como no crime de favorecimento pessoal, o delito previsto no art. 349 exige como pressuposto a ocorrência de um crime anterior, que pode ser de qualquer espécie. É irrelevante que esteja ele consumado ou tentado pois, em tese, é possível haver proveito ainda que sem consumação (o pagamento pela prática do crime, p. ex.).[283]

---

283. Cf. NORONHA, E. Magalhães. Ob. cit. v. 4, p. 522-523. FRAGOSO, H. Cláudio. Ob. cit. v. 3, p. 543. Contra. HUNGRIA, Nelson. Ob. cit. v. 9, p. 505.

18 • DOS CRIMES CONTRA A ADMINISTRAÇÃO DA JUSTIÇA

Não se exige que haja condenação transitada em julgado com relação ao crime pressuposto, o que é pacífico quanto aos crimes de receptação ou favorecimento pessoal, já que a prova da materialidade e autoria do delito antecedente pode ser produzida contra o autor do favorecimento real. Basta, assim, a certeza do crime anterior.[229] Há, porém, decisão em sentido contrário.[230]

O proveito do crime a que alude a lei é a vantagem (material, moral, sexual etc.), alcançada com a prática do crime principal. É, assim, não só o objeto material do delito antecedente (coisa subtraída, p. ex.), como também o preço do crime, sejam eles originais ou provenientes de modificação ou alteração (como nas hipóteses de joias de ouro fundidas, de troca de dinheiro por outro etc.). Não é proveito do crime, evidentemente, o instrumento; a ocultação deste, p. ex., pode constituir outro ilícito.

A conduta pode ser praticada de vários modos, por qualquer auxílio ao autor do crime antecedente para a posse e gozo do proveito do crime anterior. Considerou-se configurado o crime de favorecimento real na conduta de quem, não tendo participado na subtração de cheque, posteriormente colabora para o respectivo desconto junto ao banco sacado;[231] no modificar placas identificadoras de veículo furtado para assegurar a posse ao agente da subtração,[232] que configura, atualmente, o crime previsto no art. 311; na guarda de produto de furto alheio.[233]

Ao contrário do que ocorre no crime previsto no art. 348, para o favorecimento real é indiferente que, quanto ao crime antecedente, ocorra inimputabilidade, causa de extinção da punibilidade já ocorrida por ocasião do fato etc. A lei não mais se refere à ação da autoridade contra o autor do crime principal e sim ao proveito do autor do ilícito penal cometido por este. Já se decidiu que o crime de favorecimento real pressupõe que seja imputável o agente a quem o auxílio é prestado.[234] [284] Entretanto, o menor e os demais inimputáveis (arts. 26 e 28, § 1º) cometem *crime*, não sendo considerados responsáveis apenas por ausência de culpabilidade (censurabilidade da conduta). O fato praticado por inimputável, assim, pode ser pressuposto do favorecimento real.[235] [285]

Não há imunidade para o cônjuge, ascendente, descendente ou irmão, como no crime de favorecimento pessoal. Isso porque a conduta é dirigida não mais ao autor do crime e sim ao proveito que ele obteve com a prática do ilícito.

18.12.5 Tipo subjetivo

O dolo é a vontade de auxiliar o autor do crime, desde que este tenha ciência de que se trata de proveito do crime.[236] Na dúvida a respeito da origem haverá dolo eventual, possível na hipótese, ao contrário do que ocorre com a receptação dolosa, por não exigir a lei, no art. 349, a certeza a respeito da origem ilícita do produto do crime. Exige a lei, porém, o elemento subjetivo do tipo que é o fim de tornar seguro o proveito do crime

---

284. Cf. FRAGOSO, H. Cláudio. Ob. cit. v. 3, p. 543.
285. Cf. NORONHA, E. Magalhães. Ob. cit. v. 4, p. 523-524. HUNGRIA, Nelson. Ob. cit. v. 9, p. 505.

pelo seu autor (dolo específico).[237] Essa finalidade, aliás é um dos elementos mais seguros à diferenciação do ilícito em apreço com o de receptação e de favorecimento pessoal (item 18.12.7).

18.12.6 Consumação e tentativa

Consuma-se o crime com a prestação do auxílio, presente a finalidade já referida, ainda que não obtenha o agente o seu intento. Trata-se de crime plurissubsistente, nada impedindo a tentativa pela possibilidade de conduta fracionável.

18.12.7 Distinção

A diferença entre o favorecimento real e o pessoal está em que o primeiro assegura o proveito do crime (por amizade ou em obséquio ao criminoso), ao passo que o segundo assegura a fuga, escondimento ou dissimulação do autor do crime.[286]

As figuras do favorecimento real e da receptação dolosa, embora mantenham certas semelhanças, não se confundem. Em primeiro lugar, para a receptação é preciso que o auxílio praticado o seja no sentido de conseguir vantagem para si ou para outrem que não seja o criminoso, enquanto no favorecimento o agente não visa um proveito, mas tão somente beneficiar o criminoso.[238] O primeiro é, pois, crime contra o patrimônio e o segundo perpetrado contra a Administração Pública.[239] Além disso, na receptação há interesse exclusivamente econômico e no favorecimento pode ser ele vário, patrimonial ou não.[240] Por fim, na receptação tem-se em vista a própria coisa, produto do crime, e no favorecimento visa-se, principalmente, à pessoa do autor do crime.

Apesar dessas distinções, se a conduta do agente não é a de adquirir, receber ou ocultar o produto de crime ou de influir para que terceiro a adquira, receba ou oculte, haverá favorecimento real ainda que o auxílio prestado ao autor do crime seja remunerado por este, já que não é da essência do crime em apreço a gratuidade do ato.

18.13 INGRESSO DE PESSOA PORTANDO APARELHO TELEFÔNICO, DE RÁDIO OU SIMILAR EM ESTABELECIMENTO PRISIONAL

18.13.1 Conceito

O art. 349-A foi acrescentado ao Código Penal pela Lei nº 12.012, de 6-8-2009, com a seguinte redação: "Ingressar, promover, intermediar, auxiliar ou facilitar a entrada de aparelho telefônico de comunicação móvel, de rádio ou similar, sem autorização legal, em estabelecimento prisional. Pena: detenção, de 3 (três) meses a 1 (um) ano". Embora não inserido o *nomen juris*, o novo dispositivo tipifica, nos termos da própria Lei, "o

---

286. HUNGRIA, Nelson. Ob. cit. v. 9, p. 505-506.

ingresso de pessoa portando aparelho telefônico de comunicação móvel, de rádio ou similar, sem autorização legal, em estabelecimento prisional" (art. 1º).

18.13.2 Objetividade jurídica

O bem jurídico tutelado no art. 349-A é a regularidade da administração da justiça no que concerne à aplicação das normas legais e regulamentares que disciplinam a custódia do preso e o funcionamento dos estabelecimentos prisionais. Assim como a Lei nº 10.792, de 1º-12-2003, que determinou a instalação nas penitenciárias de equipamentos bloqueadores para telefones celulares, radiotransmissores e outros meios de telecomunicação (art. 4º), e a Lei nº 11.466, de 28-3-2007, que acrescentou o art. 319-A ao Código Penal, a inserção do art. 349-A resulta do esforço legislativo no sentido de coibir ou dificultar o acesso dos presos a telefones celulares e outros aparelhos de comunicação móvel, os quais, embora vedados, têm sido introduzidos nos presídios por diversos meios e por eles utilizados inclusive em rebeliões e na prática de crimes no meio externo (v. item 14.12.2).

18.13.3 Sujeitos do delito

Tratando-se de crime comum, sujeito ativo é qualquer pessoa, inclusive o funcionário público, quando não responder este nos termos do art. 319-A (v. item 14.12.3 a 14.12.4). Podem cometer o delito, assim, familiares ou advogados do preso, funcionários do próprio estabelecimento prisional ou qualquer outra pessoa que pratique uma das ações típicas. Admitem-se a coautoria e a participação mediante instigação. O preso também pode ser sujeito ativo do delito em qualquer das formas de conduta descritas no tipo. É ele autor, por exemplo, se, após autorização ou permissão de saída, reingressa no estabelecimento portando um dos aparelhos proibidos.

Sujeito passivo é o Estado, titular da regularidade na administração da justiça, objeto jurídico tutelado no dispositivo.

18.13.4 Tipo objetivo

O art. 349-A prevê crime de ação múltipla (ou de conteúdo variado), descrevendo cinco modalidades de conduta, cada uma delas caracterizando a prática do crime. Tratando-se de tipo misto alternativo, a prática de várias das ações típicas configura delito único. Os núcleos do tipo são: ingressar, promover, auxiliar, intermediar e facilitar. *Ingressar* é entrar, passar do exterior para o interior, transpor os limites. É evidente a deficiência de redação do dispositivo. Tratando-se de verbo transitivo indireto, não se pode dizer, corretamente, "ingressar" aparelho como sinônimo de "introduzir" aparelho. Embora por interpretação teleológica se pudesse assim entender, a própria Lei nº 12.012, de 6-8-2009, fornece base para interpretação autêntica do dispositivo ao dispor que o art. 349-A, tipifica "o ingresso de *pessoa* portando aparelho telefônico de comunicação móvel, de rádio ou similar, sem autorização legal, em estabelecimento prisional" (art. 1º). Não há dúvida, porém, de que configura o crime a conduta de quem ingressa no estabelecimento prisional portando um dos aparelhos descritos, porque quem entra no local levando-o consigo também o introduz no ambiente em que é ele vedado pela lei. *Promover* é dar causa, dar impulso, provocar, fomentar, diligenciar adotando providências para a entrada do aparelho no presídio. *Auxiliar* é prestar ajuda material, por qualquer forma, na preparação ou execução do crime. *Intermediar* é interceder ou intervir, servindo de elo entre pessoas e aproximando os interessados. *Facilitar* é ajudar, favorecer, afastar obstáculo, cooperar, tornar mais fácil a entrada do aparelho no estabelecimento prisional. O auxílio, a intermediação e a facilitação pressupõem a iniciativa de outrem à qual adere o sujeito ativo colaborando por uma das formas de conduta para que se realize a entrada do aparelho no ambiente em que é vedado. O dispositivo não pune a posse e o uso do aparelho de comunicação no interior do estabelecimento prisional, mas pratica falta disciplinar de natureza grave o preso que o possui, o utiliza ou o fornece a outrem (art. 50, inciso VII, da Lei de Execução Penal).

O objeto material do crime é o aparelho telefônico de comunicação móvel, de rádio ou similar. Incluem-se os aparelhos celulares e os de rádio, que possibilitam a comunicação mediante difusão de ondas em determinadas faixas de frequência, como os radiocomunicadores, *pagers* etc. Diversamente do que ocorre no crime previsto no art. 319-A, excluem-se, por não serem móveis, os aparelhos de telefonia fixa, que funcionam por meio de fios ou cabos. Excluem-se, também, os aparelhos que não permitem a comunicação entre pessoas por serem meros receptores de sinais emitidos por estações radiodifusoras. Referindo-se a lei aos aparelhos *similares*, incluem-se, por interpretação analógica, aqueles que fornecem acesso à *internet*, por guardarem similitude com os telefones celulares e os de rádio por também permitirem a comunicação à distância mediante a propagação de ondas eletromagnéticas (v. item 14.12.4). A conduta é atípica, diante da redação do dispositivo, nos casos de meros acessórios ou componentes utilizados na fabricação do equipamento. Mencionando a lei a entrada de *aparelho* de comunicação, a entrada de partes dele não configura o delito, ainda que posteriormente seja ele montado no interior do presídio. O Supremo Tribunal Federal e o Superior Tribunal de Justiça têm decidido, no entanto, que a posse de componentes ou acessórios de aparelho telefone celular, como *chips* ou baterias, configura a falta grave prevista no art. 50, VII, porque entendimento contrário permitiria a burla do dispositivo legal e porque na hipótese é admissível a interpretação extensiva por não desvirtuar a *mens legis*.[241] Há, porém, decisões em sentido oposto, sob o fundamento de que as normas que definem as faltas graves devem ser interpretadas restritivamente, sob pena de violação do princípio da legalidade.[242] A natureza do aparelho deve ser aferida de acordo com as finalidades para as quais foi produzido e, assim, a circunstância de apresentar ele defeitos de funcionamento não descaracteriza o crime, mas o fato é atípico se demonstrada a sua absoluta impropriedade para a comunicação por apresentar danos perenes e irreparáveis que o desnaturam.

O crime somente ocorre se o sujeito ativo age sem *autorização legal*. Se a lei ressalvar determinadas pessoas ou situações em relação às quais se admite o porte do aparelho celular no interior do presídio, nessas hipóteses o fato será atípico. A autorização do diretor do estabelecimento prisional emitida no exercício de atribuição conferida por lei também descaracteriza o delito.

Na redação do art. 349-A preferiu o legislador a expressão *estabelecimento prisional* à outra legal, *estabelecimento penal*, que é conceituado como o local destinado "ao condenado, ao submetido à medida de segurança, ao preso provisório e ao egresso" (art. 82 da LEP). Não discriminando o dispositivo entre as diversas espécies de estabelecimento prisional, deve-se entender que estão abrangidos todos os estabelecimentos que se destinam à execução da *prisão*, independentemente de se tratar de prisão provisória ou decorrente de sentença condenatória transitada em julgado, de prisão civil ou administrativa. Estão incluídas, portanto, as penitenciárias, as cadeias públicas, as colônias agrícolas, industriais ou similares, e as casas de albergado, qualquer que seja a denominação dada (presídios, institutos penais agrícolas, centros de progressão penitenciária, centros de detenção provisória etc.), bem como as carceragens da polícia civil ou militar. A lei não faz distinção, ainda, em relação ao rigor penitenciário ou ao regime prisional (fechado, semiaberto ou aberto) a ser observado no estabelecimento ou à circunstância de se tratar ou não de prisão especial. Estão excluídos, diante da redação do tipo penal, os estabelecimentos que não abrigam presos e que se destinam à execução de outras medidas privativas de liberdade, como a medida de segurança detentiva e a medida socioeducativa de internação aplicável a adolescentes infratores. Exclui-se, também, evidentemente, a prisão-albergue domiciliar por se tratar de um regime especial em que o preso não permanece recolhido em estabelecimento prisional, mas sim em seu domicílio.

18.13.5 Tipo subjetivo

O dolo é a vontade de praticar uma das condutas descritas no tipo, exigindo-se a consciência do agente de que, ao ingressar no ambiente vedado, porta um dos aparelhos de comunicação mencionados no dispositivo ou de que pelas demais ações típicas favorece a sua entrada no estabelecimento prisional.

Discute-se a necessidade de um fim especial de agir, consistente na intenção de que o aparelho chegue às mãos do preso, com o objetivo de se evitar a punição em diversas hipóteses em que não tem o agente esse propósito. Não se exige, porém, para a caracterização do delito o dolo específico, porque não prevê a lei como elemento subjetivo do tipo a finalidade última que motiva o agente. Os casos particulares devem ser analisados de acordo com suas especificidades. Demonstrado o esquecimento do agente de entregar ao funcionário um dos aparelhos que portava por ocasião de uma visita, o fato será atípico por ausência de dolo. Acreditando o agente, erroneamente, que no ambiente em que se encontra ainda é permitido o porte do aparelho ou que por sua condição funcional ou outra razão está legalmente autorizado a mantê-lo em sua posse no interior do estabelecimento prisional poderá ocorrer erro de tipo, excludente do dolo. Pratica, porém, o crime descrito no art. 349-A o sujeito ativo que, agindo dolosamente, ingressa no estabelecimento prisional portando aparelho de comunicação vedado, não porque intencione entregá-lo a algum preso, mas porque dele pretende fazer uso enquanto estiver no local apesar da proibição legal. Configura-se o delito nessa hipótese porque a lei presume o risco de que, com a entrada do aparelho, algum preso, por qualquer forma, a ele possa ter acesso (v. item 18.13.6).

18.13.6 Consumação e tentativa

Na primeira modalidade de conduta descrita no tipo consuma-se o crime no momento em que o agente ingressa no estabelecimento prisional portando um dos aparelhos de comunicação mencionados no dispositivo. Se a lei autorizar o porte em determinadas áreas internas do estabelecimento que antecedem aquelas que abrigam os presos, o delito se consuma com o ingresso do agente no ambiente em que há a vedação legal. Nas outras modalidades, a consumação ocorre com a efetiva entrada do aparelho de comunicação no interior do estabelecimento prisional, não bastando a simples prática da ação típica (promover, intermediar, auxiliar ou facilitar). A consumação independe do efetivo acesso de algum preso ao aparelho de comunicação. Trata-se de crime de perigo abstrato, presumindo a lei, de modo absoluto, o risco de lesão ao bem jurídico protegido em decorrência da mera entrada do equipamento vedado.

A tentativa é admissível em qualquer das formas de conduta. Há tentativa na hipótese do visitante que, na revista prévia, é surpreendido trazendo o aparelho oculto nas vestes ou em seu corpo, mas se a apreensão ocorre na área em que o porte já é proibido o delito está consumado. Nas demais formas de conduta ocorre a tentativa se, praticada a ação típica, o aparelho não entra no estabelecimento prisional, exigindo-se, porém, que algum ato diretamente dirigido à entrada do aparelho tenha sido executado, pois sem este haverá meros atos preparatórios.

18.13.7 Distinção

Distingue-se o crime em estudo do previsto no art. 319-A porque enquanto o primeiro é delito comum, o último é crime próprio, praticado por funcionário com violação de seu dever funcional de vedar o acesso do preso ao aparelho de comunicação proibido. Se a conduta do funcionário consiste tão somente na omissão de seu dever funcional responde ele nos termos do art. 319-A. Embora o agente ao se omitir, tendo o dever de agir, também *facilite* a entrada do aparelho no estabelecimento prisional, prevalece no confronto dos crimes a prevaricação imprópria, diante da especialidade do crime funcional. É o que ocorre na hipótese do funcionário que, percebendo portar o visitante o aparelho proibido, por descaso, receio ou outro motivo, faz *vistas grossas* tendo a consciência de favorecer o seu ingresso. Se a omissão, porém, é praticada em razão da aceitação de promessa ou do recebimento de vantagem indevida, configura-se a corrupção passiva (item 14.9.4). O funcionário público pode ser responsabilizado pelo crime previsto no art. 349-A ao praticar qualquer das ações típicas nele descritas, inclusive a facilitação por outra forma que não a mera omissão do dever funcional específico. Comete, também, o delito em exame e não o descrito no art. 319-A o funcionário público que, sem autorização legal, ingressa no estabelecimento prisional portando aparelho mencionado no tipo, se não se insere entre as suas atribuições o dever de ofício de vedar o acesso do preso ao equipamento ou se, na existência desse dever, adotou providências aptas a impedir esse acesso.

18.14 EXERCÍCIO ARBITRÁRIO OU ABUSO DE PODER

18.14.1 Conceito e revogação

Sob a rubrica *exercício arbitrário ou abuso de poder* alinha o Código, no art. 350, descrevia-se o seguinte fato típico: "Ordenar ou executar medida privativa de liberdade individual, sem as formalidades legais ou com abuso de poder: Pena – detenção, de um mês a um ano."

Essa disposição, porém, foi integralmente reproduzida pelo art. 4º, letra *a*, da Lei nº 4.898, de 9-12-1965, podendo-se afirmar, pois que os crimes de exercício arbitrário ou abuso de poder previstos no art. 350 foram absorvidos e, portanto, revogados, pela Lei nº 4.898, de 1965, sob a denominação de *abuso de autoridade*.[(243) 287] A nova Lei de Abuso de Autoridade, porém, revogou expressamente o art. 350, bem como a Lei nº 4.898. As condutas antes tipificadas no art. 350 estão agora descritas como crimes de abuso de autoridade (arts. 9 a 38 da Lei nº 13.869, de 5-9-2019).

18.14.2 Exercício arbitrário e abuso de poder contra menores

O Estatuto da Criança e do Adolescente criou figuras penais especiais de exercício arbitrário e abuso de poder quando a vítima é criança ou adolescente, ou seja, tem menos de 18 anos de idade. Assim, são tipos penais, conforme a Lei nº 8.069, de 13-7-1990, quando a conduta é praticada contra os menores: a irregular privação de liberdade (art. 230); a falta de comunicação da apreensão à autoridade judiciária e à família do apreendido ou à pessoa por ele indicada (art. 231); a submissão a vexame ou a constrangimento (art. 232); a omissão de ordem para a imediata liberação quando se tem conhecimento da ilegalidade da apreensão (art. 234); o descumprimento de prazos fixados na lei em benefício do privado de liberdade (art. 235) etc. O art. 233 que previa

---

287. Cf. FRAGOSO, H. Cláudio. Ob. cit. v. 3, p. 545-546. DELMANTO, Celso. Ob. cit. p. 444-445, SILVA, Técio Lins e. *Liberdade e abuso de poder na repressão à criminalidade*, nº 22. Contra: FREITAS, Gilberto Passos de, FREITAS, Wlademir Passos de. *Abuso da autoridade*. 2. ed. São Paulo: Revista dos Tribunais, 1981. p. 123, *RT* 537/299, 592/343.

o crime de submissão de criança ou adolescente a tortura (art. 233) foi revogado pela Lei nº 9.455, de 7-4-1997, que definiu a conduta como forma qualificada do crime de tortura (art. 1º, incisos I e II, §§ 1º e 4º).

18.15 FUGA DE PESSOA PRESA OU SUBMETIDA A MEDIDA DE SEGURANÇA

18.15.1 Conceito

Soa o art. 351: "Promover ou facilitar a fuga de pessoa legalmente presa ou submetida a medida de segurança detentiva: Pena – detenção, de seis meses a dois anos."

18.15.2 Objetividade jurídica

Tutela-se ainda uma vez a regularidade da administração da justiça. Embora não se incrimine a fuga do preso sem violência, não permite a lei que outras pessoas promovam ou contribuam para sua evasão, frustrando as decisões judiciárias e as imposições legais, com inegável menosprezo e desprestígio da ordem constituída.[288]

18.15.3 Sujeitos do delito

Qualquer pessoa que promova ou facilite a fuga de pessoa presa ou que está submetida a medida de segurança comete o ilícito. Sendo as condutas típicas a de promover ou auxiliar a fuga da pessoa favorecida, não pode esta ser sujeito ativo do crime em apreço,[244] respondendo por outro ilícito penal quando houver a prática de violência (art. 352). Mesmo na hipótese de fuga de caráter coletivo, desde que não haja o emprego de violência contra a pessoa, o fato é penalmente irrelevante quanto àqueles que se evadem. Em tal situação, cada um trabalha por si para conseguir a própria evasão, sem o propósito de promover ou facilitar a evasão dos companheiros.[245]

Sujeito passivo é o Estado, titular do objeto jurídico tutelado no dispositivo.

18.15.4 Tipo objetivo

As modalidades de conduta inscritas no tipo são as de promover ou facilitar a evasão. *Promover* é causar, gerar, provocar, originar. Nesse caso, prescinde-se da iniciativa ou ciência do preso ou internado, praticando o agente atos necessários à execução da fuga. *Facilitar* é favorecer, tornar fácil, facultar, remover obstáculos, colaborar, cooperar. Nesta hipótese é necessária a iniciativa do favorecido a que adere o sujeito ativo, auxiliando-o com instrumentos, meios de disfarces, informações etc. Responde pelo delito, por omissão, aquele que tem o dever de impedir a evasão e, conscientemente, não o faz.

Considera-se caracterizado o crime na conduta da detenta que permite à companheira de cela assumir sua identidade e assim se apresentar perante o carcereiro encarregado de dar cumprimento a alvará de soltura, logrando êxito em fugir.[246]

---

288. NORONHA, E. Magalhães. Ob. cit. v. 4, p. 533.

A fuga pode dar-se não só do presídio ou do estabelecimento destinado ao desconto de medida de segurança, como de qualquer local (viatura em que é transportado o preso, na via pública quando é escoltado, na transferência de presídio etc.).

É indispensável que a pessoa esteja presa ou submetida a medida de segurança detentiva. *Pessoa legalmente presa* é expressão que tem sentido amplo, abarcando todos aqueles que estão privados de sua liberdade de locomoção em decorrência de autuação em flagrante ou por ordem judicial (prisão preventiva, temporária, de sentença condenatória, de determinação judicial no caso de prisão civil). É irrelevante a consideração da prisão do fugitivo ser ou não provisória, pois tal espécie de prisão está prevista na CF e no CPP como modalidade regular de custódia *ad processum*, importando em efetiva prisão de quem a esse título encontra-se recolhido.[247] Não estará *legalmente* presa a pessoa que foi recolhida regularmente à prisão mas já cumpriu, por exemplo, sua pena.

O menor inimputável não é, nem fica preso, e sim é apreendido e fica custodiado. Assim, não comete o crime em estudo aquele que facilita a evasão do mesmo,[248] embora já se tenha decidido em contrário.[249]

Menciona a lei ainda a pessoa submetida a medida de segurança detentiva, isto é, o internado, definitiva ou provisoriamente, em manicômio judicial, casa de custódia e tratamento, colônia agrícola ou instituto de trabalho, de reeducação ou de ensino profissional. Não importa, contudo, que o favorecido esteja realmente recolhido em um desses estabelecimentos; estando sob a custódia da autoridade ocorrerá o crime no favorecimento ou promoção de sua evasão.

Não se configura o ilícito se o favorecido está preso *ilegalmente*, cabendo à acusação a prova de que a prisão era regular.[250] Refere-se a lei à legalidade formal da prisão, ou seja, àquela que está de acordo com os preceitos legais, não se excluindo o ilícito quando a prisão é simplesmente injusta.

18.15.5 Tipo subjetivo

O dolo é a vontade de praticar uma das condutas mencionadas no dispositivo (promover ou facilitar), exigindo-se a consciência do agente de que está promovendo ou facilitando a fuga de pessoa legalmente recolhida.

18.15.6 Consumação e tentativa

Consuma-se o crime com a fuga efetiva da pessoa legalmente presa ou internada, ainda que não fique ela muito tempo em liberdade. Não basta, porém, a simples conduta do agente em promover ou facilitar a evasão; é indispensável que o favorecido logre êxito.

A tentativa é admissível, figurando-se a hipótese do preso que é surpreendido no momento em que procura, por exemplo, transpor o muro da prisão. É indispensável para a configuração da tentativa um ato executivo do preso ou internado dirigido diretamente à evasão. Considerou-se, assim, mero ato preparatório a entrega de material apto a tornar possível a sua fuga da prisão.[251] Mas, reconhecido que o preso serrou parcialmente barra de ferro da porta da cela com serra introduzida pelo agente, decidiu-se pela tentativa diante do início da execução de fuga.[252]

18.15.7 Crimes qualificados

Prevê o art. 351, § 1º: "Se o crime é praticado a mão armada, ou por mais de uma pessoa, ou mediante arrombamento, a pena é de reclusão, de dois a seis anos."

Na primeira hipótese refere-se a lei à arma (*Manual de Direito Penal*, v. 2, item 3.1.5). Para que se configure a agravante não basta que o agente traga consigo a arma, a menos que o faça de modo ostensivo, para o fim de intimidar. Impõe-se que o agente a tenha efetivamente usado para praticar a violência ou a ameaça.[253] Pela redação do dispositivo verifica-se que se exige a utilização da arma pelo sujeito ativo do crime em estudo, não simplesmente pelo favorecido; o crime praticado é o de promover ou facilitar a fuga e não o de evasão.

Na segunda hipótese existe a qualificadora quando são dois ou mais os agentes, excluídos, evidentemente o preso ou internado, que não são coautores do delito. Não se referindo a lei ao *cometimento*, como o faz em outros dispositivos, não se exige que participem dois ou mais agentes do ato executivo do delito, bastando a participação para que se apresente a qualificadora.

A última figura qualificada é a do arrombamento, em que há violência contra a coisa. O agente força fechaduras, rompe grades, serra-as etc., produzindo uma alteração sensível na coisa. Quando o dano não é praticado como meio necessário à evasão haverá concurso de crime com o art. 163.

Prevê o § 2º que, havendo violência contra a pessoa, se aplica também a pena correspondente a essa violência (lesão corporal, homicídio etc.). A violência contra os obstáculos materiais, portanto, somente dá ensejo à configuração da qualificadora prevista no parágrafo anterior.[254]

A pena é de reclusão, de um a quatro anos, se o crime for praticado por pessoa sob cuja custódia, ou guarda está o preso ou o internado (art. 351, § 3º). Nessa hipótese, há uma violação do dever do agente, o que torna o fato mais grave. Não comete crime algum, todavia, o particular que, tendo efetuado a prisão de alguém em flagrante delito, conforme lhe faculta a lei, em seguida solta o preso. Não tem ele o dever jurídico de manter o favorecido preso.[289]

O crime praticado por carcereiro ou guarda, embora não incluído entre os crimes praticados por funcionário público, é delito funcional, exigindo-se a providência do art. 514 do CPP.[255]

---

289. Cf. MANZINI, Vincenzo. Ob. cit. v. 5, p. 917. HUNGRIA, Nelson. Ob. cit. v. 9, p. 514. NORONHA, E. Magalhães, Ob. cit. v. 4, p. 536. FRAGOSO, H. Cláudio. Ob. cit. v. 3, p. 554.

18.15.8 Crime culposo

Prevê o art. 351, em seu § 4º, a forma culposa do crime: "No caso de culpa do funcionário incumbido da custódia ou guarda, aplica-se a pena de detenção, de três meses a um ano, ou multa." Incrimina a lei, agora, a conduta do responsável pela custódia ou guarda do preso que empreende fuga. O sujeito ativo, assim, só pode ser o funcionário encarregado, ainda que temporariamente, da custódia ou guarda do preso.[256] Inclui-se o oficial de justiça a quem é confiada a condução do preso.[257]

O crime culposo ocorre tanto quando a fuga é realizada apenas pelo preso como quando este é auxiliado por terceiro, exigindo-se, evidentemente, o nexo causal, ou seja, a responsabilidade do funcionário em evitar a fuga no momento em que ela é efetuada.[258] Exclui-se a responsabilidade do acusado quando, em virtude de suas férias, outro era o funcionário que exercia as funções de carcereiro,[259] bem como do delegado de polícia que se achava ausente da comarca, devidamente autorizado por seu superior hierárquico, quando se verificou a fuga.[260] Não se isentará o funcionário, porém, se, com sua negligência, imprudência ou imperícia, permitiu ao preso ou internado, quando era responsável pela sua custódia, que conseguisse os meios para a evasão.

A fuga, que é a retirada rápida ou precipitada, é elemento indispensável à configuração do delito, e, assim, não há crime se por erro culposo o carcereiro põe o preso em liberdade.[261] Considerou-se, assim, atípica a conduta do carcereiro que promoveu por engano ou descuido a soltura de preso em lugar de outro presidiário que deveria ser posto em liberdade.[262]

Exemplos de condutas culposas que possibilitaram a fuga de presos são colhidos na jurisprudência: deixar aberta a porta ao recolher livro dos xadrezes;[263] esquecer de fechar porta do corredor da cadeia onde os detentos aguardavam hora de apresentação em juízo;[264] deixar de colocar, na porta do xadrez, cadeado, como de rigor;[265] afastar-se da porta principal da cadeia, a que cabia guardar;[266] permitir que o preso saia para fazer compras;[267] permitir que o detento saia do xadrez e, desacompanhado, vá a outro compartimento do presídio telefonar;[268] ampliar o carcereiro o regulamento da prisão, sem consulta ao superior, contemplando um dos detentos com liberdade relativa;[269] dormir em serviço, não dando atenção a algazarra suspeita de presos;[270] não fazer revista pessoal nos compartimentos utilizados pelos presos;[271] deixar de cumprir os deveres regulamentares, descurando da revista diária das grades do xadrez;[272] levar o preso para trabalhar em sua lavoura[273] etc.

Deve-se assinalar, contudo, que em delegacias do interior, é vezo permitir-se em caráter excepcional que presos de bom comportamento prestem serviços de limpeza. Essa concessão tem um fim inclusive pedagógico, pois objetiva facilitar a recuperação daqueles e evitar as sérias inconveniências de uma vida carcerária inativa e de ócio. Erigir, pois, o comportamento do carcereiro, face a tal situação, como culposo, por haver facilitado a fuga do preso, constitui rigor excessivo que não se justifica.[274] Não há que se responsabilizar o carcereiro, aliás, pela fuga do preso que se aproveitou das facilidades que lhe foram concedidas pelas autoridades.[275]

Na modalidade culposa a consumação somente ocorre com a fuga efetiva do preso. Havendo apenas tentativa de fuga por parte do preso não responde o funcionário por ilícito culposo.

18.15.9 Distinção e concurso

Pelo crime previsto pelo art. 351 não pode o favorecido responder, configurando-se o crime de evasão quando utiliza-se ele de violência contra a pessoa (art. 352).

Dolosa ou culposa a conduta, haverá concurso formal de delitos na fuga de vários presos ou internados, salvo se, na primeira hipótese, houver desígnios autônomos, caso de concurso material.

Já se decidiu que aqueles que, como guardas de presídio e sob promessa de vantagem indevida, facilitaram a fuga de detentos e por isso foram incluídos como coautores do delito, não podem responder, também, por corrupção passiva. Aplica-se à hipótese o princípio da especialidade. O crime do art. 351 do CP tem caráter específico, ao contrário do ditado pelo art. 317.[276] A corrupção passiva, porém, possui um *plus* (interesse na vantagem indevida); é crime mais grave e deve absorver o ilícito em exame.

18.16 EVASÃO MEDIANTE VIOLÊNCIA CONTRA A PESSOA

18.16.1 Conceito

Evasão mediante violência contra a pessoa é o *nomen juris* do crime previsto no art. 352: "Evadir-se ou tentar evadir-se o preso ou o indivíduo submetido a medida de segurança detentiva, usando de violência contra a pessoa: Pena – detenção, de três meses a um ano, além da pena correspondente à violência."

18.16.2 Objetividade jurídica

Tutela-se ainda uma vez a regular administração da justiça. A rebeldia contra as determinações judiciárias em que a violência contra a pessoa é utilizada deve merecer a reprimenda do Estado. Trata-se de impedir a rebelião contra a disciplina coercitiva disposta pelo Estado, com fins de prevenção e repressão penal. Embora não se puna a simples fuga do preso, por levar-se em conta o anseio à liberdade irreprimível no homem diante do seu instintivo amor à liberdade, não pode o Estado deixar de considerar como fato penalmente ilícito a violência praticada por aquele que se evade ou tenta evadir-se.

18.16.3 Sujeitos do delito

Sujeito ativo do crime é a pessoa presa ou internada, tal como conceituada durante o exame do art. 351. É irrelevante a natureza da prisão (penal, civil ou administrativa) (item 18.15.4).[277]

18 • DOS CRIMES CONTRA A ADMINISTRAÇÃO DA JUSTIÇA — 471

Sujeito passivo é o Estado, titular da regularidade da administração da justiça, bem como a pessoa contra quem se pratica a agressão física.

18.16.4 Tipo objetivo

No tipo penal em estudo equipara-se, excepcionalmente, a forma consumada à tentativa. *Evadir-se* é fugir, é subtrair-se à custódia ou guarda de outrem. É indispensável que se trate de prisão regular; sendo ilegal o recolhimento do agente, como o que se executa para averiguações, não existe ilícito a ser apurado.[(278)]

Como no crime examinado anteriormente, é indiferente o local ou a situação em que se encontra o agente: recolhido ao estabelecimento penitenciário ou destinado ao desconto de medida de segurança, em trânsito de um presídio para outro etc.[290] A expressão *evadir-se* etimologicamente significa fugir de um lugar fechado, mas juridicamente equivale a subtrair-se ao fato da restrição de liberdade. Daí deriva ser irrelevante o lugar da custódia e o meio com o qual a evasão se efetue quando este último não constitua por si mesmo crime, ou não seja considerado circunstância agravante. Evade-se, pois, de um edifício, de um veículo, de um recinto, de um lugar aberto, das mãos de um agente etc.[(279)] Não procede, *data venia*, a opinião de Hungria de que a fuga *extra muros* configura o crime de desobediência.[291]

Exige-se, pelo dispositivo, que a evasão ou sua tentativa ocorra *mediante violência contra a pessoa* (homicídio, lesões corporais, vias de fato etc.).[(280)] Basta, pois, para a configuração do crime, que haja violência física, independentemente da produção ou não de lesões corporais à vítima.[(281)] Inexistente violência real, não ocorrerá o ilícito ainda que haja ameaça, utilizando-se o agente de arma.[(282)] A fuga do preso sem violência é mera falta disciplinar do preso, mas de caráter grave (art. 50, II, da LEP). Entretanto, se o agente, mediante a ameaça, desobedece a ordem de prisão, responde pelo crime de resistência (item 15.2.1).

É indiferente que a violência seja exercida contra funcionário, outro preso ou qualquer pessoa.

18.16.5 Tipo subjetivo

O dolo é a vontade de evadir-se, mediante violência, ciente o agente de que o faz ilicitamente, ou seja, é necessário que tenha conhecimento de ser o recolhimento formalmente regular.

18.16.6 Consumação e tentativa

Consuma-se o crime com a evasão ou tentativa desta, desde que empregada a violência, já que a lei equipara, para todos os efeitos penais, a evasão e a tentativa de evasão.[(283)] É inadmissível, assim, a possibilidade de tentativa.

---

290. Cf. NORONHA, E. Magalhães. Ob. cit. v. 4, p. 538-539. FRAGOSO, H. Cláudio. Ob. cit. v. 3, p. 565.
291. HUNGRIA, Nelson. Ob. cit. v. 9, p. 515.

18.16.7 Concurso

Ao cominar a sanção para o crime em estudo determina a lei a cumulação da pena referente à violência. Há, no caso, concurso material com homicídio, lesões corporais etc.[284] A subtração de veículo mediante grave ameaça, realizada durante a evasão, caracteriza o crime de roubo, punido em concurso material com o crime previsto no art. 352 do CP.[285] Há, também, concurso material quando a evasão ocorre com sequestro de carcereiro retido como refém.[286] Ainda que em determinados casos o motim seja provocado para facilitar a fuga, casos existem em que não se dá a absorção do crime previsto no art. 352 pelo do art. 354. É o que ocorre, por exemplo, quando a fuga já estava assegurada, pelo domínio da guarda e da direção do presídio, e o motim surge com a soltura dos demais presos, que não estava na cogitação dos agentes.[287]

18.17 ARREBATAMENTO DE PRESO

18.17.1 Conceito

Constitui também crime o arrebatamento de preso, previsto no art. 353: "Arrebatar preso, a fim de maltratá-lo, do poder de quem o tenha sob custódia ou guarda: Pena – reclusão, de um a quatro anos, além da pena correspondente à violência."

18.17.2 Objetividade jurídica

Tutela-se novamente a administração da justiça no que tange especialmente a segurança da custódia imposta a pessoa que, por isso, se encontra sob a responsabilidade *imediata* do Estado. Secundariamente, protege-se também à incolumidade física ou moral do preso.

18.17.3 Sujeitos do delito

Sujeito ativo do crime é qualquer pessoa, sendo comum a pluralidade de agentes. Nada impede que o agente seja funcionário público.[288] Sujeito passivo é o Estado, titular da administração da justiça e responsável pela segurança do preso. Este também é vítima do crime. Diversamente do que ocorre nos crimes previstos nos arts. 351 e 352, a lei não mais se refere àquele que está submetido a medida de segurança, não se justificando, por lógica, a exclusão. Dessa forma, a conduta de arrebatar o internado poderá constituir outro ilícito (resistência, lesões corporais etc.).

18.17.4 Tipo objetivo

O verbo inscrito no tipo penal é *arrebatar*, que, no léxico, significa tirar com violência ou força, arrancar. Exige-se, pois, que haja violência contra a pessoa ou coisa, ou ao menos ameaça para que se concretize o ilícito em apreço. Sem elas, a subtração do preso com o fim de maltratá-lo não constitui, *per si*, crime.

O objeto do delito é o preso, tomado o termo em sentido amplo (item 18.15.4). Aqui não importa, ao contrário dos crimes antecedentes, que seja legal a prisão, já que, em qualquer caso, está o preso sob a custódia do Estado, que por ele é responsável. O art. 353, aliás, não se refere à legalidade da prisão.

Como acentua Delmanto, não tem relevo para a tipificação o local onde se acha o preso (em cadeia ou na rua), desde que se ache custodiado ou guardado (por carcereiro, escolta policial, oficial de justiça etc.).[292] Basta, portanto, que o preso seja afastado do local onde se encontra para maus-tratos.[289]

Exige-se que o arrebatamento se verifique para que seja o preso maltratado. Os maus-tratos vão desde a simples injúria até o homicídio que, praticado por inúmeras pessoas, é chamado de *linchamento*. Este, segundo os estudiosos, tem origem principalmente na incerteza de que se faça justiça com o criminoso. Revela-se aí uma descrença na atividade da justiça, a par de serem as pessoas tomadas de um incontrolável desejo de fazer justiça pelas próprias mãos, quando o terror e o medo ocupam o lugar da racionalidade. O aumento de incidência de crimes graves, a ausência de policiamento e de repressão efetiva aos delinquentes, a injustiça social que gera o descrédito na ação das autoridades constituídas e a falta de segurança para a população têm provocado, nos tempos que correm, uma regressão atávica à lei da selva. Enquanto não se erradicarem essas causas, a incidência do crime só tende a aumentar.

18.17.5 Tipo subjetivo

O dolo é a vontade de arrebatar o preso, exigindo-se que a finalidade do agente seja maltratá-lo (elemento subjetivo do tipo). Se for diverso o fim do agente poderá ocorrer outro ilícito (art. 351, p. ex.).

18.17.6 Consumação e tentativa

Consuma-se o crime com o arrebatamento do preso, com a sua tomada, por violência ou força, da custódia a que está submetido. Independe, assim, que o agente obtenha o fim último de sua conduta, os maus-tratos, que constituirão crime autônomo. É possível a tentativa.

18.17.7 Concurso

Além da sanção prevista no art. 353, aplica-se também, cumulativamente, a pena correspondente à violência praticada contra os agentes da autoridade ou contra o próprio preso. É o que determina a lei na cominação da pena.

---

292. DELMANTO, Celso. Ob. cit. p. 448-449.

18.18 MOTIM DE PRESOS

18.18.1 Conceito

Prevê o art. 354 o crime de motim de presos: "Amotinarem-se presos, perturbando a ordem ou disciplina da prisão: Pena – detenção, de seis meses a dois anos, além da pena correspondente à violência."

18.18.2 Objetividade jurídica

A objetividade jurídica do crime é a mesma dos delitos anteriores, tutelando a lei a regularidade da administração da justiça ao vedar a rebelião e a indisciplina nos estabelecimentos penais.

18.18.3 Sujeitos do delito

Segundo a lei, sujeitos ativos são os presos. Poder-se-ia concluir que bastariam apenas dois agentes para que o crime se configurasse. Entretanto, ao se referir a *motim*, somente quando há número expressivo de presos (não estranhos ou guardas) é que se poderá falar no crime em apreço.[293] A conduta praticada por dois ou três deles configurará, eventualmente, outro ilícito. Já se decidiu, porém, que para a caracterização de motim basta a participação de três presos.[290]

Não compreende o dispositivo, como seria desejável, os internados em estabelecimento destinado ao desconto de medida de segurança, como o faz a lei nos arts. 351 e 352. Os fatos poderão constituir, nessa hipótese, outros ilícitos (resistência, lesões corporais etc.).

Sujeito passivo é o Estado, titular da regularidade da administração da justiça, bem como eventual funcionário ou pessoa que seja atingida pela conduta dos presos.

18.18.4 Tipo objetivo

O verbo, núcleo do tipo, *amotinar* refere-se a levante, movimento coletivo de rebeldia, desordem e indisciplina. Fragoso define o motim, no sentido legal: é a reunião de várias pessoas, no mesmo lugar, para uma ação pessoal, conjunta e violenta, em relação a um fim comum.[294] O fim do motim é indiferente, podendo até ser justo:[291] reação contra punições impostas, contra determinação regulamentar, meio de obrigar funcionário a praticar outro ato, para facilitar a fuga etc.[295]

Exige-se que os agentes estejam legalmente presos. Sendo ilegal a prisão, o agente, por direito, não tem de obedecer a ordens ou à disciplina prisional, respondendo, apenas, por eventual violência.

---

293. DELMANTO, Celso. Ob. cit. p. 449.
294. FRAGOSO, H. Cláudio. Ob. cit. v. 3, p. 559.
295. NORONHA, E. Magalhães. Ob. cit. v. 4, p. 544.

18 • DOS CRIMES CONTRA A ADMINISTRAÇÃO DA JUSTIÇA

475

Pode o crime ser praticado não só no estabelecimento penal, como também em qualquer local (interior de um veículo de transporte, por exemplo), desde que dele participem, como se assinalou, presos em número expressivo.[296]

Expõe com clareza Hungria a necessidade de violência contra a pessoa ou coisa: "Cumpre não confundir atitudes coletivas de irreverência ou desobediência *ghândica* com o motim propriamente dito, que não se configura se não assume o caráter *militante* de violências contra os funcionários internos ou de depredações contra o respectivo edifício ou instalações, com grave perturbação da ordem ou disciplina da prisão." [297]

18.18.5 Tipo subjetivo

O dolo é a vontade de praticar a conduta incriminada, de amotinarem-se os presos. Exige-se que estejam eles cientes do envolvimento coletivo e da transgressão disciplinar, da desordem, da indisciplina. É irrelevante, porém, de a motivação do motim consistir em reivindicações justas ou não.[(292)]

18.18.6 Consumação e tentativa

Consuma-se o crime com o estabelecimento da desordem ou indisciplina, por tempo juridicamente relevante, e consuma-se também o crime com a prática de violência contra pessoa ou coisas, ou ameaças às pessoas. O crime em estudo é plurissubsistente, com conduta fracionável, admitindo, em tese, a tentativa.

18.18.7 Concurso

Determina a lei que sejam aplicadas, cumulativamente, as penas correspondentes à violência (lesões corporais, homicídio etc.). Quando se quer incluir a violência contra a coisa, a lei é expressa a esse respeito. Entretanto, já se decidiu existir concurso material entre motim e dano.[(293)] Excluem os doutrinadores as vias de fato, consideradas como absorvidas pelo delito de motim. Quando o motim tem como única finalidade a fuga, absorve ele o crime previsto no art. 354. Mas, quando a fuga já está assegurada, irrompendo o motim, há concurso material de infrações.[(294)]

Referindo-se a concurso material com as penas da violência, deve-se entender que não está incluída a violência contra a coisa, pois, interpretando outros dispositivos com redação idêntica ou semelhante, tem-se considerado, muito acertadamente, apenas a cumulação das penas do delito com as da violência contra a pessoa (arts. 140, § 2º, 150, § 1º, 161, § 2º, 323, 329, § 2º, 335 etc.).

---

296.   Contra: DELMANTO, Celso. Ob. cit. p. 449-450.
297.   HUNGRIA, Nelson. Ob. cit. v. 9, p. 517.

18.19 PATROCÍNIO INFIEL

18.19.1 Conceito

Prevê o art. 355, *caput*, o crime de patrocínio infiel, com a seguinte redação: "Trair, na qualidade de advogado ou procurador, o dever profissional, prejudicando interesse, cujo patrocínio, em juízo, lhe é confiado: Pena – detenção, de seis meses a três anos, e multa."

18.19.2 Objetividade jurídica

O objeto jurídico do crime de patrocínio infiel é a regularidade na atividade judiciária. O advogado e o procurador judicial não são funcionários públicos, mas exercem um serviço de necessidade pública, e a conduta lesa a administração da justiça quando traem o interesse privado em juízo e violam o dever profissional.

18.19.3 Sujeitos do delito

O crime previsto no art. 355 somente pode ser praticado pelo advogado ou procurador. *Advogado* é o bacharel legalmente habilitado pela inscrição na Ordem dos Advogados a defender interesses em Juízo. O *procurador judicial* é aquele a quem também é permitido tal atividade (provisionado, solicitador, estagiário ou pessoa leiga ou bacharel não inscrito na OAB nomeado como patrono dativo). É indiferente que se trate de mandato oneroso ou gratuito ou que o agente tenha sido constituído pela parte, nomeado pelo juiz, designado ou indicado pelos órgãos competentes (procuradorias, Ordem dos Advogados etc.).

Não estão incluídos no dispositivo os promotores ou procuradores de justiça que não são considerados advogados ou procuradores judiciais. Poderão, eventualmente, incidir em outros dispositivos penais (arts. 317, 319 etc.).

Sujeito passivo é o Estado, titular da atividade regular da justiça, bem como todo aquele que é lesado pela conduta do sujeito ativo.

18.19.4 Tipo objetivo

A conduta incriminada é trair o dever profissional, lesando interesse legítimo; o advogado ou procurador atua irregularmente, violando o dever profissional. Tem-se em vista, principalmente, o dever profissional do agente e não a pretensão da parte ao outorgar-lhe o mandato.

Não ocorre o delito se o advogado não trai seu dever profissional prejudicando interesse que lhe é confiado em causa judicial.[295]

É indispensável, como expressamente se declara na lei, que se trate de interesse discutido em Juízo, em causa judicial, pouco importando a sua natureza (civil ou penal, de jurisdição contenciosa ou voluntária).

Tanto pode o agente praticar o ilícito por *ação* (apresenta alegações contrárias ao legítimo interesse da parte, provocar nulidade em detrimento do representado etc.) como por *omissão* (não recorre, dá causa à decadência ou perempção, deixa de contestar alegação inverídica da parte contrária etc.). Exemplos do crime são colhidos na jurisprudência: fazer acordo lesivo, ainda que usando de poderes especiais e expressos, causando prejuízos;[296] desistir de recurso que implique consequências danosas pela ocorrência da coisa julgada;[297] exigir, como defensor dativo, honorários de familiares de réu pobre, sob ameaças de não produzir a defesa a contento[298] etc. Quanto ao último exemplo, há decisão em contrário.[299]

Não se considerou configurado o crime no abandono de processo criminal, o que sujeita o advogado a responder por infração disciplinar perante o órgão correicional competente do art. 265 do CPP;[300] também não se considerou crime o abandonar processo criminal, após receber procuração e numerário para início da ação judicial, sendo ainda inabilitado ao exercício profissional por falta de inscrição na OAB.[301] Não há também que se considerar como o ilícito em questão no caso de não ter sequer ocorrido a outorga de procuração ou a prática de qualquer ato no processo.[302]

Exige-se, para a caracterização do crime, que da ação ou omissão resulte dano efetivo à pessoa. Se a conduta não produziu nenhum efeito de direito, nem poderia produzir, não ocorre o ilícito. Assim se decidiu no caso de retratação da representação, em crime sexual, quando já fora oferecida a denúncia.[303]

O crime somente se configura quando a lesão ao interesse da parte ocorre no curso do processo e não quando o ato é praticado depois de cumprido integralmente o mandato que foi confiado ao procurador.[304]

O interesse a que se refere a lei é de qualquer natureza (patrimonial ou moral), mas deve ser objeto de providência judicial.[305] Não ocorrerá em mero parecer ou atividade extrajudicial.

Não tem o advogado ou procurador o dever profissional de defender interesse ilegítimo, não se configurando o crime na conduta que contraria pretensão ilícita ou ilegal. A essa conclusão leva a lei ao se referir ao dever profissional. Além disso, o consentimento do interessado exclui a antijuridicidade do fato quando se trata de interesse disponível, o que não ocorre na causa criminal: o acusado não pode validamente consentir em ser condenado ou, de qualquer maneira, prejudicado, pois não está em jogo apenas interesse seu, mas também público ou da justiça, como é o da defesa penal.[298]

Não depende a apuração do ilícito penal da prévia apreciação disciplinar.[306]

18.19.5 Tipo subjetivo

O dolo do crime é a vontade dirigida à traição do dever funcional, sabendo o agente que está prejudicando o seu cliente.[307] É indiferente, porém, o fim ou motivo do agente

---

298. NORONHA, E. Magalhães. Ob. cit. v. 4, p. 548-549. Cf. FRAGOSO, H. Cláudio. Ob. cit. v. 3, p. 562.

ou que deseje este causar prejuízo. Havendo precipitação ou exorbitância em acordo que não foi aceito pelo cliente, pode-se reconhecer o dolo, ao menos eventual.[308] O erro profissional ou a culpa (imprudência, negligência ou imperícia) não bastam, todavia, para configurar o ilícito em tela.[309]

18.19.6 Consumação e tentativa

Consuma-se o crime com o prejuízo efetivo, exigido pelo tipo penal (fala a lei em "prejudicando interesse"), não bastando simples dano potencial.[310] Já se decidiu, porém, em contrário.[311] Não é indispensável que a lesão seja definitiva nem se exclui o delito se é ela sanada posteriormente.

Na forma comissiva, é possível a tentativa que ocorre quando, praticado o ato, não advém prejuízo por circunstâncias alheias à vontade do agente.[299]

18.19.7 Patrocínio simultâneo ou tergiversação

Dispõe o art. 355, parágrafo único, a respeito de uma espécie de patrocínio infiel, com o *nomem juris* de patrocínio simultâneo ou tergiversação: "Incorre na pena deste artigo o advogado ou procurador judicial que defende na mesma causa, simultânea ou sucessivamente, partes contrárias."

A conduta é defender, na mesma causa, partes contrárias. *Defender* é patrocinar, zelar, cuidar, amparar. Ao mencionar *partes contrárias*, a lei refere-se a pessoas físicas ou jurídicas que têm interesses conflitantes diversos: autor e réu, autor ou réu e opoente, litisconsorte ativo e litisconsorte passivo, réu na ação penal e autor na ação de indenização do dano *ex delicto*.[312] São assim as pessoas com interesses antagônicos na mesma relação jurídica.[313]

Na primeira hipótese do dispositivo está previsto o patrocínio *simultâneo*. O agente recebe mandatos de partes contrárias, exercendo-os ao mesmo tempo e na mesma causa.[314]

Na segunda hipótese a lei refere-se ao patrocínio *sucessivo* (tergiversação). O agente deixa de patrocinar o interesse de uma parte e passa a cuidar do de outra; passa de um lado para outro.[315] [300] Considerou-se existir o crime, em tese, na conduta de procurador que patrocinou interesses opostos, ajuizando ação de cobrança pelo INSS e, posteriormente, contestando a ação como advogado do executado.[316]

Para a caracterização do ilícito é necessário que se trate de patrocínio da *mesma causa*, o que significa, no tipo penal, uma pretensão jurídica que pode ser objeto de processos diversos e ocorrer na primeira ou segunda instância, na ação, na execução ou juízo rescisório. A expressão "mesma causa", aliás, não deve ser entendida em seu sentido formal, sendo sinônimo de controvérsia, litígio ou pretensão jurídica, ainda que

---

299. Cf. parecer aceito pelo *TJSP* de SALLES, Alcides Amaral. Patrocínio infiel. *Justitia* 109/301-4.
300. HUNGRIA, Nelson. Ob. cit. v. 9, p. 521.

as ações ou processos sejam diversos. Assim, se há várias ações de uma pessoa a respeito da mesma pretensão jurídica, não pode o profissional ser advogado seu em umas e dos réus em outras.[317] Decidiu-se, porém, que a remota correlação entre as ações cíveis e as instaurações dos inquéritos, tendo por conexão ideológica o fato das posses das terras, não possui a mesma qualificação jurídica, deixando de servir para identificar o conceito da "mesma causa" a que alude o art. 355, parágrafo único, do CP.[318] Não se considerou haver tergiversação na conduta de advogados que, tendo atuado em separação consensual há muito concluída, passam a cuidar dos interesses do devedor, em questão de alimentos, o que não constituiria dois momentos da mesma causa.[319] Também se exige que haja defesa simultânea ou sucessiva de "partes" contrárias. Não sendo um pedido de explicações, por exemplo, suficiente para a instauração da lide penal, porque tal medida tem natureza cautelar, descaracteriza-se o delito na conduta do advogado que o ofereceu e, posteriormente, defendeu os interesses do requerido.[320] O mesmo se diga da conduta de advogado que funciona em autos de separação consensual como defensor de ambas as partes e, posteriormente, assume o interesse particular de uma delas contra a outra, em ação diversa.[321] Cumprido o mandato judicial recebido do cliente e liberado, portanto, o advogado de qualquer outro compromisso com ele, não pratica o crime em tela por lhe mover posteriormente ação de execução.[322]

O dolo é a vontade de patrocinar, simultânea ou sucessivamente, interesses de partes contrárias, sendo irrelevante o fim ou os motivos do sujeito ativo. Também quanto ao parágrafo, não basta a culpa.[323]

O patrocínio simultâneo ou sucessivo, ao contrário do que ocorre no patrocínio infiel previsto no *caput*, é crime formal.[324] A consumação ocorre, portanto, com a prática efetiva de um ato em juízo em favor da segunda parte. É despicienda a circunstância de inexistir prejuízo material para uma delas,[325] pois o que a lei objetiva com a proposição em estudo é a preservação do decoro da profissão.[326] A lei, aliás, presume o dano ou perigo para a parte.

Em tese é admissível a tentativa.

18.20 SONEGAÇÃO DE PAPEL OU DE OBJETO DE VALOR PROBATÓRIO

18.20.1 Conceito

Sonegação de papel ou objeto de valor probatório é o crime previsto no art. 356: "Inutilizar, total ou parcialmente, ou deixar de restituir autos, documento ou objeto de valor probatório, que recebeu na qualidade de advogado ou procurador: Pena – detenção, de seis meses a três anos, e multa."

18.20.2 Objetividade jurídica

Tutela-se mais uma vez a administração da justiça, lesada com a conduta do advogado ou procurador que interfere, de modo ilegítimo, sobre os elementos de prova.

18.20.3 Sujeitos do delito

O crime previsto no art. 356 somente pode ser praticado, salvo os casos de coautoria ou participação, por advogado ou procurador, cujos conceitos já foram expostos ao tratar-se do art. 355 (item 18.19.3). Sujeito passivo é o Estado, titular da regularidade da administração da justiça, bem como pessoa física ou jurídica a quem a conduta causa prejuízo.

18.20.4 Tipo objetivo

A primeira conduta inscrita no tipo penal é a de *inutilizar*, que significa tornar inútil, imprestável, inapto, inservível. O agente destrói, risca, mancha autos, documento ou objeto destinado a servir de prova. A inutilização parcial configura o crime desde que seja atingida parte juridicamente relevante do objeto material. Supõe a inutilização *material* do objeto, não equivalendo a esse fato a inutilização "jurídica" da ação contida nos autos, como ocorre, por exemplo, na conduta que deu causa à prescrição.[327] Este fato pode constituir, em tese, patrocínio infiel.

A segunda modalidade típica é *deixar de restituir*; o agente sonega, não devolve, retém o objeto.

A conduta típica deve incidir sobre autos, documento ou qualquer objeto de valor probatório. Ensina Hungria: "*Autos* se diz o conjunto das peças (petições, instrumentos de mandato, articulados, termos, elementos instrutivos, arrazoados, sentença etc.) que integram um processo, seja cível seja penal. *Documento* é o papel escrito especial ou eventualmente destinado à prova de fato juridicamente relevante. *Objeto de valor* probatório é todo aquele que serve ou se pretende que possa servir de elemento de convicção acerca dos fatos em que qualquer das partes, no processo, funda a sua pretensão." [301] Decidiu-se não ser objeto material desse crime "senha" de ingresso em presídio não restituído e falsificado por advogado que visitara seu constituinte.[328]

É indispensável para a caracterização do ilícito que o objeto material do crime tenha sido anteriormente entregue ao agente em razão de sua qualidade de advogado ou procurador, mas não se exige a preexistência de ação judicial em curso (exceto no caso de autos). Assim, a entrega pode ser feita por funcionário da justiça ou por particular, titular da coisa ou mero intermediário.

Evidentemente não ocorre o crime nas hipóteses de caso fortuito ou fato de terceiro. Decidiu-se pela exclusão do ilícito no caso de advogado que comprovou haver entregue os autos ao colega que neles funcionava com procuração, não havendo de sua parte sonegação ou retenção por superar-lhe o exercício da vontade esse fato de terceiro.[329]

O Estatuto da Advocacia e da Ordem dos Advogados do Brasil (Lei nº 8.906, de 4-7-1994), confere aos profissionais o direito de *vista*, fora dos cartórios, de autos de

---

301. HUNGRIA, Nelson. Ob. cit. v. 9, p. 523.

qualquer processo (art. 7º, XV e XVI), estabelecendo, porém, que é infração disciplinar "reter, abusivamente, ou extraviar autos recebidos com vista ou em confiança" (art. 34, XXII), passível de suspensão (art. 37, I). A previsão de sanção disciplinar no Estatuto e no Código de Processo Civil (arts. 234 e 718) não impede, porém, a concomitância da sanção penal.[330] Além disso, a apuração do ilícito penal pela Justiça independe de qualquer prévia averiguação ou providência disciplinar a ser tomada pela direção do órgão de classe.[331]

18.20.5 Tipo subjetivo

O dolo do crime é a vontade de inutilizar ou de não restituir. É indispensável para o preenchimento do tipo subjetivo que o agente tenha consciência da antijuridicidade da conduta. O fim e os motivos do sujeito ativo são, todavia, irrelevantes.[332] Em regra, a não devolução dos autos após a intimação do agente caracteriza o dolo.[333]

Exige a lei o dolo; consequentemente não comete o crime o advogado que, por negligência, dá causa à inutilização ou não devolve o processo. Por mais crassa que seja a culpa, não há ilícito a punir.[334] O fato poderá constituir apenas infração disciplinar.

18.20.6 Consumação e tentativa

Consuma-se o crime, na primeira hipótese típica, com a inutilização, total ou parcial dos autos, documento ou objeto provatório. A inutilização parcial deve ter relevância jurídica.

Na segunda modalidade, que é omissiva, a consumação ocorre quando, vencido o prazo para a devolução dos autos, documento ou objeto, não é ele restituído. É entendimento dos Tribunais, porém, que para a configuração não basta que o advogado tenha retido os autos além do prazo legal; é indispensável que não atenda à intimação do juiz para restituí-los, caracterizando a omissão a recusa que consuma o crime.[335] Não é necessário que a intimação seja efetuada por mandado.[336] Assim, se o advogado ou procurador, sendo notificado a devolver os autos que retém em seu poder, cumpre a determinação no prazo concedido, não há crime a punir.[337] Está consumado o crime quando, notificado o advogado e decorrido o prazo legal, não se efetua a devolução. Não descaracteriza o crime a devolução anterior à denúncia.[338]

O art. 356 prevê crime formal, e a consumação independe de lesão efetiva para qualquer pessoa.

18.20.7 Distinção

O art. 356 é crime especial em relação ao art. 305. Assim, tratando-se de advogado, a destruição, supressão ou ocultação de autos ou documento probatório caracteriza aquele ilícito e não o previsto no capítulo dos crimes de falsidade.[339]

18.21 EXPLORAÇÃO DE PRESTÍGIO

18.21.1 Conceito

Prevê o art. 357 o crime de exploração de prestígio, semelhante ao tipo previsto no art. 332 (item 15.5.1), com vista, agora, na administração da justiça; o artigo está assim redigido: "Solicitar ou receber dinheiro ou qualquer outra utilidade, a pretexto de influir em juiz, jurado, órgão do Ministério Público, funcionário de justiça, perito, tradutor, intérprete ou testemunha: Pena – reclusão, de um a cinco anos, e multa."

18.21.2 Objetividade jurídica

O objeto jurídico é a administração da justiça, comprometida em sua dignidade e prestígio pela conduta do agente que sugere a corrupção de seus servidores. Tutelam-se ainda a honra desses servidores e o patrimônio do "comprador" da influência.

18.21.3 Sujeitos do delito

Embora, na maior parte das vezes, o sujeito ativo seja advogado ou procurador, o crime em exame pode ser praticado por qualquer pessoa. Sujeito passivo é o Estado, titular da regularidade da administração da justiça, bem como o seu servidor que, eventualmente, é apontado como passível de corrupção. Como o crime é, também, uma espécie de estelionato, com fraude bilateral, vítima é também a pessoa que, iludida pelo agente, é lesada em seu patrimônio.

18.21.4 Tipo objetivo

São duas as modalidades de conduta: solicitar e receber. *Solicitar* significa pedir, requerer, buscar, rogar, requestar. Pressupõe a iniciativa do sujeito ativo, configurando-se o ilícito ainda que a proposta não seja aceita pelo eventual interessado. Receber é a ação de obter, aceitar, entrar na posse, completando-se um acordo de vontades entre o sujeito ativo e o comprador do prestígio.

O crime previsto no art. 357 pressupõe fraude, como já se acentuou quando do estudo do ilícito previsto no art. 332 (item 15.5.5). O agente solicita ou recebe a vantagem a *pretexto* de influir no servidor da justiça, iludindo o interessado. Assim se decidiu na hipótese de policial militar que pediu e recebeu dinheiro, dizendo que seria entregue a escrivão de polícia, observando-se que é irrelevante que seja falso ou real o prestígio alardeado pelo agente.[340]

Havendo conluio com o servidor, à qual é destinada parte da vantagem, ocorrerão outros ilícitos (corrupção ativa e corrupção passiva, sendo o intermediário, conforme as circunstâncias, coautor de um desses crimes).

O objeto material do ilícito em tela, segundo o dispositivo, é o dinheiro ou qualquer utilidade. O pronome "qualquer" inscrito no tipo penal indica que a vantagem solicitada ou recebida pode ser material ou moral.

18 • DOS CRIMES CONTRA A ADMINISTRAÇÃO DA JUSTIÇA · 483

É indispensável que o agente arrogue influência com relação ao servidor da justiça e que solicite ou receba a vantagem. A simples gabarolice ou fanfarronada, sem a solicitação ou recebimento da utilidade, não configura o ilícito, podendo, eventualmente, constituir crime contra a honra do servidor.

As pessoas enumeradas no artigo, junto às quais o agente arroga prestígio, são: o *juiz* (aquele que tem o poder de julgar, tem jurisdição), o *jurado* (juiz de fato, cada um dos cidadãos que compõem o Tribunal do Júri); o *órgão do Ministério Público* (o promotor de justiça, o procurador de justiça e o procurador-geral de justiça); o *funcionário de justiça* (escrivão, escrevente, oficial de justiça etc.); o *perito* (pessoa que possui conhecimentos técnicos para, após exame, emitir parecer, nos termos dos arts. 158 e ss do CPP e 156 e ss do CPC); o *tradutor* (que verte para o idioma nacional texto de língua estrangeira); o *intérprete* (perito encarregado de fazer com que se entendam a autoridade e alguma pessoa que não conhece o idioma nacional ou não pode falar em razão de condição anormal) e a *testemunha* (pessoa chamada a depor em processo perante a autoridade com o fim de fornecer prova de fatos referentes a processo ou procedimento).

18.21.5 Tipo subjetivo

O dolo é a vontade de obter a vantagem ilícita, arrogando-se o agente influência junto ao servidor da justiça. Não se exige que o sujeito ativo tenha consciência de que está desacreditando a administração da justiça.

18.21.6 Consumação e tentativa

Consuma-se o crime com o recebimento da vantagem ou com a simples solicitação, ainda que não aceita. Trata-se, neste último caso, de crime formal, independendo a consumação do resultado lesivo.

É possível a tentativa. O agente, a pretexto de influir no servidor da justiça, não consegue transmitir a sua solicitação (hipótese de um recado interceptado, por exemplo).

18.21.7 Aumento de pena

Prevê o art. 357, parágrafo único, uma modalidade qualificada do ilícito penal: "As penas aumentam-se de um terço, se o agente alega ou insinua que o dinheiro ou utilidade também se destina a qualquer das pessoas referidas neste artigo." A sanção é mais severa diante da maior gravidade do fato, já que se afirma ou insinua a corrupção de um servidor da justiça. É o que ocorreu, p. ex., na conduta de advogado que recebeu dinheiro a pretexto de influir na decisão do Juiz e do Promotor, seus amigos que, segundo ele, também receberiam uma parte do numerário que solicitara do cliente.[302] Basta a

---

302. V. razões, parecer e acórdão do *TJSP* em *Justitia* 149/146.

insinuação de que o dinheiro ou utilidade solicitado da parte interessada se destina a uma dessas pessoas.[341]

Não é necessário, para a configuração da qualificadora, que o comprador do prestígio acredite na destinação indicada pelo agente.

18.22 VIOLÊNCIA OU FRAUDE EM ARREMATAÇÃO JUDICIAL

18.22.1 Conceito

Como crime semelhante ao definido no art. 335, define o art. 358 o delito de violência ou fraude em arrematação judicial: "Impedir, perturbar ou fraudar arrematação judicial; afastar ou procurar afastar concorrente ou licitante, por meio de violência, grave ameaça, fraude ou oferecimento de vantagem: Pena – detenção, de dois meses a um ano, ou multa, além da pena correspondente à violência."

18.22.2 Objetividade jurídica

Tutela-se o art. 358 a regularidade da administração da justiça, no particular aspecto da lisura das arrematações judiciais promovidas por particulares.

18.22.3 Sujeitos do delito

Sujeito ativo é qualquer pessoa, nada impedindo que seja ele funcionário público. Sujeito passivo é o Estado, titular da regularidade da administração da justiça nas arrematações judiciais, como também os concorrentes lesados no direito de livre participação na disputa.

18.22.4 Tipo objetivo

As modalidades de conduta são idênticas às do art. 335, já examinadas (item 15.9.4). A única distinção diz respeito ao ato que é objeto da conduta, pois, ao invés de concorrência ou hasta pública, refere-se a lei, agora, apenas à *arrematação judicial*. Esta, no tipo penal, é constituída da hasta pública determinada pelo juiz, mas promovida por particular.

Decidiu-se que comete o delito de violência ou fraude em arrematação judicial, e não o de fraude no pagamento de cheque, aquele que, aceito seu lance em leilão judicial, emite cheque, como princípio de pagamento, sem possuir fundos em poder do sacado, impedindo, assim, que o referido ato judicial chegue ao fim de modo normal. [342] O crime não se configura, segundo se decidiu, se, ao tempo da emissão do cheque, o agente possuía em conta corrente suficiente provisão de fundos.[343] Entretanto, deve ser considerada como fraudulenta a conduta de quem frustra o pagamento do cheque. O crime, na hipótese, também estaria configurado.

18 • DOS CRIMES CONTRA A ADMINISTRAÇÃO DA JUSTIÇA **485**

Não se configura o ilícito, porém, no inadimplemento de lance ofertado em leilão, fato que não pode ser equiparado à fraude em arrematação.[344]

18.22.5 Tipo subjetivo

O dolo é a vontade de impedir, perturbar ou fraudar a arrematação, na primeira hipótese, e inclui a vontade de praticar a violência, grave ameaça ou oferecimento da vantagem, na segunda. Não se exige, porém, qualquer fim específico.[345] Entendeu-se caracterizado no mínimo dolo eventual na conduta do agente que ofereceu lance, ciente da ausência de disponibilidade financeira, contando com depósito que seria feito a *posteriori* por terceiro, ocorrendo atraso na entrada deste.[346]

18.22.6 Consumação e tentativa

A consumação e a tentativa ocorrem nos mesmos termos daquelas referentes ao crime previsto no art. 335 (item 15.9.6). Havendo violência, aplica-se também a pena desta (homicídio, lesões etc.).

18.22.7 Distinção

Se o crime de fraude em arrematação judicial foi o meio fraudulento para a obtenção de vantagem indevida, fica absorvido pelo crime de estelionato.[347]

18.23 DESOBEDIÊNCIA À DECISÃO JUDICIAL SOBRE PERDA OU SUSPENSÃO DE DIREITO

18.23.1 Conceito

O derradeiro crime contra a administração da justiça, e último previsto no CP, é o de desobediência à decisão judicial sobre perda ou suspensão de direito, conforme dispõe o art. 359: "Exercer função, atividade, direito, autoridade ou múnus, de que foi suspenso ou privado por decisão judicial: Pena – detenção, de três meses a dois anos, ou multa."

18.23.2 Objetividade jurídica

O objeto jurídico é ainda a administração da justiça, violada com a desobediência do agente que a coloca em descrédito e desprestígio no que diz respeito principalmente ao cumprimento das penas restritivas de direitos e dos impedimentos decorrentes de efeitos da condenação.

18.23.3 Sujeitos do delito

Sujeito ativo é aquele que está privado ou suspenso do exercício de função, atividade, direito, autoridade ou múnus e desobedece a determinação judicial, exercendo ilicitamente tais misteres. Sujeito passivo é o Estado, titular da regularidade da Administração Pública e, portanto, interessado diretamente no cumprimento das decisões judiciais.

18.23.4 Tipo objetivo

O núcleo do tipo é *exercer* função, atividade etc. O agente executa, pratica, desempenha esses misteres infringindo decisão judicial. O crime pressupõe, portanto, a suspensão ou privação desses direitos por via jurisdicional. Não se confunde com a mera infração disciplinar de que cogita o Estatuto da OAB,[348] nem com a infração a mero acordo das partes, ainda que homologado pelo juiz.[303]

Refere-se a lei a *função* (*Manual de Direito Penal*, v. 2, item 9.18.3); *atividade*, que encerra as espécies de profissão, ofício ou ministério (*Manual*, v. 2, item 9.18.3), *direito* (poder familiar, autoridade marital, político etc.), *autoridade* (desempenho de funções em que há competência para impor suas decisões) e *múnus* (encargo decorrente de lei ou de decisão judicial, como o de ser jurado, de ser defensor dativo etc.).

Comete assim o delito aquele que desobedece à sentença condenatória em que foi aplicada uma das penas de interdição temporária de direitos (proibição do exercício do cargo, função ou atividade pública, bem como de mandato eletivo, proibição do exercício de profissão, atividade ou ofício que dependam de habilitação especial, de licença ou autorização de poder público e suspensão de autorização ou de habilitação para dirigir veículo) como o que infringe a decisão em que se impôs efeito da condenação previsto no art. 92 (perda do cargo, função pública ou mandato eletivo, incapacidade para o exercício do poder familiar, tutela ou curatela e inabilitação para dirigir veículo). Mas já se decidiu que não se configura o crime previsto no art. 359 no exercício de um direito interditado por condenação penal, aplicando-se somente a conversão dessa sanção em pena privativa de liberdade, nos termos dos arts. 181 da LEP e 44, § 4º, do CP.[349]

Na doutrina entendia-se que o dispositivo dizia respeito apenas às decisões em que se impunha penas acessórias[304] agora abolidas no CP, não se aplicando o dispositivo, por exemplo, à sentença de desquite.[350] Ousamos discordar dessa orientação. Não distingue a lei a espécie da decisão judicial (penal ou civil). É típica não só a conduta de quem infringe decisão judicial em que se impôs pena de interdição de direito ou um dos efeitos acima mencionados, como também a que viola decisão civil, de destituição ou suspensão de pátrio poder etc. Configura o ilícito em apreço, por exemplo, a conduta de desquitado (ou divorciado) que retém consigo filho menor por prazo superior ao convencionado para visita.[351]

---

303. Parecer de José Fernando de Carbonieri acatado pelo *TACrSP. Justitia* 97/386-7.
304. HUNGRIA, Nelson. Ob. cit. v. 9, p. 526. Cf. NORONHA, E. Magalhães. Ob. cit. v. 4, p. 560-561. FRAGOSO. H. Cláudio. Ob. cit. v. 3, p. 568. DELMANTO. Celso. Ob. cit. p. 455. SABINO JUNIOR, Vicente. *Direito penal.* São Paulo: Sugestões Literárias, 1967. v. 4, p. 1.272.

18 • DOS CRIMES CONTRA A ADMINISTRAÇÃO DA JUSTIÇA

Para que ocorra o delito em estudo é necessário que a decisão desobedecida tenha transitado em julgado. A execução das penas de interdição de direitos e os efeitos da condenação só se tornam possíveis depois que a decisão se torna irrecorrível.

18.23.5 Tipo subjetivo

A conduta física não está acompanhada de nenhum estado anímico, não se exige que tenha o fim deliberado de descumprir a decisão judicial. É suficiente, pois, o chamado dolo genérico, isto é, uma vontade endereçada ao exercício de função, atividade etc., de que o agente tem ciência estar suspenso ou privado por deliberação judicial.[352]

18.23.6 Consumação e tentativa

Consuma-se o crime com a prática de um ato qualquer da função, atividade, direito etc.[353] Trata-se, portanto, de um crime eventualmente permanente:

A tentativa é admissível.

18.23.7 Distinção

Inexistindo decisão judicial, mas estando o agente inabilitado legalmente para desempenhar a atividade, poderá ocorrer crime (art. 282) ou contravenção (art. 47 da LCP). A violação da suspensão ou proibição de se obter a permissão ou a habilitação para dirigir veículo automotor imposta com fundamento no Código de Trânsito Brasileiro constitui o crime previsto no art. 307 desse estatuto.

19

DOS CRIMES CONTRA AS FINANÇAS PÚBLICAS

19.1 CONTRATAÇÃO DE OPERAÇÃO DE CRÉDITO

19.1.1 Generalidades

A Lei nº 10.028, de 19-10-2000, alterando o Código Penal, acrescentou o Capítulo IV ao Título XI, prevendo crimes contra as Finanças Públicas. São descritos os fatos que lesam a regularidade da administração pública no que diz respeito às contas públicas. Protege-se assim o normal desenvolvimento das operações financeiras e econômicas do Estado. A Lei nº 10.028 alterou também a Lei nº 1.079, de 10-4-1950, e o Decreto-lei nº 201, de 27-2-1967, definindo novos crimes de responsabilidade contra a lei orçamentária e as Finanças Públicas.

19.1.2 Conceito

Dispõe o art. 359-A, inserido pela nova lei: "Ordenar, autorizar ou realizar operação de crédito, interno ou externo, sem prévia autorização legislativa: Pena – reclusão, de 1 (um) a 2 (dois) anos."

19.1.3 Objetividade jurídica

O objeto jurídico do delito é a regular administração pública no que diz respeito a suas finanças.

19.1.4 Sujeitos do delito

Sujeito ativo do crime é o agente público que tem entre suas atribuições ordenar, autorizar ou realizar operação de crédito infringindo a lei ou a resolução do Senado Federal. É possível a participação criminosa, por instigação.

Sujeito passivo é o Estado, titular da regularidade da administração no que tange a Finanças Públicas.

19.1.5 Tipo objetivo

Toda operação de crédito do Estado (União, Estado ou Município), seja interna, seja externa, deve estar autorizada em lei. Operação de crédito, segundo a definição dada pela Lei Complementar nº 101, de 4-5-2000 (Lei de Responsabilidade Fiscal), é o compromisso financeiro assumido em razão de mútuo, abertura de crédito, emissão e aceite de título, aquisição financiada de bens, recebimento antecipado de valores provenientes da venda a termo de bens e serviços, arrendamento mercantil e outras operações assemelhadas, inclusive com o uso de derivativos financeiros (art. 29, III). Caso não tenha sido prevista a referida operação, é ela irregular e, agora, crime. São três as condutas típicas previstas no novel dispositivo. A primeira delas é *ordenar*, ou seja, mandar, determinar que se realize a operação de crédito. A segunda delas é *autorizar*, permitir que seja ela realizada. Por último é incriminada a conduta de *realizar* o ato irregular, tornando-o efetivo.

19.1.6   Tipo subjetivo

O dolo do crime é a vontade de praticar uma das condutas inscritas no tipo, ou seja, de ordenar, de autorizar ou realizar a operação de crédito ilegal. Evidentemente, pressupõe-se que o agente público tenha consciência de que tal operação não foi previamente autorizada em lei. É possível, porém, em casos excepcionais, o erro de tipo, ou seja, o desconhecimento de que a operação não estava autorizada legalmente.

Não há forma culposa do crime.

19.1.7   Consumação e tentativa

A consumação do crime ocorre conforme a conduta. Se o agente é quem pode ordenar a operação, basta que o faça para que o crime esteja consumado. Se sua função é autorizar as operações de crédito, a prática desse ato consuma o delito. Por fim, se o agente é quem tem função de realizá-la, consuma o crime quando a executa.

A tentativa somente é possível na conduta de realizar a operação, que é abortada antes de sua concretização por circunstâncias alheias à vontade do agente. Nas demais formas, trata-se de crime de mera conduta, que se consuma independentemente da realização da operação de crédito.

19.1.8   Crimes assemelhados

No parágrafo único do art. 359-A, prevê a lei crimes assemelhados. Diz o referido parágrafo: "Incide na mesma pena quem ordena, autoriza ou realiza operação de crédito, interno ou externo:

> I – com inobservância de limite, condição ou montante estabelecido em lei ou em resolução do Senado Federal;
>
> II – quando o montante da dívida consolidada ultrapassa o limite máximo autorizado por lei."

19 • DOS CRIMES CONTRA AS FINANÇAS PÚBLICAS

Assim, também são incriminadas as condutas de quem ordena, autoriza ou realiza operação de crédito interno ou externo "com inobservância de limite, condição ou montante estabelecido em lei ou em resolução do Senado Federal" ou "quando o montante da dívida consolidada ultrapassa o limite autorizado por lei". No caso, há permissão para a operação de crédito, mas ela é ordenada, autorizada ou executada irregularmente, com relação a seus limites, condições ou montantes. Se há, porém, disposição legal no sentido de que os limites estabelecidos para as operações de crédito em geral não se aplicam a determinadas operações, a conduta é atípica.[1]

19.2 INSCRIÇÃO DE DESPESAS NÃO EMPENHADAS EM RESTOS A PAGAR

19.2.1 Conceito

Com a rubrica "inscrição de despesas não empenhadas em restos a pagar", o art. 359-B dispõe: "Ordenar ou autorizar a inscrição em restos a pagar, de despesa que não tenha sido previamente empenhada ou que exceda limite estabelecido em lei: Pena – detenção, de 6 (seis) meses a 2 (dois) anos."

19.2.2 Objetividade jurídica

Tutela a lei a regularidade da administração pública no que concerne às Contas Públicas, evitando a inscrição irregular na rubrica de restos a pagar de despesas.

19.2.3 Sujeitos do delito

Sujeito ativo é o agente público que tem a função de ordenar ou de autorizar a inscrição de despesas em restos a pagar e o faz irregularmente. Nada impede a participação criminosa por instigação.

Sujeito passivo é o Estado, lesado na regularidade da administração das Finanças Públicas.

19.2.4 Tipo objetivo

As condutas típicas são as de ordenar e de autorizar (v. item 19.1.5) irregularmente a inscrição de despesa. Com tais ações, permitem os agentes que seja inscrita na rubrica de restos a pagar (da despesa assumida em um exercício fiscal, mas cujo pagamento é feito no exercício seguinte) despesa que não tenha sido previamente empenhada ou que exceda limite estabelecido em lei. Por definição legal, empenho da despesa é "o ato emanado de autoridade competente que cria para o Estado obrigação de pagamento pendente ou não de implemento de condição" (art. 58 da Lei nº 4.320, de 17-3-1964). O art. 41 da Lei Complementar nº 101, de 4-5-2000 (Lei de Responsabilidade Fiscal), que definia e especificava despesas a serem inscritas em restos a pagar, foi objeto do veto presidencial.

19.2.5 Tipo subjetivo

Trata a lei de crime doloso, incidindo no tipo o agente que voluntariamente ordenou ou autorizou a inscrição da despesa, sabendo que não tinha sido ela previamente empenhada ou que excedia o limite estabelecido em lei.

19.2.6 Consumação e tentativa

Consuma-se o crime com a ordem, para o agente que a determina, e com a autorização, para o agente que a permite, independentemente da efetiva inscrição da despesa. Trata-se de crime de mera conduta, nas duas ações, não se admitindo a tentativa.

19.3 ASSUNÇÃO DE OBRIGAÇÃO NO ÚLTIMO ANO DO MANDATO OU LEGISLATURA

19.3.1 Conceito

Proíbe-se o administrador que assuma obrigações nos *últimos oito meses de sua gestão*, dispondo o art. 359-C: "Ordenar ou autorizar a assunção de obrigação, nos dois últimos quadrimestres do último ano do mandato ou legislatura, cuja despesa não possa ser paga no mesmo exercício financeiro ou, caso reste parcela a ser paga no exercício seguinte, que não tenha contrapartida suficiente de disponibilidade de caixa: Pena – reclusão, de 1 (um) a 4 (quatro) anos."

19.3.2 Objetividade jurídica

Com o dispositivo tenta-se evitar que, no final de mandato ou legislatura, o agente onere seu sucessor com obrigações sem que haja disponibilidade de recursos, comprometendo, assim, a regularidade das Finanças Públicas.

19.3.3 Sujeitos do delito

Sujeito ativo do crime é o funcionário que ordena ou autoriza que seja assumida a obrigação de despesa que não pode ser paga no mesmo exercício financeiro ou de parcela que deve ser paga no exercício seguinte sem contrapartida suficiente de disponibilidade de caixa. É partícipe quem induz ou instiga o sujeito ativo à prática do ilícito.

Sujeito passivo é o Estado, lesado na regularidade da administração das finanças públicas.

19.3.4 Tipo objetivo

A Lei Complementar nº 101, de 4-5-2000 (Lei de Responsabilidade Fiscal), veda no art. 42 a assunção de obrigação nos dois últimos quadrimestres do mandato que não possa ser cumprida integralmente dentro dele, ou que tenha parcelas a serem pagas no

19 • DOS CRIMES CONTRA AS FINANÇAS PÚBLICAS

exercício seguinte sem que haja suficiente disponibilidade de caixa para este efeito. As condutas típicas são, como nos artigos anteriores, as de ordenar ou autorizar, ou seja, de mandar ou permitir um ato, no caso, o de que seja assumida a obrigação de despesas que não possam ser pagas no mesmo exercício financeiro ou, tratando-se de débito em parcela a ser paga no exercício seguinte, que a despesa não tenha contrapartida suficiente de disponibilidade em caixa. Evita-se com o dispositivo que o administrador transfira para o sucessor despesas feitas nos últimos oito meses do mandato ou da legislatura.

19.3.5 Tipo subjetivo

O dolo do crime é a vontade de ordenar ou de autorizar a assunção da obrigação que não é admitida no prazo de oito meses finais do mandato ou legislatura.

19.3.6 Consumação e tentativa

Consuma-se o crime previsto no art. 359-C com a ordem ou autorização para que se assuma irregularmente a obrigação. Trata-se de crime formal, dispensando-se para a consumação que seja assumida a obrigação.

É inadmissível a tentativa.

19.4 ORDENAÇÃO DE DESPESA NÃO AUTORIZADA

19.4.1 Conceito

Em tipo aberto, incrimina a lei a conduta de ordenar despesa infringindo a lei. Prevê o art. 359-D: "Ordenar despesa não autorizada por lei: Pena – reclusão, de 1 (um) a 4 (quatro) anos."

19.4.2 Objetividade jurídica

Evidentemente, as Finanças Públicas estão regidas pela leis orçamentárias, que disciplinam as despesas que podem ser efetuadas pelo administrador. Com o art. 359-D a lei procura proteger a regularidade da aplicação das rendas e verbas públicas.

19.4.3 Sujeitos do delito

Pratica o crime o administrador federal, estadual ou municipal que ordenar a despesa não autorizada por lei, nada vedando a participação criminosa por instigação.

Sujeito passivo é o Estado, lesado na regularidade da administração das Finanças Públicas.

19.4.4 Tipo objetivo

A conduta típica é ordenar, ou seja, mandar que se faça despesa não autorizada por lei. Trata a lei de uma forma genérica, que abrange a ação de qualquer administrador que tenha em suas atribuições a possibilidade de ordenar despesa pública. Cometerá o ilícito em tela, em qualquer situação, quando a referida despesa não estiver autorizada em lei. Já se decidiu, porém, que, cuidando-se de norma penal em branco, a hipótese de despesa não autorizada deve estar prevista em lei.[2] A Lei de Responsabilidade Fiscal prevê os casos em que as despesas serão consideradas não autorizadas, irregulares e lesivas ao patrimônio público (arts. 15 a 17). Trata-se de crime subsidiário, que é afastado, no concurso aparente de normas, apenas quando é menos grave que o concorrente, ou que este seja regra especial com relação ao art. 359-D. A conduta é prevista também como crime de responsabilidade (art. 11, nº 1, da Lei nº 1.079, de 10-4-1950 e art. 1º, V, do Decreto-lei nº 201, de 27-2-1967) e como ato de improbidade administrativa (art. 10, IX, da Lei nº 8.429, de 2-6-1992).

19.4.5 Tipo subjetivo

O dolo é a vontade de ordenar a despesa, tendo conhecimento de que ela não está autorizada por lei. Admite-se o dolo eventual, em que o agente público atua quando há dúvida sobre a existência ou não de autorização legal.

19.4.6 Consumação e tentativa

Consuma-se o crime com a simples ordem para a despesa, independentemente desta ou de prejuízo efetivo para o Estado. Tratando-se de mera conduta, é inadmissível a tentativa. Na jurisprudência, porém, tem-se entendido que a inexistência de autorização de despesa constitui, tão somente, indício de irregularidade, exigindo-se para o aperfeiçoamento do crime a efetiva lesão às finanças públicas, bem jurídico tutelado pelo dispositivo.[3] Havendo dotação orçamentária para a realização da despesa, tem-se afastado a caracterização da infração penal.[4]

19.5 PRESTAÇÃO DE GARANTIA GRACIOSA

19.5.1 Conceito

Sob a rubrica "prestação de garantia graciosa" incrimina a lei a conduta do administrador que, favorecendo terceiro, presta-lhe indevidamente garantia. Dispõe o art. 359-E: "Prestar garantia em operação de crédito sem que tenha sido constituída contragarantia em valor igual ou superior ao valor da garantia prestada, na forma da lei: Pena – detenção, de 3 (três) meses a 1 (um) ano."

19.5.2 Objetividade jurídica

Tutela a lei a regularidade das Finanças Públicas, quanto às operações de crédito, evitando que a administração assuma irregularmente, em favor de terceiro, a condição de garantidor da operação.

19.5.3   Sujeitos do delito

Sujeito ativo é o funcionário que presta garantia, em operação de crédito, sem que tenha sido constituída a contragarantia correspondente, na forma da lei. Permite o crime a participação criminosa dos beneficiados.

Sujeito passivo é o Estado, lesado em sua administração das Finanças Públicas pela assunção ilegal do ônus.

19.5.4   Tipo objetivo

A conduta típica é, em operação de crédito, oferecer garantia irregular em favor de terceiro, sem que a administração tenha sido resguardada pela constituição da contragarantia em valor igual ou superior ao valor da garantia prestada, na forma prevista em lei. Concessão de garantia é definida na Lei Complementar nº 101, de 4-5-2000, como o compromisso de adimplência de obrigação financeira ou contratual assumida por ente da Federação ou entidade a ele vinculada (art. 29, IV). A mesma Lei institui normas sobre garantia e contragarantia em operações de crédito (art. 40).

19.5.5   Tipo subjetivo

O dolo é a vontade de prestar, ilegalmente, a garantia, em operação de crédito da qual venha o Estado a participar.

19.5.6   Consumação e tentativa

Consuma-se o crime com a prestação irregular da garantia na operação de crédito. Não se exige a ocorrência de prejuízo efetivo para os cofres públicos.

19.6   NÃO CANCELAMENTO DE RESTOS A PAGAR

19.6.1   Conceito

Sob a rubrica "não cancelamento de restos a pagar", dispõe o art. 359-F: "Deixar de ordenar, de autorizar ou de promover o cancelamento do montante de restos a pagar inscrito em valor superior ao permitido em lei: Pena – detenção, de 6 (seis) meses a 2 (dois) anos."

19.6.2   Objetividade jurídica

Protege a lei, ainda, a administração no que tange às Contas Públicas, evitando a continuidade de irregularidade que tenha sido cometida quando da inscrição de valor ilegal em restos a pagar (item 19.2.1).

19.6.3 Sujeitos do delito

Sujeito ativo do crime é o funcionário que, ciente da irregularidade, deve ordenar, autorizar ou promover o cancelamento do montante de restos a pagar inscrito ilegalmente.

Sujeito passivo é o Estado, ofendido na regularidade da administração das Finanças Públicas.

19.6.4 Tipo objetivo

Assim como é crime a inscrição em restos a pagar de despesa que exceda limite estabelecido em lei (item 19.2.4), também comete crime o administrador que, no exercício próprio, deixa de ordenar, de autorizar ou de promover seu cancelamento. Trata-se de crime omissivo puro, que ocorre no momento em que o agente passa a estar obrigado a ordenar, autorizar ou promover o cancelamento do montante de restos a pagar inscrito com ilegalidade.

19.6.5 Tipo subjetivo

O dolo é a vontade de não praticar o ato devido, ou seja, de ordenar, autorizar ou promover o cancelamento devido. A mera mora, por culpa, não constitui o ilícito.

19.6.6 Consumação e tentativa

Consuma-se o crime assim que se esgota o prazo para que o administrador, conforme as funções que desempenhe, ordene, autorize ou promova o cancelamento. Não se exige que haja prejuízo efetivo para a Administração.

Tratando-se de crime omissivo puro, não há possibilidade de tentativa.

19.7 AUMENTO DE DESPESA TOTAL COM PESSOAL NO ÚLTIMO ANO DO MANDATO OU LEGISLATURA

19.7.1 Conceito

Por força da Lei nº 10.028/2000, acrescentou-se tipo penal para incriminar a conduta dos administradores que oneram a folha de pagamento do pessoal no final do mandato ou legislatura, prejudicando o sucessor. Diz o art. 359-G: "Ordenar, autorizar ou executar ato que acarrete aumento de despesa total com pessoal, nos cento e oitenta dias anteriores ao final do mandato ou da legislatura: Pena – reclusão, de 1 (um) a 4 (quatro) anos."

19.7.2 Objetividade jurídica

Protege a lei a regularidade das Finanças Públicas, tentando evitar que os administradores promovam aumentos das despesas com pessoal, inclusive com a nomeação de novos funcionários, no final de seus mandatos ou legislatura.

19.7.3 Sujeitos do delito

Sujeito ativo do crime é o agente público, que tem como atribuição, no Executivo, Legislativo ou Judiciário, regular as despesas públicas com pessoal da Administração em geral, por poder ordenar, autorizar ou executá-las.

Sujeito passivo é o Estado, lesado na administração das Finanças Públicas.

19.7.4 Tipo objetivo

A Lei Complementar nº 101 define despesa total com pessoal (art. 18), estabelece limites para as despesas dessa natureza (arts. 19 e 20) e prevê a nulidade, de pleno direito, do ato de que resulte aumento da despesa com pessoal expedido nos cento e oitenta dias anteriores ao final do mandato (art. 21, parágrafo único). Procura a lei evitar que os agentes públicos, no final de seus mandatos, ou da legislatura, aumentem despesa total com os funcionários, prejudicando eventualmente seus sucessores, que deverão arcar com o aumento das despesas da Administração. O crime é de ação múltipla ou variada, podendo ser praticado com a ordem, a autorização ou a execução do ato que acarreta aumento de despesa com pessoal no prazo de lei em que é ele proibido, ou seja, nos últimos cento e oitenta dias do mandato ou da legislatura.

19.7.5 Tipo subjetivo

O dolo do crime previsto no art. 359-G é a vontade de ordenar, autorizar ou executar qualquer ato que acarrete aumento de despesas com pessoal, no prazo em que a lei o proíbe.

19.7.6 Consumação e tentativa

Tratando-se de crime formal, a consumação ocorre com a ordem, autorização ou a execução do ato incriminado. Independe a consumação de prejuízo efetivo para a Administração Pública. É inadmissível a tentativa nas duas primeiras condutas típicas, mas é ela possível no caso da execução que não se concretize por circunstâncias alheias à vontade do agente.

19.8 OFERTA PÚBLICA OU COLOCAÇÃO IRREGULAR DE TÍTULOS NO MERCADO

19.8.1 Conceito

Dispõe o art. 359-H, também inserido pela Lei nº 10.028/2000: "Ordenar, autorizar ou promover a oferta pública ou a colocação no mercado financeiro de títulos da dívida pública sem que tenham sido criados por lei ou sem que estejam registrados em sistema centralizado de liquidação e de custódia: Pena – reclusão, de 1 (um) a 4 (quatro) anos."

19.8.2 Objetividade jurídica

Pretende a lei proteger a regularidade das Finanças Públicas, impedindo sejam colocados irregularmente no mercado títulos da dívida pública. A Lei de Responsabilidade Fiscal define dívida pública mobiliária no art. 29 como a representada por títulos emitidos pela União, inclusive os do Banco Central do Brasil, Estados e Municípios. A Lei nº 10.179, de 6-2-2001, dispõe sobre os títulos da dívida pública de responsabilidade do Tesouro Nacional (LTN, LFN e NTN), prevendo no art. 5º a emissão dos títulos sob a forma escritural e o registro em sistema centralizado de liquidação e custódia e no art. 3º as formas de emissão.

19.8.3 Sujeitos do delito

A lei prevê mais um crime próprio, que só pode ser praticado por funcionário que tenha poder para ordenar, autorizar ou promover a oferta pública ou a colocação no mercado financeiro de títulos da dívida pública. Nada impede, também, a participação criminosa por instigação.

Sujeito passivo é o Estado, lesado na regularidade da administração das Finanças Públicas.

19.8.4 Tipo objetivo

Para que sejam ofertados ou colocados no mercado financeiro é necessário que os títulos da dívida pública tenham sido criados por lei e que estejam registrados em sistema centralizado de liquidação e de custódia. Pratica o crime o agente público que ordena, autoriza ou promove a oferta pública ou a colocação no mercado financeiro de títulos públicos que não se tenham por regulares na forma da lei.

19.8.5 Tipo subjetivo

O dolo do crime é, conforme a conduta, a vontade de ordenar, autorizar ou promover a oferta ou a colocação no mercado dos títulos. É evidente que se exige tenha o agente conhecimento de que não foram eles criados por lei ou que não estejam registrados regularmente.

19.8.6 Consumação e tentativa

Consuma-se o crime na primeira das condutas, com a autorização para a oferta ou colocação dos títulos no mercado. Na segunda conduta típica, a consumação dá-se com a mera autorização para tais atos. Na última ação típica, a consumação depende da efetiva oferta ou colocação no mercado. É indiferente haver ou não prejuízo efetivo para o Estado.

A tentativa é possível quando se trata de promover a oferta ou a colocação dos títulos no mercado que podem não ser efetivadas por circunstâncias alheias à vontade do agente.

PARTE VI
DOS CRIMES CONTRA O ESTADO DEMOCRÁTICO DE DIREITO

20

DOS CRIMES CONTRA
A SOBERANIA NACIONAL

20.1 CONSIDERAÇÕES GERAIS

20.1.1   Generalidades

A Lei nº 14.197, de 1º-9-2021, que revogou a antiga Lei de Segurança Nacional (Lei nº 7.170, de 14-12-1983), inseriu no Código Penal o Título XII, com a denominação "Dos Crimes contra o Estado Democrático de Direito". Neles se tutelam a soberania nacional (arts. 359-I e 359-J e 359-K), o Estado Democrático de Direito (arts. 359-L e 359-M), o funcionamento das instituições democráticas no processo eleitoral (art. 359-N e 359-P) e o funcionamento dos serviços essenciais (art. 359-R). Previa a Lei, também, os crimes de comunicação enganosa em massa (art. 359-O) e de atentado a direito de manifestação (art. 359-S), mas esses dispositivos, juntamente com os que estabeleciam causas de aumento de pena (arts. 359-U) e hipótese de ação penal privada subsidiária (art. 359-Q), foram objeto de veto presidencial. Pelos crimes descritos nesse Título, tutelam-se, portanto, valores fundamentais sobre os quais se assenta a organização do Estado brasileiro, em conformidade com a ordem constitucional instituída no Brasil em 1988.

Questão controversa considerada na doutrina atual e que não é despida de importância é a de saber se os crimes previstos no Título XII são ou não crimes políticos, inclusive porque a eles se refere a Constituição Federal.

Na vigência da antiga Lei de Segurança Nacional, Lei nº 7.170, de 14-12-1983, apontavam-se como políticos os crimes os que lesam ou expõem a perigo de lesão: "I – a integridade territorial e a soberania nacional; II – o regime representativo e democrático, a Federação e o Estado de Direito; e III – a pessoa dos chefes dos Poderes da União" (art. 1º), distinguindo-se eles dos crimes comuns, para sua aplicação, pela motivação e pelos objetivos do agente e pela lesão real ou potencial aos bens jurídicos mencionados na sua conceituação (art. 2º). Diante da revogação da LSN e da inclusão no Código Penal do Título XII, tem-se sustentado que esses novos delitos não devem ser considerados crimes políticos. Com vistas a sepultar quaisquer resquícios do período ditatorial, que perduraram por anos durante a vigência da LSN, argumenta Bittencourt que "em um Estado Democrático de Direito não há espaço para a classificação de crime político e muito menos para a tipificação de condutas sociais como caracterizadoras, por si só, de crimes políticos"[1] Nesse sentido, com apoio em substanciosa argumentação, concluem Sanches e Silvares; "Assim, a noção de crime político contida no inciso II, do art. 5º é aquela mesma constituída no século XIX, sendo aplicável apenas na relação externa da CF com os demais ordenamento. Portanto, nenhum dos crimes presentes em nosso ordenamento poderá ser considerado político, ainda que tenha motivação política ou busque atingir o Estado Democrático de Direito."[2] Assim já ensinava Vicente Greco Filho antes da revogação da LSN: "Não há definição legal dos crimes políticos na legislação brasileira. Aliás, a referência a esse tipo de crimes é inadequada e, quiçá, odiosa. Certamente não se aplica aos crimes comuns, ainda que com motivação política. E menos ainda nos chamados crimes políticos puros, que a tradição constitucional brasileira sempre repeliu. Nos termos do art. 5º, LII, da Constituição, não se concederá extradição por crime político ou de opinião. Ora, como punir alguém por fato dessa natureza? A expressão no texto constitucional foi, portanto, no mínimo, infeliz e espera-se que não seja regulamentada."[3]

Deve-se observar, porém, que a distinção entre crimes políticos e crimes comuns persiste necessária porque a Constituição àqueles se refere, atribuindo-lhes efeitos, para fixar a competência da Justiça Federal (arts. 102, II, *b*, 199, IV) e para negar a extradição ao estrangeiro deles acusado (art. 5º, LII). O Código Penal também menciona os crimes políticos para negar aos seus autores o efeito da reincidência (art. 64, II) e a Lei de Execução Penal para desobriga-los do trabalho prisional (art. 200).

Ausentes na Constituição Federal uma definição, rol ou parâmetros que permitam a mencionada distinção e, a partir da revogação da LSN, inexistente uma conceituação legal de crime político, é natural o recurso à doutrina para suprir a lacuna. Embora difícil uma diferenciação ontológica, têm-se adotado como critérios ordinários distintivos a natureza dos bens jurídicos lesados (objetivo) e a motivação do agente (subjetivo). Assim, os crimes políticos são os que, tendo o agente motivação política, lesam ou põem em perigo a soberania do país ou a ordem política instituída, distinguindo-se entre eles os crimes políticos puros ou próprios, que têm por objeto jurídico apenas a ordem política, sem que sejam atingidos bens ou interesses jurídicos individuais, dos crimes políticos relativos ou impróprios, que lesam ou expõem a perigo também esses bens jurídicos (vide *Manual*, P.G. ítem 3.6.20). A se seguir essa orientação, no Título XII do Código Penal seriam, por exemplo, crimes políticos puros ou próprios os de atentado à soberania (art. 359-I) e espionagem (art. 359-K), previstos entre os crimes contra o Estado Democrático de Direito, e crimes políticos relativos os de abolição violenta do Estado Democrático de Direito (359-L), violência política (art. 359-P) e sabotagem (art. 359-R).

---

1. BITENCOURT, Cesar Roberto, *Tratado de Direito Penal, volume 6*. 1ª Edição. São Paulo: SaraivaJur, 2023, p. 304.
2. CUNHA, Rogério Sanches e SILVARES, Ricardo, *Crimes Contra o Estado Democrático de Direito – Lei 14.197/21 comentada por artigos*. São Paulo: Editora JusPodivm. 2021, p. 45.
3. GRECO FILHO, Vicente. *Manual de Processo Penal*. 8ª edição. São Paulo: Saraiva, 2010, p. 145-146. CUNHA, *apud* Rogério Sanches e SILVARES. Ob. Cit. P. 44-45.

Todavia, deve-se reconhecer, sem sombra de dúvida, que as relevantes e justas preocupações externadas pelos supracitados autores, no sentido de se afastar do Ordenamento qualquer conotação que vinculasse os novos crimes ao passado ditatorial, também estiveram presentes na mente do legislador por ocasião da elaboração da Lei nº 14.197, de 1º-9-2021. Nesse sentido são não somente a própria revogação da antiga LSN pela Lei, como também a ausência de menção aos crimes políticos, a clara definição, no próprio Código Penal e não em lei especial, dos tipos legais em consonância com a ordem jurídica instituída pela Constituição, que se funda no Estado Democrático de Direito e no regular funcionamento das instituições democráticas, bem como, ainda, a expressa salvaguarda prevista ao exercício liberdade de imprensa, à livre manifestação da crítica política e às reivindicações sociais e políticas, individuais ou coletivas (art. 359-T).

Nesse contexto, entendemos que sobre a tradicional orientação doutrinária deve prevalecer a clara vontade do legislador no sentido de se considerarem como crimes comuns e não como crimes políticos os definidos no Título XII do Código Penal. Por consequência, competente para o seu julgamento seria, em princípio, a Justiça comum, reconhecendo-se a da Justiça Federal, no caso concreto, não por se tratar de crimes políticos, mas sempre que lesado ou ameaçado, interesse da União (art. 109, IV, da CF). [4] Há que se observar, no entanto, que o interesse da União emerge claro na maioria dos crimes do Título XII, devendo-se reconhecê-lo presente nos crimes de atentado à soberania nacional (arts. 359-I a 359-K), nos crimes contra as instituições democráticas (arts. 359-L e 359-M) e no crime de sabotagem (art. 359-R). Com relação aos crimes de interrupção do processo eleitoral (art. 359-N) e violência política (art. 359-P), por sua natureza, a competência será da Justiça Eleitoral, estadual ou federal. Por se tratar de crimes comuns e não políticos, aos autores dos crimes contra o Estado Democrático de Direito não se aplicam as regras contidas no art. 64, II, do Código Penal e no art. 200 da Lei de Execução Penal.

Se o crime contra o Estado Democrático de Direito for praticado mediante ação de grupos armados, civis ou militares, será ele inafiançável e imprescritível, nos termos do que dispõe o art. 5º, XLIV da Constituição Federal.

20.2 ATENTADO À SOBERANIA

20.2.1 Conceito

O crime de atentado à soberania está definido no art. 359-I: "Negociar com governo ou grupo estrangeiro, ou seus agentes, com o fim de provocar atos típicos de guerra contra o País ou invadi-lo: Pena – reclusão, de 3 (três) a 8 (oito) anos".

---

4. No mesmo sentido o entendimento de Sanches e Silvares, p. 182.

20.2.2 Objetividade jurídica

O bem jurídico tutelado pelo dispositivo é a soberania nacional, i.é, o poder político que o Estado brasileiro exerce sobre seu território, que não se submete a nenhum outro poder na ordem interna e é independente em relação a qualquer outro na ordem internacional. No art. 359-I criminaliza-se conduta que visa favorecer a eclosão de uma guerra ou uma invasão do território nacional por outro país.

20.2.3 Sujeito ativo

Qualquer pessoa pode ser sujeito ativo do delito de atentado à soberania. Não estabelecendo a lei qualquer discriminação, podem praticar o delito tanto o brasileiro como o estrangeiro, o civil e o funcionário público, os agentes políticos, parlamentares, ministros de Estado etc. Tratando-se de militar, o fato é punido nos termos do Código Penal Militar (arts. 119 e 122).

20.2.4 Sujeito passivo

Sujeito passivo é o titular do direito tutelado no dispositivo, o Estado brasileiro, que exerce a sua soberania plena dentro dos limites territoriais do País.

20.2.5 Tipo objetivo

A ação típica é a de *negociar*, que tem o sentido de discutir, dialogar, trocar ideias ou entabular conversações visando firmar um acordo, ajuste ou transação tendente a provocar a invasão ou atos de guerra contra o País. A negociação, descreve-se, pode ocorrer com o governo, isto é, diretamente com instituições oficiais de um País estrangeiro, com um grupo estrangeiro, expressão que abrange qualquer organização não governamental estrangeira, entre as quais as que têm pretensões bélicas, territoriais ou terroristas, ou, então, com seus agentes, ou seja, com qualquer pessoa que negocie ou intermedeie, oficialmente ou não, em nome do governo ou do grupo estrangeiro.

Exige-se no tipo que a negociação tenha por finalidade a de provocar atos típicos de guerra contra o Brasil ou sua invasão. *Invasão* é a irrupção ou ocupação de parte do território nacional mediante o poder das armas. Por atos típicos de guerra deve-se entender aqueles que configurem uma agressão armada violadora da soberania do Estado brasileiro sobre o território nacional (art. 5º, § 1º, do CP), seguidas ou não de uma ocupação, como nos casos de bombardeios em terra, ataques a aeronaves ou embarcações nacionais, bloqueios de portos etc.

20.2.6 Tipo subjetivo

O elemento subjetivo é o dolo, ou seja, a vontade de negociar com o governo ou grupo estrangeiro ou seus agentes, com a finalidade específica de provocar a invasão ou atos típicos de guerra contra o País.

20.2.7 Consumação e tentativa

Para o aperfeiçoamento do ilícito não é necessário que a negociação com o governo ou grupo estrangeiro tenha sido ultimada mediante a efetiva celebração de um acordo ou ajuste, bastando, para a consumação do delito, o início das tratativas que visem àquele fim. A tentativa pode se configurar na prática pelo agente de atos tendentes à negociação que não venha a prosperar, como no caso de formulação de uma proposta de acordo que não encontra receptividade por parte do governo ou grupo estrangeiro para sua continuidade. Evidentemente, não é também necessária para a consumação do delito a efetiva ocorrência de uma invasão ou a realização concreta de atos de guerra.

20.2.8 Aumento de pena

No § 1º está previsto o aumento da pena *de metade até o dobro* se em decorrência da conduta do agente sobrevém uma declaração de guerra, pelo Brasil ou pelo País estrangeiro. A ocorrência prévia ou posterior da invasão ou da prática de atos típicos de guerra não é suficiente para a incidência da majorante, exigindo-se no tipo que a guerra seja oficialmente declarada, o que pressupõe ato formal do país, conforme previsto nas normas de direito internacional.

20.2.9 Forma qualificada

É discutível se no § 2º está contida a descrição de um tipo autônomo ou se se cuida de uma forma qualificada do delito de atentado à soberania.

Na primeira hipótese, não haveria a necessidade de o agente praticar previamente qualquer negociação com o estrangeiro, bastando a sua participação em uma operação bélica por este promovida visando à submissão do território nacional ou de parte deste à soberania do agressor. Assim, qualquer pessoa, nacional ou estrangeiro, que aderisse a um atentado dessa natureza praticaria o crime. No entanto, a redação do dispositivo e a técnica empregada, sua colocação no artigo, a utilização da conjunção subordinativa a uma ação principal, "se", e a referência ao "agente", são indicativos de que este só pode ser o autor do crime descrito no *caput*, tratando-se, portanto, de uma forma qualificada da infração. Se o agente, portanto, não apenas negocia, mas participa da agressão armada com a mencionada finalidade, responde nos termos do § 2º, sujeitando-se à pena de 4 a 12 anos de reclusão.

A falta de uma melhor técnica também impede a aplicação da causa de aumento de pena prevista no § 1º à forma qualificada do delito.

20.3 ATENTADO À INTEGRIDADE NACIONAL

20.3.1 Conceito

O crime de atentado à integridade nacional vem definido no art. 359-J: "Praticar violência ou grave ameaça com a finalidade de desmembrar parte do território nacional para constituir país independente: Pena – reclusão, de 2 (dois) a 6 (seis) anos, além da pena correspondente à violência".

20.3.2   Objetividade jurídica

No crime descrito no art. 359-J tutela-se a integridade do território nacional contra condutas que visem ao seu desmembramento para a constituição de um País independente.

20.3.3   Sujeito ativo

O crime de atentado à integridade nacional é crime comum, podendo ser praticado por qualquer pessoa, nacional ou estrangeiro.

20.3.4   Sujeito passivo

O sujeito passivo é, também, aqui, o Estado, titular do direito de soberania sobre a integralidade do território nacional. Também são sujeitos passivos as vítimas da violência ou ameaça.

20.3.5   Tipo objetivo

A ação típica é a de *praticar* violência ou grave ameaça, das quais pode ser vítima qualquer pessoa. Não se referindo, porém, o tipo à violência contra pessoa, abre-se a possibilidade de se aplicar o dispositivo à *violência empregada contra coisa*, com a destruição de bens materiais.

20.3.6   Tipo subjetivo

Exigem-se para a configuração do delito o dolo, a vontade livre e consciente de empregar violência ou grave ameaça e um elemento subjetivo do tipo, consistente na finalidade que move o agente ao praticar a conduta, a de desmembrar parte do território nacional para nela se constituir um país independente.

20.3.7   Consumação e tentativa

Na primeira modalidade, o crime de atentado à integridade nacional se consuma com a tão só prática da violência ou grave ameaça, independe o aperfeiçoamento do delito de que o agente tenha sucesso em seu desiderato de desmembramento de parte do território brasileiro. A eventual ocorrência deste, com a criação de um Estado independente, não é causa de agravamento da pena e tampouco afasta a possibilidade de sua responsabilização. A tentativa é admissível.

20.3.8 Concurso

Conforme previsto no preceito secundário do art. 359-J, responde o agente também pelo delito configurado com o emprego da violência, como homicídio, lesão corporal, dano etc., somando-se as penas.

20.4 ESPIONAGEM

20.4.1 Conceito

Descreve o art. 359-K o delito de espionagem: "Entregar a governo estrangeiro, a seus agentes, ou a organização criminosa estrangeira, em desacordo com determinação legal ou regulamentar, documento ou informação classificados como secretos ou ultrassecretos nos termos da lei, cuja revelação possa colocar em perigo a preservação da ordem constitucional ou a soberania nacional: Pena – reclusão, de 3 (três) a 12 (doze) anos".

20.4.2 Objetividade jurídica

No art. 359-K tutela-se, ainda, a soberania nacional. Objetiva-se, também, em acréscimo, a proteção da ordem constitucional vigente, conforme se depreende da própria redação do tipo.

20.4.3 Sujeito ativo

Qualquer pessoa, nacional ou estrangeiro, funcionário público ou não, pode ser sujeito ativo do crime de espionagem. A qualidade do agente que lhe determina o dever de sigilo sobre as informações enseja a incidência de uma qualificadora (§ 2º).

20.4.4 Sujeito passivo

Sujeito passivo é o Estado, titular do direito-dever de manter em sigilo as informações que possam colocar em perigo a ordem constitucional ou a soberania nacional.

20.4.5 Tipo objetivo

Pelo crime de espionagem pune-se quem entrega a governo ou organização criminosa estrangeira documento ou informação sobre a qual recai especial grau de sigilo. *Entregar*, no tipo, é dar, transferir, revelar, passar para as mãos ou conhecimento de outrem o documento ou a informação. O destinatário deve ser um governo estrangeiro ou uma organização criminosa estrangeira. A entrega pode ser direta ao governo, i.é, às instituições oficiais de outro País, ou a algum de seus agentes, funcionários ou representantes, oficiais ou não, mas que age em nome e no interesse do Estado estrangeiro.

Conceito legal de organização criminosa é dado em nosso direito pelo art. 1º, § 1º, da Lei nº 12.850/2013 (v. item 8.3.5). Por organização estrangeira, porém, deve-se considerar, por exclusão, aquela que não é brasileira, i.é, que tem sua sede, base ou foco de atuação a partir do exterior, independentemente da nacionalidade de seus membros, estando, portanto, incluídas as organizações terroristas, os grupos de guerrilha, as facções clandestinas de movimentos armados internacionais etc.

O objeto material do delito é o documento ou informação sigilosos que tenham sido classificados como secretos ou ultrassecretos nos termos da lei. Trata-se de norma penal em branco cuja complementação é dada pela Lei nº 12.527, de 18-11-2011, que regula o acesso a informações previsto na Constituição Federal (art. 5º, XXXIII). Informação, define a Lei, são "dados, processados ou não, que podem ser utilizados para produção e transmissão de conhecimento, contidos em qualquer meio, suporte ou formato" e documento é a "unidade de registro de informações, qualquer que seja o suporte ou formato" (art. 4º, I e II). As informações ultrassecretas têm o prazo máximo de restrição de 25 anos e as secretas de 15 anos. Dispõem a Lei e seu regulamento (Decreto nº 7.724, de 16-5-2012) sobre a competência para a decretação dos sigilos, sua ratificação e revisão.

Abrange o tipo as informações que sejam transmitidas por qualquer meio de comunicação, incluindo-se a transmissão meramente oral.

Contém o tipo elementos normativos. O primeiro deles é o de que a conduta seja praticada em desacordo com determinação legal ou regulamentar. Excluem-se, assim, da tipicidade os casos em que a entrega da informação ou documento encontre abrigo na legislação pátria, como pode ocorrer no curso de gestões diplomáticas regulamente autorizadas. Exige-se, também, no tipo, que a informação ou documento seja de natureza que sua "revelação possa colocar em perigo a preservação da ordem constitucional ou a soberania nacional". Esse perigo não constitui uma presunção absoluta que decorra do mero fato de as informações ou documentos terem sido classificados como secretos ou ultrassecretos, porque, então, inócua seria a utilização da fórmula no dispositivo. Cuida-se, portanto, de elemento cuja presença no fato concreto deve ser aferida pelo juiz no decorrer da persecução penal.

20.4.6 Tipo subjetivo

O tipo subjetivo é composto pelo dolo, direto ou eventual, que pode ocorrer no risco assumido pelo agente com relação à natureza da informação ou documento ou qualidade de seu destinatário. A incidência em erro de tipo é possível com relação aos mesmos elementos e elide o crime pela ausência do dolo.

20.4.7 Consumação e tentativa

Consuma-se o crime com a entrega da informação ou documento sigiloso e seu recebimento pelo governo estrangeiro ou seus agentes ou pela organização criminosa. No caso de não chegar a ocorrer esse recebimento a despeito da conduta do agente, por circunstâncias alheias a sua vontade, configura-se a tentativa.

20.4.8 Forma qualificada

No § 2º é prevista a forma qualificada do delito. A pena é de 6 a 15 anos se o agente com a entrega viola dever de sigilo. Embora na prática do crime, tal como previsto no *caput*, ocorra sempre a violação de um sigilo, por se tratar de documento secreto ou ultrassecreto, a circunstância contida no parágrafo determina a punição mais gravosa se ao agente incumbia a preservação do sigilo da informação ou documento. Destina-se a norma, principalmente, mas não exclusivamente, ao funcionário ou agente público, inclusive o que não mais exerce a função em face da persistência do dever, como se verifica no crime de violação de sigilo funcional (art. 325). Também o particular pode ter a punição agravada, nos termos do § 2º, se teve acesso ao segredo e se está, por força de norma legal ou regulamentar ou de contrato, pessoalmente obrigado a não revela-lo.

20.4.9 Favorecimento pessoal a espião

No § 1º do art. 359-K pune-se com as mesmas penas previstas no *caput* quem presta auxílio a espião para subtraí-lo à ação da autoridade pública. Espião é quem pratica ato de espionagem, que é o crime descrito no *caput*. Trata-se de uma modalidade específica do crime de favorecimento pessoal, previsto no art. 348. Pode ser cometido por qualquer pessoa. Configura-se com a prestação de qualquer forma de auxílio ao espião, como acolhê-lo ou dar-lhe abrigo ou transporte, encetar ações que impeçam ou dificultem a sua prisão ou localização pelos agentes públicos, fornecer-lhe dinheiro ou meios de fuga etc. Exige-se a prática de uma conduta comissiva, um agir positivo concreto, não se caracterizando o crime se o agente simplesmente se omite, ainda que se cuide de funcionário público, que poderá responder, no caso, por prevaricação. Não há o crime em estudo, também, no mero incentivo à prática da espionagem, se o ato material, o auxílio, não vem a ser prestado. No caso de auxílio moral, inclusive o induzimento e a instigação, poderá o agente ser responsabilizado como partícipe do crime descrito no *caput*. O elemento subjetivo é o dolo, a vontade de auxiliar o espião a subtrair-se da ação da autoridade, com a ciência de se tratar de autor do crime de espionagem. Diante da redação do dispositivo, diversamente do que se verifica no favorecimento pessoal, cujo aperfeiçoamento ocorre com a efetiva subtração do criminoso (item 18.11.4), o crime previsto no § 1º do art. 359-K se consuma com a prestação do auxílio, desde que este vise à subtração do espião da ação da autoridade, ainda que a final não logre ele sucesso. A tentativa é possível, embora de difícil configuração. Não se aplica ao § 1º, a qualificadora prevista no § 2º, que, por sua redação, pressupõe a prática da conduta descrita no *caput*, ao se referir à transmissão ou revelação do segredo.

20.4.10 Facilitação à espionagem

No § 3º descreve-se uma modalidade específica, mais severamente punida, do crime de fornecimento e empréstimo de senha, previsto no art. 325, § 1º, do Código Penal. Comete o crime quem facilita a prática dos crimes descritos no art. 359-K propiciando acesso de pessoa não autorizada aos sistemas de informações. *Facilitar* é favorecer, tornar fácil, facultar, remover obstáculos, cooperar para a prática do crime de espionagem. A facilitação do acesso pode ocorrer, conforme exemplifica o dispositivo, mediante a atribuição, fornecimento ou empréstimo de senha. A atribuição pressupõe que o agente tenha o poder de previamente inseri-la no sistema; o fornecimento é a mera entrega da senha e o empréstimo a viabilização temporária de seu uso pelo espião. Contém o dispositivo, porém, fórmula genérica que autoriza a interpretação analógica ao mencionar a facilitação mediante "qualquer outra forma de acesso" a sistemas de informações.

Somente responde nos termos do § 3º, quem facilita o acesso a esses sistemas. Se o agente facilita a prática da espionagem por outras formas, poderá responder como partícipe do crime descrito no *caput*. Somente se configura o delito em estudo se o ingresso no sistema de informações propiciado pelo agente permite ao espião o acesso aos dados classificados como secretos ou ultrassecretos, porque a estes se refere o *caput* do artigo. Acesso a outros sistemas de informações, ainda que contenham dados sigilosos, assim não classificados, poderá ensejar a punição pelo crime menos grave do art. 325, § 1º (14.18.8).

Sujeito ativo pode ser não somente o funcionário público, mas qualquer pessoa que se encontre em condições de propiciar o acesso indevido. Diante da redação do § 3º, que se refere à facilitação da prática do crime de espionagem, a consumação daquele depende de que este também se configure, ao menos na forma tentada. Diversamente do que se verifica em relação ao art. 325, § 1º, não basta para seu aperfeiçoamento que o terceiro acesse a informação sigilosa.

20.4.11 Exclusão da ilicitude

Causas de exclusão da ilicitude são previstas no § 4º. Ainda que praticada uma ação típica entre as descritas no art. 359-K, não será ela antijurídica, afastando-se, assim, o crime, se a conduta se constituir na comunicação, entrega ou publicação de informações ou documentos, mesmo que classificados como secretos ou ultrassecretos, se a sua finalidade é a de "expor a prática de crime ou a violação de direitos humanos". A relevância desses interesses sociais, de punir o autor de infrações penais e de coibir e reprimir atentados aos direitos humanos, sobreleva-se ao interesse do Estado na preservação do sigilo dos dados que versem sobre aqueles. Aliás, conforme dispõe a Lei nº 12.527, de 18-11-2011, "as informações ou documentos que versem sobre condutas que impliquem violação de direitos humanos praticada por agentes públicos ou a mando de autoridades públicas não poderão ser objeto de restrição de acesso". Aplica-se a excludente tanto ao crime descrito no *caput* e em sua forma qualificada (§ 2º), como também aos delitos previstos nos §§ 1º e 3º.

Ao crime de espionagem, bem como aos demais crimes descritos no Título XII, aplica-se ainda, a excludente prevista no art. 359-T (item 24.1).

21

DOS CRIMES CONTRA AS INSTITUIÇÕES DEMOCRÁTICAS

21.1 ABOLIÇÃO VIOLENTA DO ESTADO DEMOCRÁTICO DE DIREITO

21.1.1 Conceito

O crime de abolição violenta do Estado Democrático de Direito é previsto no art. 359-L: "Tentar, com emprego de violência ou grave ameaça, abolir o Estado Democrático de Direito, impedindo ou restringindo o exercício dos poderes constitucionais: Pena – reclusão, de 4 (quatro) a 8 (oito) anos, além da pena correspondente à violência".

21.1.2 Objetividade jurídica

Pelos crimes descritos no novo Título XII do Código Penal, tutelam-se valores fundamentais sobre os quais se assenta a organização do Estado brasileiro, em conformidade com a ordem constitucional instituída no Brasil em 1988. Dispõe, nesse sentido, o art. 1º da Constituição Federal que a República Federativa do Brasil se constitui em "Estado Democrático de Direito". Trata-se de uma concepção ampla que abrange tanto os postulados básicos e princípios clássicos do Estado de Direito, como a submissão ao império da lei, a divisão, independência e harmonia dos poderes e a garantia dos direitos individuais, como, também, os valores intrínsecos aos regimes democráticos, entre os quais os da igualdade, liberdade e dignidade da pessoa humana, e a soberania da vontade popular.

21.1.3 Sujeito ativo

Trata-se de crime comum que pode ser praticado por qualquer pessoa.

21.1.4 Sujeito passivo

Sujeito passivo é o Estado brasileiro, na forma em que instituído pela ordem constitucional vigente. Também serão sujeitos passivos as pessoas eventualmente atingidas pelo emprego da violência ou grave ameaça.

21.1.5 Tipo objetivo

No art. 359-L incrimina-se a conduta que vise à supressão do Estado Democrático de Direito ou sua substituição por uma ditadura ou outro regime incompatível com a ordem constitucional. Exige-se no tipo que o *atentado* se realize mediante violência ou grave ameaça. Não configuram, assim, o crime a mera defesa e a difusão de ideias políticas contrárias à ordem vigente. A violência ou grave ameaça empregada pelo agente deve se dirigir à criação um impedimento ou uma restrição, i.é, de um obstáculo ou uma limitação ao regular exercício dos poderes constitucionais, que são os poderes executivo, legislativo e judiciário dos entes federativos, União, estados, Distrito Federal e municípios.

21.1.6 Tipo subjetivo

O dolo deve abranger a prática da violência ou grave ameaça, a vontade de por meio destas criar o impedimento ou restrição ao exercício dos poderes e o fim último, o de abolir o Estado Democrático de Direito.

21.1.7 Consumação e tentativa

Consuma-se o crime com a prática da violência ou grave ameaça, ocorra ou não a abolição do Estado Democrático de Direito ou mesmo efetivo impedimento ou restrição ao exercício dos poderes.

Trata-se de crime de atentado. Não há que se falar, assim, em tentativa do delito. Cuida-se aqui de uma das exceções à regra geral de punição do crime tentado, expressamente ressalvadas no art. 14, parágrafo único.

21.1.8 Concurso

Por expressa disposição contida no preceito secundário, decorrendo da violência algum outro crime, como homicídio, lesões corporais etc., impõe-se ao agente também a pena a este cominada.

21.2 GOLPE DE ESTADO

21.2.1 Conceito

O crime de golpe de Estado está previsto no art.359-M: "Tentar depor, por meio de violência ou grave ameaça, o governo legitimamente constituído: Pena – reclusão, de 4 (quatro) a 12 (doze) anos, além da pena correspondente à violência".

21.2.2 Objetividade jurídica

O Estado Democrático de Direito é o bem jurídico tutelado no dispositivo. Protege-se o regular funcionamento do governo legitimamente instituído, i.é, em consonância com as normas constitucionais vigentes e a vontade popular expressa nas eleições.

21.2.3 Sujeito ativo

Trata-se de crime comum que pode ser praticado por qualquer pessoa, brasileiro ou estrangeiro, agente público ou não.

21.2.4 Sujeito passivo

Sujeito passivo é o Estado. Também figurarão como sujeitos passivos os indivíduos sobre os quais recaia a conduta do agente, governantes ou não.

21.2.5 Tipo objetivo

Enquanto no art. 359-L o atentado contra o Estado Democrático de Direito se realiza mediante a tentativa de criação de obstáculo ao exercício dos três poderes constituídos, no art. 359-M, mais severamente punido, o agente visa à prática de um golpe de Estado, ou seja, *derrubar, pela força ou coação, o governo legitimamente constituído*, afastando os seus ocupantes do regular exercício de suas funções. A tentativa de deposição do governo, também aqui, deve se realizar mediante o emprego de violência ou grave ameaça. Na ausência destas, a simples sustentação e difusão de ideias ou razões pelas quais o governo deveria ser derrubado não configuram o crime em exame. Do *nomen juris*, golpe de Estado, depreende-se que a figura típica não abrange atentados que não sejam praticados contra o governo da União. A violência ou ameaça empregada com o fim de derrubar os governos estaduais ou municipais poderá se revestir da tipicidade do art. 359-L ou ensejar a caracterização de outro delito.

21.2.6 Tipo subjetivo

O elemento subjetivo é o dolo, a consciência e vontade de praticar a violência ou grave ameaça tendente a depor o governo legitimamente constituído.

21.2.7 Consumação e tentativa

O crime se consuma com a prática da violência ou da grave ameaça, logre ou não o agente o fim almejado, de depor o governo legítimo. A exemplo do que se verifica no art. 359-L, não há que se admitir a figura tentada, porque com o início de execução do crime verifica-se a adequação típica direta, dispensado o concurso da norma contida no art. 14, II do Código Penal.

21.2.8 Concurso

Dispõe o art. 359-M que ao agente deve ser imposta também, cumulativamente, a pena correspondente à violência praticada. Responde o agente por ambos os delitos em concurso.

22

DOS CRIMES CONTRA O FUNCIONAMENTO DAS INSTITUIÇÕES DEMOCRÁTICAS NO PROCESSO ELEITORAL

22.1 INTERRUPÇÃO DO PROCESSO ELEITORAL

22.1.1 Conceito

O crime de interrupção do processo eleitoral está descrito no art. 359-N com a seguinte redação: "Impedir ou perturbar a eleição ou a aferição de seu resultado, mediante violação indevida de mecanismos de segurança do sistema eletrônico de votação estabelecido pela Justiça Eleitoral: Pena – reclusão, de 3 (três) a 6 (seis) anos, e multa.

22.1.2 Objetividade jurídica

Tutela-se a lisura das eleições, um dos pilares do regular funcionamento das instituições democráticas contra condutas que possam prejudicar tanto o processo de votação como o de apuração dos votos até final aferição do resultado. As normas que regem o processo eleitoral estão contidas no Código Eleitoral (Lei nº 4.737, de 15-7-1965).

22.1.3 Sujeito ativo

Não se cuida de crime próprio. Qualquer pessoa, inclusive o candidato, eleitor ou servidor da Justiça eleitoral, pode ser sujeito ativo do delito do art. 359-N.

22.1.4 Sujeito passivo

Sujeito passivo é o Estado, responsável pelo regular funcionamento da Justiça Eleitoral. Serão também sujeitos passivos eleitores, candidatos e quaisquer participantes do pleito que tiverem seus direitos lesados pela conduta do agente.

22.1.5 Tipo objetivo

As ações típicas são a de *impedir*, que é não permitir que se inicie ou prossiga, paralisar, impossibilitar, obstaculizar, e *perturbar*, que significa tumultuar, embaraçar, estorvar, atrapalhar, alterar, o regular andamento do processo eleitoral. Exige-se que a conduta recaia sobre os "mecanismos de segurança ou do sistema eletrônico de votação", que é o adotado no Brasil pela Justiça Eleitoral. Pune-se, assim, qualquer tentativa de interferir indevidamente no funcionamento das urnas eletrônicas ou de alterar ou conturbar o sistema de apuração, mediante violação dos procedimentos eletrônicos de apuração, consolidação e totalização de votos colhidos nas múltiplas zonas eleitorais. *Violar*, no tipo é romper, ultrapassar, neutralizar os mecanismos de segurança da urna ou sistema, de modo a permitir o acesso indevido ou a alteração de dados.

22.1.6   Tipo subjetivo

É composto pelo dolo, a vontade livre e consciente de realizar todos os elementos do tipo.

22.1.7   Consumação e tentativa

O crime se consuma com a obstrução da eleição ou da aferição do resultado ou com a efetiva ocorrência de dificuldades para sua realização como decorrência da conduta do agente. A tentativa é possível em ambas as modalidades de conduta.

22.1.8   Distinção

Os crimes eleitorais são os descritos nos arts. 289 a 354-A do Código Eleitoral. Diversas condutas ali tipificadas constituem-se em formas de impedir ou perturbar o processo eleitoral. No art. 359-N punem-se somente as condutas praticadas mediante violação dos mecanismos de segurança do sistema eletrônico de votação.

22.2 VIOLÊNCIA POLÍTICA

22.2.1   Conceito

O crime de violência política está previsto no art. 359-P: "Restringir, impedir ou dificultar, com emprego de violência física, sexual ou psicológica, o exercício de direitos políticos a qualquer pessoa em razão de seu sexo, raça, cor, etnia, religião ou procedência nacional: Pena – reclusão, de 3 (três) a 6 (seis) anos, e multa, além da pena correspondente à violência".

22.2.2   Objetividade jurídica

O crime de violência política foi definido no art. 359-P, que visa tutelar o livre exercício dos direitos políticos contra ações que resultem de preconceito de sexo, raça, cor, etnia, religião ou procedência nacional.

22.2.3 Sujeito ativo

Qualquer pessoa pode ser sujeito ativo do crime de violência política.

22.2.4 Sujeito passivo

Sujeito passivo pode ser qualquer pessoa que seja titular dos direitos políticos, tanto o eleitor como o candidato ou quem exerce mandato eletivo.

22.2.5 Tipo objetivo

O crime é de conteúdo variado. As ações típicas são as de *restringir* (reduzir, restringir a extensão, limitar), *impedir* (obstar, não consentir, atalhar, impossibilitar) e *dificultar* (tornar difícil, árduo, trabalhoso, estorvar, embaraçar) o exercício dos direitos políticos. Estes abrangem os direitos assegurados pela Constituição e pela Lei a todos habilitados ao seu exercício, como os direitos de votar, de se candidatar e ser eleito, de exercer um mandato eletivo, de ocupar certos cargos e funções públicas.

Para a configuração do crime exige-se que essas ações sejam praticadas mediante violência física, sexual ou psicológica. Violência física é a *vis corporalis*, o emprego de força física ou material contra uma pessoa ou coisa. Por violência psicológica, no tipo, deve-se entender qualquer forma de violência moral que perturbe a liberdade psíquica da vítima para exercer em sua plenitude e com tranquilidade os seus direitos políticos, por meio de ameaça, coação, intimidação, constrangimento, humilhação, insulto, ridicularização, manipulação ou violação da intimidade da vítima. A violência sexual é praticada mediante violência física ou psicológica, sendo a rigor desnecessária a sua menção no tipo em exame. Conceito de violência sexual pode, porém, ser encontrado no art. 7°, III da Lei n° 11.340, de 7-8-2006 (Lei Maria da Penha).

Somente se configura o delito se as ações típicas são praticadas em razão dos preconceitos mencionados no dispositivo. A conduta deve expressar, portanto, uma atitude, julgamento ou sentimento de intolerância, discriminação, menosprezo ou hostilidade em face da vítima decorrente de seu sexo, raça, cor, etnia, religião ou procedência nacional.

A violência empregada para restringir, impedir ou dificultar o exercício dos direitos políticos que não seja praticada em razão do preconceito não é punida pelo dispositivo. Se for empregada para coagir alguém a votar ou não votar em determinado candidato, configura-se crime eleitoral (item 21.2.8).

22.2.6 Tipo subjetivo

O elemento subjetivo é o dolo, que deve abranger um dos núcleos do tipo, restringir, impedir ou dificultar, a razão preconceituosa a ele associada e o emprego de violência, física ou moral.

22.2.7 Consumação e tentativa

A consumação do crime ocorre com a restrição, impedimento ou dificuldade criadas mediante o emprego da violência. Admite-se a tentativa.

22.2.8 Distinção e Concurso

"Usar de violência ou grave ameaça para coagir alguém a votar, ou não votar, em determinado candidato ou partido, ainda que os fins visados não sejam conseguidos" é crime previsto no art. 301 do Código Eleitoral, e a coação exercida por autoridade com a mesma finalidade no art. 300 do estatuto.

A conduta de "injuriar alguém, ofendendo-lhe a dignidade ou o decoro, em razão de raça, cor, etnia ou procedência nacional" é crime descrito no 2º-A da Lei nº 7.716, de 5-1-1989, e "praticar, induzir ou incitar a discriminação ou preconceito de raça, cor, etnia, religião ou procedência nacional" é crime descrito no art. 20 da Lei nº 7.716, de 5-1-1989.

Dispõe-se no preceito secundário que ao agente impõe-se também a pena correspondente ao emprego da violência, seja física ou psicológica, que configurar um delito, o qual pode ser de homicídio, lesão corporal, constrangimento ilegal, ameaça, injúria qualificada, racismo etc.

23

DOS CRIMES CONTRA O FUNCIONAMENTO DOS SERVIÇOS ESSENCIAIS

23.1 SABOTAGEM

23.1.1 Conceito

O crime de sabotagem é previsto no art. 359-R: "Destruir ou inutilizar meios de comunicação ao público, estabelecimentos, instalações ou serviços destinados à defesa nacional, com o fim de abolir o Estado Democrático de Direito: Pena – reclusão, de 2 (dois) a 8 (oito) anos".

23.1.2 Objetividade jurídica

No art. 359-R descreve-se o crime de sabotagem, antes previsto na revogada Lei de Segurança Nacional (art. 15 da Lei nº 7.170/73), que atenta contra bens jurídicos que são também tutelados por outros dispositivos, contidos, inclusive, no Código Penal e no Código Penal Militar (arts. 211, 308 etc.), com a especificidade de que as ações devem ter por finalidade a de abolir o Estado Democrático de Direito. Um conceito de "sabotagem" é dado pelo Decreto nº 8.793, de 29-6-2016[5].

23.1.3 Sujeito ativo

Sujeito ativo pode ser qualquer pessoa.

23.1.4 Sujeito passivo

Sujeito passivo é o Estado, ao qual incumbe a missão de zelar pela regularidade dos bens e serviços essenciais à defesa nacional.

---

5. "É a ação deliberada, com efeitos físicos, materiais ou psicológicos, que visa a destruir, danificar, comprometer ou inutilizar, total ou parcialmente, definitiva ou temporariamente, dados ou conhecimentos; ferramentas; materiais; matérias-primas; equipamentos; cadeias produtivas; instalações ou sistemas logísticos, sobretudo aqueles necessários ao funcionamento da infraestrutura crítica do País, com o objetivo de suspender ou paralisar o trabalho ou a capacidade de satisfação das necessidades gerais, essenciais e impreteríveis do Estado ou da população".

23.1.5 Tipo objetivo

Em análise do tipo descrito no art. 359-R, tem-se que *destruir* é eliminar, fazer desaparecer, e *inutilizar* é tornar inútil, vão, inoperante. Os meios de comunicação ao público compreendem os serviços essenciais, públicos ou privados, que viabilizam a transmissão de dados e informações para um número indeterminado de pessoas, de qualquer natureza, como o rádio, os meios telemáticos, informáticos, telefônicos, telegráficos, os jornais, impressos ou não etc. Estabelecimentos, instalações ou serviços destinados à defesa nacional abrangem os estaleiros, portos, aeroportos, fábricas, usinas, barragem, depósitos, instalações militares, meios de transporte, outros de relevante valor para o regular funcionamento das atividades produtivas, bem como os serviços de abastecimento de água, energia e, em geral, todos os estabelecimentos e serviços estratégicos ou necessários à manutenção da ordem interna e à defesa do país contra qualquer forma de agressão estrangeira.

23.1.6 Tipo subjetivo

É composto pelo dolo, a livre vontade e consciência de destruir ou inutilizar os mencionados serviços, estabelecimentos ou instalações, e pelo especial elemento subjetivo do tipo, consistente na finalidade do agente de abolir o Estado Democrático de Direito.

23.1.7 Consumação e tentativa

Trata-se de crime material que se consuma com a destruição ou inutilização do bem ou serviço, tornando-o inservível para a finalidade a que se destina. Admite-se a tentativa.

23.1.8 Distinção

Na ausência do especial fim de agir, a abolição do Estado Democrático, a conduta pode configurar outro delito (arts. 163, parágrafo único, III, 260, 265, 266, *caput* e § 1º, do Código Penal, arts. 211, 308 do Código Penal Militar etc.)

Configura o crime de terrorismo a sabotagem do funcionamento ou o apoderamento, ainda que parcial e temporário, do controle de qualquer meio de transporte, portos e aeroportos, se presentes os demais elementos típicos previstos no art. 2º, § 1º, inciso IV, da Lei nº 13.260, de 16-3-3016 (item 5.4.7).

24

DISPOSIÇÕES COMUNS

24.1 EXCLUSÃO DA ILICITUDE

O art. 359-T contém causas de exclusão da antijuridicidade que elidem o crime e que são aplicáveis a todas as figuras típicas descritas no Título XII.

Estão previstas atividades que não violam o bem jurídico tutelado, o Estado Democrático de Direito, porque, inversamente, são elas não apenas desejáveis, mas inerentes ao bom funcionamento do regime democrático e decorrem do exercício de liberdades e garantias constitucionais.

Menciona-se expressamente no dispositivo, primeiramente, a "manifestação crítica aos poderes constitucionais", porque a Constituição assegura a livre manifestação do pensamento (art. 5º, IV, da CF) e a liberdade de expressão (art. 5º, IX).

Segue-se ressalvada no dispositivo a "atividade jornalística", porque a Lei não pode conter dispositivo que constitua embaraço à plena liberdade informação por qualquer veículo de comunicação social, com exceção das ressalvas constitucionais (art. 220, § 1º) e porque é vedada toda e qualquer censura de natureza política (§ 2º).

Por fim, porque assegurados pela Constituição não somente a liberdade de pensamento e expressão, mas também, o direito de reunião pacífica (art. 5º, XVI), afasta-se a ilicitude no caso de passeatas, reuniões, greve ou aglomerações que visem à reivindicação de direitos e garantias constitucionais ou que consistam em manifestação política com propósitos sociais. Nesse último caso, a ressalva de que a manifestação política deve ter "propósitos sociais" não deve ser entendida somente como a que reivindica direitos sociais, porque a Constituição não veda as manifestações coletivas em favor ou contra candidatos, partidos políticos ou ideias políticas. Estas, porém, evidentemente, não estarão acobertadas pela causa de exclusão da ilicitude quando atentatórias aos valores fundamentais que se encontram na base do Estado Democrático de Direito e que constituem o bem jurídico tutelado no Título XII.

PARTE VII
DISPOSIÇÕES FINAIS

25

LEGISLAÇÃO ESPECIAL

Dispõe o art. 360: "Ressalvada a legislação especial sobre os crimes contra a existência, a segurança e a integridade do Estado e contra a guarda e o emprego da economia popular, os crimes de imprensa e os de falência, os de responsabilidade do Presidente da República e dos Governadores ou Interventores e os crimes militares, revogam-se as disposições em contrário."

Com o advento do Decreto-lei nº 2.848, de 7-12-1940, foram revogadas as normas penais em vigor, excetuadas as mencionadas expressamente em lei. Estas, porém, foram já todas revogadas, estando em vigor, agora, a Lei de Economia Popular (Lei nº 1.521, de 26-12-1951), a lei que define os crimes de responsabilidade do Presidente da República, Ministros de Estado, Ministro do STF, Procurador-geral da República, Governadores e Secretários de Estado (Lei nº 1.079, de 10-4-1950, alterada pela Lei nº 10.028, de 19-10-2000) e o Código Penal Militar (Decreto-lei nº 1.001, de 21-10-1969). A Lei de Falências (Decreto-lei nº 7.661, de 21-6-1945) foi revogada pela Lei nº 11.101, de 9-2-2005, que disciplina a recuperação judicial, a extrajudicial e a falência do empresário e da sociedade empresária. O STF, após a suspensão de vigência de diversos dispositivos, declarou que a Lei de Imprensa (Lei nº 5.250, de 9-2-1967), em sua integralidade, não foi recepcionada pela Constituição Federal de 1988.[1] A Lei de Segurança Nacional (Lei nº 7.170, de 14-12-83) foi revogada pela Lei nº 14.197, de 1º-9-2021.

Ressalte-se que mesmo as leis mencionadas em vigor se subordinam ao CP quanto às regras gerais que não colidam com as expressamente inscritas na legislação penal especial.

---

1. ADPF 130-7, j. em 30-4-2009, *DOU* de 12-5-2009, p. 1.

26

VIGÊNCIA DO CÓDIGO PENAL

Dispôs o art. 361 que o Código Penal entraria em vigor, como aliás entrou, em 1º de janeiro de 1942. Fixou-se uma *vacatio legis* de mais de um ano para a entrada em vigor da nova legislação penal comum. Tal providência é sempre desejável para se permitir aos futuros aplicadores o conhecimento do novo estatuto.

O direito transitório entre a legislação penal anterior (Consolidação das Leis Penais) e o Código Penal e a aplicação da nova lei aos casos já julgados foram regulados pela Lei de Introdução ao Código Penal (Decreto-lei nº 3.914, de 9-12-1941).

Instituiu-se um novo Código Penal com o Decreto-lei nº 1.004, de 21-10-1969, mas tal diploma não chegou a entrar em vigor, sendo revogado.

Em 13 de janeiro de 1985 entrou em vigor a Lei nº 7.209, de 11-7-1984, que modificou a Parte Geral do Código Penal, posteriormente modificada por diversas leis.

A Parte Especial também sofreu inúmeras alterações ao longo dos anos de sua vigência, às quais também está adaptado este Manual.

REFERÊNCIAS JURISPRUDENCIAIS

CAPÍTULO 1

(1) *RT 547/290, 566/290.*

(2) *RT 352/61, 526/334.*

(3) *RT 601/319.*

(4) *RT 351/86, 420/102; RF 213/389.*

(5) *RT 463/331-2, RF 249/292-3.*

(6) *RT 239/291.*

(7) *RJTJESP 35/281.*

(8) *RT 516/286-7, 523/374.*

(9) *RT 480/301, 514/322; RJTJESP 52/330.*

(10) *RT 557/301.*

(11) *RT 287/154, 362/118, 394/100, 572/323; RF 189/304, 204/317, 215/284; RJTJESP 2/345, 26/451, 80/373.*

(12) *RT 178/353, 269/149, 322/143, 541/364, 554/345.*

(13) *RT 265/795, 549/351.*

(14) *RT 419/93.*

(15) *RT 396/77; RF 230/285; RJTJESP 7/441.*

(16) *RT 356/104.*

(17) *RT 291/112.*

(18) *RT 454/346.*

(19) *RT 234/101-2, 267/665, 445/367, 491/339, 503/294, 675/370; RJTJESP 33/291.*

(20) *RT 318/100.*

(21) *RT 138/22, 302/59, 526/336; RF 116/255.*

(22) *RT 312/142; RF 199/278.*

(23) *RF 208/281; RT 222/90, 297/154, 329/103, 352/318, 464/362, 533/319, 694/358; RJTJESP 1/182.*

(24) *RJTJESP 14/478.*

(25) *RT 276/123.*

(26) *RT 405/127, 503/294; RF 230/301.*

(27) *RT 510/416; RT 650/367, 503/294, 378/76; RJ-TJESP 13/356.*

(28) *RT 231/334.*

(29) *RT 662/308.*

(30) *RT 234/102.*

(31) *RT 488/382.*

(32) *JTACrSP 34/425.*

(33) *RT 449/441, 455/371, 486/318, 721/467; JTA-CrSP 24/422, 28/195, 37/283.*

(34) *JTACrSP 58/326.*

(35) *RT 216/396, 285/525, 362/270.*

(36) *RTJ 120/191; RT 617/388.*

(37) *RT 221/311, 732/716.*

(38) *RT 723/614.*

CAPÍTULO 2

(1) *RT 281/99.*

(2) *RJTJESP 2/302.*

(3) *RJTJESP 2/305-6.*

(4) *RT 232/355.*

(5) *RT 381/152; RJTJESP 2/302.*

(6) *RJTJESP 43/394; RT 255/334, 334/90, 482/315-6.*

(7) *RT 403/124.*

(8) *RT 288/115.*

(9) *RF 135/252.*

(10) *RT 680/339.*

(11) *RT 525/334; JCAT 97/410.*

(12) *RT 181/595.*

(13) *RF* 149/416.

(14) *RF* 230/300-1; *RT* 399/306, 698/337.

(15) *RT* 238/98.

(16) RT 793/724.

(17) *RT* 262/128.

(18) *RT* 542/341.

CAPÍTULO 3

(1) *RF* 219/330-1.

(2) *RT* 337/266.

(3) *RT* 490/343.

(4) *RT* 486/316.

(5) *JTACrSP* 39/173.

(6) *JTACrSP* 31-256-7.

(7) *RT* 421/254-5, 494/351; *JTACrSP* 13/327, 44/303.

(8) *RT* 378/306.

(9) *JTACrSP* 21/255; *RT* 552/352; *RF* 214/304.

(10) *RT* 375/213, 400/302; *JTACrSP* 21/265, 28/160.

(11) *RJTACRIM* 47/340.

(12) *JTACrSP* 65/444; *RT* 490/343.

(13) *RT* 390/339, 433/424.

(14) *RT* 518/385, 679/234; *RF* 227/324; *JTACrSP* 28/216, 50/261.

(15) *JTACrSP* 58/173.

(16) *RF* 225/335.

(17) *RF* 227/334; *RT* 391/317.

(18) *RF* 182/343; *JTACrSP* 13/175.

(19) *RF* 150/440.

(20) *JTAERGS* 101/115.

(21) *RF* 143/443.

(22) *JTACrSP* 69/460; *RT* 726/683.

(23) *RT* 423/386.

(24) *RF* 193/371.

(25) *RT* 588/350.

(26) *RT* 728/566.

(27) *RT* 519/398.

(28) *RF* 158/408.

(29) *RJDTACRIM* 21/62.

(30) *RT* 659/281, 724/666; *RJDTACRIM* 7/48; *JTAERGS* 77/24.

(31) *RT* 327/361, 401/282, 484/331, 425/291, 483/344, 543/380, 793/623 e 663; *RF* 161/396, 238/282; *JTACrSP* 32/183, 50/316; *RJDTA-CRIM* 8/69.

(32) *JTACrSP* 57/340.

(33) *RT* 388/311, 565/341; *JTACrSP* 51/392, 33/345, 68/290, 73/381.

(34) *RF* 133/266; *JTACrSP* 34/369.

(35) *RF* 144/472.

(36) *JTACrSP* 17/138.

(37) *RF* 212/381.

(38) *JTACrSP* 34/269, 50/261, 56/303, 68/287; *RT* 331/203, 378/236, 421/263; *RJDTACRIM* 1/49; *RF* 207/331, 227/324.

(39) *RT* 390/339, 433/424; *JTACrSP* 28/245.

(40) *RF* 171/387.

(41) *JTACrSP* 62/157.

(42) *RT* 433/424; *JTACrSP* 65/251; *RF* 176/397.

(43) *JTACrSP* 50/261; *RT* 518/385.

(44) *RT* 330/479, 382/290; *JTACrSP* 23/115; *RF* 160/370.

(45) *RF* 154/427.

(46) *RT* 436/371; *JTACrSP* 20/69, 69/474.

(47) *JTACrSP* 14/109.

(48) *RF* 154/415.

(49) *RT* 404/301; *JTACrSP* 9/66.

(50) *JTACrSP* 38/246, 44/303-4, 57/81; *RT* 692/284.

(51) *JTACrSP* 14/109, 22/218, 43/248; *RT* 450/429.

(52) *RF* 150/461.

(53) *JTACrSP* 43/341.

(54) *JTACrSP* 9/66, 14/346, 16/230, 17/190, 44/303-4; *RT* 424/379, 446/405, 495/354.

(55) *JTACrSP* 28/160; *RF* 136/554 e 549, 146/416, 152/415, 214/295; *RT* 396/297, 448/400.

REFERÊNCIAS JURISPRUDENCIAIS

(56) *RJDTACRIM* 5/72.

(57) *RJDTACRIM* 27/25.

(58) *RT* 518/385; *JTACrSP* 14/214.

(59) *RT* 406/95.

(60) *RT* 656/369.

(61) *RT* 275/601; *RJTDTACRIM* 7/47-8.

(62) *JTACrSP* 22/376.

CAPÍTULO 4

(1) *RF* 262/287; *JTACrSP* 48/205; *RT* 500/346.

(2) *RT* 527/357.

(3) *RT* 173/52.

(4) *RT* 493/354.

(5) *RT* 489/322.

(6) *RT* 268/540.

(7) *RT* 267/662, 283/753; *RJDTACRIM* 22/399-400, 33/330; *RF* 172/510, 183/377; *JTACrSP* 22/189, 23/107.

(8) *RT* 630/315.

(9) *RT* 488/332.

(10) *RT* 447/346.

(11) *RT* 128/66.

(12) *JTACrSP* 30/390.

(13) *RT* 525/353; *JTACrSP* 23/124.

(14) *RT* 488/322.

(15) *RT* 191/625; *RF* 147/417.

(16) *RT* 524/407.

(17) *RJDTACRIM* 24/379.

(18) *RT* 393/354.

(19) *RT* 329/495.

(20) *RT* 525/353.

(21) *RT* 520/416.

(22) *RJTJESP* 14/450; *JTACrSP* 27/157, 46/371.

(23) *RT* 417/103-4.

(24) *RT* 393/354.

(25) *RT* 630/315.

(26) *RT* 286/524.

(27) *RT* 303/643.

(28) *JTACrSP* 14/450; *RT* 419/103.

(29) *RT* 489/323.

(30) *RT* 252/368; *RF* 172/510.

(31) *RT* 267/662, 337/348, 434/404; *RF* 240/339.

(32) *JTJ* 235/172.

CAPÍTULO 5

(1) *RT* 474/324; *JTACrSP* 34/100, 36/380; *DJU* de 2-8-75 – STF.

(2) *RTJ* 65/230; *RT* 200/117, 224/282, 350/366, 405/113, 418/256, 419/107, 445/350, 497/316, 508/435, 519/337, 533/331-2, 547/324, 575/351, 582/349; 658/271, 673/320, 710/264, 774/566; *RJTJESP* 1/189, 59/391, 69/375; *JTJ* 161/283, 232/319; *RJTJERGS* 172/54, 180/116-7; *JTACrSP* 6/606, 12/172, 14/451, 20/386.

(3) *RT* 366/210, 506/394, 815/565; *JTACrSP* 43/351.

(4) *RT* 399/313.

(5) *RF* 270/322.

(6) *RT* 525/391; *RF* 238/292; *RJTJESP* 63/304.

(7) *RT* 542/305-306.

(8) *RT* 525/391; *JTJ* 181/272; *JTACrSP* 43/351, 54/400; *RF* 254/382.

(9) *RT* 478/301, 484/278, 506/440, 513/360; *RJTJESP* 37/266.

(10) *RT* 430/348; *JTJ* 172/314; *RJTJESP* 1/189.

(11) *RT* 556/291-2; *RJTJESP* 75/322.

(12) *RJTJESP* 77/420; *JTJ* 183/301; *RT* 575/365.

(13) *RT* 351/98, 453/356, 484/298, 507/361, 548/307-8, 600/326, 605/302, 821/657; *RJTJERGS* 175/134; *JTACrSP* 31/372, 34/279.

(14) *RT* 453/356.

(15) *RT* 497/316, 513/360, 557/321, 842/635; *RF* 258/345.

(16) *RTJ* 119/115.

(17) *JTJ* 183/304-5.

(18) *RT* 519/362.

(19) *RT* 398/114.

(20) *RT* 429/479, 506/394; *RF* 263/316.

(21) *RF* 243/309, 241/364; *RJDTACRIM* 5/84; *RT* 490/346, 514/360; *JTACrSP* 39/328.

(22) *RT* 351/423.

(23) *JTACrSP* 39/248.

(24) *RT* 213/386, 218/410, 443/492; *JTACrSP* 20/255.

(25) *RTFR* 56/172.

(26) *JTACrSP* 18/117; *RT* 412/403, 514/360.

(27) *JTACrSP* 44/179.

(28) *RT* 549/288.

(29) *RT* 329/507.

(30) *RT* 189/52, 200/117, 389/115, 398/114, 418/256, 519/411, 538/334, 623/280; *RJTJERGS* 166/127; *RJTJESP* 7/527, 36/299, 53/328; *JTACrSP* 12/172.

(31) *RF* 270/22; *RJTJESP* 43/374.

(32) *RT* 218/410.

(33) *RT* 658/271, 813/566.

(34) *RT* 494/312.

(35) *RT* 490/300.

(36) *RT* 450/417; *JTACrSP* 27/355.

(37) *RJTACRIM* 47/443.

(38) *RT* 393/243.

(39) *JCAT* 60/247.

(40) *RT* 427/364; *RJTJESP* 16/452.

(41) *RT* 721/400.

(42) *RT* 382/87.

(43) *RT* 327/118.

(44) *RJTJESP* 56/351.

(45) *RJDTACRIM* 12/221-2.

(46) *RT* 508/339.

(47) *RT* 624/310.

(48) *JTAERGS* 74/66.

(49) *JTACrSP* 52/169.

(50) *RT* 378/226; *RF* 223/321.

(51) *RT* 378/226; *RF* 223/321.

(52) *RJDTACRIM* 27/96.

(53) *RT* 181/132.

(54) *RJDTACRIM* 22/191.

(55) *RT* 378/226; *RF* 223/321.

(56) *RTJ* 95/297; *RT* 546/449.

(57) *RT* 175/122.

(58) *JTACrSP* 70/340.

(59) *JTACrSP* 62/313; *RT* 483/326, 576/395, 607/320.

(60) *RF* 208/318.

(61) *RDP* 3/87.

(62) *RT* 247/360.

(63) *RT* 458/375, 560/349, 823/690.

(64) *RT* 257/408.

(65) *RF* 233/272.

(66) *RT* 477/412.

(67) *RT* 181/613.

(68) *JTACrSP* 69/295.

(69) *RT* 593/367.

(70) *JTAERGS* 85/40.

(71) *JTACrSP* 36/283.

(72) *RF* 265/370.

(73) *RT* 245/209.

(74) *RT* 501/344; *RF* 261/345.

(75) *RJDTACRIM* 22/137-8.

(76) *RT* 537/316-7.

(77) *RJTJRS* 44/42.

CAPÍTULO 6

(1) *RT* 173/563, 257/170, 305/110; *RJTJESP* 23/441.

(2) *RT* 798/681.

(3) *RT* 643/327.

(4) *RT* 444/308, *RJTJESP* 21/453.

(5) *RT* 172/495.

(6) *RT* 461/370, 252/353.

(7) *RSTJ* 28/161-2.

(8) *RF* 225/360.

REFERÊNCIAS JURISPRUDENCIAIS **533**

(9) *RJDTACRIM* 23/86-7.

(10) *RT* 720/417.

(11) *JTACrSP* 16/197; *RT* 430/401.

(12) *RT* 173/495.

(13) *RT* 430/401.

(14) *RT* 362/281.

(15) *RF* 263/325-6.

(16) *RT* 367/181, 500/389.

(17) *RF* 263/325-6.

(18) *RT* 298/69.

(19) *RJTJESP* 9/607.

(20) *RTFR* 69/216.

(21) *RT* 400/140; *RJTJESP* 7/560.

(22) TFR: Ap. 3.829, *DJU* de 7-11-1979, p. 833.

(23) *RT* 635/370.

(24) *RT* 203/95.

(25) *RJDTACRIM* 23/252.

CAPÍTULO 7

(1) *RT* 390/316; *JTACrSP* 7/27.

(2) *RT* 402/269, 498/333.

(3) *JCat* 7-8/504.

(4) *RT* 269/518-519; *TACrSP*: Ap. nº 132.975 in *Justitia* 26/297-8.

(5) *RT* 597/328.

(6) *RT* 402/269.

(7) *RT* 726/746; *JTAERGS* 97/61, STF: *ARE 1418846 RG, j. em 24-3-2023, DJe de 3-4-2023.*

(8) *RT* 389/332, 391/328, e 342, 394/277, 395/273, 402/282, 460/357, 705/337; *JTACrSP* 3/81, 12/264, 13/140, 29/61, 22/193, *RJDTACRIM* 33/143; Franceschini, I, nº 1.283.

(9) *RT* 460/370.

(10) *JTACrSP* 19/179.

(11) *JTACrSP* 22/197.

(12) *RT* 269/518-519, 402/269, 410/312, 598/351.

(13) *RT* 492/355.

(14) *RT* 453/355; *RJTJESP* 25/484.

(15) *RT* 270/136, 280/84; *RF* 179/401.

(16) *RT* 292/474, 453/355; *RJTJESP* 25/484.

(17) *RT* 551/335; *RJTJESP* 72/307; *RJTJERGS* 171/149.

(18) *RT* 300/123.

(19) *RT* 266/141.

(20) *RT* 238/72.

(21) *RT* 354/481.

(22) *RT* 263/59, 301/84, 347/69, 363/77, 379/120; *RF* 196/281.

(23) *RT* 572/302.

(24) *RT* 240/124.

(25) STJ: HC 178423-GO, j. em 6-12-2011, *DJe* de 19-12-2011.

(26) *RJTJESP* 2/306.

(27) *RTJ* 46/23; *RT* 443/426, 453/332 e 352, 464/337; *RJTJESP* 20/404, 25/395, 26/428; *JTACrSP* 11/138, 51/366; *RF* 246/425.

(28) *RT* 543/346, 533/390.

(29) *RT* 632/282, 617/333, 288/592; *RF* 192/359; TJMG: AC 1.0273.05.978135-4/001 – MG, j. em 19-10-2006, *DJU* de 14-11-2006.

(30) *RT* 573/340, 578/312-6, 591/327.

(31) *RF* 220/350; *RT* 381/59.

(32) *JTACrSP* 48/369; *RT* 530/369.

(33) *RJTJESP* 14/481; *RT* 420/104, 403/295.

(34) *RT* 239/82, 625/315.

(35) *RF* 173/364.

(36) *RF* 210/342; *RT* 340/290.

(37) *RT* 309/405, 309/395, 310/334.

(38) *RT* 586/283, 598/296, 599/319, 600/307; *RJTJESP* 86/379.

(39) *RT* 295/329.

(40) *RT* 355/315.

(41) *RT* 390/332.

(42) *RTJ* 46/23.

(43) *RT* 287/174.

(44) *RF* 227/310; *RT* 287/174.

(45) *RF 207/328.*

(46) *JTACrSP 30/275.*

(47) *RT 329/162.*

(48) *RT 515/392.*

(49) *RT 440/359.*

(50) *RT 440/359.*

(51) *RTJ 51/393; RF 232/316; RT 410/459, 419/286; JTACrSP 15/265.*

(52) *RT 411/47.*

(53) *RT 395/318.*

(54) *JTA 1/120.*

(55) *RF 224/278.*

(56) *RT 615/295.*

(57) *RJDTACRIM 23/295.*

(58) *RF 187/331.*

(59) *RJDTACRIM 17/221.*

(60) *RT 687/308.*

(61) *RT 521/508.*

(62) *RTJ 35/648.*

(63) *RTJ 41/531.*

(64) *RJTJGB 23/494.*

(65) *RTJ 48/322; RT 392/379; JTACrSP 66/211.*

(66) *RTJ 41/531.*

(67) *RTJ 48/330.*

(68) *RT 264/546, 425/380.*

(69) *RTJ 43/80; RT 433/445, 669/352.*

(70) *RF 224/277.*

(71) *RF 222/385, 231/345.*

(72) *RT 413/273.*

(73) H. Fragoso, Jurisprudência Criminal, 1979, II/ nº 502.

(74) *RTJ 43/81; RF 235/335; RT 403/307, 404/342; JTAERGS 70/99.*

(75) *RF 413/265 451/474; RF 245/375.*

(76) *RDP 4/139.*

(77) *RTJ 48/719.*

(78) *RF 235/335.*

(79) *RTJ 87/75, RT 632/283; JTACrSP 50/398.*

(80) *RT 330/769.*

(81) *RDP 2/95.*

(82) *RT 640/314; JTAERGS 70/99.*

(83) *RT 210/318.*

(84) *RTJ 48/322; RJGB 14/339.*

(85) *RT 593/355-7.*

(86) *RT 598/295.*

(87) *JTACrSP 46/241; RT 592/342.*

(88) *RT 264/565.*

(89) *RT 297/408.*

(90) *RJTJRS 1/95.*

(91) *RT 278/152, 284/90, 501/339.*

(92) *RT 320/295-8.*

(93) *RF 264/325.*

(94) *RT 351/383.*

(95) *RT 475/381; DJU de 12-8-74, p. 5.455.*

(96) *RT 278/537, 306/405, 430/387; RF 124/220.*

(97) *RT 313/372, 449/448, 536/340, 720/458; RJD-TACRIM 27/88; JTACrSP 24/253.*

(98) *RF 245/368, 264/325.*

(99) *RT 430/384.*

(100) *RT 446/485.*

(101) *RT 248/379.*

(102) *RF 231/328.*

(103) *RT 282/539, 376/329, 421/257.*

(104) *RT 269/499, 302/617.*

(105) *RF 207/312.*

(106) *RT 312/346; RF 102/133.*

(107) *RT 470/386, 511/442; JTACrSP 31/396, 38/129.*

(108) *RT 533/363, 537/373, 576/432; JTACrSP 28/133, 29/304, 30/191, 31/172, 34/341.*

(109) *RJDTACRIM 10/56; RT 684/357.*

(110) *RT 483/382, 533/362, 684/357; JTACrSP 29/178.*

(111) *RT 452/384.*

(112) *RT 339/282.*

REFERÊNCIAS JURISPRUDENCIAIS

(113) *JTACrSP* 27/273; Franceschini, Jurisprudência, 1975, II/n° 2.305-A.

(114) *RT* 501/339.

(115) *RT* 218/122, 262/462, 264/375, 330/504, 354/357, 417/389, 430/384, 509/441, 524/404, 675/368; *JTACrSP* 12/254, 32/179, 49/289, 51/324.

(116) *JTACrSP* 50/224 e *RT* 449/443.

(117) *JTACrSP* 34/498.

(118) *RT* 413/330, 547/366; *JTACrSP* 33/213.

(119) *JTACrSP* 37/181.

(120) *JTACrSP* 33/213.

(121) *RT* 471/365; *RJDTACRIM* 21/142.

(122) *RT* 693/394.

(123) *RT* 170/75.

(124) *RF* 236/290; *RT* 409/310, 454/364; *JTACrSP* 12/100.

(125) *RT* 416/259; *RF* 206/346.

(126) *RT* 795/539.

(127) *RT* 623/348, 675/368.

(128) *JTACrSP* 16/147.

(129) *RT* 299/434; *RJDTACRIM* 22/82.

(130) *RT* 699/376.

(131) *RT* 698/357.

(132) *RT* 317/405, 368/254.

(133) *RT* 390/321.

(134) *RT* 318/349, 395/88, 438/425.

(135) *RT* 228/356, 234/340, 350/404.

(136) *RF* 204/345, 213/414.

(137) *RT* 446/414, 452/406, 577/384, 642/314; *RJD-TACRIM* 1/77-8.

(138) *RT* 340/274, 404/282.

(139) *RT* 287/434, 292/398, 293/555, 303/383, 309/437, 325/387, 331/279, 362/272, 395/298, 433/422, 444/423, 600/418, 671/362; *RJDTA-CRIM* 23/122, 33/74-5; *RF* 176/38, 239/239; *JTACrSP* 3/67, 8/164, 17/187.

(140) *RF* 99/755; *RT* 299/456, 357/385.

(141) *RT* 516/345.

(142) *RT* 205/704, 414/268.

(143) *RT* 234/355.

(144) *RT* 185/80.

(145) *RT* 462/389; *JTACrSP* 30/195.

(146) *RF* 190/272.

(147) *JTACrSP* 74/306.

(148) *RT* 298/434 e 436, 327/356, 462/389, 507/412; *RJDTACRIM* 22/127-8.

(149) *RF* 227/334, 248/390; *RT* 293/396, 342/363, 391/327.

(150) *JTACrSP* 26/347.

(151) *RF* 204/345, 213/414; *JTACrSP* 1/35 e 46; *RT* 228/349, 243/304, 319/298, 363/201, 374/288, 397/284.

(152) *RT* 304/498, 425/328.

(153) *RT* 416/264.

(154) *RT* 378/196, 386/270.

(155) *JTACrSP* 32/161.

(156) *RT* 458/365; *JTACrSP* 27/467.

(157) *JTACrSP* 9/514.

(158) *RT* 507/412, 698/357; *JTACrSP* 44/359; *RF* 141/425.

(159) *JTACrSP* 30/327.

(160) *RT* 440/438; *JTACrSP* 20/32.

(161) *RT* 255/334; *RT* 482/317.

(162) *RJDTACRIM* 22/127-8.

CAPÍTULO 8

(1) *RT* 495/319, 779/621.

(2) *RF* 123/560.

(3) *RT* 356/275.

(4) *RT* 718/378.

(5) STJ: RHC 4660-RJ, *DJU* de 30-10-95, p. 36810.

(6) *RF* 204/315, 253/399; *RT* 327/75, 443/506, 475/356, 550/353, 833/648; *RTJ* 116/163; *JTA-CrSP* 44/172.

(7) *RJTJESP* 69/334; *RT* 739/593, 799/590, 839/626; *JTJ* 249/471.

(8) *RT* 655/319.

(9) *RT* 493/322, 570/352, 575/414, 580/328, 588/323, 684/350, 721/512, 722/436, 783/615; *JTJ* 173/324, 225/301, 232/304; *JCAT* 64/323, 76/654; *JTACrSP* 19/168, 25/239; *RJTJESP* 86/422.

(10) *RT* 521/425, 538/383, 544/349, 684/350, 721/423, 725/651; *JCAT* 76/577.

(11) *RJTJESP* 33/273, 42/378; *RT* 538/389-90; *JTJ* 227/36, 232/307.

(12) STJ: HC 4.029-RJ, *DJU* de 16-12-1996, p. 50.950.

(13) *RT* 398/109, 533/362; *RJTJESP* 7/503; *JTACrSP* 23/39.

(14) *RT* 296/114, 464/410, 459/357, 511/400, 521/425, 535/325, 543/350, 544/349, 567/348, 615/272, 697/346, 781/576; *JCAT* 64/323, 66/545; *RF* 229/283, 247/327; *JTJ* 173/324-5, 328-9, 188/315, 233/323; *RJTJESP* 57/371; *JTA-CrSP* 19/25, 20/380, 26/411, 27/476, 34/437, 37/235, 42/276, 46/343.

(15) *JTACrSP* 34/61, 39/200, 51/400; *RF* 210/355; *RT* 474/391, 477/438.

(16) *RT* 255/339.

(17) *JTACrSP* 23/28.

(18) *RF* 236/250; *RTFR* 27/86.

(19) *RTJ* 65/349; *RT* 460/386.

(20) *RJTJESP* 18/405, 21/98, 22/524; *RT* 440/395.

(21) *RT* 395/361.

(22) *JTJ* 239/329 e *RT* 787/594.

(23) *RT* 607/282, *RTJ* 88/468.

(24) *RT* 651/321; *RJTJERGS* 133/134.

(25) *RJDTACRIM* 6/244.

(26) *RSTJ* 78/369.

(27) *JTACrSP* 40/95; *RT* 729/477; *RJTJESP* 12/310.

(28) *RT* 707/414, 797/650; *JTJ* 156/331; *JSTF* 253/281.

(29) *RT* 611/353, 691/313, 693/340; *JTACrSP* 19/39.

(30) *RT* 522/428.

(31) *RT* 522/429.

(32) STF: HC 74.269-RJ, j. em 3-12-1996, *DJU* de 3-12-1999.

(33) Nesse sentido: STF: HC 75.046-0, *DJU* de 1º-8-1997, p. 33.467, HC 68793-8, *DJU* de 6-6-1997, p. 24.867; STJ: RHC 4395-4-SC, *DJU* de 29-10-1996, p. 41.692.

(34) *RT* 505/352, 710/327, 722/436-7; *RSTJ* 90/389; *RTJ* 104/104, 128/325; *JTACrSP* 21/235.

(35) *RTJ* 110/1.067; *RT* 594/440, 616/332. Contra: *RT* 651/321.

(36) *RT* 550/353, 719/412, 776/571, 808/615; *JSTJ* 2/242; *JTJ* 224/299.

(37) *RT* 477/355.

CAPÍTULO 9

(1) *RT* 667/344, 813/711.

(2) *RTFR* 32/328; *RF* 158/344.

(3) *RTJ* 85/430, 98/991; *RT* 554/463, 665/356, 697/370-1, 740/705; STJ: CC nº 1.040-SP j. em 5-4-1990, *DJU* de 23-04-1990, p. 3.215; *RF* 184/278.

(4) *RTJ* 33/506; *RF* 153/404, 170/572, 172/433, 176/342, 184/279, 186/306, 189/281 e 283, 190/287 e 290, 207/305, 216/292; *RT* 226/580, 256/611; *RTFR* 1/11.

(5) *RF* 139/390.

(6) *RF* 192/355.

(7) *RF* 214/265, 216/293.

(8) *RTFR* 32/328.

(9) *RF* 138/240.

(10) *RT* 225/564.

(11) *RF* 216/295.

(12) *RTFR* 44/156.

(13) *RT* 176/474.

(14) *RF* 160/344.

(15) *RT* 776/712, 784/744; *RF* 236/358, 128/203.

(16) *RT* 737/705, 787/729.

(17) *RF* 183/357.

(18) *RF* 168/350.

(19) *RF* 129/550, 185/315.

REFERÊNCIAS JURISPRUDENCIAIS **537**

(20) *RTJ* 85/430; *RF* 148/365.

(21) *RF* 133/239, 172/451, 191/647; *RT* 179/639, 279/117, 444/414, 472/306, 500/384, 557/388.

(22) *RTJ* 75/723.

(23) *RT* 444/414.

(24) *RT* 175/515, 208/538; *RF* 154/381, 165/308, 186/308, 231/675.

(25) *RF* 118/542.

(26) *JTACrSP* 19/249.

(27) *RT* 167/147.

(28) *DJU* de 5-11-1979, p. 8.331.

(29) *RF* 222/254.

(30) *RT* 432/339.

(31) *RT* 249/341.

CAPÍTULO 10

(1) *RT* 304/89, 306/77.

(2) *RSTJ* 23/213.

(3) *RT* 522/331; *RJTJESP* 56/355.

(4) *RT* 124/230.

(5) *RJTJESP* 25/400.

(6) *RT* 225/90.

(7) *RT* 150/562.

(8) *RF* 93/364, 109/191.

(9) *RT* 166/521.

(10) *RF* 173/386.

(11) *RT* 233/95.

(12) *RT* 781/553.

(13) *RT* 513/357, 736/691.

(14) *RT* 470/332.

(15) *RF* 348/80, 489/338.

(16) *RF* 172/437.

(17) *RJTJESP* 8/440.

(18) *DJU* de 6-6-1979, p. 4.454.

(19) *RT* 606/303.

(20) *RJTJESP* 59/369.

(21) *RT* 542/340.

(22) *RT* 266/126.

(23) *RJTJESP* 31/348.

(24) *RF* 132/534.

CAPÍTULO 11

(1) *RT* 166/100, 470/335.

(2) *RT* 276/111.

(3) *RT* 571/394, 803/552.

(4) *JCAT* 2/318.

(5) *RT* 230/43.

(6) *RTJ* 50/97.

(7) *RJTRJ* 42/302.

(8) *RT* 723/568; *JTJ* 225/289.

(9) *RT* 255/39; *RF* 172/455, 281/134.

(10) *RTJ* 108/156; *RT* 587/306, 588/436, 651/259, 729/522; *RSTJ* 43/357.

(11) *RJTJESP* 79/396.

(12) *RT* 616/295.

(13) STF: RO em HC 95.689-1-SP, j. em 2-9-2008, *DJe* de 17-10-2008 – *RT* 879/551.

(14) *RT* 627/299, 629/300, 686/324, 803/634, 812/641.

(15) *RT* 603/335, 612/316; *JTJ* 157/301.

(16) *RTJ* 68/39.

(17) *RT* 652/363.

(18) *RT* 437/317; *RJTJESP* 18/384.

(19) *RJTJRS* 74/173.

(20) *Jurispenal* 17/185.

(21) *RT* 390/71.

(22) *RT* 472/322. Contra: *EJSTJ* 29/262.

(23) *RT* 405/124; *JC* 13/409.

(24) *RTJ* 66/348.

(25) *RTJ* 105/1.264; *RT* 374/51, 428/327, 431/307, 504/390, 525/349, 543/386, 664/263, 779/548, 812/726, 839/648; *RJTJESP* 17/530, 21/445, 23/440, 36/314, 44/417, 52/347, 65/341.

(26) *RT* 518/347, 809/576, 815/502.

(27) *RT* 330/144.

(28) *RT* 454/349, 478/297, 492/304, 525/349-350, 576/342, 584/315, 663/293, 695/302, 793/658, 804/721; *RJTJERGS* 139/51-52.

(29) *RT* 303/126, 329/134 e 204, 389/209, 391/210, 420/101, 441/342, 448/313, 451/367, 454/349; 476/347, 499/308, 511/328, 525/349, 531/305, 541/365, 543/348, 557/387, 570/317, 579/301-2, 587/302, 590/334, 603/338, 604/352, 605/301, 694/312, 739/585-6, 794/580, 815/560; *RJTJESP* 4/299, 27/354, 40/326, 43/375, 48/328, 51/330, 52/348, 57/358, 58/373, 59/411, 74/332 e 349, 75/317, 80/416, 84/347, 86/536; *RF* 183/372, 206/312, 247/300, 270/291.

(30) *RF* 203/248; *RT* 574/321, 646/268.

(31) *RT* 284/123, 314/574, 427/339, 514/346, 529/322, 548/307, 580/316, *RSTJ* 32/277; *RF* 225/342; *RJTJESP* 29/339, 34/347, 47/365, 62/373.

(32) *RTJ* 99/101; *RT* 554/339; *RJTJESP* 40/371, 46/327.

(33) *RJTJESP* 27/438, 31/375; *RT* 460/324.

(34) *RJTRS* 58/29.

(35) *RT* 417/107.

(36) *RF* 220/81; *RJTJESP* 56/295; *RT* 582/317, 705/353.

(37) *RTJ* 102/64-67; *RT* 529/313.

(38) *RT* 265/147, 411/72, 719/390.

(39) *RT* 337/331, 461/450; *RJTJESP* 52/347.

(40) *RT* 505/304, 539/356, 626/288; *JTJ* 155/304.

(41) *RJTJESP* 52/347.

(42) *RT* 452/363, 503/288, 536/308, 580/344, 606/328; *RJTJESP* 24/463, 44/399.

(43) *RT* 263/713, 479/319, 539/284, 558/311, 605/398, 611/392, 779/548; *RJTJESP* 35/286, 60/394; *RF* 263/344.

(44) *RT* 525/349.

(45) *RT* 698/340.

(46) *RT* 429/361; *RF* 239/248.

(47) *RTJ* 92/1.114; *RT* 490/291, 527/311, 530/434; *RJTJESP* 35/256.

(48) *RJTJESP* 61/393, 71/295.

(49) *RT* 798/722.

(50) *RJTJESP* 68/39.

(51) *RTJ* 84/386; *RT* 530/416, 551/411.

(52) *RTJ* 66/384, 425/391, 509/354.

(53) *RTJ* 67/740; *RT* 463/323.

(54) *RTJ* 45/494, 46/667, 52/182; *RF* 189/320, 252/232; *JTACrSP* 55/405; *RJTJESP* 26/94, 38/268, 40/359, 44/326, 338 e 414, 49/327, 59/411, 60/363, 66/368, 74/320, 77/394; *RJTJRGS* 133/134, 136/51, 148/144; *RJDTACRIM* 7/78; *RT* 165/74, 167/156, 180/112, 184/610, 185/653, 191/551, 192/85, 193/68, 194/120, 209/108, 210/76, 230/60, 244/117, 246/131, 252/141, 265/125, 290/101, 293/89, 275/129, 276/128, 291/105, 307/95, 344/100, 384/74, 390/346, 399/114, 410/107, 411/106, 417/81 e 106, 439/380, 448/443, 449/480, 484/297, 485/295, 489/405, 494/295, 501/283, 503/300 e 314, 504/434, 509/352 e 354, 512/352/, 521/393, 532/326, 543/348, 548/296, 550/300, 554/346-347 e 390, 556/316, 565/288, 571/393, 630/333.

(55) *JSTJ* 8/210; *RT* 654/365, 675/397, 676/367.

(56) *RTJ* 35/435, 66/345 e 348, 81/710; *RT* 186/597, 230/60, 270/140, 276/132 280/111, 284/122, 313/96, 363/75, 377/117, 392/122, 393/117, 405/389, 410/406, 418/112, 420/112, 440/364, 442/393, 463/327, 476/344, 482/311, 483/274, 503/309, 509/344, 510/350, 514/347, 519/358, 528/343, 536/307 e 308, 537/304, 539/282, 540/382, 541/335, 542/339, 544/345, 551/340, 559/331, 561/324, 564/328, 568/284, 574/346, 577/353, 579/318, 581/312; *RF* 169/375, 171/335, 179/403, 232/351, 252/348, 255/334; *RJTJESP* 4/313, 14/483 e 499, 20/456, 21/543, 29/397, 33/281, 34/273, 35/263, 36/283-312, 38/277, 40/359, 46/312, 48/362, 53/387, 389, 404 e 418, 60/345 e 480, 64/330 e 339, 73/334, 74/369, 76/352, 78/384, 81/440, 83/378; *JTJ* 248/432.

(57) *RTJ* 9/257, 46/667, 85/78 e 491; *RT* 349/528, 438/337, 464/424, 467/310, 503/310; *RJTJESP* 27/435, 46/320; *RF* 229/332.

(58) *RT* 614/290, 653/320, 664/263, 671/316.

(59) *RJT* 90/830, 98/852, 106/991; *RT* 582/399.

(60) *RT* 179/90, 438/337, 449/374; *RF* 231/298.

(61) *RTJ* 13/308; *RF* 260/343; *RJTJESP* 23/484, 24/436, 40/39, 52/332, 54/348; *RT* 322/153, 329/210, 330/814, 333/96, 351/106, 443/487, 467/411, 507/362, 509/356, 520/388, 580/344.

(62) *RT* 185/59, 495/361, 501/283, 510/348, 513/357, 521/361; *RJTJRS* 72/17; *RF* 150/397.

(63) *RT* 481/307, 489/319; *RJTJESP* 55/405.

(64) *RT* 491/289, 494/323, 334, 523/443; *RJTJESP* 34/293, 41/374, 43/393, 51/260.

(65) *RT* 435/298; *RJTJESP* 51/259; *RF* 253/391.

(66) *RF* 219/259; *RT* 459/310; *RJTJESP* 26/371, 39/257, 43/321.

(67) *RT* 454/357.

(68) *RJTJESP* 57/358.

(69) *RTJ* 108/156; *RT* 526/342, 587/306, 588/436, 616/295, 651/260.

(70) *RT* 354/555, 438/464, 522/359.

(71) *RT* 454/348, 507/341; *RJTJESP* 11/478, 47/363-4.

(72) *RT* 405/118, 407/124, 495/292, 507/341, 565/312, 588/321; *JTJ* 181/270; *RJTJESP* 40/326.

(73) *RT* 495/292.

(74) *RT* 442/365, 519/320; *RJTJESP* 39/308, 62/374.

(75) *RT* 519/320; *RJTJESP* 74/319.

(76) *RF* 231/354; *RT* 415/289.

(77) *RT* 438/376.

(78) *RJTJESP* 29/394.

(79) *RT* 552/322.

(80) *RT* 528/321, 534/344.

(81) *RT* 472/316.

(82) *RJTJESP* 33/303.

(83) *RT* 405/95, 509/409, 430/377; *RJTJESP* 34/276.

(84) *RT* 412/109, 427/362, 550/300; *RJTJESP* 65/343.

(85) *RT* 481/307, 556/314; *JTACrSP* 33/275.

(86) *RT* 510/348.

(87) *RT* 476/361, 489/414; *RJTJESP* 34/115, 66/397.

(88) *RT* 464/333.

(89) *RT* 513/367.

(90) *RT* 376/204-205.

(91) *RT* 546/344.

(92) *RTJ* 73/534.

(93) *RT* 480/397.

(94) *RT* 514/314.

(95) *RT* 505/323.

(96) *RJTJESP* 30/389, 44/397.

(97) *RTJ* 82/394.

(98) *RT* 282/125.

(99) *RT* 543/321.

(100) *RT* 550/267.

(101) *RT* 557/362.

(102) *RTJ* 102/107; *RJTJESP* 60/361.

(103) *RJTJESP* 71/310; *RSTJ* 89/376; *RT* 597/302, 613/311, 693/344, 701/317, 776/530, 803/552; *JTJ* 170/297; *RJTJERGS* 158/53.

(104) *RT* 657/266-7.

(105) *RT* 483/263, 541/341, 564/309-10, 691/342, 731/560, 779/548, 792/722; *JTJ* 183/294, 227/341.

(106) *RT* 489/342, 491/271, 571/393, 665/354, 701/317; *JTJ* 170/297; *RJTJESP* 43/321, 81/366.

(107) *RT* 492/283; *RJTJESP* 43/344.

(108) *RJTJESP* 43/321.

(109) *RT* 394/50.

(110) *Justitia* 85/422-5; *RJTJERGS* 149/89. Contra: *RT* 649/247, 641/388.

(111) *RT* 307/74, 450/355, 469/301, 490/307, 499/307, 559/368; *JCAT* 67/333; *RJTJESP* 30/318.

(112) *RT* 523/326.

(113) *RT* 555/344.

(114) *RT* 397/97.

(115) *RT* 398/101, 352/58, 452/344; *RJTJESP* 4/272.

(116) *RT* 266/97, 293/95, 406/81, 419/67; *RJTJESP* 10/426, 14/363.

(117) *RT* 783/754; *JSTJ* 183/386, 187/410.

(118) *RT* 779/634.

(119) *RTJ* 101/311, *RT* 433/350, 449/372, 463/333, 469/294, 485/283, 531/328; *RSTJ* 23/95; *RJTJERGS* 165/78; *RJTJESP* 18/338; *JSTJ* 183/540.

(120) *RT* 447/367.

(121) *RT* 439/338, 579/309, 583/351; *RJTJESP* 16/444.

(122) *JSTJ* 8/161.

(123) *RJTJESP* 37/224.

(124) *RT* 370/80.

(125) *RJTJESP* 81/365; *RT* 571/310.

(126) *RT* 447/364, 491/292, 571/393, 818/528.

(127) *RT* 462/324, 486/282, 505/296, 807/531; *RJTJESP* 42/357, 46/356, 49/343; *RF* 208/301, 223/304; *JTJ* 267/561.

(128) *RT* 543/331.

(129) *RJTJESP* 53/326.

(130) *RT* 488/310.

(131) *RT* 322/124.

(132) *RT* 391/85, 414/68; *RJTJESP* 13/345.

(133) *RT* 494/314.

(134) *RT* 490/303.

(135) *RT* 464/336.

(136) *RJTJESP* 2/325, 53/324; *RT* 383/80, 303/82.

(137) *RJTJESP* 38/270.

(138) *RT* 399/306.

(139) *RT* 292/115.

(140) *RT* 479/310.

(141) *RT* 277/157, 307/110, 384/274.

(142) *RT* 370/156.

(143) *RT* 282/110, 483/290, 500/317; *RF* 163/345; *RJTJESP* 44/398; *RJTJRGS* 76/127.

(144) *RT* 255/575.

(145) *RT* 543/321.

(146) *RT* 301/99.

(147) *RT* 537/272 e 301; *RJTJERGS* 212/150.

(148) *RT* 656/271.

(149) *RT* 335/119, 633/291, 665/337, 704/410, 740/722; *RSTJ* 19/197, 90/398; *RJTJESP* 32/273 e 289.

(150) *RF* 255/334; *RT* 334/90, 482/315-6; *RJTJESP* 43/394.

(151) *JTJ* 154/285.

(152) *RT* 330/207, 514/321.

(153) *RF* 208/289; *RT* 160/595, 162/365, 220/90, 297/154, 329/103, 352/318, 464/362, 533/319; *RJTJESP* 1/182, 36/243.

(154) *RJTJESP* 14/478.

(155) *RT* 480/294 – voto vencido do Desembargador Adriano Marrey – 488/304, 538/338; *RJTJESP* 29/302, 34/255, 37/285, 56/316, 63/369.

(156) *RT* 258/97, 263/53; *RF* 118/525, 152/358.

(157) *RT* 377/117, 380/156, 412/73; *RJTJESP* 10/438, 44/384.

(158) *RT* 486/269.

(159) *RT* 277/161.

(160) *RF* 193/327, 195/344; *RT* 286/90, 301/115, 329/112, 793/682; *RJTJESP* 28/305.

(161) *RF* 265/392; *RT* 503/370.

(162) *RT* 380/297.

(163) *RT* 257/120, 468/302; *RJTJESP* 50/313.

(164) *RT* 564/328.

(165) *RT* 524/458.

(166) *RT* 650/282.

(167) *RT* 513/355, 536/310. Contra: *EJSTJ* 32/283; *RT* 794/574; *RSTJ* 140/599; STJ: REsp 244.532-DF, *DJU* de 11-12-2000, p. 249; REsp 209.245-DF – *DJU* de 13-8-2001, p. 296.

(168) *RT* 536/286.

(169) *RT* 429/399.

(170) *RT* 378/214.

(171) *RT* 416/77.

(172) *JTACrSP* 28/112.

(173) *RT* 499/369, 519/392, 538/380.

(174) *RT* 690/320.

(175) *RT* 163/573.

(176) *RT* 492/315.

(177) *RT* 704/294.

(178) *RT* 472/328.

(179) *RF* 269/343; *RT* 502/300, 513/396, 529/320, 536/297 e 310, 545/345, 551/329, 558/422, 560/323, 561/324-5, 567/311, 579/320, 581/281, 591/304, 708/294; *RJTJERGS* 155/84-5; *RJT-JESP* 58/392, 86/432.

(180) *RT* 577/355, 589/325.

(181) *RT* 281/91, 539/266, 543/386, 573/344, 679/366.

(182) *RT* 778/561, 794/574; *RSTEJ* 240/599; *EJSTJ* 30/224; REsp 205.367-DF, *DJU* de 14-8-2000, p. 189.

(183) *RT* 558/421-2.

(184) *RT* 163/573; *RF* 112/230.

(185) *RT* 519/362, 538/380; *JTACrSP* 40/79.

(186) *RT* 320/295.

(187) *JTACrSP* 29/116.

(188) *RT* 507/488.

(189) *RT* 318/86.

(190) *JTAERGS* 87/130.

(191) *RT* 675/377.

(192) *JTAERGS* 87/130.

(193) *RT* 538/415.

(194) *RT* 519/311.

(195) *RT* 389/95.

(196) *RT* 438/361, 488/333, 517/277; *JTJ* 168/312, 179/301; *RF* 213/368; *RSTJ* 156/496; *EJSTJ* 33/240. Contra: *JTJ* 244/343.

(197) *RT* 322/89, 445/350, 527/341, 541/369, 580/345, 630/301; *RJTJESP* 58/396, 61/398.

(198) *RT* 527/341, 579/301-302, 582/296, 636/276, 640/279, 641/364; *RJTJESP* 84/456, 87/388.

(199) *RT* 470/326.

(200) *RT* 470/350, 504/341, 510/439, 521/363, 536/310, 541/369, 794/578; *RJTJESP* 30/436, 56/381, 61/341; *RF* 228/284.

(201) *RT* 372/161, 458/328, 577/338, 604/426, 606/396, 644/314, 653/280 e 287, 660/276-7, 668/267, 674/295 e 332, 675/424, 676/364, 697/281, 704/434; 717/368, 719/386, 724/608, 726/622, 727/421, 729/527, 733/553, 772/565, 776/560, 800/643, 831/577, 832/574; *RSTJ* 24/461-2; *JTJ* 152/306, 169/316, 174/351, 245/344; *JSTJ* 17/198.

(202) *RTFR* 56/180.

(203) *RT* 339/106, 511/328, 564/331, 600/339, 601/296; *RJTJESP* 51/330.

(204) *RT* 462/340, 674/298, 685/314, 701/303, 721/546, 809/706; *JTJ* 175/161; *RSTJ* 47/255; 66/450; *RTFR* 31/224.

(205) *RT* 391/63, 499/315, 774/706; *RJTJESP* 37/208, 44/399; *JTJ* 227/314.

(206) *RT* 651/259, 706/301.

(207) *JTJ* 160/335.

(208) *RJTJESP* 40/369, 40/371; *RT* 366/90, 491/272, 567/313, 805/565, 813/588, 822/722; *JSTJ* 35/355.

(209) *RJTJESP* 45/322.

(210) *RJTJESP* 29/428.

(211) *RJTJESP* 19/371, 23/389.

(212) *RT* 319/78, 390/209, 490/311, 513/367; 823/723; *RJTJERGS* 230/85.

(213) *RF* 208/263; *RT* 733/553, 734/662.

(214) *RT* 418/63, 454/333, 512/365, 666/337; *JTJ* 172/336; *RJTJESP* 25/405.

(215) *RT* 280/157, 319/78, 503/301, 566/310, 624/299, 727/464; *RDJ* 4/251; *RJTJESP* 20/468, 33/286, 53/341, 68/421.

(216) *RT* 735/560.

(217) *RJTJESP* 33/286, 50/369, 51/321, 53/341; *JTJ* 172/338; *RT* 280/157, 432/292.

(218) *RT* 285/176, 330/207, 379/115, 430/357, 441/375, 516/295, 519/324, 522/361, 530/395, 539/282, 544/350, 552/409, 554/343, 562/317, 823/659; *RJTJESP* 26/468, 40/328, 42/356, 43/396, 59/404, 60/346 e 348, 62/402, 64/339, 66/368; *RF* 198/289; *RJTJERGS* 201/185.

(219) *RT* 191/111, 286/123, 441/375, 481/310, 496/264, 504/328, 514/321, 581/310, 724/618, 800/599, 805/651; *RJTJESP* 21/545, 52/375, 56/379, 74/330; *RF* 170/424, 186/359.

(220) *RSTJ* 32/75.

(221) *RT* 793/708.

(222) *RT* 513/369.

(223) *RTJ* 12/213; *RT* 403/87, 474/277, 604/350.

(224) STF: HC 58437-MG, j. em 24-2-1981 – *DJU* de 20-3-1981, p. 2228.

(225) *RTJ* 66/384; *RT* 518/346, 519/311.

(226) *RT* 536/284.

(227) *RT* 260/322; *RJTJESP* 43/340, 44/367; *RT* 497/296.

(228) *RT* 382/184, 506/325, 520/392, 543/351, 646/270, 676/296; *RJTJESP* 53/301.

(229) *RT* 545/312.

(230) *RT* 542/341.

(231) *RJTJERGS* 170/83, 172/138.

(232) *RT* 496/277.

(233) *RT* 186/58.

(234) *RT* 303/110, 473/388, 570/356.

(235) *RT* 599/328.

(236) *RT* 623/281.

(237) *RJTJESP* 29/397.

(238) *RJTJESP* 29/317, 32/345.

(239) *RTJ* 40/268; *RT* 496/347, 516/289, 527/309, 536/310, 558/293, 612/316; *RF* 258/344 e 358; *RJTJESP* 3/462, 53/301.

(240) *RT* 405/137, 447/375; *RTJ* 40/268.

(241) *RT* 495/291; *JTJ* 164/304-5.

(242) *RT* 515/325; *RJTJESP* 52/325.

(243) *RT* 483/271; *RJTJESP* 33/278.

CAPÍTULO 12

(1) *RT* 547/306.

(2) *RT* 223/54.

(3) *RT* 203/97, 223/54 (voto vencido), 226/105; *RF* 264/361.

(4) *RT* 550/283.

(5) *RF* 232/332.

(6) *RT* 428/355.

(7) *RT* 352/269; *JTACrSP* 28/150.

(8) *RT* 343/126, 641/349; *RJDTACRIM* 2/95.

(9) *JTACrSP* 74/348.

(10) *RT* 156/528.

(11) *RJDTACRIM* 10/73-4.

(12) *JTACrSP* 18/202, 22/282, 40/272; *RF* 229/269; *RT* 181/111, 221/101, 222/90, 225/132, 247/61, 262/460, 414/267, 720/476; *JTAERGS* 72/40.

(13) *RT* 170/67.

(14) *RT* 479/354, 484/272, 815/663.

(15) *RT* 352/269; *JTACrSP* 52/76.

(16) *RT* 464/396; *JTACrSP* 10/225.

(17) *RT* 351/351; *RF* 213/370.

(18) *JTACrSP* 21/329.

(19) *RT* 585/328.

(20) *RT* 501/271, 504/321; *RJTJESP* 46/324.

(21) *RT* 363/195.

(22) *RT* 532/414, 788/582, 788/551, 814/570, 836/560; *RJDTACRIM* 14/77-8, 23/206; *JTACrSP* 73/384, 75/261; *EJSTJ* 36/309; *RJTJERGS* 203/180.

(23) *RT* 536/340, 547/324, 603/341; 712/383-4, 733/582, 778/663, 779/602, 783/641, 797/648, 817/576, 820/601; *RJDTACRIM* 4/104, 6/86, 11/88, 21/146, 149, 23/204, 24/193, 27/102, 29/127, 32/158, 33/102; *JTJ* 154/285, 163/135, 170/288, 240/291; *JCAT* 99/517, 101/517.

(24) *RT* 288/71, 511/402, 512/393, 576/396; *JTACrSP* 71/365.

(25) *RT* 561/361.

(26) *RT* 561/339; *RJTJESP* 14/454, 71/321; *RJDTACRIM* 15/87; *JTACrSP* 44/169, 55/242.

(27) STF: RE 640139 RG/DF, j. em 22-9-2011, DJe de 14-10-2011.

(28) *RT* 479/359, 484/272.

(29) *RT* 512/393, 608/352, 613/347.

(30) *RT* 565/389.

REFERÊNCIAS JURISPRUDENCIAIS

(31) *RT* 392/118, 581/286, 703/315, 708/330, 834/608; *JTJ* 157/301; *RJDTACRIM* 22/193; *RJTJESP* 86/360; *JTACrSP* 13/281.

(32) *RT* 462/427; *JTAERGS* 72/49.

(33) *RT* 405/118, 434/352, 473/311, 498/286, 504/321, 539/325; *RJTJESP* 9/612, 45/387, 46/324; *RF* 240/335.

(34) *RT* 634/281.

(35) *RT* 545/317; *RF* 265/369.

(36) *JTACrSP* 29/125, 33/99 e 240; *RT* 306/135, 384/87, 413/285; Franceschini, II, p. 167, nº 2.343-A, p. 168, nº 2.344-B, p. 169, nº 2.348.

(37) *RT* 222/90, 411/311.

(38) *RT* 432/323.

(39) *RT* 546/440, 552/397.

(40) *RT* 476/371.

(41) *RT* 731/663.

(42) *RT* 274/172, 317/404, 391/345, 418/262, 456/411, 589/354; *JTACrSP* 2/76, 30/339.

(43) *RT* 370/212; *JTACrSP* 1/48, 2/13.

(44) *JTACrSP* 36/210.

(45) *RT* 458/427.

(46) *RT* 177/522, 368/67, 442/393; *JTACrSP* 47/349.

(47) *RT* 304/491.

(48) *RT* 433/365.

(49) TFR: Ap. 3.856, *DJU* de 28-11-79, p. 8.904.

(50) *RT* 772/541, 791/723, 794/593; *RSTJ* 133/517; *JTJ* 246/344; STF: *HC* 79.780-SP, *DJU* de 18-8-2000, p. 82.

(51) STJ: REsp 769290-SP, j. em 2-2-2006, *DJU* de 6-3-2006, p. 438; REsp 762993-SP, j. em 4-5-2006, *DJU* de 26-6-2006, p. 194; HC 41366-SP, j. em 2-6-2005, *DJU* de 20-6-2005, p. 319.

(52) *RT* 783/563.

(53) *RT* 842/537; *JTJ* 290/656, 286/525, 287/524, 761/602, 269/553. Em sentido contrário: STJ: HC 86792-SP, j. em 9-12-2008, *DJe* de 16-2-2009.

(54) *RT* 792/609 e *JTJ* 244/331.

(55) STJ: REsp 762993-SP, j. em 4-5-2006, *DJU* de 26-6-2006, p. 194.

(56) *RT* 789/658.

(57) *RT* 818/664.

CAPÍTULO 13

(1) STJ: HC 39592-PI, j. em 19-11-2009, *DJe* de 14-12-2009; TJSP: *JTJ* 215/309.

(2) STF: Inq 1145-PB, j. em 19-12-2006, *DJe* de 4-4-2008, HC 88967-AC, j. em 6-2-2007, *DJU* de 13-4-2007, p. 102; STJ: RHC 7376-SC, j. em 1º-7-1998, *DJU* de 14-9-1998, p. 136, RHC 22.898-RS, j. em 20-5-2008, *DJe* de 4-8-2008 – *RT* 877/530, *RT* 723/542.

CAPÍTULO 14

(1) *RT* 611/323, 613/290.

(2) *JSTF* 221/333; HC 75.600, *Informativo do STF* de 11-12-98, nº 95; STJ: RHC 8.954-SP j. em 7-11-2000, *DJU* de 19-2-2001, p. 237; *RT* 742/577.

(3) *RT* 519/416; *RSTJ* 65/482.

(4) *RT* 524/479.

(5) *RT* 192/67, 551/351-2, 564/330, 580/359; *RJTJESP* 72/326, 80/339; *JTACrSP* 49/70.

(6) *RT* 471/387; *RF* 255/358.

(7) *RF* 204/317, 270/277, 255/335; *RT* 461/333, 507/339, 523/349, 533/314-5, 537/302, 557/362, 564/394, 588/377-378, 640/382; *JTACrSP* 43/179-180, 47/350; *RJTJESP* 58/383; *Justitia* 83/411/415.

(8) *RTJ* 100/135; *RT* 686/319.

(9) *RF* 242/288.

(10) *RT* 535/339.

(11) *RT* 458/377; *JTACrSP* 29/264-6.

(12) *RT* 419/342; *JTACrSP* 11/305.

(13) *RF* 214/278; *RT* 375/207, 370/188, 374/164; *JTACrSP* 29/327.

(14) *RT* 550/355, 489/427.

(15) *JTACrSP* 3/451.

(16) *RT* 480/315, 583/320; *RJTJESP* 85/388.

(17) *RT* 555/393, 564/356; *RF* 176/334, 232/389: *JTACrSP* 67/381.

(18) *RT* 376/113, 472/388, 513/451, 591/330-331; *RF* 159/344, 267/328.

(19) STF: RE 96.358-8-RJ, j. em 22-6-1982, *DJU* de 20-8-1982, p. 7.874; *RTJ* 101/869 e 413; *RT* 566/406.

(20) *RTJ* 56/766, 46/27; *RT* 589/418.

(21) *RF* 182/308.

(22) *RT* 613/318.

(23) *JTACrSP* 69/287.

(24) *RF* 222/267.

(25) STJ: REsp 331.055-RS, j. em 26-06-2003, *DJU* de 25-8-2003, p. 377.

(26) *RT* 483/312.

(27) *RT* 378/181, 409/70, 606/449; *RTJ* 118/328; *JSTJ* 8/244; *RJTJESP* 76/299.

(28) *RT* 655/324.

(29) *RT* 551/351-4.

(30) *RT* 617/301.

(31) *RTJ* 100/135; *RT* 556/397.

(32) *RT* 374/164; *JTACrSP* 29/327-8.

(33) *RJTJESP* 8/500-503.

(34) *RTJ* 100/144; *RF* 161/354, 162/335, 179/394, 213/441; *RJTJESP* 28/290; *RT* 546/346, 712/465, 717/441; *EJSTJ* 35/277.

(35) *RT* 536/360.

(36) *RTJ* 93/1.013; *RT* 525/467, 520/460 e 520.

(37) *RJTJESP* 73/345, *RT* 517/298.

(38) *RT* 626/326.

(39) *RT* 558/312.

(40) *RT* 736/705; *JSTJ* 175/584. Contra: *RT* 771/722, 800/704.

(41) *RF* 270/277; *RT* 520/519, 528/396, 806/686.

(42) *RT* 512/427, 557/323.

(43) *RT* 566/300.

(44) *RTJTJESP* 19/484-5; *RT* 833/461; *JSTF* 316/336.

(45) *RT* 505/310.

(46) *JSTJ* 51/318.

(47) *RT* 490/293, 520/347; *RJTJESP* 54/310, 61/336.

(48) *RJTJESP* 15/468.

(49) *RJTJESP* 1-2/337; *RT* 395/81.

(50) *RT* 391/102, 506/326-7.

(51) *RF* 225/333; *RT* 541/342, 796/716.

(52) *RT* 383/71, 438/366, 491/293.

(53) *RT* 366/65, 499/426, 533/314-5, 537/302.

(54) *RF* 230/330.

(55) *RF* 194/336.

(56) *RF* 211/323; *RJTJESP* 60/373.

(57) *RT* 692/249.

(58) *RT* 702/377.

(59) *RT* 412/99, 807/689.

(60) *RT* 556/318, 393/374, 441/373, 487/304, 582/294.

(61) *RF* 215/282; *RT* 198/275.

(62) *JSTJ* 47-288-9.

(63) *RTJ* 97/452; *RDJ* 4/178; *RT* 553/465-6, 792/578; *EJSTJ* 30/259.

(64) *RJTJESP* 11/505.

(65) *RT* 440/335, 473/314; *RTFR* 70/108; *RJTJESP* 20/473, 72/343.

(66) *RT* 367/46, 523/476, 776/667; *RJTJESP* 6/402; *RJTJERGS* 192/155.

(67) *RTJ* 91/664; *RT* 523/476.

(68) *RT* 395/81; *RJTJESP* 1-2/337.

(69) *RF* 223/858; *RJTJESP* 13/440.

(70) *RT* 384/70, 411/93, 415/60, 500/363; *RF* 260/339-40, 270/277.

(71) *RF* 224/304.

(72) *RF* 187/339, 190/298, 202/339, 204/308, 212/318, 213/391; *RT* 374/59, 417/87; *RJTJESP* 11/505, 29/234.

(73) *RF* 216/298, 249/322, 263/329, 270/277; *RT* 445/443 e 453, 466/382; *Jurispenal* 20/62.

(74) *RT* 446/360, 461/333, 486/267, 510/451, 527/322, 537/345, 547/325, 554/348, 784/589, 841/655; *RF* 173/387, 233/260, 272/335; *RJ-*

TJESP 41/426, 58/383, 59/421, 65/357; EJSTJ 37/307.

(75) RT 671/302.

(76) Jurispenal 5/172; RT 402/87, 501/283, 513/357.

(77) RTJ 91/661.

(78) RJTJESP 6/402.

(79) RF 221/316, 269/334.

(80) RTJ 97/294; RT 510/418, 546/450, 602/413, 625/271, 736/679; RJTJESP 18/397, 22/479; EJSTJ 27/216.

(81) RF 210/319, 215/299, 230/270.

(82) RF 201/295.

(83) RJTJERGS 150/149.

(84) RT 451/383.

(85) Justitia 112/246-8.

(86) JTJ 152/298.

(87) RT 527/401, 593/461.

(88) RF 235/281; RJTJESP 72/326.

(89) RT 488/312.

(90) RF 223/358.

(91) RF 172/507.

(92) RJTJERGS 174/174.

(93) RF 160/367; RJTJESP 7/554.

(94) RT 396/128; JTACrSP 43/179.

(95) RT 521/355; RJTJESP 56/283.

(96) STJ: HC 122656-PR, j. em 6-2-2009, DJe de 2-3-2009.

(97) RT 453/340.

(98) RT 556/295.

(99) RT 616/295.

(100) RT 556/295.

(101) RTJ 40/389.

(102) RT 492/315, 458/411, 575/346.

(103) RT 639/277.

(104) STF: RHC-SC 55.942, j. em 3-3-1978, DJU de 5-5-1978, p. 2.978.

(105) RT 259/299.

(106) RT 833/461; JSTF 316/336.

(107) RT 292/395.

(108) RT 364/60.

(109) RT 362/292.

(110) RT 476/433, 487/286, 792/611; RJTJESP 28/327, 32/236; RF 256/345.

(111) RT 558/343, 779/548.

(112) RT 627/311.

(113) RT 452/338.

(114) RT 472/309, 555/327.

(115) RT 534/343.

(116) RT 512/345, 597/365; RJTJESP 34/259.

(117) RJTJESP 7/468.

(118) RT 603/334, 795/582; RJTJESP 19/448; JTJ 243/325.

(119) RT 508/343.

(120) RJTJESP 7/439; RT 393/241.

(121) JTJ 280/481.

(122) RT 783/775.

(123) RT 796/745.

(124) RT 730/514.

(125) RT 685/307.

(126) RTJ 71/354; RT 586/273.

(127) RJTJESP 41/338.

(128) RF 172/488.

(129) RJTJESP 37/218; RT 481/293.

(130) RT 445/358.

(131) RJTJESP 22/477.

(132) RT 400/375, 435/304, 447/321, 455/311, 462/455, 479/299, 483/287, 512/426, 519/334 e 407, 537/299, 560/374, 603/334, 628/343, 725/546, 728/623-4, 784/741, 791/723, 792/611, 815/621; JTJ 173/313, 179/290, 229/339, 286/494; RJTJESP 19/448, 23/448, 39/303; RF 161/393, 230/338, 242/300, 265/377; RJTJERGS 201/199; RSTJ 133/502; JSTF 260/372.

(133) RT 479/299.

(134) RT 431/297.

(135) RF 189/302-3.

(136) *RTJ* 43/149; *RT* 487/271, *RT* 780/540.

(137) *RT* 691/314.

(138) *RJDTACRIM* 33/53.

(139) *RT* 586/333; *JTJ* 187/152.

(140) *RT* 329/100, 475/276; *RF* 254/350.

(141) *RT* 736/618, 564/327, 388/200.

(142) *JTACrSP* 27/398.

(143) *RTJ* 93/1.023; *RJTJESP* 80/343.

(144) *RTJ* 85/415.

(145) *RT* 535/259; *RJTJESP* 60/309.

(146) *JTACrSP* 48/213.

(147) *RJDTACRIM* 25/141; STJ: RHC 8.842-SC, j. em 16-11-1999, *DJU* de 13-12-1999, p. 179; *RT* 775/552.

(148) *RT* 702/337.

(149) *RT* 542/323.

(150) *RF* 201/297; *JTJ* 160/306; *RT* 374/164, 390/100, 783/756.

(151) *RT* 505/296, 526/356, 538/324.

(152) *RT* 534/319, 548/306.

(153) *RT* 699/299.

(154) *RT* 625/320.

(155) *RT* 465/341.

(156) *RT* 527/406.

(157) *RT* 375/162.

(158) *RT* 389/93.

(159) *RF* 173/387; *RT* 452/321, 465/341, 531/309, 648/265, 718/372, 784/741, 791/723, 794/713.

(160) *RF* 164/354, 177/373.

(161) *RT* 452/321.

(162) *RJTJESP* 4/259.

(163) *RT* 519/356, 613/318.

(164) *RT* 542/337.

(165) *RF* 214/257.

(166) *RJTJESP* 48/308; *RT* 536/305, 520/356.

(167) *RT* 522/438.

(168) *RJTJESP* 42/353.

(169) *RJTJESP* 41/338.

(170) *RJTJESP* 45/352.

(171) *RJTJESP* 20/337.

(172) *RJTJESP* 16/434.

(173) *RF* 177/373, 188/335, 228/306; *RT* 395/93.

(174) *RT* 388/200, 438/343, 774/646; *RJTJESP* 19/430.

(175) *RF* 215/291.

(176) *RJTJESP* 9/566.

(177) *RT* 414/73.

(178) *RT* 539/270.

(179) *RJTJESP* 36/243.

(180) *RT* 686/319.

(181) *RTFR* 61/104.

(182) STJ: RHC 24998-RJ, j. em 15-12-2011, *DJe* de 2-2-2012.

(183) *RJTJESP* 11/446.

(184) *Jurispenal* 13/66.

(185) TFR, Ap. 2.897, *DJU* de 6-6-80, p. 4.157.

(186) *RT* 410/123.

(187) *RTJESP* 11/446.

(188) *RT* 192/67.

(189) *RT* 480/315.

(190) *JTJ* 49/317.

(191) *JTA* 1/22, n° 129; *RT* 378/310, 482/326, 831/538; *RF* 256/361.

(192) *RT* 507/399.

(193) Franceschini 3/403.

(194) *RT* 622/296, 783/588, 801/539; STJ: RHC 9.677-ES, j. em 13-6-2000, *DJU* de 14-8-2000, p. 208.

(195) *RT* 486/357, 507/399, 544/347, 774/713.

(196) *RT* 381/222.

(197) *RT* 394/256.

(198) *RT* 393/131; *RF* 225/335.

(199) *JCAT* 76/562; *JTACRSP* 71/290.

(200) *RTJ* 71/835; *RT* 499/390, 537/303, 544/347, 714/431, 778/532, 780/656, 817/490; *RSTJ* 71/116-7;

JTACrSP 7/289-290, 72/396; *RJTJERGS* 151/269; *RJTJESP* 62/416, 64/331; *JSTJ* 175/314.

(201) *RT* 223/379.

(202) *RT* 488/308.

(203) *RT* 397/286.

(204) *RT* 520/367.

(205) *JTACrSP* 67/462.

(206) *RT* 445/348.

(207) *RT* 412/296.

(208) *RT* 369/207, 785/581.

(209) *RT* 526/395.

(210) *RT* 487/279.

(211) *RTJ* 94/25 e 41; *RT* 451/414, 486/356; *RJTJESP* 69/209.

(212) *JTACrSP* 13/208, 69/209, 71/320; *RJDTACRIM* 3/154; *RT* 422/302, 451/414, 486/356, 565/344.

(213) *RTJ* 94/1.

(214) *RT* 836/669, 543/342, 831/545.

(215) *RT* 701/321-322.

(216) *RT* 597/413.

(217) *RT* 467/356, 491/334.

(218) *RT* 488/308.

(219) *RT* 329/201.

(220) *RT* 420/73.

(221) *RT* 370/188.

(222) *RF* 265/377; *RT* 380/218, 381/188.

(223) Franceschini IV/450.

(224) *RT* 447/486.

(225) *RT* 423/425.

(226) *RT* 390/330.

(227) *RT* 374/198.

(228) *RTJ* 54/304, 62/266; *RF* 254/360, 270/298; *RT* 449/504, 472/392, 511/332, 520/466, 593/403, 609/344.

(229) *RT* 376/246, 381/206, 382/206, 394/267, 397/276, 398/298, 401/297, 405/417, 436/410, 489/354, 512/343, 592/326; *JTACrSP* 11/152 e 248, 13/323, 14/272, 330, 19/330; *JCAT* 68/404.

(230) *JTACrSP* 5/33.

(231) *RT* 526/331, 451/423, 452/370, 501/276; *JTACrSP* 29/130.

(232) *RT* 388/289.

(233) *RJTJESP* 57/343.

(234) *RT* 452/370.

(235) *RT* 182/97, 180/108.

(236) *RF* 144/447.

(237) *RJTJESP* 53/259-60.

(238) *RT* 522/358.

(239) *RJDTACRIM* 32/151.

(240) *RT* 724/654.

(241) *RTFR* 61/100.

(242) *RT* 723/613 e *RJDTACRIM* 25/387-8.

(243) *RT* 555/348.

CAPÍTULO 15

(1) *RT* 507/357.

(2) *RT* 402/56, 533/316.

(3) *RT* 490/283, 725/680.

(4) *RT* 687/305.

(5) *RTJ* 89/251-6.

(6) *JTACrSP* 69/93.

(7) *RT* 684/360-361.

(8) *RJTJESP* 35/253.

(9) *RJTJESP* 41/322.

(10) *RF* 197/328; *JTACrSP* 71/128.

(11) *RT* 542/320; *RF* 277/276.

(12) *RT* 721/497.

(13) *RT* 490/283.

(14) *RJTJESP* 47/380.

(15) *RT* 462/359.

(16) *RT* 372/269.

(17) *RT* 541/369.

(18) *RT* 533/316.

(19) *JTJ* 236/294.

(20) *JTACrSP* 26/263; *RJTJESP* 67/342.

(21) *RT* 375/207.

(22) *RJDTACRIM* 2/144.

(23) *RF* 200/249; *RT* 382/87, 469/415, 522/441, 523/461, 525/353.

(24) *JTACrSP* 74/385.

(25) *JTACrSP* 20/59.

(26) *RT* 509/343, 601/332, 656/307; *JTACrSP* 74/261; *RF* 264/344.

(27) *RF* 225/329.

(28) *RT* 335/259; *RF* 223/329.

(29) *RT* 423/422.

(30) *RJTJESP* 47/379.

(31) *RT* 548/322.

(32) *RT* 534/346, 808/610.

(33) *JTACrSP* 55/293, 59/220.

(34) *RTJ* 94/603-6.

(35) *RF* 194/356.

(36) *RJTJESP* 22/495.

(37) *RT* 568/267.

(38) *RT* 515/334.

(39) *RJTJESP* 78/430; *RT* 560/352; *JTACrSP* 27/356.

(40) *RJTJESP* 64/348; *RT* 551/343; *RF* 222/370.

(41) *JTACrSP* 23/30.

(42) *RT* 531/330.

(43) *RT* 675/359.

(44) *RT* 525/331, 506/359, 507/376, 518/331, 519/363; *JTACrSP* 23/120 e 341.

(45) *RJTJESP* 55/341; *RT* 425/331, 522/338, 555/377, 557/352 e 381, 586/333; *RF* 243/294.

(46) *RT* 439/376, 518/331 e 349-40, 546/348, 605/334, 686/370, 697/317, 717/433; *JTAERGS* 86/68; *RF* 266/313; *RJTJESP* 51/350, 61/343, 62/402; *JTACrSP* 66/256, 70/388.

(47) *RJTJESP* 16/402, 63/372; *JTACrSP* 10/249, 61/326, 523/461.

(48) *RT* 511/433; *RF* 266/313.

(49) *RF* 269/368; *RT* 518/350.

(50) *RF* 279/344; *JTACrSP* 30/375; *RT* 461/378.

(51) *RT* 501/309.

(52) *RTJ* 157/294.

(53) *RT* 655/321.

(54) *RT* 536/309.

(55) *JTACrSP* 1/23, 25/282, 56/286, 71/372, 75/411; *JTAERGS* 80/124; *RT* 350/383, 368/242, 401/309, 427/422, 525/366, 566/321, 719/444-5; *RJTJERGS* 207/142.

(56) *JTACrSP* 1/36, 17/88, 28/329, 46/270, 64/183, 74/385; *RJDTACRIM* 5/177; *RT* 272/467, 298/452, 322/140, 368/242 e 258, 370/219; 430/380, 601/381, 790/682, 832/606, 840/685.

(57) *RT* 382/227; *JTACrSP* 14/35; *RTJ* 113/821.

(58) *RT* 718/378.

(59) *RT* 416/252, 836/525.

(60) *RF* 261/336, 820/604.

(61) *RT* 516/366, 536/309.

(62) *RT* 391/338, 778/559; *JCAT* 66/526; *RF* 244/308.

(63) *RF* 247/318.

(64) *RJTJESP* 67/62.

(65) Franceschini IV, n° 5.928.

(66) Franceschini 1/624, IV, n° 5.924-A.

(67) *RF* 227/316.

(68) *RT* 455/392, 552/357, 565/345, 566/342, 569/340, 574/379, 704/358, 780/587, 789/686; *JTACrSP* 25/83, 44/342, 67/344, 68/440, 73/40-2, 75/411; *RJTJERGS* 223/112.

(69) *JTACrSP* 58/275.

(70) *RT* 577/389.

(71) *RT* 755/613; *RJTACRIM* 38/285, 47/301; *JTA-CRIM* 59/220.

(72) *RT* 577/342; *RJTJESP* 85/362.

(73) *RT* 378/308, 550/319.

(74) *RT* 418/249, 796/721.

(75) *RT* 738/574, 79/721, 776/528, 780/616; HC 76.888-PI – *Informativo do STF* n° 132.

(76) *RT* 395/315, 487/289; *RF* 276/249; *JSTJ* 39/298; *RSTJ* 36/121-122, 40/92; *JTACrSP* 12/96.

REFERÊNCIAS JURISPRUDENCIAIS

(77) *RSTJ* 63/70, 145/523; *RT* 778/600.

(78) *JSTJ* 14/193.

(79) *RT* 413/262, 466/405, 554/460, 558/340, 588/351; *JTACrSP* 10/292, 69/265, 75/403-4.

(80) *RTJ* 95/131; *RF* 230/300; *RT* 399/303, 516/366; *EJSTJ* 33/254.

(81) *RJDTACRIM* 5/91; *JTACrSP* 23/90.

(82) *RT* 330/444.

(83) *RT* 519/361; *JTACrSP* 46/354.

(84) *RJTJESP* 53/269; *RT* 705/332.

(85) *RT* 515/316.

(86) *RJTJESP* 69/385.

(87) *JTACrSP* 71/245.

(88) *RT* 412/280.

(89) *JTACrSP* 14/267.

(90) *RJDTACRIM* 20/81.

(91) *RJDTACRIM* 20/82-83.

(92) *JCAT* 66/509.

(93) *RJDTACRIM* 9/80.

(94) *JTACrSP* 70/254 *JTAERGS* 7/121; *RT* 591/390, 634/270; *RJDTACRIM* 12/76, 14/123, 19/94-95, 20/84.

(95) *RT* 403/305.

(96) *JTACrSP* 44/308; *RJDTACRIM* 19/96.

(97) *RT* 509/348.

(98) *RT* 586/334, 590/337, 591/422, 655/304.

(99) *RT* 382/181.

(100) *RT* 393/353.

(101) *RF* 221/327.

(102) *RT* 720/448.

(103) *RT* 660/332; *JTAERGS* 74/11.

(104) *RT* 695/348.

(105) *RJDTACRIM* 4/168.

(106) *RF* 220/330.

(107) *JTACrSP* 71/38; *RT* 655/304.

(108) *RT* 571/358; *JTACrSP* 47/218.

(109) *RT* 549/387.

(110) *RT* 727/440.

(111) Franceschini, I/626.

(112) *RT* 549/387.

(113) *JTACrSP* 28/172.

(114) *RT* 531/327.

(115) *JTACrSP* 45/398-9.

(116) *JTACrSP* 74/110; *RT* 726/600, 781/530; *EJSTJ* 30/257; *RSTJ* 128/431.

(117) *RT* 370/269, 818/708.

(118) *RT* 492/398.

(119) *RT* 405/296, 422/278, 531/311, 543/347; *JTA-CrSP* 4/175, 7/223, 11/175, 67/98; *RJTJESP* 57/356, 58/367.

(120) *JTACrSP* 25/154, 31/354; *RT* 427/424.

(121) *RT* 368/265, 372/190, 409/317, 410/301, 487/339, 495/378, 512/355, 516/345, 524/332, 534/301, 327, 343, 344, 538/361, 542/338, 543/347, 573/398, 596/367, 613/413, 612/346, 713/350, 715/533; *RJDTACRIM* 4/85, 5/210, 19/207, 21/121, 22/142; *RJTJESP* 56/371, 57/302, 59/330, 61/328, 62/371; *JTACrSP* 28/208, 63/104, 69/329, 70/368, 71/81, 72/287; *RF* 187/365, 189/336, 257/298.

(122) *RT* 553/378, 570/349 e 401-2; *JTACrSP* 69/165.

(123) *RT* 544/410, 546/344, 601/349 (1º), 674/335, *RJDTACRIM* 3/120, 12/78, 15/191; *JTACrSP* 67/373.

(124) *RT* 543/366, 601/349 (2º), 604/410; *JTACrSP* 67/185.

(125) *JTACrSP* 62/220, *RT* 671/352.

(126) *RT* 427/430.

(127) *RJDTACRIM* 9/225.

(128) *RT* 378/235, 383/216, 396/303, 398/292, 423/416, 551/311, 555/374; *JTACrSP* 8/182, 14/272, 28/345, 52/329; *RF* 219/305.

(129) *RTJ* 70/660.

(130) *RF* 227/334.

(131) *RJTJESP* 49/318, 58/368.

(132) *RJTJESP* 52/362, 55/324, 71/316; *RT* 523/364, 709/385; *JCAT* 62/277.

(133) *JTACrSP* 71/292.

(134) *JTACrSP* 55/210-1; *RT* 441/420.

(135) *JTACrSP* 45/398.

(136) *RT* 720/448.

(137) *RT* 435/413.

(138) *RF* 243/305; *RT* 517/289, 526/326, 452/449, 805/594; *JTACrSP* 26/158, 65/256.

(139) *RT* 449/431.

(140) *RJTJESP* 56/349; *JTAERGS* 80/124.

(141) *RT* 413/269.

(142) *RT* 518/347.

(143) *RT* 696/381-2, 805/584.

(144) *RT* 499/304.

(145) *RT* 377/243.

(146) *RT* 531/302.

(147) *RT* 694/335.

(148) *RT* 561/354, 565/342; *JTACrSP* 70/130 e 372; *RTJ* 103/1.196.

(149) *RT* 397/286, 452/384, 487/289.

(150) *RT* 241/413, 409/297, 453/400, 507/328; *JTA-CrSP* 44/415, 45/345.

(151) *JTACrSP* 73/235; *RT* 656/334, 788/598.

(152) *RT* 555/447.

(153) *JSTF* 315/466, 316/439; *JSTJ* 17/176.

(154) *RT* 510/336.

(155) *RT* 399/296, 471/387.

(156) *RT* 655/324.

(157) *RT* 458/377.

(158) *RT* 374/164; *JTACrSP* 29/327.

(159) *JTACrSP* 11/305.

(160) *RT* 617/301.

(161) *RT* 708/413.

(162) *RT* 380/285.

(163) *RT* 565/343.

(164) *JTACrSP* 25/285.

(165) *JTACrSP* 10/175.

(166) *RT* 541/365, 798/737, 801/640; *RJTJERGS* 202/157, 210/142.

(167) *RT* 524/363, 530/414, 540/352; *RF* 276/255.

(168) *RT* 384/275.

(169) *JTACrSP* 23/365.

(170) *JTACrSP* 3/68.

(171) *RF* 199/399.

(172) *RJDTACRIM* 19/59-60.

(173) *RJDTACRIM* 19/92.

(174) *RJDTACRIM* 17/68.

(175) *RT* 519/348, 550/303; *RJDTACRIM* 8/102; *JCAT* 60/255; *RJTJESP* 66/379.

(176) *JTACrSP* 20/59.

(177) *RJDTACRIM* 2/226.

(178) *RT* 524/334.

(179) *JTACrSP* 68/115, 46/20.

(180) *RT* 379/212, 588/347, 815/532; *RJDTACRIM* 3/185, 8/74.

(181) *RT* 602/405.

(182) *RT* 491/323, 695/348.

(183) *RT* 411/258.

(184) *RF* 239/243; *RT* 377/238, 429/352; *JTACrSP* 1-2/49.

(185) *RT* 429/352, 239/243.

(186) *RT* 534/324; *RJTJESP* 59/384.

(187) *RT* 667/339.

(188) *RT* 534/326.

(189) *RT* 695/334; *JTAERGS* 83/67.

(190) *RF* 228/308; *RT* 393/347, 445/413, 467/382; *RJDTACRIM* 7/90; *JTACrSP* 20/232.

(191) *RJTJESP* 62/370; *RF* 196/265; *RJDTACRIM* 1/90; *JTACrSP* 1/4, 66/449, 71/267, 73/330, 75/342 e 328; *RT* 500/317, 507/413, 531/312, 549/344, 561/357, 570/348-9, 576/382, 774/715, 779/704, 822/711, 822/719; *JSTF* 304/448.

(192) *RT* 398/292, 422/303, 574/376, 796/739; *JTA-CrSP* 8/195, 20/291, 23/247, 71/38.

(193) *RT* 304/478, 327/397, 401/289, 417/285, 505/316 e 351, 711/340, 781/692, 799/599; *RJ-DTACRIM* 7/91, 11/75, 14/64, 15/69, 19/91; *JTACrSP* 6/51, 22/244, 44/351.

(194) *JTACrSP* 15/262, 66/256, 71/371; *RF* 224/289; *RT* 779/621.

(195) *RT* 557/349, 706/357; *JTAERGS* 89/73; *RJTJER-GS* 200/160.

(196) *JTACrSP* 23/231; *RT* 668/361, 683/326, 697/372; *RSTJ* 40/442; *JSTJ* 42/345; *RDJTACRIM* 2/86.

(197) *JTACrSP* 73/330, 658/306; *RF* 238/298.

(198) *RT* 526/356, 542/338; *JTACrSP* 75/189.

(199) *JTACrSP* 23/231, 31/275; *RF* 81/506, 220/354; *RT* 148/508, 168/93, 214/407, 227/572, 242/371, 243/371, 246/337, 263/433, 266/489, 282/536, 330/497, 350/394, 373/184, 374/69, 382/213, 424/385, 425/331, 488/379, 520/375.

(200) *RT* 336/277, 461/378, 483/345, 507/413, 514/323, 524/363, 547/388, 559/358, 655/304, 666/340, 686/370, 789/705; *RJDTACRIM* 19/93; *JTACrSP* 30/375, 45/398, 50/389, 72/191; *RJT-JESP* 54/343, 58/366, 63/328; *RF* 221/352.

(201) *RT* 694/335; *RJDTACRIM* 15/71.

(202) *RT* 324/340, 327/354 e 397, 350/349, 393/347, 488/275, 415/261, 423/389, 435/409, 444/318, 564/389; *RF* 238/287; *RJDTACRIM* 10/96; *JTACrSP* 6/50, 14/225 e 267, 22/244, 27/171, 44/186.

(203) *RT* 388/275; *JTACrSP* 6/50, 27/170.

(204) *RJTJESP* 60/356; *JTACrSP* 28/329; *RT* 327/370, 331/277, 383/270, 429/444, 444/371, 507/412, 526/392, 532/329, 537/300-1, 719/444.

(205) *JTACrSP* 3/45 e 60, 8/208, 14/225, 23/43, 29/264, 73/394, 74/217; *RJDTACRIM* 1/91, 16/86; *JTAERGS* 85/51; *JCAT* 67/334; *RT* 383/216, 424/384, 446/482, 458/377, 573/398.

(206) *RT* 327/354, 400/297, 444/318, 521/482, 539/296, 548/377, 611/380, 811/684; *RJTJESP* 62/369; *JTACrSP* 6/50, 14/267, 27/170, 44/186.

(207) *RJDTACRIM* 17/69.

(208) *JTACrSP* 73/249; *RT* 440/463, 573/399, 785/631; *RJDTACRIM* 8/101.

(209) *RT* 461/436.

(210) *RTJ* 106/494.

(211) *RT* 530/414.

(212) *RJTJERGS* 161/121-122; *RJDTACRIM* 9/78.

(213) *JTACrSP* 29/327.

(214) *JTACrSP* 44/415.

(215) *RT* 798/717. Contra: *RT* 788/526.

(216) *RJTJESP* 16/471.

(217) *RT* 519/319; *RJTJESP* 51/329, 56/350.

(218) *RT* 527/321.

(219) *RF* 235/307; *RT* 409/70.

(220) *JTACrSP* 27/108.

(221) *RT* 331/92.

(222) *RF* 183/380; *RT* 282/177.

(223) *RJTJESP* 16/471; *RT* 598/287.

(224) *RT* 395/340.

(225) *RF* 242/245; *RT* 434/438; *Jurispenal* 5/146.

(226) *RJTJESP* 45/352.

(227) *RJTJESP* 19/440.

(228) *RT* 627/296, 807/681.

(229) *RT* 546/343.

(230) *RJTJESP* 50/364.

(231) *RT* 542/323.

(232) *RJTJESP* 65/329.

(233) *RT* 641/316, 684/316; *RJTJESP* 15/474.

(234) *RF* 189/336; *RJTJESP* 4/291, 49/296, 50/377; *RT* 391/209, 392/85, 413/112, 498/292, 511/349, 513/380, 571/302.

(235) *RF* 189/305; *RT* 429/381, 548/336.

(236) *RT* 395/93, 419/110; *RJTJESP* 4/305, 7/545, 14/333 e 394.

(237) *RF* 217/297, 251/370; *RJTJESP* 54/338; *RT* 467/311, 504/301, 507/356, 513/380 e 391, 520/387, 521/371, 522/429-30, 534/343, 536/305, 680/337.

(238) *RT* 454/354; *RJTJESP* 25/509.

(239) *RF* 196/288.

(240) *RT* 521/371; *RJTJERGS* 154/138-139.

(241) *RT* 500/317.

(242) *RT* 380/69, 539/290; *RF* 221/334.

(243) *RF* 234/353.

(244) *RT* 614/369.

(245) *RF* 180/315, 219/331, 266/275; *RJTJESP* 61/323, 70/347; *RT* 478/307, 508/439, 519/361, 535/286, 672/298, 792/626.

(246) *RF* 240/333.

(247) *RF* 197/315.

(248) *RF* 183/392, 773/574.

(249) *RT* 492/383.

(250) *RT* 531/327; *RJTJESP* 59/372; *RF* 188/326, 195/356.

(251) *JTACrSP* 52/38.

(252) *RT* 545/344, 548/336, 771/592, 806/708, 842/608; *RF* 229/287, 234/300.

(253) *RT* 367/56, 382/92, 396/127, 418/73, 429/381, 438/347, 442/372, 736/627; *RJTJESP* 7/536, 60/351; *RF* 254/373-5.

(254) *RTJ* 93/1.023; *RT* 529/398, 572/324.

(255) STF: *RT* 616/384.

(256) *RF* 275/284.

(257) Ap. nº 3.827, *DJU* de 31-5-1982, p. 5.210; Ap. nº 3.734, *DJU* de 27-8-1980, p. 6.270.

(258) *RT* 555/421; *RC* 823, *DJU* de 17-9-1981, p. 9.113.

(259) TRF da 1ª Região: ACR 199901000426894, j. em 12-3-2002, *DJ* de 29-4-2002.

(260) STF: HC 101074-SP, j. em 6-4-2010, *DJe* de 30-4-2010; *RSTJ* 136/552; *RT* 726/751-2, 727/601, 728/658, 731/652, 734/750, 782/557, 793/706, 795/720, 819/540, 831/562; *EJSTJ* 32/249, 34/291; *JSTJ* 192/410; STJ: REsp 1688878-SP, j. em 28-2-2018, DJe de 4-4-2018, REsp 1709029-MG, j. em 28-2-2018, DJe de 4-4-2018. REsp 241.481-PR, j. em 16-3-2000, *DJU* de 17-4-2000, p. 89. Contra (grande volume de mercadorias): *RT* 779/710, 808/715. Contra (natureza das mercadorias): *RT* 801/685, 805/717.

(261) STJ: HC 35.800-RS, j. em 3-3-2005, *DJU* de 4-12-2006 – *RT* 858/545, 841/502, 763/679; *JSTJ* 187/589.

(262) STJ: *RT* 831/562.

(263) STJ: REsp 1306425-RS, j. em 10-6-2014, *DJe* de 1º-7-2014, REsp 1213453-RS, j. em 26-4-2011, *DJe* de 18-5-2011; TRF da 3ª Região: HC 00327207820124030000, j. em 11-6-2013, *e-DJF3* de 14-6-2013, HC 00045059220124030000,

j. em 21-5-2012, *e-DJF3* de 30-5-2012; TRF da 1ª Região: ACR 200839000059471, j. em 7-6-2011, *e-DJF1* de 8-7-2011.

(264) STF: RHC 50570, j. em 20-11-1972, *DJU* de 21-12-1972.

(265) STJ: RHC 31368-PR, j. em 8-5-2012, *DJe* de 14-6-2012, RHC 36570-MG, j. em 28-5-2013, *DJe* de 10-6-2013.

(266) STF: HC 99740-SP, j. em 23-11-2010, *DJe* de 1º-2-2011; STJ: RHC 35180-RS, j. em 1º-4-2014, *DJe* de 10-4-2014, AgRg no REsp 1275783-RS, j. em 10-12-2013, *DJe* de 13-12-2013; TRF da 3ª Região: ACR 00056284320084036119, j. em 2-10-2012, *e-DJF3* de 10-10-2012, HC 00257381920104030000, j. em 27-9-2010, *e-DJF3* de 6-10-2010; TRF da 2ª Região: ACR 199950010091649, j. em 5-12-2011, *E-DJF2R* de 16-12-2011; TRF da 1ª Região: ACR 201036000022737, j. em 2-6-2014, *e-DJF1* de 24-6-2014; TRF da 5ª Região: HC 00101625820124050000, j. em 13-9-2012, *DJE* de 21-9-2012.

(267) *RF* 222/260; *DJU* de 2-5-1972; *DJU* de 27-4-1971.

(268) *RTJ* 74/607; *RT* 469/437, 486/367; *RTFR* 61/128; *DJU* de 4-12-1972; *DJU* de 1º-8-1972; HC 5.237, *DJU* de 20-5-1982, p. 4.808; Ap. nº 4.228, *DJU* de 18-9-1980, p. 7.146; Ap. nº 4.324, *DJU* de 19-8-1980, p. 6.028.

(269) *RF* 275/285.

(270) TRF da 3ª Região: ACR 00075100520104036108, j. em 13-8-2013, *e-DJF3* de 19-8-2013, ACR 00030095820034036106, j. em 2-9-2013, *e-DJF3* de 4-9-2013; Ap. nº 3.746, *DJU* de 19-9-1979, p. 6.955.

(271) RT 728/511.

(272) TRF da 4ª Região: ACR 200271010068479, j. em 27-2-2007, *D.E.* de 7-3-2007; Ap. nº 4.194, *DJU* de 28-5-1980, p. 3.855.

(273) TRF da 3ª Região: ACR 00026056820074036105, j. em 25-2-2013, *e-DJF3* de 5-3-2013, ACR 00047095420084036119, j. em 20-5-2013, *e-DJF3* de 27-5-2013.

(274) Fragoso, Jurisprudência Criminal, 1979, I, nº 194.

(275) *RTJ* 72/176; *DJU* de 13-6-1977, 23-6-1977, 17-8-1976, 1º-8-1972.

(276) *JSTJ* 7/350. Contra: *RT* 818/547.

(277) STJ: *RSTJ* 94/308; TRF da 2ª Região: ACR 9702421640, j. em 7-3-2001, *DJU* de 20-11-2001.

(278) TRF da 3ª Região: ACR 00047095420084036119, j. em 20-5-2013, *e-DJF3* de 27-5-2013.

(279) STJ: HC 265706-RS, j. em 28-5-2013, *DJe* de 10-6-2013; TRF da 3ª Região: HC 00225776920084030000, j. em 17-2-2009, *e-DJF3* de 5-3-2009; TRF da 2ª Região: ACR 200751018064739, j. em 14-2-2012, *E-DJF2R* de 2-3-2012; TRF da 4ª Região: Ap. nº 200372010056009-SC, j. em 25-7-2007, *D.E* de 2-8-2007 – *JSTJ* 217/587; TRF da 1ª Região: Ap. nº 200534000166780-DF, j. em 25-8-2009, *e-DJF1* de 25-9-2009, p. 61.

(280) STJ: HC 85942-SP, j. em 24-5-2011, *DJe* de 1º-8-2011.

(281) TRF da 4ª Região: ACR 200271010068479, j. em 27-2-2007, *D.E.* de 7-3-2007.

(282) TRF da 3ª Região: HC 00243637520134030000, j. em 28-1-2014, *e-DJF3* de 4-2-2014; TRF da 2ª Região: ACR 200550010008669, j. em 14-9-2011, *E-DJF2R* de 22-9-2011.

(283) TRF da 3ª Região: ACR 00030095820034036106, j. em 2-9-2013, *e-DJF3* de 4-9-2013; TRF da 4ª Região: ACR 200271010068479, j. em 27-2-2007, *D.E.* de 7-3-2007.

(284) *RF* 234/292.

(285) *RT* 841/682; Ap. nº 3.113, *DJU* de 18-10-1979, p. 7.793; Ap. nº 4.065, *DJU* de 11-9-1981, p. 8.820; Ap. nº 4.174, *DJU* de 22-2-1980.

(286) HC 4.739 e 4.750, *DJU* de 18-12-1980, p. 10.838; HC 4.551, *DJU* de 1-7-1980, p. 4.966.

(287) Ap. nº 3.945, *DJU* de 21-6-1979, p. 4.856; Ap. nº 4.447, *DJU* de 18-6-1980, p. 4.617; Ap. nº 4.159, *DJU* de 26-9-1979, p. 7.160; *RT* 429/359; *RTFR* 70/231.

(288) TRF da 1ª Região: ACR 200335000171848, j. em 16-3-2009, *e-DJF1* de 27-3-2009; TRF da 3ª Região: ACR 00107757220114036110, j. em 14-5-2013, *e-DJF3* de 23-5-2013.

(289) TRF da 4ª Região: ACR 200104010201900, j. em 4-2-2002, *DJ* de 20-2-2002 – *RT* 801/685.

(290) STJ: HC 120586-SP, j. em 5-11-2009, *DJe* de 17-5-2010.

(291) *RTFR* 63/133; HC 4.986, *DJU* de 29-10-1979, p. 8.110.

(292) *RT* 516/299; *RJTJESP* 52/355.

(293) *RT* 514/415.

(294) *RT* 402/275.

(295) *RT* 504/317.

(296) *RT* 368/223.

(297) *RJDTACRIM* 22/255-6.

(298) *RT* 519/354; *RJTJESP* 53/329.

(299) *RT* 416/101; *RJTJESP* 13/494.

(300) *RT* 526/397-8.

(301) *RT* 450/354.

(302) *RT* 415/59; *RJTJESP* 12/318.

(303) *RJTJESP* 13/445.

(304) TRF da 1ª Região: Inq. 2008.01.00.004544-5-AM, j. em 1º-10-2008, *e-DJF1* de 10-11-2008, p. 5 – *JSTJ* 233/424; TRF da 5ª Região: HC 0049876-30.2009.4.05.0000, j. em 30-7-2009, *DJU* de 28-8-2009, p. 275 – *JSTJ* 241/646.

CAPÍTULO 18

(1) *RT* 558/388.

(2) *RT* 265/352.

(3) Ap. 3.941, *DJU* de 18-9-80, p. 7.145.

(4) *RT* 782/714.

(5) *RF* 179/345.

(6) *RTJ* 89/453.

(7) *RT* 522/449.

(8) *RT* 569/406-7, 658/285, 776/583. Contra: *JTJ* 225/348.

(9) *RT* 568/265.

(10) *RT* 393/89.

(11) *JSTJ* 23/245; *RT* 452/314, 463/322, 488/398, 492/313, 508/324, 509/329, 526/320, 530/315, 547/301, 557/295, 558/281, 563/291, 572/368.

(12) *RT* 375/162.

(13) *RT* 518/333.

(14) *RT* 536/283.

(15) *RT* 377/115; *RF* 222/358.

(16) *RT* 371/138.

(17) *RTJ* 89/820; *RT* 550/357; *RJTJESP* 72/315; *JTJ* 250/394.

(18) *RT* 532/436; *RTJ* 89/817.

(19) *RT* 552/322, 504/301, 842/565.

(20) *RT* 550/270, 839/659.

(21) *RT* 298/133.

(22) *RT* 423/364, 435/293, 503/327, 538/314, 543/347, 557/321, 571/324, 602/338, 840/569; *RTJ* 119/170.

(23) *RT* 528/305-6, 547/283, 552/322, 556/289, 571/299-300, 621/338, 631/305; *RJTJESP* 64/288.

(24) *RTJ* 89/423; *RT* 473/302, 550/299-300, 611/351, 813/530; *JSTJ* 1/417; *RJTJESP* 13/387, 70/307, 71/319; *JTJ* 250/464; *EJSTJ* 35/266.

(25) *RT* 435/291.

(26) *RT* 495/277.

(27) *RT* 443/453.

(28) *RT* 613/300, *JTJ* 250/394.

(29) *RT* 573/357-8.

(30) *RT* 504/337, 550/357, 575/342, 684/310; *RF* 275/298.

(31) *RT* 568/373, 536/283, 390/69.

(32) *RT* 463/430, 500/301, 543/347, 548/345.

(33) *RT* 401/73.

(34) *RT* 683/301.

(35) *RF* 248/441; *RJTJESP* 3/358, 4/261, 8/528, 11/418; *RJTJERGS* 149/235; *RT* 366/56, 445/344, 447/362, 448/444, 455/337, 461/311, 462/409, 466/323, 469/325, 485/251, 492/268 e 313, 506/411, 507/373, 510/351, 515/331, 518/333 e 346, 520/393, 540/264, 541/328,

548/307, 551/339-40, 554/346, 560/289, 562/294, 568/284, 569/275, 602/332, 634/326, 720/501, 739/586, 776/566, 783/588, 842/457.

(36) *RF* 218/336.

(37) *RT* 421/49, 549/315, 592/299, 613/296.

(38) *RT* 522/322, 527/400, 568/256 e 352, 587/320, 798/586; *RJTJERGS* 133/133.

(39) *RJTJESP* 52/340; *RT* 783/761; *JTJ* 229/351.

(40) *RT* 411/51 e 59; *RJTJESP* 11/393; *JTACrSP* 68/200, *RT* 783/761, 791/686.

(41) *RF* 229/20; *RT* 504/301; *JTJ* 174/317, 274/479; STF: *RHC* 56.856, j. em 20-3-1979, *DJU* de 19-4-79, p. 3.063.

(42) *RT* 520/385; *RJTJESP* 52/340.

(43) *RT* 372/82, 669/309.

(44) *RT* 490/360.

(45) *RT* 561/418, 599/421; *RJDTACRIM* 4/76.

(46) *RT* 325/77, 455/344, 776/644.

(47) *RT* 462/332.

(48) *RJDTACRIM* 10/43.

(49) *RJDTACRIM* 28/57.

(50) *JTACrSP* 73/376.

(51) *RJTJESP* 51/345.

(52) *RT* 553/377.

(53) *RT* 510/350; *JTACrSP* 69/77, 73/376.

(54) *RT* 474/347, 481/313, 519/316, 727/484; *RJDTACRIM* 5/58, 19/73; *JTAERGS* 87/154.

(55) *RT* 517/358.

(56) *RT* 322/398.

(57) *JTACrSP* 69/337.

(58) *RT* 325/77, 455/344, 676/377.

(59) *RT* 536/337.

(60) *RJTJESP* 60/366.

(61) *RT* 677/366-7.

(62) *JTACrSP* 69/318.

(63) *RT* 536/295.

(64) *RJDTACRIM* 24/202.

(65) *RT* 375/286.

REFERÊNCIAS JURISPRUDENCIAIS

(66) *JTACrSP* 69/282; *RT* 664/282; *RJDTACRIM* 6/61, 8/79.

(67) *RT* 357/328; *JTACrSP* 72/320.

(68) *RT* 371/160.

(69) *RT* 545/343.

(70) *RT* 503/347.

(71) *RT* 420/99.

(72) *JTACrSP* 71/380.

(73) *RT* 728/560.

(74) *RT* 457/328.

(75) *RT* 375/286, 523/374; JTA II, nº 77, p. 15-6.

(76) *RT* 497/405, 718/447.

(77) *JTACrSP* 71/346; *RJDTACRIM* 5/53.

(78) *RT* 491/368.

(79) *RT* 565/341, 499/369.

(80) *RT* 321/71, 392/115, 415/63; *RF* 202/292, 225/336, 535/282, 555/345, 712/491; *RJTJESP* 13/343, 83/430; *JSTJ* 199/492; *EJSTJ* 36/272.

(81) *RT* 188/551, 233/80, 370/89, 376/330, 429/376, 448/359, 508/354, 546/383, 597/333, 607/305, 693/348, 710/267, 783/661, 819/666; *JTJ* 162/287, 272/552; *EJSTJ* 32/284.

(82) *RT* 371/138, 485/299, 598/320, 694/359, 735/568, 793/596; *JTJ* 162/296; *RJTJERGS* 167/98.

(83) *JTJ* 160/308-309, 173/318; *RT* 722/442, 725/538, 728/526.

(84) *RT* 467/330.

(85) *RTJ* 75/104; *RT* 442/357, 484/292, 523/337, 530/313, 531/297, 541/451, 553/323, 552/298, 570/289, 572/291, 579/287 e 303, 592/317, 605/301, 607/305, 655/281; *RJTJESP* 37/292, 89/356, *RJTEJERGS* 206/222.

(86) *JSTJ* 34/303.

(87) *RT* 442/357, 601/321, 785/652; *RSTJ* 45/198; *RJTJESP* 55/299, 59/334.

(88) *RTJ* 75/104, 103/124, 110/440, 112/226, 117/877; *RT* 452/343, 469/322, 541/451, 542/326, 554/347, 566/388, 587/434, 598/443, 604/348, 607/403, 635/365, 641/386, 784/579; *RSTJ* 135/583; *RJTJESP* 63/329; STJ: REsp 200.785-SP, j. em 29-06-2000, *DJU* de 21-8-2000, p. 159.

(89) *RT* 403/76, 786/765, 801/464; *JSTF* 273/305, 287/312; *RSTJ* 31/165; *RJTJESP* 34/202; *EJSTJ* 30/240, 33/293.

(90) *RT* 440/371, 498/293, 510/435, 522/322, 536/308, 551/306, 564/328, 581/311; *RF* 196/287, 272/294, 274/285; *RJTJESP* 26/470.

(91) *RT* 448/293, 459/309, 479/307, 483/273 e 306, 539/280, 556/298, 570/284, 577/354, 650/316-7, 674/293; *RJTJESP* 17/463.

(92) *RT* 422/128, 483/273, 511/356, 567/312, 570/289, 591/329, 676/368-9, 776/704, 817/656; *JSTJ* 24/315; *RSTJ* 23/427; *RJTJERGS* 100/169-170; *RF* 254/346; *JTJ* 230/322; *EJSTJ* 30/240.

(93) *RTJ* 79/784; *RJTJESP* 68/396, 69/367, 70/354, 83/382; *RT* 222/118, 317/318, 410/114, 460/317, 467/331, 517/285, 536/308, 550/280, 552/323, 581/310, 609/322, 694/311, 710/319-320, 777/592, 787/592, 806/620, 815/731; *JTJ* 159/301, 228/302; *EJSTJ* 32/283; STJ: RHC 9.414-SP, j. em 8-2-2000, *DJU* de 8-3-2000, p. 134.

(94) *RT* 570/290.

(95) *RT* 574/449.

(96) *RT* 706/301-2.

(97) *RT* 191/269, 372/77, 384/81, 439/375, 495/297, 576/353, 681/346.

(98) *RF* 264/312; *RJTJESP* 60/396; *RT* 510/320, 519/317 e 353, 532/345, 552/323.

(99) *RT* 532/345; *RJTJESP* 57/307, 60/366.

(100) *RT* 546/345.

(101) *JTACrSP* 51/199.

(102) *RT* 525/350.

(103) *RTJ* 61/304, 317.

(104) *RT* 609/319.

(105) *RF* 191/279.

(106) *RT* 540/263, 663/359, 666/281, 676/368-9, 679/326; *JSTJ* 22/229; *RSTJ* 19/487.

(107) *RT* 570/301, 611/322, 693/329; *RJTJESP* 87/370.

(108) *RT* 668/262.

(109) *RT* 795/655.

(110) *RT* 286/80.

(111) *RT* 311/92, 321/71, 412/68, 460/281, 623/322, 660/283, 710/350; *RF* 202/292, 207/345, 212/404; *RJTJERGS* 249/84.

(112) *RF* 269/340; *RT* 528/314.

(113) *RT* 172/631, 185/631, 188/551, 225/75, 303/67, 356/296, 405/74, 498/293, 511/356, 533/314, 603/321, 618/302, 781/698, 621/312, 657/286-7, 674/347, 704/388, 708/385; *JSTJ* 20/232-233, 49/343; *RSTJ* 47/218; *RJTJESP* 9/494, 73/294.

(114) *RT* 421/88; *RJTJESP* 14/388, 27/281, 78/272.

(115) *RSTJ* 47/218; *JSTJ* 49/343; *RT* 704/388, 708/385.

(116) *RTJ* 105/585.

(117) *RTJ* 79/784.

(118) *RT* 703/276.

(119) *RF* 231/316.

(120) *RJTJESP* 9/654.

(121) *RT* 410/114; *RJTJESP* 11/477, 15/367; *RF* 140/486.

(122) *JCAT* 59/326.

(123) *RT* 552/323, 572/314, 660/283, 666/281; *RJT-JESP* 87/356; *RF* 218/372.

(124) *RT* 663/359, 666/281, 671/320, 677/362, 784/746.

(125) *RJTJESP* 69/36.

(126) *RT* 493/273.

(127) *RT* 387/63.

(128) *RTJ* 100/1.018.

(129) *RJTJESP* 58/375; *RT* 526/329; *JTJ* 246/306.

(130) *RTJ* 38/258, 100/276; *JTJ* 159/301, 238/317; *RT* 394/68, 532/332, 565/312, 547/435, 606/328; *RJTJESP* 9/494.

(131) *RT* 533/313, 602/339.

(132) *RT* 526/427; *JTJ* 153/282; *RF* 269/349.

(133) *RT* 391/211.

(134) *JTJ* 168/337, *RT* 785/652 ; *JTJ* 227/290.

(135) *RT* 492/274, 674/304; *EJSTJ* 36/272.

(136) *RT* 403/116, 410/100.

(137) *RT* 565/300, 787/592.

(138) *RT* 539/264-6.

(139) *RT* 565/279, 633/317, 641/321, 643/349, 790/604, 805/733; *JTJ* 243/345.

(140) *RT* 421/52, 641/331.

(141) *RJTJESP* 78/353.

(142) *RT* 268/75, 357/147, 458/316.

(143) *RT* 665/287.

(144) *RT* 665/287.

(145) *RTJ* 66/685.

(146) *RT* 430/337, 598/293.

(147) *RT* 492/278, 804/728; *JTJ* 177/291.

(148) *RT* 691/312; *RSTJ* 48/276.

(149) *RT* 420/62.

(150) *RT* 656/282.

(151) *RT* 499/320, 555/343.

(152) *RT* 511/329.

(153) *RT* 499/320.

(154) *RT* 582/310, 610/328, 616/284; *JTAERGS* 95/66; *RJTJESP* 87/345.

(155) *RJTJESP* 33/301.

(156) *RT* 512/356; *RF* 267/288.

(157) *RT* 512/356; *RF* 267/288.

(158) *RT* 446/432.

(159) *RT* 201/325.

(160) JTA II, p. 76, nº 327; *RT* 377/261, 639/324, 656/300-1.

(161) *RT* 507/449, 582/292.

(162) *RT* 522/439, 554/377; *RF* 145/436; *JTACrSP* 23/253.

(163) *RT* 512/423; *RF* 268/345.

(164) *RJDTACRIM* 5/95.

(165) *RT* 422/300, 507/449.

(166) *RT* 486/326.

(167) *RT* 419/390.

(168) *RT* 182/319.

(169) *RF* 148/396.

(170) *RT* 485/332.

(171) *RF* 113/200.

(172) *RT* 429/430. Contra: *RT* 644/298.

(173) *RT* 693/370; *RJDTACRIM* 14/203.

(174) *RT* 404/256.

(175) *RT* 368/208, 452/390.

(176) *RT* 119/552.

(177) *RT* 654/307-9; *RJDTACRIM* 2/188; *JTACrSP* 76/381.

(178) *RT* 485/332, 547/403; *RJDTACRIM* 5/245; JTA I, p. 16 nº 88.

(179) *RT* 380/173, 788/677.

(180) *RT* 701/350.

(181) *RT* 282/106, 399/122, 514/405, 519/361, 523/464, 572/355-356, 583/378, 788/677; *RF* 265/382; *JTACrSP* 20/285.

(182) *RT* 503/333, 564/332; *RJDTACRIM* 5/116; *RF* 145/436, 146/418, 188/347, 260/331, 270/322.

(183) *RTJ* 93/183; *RT* 545/421.

(184) *RT* 369/277, 536/300.

(185) *JTACrSP* 300.

(186) *RF* 219/343-344.

(187) *JTACrSP* 30/348.

(188) *RT* 429/429, 532/331.

(189) *RT* 464/434.

(190) *RT* 369/188.

(191) *RT* 453/418; *JTACrSP* 29/309.

(192) *RT* 551/390.

(193) *RF* 134/547.

(194) *RT* 502/297, 581/322.

(195) *JTACrSP* 46/355.

(196) *JATCrSP* 43/100.

(197) *JTACrSP* 30/33.

(198) *RT* 369/186; *RF* 218/342.

(199) *RT* 512/350.

(200) *RT* 501/271.

(201) *RT* 555/356-7; *JTACrSP* 68/154.

(202) *RT* 524/324.

(203) *RF* 258/356.

(204) *RF* 200/270.

(205) *RT* 835/556.

(206) *RT* 702/342.

(207) *RT* 686/385.

(208) *RT* 512/358; *RF* 265/289.

(209) *RJDTACRIM* 27/240.

(210) *RJDTACRIM* 24/201-2.

(211) *RT* 423/426.

(212) *RT* 530/414.

(213) *RJTJESP* 48/297.

(214) *JTACrSP* 14/362.

(215) *RT* 423/426, 430/322.

(216) *RT* 500/318.

(217) *RF* 224/306; *RT* 378/99, 268/146; *RJTJESP* 5/344.

(218) *RF* 212/413; *RF* 150/442; *RT* 487/278.

(219) *RF* 216/346.

(220) *RJTJESP* 17/454, 41/307; *RT* 487/278.

(221) *RJTJESP* 23/450.

(222) *RTJ* 88/93; *RT* 514/461, 522/453.

(223) *RT* 671/321, 800/524.

(224) *RT* 721/432.

(225) *RT* 378/308.

(226) *RTJ* 103/450.

(227) *JTACrSP* 24/39.

(228) *JTACrSP* 28/71.

(229) *RJTJESP* 71/323; *RT* 550/283.

(230) Franceschini, 2/190, nº 2.393.

(231) *JTACrSP* 29/61, 62/258.

(232) *RT* 550/283.

(233) *JTACrSP* 43/344.

(234) *JTACrSP* 67/485.

(235) *RT* 629/375; *RJDTACRIM* 7/183.

(236) *RF* 267/318.

(237) *JTACrSP* 29/212; *JCAT* 66/535; *RJTACRIM* 47/152.

(238) *JTACrSP* 8/55, 47/346, 71/377; *JTAERGS* 90/54; *RJDTACRIM* 23/209; *RT* 405/331, 503/336, 573/400.

(239) *RT* 542/348; *RF* 279/330.

(240) *RF* 225/326.

(241) Nesse sentido: STF: RHC 106481-MS j. em 8-2-2011, *DJe* de 3-3-2011, HC 99896-RS, j. 23-11-2010, *DJe* de 1-2-2011; STJ REsp. 1.112.074-SC, j. em 15-10-2009, *DJe* de 9-11-2009, HC 129.499-SP, j. em 16-6-2009, *DJe* de 8-9-2009, HC 114894-SP, j. em 9-11-2010, *DJe* de 6-12-2010.

(242) TJRS: Ap. nº 70036655744, j. em 19-5-2011, *DJE* de 1º-6-2011; TJSC: Rec. de Ag. nº 2008.027765-0, j. em 4-6-2008, *DJe* de 25-7-2008.

(243) *RT* 394/267, 405/417, 504/379.

(244) *RJDTACRIM* 14/79, 30/175.

(245) *RF* 249/317; *RT* 624/284; *JTACrSP* 24/426.

(246) *RJDTACRIM* 14/79.

(247) *RJDTACRIM* 14/79.

(248) *RT* 392/329; *RJTJESP* 19/402.

(249) *RT* 484/298.

(250) *RT* 514/435, 576/396; *JTACrSP* 74/366.

(251) *RT* 428/347.

(252) *RJDTACRIM* 5/74.

(253) *RT* 467/338.

(254) *RT* 519/401.

(255) *RT* 536/301.

(256) *RT* 441/462; *EJSTJ* 32/254.

(257) *RF* 140/386.

(258) *RT* 715/461.

(259) *RT* 405/295.

(260) *RT* 401/317.

(261) *RJDTACRIM* 6/232.

(262) *RT* 709/348.

(263) *RT* 520/393.

(264) Franceschini, II/215, nº 2.451.

(265) Franceschini, II/215, nº 2.453.

(266) *RF* 204/376.

(267) *RT* 543/421.

(268) *RT* 510/352.

(269) *RT* 518/347.

(270) *RJDTACRIM* 4/171.

(271) *RT* 569/372, 699/352; *RJDTACRIM* 6/86.

(272) *RT* 266/487.

(273) *RT* 562/391.

(274) *RT* 521/376, 505/289.

(275) *JTACrSP* 30/285.

(276) *RT* 539/270.

(277) *JTACrSP* 44/196.

(278) *RT* 487/324.

(279) *RT* 534/340, 559/344, 505/309.

(280) *RT* 491/332, 499/354.

(281) *RT* 664/294.

(282) *JTACrSP* 66/396; *RT* 624/284.

(283) *JTACrSP* 44/196; *RT* 664/294.

(284) *RJTJESP* 68/391.

(285) *RJDTACRIM* 31/151.

(286) *RT* 544/326; *RJTJESP* 77/491.

(287) *RT* 284/158.

(288) *RJTJESP* 71/346.

(289) *RJTJESP* 71/346.

(290) *RT* 653/310; *RJDTACRIM* 7/74.

(291) *RT* 653/310.

(292) *RT* 653/310; *RJDTACRIM* 7/74.

(293) *RJDTACRIM* 17/222.

(294) *RT* 284/158.

(295) *RJDTACRIM* 20/194.

(296) *RT* 521/500, 522/314, 532/430, 557/351; *JTACrSP* 67/425.

(297) *JTACrSP* 67/425.

(298) *RJTJESP* 85/809; *RT* 510/443, 520/494; *RF* 264/285.

(299) *RT* 534/321.

(300) *RT* 464/373.

(301) *JTACrSP* 30/191.

(302) *RJDTACRIM* 13/185.

(303) *RT* 452/311; *RJTJESP* 23/361.

(304) *RT* 586/366.

(305) *RT* 580/352.

(306) *JTACrSP* 67/96.

(307) *RT* 556/325; *RJDTACRIM* 22/452.

(308) *RT* 521/500, 522/314.

(309) *RT* 464/373, 556/325; *JTACrSP* 69/103.

(310) *RT* 464/373, 730/665; *JTACrSP* 23/400.

(311) *RT* 788/703.

(312) *RT* 553/359; *JTACrSP* 68/391.

(313) *RT* 546/353, 626/388, 724/711.

(314) *RT* 444/386.

(315) *RT* 603/339; *RJDTACRIM* 21/347.

(316) *RT* 710/351.

(317) *RJDTACRIM* 4/163.

(318) *JTACrSP* 68/391.

(319) *RJDTACRIM* 12/178; *RT* 700/329.

(320) *RJDTACRIM* 4/185.

(321) *RJDTACRIM* 23/439.

(322) *RT* 495/315.

(323) *RT* 467/381.

(324) STF: RHC 58841-MG, j. em 15-5-1981, *DJU* de 28-8-1981, p. 8.263.

(325) *RT* 632/303.

(326) *RF* 221/371.

(327) *RTJ* 96/622.

(328) *RT* 464/444.

(329) *RT* 403/83.

(330) *RJDTACRIM* 14/189.

(331) *RT* 405/283.

(332) *RT* 725/617, 785/719.

(333) *JCAT* 63/234.

(334) *RT* 517/272.

(335) *RTJ* 76/456, 96/622; *RT* 410/271, 590/351, 668/337, 687/298, 709/348, 711/389; *JCAT* 63/234; *RSTJ* 18/239, 37/69.

(336) *RJDTACRIM* 14/189.

(337) *RT* 486/299, 611/409, 616/402, 630/309.

(338) *RT* 116/958; *RT* 605/409, 712/470; *RJDTACRIM* 3/203.

(339) *RT* 403/83, 529/310.

(340) *RJTJESP* 45/351.

(341) *RT* 467/333.

(342) *RT* 524/382, 613/346, 615/391.

(343) *RT* 522/329.

(344) *RJDTACRIM* 21/155.

(345) *RT* 615/391.

(346) *RJDTACRIM* 7/73.

(347) *JCAT* 59/292.

(348) *RT* 553/353.

(349) *JTAERGS* 98/144-5.

(350) *RT* 405/302.

(351) *JTACrSP* 48/205: *RF* 262/287; *RT* 500/346.

(352) *RT* 570/348; *JTACrSP* 70/236.

(353) *JTACrSP* 70/236; *RT* 570/348.

CAPÍTULO 19

(1) Inq. 2591-SP, j. em 8-5-2008, *DJe* de 13-6-2008.

(2) STJ: Inq 432-GO, j. em 28-8-2007, *DJU* de 4-9-2007, p. 167; Apn. 398-MA, j. em 18-10-2006, *DJU* de 9-4-2007, p. 218.

(3) STJ: Apn. 389-ES, j. em 15-3-2006, *DJU* de 21-8-2006, p. 215.

(4) STJ: Apn. 314-MT, j. em 19-10-2005, *DJU* de 5-12-2005, p. 198.

BIBLIOGRAFIA

ALMEIDA, Fernando Henrique Mendes de. *Dos crimes contra a administração pública*. São Paulo: Saraiva, 1955.

ALMEIDA, Francisco Lacerda de. Exercício ilegal da medicina. *Justitia* 97/389-390.

ALVES, Jairo de Souza. Crime contra a saúde pública. *Justitia* 99/390-391.

AMARAL, Sylvio do. *Falsidade documental*. 2. ed. São Paulo: Revista dos Tribunais, 1978.

ARRUDA, Aluizio de. Favorecimento pessoal. *Justitia* 91/398-399.

AZEVEDO, Eurico Andrade. Crime de emprego irregular de verbas públicas. *Justitia* 726/92-97.

_____. Exercício ilegal da medicina. *Justitia* 35/65-69.

AZEVEDO, Luiz Carlos de. Aspectos das interpretações das expressões "dever saber" e "dever presumir" no Código Penal Brasileiro. *RT* 389/32-38.

BALDESSARINI, Francisco de Paula. *Tratado de direito penal*. Rio de Janeiro: Livraria Jacinto, 1943. v. 9.

BALEEIRO, Aliomar. *Direito tributário brasileiro*. 10. ed. Rio de Janeiro: Forense, 1981.

BARAUNA, José Roberto. Falsificação de atestado ou certidão escolar. *Justitia* 107/266-270.

BARBOSA, Marcelo Fortes. Denunciação caluniosa. *RJTJESP* 29/16-19.

_____. Peculato. *Justitia* 91/413-416.

BARRA, J. B. Prestes. Abandono material. *Justitia* 37/338-339.

BARRETO, Djalma Lúcio Gabriel. *Parapsicologia, curandeirismo e lei*. Petrópolis: Vozes, 1972.

BEVILÁQUA, Clóvis. *Código civil comentado*. Rio de Janeiro: Francisco Alves, 1956. v. 2.

BITENCOURT, Cesar Roberto, *Tratado de Direito Penal*, volume 6. 1ª Edição. São Paulo: SaraivaJur, 2023, p. 304.

CARBONIERE, José Fernando Mafra. Auto-acusação falsa. *Justitia* 83/396-397.

_____. Defraudação de substância alimentícia. *Justitia* 85/416-417.

_____. Desobediência à decisão judicial sobre perda ou suspensão de direito. *Justitia* 97/386-387.

_____. Qualificação legal de fato delituoso. *Justitia* 105/291-292.

CARVALHO FILHO, Aloysio. A nova legislação penal. *RF* 89/859-860.

CASTIGLIONE, Teodolindo. *Código Penal brasileiro comentado*. São Paulo: Saraiva, 1956. v. 10.

CELESTINO, João Batista. *Direito tributário nas escolas*. 4. ed. São Paulo: Sugestões Literárias, 1980.

CHAVES, Antonio. Falsidade ideológica decorrente do registro de filhos alheios como próprios. Pode a sociedade punir um ato cuja nobreza exalça? *Justitia* 95/125-138 e *RJTJESP* 43/17-27.

CICOTE, Odival. A coautoria na infração do artigo 32 da Lei das Contravenções Penais. *RT* 576/323-330.

CINTRA, Joaquim de Sylos. Dos crimes contra a família. Bigamia. *RJTJESP* 50/19-21.

COGAN, Arthur. Abandono intelectual. *Justitia* 104/7-38.

_____. Autoacusação falsa. *RT* 577/317-319.

_____. Crime de sonegação, extravio ou inutilização de livro ou documento. *Justitia* 77/307-308.

_____. Curandeirismo. *Justitia* 99/71-72.

_____. Exploração de prestígio. *Justitia* 112/61-63.

COSTA JUNIOR, Heitor. Favorecimento pessoal. Comentários de Jurisprudência. *Revista de Direito Penal*, 3/104-106.

COSTA JUNIOR, Paulo José da. *Comentários ao Código Penal*. São Paulo: Saraiva. v. 3.

CUNHA, Rogério Sanches e SILVARES, Ricardo. *Crimes Contra o Estado Democrático de Direito – Lei 14.197/21 comentada por artigos*. São Paulo: Editora JusPodivm. 2021.

CRETELLA JUNIOR, José. Definição de autorização administrativa. *RF* 256/6-88.

_____. Conceito de fundação de direito público. *RF* 212/36-40.

_____. Regime jurídico das empresas públicas. *RF* 237/5-13.

CUNHA, Maurício José da. Crime contra a saúde pública. *Justitia* 96/297.

CUNHA, Renan Severo Teixeira da. *Testemunho falso de irmão*. Ap. crim. 4946-3 – Marília. TJSP.

DELMANTO, Celso. *Código Penal anotado*. 3. ed. São Paulo: Saraiva, 1983. 4. ed. 1984.

_____. A defesa do funcionário público e o nosso sistema processual penal. *RT* 526/115; *RF* 266/115; e *RDP* 26/90.

DELMANTO, Dante. *Defesas que fiz no júri*. São Paulo: Saraiva, 1978.

DI PIETRO, Maria Sylvia Zanella. *Direito administrativo*. São Paulo: Atlas, 1990.

DRUMOND, Magalhães. *Comentários ao código penal*. Rio de Janeiro: Forense, 1944. v. 9.

FARIA, Bento de. *Código Penal brasileiro*. 2. ed. Rio de Janeiro: Record, 1959. v. 6 e 7.

FARINELLI, Lucy. Em torno do delito de falso testemunho. *RT* 470/293-298.

FÁVERO, Flamínio. *Código Penal brasileiro comentado*. São Paulo: Saraiva, 1950. v. 9.

_____. Dos crimes contra a saúde pública. *RT* 335/579-581.

FERNANDES, Ana Maria Babette Bajer. Conceito de funcionário público no direito penal. *Justitia* 98/33-35.

FERNANDES, Paulo Sérgio Leite. O promotor público e a denunciação caluniosa. *Tribuna da Justiça*, 10-9-69.

FERRAZ, Antonio Celso de Camargo. Concussão. *Justitia* 93/351-353.

FLEURY, Luciano Augusto de Pádua. Medicamento em desacordo com receita médica. *Justitia* 96/346-347.

FRAGOSO, Heleno Cláudio. *Lições de direito penal*. 3. ed. Rio de Janeiro: Forense, 1981. v. 3.

_____. Crimes contra o casamento. Bigamia e adultério. *RF* 179/57-64.

_____, HUNGRIA, Nelson, LACERDA, Romão Côrtes de. *Comentários ao Código Penal*. 5. ed. Rio de Janeiro: Forense, 1981. v. 8.

FREITAS, Gilberto Passos de. Da competência no crime de falso. *RT* 539/255-260.

_____. Da prevaricação. *Justitia* 96/101-108.

_____, FREITAS, Vladimir Ramos de. *Abuso de autoridade*. 2. ed. São Paulo: Revista dos Tribunais, 1981.

FREITAS, Oscar Xavier de. O abuso de autoridade. Inteligência da Lei nº 4.348, de 26-6-1964. *Justitia* 54/209-211.

FREITAS, Vladimir Passos de, FREITAS, Gilberto Passos de. *Abuso de autoridade*. 2. ed. São Paulo: Revista dos Tribunais, 1983.

FRÓES, Nilton Dias. Abuso da autoridade e lesão corporal. *Justitia* 63/230-233.

GALVÃO, Rui Pires. Artigo 282, *caput*, do Código Penal. Inclusão da parteira na incriminação. *Justitia* 48/97-101.

GARCIA, José G. Marcos. Falsa identidade. *Justitia* 107/270-272.

GONZAGA, João Bernardino. Do crime de abandono de família. *RT* 374/20-27.

GRASSI, Roberto Joacir. Falsidade documental e falsidade de atestado ou certidão. *Justitia* 104/274-276.

_____. Falsidade material de atestado ou certidão. *Justitia* 110/235-237.

_____. Falsidade e uso de documento falso. *Justitia* 99/412-417.

_____. *Habeas corpus*. Prevaricação. Peculato. *Justitia* 93/384-389.

HUNGRIA, Nelson. *Comentários ao Código Penal*. 5. ed. Rio de Janeiro: Forense, 1981.

_____. Novas questões jurídico-penais. 5. ed. Rio de Janeiro: Forense, 1981.

_____, LACERDA, Romão Côrtes de, FRAGOSO, Heleno C. *Comentários ao Código Penal*. 5. ed. Rio de Janeiro: Forense, 1981, v. 8.

JESUS, Damásio E. de. *Direito penal*. São Paulo: Saraiva, s. d. v. 3.

_____. *Decisões anotadas do SIF* em matéria criminal. São Paulo: Saraiva, 1978.

_____. *Questões criminais*. São Paulo: Saraiva, 1981.

_____. Crimes contra a saúde pública. *RT* 565/275-278.

_____. Crime de denunciação caluniosa. *Tribuna da Justiça*, 10-4-82, p. 12.

JUNQUEIRA, Roberto Rezende. Crime de abandono material e o estatuto da mulher casada. *RT* 426/311-314.

_____. Prevaricação e o Decreto-lei nº 201, de 1967. *RT* 441/316-318.

KUJAWSKI, Luiz de Mello. Abandono material. *Justitia* 47/214-215.

_____. Abuso da autoridade. *Justitia* 74/178-179.

LACERDA, Romão Cortês de. Dos crimes contra o casamento. *RF* 89/20-39.

_____, HUNGRIA, Nelson, FRAGOSO, Heleno. *Comentários ao código penal*. 5. ed. Rio de Janeiro: Forense, 1981. v. 8.

LAVIGNE, Arthur, MORAES FILHO, Antonio Evaristo, RIBEIRO, Paulo Freitas. Crime de curandeirismo e liberdade de culto, *Revista Brasileira de Ciências Criminais* 2/255-277.

LEÃES, Luiz Gastão de Barros. O conceito jurídico de sociedades de economia mista. *RF* 212/25.

LEAL, João José. Exercício da medicina e responsabilidade criminal. *RT* 706/290-706/300.

LEME, Cândido de Morais. Dos crimes contra a assistência familiar. *Justitia* 85/237-262.

LEVAY, Emeric. Abandono de função. *Justitia* 81/401-402.

_____. Denunciação caluniosa. *Justitia* 99/396-9 e 100/444-447.

_____. Desacato. *Justitia* 98/371 e 99/404.

_____. Retratação. *Revista de Processo* 21/134-164.

LEVI, Nino. *Delitti contra la publica amministrazione*. Milão: s. e. 1935.

LIMA, L. C. de Miranda. Apologia de fato criminoso ou de autor de crime. *RF* 114/33-36.

LIMA, Rogério Medeiros Garcia. O uso da carteira de motorista falsa. *RT* 695/437.

LOPES, Marino Falcão. Alteração de substância alimentícia. *Justitia* 76/173-175.

_____. Curandeirismo. *Justitia* 93/384-387.

LUNA, Everardo da Cunha. Crimes contra a fé pública e o Código Penal de 1969. *Justitia* 84/243-272.

LYRA, Roberto. Concorrência culposa para peculato alheio. *RT* 254/56-59.

MACHADO, Antonio Luiz Ribeiro. Crime de incêndio qualificado pelo resultado morte. *Justitia* 91/379-381.

_____. Incitação ao crime. *Justitia* 103/306-307.

MACHADO, Paulo Affonso Leme. Infração de medida sanitária preventiva. *Justitia* 96/335-336.

MANZINI, Vincenzo. *Trattato di diritto penale italiano*. Turim: Unione Tipográfico – Editrice Torinese, 1950. v. 5, 6 e 7.

MARINO JUNIOR, Alberto. Denunciação caluniosa. *Justitia* 100/447-449.

_____. Desacato. *Justitia* 39/125-132.

MARQUES, José Frederico. *Tratado de direito penal*. São Paulo: Saraiva, 1961. v. 2.

MEIRELLES, Hely Lopes. *Direito administrativo brasileiro*. 4. ed. São Paulo: Revista dos Tribunais, 1976.

_____. Autarquias e entidades paraestatais. *RF* 204/26-38.

MELLO, Dirceu de. Subtração ou inutilização de livro ou documento. *Justitia* 84/358-360.

_____. Incêndio culposo. *Justitia* 85/434-435.

MIRABETE, Julio Fabbrini e FABBRINI, Renato Nascimento. *Manual de Direito Penal*. São Paulo: Foco, 2025. v. 1 e 2.

_____. *Execução penal*. São Paulo: Foco, 2024.

MORAES, Antonio Carlos Penteado de. Processo crime. Crime de incêndio qualificado pelo resultado morte. *Justitia* 91/419-429.

MORAES FILHO, Antonio Evaristo, LAVIGNE, Arthur, e RIBEIRO, Paulo Freitas. Crime de curandeirismo e liberdade de culto. *Revista Brasileira de Ciências Criminais* 2/255-277.

MOTTA NETO, Antonio. Explosão. Inteligência do artigo 251 do código penal. *Justitia* 93/374-375.

_____. Curandeirismo. *Justitia* 93/384-387.

_____. Petrechos de falsificação. *Justitia* 94/404-406.

NOGUEIRA, Paulo Lúcio. Do peculato. *Jurispenal* 36/16-34.

_____. Da corrupção ativa e passiva. *Jurispenal* 32/7-20.

_____. Questões criminais controvertidas. 1979.

NOGUEIRA, Ruy Barbosa. *Curso de direito tributário*. 4. ed. São Paulo: Instituto Brasileiro de Direito Tributário, 1976.

NORONHA, E. Magalhães. *Direito penal*. 15. ed. São Paulo: Saraiva, 1978. v. 1, 2, 3 e 4. 2. ed. 1963.

_____. *Código penal brasileiro comentado*. São Paulo: Saraiva, 1958. v. 5.

_____. Duas novas figuras delituosas. *Justitia* 61/131-134.

PACHECO, Antonio Carlos Bezerra de Menezes Souza. Exercício ilegal da arte dentária. *Justitia* 100/449-452.

PEDROSO, Fernando de Almeida. Uso de documento falso: CNH – exibição mediante solicitação do agente policial. *RT* 685/409-411.

PEREIRA, Paulo Cyrillo. Funcionário público: titularidade passiva nos crimes contra a Administração Pública. *RT* 665/258-260.

PEREIRA, Sérgio Gischkow. Curandeirismo. *RT* 547/276-282.

PERES, João Severino de Oliveira. Concussão. *Justitia* 88/377-379.

PIERANGELLI, José Henrique. Ecologia, poluição e direito natural. *Justitia* 113/73-96.

_____, ZAFFARONI, Eugênio Raúl. *Da tentativa*. Bauru: Jalovi, 1981.

PINHEIRO, Geraldo de Faria Lemos. Alteração de placa ou plaqueta de veículo: um crime de falsidade. *RT* 515/296-301. *JTACrSP* 51/13-21 e *Justitia* 104/9-17.

RIBEIRO, Fábio Tavares. A seara dos incorruptíveis: inteligência dos artigos 317 e 333 do Código Penal. *Revista de Estudos Jurídicos*. Rio de Janeiro: Instituto de Estudos Jurídicos, 1991. v. 2.

RIBEIRO, Gilberto Quintanilha. Abuso de autoridade. *Justitia* 52/165-166.

_____. Poluição de água. *Justitia* 54/179-180.

RIBEIRO, Paulo Feitas, MORAES FILHO, Antonio Evaristo, LAVIGNE, Arthur. Crime de curandeirismo e liberdade de culto. *Revista Brasileira de Ciências Criminais* 2/255-277.

RODRIGUES, Sylvio. *Direito civil. Direito de família*. 8. ed. São Paulo: Saraiva, 1980. v. 6.

SABINO JUNIOR, Vicente. *Direito penal*. São Paulo: Sugestões Literárias, 1967. v. 4.

SALLES, Alcides Amaral. Peculato. *Justitia* 94/402-404.

_____. Falso testemunho. *Justitia* 97/393-395.

_____. Patrocínio infiel. *Justitia* 100/301-304.

SHALDERS, José Luiz. Falso testemunho. Mentira voluntária e erro involuntário. *Justitia* 92/358-386.

SILVA, Alberto Carlos de Saboia e. Crime de resistência. *Justitia* 115/267-268.

SILVA, Técio Lins e. *Liberdade e abuso de poder na repressão à criminalidade*. 1980.

SILVA JUNIOR, José. *Código Penal e sua interpretação jurisprudencial*. Rio de Janeiro: Forense, 1980. v. 4, t. 2.

SILVA JÚNIOR, Walter Nunes da. A descaracterização do crime de descaminho embasado apenas na inexistência de comprovação do recolhimento do imposto de importação. *RT* 706/438-441.

SILVEIRA, Eustáquio Nunes. *Contribuições à literatura jurídica*. Pub. do TRF da 1ª Região, julho/96, Brasília.

SILVEIRA, Sérgio da. Desacato. Advogado que sorri da atitude do magistrado. *Justitia* 99/400-404.

_____. Crime de desobediência. *Justitia* 116/257-259.

SIMAS, Henrique de Carvalho. *Manual elementar de direito administrativo*. 2. ed. Rio de Janeiro: Freitas Bastos, 1978.

SIQUEIRA, Galdino. Da bigamia. *RF* 111/21-23.

SIQUEIRA, Geraldo Batista. Exercício ilegal da arte dentária. *Justitia* 93/134-136.

_____. Prevaricação. Estrutura típica e aspectos processuais. *RT* 618/264-269.

SOLER, Sebastian. *Derecho penal argentino*. Buenos Aires: Editora Argentina, 1956. v. 5.

SZNICK, Valdir. Álcool, alimento tutelado pelo estatuto repressivo. *RJTJESP* 59/17-21 e *Justitia* 107/11-18.

_____. Adulteração de placa de automóveis: ilícito penal. *RT* 509/313 e *Justitia* 100/91-94.

_____. Travesti. Nova modalidade de falsa identidade. *Justitia* 110/166-72 e *Vox Legis* 147/85.

TAVARES, José Sylvio Fonseca. Supressão de documento. *Justitia* 97/444-445.

_____. Falso testemunho. *Justitia* 103/289.

TOLEDO, Francisco de Assis. Crimes contra a fé pública. *Revista de Estudos Jurídicos* 5/312-320.

TOURINHO FILHO, Fernando da Costa. *Processo penal*. 4. ed. Bauru: Jalovi, s. d.

TUCUNDUVA, Ruy Cardoso de Mello. Breves considerações sobre o documento. *RJTJESP* 17/22-25.

_____. Supressão de documento. *Justitia* 97/446-448.

_____. Peculato. *Justitia* 100/468-472.

_____. Concussão. *Justitia* 81/406-408.

VANNINI, Ottorino. *Problemi relativi al delito di oltragio*. Milão, 1935.

VIEIRA, Gerson Franceschini. Da corrupção passiva. *Jurispenal* 22/23-30.

VIZZOTO, Bruno Irineu. Exercício arbitrário das próprias razões e roubo. *Justitia* 94/366.

ZAFFARONI, Eugênio Raúl, PIERANGELI, José Henrique. *Da tentativa*. Bauru: Jalovi, 1981.

ÍNDICE REMISSIVO

A

ABANDONO

de função:
- 14.16.1 a 14.16.8
- conceito, 14.16.1
- consumação e tentativa, 14.16.6
- crimes qualificados, 14.16.7
- distinção, 14.16.8
- objetividade jurídica, 14.16.2
- sujeitos do delito, 14.16.3
- tipo objetivo, 14.16.4
- tipo subjetivo, 14.16.5

intelectual:
- 3.3.1 a 3.3.7
- conceito, 3.3.1
- consumação e tentativa, 3.3.7
- objetividade jurídica, 3.3.2
- sujeito ativo, 3.3.3
- sujeito passivo, 3.3.4
- tipo objetivo, 3.3.5
- tipo subjetivo, 3.3.6

material:
- 3.1.1 a 3.1.13
- conceito, 3.1.2
- concurso, 3.1.13
- consumação e tentativa, 3.1.9
- distinção, 3.1.12
- exclusão do crime, 3.1.8
- Lei de alimentos, 3.1.11
- objetividade jurídica, 3.1.3
- pena e *sursis*, 3.1.10
- sujeito ativo, 3.1.4

- sujeito passivo, 3.1.5
- tipo objetivo, 3.1.6
- tipo subjetivo, 3.1.7

moral:
- 3.4.1 a 3.4.7
- conceito, 3.4.1
- consumação e tentativa, 3.4.7
- objetividade jurídica, 3.4.2
- sujeito ativo, 3.4.3
- sujeito passivo, 3.4.4
- tipo objetivo, 3.4.5
- tipo subjetivo, 3.4.6

ABOLIÇÃO

violenta do estado democrático de direito
- 21.1.1 a 21.1.8
- conceito, 21.1.1
- concurso, 21.1.8
- consumação e tentativa, 21.1.7
- objetividade jurídica, 21.1.2
- sujeito ativo, 21.1.3
- sujeito passivo, 21.1.4
- tipo objetivo, 21.1.5
- tipo subjetivo, 21.1.6

ABOLITIO CRIMINIS

adultério, 1.6.1

ABUSO DE AUTORIDADE

violência arbitrária, – e tortura, 14.15.9

ABUSO DE PODER

exercício arbitrário e – contra menores, 18.14.7

exercício arbitrário ou –, 18.14

AÇÃO PENAL

adultério, 1.6.2

conhecimento prévio de impedimento, 1.3.7

disposições comuns aos crimes funcionais, 14.20.2

exercício arbitrário das próprias razões, 18.8.8

exercício ilegal de medicina, arte dentária ou farmacêutica, 7.15.10

falso testemunho ou falsa perícia, 18.5.6

induzimento a erro essencial e ocultação de impedimento, 1.2.7

subtração, supressão ou dano a coisa própria na posse legal de terceiro, 18.9.8

ACUSAÇÃO

auto – falsa, 18.4

ADMINISTRAÇÃO

crimes contra a –:

– da Justiça, 17

– pública, Parte V

crimes praticados por:

– funcionário público contra a – em geral, 14

– particular contra a – em geral, 15

pública estrangeira:

– crimes praticados por particular contra a –, 16

ADMINISTRATIVA

advocacia, 14.14

ADULTERAÇÃO

de sinal identificador de veículo automotor:

– 12.6.1 a 12.6.10

– causa de aumento de pena, 12.6.8

– conceito, 12.6.1

– concurso, 12.6.9

– consumação e tentativa, 12.6.7

– crimes assemelhados, 12.6.10

– objetividade jurídica, 12.6.2

– sujeito ativo, 12.6.3

– sujeito passivo, 12.6.4

– tipo objetivo, 12.6.5

– tipo subjetivo, 12.6.6

falsificação, corrupção, – ou alteração de produto destinado a fins terapêuticos ou medicinais, 7.7

falsificação, corrupção, – ou alteração de substância alimentícia ou produtos alimentícios, 7.6

ADULTÉRIO

1.6.1 a 1.6.2

abolitio criminis, 1.6.1

conceito, 1.6.1

o crime de – na lei anterior, 1.6.2

retroatividade da lei mais benigna, 1.6.1

revogação do artigo 240 do Código Penal, 1.6.1

ADVOCACIA ADMINISTRATIVA

14.14.1 a 14.14.8

conceito, 14.14.1

consumação e tentativa, 14.14.6

distinção, 14.14.8

objetividade jurídica, 14.14.2

qualificada, 14.14.7

sujeitos do delito, 14.14.3

tipo objetivo, 14.14.4

tipo subjetivo, 14.14.5

ADVOGADO

patrocínio infiel, 18.19

patrocínio simultâneo ou tergiversação, 18.19.7

sonegação de papel ou de objeto de valor probatório, 18.20

AFASTAMENTO

de licitante:

– 17.7.1 a 17.7.6

– conceito, 17.7.1

– consumação e tentativa, 17.7.6

– objetividade jurídica, 17.7.2

– sujeitos do delito, 17.7.3

– tipo objetivo, 17.7.4

– tipo subjetivo, 17.7.5

AGENTE PÚBLICO

conceito, 14.1.3

ÁGUA POTÁVEL

corrupção ou poluição de –, 7.5

envenenamento de – ou de substância alimentícia ou medicinal, 7.4

ALIMENTÍCIO(A)(S)

envenenamento de água potável ou de substância – ou medicinal, 7.4

falsificação, corrupção, adulteração ou alteração de substância – ou produtos –, 7.6

indicação em invólucro ou recipiente de substância inexistente ou em quantidade menor do que a real em produtos –, terapêuticos ou medicinais, 7.9

substância destinada à falsificação de produto – ou medicinal, 7.11

vender, ter em depósito para vender ou expor à venda, ou entregar a consumo substância – ou medicinal avariada, 7.13

ALIMENTOS

envenenamento de água potável ou de substância alimentícia ou medicinal, 7.4

falsificação, corrupção, adulteração ou alteração de substância alimentícia ou produtos –, 7.6

indicação em invólucro ou recipiente de substância inexistente ou em quantidade menor do que a real em produtos alimentícios, terapêuticos ou medicinais, 7.9

lei de –:

– abandono material, 3.1.11

prisão civil por –:

– abandono material, 3.1.12

substância destinada à falsificação de produto alimentício ou medicinal, 7.11

vender, ter em depósito para vender ou expor à venda, ou entregar a consumo substância alimentícia ou medicinal avariada, 7.13

ALTERAÇÃO

de água potável, 7.5

de documento:

– particular, 11.3

– público, 10.1

– público verdadeiro, 11.2

de moeda, 9.1

de selo ou sinal público, 11.1

falsidade ideológica, 11.4

falsificação, corrupção, adulteração ou – de produto destinado a fins terapêuticos ou medicinais, 7.7

falsificação, corrupção, adulteração ou – de substância alimentícia ou produtos alimentícios, 7.6

falsificação de papéis públicos, 10.1

falsificação do sinal empregado no contraste de metal precioso ou na fiscalização alfandegária ou para outros fins, 12.1

falsificação e uso indevido de marcas, logotipos, siglas e outros símbolos, 11.1.10

modificação ou – não autorizada de sistema de informações, 14.5

parto suposto, supressão ou – de direito inerente ao estado civil de recém-nascido, 2.2

reprodução ou – de selo ou peça filatélica, 11.8

uso de documento falso, 11.9

APARELHO TELEFÔNICO

ingresso de pessoa portando –, de rádio ou similar em estabelecimento prisional, 18.13

omissão no dever de vedar ao preso acesso a –, e rádio ou similar, 14.12

APETRECHOS vide PETRECHOS

APOLOGIA

de crime ou criminoso:

– 8.2.1 a 8.2.8

– conceito, 8.2.1

– concurso, 8.2.7

- consumação e tentativa, 8.2.6
- distinção, 8.2.8
- objetividade jurídica, 8.2.2
- sujeitos do delito, 8.2.3
- tipo objetivo, 8.2.4
- tipo subjetivo, 8.2.5

AQUISIÇÃO

fabrico, fornecimento, –, posse ou transporte de explosivos ou gás tóxico ou asfixiante, 5.4

ARBITRÁRIO(A)

exercício – das próprias razões, 18.8

exercício – ou abuso de poder, 18.14

exercício – e abuso de poder contra menores, 18.14.7

induzimento à fuga, entrega – ou sonegação de incapazes, 4.1

violência –, 14.15

ARMAS QUÍMICAS

uso, pesquisa, produção, estocagem, aquisição, transferência, importação ou exportação, 5.4.7

ARREBATAMENTO

de preso:

- 18.17.1 a 18.17.7
- conceito, 18.17.1
- concurso, 17.18.7
- consumação e tentativa, 18.17.6
- objetividade jurídica, 18.17.2
- sujeitos do delito, 18.17.3
- tipo objetivo, 18.17.4
- tipo subjetivo, 18.17.5

ARREMATAÇÃO

violência ou fraude em – judicial, 18.22

ARREMESSO

de projétil:

- 6.4.1 a 6.4.7
- aumento de pena, 6.4.7
- conceito, 6.4.1
- consumação e tentativa, 6.4.6

- forma qualificada pelo resultado, 6.4.7
- objetividade jurídica, 6.4.2
- sujeitos do delito, 6.4.3
- tipo objetivo, 6.4.4
- tipo subjetivo, 6.4.5

ARTE DENTÁRIA

exercício ilegal de –, 7.15

ARTE FARMACÊUTICA

exercício ilegal de –, 7.15

ASFIXIANTE

fabrico, fornecimento, aquisição, posse ou transporte de explosivos ou gás tóxico ou –, 5.4

uso de gás tóxico ou –, 5.3

ASSISTÊNCIA

crimes contra a – familiar, 3

ASSOCIAÇÃO CRIMINOSA

- 8.3.1 a 8.3.12
- aumento de pena, 8.3.8
- conceito, 8.3.1
- concurso, 8.3.11
- consumação e tentativa, 8.3.7
- crime qualificado, 8.3.8
- distinção, 8.3.10
- objetividade jurídica, 8.3.2
- organização criminosa, 8.3.12
- redução de pena, 8.3.9
- sujeito ativo, 8.3.3
- sujeito passivo, 8.3.4
- tipo objetivo, 8.3.5
- tipo subjetivo, 8.3.6

ASSUNÇÃO

de obrigação no último ano de mandato ou legislatura:

- 19.3.1 a 19.3.6
- conceito, 19.3.1
- consumação e tentativa, 19.3.6
- objetividade jurídica, 19.3.2
- sujeitos do delito, 19.3.3

ÍNDICE REMISSIVO **571**

– tipo objetivo, 19.3.4

– tipo subjetivo, 19.3.5

ATENTADO

a integridade nacional

– 20.3.1 a 20.3.8

– conceito, 20.3.1

– concurso, 20.3.8

– consumação e tentativa, 20.3.7

– objetividade jurídica, 20.3.2

– sujeito ativo, 20.3.3

– sujeito passivo, 20.3.4

– tipo objetivo, 20.3.5

– tipo subjetivo, 20.3.6

a soberania

– 20.2.1 a 20.2.9

– aumento de pena, 20.2.8

– conceito, 20.2.1

– consumação e tentativa, 20.2.7

– forma qualificada, 20.2.9

– objetividade jurídica, 20.2.2

– sujeito ativo, 20.2.3

– sujeito passivo, 20.2.4

– tipo objetivo, 20.2.5

– tipo subjetivo, 20.2.6

contra a segurança de outro meio de transporte:

– 6.3.1 a 6.3.9

– conceito, 6.3.1

– consumação e tentativa, 6.3.6

– distinção, 6.3.9

– objetividade jurídica, 6.3.2

– sinistro culposo, 6.3.8

– sinistro em outro meio de transporte, 6.3.7

– sujeitos do delito, 6.3.3

– tipo objetivo, 6.3.4

– tipo subjetivo, 6.3.5

contra a segurança de serviço de utilidade pública:

– 6.5.1 a 6.5.8

– aumento de pena, 6.5.7

– conceito, 6.5.1

– consumação e tentativa, 6.5.6

– distinção, 6.5.8

– forma qualificada, 6.5.7

– objetividade jurídica, 6.5.2

– sujeitos do delito, 6.5.3

– tipo objetivo, 6.5.4

– tipo subjetivo, 6.5.5

contra a segurança de transporte marítimo, fluvial ou aéreo:

– 6.2.1 a 6.2.10

– conceito, 6.2.1

– consumação e tentativa, 6.2.6

– distinção, 6.2.10

– forma qualificada, 6.2.8

– objetividade jurídica, 6.2.2

– sinistro culposo, 6.2.9

– sinistro em transporte marítimo, fluvial ou aéreo, 6.2.7

– sujeitos do delito, 6.2.3

– tipo objetivo, 6.2.4

– tipo subjetivo, 6.2.5

ATENUAÇÃO DE PENA – vide REDUÇÃO DE PENA

ATESTADO

certidão ou – ideologicamente falso, 11.6

falsidade de – médico, 11.7

falsidade material de – ou certidão, 11.6.8

ATRIBUIÇÃO

de falsa qualidade a estrangeiro:

– 12.4.8 a 12.4.14

– consumação e tentativa, 12.4.13

– distinção, 12.4.14

– objetividade jurídica, 12.4.9

– sujeitos do delito, 12.4.10

– tipo objetivo, 12.4.11

– tipo subjetivo, 12.4.12

AUMENTO

de despesa total com pessoal no último ano do mandato ou legislatura:

- 19.7.1 a 19.7.6
- conceito, 19.7.1
- consumação e tentativa, 19.7.6
- objetividade jurídica, 19.7.2
- sujeitos do delito, 19.7.3
- tipo objetivo, 19.7.4
- tipo subjetivo, 19.7.5

de pena:

- adulteração de sinal identificador de veículo automotor, 12.6.8
- arremesso de projétil, 6.4.7
- associação criminosa, 8.3.8
- atentado contra a segurança de serviço de utilidade pública, 6.5.7
- certidão ou atestado ideologicamente falso, 11.6.9
- corrupção ativa em transação comercial internacional, 16.1.9
- corrupção ou poluição de água potável, 7.5.8
- crimes assimilados ao de moeda falsa, 9.2.3
- crimes de perigo comum, 5.3.8
- curandeirismo, 7.17.7
- disposições comuns aos crimes funcionais, 14.20.1
- emprego de processo proibido ou de substância não permitida, 7.8.7
- envenenamento de água potável ou de substância alimentícia ou medicinal, 7.4.8
- excesso de exação, 14.8.9
- explosão, 5.2.8
- fabrico, fornecimento, aquisição, posse ou transporte de explosivos ou gás tóxico ou asfixiante, 5.4.7
- falsidade ideológica, 11.4.3

- falsificação de documento público, 11.2.3 e 11.2.8
- falsificação de papéis públicos, 10.1.4 e 10.1.13
- falsificação de selo ou sinal público, 10.1.10 e 11.1.11
- incêndio, 5.1.8 e 5.1.10
- infração de medida sanitária preventiva, 7.2.3 e 7.2.7
- interrupção ou perturbação de serviço telegráfico ou telefônico, 6.6.7
- medicamento em desacordo com receita médica, 7.14.8
- outras substâncias nocivas à saúde pública, 7.12.8
- petrechos de falsificação, 10.2.3
- uso de gás tóxico ou asfixiante, 5.3.8

AUTOACUSAÇÃO

falsa:

- 18.4.1 a 18.4.7
- conceito, 18.4.1
- concurso, 18.4.7
- consumação e tentativa, 18.4.6
- objetividade jurídica, 18.4.2
- sujeitos do delito, 18.4.3
- tipo objetivo, 18.4.4
- tipo subjetivo, 18.4.5

AUTORIDADE

simulação de – para celebração de casamento, 1.4

violência arbitrária, abuso de – e tortura, 14.15.9

AVARIADA

substância –, 7.13

B

BANDO vide QUADRILHA

BIGAMIA

1.1.1 a 1.1.12

conceito, 1.1.2

concurso, 1.1.11

consumação e tentativa, 1.1.9

distinção, 1.1.10

exclusão do crime, 1.1.7

objetividade jurídica, 1.1.3

prescrição, 1.1.12

sujeito ativo, 1.1.4

sujeito passivo, 1.1.5

tipo objetivo, 1.1.6

tipo subjetivo, 1.1.8

C

CALUNIOSA

denunciação –, 18.2

CARGO PÚBLICO

abandono de função, 14.16

conceito, 14.1.3

CASAMENTO

crimes contra o –, 1

simulação de autoridade para celebração de –, 1.4

simulação de –, 1.5

CELEBRAÇÃO

simulação de autoridade para – de casamento, 1.4

CERTAMES

fraudes em – de interesse público, 13.1

CERTIDÃO

ou atestado ideologicamente falso:

– 11.6.1 a 11.6.9

– conceito, 11.6.1

– consumação e tentativa, 11.6.6

– distinção, 11.6.7

– falsidade material de atestado ou –, 11.6.8

– formas qualificadas, 11.6.9

– objetividade jurídica, 11.6.2

– sujeitos do delito, 11.6.3

– tipo objetivo, 11.6.4

– tipo subjetivo, 11.6.5

CHARLATANISMO

7.16.1 a 7.16.7

conceito, 7.16.1

consumação e tentativa, 7.16.6

distinção e concurso, 7.16.7

objetividade jurídica, 7.16.2

sujeitos do delito, 7.16.3

tipo objetivo, 7.16.4

tipo subjetivo, 7.16.5

COAÇÃO

no curso do processo:

– 18.7.1 a 18.7.7

– aumento de pena, 18.7.7

– conceito, 18.7.1

– consumação e tentativa, 18.7.6

– distinção e concurso, 18.7.8

– objetividade jurídica, 18.7.2

– sujeitos do delito, 18.7.3

– tipo objetivo, 18.7.4

– tipo subjetivo, 18.7.5

CÓDIGO BRASILEIRO DE AERONÁUTICA

atentado contra a segurança de transporte marítimo, fluvial ou aéreo, 6.2.7

CÓDIGO CIVIL

abandono intelectual, 3.3.1

abandono material, 3.1.5, 3.1.6 e 3.1.10

adultério, 1.6.1 e 1.6.2

bigamia, 1.1.6, 1.1.7 e 1.1.9

conhecimento prévio de impedimento, 1.3.4

entrega de filho menor a pessoa inidônea, 3.2.4

falsidade ideológica, 11.4.4

falso testemunho ou falsa perícia, 18.5.5

induzimento a erro essencial e ocultação de impedimento, 1.2.4

induzimento à fuga, entrega arbitrária ou sonegação de incapazes, 4.1.1 e 4.1.5

simulação de autoridade para celebração de casamento, 1.4.4

simulação de casamento, 1.5.5

sonegação do estado de filiação, 2.3.4

CÓDIGO DE DEFESA DO CONSUMIDOR

invólucro ou recipiente com falsa indicação, 7.9.2, 7.9.4 e 7.9.7

outras substâncias nocivas à saúde pública, 7.12.9

CÓDIGO DE ÉTICA DA PROFISSÃO FARMACÊUTICA

exercício ilegal de medicina, arte dentária ou farmacêutica, 7.15.4

CÓDIGO DE ÉTICA PROFISSIONAL DO SERVIDOR PÚBLICO CIVIL DO PODER EXECUTIVO FEDERAL

crimes praticados por funcionário público contra a administração em geral, 14.1.3

CÓDIGO DE PROCESSO CIVIL

exploração de prestígio, 18.21.4

falso testemunho ou falsa perícia, 18.5.3

sonegação de papel ou de objeto de valor probatório, 18.20.4

CÓDIGO DE PROCESSO PENAL

bigamia, 1.1.7

concussão, 14.8.3

corrupção passiva, 14.9.3

crimes praticados por funcionário público contra a administração em geral, 14.1.2

desobediência, 15.3.4

disposições comuns aos crimes funcionais, 14.20.2

exercício arbitrário das próprias razões, 18.8.8

exploração de prestígio, 18.21.4

falsificação de papéis públicos, 10.1.15

falso testemunho ou falsa perícia, 18.5.3 e 18.5.6

fuga de pessoa presa ou submetida a medida de segurança, 18.15.4 e 18.15.7

patrocínio infiel, 18.19.4

resistência, 15.2.4

uso de documento falso, 11.9.8

violência arbitrária, 14.15.4

CÓDIGO DE TRÂNSITO BRASILEIRO

adulteração de sinal identificador de veículo automotor, 12.6.5 e 12.6.9

desobediência à decisão judicial sobre perda ou suspensão de direito, 18.23.7

falsificação do sinal empregado no contraste de metal precioso ou na fiscalização alfandegária, ou para outros fins, 12.1.5

fraude processual, 18.10.8

CÓDIGO PENAL MILITAR

apologia de crime ou criminoso, 8.2.8

atentado contra a segurança de serviço de utilidade pública, 6.5.8

concussão, 14.8.7

corrupção ativa, 15.6.8

corrupção passiva, 14.9.9

desabamento ou desmoronamento, 5.7.8

explosão, 5.2.10

falsificação de documento público, 11.2.9

incêndio, 5.1.11

inundação, 5.5.9

peculato, 14.2.8

perigo de inundação, 5.6.4

subtração, ocultação ou inutilização de material de salvamento, 5.8.4

uso de gás tóxico ou asfixiante, 5.3.4

usurpação de função pública, 15.1.5

violação de sigilo funcional, 14.18.7

CÓDIGO TRIBUTÁRIO NACIONAL

excesso de exação, 14.8.8

COISA

subtração, supressão ou dano a – própria na posse legal de terceiro, 18.9

COMUNICAÇÃO

crimes contra a segurança dos meios de – e transporte e outros serviços públicos, 6

falsa de crime ou de contravenção:

- 18.3.1 a 18.3.7
- conceito, 18.3.1
- consumação e tentativa, 18.3.6
- distinção e concurso, 18.3.7
- objetividade jurídica, 18.3.2
- sujeitos do delito, 18.3.3
- tipo objetivo, 18.3.4
- tipo subjetivo, 18.3.5

CONCORRÊNCIA

impedimento, perturbação ou fraude de –, 15.8

violação do sigilo de proposta de –, 14.19

violência ou fraude em arrematação judicial, 18.22

CONCORRENTE

corrupção passiva de – ou licitante, 15.8.8

violência ou fraude em arrematação judicial, 18.22

CONCURSO DE CRIMES

abandono material, 3.1.13

adulteração de sinal identificador de veículo automotor, 12.6.9

apologia de crime ou de criminoso, 8.2.7

arrebatamento de preso, 18.17.7

associação criminosa, 8.3.11

autoacusação falsa, 18.4.7

bigamia, 1.1.11

charlatanismo, 7.16.7

coação no curso do processo, 18.7.7

comunicação falsa de crime ou de contravenção, 18.3.7

contrabando, 15.8.9

corrupção ativa, 15.6.9

corrupção passiva, 14.9.10

curandeirismo, 7.17.8

denunciação caluniosa, 18.2.10

desacato, 15.4.9

descaminho, 15.7.10

entrega arbitrária ou sonegação de incapazes, 4.1.10

evasão mediante violência contra a pessoa, 18.16.7

exercício arbitrário das próprias razões, 18.8.7

exercício ilegal de medicina, arte dentária ou farmacêutica, 7.15.9

falsa identidade, 12.2.7

falsidade ideológica, 11.4.10

falsificação, corrupção, adulteração ou alteração de substância alimentícia ou produtos alimentícios; fabricação, venda, exposição à venda, importação, depósito, distribuição e entrega a consumo, 7.6.11

falsificação de documento particular, 11.3.8

falsificação de documento público, 11.2.10

falsificação de papéis públicos, 10.1.14

falso testemunho e falsa perícia, 18.5.11

fraude de leis sobre estrangeiros, 12.4.7

fraude processual, 18.10.8

fuga de pessoa presa ou submetida a medida de segurança, 18.15.9

impedimento, perturbação ou fraude de concorrência, 15.8.7

incêndio, 5.1.12

incitação ao crime, 8.1.9

induzimento a fuga, 4.1.10

inutilização de edital ou de sinal, 15.9.7

medicamento em desacordo com receita médica, 7.14.9

motim de presos, 18.18.7

outras substâncias nocivas à saúde pública, 7.12.9

parto suposto e supressão ou alteração de direito inerente ao estado civil de recém-nascido, 2.2.10

peculato, 14.2.8

petrechos para fabricação de moeda, 9.3.7

resistência, 15.2.9

subtração, ocultação ou inutilização de material de salvamento, 5.8.7

uso de documento de identidade alheia, 12.3.7

uso de documento falso, 11.9.7

usurpação de função pública, 15.1.9

violação de sigilo funcional, 14.18.7

violência arbitrária, 14.15.7

CONCURSO PÚBLICO

fraudes em certames de interesse público, 13.1

CONCUSSÃO

14.8.1 a 14.8.9

classificação:

– concussão implícita e concussão explícita, 14.8.4

conceito, 14.8.1

consumação e tentativa, 14.8.6

distinção, 14.8.7

excesso de exação, 14.8.8

forma qualificada de excesso de exação, 14.8.9

objetividade jurídica, 14.8.2

sujeitos do delito, 14.8.3

tipo objetivo, 14.8.4

tipo subjetivo, 14.8.5

CONDESCENDÊNCIA CRIMINOSA

14.13.1 a 14.13.6

conceito, 14.13.1

consumação e tentativa, 14.13.6

objetividade jurídica, 14.13.2

sujeitos do delito, 14.13.3

tipo objetivo, 14.13.4

tipo subjetivo, 14.13.5

CONHECIMENTO

prévio de impedimento:

– 1.3.1 a 1.3.7

– ação penal, 1.3.7

– conceito, 1.3.1

– consumação e tentativa, 1.3.6

– objetividade jurídica, 1.3.2

– sujeitos do delito, 1.3.3

– tipo objetivo, 1.3.4

– tipo subjetivo, 1.3.5

CONSOLIDAÇÃO DAS LEIS DO TRABA-LHO

crimes praticados por funcionário público contra a administração em geral, 14.1.3

omissão de notificação de doença, 7.3.4

peculato, 14.2.4

CONSTITUIÇÃO FEDERAL

abandono intelectual, 3.3.1

abandono material, 3.1.4, 3.1.5 e 3.1.6

atentado contra a segurança de transporte marítimo, fluvial ou aéreo, 6.2.2

bigamia, 1.1.6

concussão, 14.8.8

crimes praticados por funcionário público contra a administração em geral, 14.1.1 e 14.1.2

entrega de filho menor a pessoa inidônea, 3.2.4

exercício ilegal de medicina, arte dentária ou farmacêutica, 7.15.1

fabrico, fornecimento, aquisição, posse ou transporte de explosivos ou gás tóxico ou asfixiante, 5.4.7

falsidade em prejuízo da nacionalização de sociedade, 12.5.2

falsidade ideológica, 11.4.4

falsificação de documento público, 11.2.2

fuga de pessoa presa ou submetida a medida de segurança, 18.15.4

impedimento, perturbação ou fraude de concorrência, 15.8.1

invólucro ou recipiente com falsa indicação, 7.9.4

moeda falsa, 9.1.12

reingresso de estrangeiro expulso, 18.1.3

sonegação de estado de filiação, 2.3.4

violação do sigilo funcional, 14.18.4

violência arbitrária, 14.15.9

CONSUMO

emprego de processo proibido ou de substância não permitida no fabrico de produto destinado ao –, 7.8

envenenamento:

– entrega de água ou substância envenenada a – ou depósito para distribuição, 7.4.7

fabricação, venda, exposição à venda, importação, depósito, distribuição e entrega a – de substância alimentícia ou produtos alimentícios adulterados, falsificados ou alterados, 7.6.7

fabricar, vender, expor à venda, ter em depósito para vender ou entregar a – coisa ou substância nociva à saúde, 7.12

falsificação, corrupção, adulteração ou alteração de substância alimentícia ou produtos alimentícios, 7.6

importação, venda, exposição à venda, depósito, distribuição e entrega de produto com violação de disposição regulamentar, 7.7.8

importação, venda, exposição à venda, depósito, distribuição e entrega do produto destinado a fins terapêuticos ou medicinais, 7.7.7

vender, expor à venda, ter em depósito para vender ou entregar a – produto nas condições dos artigos 274 e 275 do Código Penal, 7.10

vender, ter em depósito para vender ou expor à venda, ou entregar a – substância alimentícia ou medicinal avariada, 7.13

CONSTITUIÇÃO

de milícia privada:

– 8.4.1 a 8.4.9

– conceito, 8.4.1

– concurso, 8.4.9

– consumação e tentativa, 8.4.7

– distinção, 8.4.8

– objetividade jurídica, 8.4.2

– sujeito ativo, 8.4.3

– sujeito passivo, 8.4.4

– tipo objetivo, 8.4.5

– tipo subjetivo, 8.4.6

CONSUMAÇÃO E TENTATIVA

abandono de função, 14.16.6

abandono intelectual, 3.3.7

abandono material, 3.1.9

abandono moral, 3.4.7

adulteração de sinal identificador de veículo automotor, 12.6.7

advocacia administrativa, 14.14.6

apologia de crime ou criminoso, 8.2.6

arrebatamento de preso, 18.17.6

arremesso de projétil, 6.4.6

associação criminosa, 8.3.7

assunção de obrigação no último ano de mandato ou legislatura, 19.3.6

atentado contra a segurança de outro meio de transporte, 6.3.6

atentado contra a segurança de serviço de utilidade pública, 6.5.6

atentado contra a segurança de transporte marítimo, fluvial ou aéreo, 6.2.6

atribuição de falsa qualidade a estrangeiro, 12.4.13

aumento de despesa total com pessoal no último ano do mandato ou legislatura, 19.7.6

autoacusação falsa, 18.4.6

bigamia, 1.1.9

certidão ou atestado ideologicamente falso, 11.6.6

charlatanismo, 7.16.6

coação no curso do processo, 18.7.6

comunicação falsa de crime ou contravenção, 18.3.6

concussão, 14.8.6

condescendência criminosa, 14.13.6

conhecimento prévio de impedimento, 1.3.6

contrabando, 15.8.6

contratação de operação de crédito, 19.1.7

corrupção ativa, 15.6.6

corrupção ativa de testemunha ou perito, 18.6.6

corrupção ativa em transação comercial internacional, 16.1.8

corrupção ou poluição de água potável, 7.5.6

corrupção passiva, 14.9.6

crimes assimilados ao de moeda falsa, 9.2.6

curandeirismo, 7.17.6

denunciação caluniosa, 17.2.6

desabamento ou desmoronamento, 5.7.6

desacato, 15.4.7

descaminho, 15.7.6

desobediência, 15.3.6

à decisão judicial sobre perda ou suspensão de direito, 18.23.6

difusão de doença ou praga, 5.9.6

emissão de título ao portador sem permissão legal, 9.4.6

emprego de processo proibido ou de substância não permitida, 7.8.6

emprego irregular de verbas ou rendas públicas, 14.7.6

entrega de filho menor a pessoa inidônea, 3.2.7

envenenamento de água potável ou de substância alimentícia ou medicinal, 7.4.6

epidemia, 7.1.7

evasão mediante violência contra a pessoa, 18.16.6

exercício arbitrário das próprias razões, 18.8.6

exercício arbitrário ou abuso de poder, 18.14.6

exercício funcional ilegalmente antecipado ou prolongado, 14.17.6

exercício ilegal de medicina, arte dentária ou farmacêutica, 7.15.7

exploração de prestígio, 18.21.6

explosão, 5.2.6

extravio, sonegação ou inutilização de livro ou documento, 14.6.6

fabricação, fornecimento, aquisição, posse ou transporte de explosivos ou gás tóxico ou asfixiante, 5.4.6

facilitação de contrabando ou descaminho, 14.10.6

falsidade de atestado médico, 11.7.6

falsidade em prejuízo da nacionalização da sociedade, 12.5.6

falsidade ideológica, 11.4.7

falsificação, corrupção, adulteração ou alteração de substância alimentícia ou produtos alimentícios, 7.6.6

falsificação, corrupção, adulteração ou alteração de produto destinado a fins terapêuticos ou medicinais, 7.7.6

falsificação de documento particular, 11.3.6

falsificação de documento público, 11.2.7

falsificação de papéis públicos, 10.1.7

falsificação de selo ou sinal público, 11.1.7

falsificação do sinal empregado no contraste de metal precioso ou na fiscalização alfandegária, ou para outros fins, 12.1.7

falso reconhecimento de firma ou letra, 11.5.6

falso testemunho ou falsa perícia, 18.5.8

favorecimento pessoal, 18.5.8

favorecimento real, 18.11.6

fraude de lei sobre estrangeiros, 12.4.6

fraude em certames de interesse público, 13.1.7

fraude processual, 18.10.7

fuga de pessoa presa ou submetida a medida de segurança, 18.15.6

identidade falsa, 12.2.6

impedimento, perturbação ou fraude de concorrência, 15.8

incêndio, 5.1.7

incitação ao crime, 8.1.7

induzimento a erro essencial e ocultação de impedimento, 1.2.6

induzimento à fuga, entrega arbitrária ou sonegação de incapazes, 4.1.8

infração de medida sanitária preventiva, 7.2.6

ingresso de pessoa portando aparelho telefônico, de rádio ou similar em estabelecimento prisional, 18.13.6

inscrição de despesas não empenhadas em restos a pagar, 19.2.6

inserção de dados falsos em sistema de informação, 14.4.6

interrupção ou perturbação de serviço telegráfico, telefônico, informático, telemático ou de informação de utilidade pública, 6.6.6

inundação, 5.5.6

inutilização de edital ou sinal, 15.9.6

invólucro ou recipiente com falsa indicação, 7.9.6

medicamento em desacordo com receita médica, 7.14.6

modificação ou alteração não autorizada de sistema de informações, 14.5.6

moeda falsa, 9.1.7

motim de presos, 18.18.6

não cancelamento de restos a pagar, 19.6.6

oferta pública ou colocação irregular de títulos no mercado, 19.8.6

omissão de notificação de doença, 7.3.6

omissão no dever de vedar ao preso acesso a aparelho telefônico, de rádio ou similar, 14.12.6

ordenação de despesa não autorizada, 19.4.6

outras substâncias nocivas à saúde pública, 7.12.6

parto suposto, supressão ou alteração de direito inerente ao estado civil de recém-nascido, 2.2.7

patrocínio infiel, 18.19.6

peculato, 14.2.7

peculato mediante erro de outrem, 14.3.6

perigo de desastre ferroviário e desastre ferroviário, 6.1.7

perigo de inundação, 5.6.6

petrechos de falsificação de papéis públicos, 10.2.6

petrechos para falsificação de moeda, 9.3.6

prestação de garantia graciosa, 19.5.6

prevaricação, 14.11.6

produto ou substância nas condições dos dois artigos anteriores (arts. 274 e 275), 7.10.6

registro de nascimento inexistente, 2.1.8

reingresso de estrangeiro expulso, 18.1.7

resistência, 15.2.6

simulação de autoridade para celebração de casamento, 1.4.6

simulação de casamento, 1.5.7

sonegação de contribuição previdenciária, 15.11.6

sonegação de estado de filiação, 2.3.7

sonegação de papel ou de objeto de valor probatório, 18.20.6

substância avariada, 7.13.6

substância destinada à falsificação, 7.11.6

subtração de incapazes, 4.2.7

subtração, ocultação ou inutilização de material de salvamento, 5.8.6

subtração ou inutilização de livro ou documento, 15.10.6

subtração, supressão ou dano a coisa própria na posse legal de terceiro, 18.9.6

supressão de documento, 11.10.6

tráfico de influência, 15.5.7

tráfico de influência em transação comercial internacional, 16.2.6

uso de documento de identidade alheia, 12.3.6

uso de documento falso, 11.9.6

uso de gás tóxico ou asfixiante, 5.3.6

usurpação de função pública, 15.1.7

violação de sigilo funcional, 14.18.6

violação do sigilo de proposta de concorrência, 14.19.6

violência arbitrária, 14.15.6

violência ou fraude em arrematação judicial, 18.22.6

CONTRABANDO

15.8.1 a 15.8.9

conceito, 15.8.1

concurso de crimes, 15.8.9

consumação e tentativa, 15.8.6

facilitação de – ou descaminho, 14.10

fatos assimilados a –, 15.8.7

formas qualificadas, 15.8.8

objetividade jurídica, 15.8.2

sujeitos do delito, 15.8.3

tipo objetivo, 15.8.4

tipo subjetivo, 15.8.5

CONTRAFAÇÃO vide FALSIFICAÇÃO

CONTRASTE

falsificação do sinal empregado no – de metal precioso ou na fiscalização alfandegária, ou para outros fins, 12.1

CONTRATAÇÃO

de operação de crédito:

– 19.1.1 a 19.1.8

– conceito, 19.1.2

– consumação e tentativa, 19.1.7

– crimes assemelhados, 19.1.8

– objetividade jurídica, 19.1.3

– sujeitos do delito, 19.1.4

– tipo objetivo, 19.1.5

– tipo subjetivo, 19.1.6

direta ilegal:

– 17.1. a 17.1.7

– conceito, 17.1.2

– consumação e tentativa, 17.1.7

– generalidades, 17.1.1

– objetividade jurídica, 17.1.3

– sujeitos do delito, 17.1.4

– tipo objetivo, 17.1.5

– tipo subjetivo, 17.1.6

inidônea:

– 17.9.1. a 17.9.6

– conceito, 17.9.1

– consumação e tentativa, 17.9.6

– objetividade jurídica, 17.9.2

– sujeitos do delito, 17.9.3

– tipo objetivo, 17.9.4

– tipo subjetivo, 17.9.5

CONTRAVENÇÃO

comunicação falsa de crime ou de –, 18.3

denunciação caluniosa de –, 18.2.8

CONTRIBUIÇÃO

sonegação de – previdenciária, 15.11

CORRUPÇÃO

ativa:

– 15.6.1 a 15.6.9

– aumento de pena, 15.6.7

– conceito, 15.6.1

– concurso, 15.6.9

– consumação e tentativa, 15.6.6

– distinção, 15.6.8

– objetividade jurídica, 15.6.2

– sujeitos do delito, 15.6.3

– tipo objetivo, 15.6.4

– tipo subjetivo, 15.6.5

ativa de testemunha ou perito:

– 18.6.1 a 18.6.8

– aumento de pena, 18.6.7

– conceito, 18.6.1

– consumação e tentativa, 18.6.6

- distinção, 18.6.8
- objetividade jurídica, 18.6.2
- sujeitos do delito, 18.6.3
- tipo objetivo, 18.6.4
- tipo subjetivo, 18.6.5

ativa em transação comercial internacional:
- 16.1.1 a 16.1.9
- aumento de pena, 16.1.9
- conceito, 16.1.3
- conceito de funcionário público estrangeiro, 16.1.2
- consumação e tentativa, 16.1.8
- objetividade jurídica, 16.1.4
- sujeitos do delito, 16.1.5
- tipo objetivo, 16.1.6
- tipo subjetivo, 16.1.7

crimes praticados por funcionário público contra administração em geral:
- 14.1 a 14.20
- convenções internacionais contra a corrupção, 14.1.1
- enriquecimento ilícito e improbidade administrativa, 14.1.1

falsificação, –, adulteração ou alteração de produto destinado a fins terapêuticos ou medicinais, 7.7

falsificação, –, adulteração ou alteração de substância alimentícia ou produtos alimentícios, 7.6

ou poluição de água potável:
- 7.5.1 a 7.5.9
- aumento de pena, 7.5.8
- conceito, 7.5.1
- consumação e tentativa, 7.5.6
- corrupção ou poluição culposa, 7.5.7
- crime qualificado pelo resultado, 7.5.8
- distinção, 7.5.9
- objetividade jurídica, 7.5.2
- sujeitos do delito, 7.5.3
- tipo objetivo, 7.5.4

- tipo subjetivo, 7.5.5

passiva:
- 14.9.1 a 14.9.10
- agravada, 14.9.7
- conceito, 14.9.1
- concurso, 14.9.10
- consumação e tentativa, 14.9.6
- distinção, 14.9.9
- objetividade jurídica, 14.9.2
- privilegiada, 14.9.8
- sujeitos do delito, 14.9.3
- tipo objetivo, 14.9.4
- tipo subjetivo, 14.9.5

passiva de concorrente ou licitante, 15.8.8

CRÉDITO

contratação de operação de –, 19.1

CRIME(S)

apologia de – ou criminoso, 8.2

assimilados ao de moeda falsa:
- 9.2.1 a 9.2.8
- aumento de pena, 9.2.3
- competência, 9.2.8
- conceito, 9.2.1
- consumação e tentativa, 9.2.6
- crime qualificado, 9.2.7
- objetividade jurídica, 9.2.2
- sujeitos do delito, 9.2.3
- tipo objetivo, 9.2.4
- tipo subjetivo, 9.2.5

comunicação falsa de – ou de contravenção, 18.3

contra a administração da justiça, 17

contra a administração pública, Parte V

contra a assistência familiar, 3

contra a família, Parte I

contra a fé pública, Parte IV

contra a incolumidade pública, Parte II

contra a paz pública, Parte III

contra a saúde pública, 7

contra a segurança dos meios de comunicação e transporte e outros serviços públicos, 6

contra as finanças públicas, 18

contra o casamento, 1

contra o Estado democrático de direito, 20.1

contra o estado de filiação, 2

contra o pátrio poder, tutela ou curatela, 4

de perigo comum, 5

incitação ao –, 8.1

praticados por funcionário público contra a administração em geral, 14

praticados por particular contra a administração em geral, 15

praticados por particular contra a administração pública estrangeira, 16

CRIMES ASSIMILADOS AO DE MOEDA FALSA

– 9.2.1 a 9.2.8

– competência, 9.2.8

– conceito, 9.2.1

– consumação e tentativa, 9.2.6

– crime qualificado, 9.2.7

– objetividade jurídica, 9.2.2

– sujeitos do delito, 9.2.3

– tipo objetivo, 9.2.4

– tipo subjetivo, 9.2.5

CRIMES AUTÔNOMOS

– constituição de milícia privada, 8.4.9

CRIMES CONTRA A ADMINISTRAÇÃO DA JUSTIÇA

18.1 a 18.23

arrebatamento de preso, 18.17

autoacusação falsa, 18.4

coação no curso do processo, 18.7

comunicação falsa de crime ou de contravenção, 18.3

corrupção ativa de testemunha ou perito, 18.6

denunciação caluniosa, 18.2

desobediência a decisão judicial sobre perda ou suspensão de direito, 18.23

evasão mediante violência contra a pessoa, 18.16

exercício arbitrário das próprias razões, 18.8

exercício arbitrário ou abuso de poder, 18.14

exploração de prestígio, 18.21

falso testemunho ou falsa perícia, 18.5

favorecimento pessoal, 18.11

favorecimento real, 18.12

fraude processual, 18.10

fuga de pessoa presa ou submetida a medida de segurança, 18.15

generalidades, 18.1.1

ingresso de pessoa portando aparelho telefônico, de rádio ou similar em estabelecimento prisional, 18.13

motim de presos, 18.18

patrocínio infiel, 18.19

reingresso de estrangeiro expulso, 18.1

sonegação de papel ou de objeto de valor probatório, 18.20

subtração, supressão ou dano a coisa própria na posse legal de terceiro, 18.9

violência ou fraude em arrematação judicial, 18.22

CRIMES CONTRA A ADMINISTRAÇÃO PÚBLICA

Parte V

considerações gerais, 14.1

crimes contra a Administração da Justiça, 17

crimes contra as finanças públicas, 18

crimes praticados por:

– funcionário público contra a Administração em geral, 14

– particular contra a Administração em geral, 15

– crimes praticados contra a administração pública estrangeira, 16

generalidades, 14.1.1

CRIMES CONTRA A ASSISTÊNCIA FAMILIAR

3.1 a 3.4

abandono:

– intelectual, 3.3

– material, 3.1

– moral, 3.4

entrega de filho menor a pessoa inidônea, 3.2

generalidades, 3.1.1

CRIMES CONTRA A FAMÍLIA

Parte I

crimes contra:

– a assistência familiar, 3

– o casamento, 1

– o estado de filiação, 2

– o pátrio poder, tutela ou curatela, 4

generalidades, 1.1.1

CRIMES CONTRA A FÉ PÚBLICA

Parte IV

falsidade documental, 11

falsidade de títulos e outros papéis públicos, 10

generalidades, 9.1.1

moeda falsa, 9

outras falsidades, 12

CRIMES CONTRA A INCOLUMIDADE PÚBLICA

Parte II

crimes contra a saúde pública, 7

crimes contra a segurança dos meios de comunicação e transporte e outros serviços públicos, 6

crimes de perigo comum, 5

CRIMES CONTRA A PAZ PÚBLICA

Parte III

apologia de crime ou criminoso, 8.2

associação criminosa, 8.3

generalidades, 8.1.1

incitação ao crime, 8.1

CRIMES CONTRA A SAÚDE PÚBLICA

7.1 a 7.17

charlatanismo, 7.16

corrupção ou poluição de água potável, 7.5

curandeirismo, 7.17

emprego de processo proibido ou de substância não permitida, 7.8

envenenamento de água potável ou de substância alimentícia ou medicinal, 7.4

epidemia, 7.1

exercício ilegal de medicina, arte dentária ou farmacêutica, 7.15

falsificação, corrupção, adulteração ou alteração de produto destinado a fins terapêuticos ou medicinais, 7.7

falsificação, corrupção, adulteração ou alteração de substância alimentícia ou produtos alimentícios, 7.6

generalidades, 7.1.1

infração de medida sanitária preventiva, 7.2

invólucro ou recipiente com falsa indicação, 7.9

medicamento em desacordo com receita médica, 7.14

omissão de notificação de doença, 7.3

outras substâncias nocivas à saúde pública, 7.12

produto ou substância nas condições dos dois artigos anteriores (arts. 274 e 275), 7.10

substância avariada, 7.13

substância destinada à falsificação, 7.11

CRIMES CONTRA A SEGURANÇA DOS MEIOS DE COMUNICAÇÃO E TRANSPORTE E OUTROS SERVIÇOS PÚBLICOS

6.1 a 6.6

arremesso de projétil, 6.4

atentado contra a segurança:

– de outro meio de transporte, 6.3

– de serviço de utilidade pública, 6.5

– de transporte marítimo, fluvial ou aéreo, 6.2

generalidades, 6.1.1

interrupção ou perturbação de serviço telegráfico ou telefônico, 6.6

perigo de desastre ferroviário e desastre ferroviário, 6.1

CRIMES CONTRA AS FINANÇAS PÚBLICAS

19.1 a 19.8

assunção de obrigação no último ano de mandato ou legislatura, 19.3

aumento de despesa total com pessoal no último ano do mandato ou legislatura, 19.7

contratação de operação de crédito, 19.1

generalidades, 19.1.1

inscrição de despesas não empenhadas em restos a pagar, 19.2

não cancelamento de restos a pagar, 19.6

oferta pública ou colocação irregular de títulos no mercado, 19.8

ordenação de despesa não autorizada, 19.4

prestação de garantia graciosa, 19.5

CRIMES CONTRA O CASAMENTO

1.1 a 1.6

adultério, 1.6

bigamia, 1.1

conhecimento prévio de impedimento, 1.3

generalidades, 1.1.1

induzimento a erro essencial e ocultação de impedimento, 1.2

simulação de autoridade para celebração de casamento, 1.4

simulação de casamento, 1.5

CRIMES CONTRA O ESTADO DE FILIAÇÃO

2.1 a 2.3

generalidades, 2.1.1

parto suposto, supressão ou alteração de direito inerente ao estado civil de recém-nascido, 2.2

registro de nascimento inexistente, 2.1

sonegação de estado de filiação, 2.3

CRIMES CONTRA O PÁTRIO PODER, TUTELA OU CURATELA

4.1 a 4.2

generalidades, 4.1.1

induzimento à fuga, entrega arbitrária ou sonegação de incapazes, 4.1

subtração de incapazes, 4.2

CRIMES EM LICITAÇÕES E CONTRATOS ADMINISTRATIVOS

17.1 a 17.12

afastamento de licitante, 17.7

contratação direta ilegal, 17.1

contratação inidônea, 17.9

fraude em licitação ou contrato, 17.8

frustração do caráter competitivo de licitação, 17.2

impedimento indevido, 17.10

modificação ou pagamento irregular em contrato administrativo, 17.4

omissão grave de dado ou de informação por projetista, 17.11

patrocínio de contratação indevida, 17.3

pena de multa, 17.12

perturbação de processo licitatório, 17.5

violação de sigilo em licitação, 17.6

CRIMES DE MOEDA FALSA

9.1 a 9.4

crimes assimilados ao de moeda falsa, 9.2

emissão de título ao portador sem permissão legal, 9.4

generalidades, 9.1.1

moeda falsa, 9.1

petrechos para falsificação de moeda, 9.3

CRIMES DE PERIGO COMUM

5.1 a 5.9

desabamento ou desmoronamento, 5.7

difusão de doença ou praga, 5.9

explosão, 5.2

fabrico, fornecimento, aquisição, posse ou transporte de explosivos ou gás tóxico ou asfixiante, 5.4

generalidades, 5.1.1

incêndio, 5.1

inundação, 5.5

perigo de inundação, 5.6

subtração, ocultação ou inutilização de material de salvamento, 5.8

uso de gás tóxico ou asfixiante, 5.3

CRIMES DE RESPONSABILIDADE

ação penal, 14.20.2

crimes contra as finanças públicas, 18

crimes funcionais, 14.1.2

Decreto-lei nº 201/67:

– contratação de operação de crédito, 19.1.1

– peculato, 14.2.5 e 14.2.8

emprego irregular de verbas ou rendas públicas, 14.7.7

ordenação de despesa não autorizada, 19.4.4

CRIMES FORMAIS

apologia de crime ou criminoso, 19.2.6

associação criminosa, 8.3.2

assunção de obrigação no último ano de mandato ou legislatura, 19.3.6

aumento de despesa total com pessoal no último ano de mandato ou legislatura, 19.7.6

certidão ou atestado ideologicamente falso, 11.6.6

coação no curso do processo, 18.7.6

concussão, 14.8.6

corrupção ativa, 15.6.6

corrupção ativa de testemunha ou perito, 18.6.6

corrupção ativa em transação comercial internacional, 16.1.8

corrupção passiva, 14.9.6

curandeirismo, 7.17.6

desacato, 15.4.7

emissão de título ao portador sem permissão legal, 9.4.6

entrega de filho menor a pessoa inidônea, 3.2.10

exploração de prestígio, 18.21.6

falsa identidade, 12.2.6

falsidade ideológica, 11.4.7

falsidades contra a Previdência Social, 11.2.12

falsificação de documento público, 11.2.11

falsificação de papéis públicos, 10.1.7

falsificação do selo ou sinal público, 11.1.7

falso reconhecimento de firma ou letra, 11.5.6

falso testemunho ou falsa perícia, 18.5.5 e 18.5.8

fraude de lei sobre estrangeiros, 12.4.13

incitação ao crime, 8.1.7

inserção de dados falsos em sistema de informação, 14.4.6

moeda falsa, 9.1.3 e 9.1.10

patrocínio simultâneo ou sucessivo, 18.19.7

reprodução ou alteração de selo ou peça filatélica, 11.8.6

resistência, 15.2.6

simulação de autoridade para celebração de casamento, 1.4.6

sonegação de papel ou de objeto de valor probatório, 18.20.6

violação de sigilo funcional, 14.18.6 e 14.18.8

CRIMES FUNCIONAIS

classificação:

– crimes funcionais próprios e impróprios, 14.1.2

conceito, 14.1.2

crimes praticados por funcionário público contra a administração em geral, 14 disposições comuns:

- 14.20.1 a 14.20.3
- ação penal, 14.20.2
- aumento de pena, 14.20.1
- efeito da condenação, 14.20.3

CRIMES HEDIONDOS

associação criminosa, 8.3.10

epidemia, 7.1.8

falsificação, corrupção, adulteração ou alteração de produto destinado a fins terapêuticos ou medicinais, 7.7.1

falsificação, corrupção, adulteração ou alteração de substância alimentícia ou produtos alimentícios, 7.6.1

violência arbitrária, 14.15.9

CRIMES INSTANTÂNEOS

bigamia, 1.1.9

certidão ou atestado ideologicamente falso, 11.6.6 e 11.6.8

subtração de incapazes, 4.2.7

uso de documento falso, 11.9.6

CRIMES ORGANIZADOS vide ORGANIZAÇÃO CRIMINOSA

CRIMES PERMANENTES

abandono material, 3.1.9

abandono moral, 3.4.7

associação criminosa, 8.3.5

desobediência à decisão judicial sobre perda ou suspensão de direito, 18.23.6

envenenamento de água potável ou de substância alimentícia ou medicinal, 7.4.7

extravio, sonegação ou inutilização de livro ou documento, 14.6.6

falsidade em prejuízo da nacionalização de sociedade, 12.5.6

fraude de lei sobre estrangeiros, 12.4.6

moeda falsa, 9.1.8

petrechos de falsificação, 10.2.6

petrechos para falsificação de moeda, 9.3.6

produto ou substância nas condições dos dois artigos anteriores (arts. 274 e 275), 7.10.6

subtração de incapazes, 4.2.7

usurpação de função pública, 15.1.7

CRIMES PLURISSUBJETIVOS

constituição de milícia privada, 8.4.3

CRIMES PRATICADOS POR FUNCIONÁRIO PÚBLICO CONTRA A ADMINISTRAÇÃO EM GERAL

14.1 a 14.20

abandono de função, 14.16

advocacia administrativa, 14.14

conceito de funcionário público, 14.1.3

concussão, 14.8

condescendência criminosa, 14.13

considerações gerais, 14.1

corrupção passiva, 14.9

crimes funcionais, 14.1.2

disposições comuns aos crimes funcionais, 14.20

emprego irregular de verbas ou rendas públicas, 14.7

exercício funcional ilegalmente antecipado ou prolongado, 14.17

extravio, sonegação ou inutilização de livro ou documento, 14.6

facilitação de contrabando ou descaminho, 14.10

generalidades, 14.1.1

inserção de dados falsos em sistema de informação, 14.4

modificação ou alteração não autorizada de sistema de informações, 14.5

omissão no dever de vedar ao preso acesso a aparelho telefônico, de rádio ou similar, 14.12

peculato, 14.2

peculato mediante erro de outrem, 14.3

prevaricação, 14.11

violação de sigilo:

- de proposta de concorrência, 14.19
- funcional, 14.18

violência arbitrária, 14.15

CRIMES PRATICADOS POR PARTICULAR CONTRA A ADMINISTRAÇÃO EM GERAL

15.1 a 15.11

contrabando ou descaminho, 15.7

corrupção ativa, 15.6

desacato, 15.4

desobediência, 15.3

generalidades, 15.1.1

impedimento, perturbação ou fraude de concorrência, 15.8

inutilização de edital ou de sinal, 15.9

resistência, 15.2

sonegação de contribuição previdenciária, 15.11

subtração ou inutilização de livro ou documento, 15.10

tráfico de influência, 15.5

usurpação de função pública, 15.1

CRIMES PRATICADOS POR PARTICULAR CONTRA A ADMINISTRAÇÃO PÚBLICA ESTRANGEIRA

corrupção ativa em transação comercial internacional, 16.1

generalidades, 16.1.1

tráfico de influência em transação comercial internacional, 16.2

CRIMES PRETERDOLOSOS

arremesso de projétil, 6.4.7

atentado contra a segurança de transporte marítimo, fluvial ou aéreo, 6.2.7

epidemia, 7.1.8

perigo de desastre ferroviário e desastre ferroviário, 6.1.8

CRIMINOSO(A)

apologia de crime ou –, 8.2

associação, 8.3

condescendência –, 14.13

organização –, 8.3.12

CURANDEIRISMO

7.17.1 a 7.17.8

aumento de pena, 7.17.7

conceito, 7.17.1

consumação e tentativa, 7.17.6

distinção e concurso, 7.17.8

objetividade jurídica, 7.17.2

qualificado, 7.17.7

sujeitos do delito, 7.17.3

tipo objetivo, 7.17.4

tipo subjetivo, 7.17.5

CURATELA

conceito, 4.1.1

crimes contra o pátrio poder, tutela ou –, 4

D

DADOS

inserção de – falsos em sistema de informação, 14.4

DANO

subtração, supressão ou – a coisa própria na posse legal de terceiro, 18.9

DECISÃO

desobediência a – judicial sobre perda ou suspensão de direito, 18.23

DEMOCRÁTICO

dos crimes contra o Estado – de direito, 20.1 a 24.1

DENTISTA

exercício ilegal de medicina, da arte dentária ou farmacêutica, 7.15

DENUNCIAÇÃO

caluniosa:

- 18.2.1 a 18.2.10
- aumento de pena, 18.2.7
- conceito, 18.2.1
- concurso, 18.2.10

- consumação e tentativa, 18.2.6
- de contravenção, 18.2.8
- distinção, 18.2.9
- objetividade jurídica, 18.2.2
- redução de pena, 18.2.8
- sujeitos do delito, 18.2.3
- tipo objetivo, 18.2.4
- tipo subjetivo, 18.2.5

DESABAMENTO
ou desmoronamento:
- 5.7.1 a 5.7.8
- conceito, 5.7.1
- consumação e tentativa, 5.7.6
- distinção, 5.7.8
- forma culposa, 5.7.7
- objetividade jurídica, 5.7.2
- sujeitos do delito, 5.7.3
- tipo objetivo, 5.7.4
- tipo subjetivo, 5.7.5

DESACATO
15.4.1 a 15.4.9
conceito, 15.4.1
concurso, 15.4.9
consumação e tentativa, 15.4.7
distinção, 15.4.8
objetividade jurídica, 15.4.2
sujeito ativo, 15.4.3
sujeito passivo, 15.4.4
tipo objetivo, 15.4.5
tipo subjetivo, 15.4.6

DESASTRE
ferroviário, 6.1.8
ferroviário culposo, 6.1.9
perigo de – ferroviário e – ferroviário, 6.1

DESCAMINHO
15.7.1 a 15.7.11
conceito, 15.7.1
concurso de crimes, 15.7.10

consumação e tentativa, 15.7.6
distinção, 15.7.11
extinção da punibilidade, 15.7.9
fatos assimilados ao descaminho, 15.7.7
formas qualificadas, 15.7.8
objetividade jurídica, 15.7.2
sujeitos do delito, 15.7.3
tipo objetivo, 15.7.4
tipo subjetivo, 15.7.5

DESMORONAMENTO vide DESABAMEN-
TO

DESOBEDIÊNCIA
15.3.1 a 15.3.7
conceito, 15.3.1
consumação e tentativa, 15.3.6
distinção, 15.3.7
objetividade jurídica, 15.3.2
sujeitos do delito, 15.3.3
tipo objetivo, 15.3.4
tipo subjetivo, 15.3.5
à decisão judicial sobre perda ou suspensão
de direito:
- 18.23.1 a 18.23.7
- conceito, 18.23.1
- consumação e tentativa, 18.23.6
- distinção, 18.23.7
- objetividade jurídica, 18.23.2
- sujeitos do delito, 18.23.3
- tipo objetivo, 18.23.4
- tipo subjetivo, 18.23.5

DESPESA(S)
aumento de – total com pessoal no último
ano do mandato ou legislatura, 19.7
inscrição de – não empenhadas em restos a
pagar, 19.2
ordenação de – não autorizada, 19.4

DIFUSÃO
de doença ou praga:
- 5.9.1 a 5.9.8

- conceito, 5.9.1
- consumação e tentativa, 5.9.6
- culposa, 5.9.7
- objetividade jurídica, 5.9.2
- revogação, 5.9.8
- sujeitos do delito, 5.9.3
- tipo objetivo, 5.9.4
- tipo subjetivo, 5.9.5

DIREITO

desobediência à decisão judicial sobre perda ou suspensão de –, 18.23

parto suposto, supressão ou alteração de – inerente ao estado civil de recém-nascido, 2.2

DISPOSIÇÕES

comuns aos crimes funcionais:
- 14.20.1 a 14.20.3
- ação penal, 14.20.2
- aumento de pena, 14.20.1
- efeito da condenação, 14.20.3

DÍVIDA CIVIL

prisão por –:
- abandono material, 3.1

DOCUMENTO

conceito, 11.2.4

extravio, sonegação ou inutilização de livro ou –, 14.6

falsificação de –:
- particular, 11.3
- público, 11.2

sonegação de papel ou de objeto de valor probatório, 18.20

subtração ou inutilização de livro ou –, 15.10

supressão de –, 11.10

uso de – falso, 11.9

uso de – identidade alheia, 12.3

DOENÇA

difusão de – ou praga, 5.9

omissão de notificação de –, 7.3

E

EDITAL

inutilização de – ou de sinal, 15.9

EMISSÃO

de título ao portador sem permissão legal:
- 9.4.1 a 9.4.8
- aquisição ou uso de título não permitido, 9.4.7
- conceito, 9.4.1
- consumação e tentativa, 9.4.6
- crimes especiais, 9.4.8
- objetividade jurídica, 9.4.2
- sujeitos do delito, 9.4.3
- tipo objetivo, 9.4.4
- tipo subjetivo, 9.4.5

fabricação ou – de moeda com fraude ou excesso, 9.1.10

EMPREGO

de processo proibido ou de substância não permitida:
- 7.8.1 a 7.8.8
- aumento de pena, 7.8.7
- conceito, 7.8.1
- consumação e tentativa, 7.8.6
- crime qualificado pelo resultado, 7.8.7
- distinção, 7.8.8
- objetividade jurídica, 7.8.2
- sujeitos do delito, 7.8.3
- tipo objetivo, 7.8.4
- tipo subjetivo, 7.8.5

irregular de verbas ou rendas públicas:
- 14.7.1 a 14.7.7
- conceito, 14.7.1
- consumação e tentativa, 14.7.6
- distinção, 14.7.7
- objetividade jurídica, 14.7.2
- sujeitos do delito, 14.7.3
- tipo objetivo, 14.7.4
- tipo subjetivo, 14.7.5

ENDEMIA

conceito, 7.1.5

ENRIQUECIMENTO ILÍCITO

crimes praticados por funcionário público contra administração em geral, 14

ENTREGA

de filho menor a pessoa inidônea:

– 3.2.1 a 3.2.10

– conceito, 3.2.1

– consumação e tentativa, 3.2.7

– formas qualificadas, 3.2.9

– objetividade jurídica, 3.2.2

– promessa ou entrega de filho ou pupilo, 3.2.8

– promoção de ato destinado ao envio de menor ao exterior, 3.2.10

– sujeito ativo, 3.2.3

– sujeito passivo, 3.2.4

– tipo objetivo, 3.2.5

– tipo subjetivo, 3.2.6

induzimento à fuga, – arbitrária ou sonegação de incapazes, 4.1

ENVENENAMENTO

de água potável ou de substância alimentícia ou medicinal:

– 7.4.1 a 7.4.10

– aumento de pena, 7.4.8

– conceito, 7.4.1

– consumação e tentativa, 7.4.6

– culposo, 7.4.9

– distinção, 7.4.10

– entrega a consumo ou depósito para distribuição, 7.4.7

– forma qualificada, 7.4.8

– objetividade jurídica, 7.4.2

– sujeitos do delito, 7.4.3

– tipo objetivo, 7.4.4

– tipo subjetivo, 7.4.5

EPIDEMIA

7.1.1 a 7.1.9

classificações:

– internacional, 7.1.5

– pandemia, 7.1.5

conceito, 7.1.2 e 7.1.5

consumação e tentativa, 7.1.7

culposa, 7.1.9

endemia, 7.1.5

objetividade jurídica, 7.1.3

qualificada pelo resultado, 7.1.8

sujeitos do delito, 7.1.4

tipo objetivo, 7.1.5

tipo subjetivo, 7.1.6

ERRO

essencial:

– induzimento a – essencial e ocultação de impedimento, 1.2

peculato mediante – de outrem, 14.3

ESPIONAGEM

– 20.4.1 a 20.4.11

– conceito, 20.4.1

– consumação e tentativa, 20.4.7

– exclusão da ilicitude, 20.4.11

– facilitação à espionagem, 20.4.10

– favorecimento pessoal a espião, 20.4.9

– forma qualificada, 20.4.8

– objetividade jurídica, 20.4.2

– sujeito ativo, 20.4.3

– sujeito passivo, 20.4.4

– tipo objetivo, 20.4.5

– tipo subjetivo, 20.4.6

ESTABELECIMENTO PRISIONAL

ingresso de pessoa portando aparelho telefônico, de rádio ou similar em –, 18.13

ESTADO

crimes contra o – de filiação, 2

crimes contra o – democrático de direito, 20.1 a 24.1

parto suposto, supressão ou alteração de direito inerente ao – civil de recém-nascido, 2.2

sonegação de – de filiação, 2.3

ESTATUTO

da Advocacia e da Ordem dos Advogados do Brasil:

– desobediência à decisão judicial sobre perda ou supressão de direito, 18.23.4

– sonegação de papel ou de objeto de valor probatório, 18.20.4

da Criança e do Adolescente:

– abandono material, 3.1.5

– abandono moral, 3.4.5

– entrega de filho menor a pessoa inidônea, 3.2.4, 3.2.8 e 3.2.10

– exercício arbitrário e abuso de poder contra menores, 18.14.7

– fabrico, fornecimento, aquisição, posse ou transporte de explosivos ou gás tóxico ou asfixiante, 5.4.7

– fornecimento de explosivos e outras substâncias e objetos a menores de 18 anos, 5.4.7

– outras substâncias nocivas à saúde pública, 7.12.9

– parto suposto, supressão ou alteração de direito inerente ao estado civil de recém-nascido, 2.2.9

– prevaricação, 14.11.7

– promessa ou entrega de filho a pupilo, 3.2.8 e 3.2.10

– resistência, 15.2.8

– sonegação do estado de filiação, 2.3.4

– violência arbitrária, abuso de autoridade e tortura, 14.15.9

do Idoso:

– abandono material, 3.1.2, 3.1.5 e 3.1.12

– desobediência, 15.3.7

– resistência, 15.2.8

– violência arbitrária, 14.15.9

ESTRANGEIRO(S)

atribuição de falsa qualidade a –, 12.4.8

fraude de lei sobre –, 12.4

funcionário público –:

– conceito, 16.1.2

– corrupção ativa em transação comercial internacional, 16.1

– tráfico de influência em transação comercial internacional, 16.2

reingresso de – expulso, 18.1

EVASÃO

mediante violência contra a pessoa:

– 18.16.1 a 18.16.7

– conceito, 18.16.1

– concurso, 18.16.7

– consumação e tentativa, 18.16.6

– objetividade jurídica, 18.16.2

– sujeitos do delito, 18.16.3

– tipo objetivo, 18.16.4

– tipo subjetivo, 18.16.5

EXAÇÃO

conceito, 14.8.8

excesso de –, 14.8.8

forma qualificada de excesso de –, 14.8.9

EXCESSO DE EXAÇÃO

14.8.8

forma qualificada, 14.8.9

EXCLUSÃO

de crime:

– abandono material, 3.1.8

– bigamia, 1.1.7

EXERCÍCIO

arbitrário das próprias razões:

– 18.8.1 a 18.8.8

– ação penal, 18.8.8

– conceito, 18.8.1

– concurso e distinção, 18.8.7

– consumação e tentativa, 18.8.6

– objetividade jurídica, 18.8.2

- sujeitos do delito, 18.8.3
- tipo objetivo, 18.8.4
- tipo subjetivo, 18.8.5

arbitrário ou abuso de poder:
- 18.14.1 a 18.14.7
- conceito, 18.14.1
- consumação e tentativa, 18.14.6
- exercício arbitrário e abuso de poder contra menores, 18.14.7
- objetividade jurídica, 18.14.2
- sujeitos do delito, 18.14.3
- tipo objetivo, 18.14.4
- tipo subjetivo, 18.14.5

funcional ilegalmente antecipado ou prolongado:
- 14.17.1 a 14.17.6
- conceito, 14.17.1
- consumação e tentativa, 14.17.6
- objetividade jurídica, 14.17.2
- sujeitos do delito, 14.17.3
- tipo objetivo, 14.17.4
- tipo subjetivo, 14.17.5

ilegal de medicina, arte dentária ou farmacêutica:
- 7.15.1 a 7.15.10
- ação penal, 7.15.10
- conceito, 7.15.1
- concurso e distinção, 7.15.9
- consumação e tentativa, 7.15.7
- exclusão do crime, 7.15.6
- formas qualificadas, 7.15.8
- objetividade jurídica, 7.15.2
- sujeitos do delito, 7.15.3
- tipo objetivo, 7.15.4
- tipo subjetivo, 7.15.5

EXPLORAÇÃO

de prestígio:
- 18.21.1 a 18.21.7
- aumento de pena, 18.21.7

- conceito, 18.21.1
- consumação e tentativa, 18.21.6
- objetividade jurídica, 18.21.2
- sujeitos do delito, 18.21.3
- tipo objetivo, 18.21.4
- tipo subjetivo, 18.21.5

EXPLOSÃO

5.2.1 a 5.2.10

aumento de pena, 5.2.8

conceito, 5.2.1

consumação e tentativa, 5.2.6

culposa, 5.2.9

distinção, 5.2.10

forma privilegiada, 5.2.7

formas qualificadas, 5.2.8

objetividade jurídica, 5.2.2

sujeitos do delito, 5.2.3

tipo objetivo, 5.2.4

tipo subjetivo, 5.2.5

EXPLOSIVOS

fabrico, fornecimento, aquisição, posse ou transporte de – ou gás tóxico ou asfixiante, 5.4

EXPULSO

reingresso de estrangeiro –, 18.1

EXTERIOR

promoção de ato destinado ao envio de menor ao –, 3.2.10

EXTINÇÃO

da punibilidade, atenuação da pena:
- adultério, 1.6.1
- descaminho, 15.7.9
- peculato, 14.2.11

EXTRAVIO

sonegação ou inutilização de livro ou documento:
- 14.6.1 a 14.6.7
- conceito, 14.6.1
- consumação e tentativa, 14.6.6

ÍNDICE REMISSIVO **593**

- distinção, 14.6.7
- objetividade jurídica, 14.6.2
- sujeitos do delito, 14.6.3
- tipo objetivo, 14.6.4
- tipo subjetivo, 14.6.5

F

FABRICAÇÃO (FABRICO)

de artefato explosivo ou incendiário sem autorização legal, 5.1.11

de coisa ou substância nociva à saúde, 7.12.1

de documento público, 10.1.5

de minas terrestres, 5.2.2

de moeda falsa, 9.1.5

de selo ou sinal público, 11.1.2 e 11.1.5

de substância alimentícia ou produto corrompido, 7.6.7

falsificação do sinal empregado no contraste de metal precioso ou na fiscalização alfandegária ou para outros fins, 12.1

fornecimento, aquisição, posse ou transporte de explosivos ou gás tóxico ou asfixiante:
- 5.4.1 a 5.4.8
- aumento de pena, 5.4.7
- competência, 5.4.8
- conceito, 5.4.1
- consumação e tentativa, 5.4.6
- distinção, 5.4.7
- forma qualificada, 5.4.7
- objetividade jurídica, 5.4.2
- sujeitos do delito, 5.4.3
- tipo objetivo, 5.4.4
- tipo subjetivo, 5.4.5

ou emissão de moeda com fraude ou excesso, 9.1.10

FACILITAÇÃO

de contrabando ou descaminho:
- 14.10.1 a 14.10.7
- competência, 14.10.7
- conceito, 14.10.1
- consumação e tentativa, 14.10.6
- objetividade jurídica, 14.10.2
- sujeitos do delito, 14.10.3
- tipo objetivo, 14.10.4
- tipo subjetivo, 14.10.5

FALSA vide FALSO

FALSIDADE(S)

de atestado médico:
- 11.7.1 a 11.7.8
- conceito, 11.7.1
- consumação e tentativa, 11.7.6
- distinção, 11.7.8
- forma qualificada, 11.7.7
- objetividade jurídica, 11.7.2
- sujeitos do delito, 11.7.3
- tipo objetivo, 11.7.4
- tipo subjetivo, 11.7.5

de títulos e outros papéis públicos:
- 10.1 a 10.2
- falsificação de papéis públicos, 10.1
- generalidades, 10.1.1
- petrechos de falsificação, 10.2

documental:
- 11.1 a 11.10
- certidão ou atestado ideologicamente falso, 11.6
- falsidade de atestado médico, 11.7
- falsidade ideológica, 11.4
- falsificação de documento particular, 11.3
- falsificação de documento público, 11.2
- falsificação do selo ou sinal público, 11.1
- falso reconhecimento de firma ou letra, 11.5
- generalidades, 11.1.1
- reprodução ou alteração de selo ou peça filatélica, 11.8
- supressão de documento, 11.10
- uso de documento falso, 11.9

em prejuízo da nacionalização da sociedade:
- 12.5.1 a 12.5.7
- conceito, 12.5.1
- consumação e tentativa, 12.5.6
- distinção, 12.5.7
- objetividade jurídica, 12.5.2
- sujeitos do delito, 12.5.3
- tipo objetivo, 12.5.4
- tipo subjetivo, 12.5.5

outras –:
- 12.1 a 12.6
- adulteração de sinal identificador de veículo automotor, 12.6
- atribuição de falsa qualidade a estrangeiro, 12.4.8
- em prejuízo de nacionalização de sociedade:
- falsa identidade, 12.2
- falsificação do sinal empregado no contraste de metal precioso ou na fiscalização alfandegária, ou para outros fins, 12.1
- fraude de lei sobre estrangeiros, 12.4
- generalidades, 12.1.1
- uso de documento de identidade alheia, 12.3

FALSIDADE IDEOLÓGICA
- 11.4.1 a 11.4.12
- aumento de pena, 11.4.8
- conceito, 11.4.1
- concurso, 11.4.10
- consumação e tentativa, 11.4.7
- distinção, 11.4.9
- exame pericial, 11.4.12
- formas qualificadas, 11.4.8
- objetividade jurídica, 11.4.2
- prescrição, 11.4.11
- simulação e papel assinado em branco, 11.4.5
- sujeito ativo, 11.4.3

- tipo objetivo, 11.4.4
- tipo subjetivo, 11.4.6

FALSIFICAÇÃO
corrupção, adulteração ou alteração de substância alimentícia ou produtos alimentícios:
- 7.6.1 a 7.6.11
- conceito, 7.6.1
- concurso, 7.6.11
- consumação e tentativa, 7.6.6
- crime culposo, 7.6.8
- crime qualificado, 7.6.9
- distinção, 7.6.10
- fabricação, venda, exposição à venda, importação, depósito, distribuição e entrega a consumo, 7.6.7
- objetividade jurídica, 7.6.2
- sujeitos do delito, 7.6.3
- tipo objetivo, 7.6.4
- tipo subjetivo, 7.6.5

corrupção, adulteração ou alteração de produto destinado a fins terapêuticos ou medicinais:
- 7.7.1 a 7.7.10
- conceito, 7.7.1
- consumação e tentativa, 7.7.6
- crime culposo, 7.7.9
- formas qualificadas, 7.7.10
- importação, venda, exposição à venda, depósito, distribuição e entrega do produto destinado a fins terapêuticos ou medicinais, 7.7.7
- importação, venda, exposição à venda, depósito, distribuição e entrega do produto com violação de disposição regulamentar, 7.7.8
- objetividade jurídica, 7.7.2
- sujeitos do delito, 7.7.3
- tipo objetivo, 7.7.4
- tipo subjetivo, 7.7.5

de documento particular:

- 11.3.1 a 11.3.8
- conceito, 11.3.1
- concurso, 11.3.8
- consumação e tentativa, 11.3.6
- distinção, 11.3.7
- objetividade jurídica, 11.3.2
- sujeitos do delito, 11.3.3
- tipo objetivo, 1.3.4
- tipo subjetivo, 11.3.5

de documento público:
- 11.2.1 a 11.2.12
- aumento de pena, 11.2.3 e 11.2.8
- conceito, 11.2.1
- conceito de documento, 11.2.4
- concurso, 11.2.10
- consumação e tentativa, 11.2.7
- crime praticado por funcionário, 11.2.8
- distinção, 11.2.9
- falsidades contra a Previdência Social, 11.2.11
- objetividade jurídica, 11.2.2
- omissão de dados em documentos relacionados à Previdência Social, 11.2.12
- sujeitos do delito, 11.2.3
- tipo objetivo, 11.2.5
- tipo subjetivo, 11.2.6

de papéis públicos:
- 10.1.1 a 10.1.15
- aumento de pena, 10.1.4 e 10.1.13
- circulação de papéis recebidos de boa-fé, 10.1.12
- comercialização de produto ou mercadoria sem selo oficial, 10.1.9
- competência, 10.1.15
- conceito, 10.1.2
- consumação e tentativa, 10.1.7
- crime praticado por funcionário, 10.1.13
- crimes subsequentes à falsificação, 10.1.8
- distinção e concurso, 10.1.14

- objetividade jurídica, 10.1.3
- sujeitos do delito, 10.1.4
- supressão de carimbo ou sinal de inutilização, 10.1.10
- tipo objetivo, 10.1.5
- tipo subjetivo, 10.1.6
- uso de papéis em que foi suprimido carimbo ou sinal, 10.1.11

de selo ou sinal público:
- 11.1.1 a 11.1.12
- alteração, falsificação e uso indevido de marcas, logotipos, siglas e outros símbolos, 11.1.10
- aumento da pena, 11.1.10 e 11.1.11
- competência, 11.1.12
- conceito, 11.1.2
- consumação e tentativa, 11.1.7
- crime praticado por funcionário, 11.1.11
- objetividade jurídica, 11.1.3
- sujeitos do delito, 11.1.4
- tipo objetivo, 11.1.5
- tipo subjetivo, 11.1.6
- uso de selo ou sinal falsificado, 11.1.8
- uso indevido de selo ou sinal verdadeiro, 11.1.9

do sinal empregado no contraste de metal precioso ou na fiscalização alfandegária, ou para outros fins:
- 12.1.1 a 12.1.8
- conceito, 12.1.2
- consumação e tentativa, 12.1.7
- distinção, 12.1.8
- objetividade jurídica, 12.1.3
- sujeitos do delito, 12.1.4
- tipo objetivo, 12.1.5
- tipo subjetivo, 12.1.6

petrechos de – de papéis públicos, 10.2

petrechos para – de moeda, 9.3

substância destinada à –, 7.11

FALSO(A)(S)

atribuição de – qualidade a estrangeiro:

– 12.4.8 a 12.4.14

– consumação e tentativa, 12.4.13

– distinção, 12.4.14

– objetividade jurídica, 12.4.9

– sujeitos do delito, 12.4.10

– tipo objetivo, 12.4.11

– tipo subjetivo, 12.4.12

autoacusação –, 18.4

certidão ou atestado ideologicamente –, 11.6

comunicação – de crime ou contravenção, 18.3

crimes de moeda –, 9

ideal, 11.4.1

identidade:

– 12.2.1 a 12.2.7

– conceito, 12.2.1

– consumação e tentativa, 12.2.6

– distinção e concurso, 12.2.7

– objetividade jurídica, 12.2.2

– sujeitos do delito, 12.2.3

– tipo objetivo, 12.2.4

– tipo subjetivo, 12.2.5

inserção de dados – em sistema de informação, 14.4

intelectual, 11.4.1

invólucro ou recipiente com – indicação, 7.9

moeda –, 9.1

moral, 11.4.1

não material, 11.4.1

reconhecimento de firma ou letra:

– 11.5.1 a 11.5.7

– conceito, 11.5.1

– consumação e tentativa, 11.5.6

– distinção, 11.5.7

– objetividade jurídica, 11.5.2

– sujeitos do delito, 11.5.3

– tipo objetivo, 11.5.4

– tipo subjetivo, 11.5.5

testemunho ou – perícia:

– 18.5.1 a 18.5.11

– ação penal, 18.5.6

– aumento de pena, 18.5.9

– conceito, 18.5.1

– consumação e tentativa, 18.5.8

– distinção e concurso, 18.5.11

– objetividade jurídica, 18.5.2

– retratação, 18.5.10

– sujeito ativo, 18.5.3

– sujeito passivo, 18.5.4

– tipo objetivo, 18.5.5

– tipo subjetivo, 18.5.7

uso de documento –, 11.9

FAMÍLIA

crimes contra a –:

– Parte I

– crimes contra a assistência familiar, 3

– crimes contra o casamento, 1

– crimes contra o estado de filiação, 2

– crimes contra o pátrio poder, tutela ou curatela, 4

FAMILIAR

crimes contra a assistência –, 3

poder –, 3.1.5, 3.1.10, 3.3.3, 4.1.1, 4.1.4 e 4.2.3

FARMACÊUTICO

exercício ilegal de medicina, arte dentária ou farmacêutica, 7.15

FARMÁCIA

exercício ilegal de medicina, arte dentária ou farmacêutica, 7.15

FAVORECIMENTO

pessoal:

– 18.11.1 a 18.11.8

– conceito, 18.11.1

– consumação e tentativa, 18.11.6

– imunidade penal, 18.11.8

- objetividade jurídica, 18.11.2
- privilegiado, 18.11.7
- sujeitos do delito, 18.11.3
- tipo objetivo, 18.11.4
- tipo subjetivo, 18.11.5

real:
- 18.12.1 a 18.12.7
- conceito, 18.12.1
- consumação e tentativa, 18.11.6
- distinção, 18.12.7
- objetividade jurídica, 18.12.2
- sujeitos do delito, 18.12.3
- tipo objetivo, 18.12.4
- tipo subjetivo, 18.12.5

FÉ PÚBLICA

crimes contra a –, Parte IV

FERROVIÁRIO

perigo de desastre – e desastre –, 6.1

FILHO

entrega de – menor a pessoa inidônea, 3.2

promessa ou entrega de – ou pupilo, 3.2.8

FILIAÇÃO

adotiva, natural e espúria, 3.1.5

crimes contra o estado de –, 2

sonegação de estado de –, 2.3

FINANÇAS PÚBLICAS

crimes contra as –, 18

FIRMA

falso reconhecimento de – ou letra, 11.5

FISCALIZAÇÃO

falsificação do sinal empregado no contraste de metal precioso ou na – alfandegária, ou para outros fins:
- 12.1.1 a 12.1.6
- conceito, 12.1.2
- consumação e tentativa, 12.1.7
- objetividade jurídica, 12.1.3
- sujeitos do delito, 12.1.4
- tipo objetivo, 12.1.5

- tipo subjetivo, 12.1.6

FORMA

culposa:
- atentado contra a segurança de outro meio de transporte, 6.3.8
- atentado contra a segurança de transporte marítimo, fluvial ou aéreo, 6.2.9
- corrupção ou poluição de água potável, 7.5.7
- desabamento ou desmoronamento, 5.7.7
- desastre ferroviário, 6.1.9
- difusão de doença ou praga, 5.9.7
- envenenamento de água potável ou de substância alimentícia ou medicinal, 7.4.9
- epidemia, 7.1.9
- explosão, 5.2.9
- falsificação, corrupção, adulteração ou alteração de produto destinado a fins terapêuticos ou medicinais, 7.7.9
- falsificação, corrupção, adulteração ou alteração de substância alimentícia ou produtos alimentícios, 7.6.8
- fuga de pessoa presa ou submetida a medida de segurança, 18.15.8
- incêndio, 5.1.9
- inundação, 5.5.8
- medicamento em desacordo com receita médica, 7.14.7
- outras substâncias nocivas à saúde pública, 7.12.7
- peculato, 14.2.10
- uso de gás tóxico ou asfixiante, 5.3.7

privilegiada:
- circulação de papéis recebidos de boa-fé, 10.1.12
- corrupção passiva, 14.9.8
- explosão, 5.2.7
- moeda falsa, 9.1.9

- parto suposto, supressão ou alteração de direito inerente ao estado civil de recém-nascido, 2.2.8

sonegação de contribuição previdenciária, 15.11.9

qualificada:

- abandono de função, 14.16.7
- advocacia administrativa, 14.14.7
- associação criminosa, 8.3.8
- atentado contra a segurança de serviço de utilidade pública, 6.5.7
- atentado contra a segurança de transporte marítimo, fluvial ou aéreo, 6.2.8
- certidão ou atestado ideologicamente falso, 11.6.9
- contrabando, 15.8.8
- crimes assimilados ao de moeda falsa, 9.2.7
- curandeirismo, 7.17.7
- denunciação caluniosa, 18.2.7
- descaminho, 15.7.8
- entrega de filho menor a pessoa inidônea, 3.2.9
- envenenamento de água potável ou substância alimentícia ou medicinal, 7.4.8
- excesso de exação, 14.8.9
- exercício ilegal de medicina, arte dentária ou farmacêutica, 7.15.8
- exploração de prestígio, 18.21.7
- explosão, 5.2.8
- fabrico, fornecimento, aquisição, posse ou transporte de explosivos ou gás tóxico ou asfixiante, 5.4.7
- falsidade de atestado médico, 11.7.7
- falsidade ideológica, 11.4.8
- falsificação, corrupção, adulteração ou alteração de produto destinado a fins terapêuticos ou medicinais, 7.7.10
- falsificação, corrupção, adulteração ou alteração de substância alimentícia ou produtos alimentícios, 7.6.9
- falso testemunho ou falsa perícia, 18.5.9

- fuga de pessoa presa ou submetida a medida de segurança, 18.15.7
- incêndio, 5.1.8
- interrupção ou perturbação de serviço telegráfico ou telefônico, 6.6.7
- medicamento em desacordo com receita médica, 7.14.8
- outras substâncias nocivas à saúde pública, 7.12.8
- substância avariada, 7.13.7
- tráfico de influência, 15.5.9
- usurpação de função pública, 15.1.8
- violação de sigilo funcional, 14.18.9

qualificada pelo resultado:

- arremesso de projétil, 6.4.7
- corrupção ou poluição de água potável, 7.5.8
- emprego de processo proibido ou de substância não permitida, 7.8.7
- epidemia, 7.1.8
- incêndio, 5.1.10
- infração de medida sanitária preventiva, 7.2.7
- inundação, 5.5.7
- resistência, 15.2.7
- uso de gás tóxico ou asfixiante, 5.3.8

FORNECIMENTO

e empréstimo de senha:

- violação de sigilo funcional, 14.18.8

fabrico, –, aquisição, posse ou transporte de explosivos ou gás tóxico ou asfixiante, 5.4

FRAUDE(S)

de lei sobre estrangeiros:

- 12.4.1 a 12.4.14
- atribuição de falsa qualidade a estrangeiro, 12.4.8 a 12.4.14
- conceito, 12.4.1
- consumação e tentativa, 12.4.6
- distinção e concurso, 12.4.7

- objetividade jurídica, 12.4.2
- sujeitos do delito, 12.4.3
- tipo objetivo, 12.4.4
- tipo subjetivo, 12.4.5

em certames de interesse público:
- 13.1.1 a 13.1.11
- conceito, 13.1.2
- consumação e tentativa, 13.1.7
- crime praticado por funcionário público, 13.1.10
- crime qualificado pelo resultado, 13.1.9
- distinção, 13.1.11
- generalidades, 13.1.1
- objetivo jurídica, 13.1.3
- permitir ou facilitar o acesso indevido ao conteúdo sigiloso, 13.1.8
- sujeito do delito, 13.1.4
- tipo objetivo, 13.1.5
- tipo subjetivo, 13.1.6

em licitação ou contrato:
- 17.8.1 a 17.8.6
- conceito, 17.8.1
- consumação e tentativa, 17.8.6
- objetivo jurídica, 17.8.2
- sujeito do delito, 17.8.3
- tipo objetivo, 17.8.4
- tipo subjetivo, 17.8.5

impedimento, perturbação ou – de concorrência, 15.8

processual:
- 18.10.1 a 18.10.8
- conceito, 18.10.1
- consumação e tentativa, 18.10.7
- distinção e concurso, 18.10.8
- fraude no processo penal, 18.10.5
- objetividade jurídica, 18.10.2
- sujeitos do delito, 18.10.3
- tipo objetivo, 18.10.4
- tipo subjetivo, 18.10.6

violência ou – em arrematação judicial, 18.22

FUGA

de pessoa presa ou submetida a medida de segurança:
- 18.15.1 a 18.15.9
- conceito, 18.15.1
- consumação e tentativa, 18.15.6
- crime culposo, 18.15.8
- crimes qualificados, 18.15.7
- distinção e concurso, 18.15.9
- objetividade jurídica, 18.15.2
- sujeitos do delito, 18.15.3
- tipo objetivo, 18.15.4
- tipo subjetivo, 18.15.5

evasão mediante violência contra a pessoa, 18.16

induzimento à –, entrega arbitrária ou sonegação de incapazes, 4.1

FUNÇÃO PÚBLICA

abandono de –, 14.16

adulteração de sinal identificador de veículo automotor, 12.6.10

certidão ou atestado ideologicamente falso, 11.6

conceito, 14.1.3

crimes funcionais, 14.1.2

crimes praticados por funcionário público contra a administração em geral, 14

exercício funcional ilegalmente antecipado ou prolongado, 14.17

falso reconhecimento de firma ou letra, 11.5

usurpação de –, 15.1

FUNCIONÁRIO PÚBLICO

conceito, 14.1.3

crimes praticados por – contra a administração em geral:
- 14.1 a 14.20
- convenções internacionais contra a corrupção, 14.1.1

- enriquecimento ilícito e improbidade administrativa, 14.1.1

crimes praticados por particular contra a administração em geral, 15

estrangeiro:
- conceito, 16.1.2
- crimes praticados por particular contra a administração pública estrangeira, 16

FURTO

peculato, 14.2.9

FRUSTRAÇÃO DO CARÁTER COMPETITIVO DE LICITAÇÃO

- 17.2.1 a 17.2.5
- conceito, 17.2.1
- consumação e tentativa, 17.2.6
- objetividade jurídica, 17.2.2
- sujeitos do delito, 17.2.3
- tipo objetivo, 17.2.4
- tipo subjetivo, 17.2.5

G

GARANTIA

conceito, 19.5.4

prestação de – graciosa, 19.5

GÁS TÓXICO

fabrico, fornecimento, aquisição, posse ou transporte de explosivos ou – ou asfixiante, 5.4

uso de – ou asfixiante, 5.3

GOLPE DE ESTADO

- 21.2.1 a 21.2.8
- conceito, 21.2.1
- concurso, 21.2.8
- consumação e tentativa, 21.2.7
- objetividade jurídica, 21.2.2
- sujeito ativo, 21.2.3
- sujeito passivo, 21.2.4
- tipo objetivo, 21.2.5
- tipo subjetivo, 21.2.6

I

IDENTIDADE

falsa –, 12.2

uso de documento de – alheia, 12.3

ILÍCITO ADMINISTRATIVO

crimes praticados por funcionário público contra a Administração em geral, 14

IMPEDIMENTO

conhecimento prévio de –, 1.3

indevido:
- 17.10.1 a 17.10.6
- conceito, 17.10.1
- consumação e tentativa, 17.10.6
- objetividade jurídica, 17.10.2
- sujeitos do delito, 17.10.3
- tipo objetivo, 17.10.4
- tipo subjetivo, 17.10.5

induzimento a erro essencial e ocultação de –, 1.2

perturbação ou fraude de concorrência:
- 15.8.1 a 15.8.8
- conceito e revogação, 15.8.1
- consumação e tentativa, 15.8.6
- corrupção passiva de concorrente ou licitante, 15.8.8
- distinção e concurso, 15.8.7
- objetividade jurídica, 15.8.2
- sujeitos do delito, 15.8.3
- tipo objetivo, 15.8.4
- tipo subjetivo, 15.8.5

IMPROBIDADE

administrativa:
- denunciação caluniosa, 18.2

corrupção ativa, 15.6

Lei de – Administrativa (Lei nº 8.429/92):
- crimes contra a administração pública, 14.1.1
- denunciação caluniosa, 18.2.9
- ordenação de despesa não autorizada, 19.4.4

ÍNDICE REMISSIVO

601

INCAPAZ(ES)

induzimento à fuga, entrega arbitrária ou sonegação de –, 4.1

subtração de –, 4.2

INCÊNDIO

5.1.1 a 5.1.

aumento de pena, 5.1.8 e 5.1.10

conceito, 5.1.2

concurso, 5.1.12

consumação e tentativa, 5.1.7

culposo, 5.1.9

distinção, 5.1.11

objetividade jurídica, 5.1.3

qualificado, 5.1.8

qualificado pelo resultado, 5.1.10

sujeitos do delito, 5.1.4

tipo objetivo, 5.1.5

tipo subjetivo, 5.1.6

INCESTO

lei atual, 1.1.1

INCITAÇÃO

ao crime:

– 8.1.1 a 8.1.10

– conceito, 8.1.2

– crime assemelhado, 8.1.8

– concurso, 8.1.10

– consumação e tentativa, 8.1.7

– distinção, 8.1.9

– objetividade jurídica, 8.1.3

– sujeitos do delito, 8.1.4

– tipo objetivo, 8.1.5

– tipo subjetivo, 8.1.6

INCOLUMIDADE PÚBLICA

conceito, 5.1.1

crimes contra a –, Parte II

INDUZIMENTO

a erro essencial e ocultação de impedimento:

– 1.2.1 a 1.2.8

– ação penal, 1.2.7

– conceito, 1.2.1

– consumação e tentativa, 1.2.6

– objetividade jurídica, 1.2.2

– prescrição, 1.2.8

– sujeitos do delito, 1.2.3

– tipo objetivo, 1.2.4

– tipo subjetivo, 1.2.5

à fuga, entrega arbitrária ou sonegação de incapazes:

– 4.1.1 a 4.1.10

– conceito, 4.1.2

– concurso, 4.1.10

– consumação e tentativa, 4.1.8

– distinção, 4.1.9

– objetividade jurídica, 4.1.3

– sujeito ativo, 4.1.4

– sujeito passivo, 4.1.5

– tipo objetivo, 4.1.6

– tipo subjetivo, 4.1.7

INFIEL

patrocínio –, 18.19

INFLUÊNCIA

tráfico de –, 15.5

tráfico de – em transação comercial internacional, 16.2

INFORMAÇÃO

inserção de dados falsos em sistema de –, 14.4

interrupção ou perturbação de serviço telegráfico, telefônico, informático, telemático ou de – de utilidade pública, 6.6

INFORMÁTICO

interrupção ou perturbação de serviço telegráfico, telefônico, –, telemático ou de informação de utilidade pública, 6.6

INFRAÇÃO

de medida sanitária preventiva:

– 7.2.1 a 7.2.7

- aumento da pena, 7.2.1, 7.2.3 e 7.2.7
- conceito, 7.2.1
- consumação e tentativa, 7.2.6
- crime qualificado pelo resultado, 7.2.7
- objetividade jurídica, 7.2.2
- sujeitos do delito, 7.2.3
- tipo objetivo, 7.2.4
- tipo subjetivo, 7.2.5

INGRESSO

de pessoa portando aparelho telefônico, de rádio ou similar em estabelecimento prisional:
- 18.13.1 a 18.13.7
- conceito, 18.13.1
- consumação e tentativa, 18.13.6
- distinção, 18.13.7
- objetividade jurídica, 18.13.2
- sujeitos do delito, 18.13.3
- tipo objetivo, 18.13.4
- tipo subjetivo, 18.13.5

INSCRIÇÃO

de despesas não empenhadas em restos a pagar:
- 19.2.1 a 19.2.6
- conceito, 19.2.1
- consumação e tentativa, 19.2.6
- objetividade jurídica, 19.2.2
- sujeitos do delito, 19.2.3
- tipo objetivo, 19.2.4
- tipo subjetivo, 19.2.5

INSERÇÃO

de dados falsos em sistema de informação:
- 14.4.1 a 14.4.6
- conceito, 14.4.1
- consumação e tentativa, 14.4.6
- objetividade jurídica, 14.4.2
- sujeitos do delito, 14.4.3
- tipo objetivo, 14.4.4
- tipo subjetivo, 14.4.5

INTELECTUAL

abandono –, 3.3

INTERESSE PÚBLICO

fraudes em certames de –, 13.1

INTERRUPÇÃO

ou perturbação de serviço telegráfico, telefônico, informático, telemático ou de informação de utilidade pública:
- 6.6.1 a 6.6.8
- aumento de pena, 6.6.8
- conceito, 6.6.1
- consumação e tentativa, 6.6.6
- crime assemelhado, 6.6.7
- forma qualificada, 6.6.8
- objetividade jurídica, 6.6.2
- sujeitos do delito, 6.6.3
- tipo objetivo, 6.6.4
- tipo subjetivo, 6.6.5

do processo eleitoral
- 22.1.1 a 22.1.8
- conceito, 22.1.1
- consumação e tentativa, 22.1.7
- distinção 22.1.8
- objetividade jurídica, 22.1.2
- sujeito ativo, 22.1.3
- sujeito passivo, 22.1.4
- tipo objetivo, 22.1.5
- tipo subjetivo, 22.1.6

INUNDAÇÃO

5.5.1 a 5.5.9
- conceito, 5.5.1
- consumação e tentativa, 5.5.6
- culposa, 5.5.8
- distinção, 5.5.9
- formas qualificadas pelo resultado, 5.5.7
- objetividade jurídica, 5.5.2
- sujeitos do delito, 5.5.3
- tipo objetivo, 5.5.4
- tipo subjetivo, 5.5.5

perigo de –, 5.6

INUTILIZAÇÃO

de edital ou de sinal:

– 15.9.1 a 15.9.7

– conceito, 15.9.1

– concurso, 15.9.7

– consumação e tentativa, 15.9.6

– objetividade jurídica, 15.9.2

– sujeitos do delito, 15.9.3

– tipo objetivo, 15.9.4

– tipo subjetivo, 15.9.5

extravio, sonegação ou – de livro ou documento, 14.6

subtração, ocultação ou – de material de salvamento, 5.8

subtração ou – de livro ou documento, 15.10

INVÓLUCRO

ou recipiente com falsa indicação:

– 7.9.1 a 7.9.7

– conceito, 7.9.1

– consumação e tentativa, 7.9.6

– distinção, 7.9.7

– objetividade jurídica, 7.9.2

– sujeitos do delito, 7.9.3

– tipo objetivo, 7.9.4

– tipo subjetivo, 7.9.5

J

JUDICIAL

desatendimento a determinação, 15.3.4

impossibilidade material de atendimento à ordem, 15.3.4

JUSTIÇA

crimes contra a administração da –, 17

L

LEGISLATURA

assunção de obrigação no último ano de mandato ou –, 19.3

aumento de despesa total com pessoal no último ano do mandato ou –, 19.7

LEI

fraude de – sobre estrangeiros, 12.4

violência arbitrária e a – nº 4.898, 14.15.8

LEI DAS CONTRAVENÇÕES PENAIS

abandono moral, 3.4.5

desabamento ou desmoronamento, 5.7.8

desobediência à decisão judicial sobre perda ou suspensão de direito, 18.23.7

exercício ilegal de medicina, arte dentária ou farmacêutica, 7.15.9

explosão, 5.2.10

falsa identidade, 12.2.4 e 12.2.7

moeda falsa, 9.1.5

usurpação de função pública, 15.1.5 e 15.1.9

LEI DE ALIMENTOS

abandono material, 3.1.11

LEI DE MIGRAÇÃO (ESTRANGEIROS)

fraude de lei sobre estrangeiros, 12.4.4

reingresso de estrangeiro expulso, 18.1.5

LEI DE EXECUÇÃO PENAL

certidão ou atestado ideologicamente falso, 11.6.7

desobediência à decisão judicial sobre perda ou suspensão de direito, 18.23.4

evasão mediante violência contra a pessoa, 18.16

ingresso de pessoa portando aparelho telefônico, de rádio ou similar em estabelecimento prisional, 18.13

omissão no dever de vedar ao preso acesso a aparelho telefônico, de rádio ou similar, 14.12.2

LEI DE RESPONSABILIDADE FISCAL

assunção de obrigação no último ano de mandato ou legislatura, 19.3.4

contratação de operação de crédito, 19.1.5

inscrição de despesas não empenhadas em restos a pagar, 19.2.4

oferta pública ou colocação irregular de títulos no mercado, 19.8.2

ordenação de despesa não autorizada, 19.4.4

LEI DE SEGURANÇA NACIONAL

associação criminosa, 8.3.10

atentado contra a segurança de serviço de utilidade pública, 6.5.8

explosão, 5.2.10

incêndio, 5.1.11

violação de sigilo funcional, 14.18.7

LEI DE TÓXICOS

associação criminosa, 8.3.10

epidemia, 7.1.1

exercício ilegal de medicina, arte dentária ou farmacêutica, 7.15.9

LEI DOS CRIMES HEDIONDOS

associação criminosa, 8.3.8 e 8.3.9

envenenamento de água potável ou de substância alimentícia ou medicinal, 7.4.1

epidemia, 7.1.2

falsificação, corrupção, adulteração ou alteração de produto destinado a fins terapêuticos ou medicinais, 7.7.1

falsificação, corrupção, adulteração ou alteração de substância alimentícia ou produtos alimentícios, 7.6.1

violência arbitrária, 14.4.9

LETRA

falso reconhecimento de firma ou –, 11.5

LICITAÇÕES

crimes em – e contratos administrativos 17.1 a 17.12

afastamento de licitante, 17.7

contratação direta ilegal, 17.1

contratação inidônea, 17.9

fraude em licitação ou contrato, 17.8

frustração do caráter competitivo de licitação, 17.2

impedimento indevido, 17.10

modificação ou pagamento irregular em contrato administrativo, 17.4

omissão grave de dado ou de informação por projetista, 17.11

patrocínio de contratação indevida, 17.3

pena de multa, 17.12

perturbação de processo licitatório, 17.5

violação de sigilo em licitação, 17.6

LICITANTE

afastamento de –, 17.7

corrupção passiva de concorrente ou –, 15.8.8

violência ou fraude em arrematação judicial, 18.22

LIVRO

extravio, sonegação ou inutilização de – ou documento, 14.6

subtração ou inutilização de – ou documento, 15.10

LOGOTIPOS

alteração, falsificação e uso indevido de marcas, –, siglas e outros símbolos, 11.1.10

M

MANDATO

assunção de obrigação no último ano de mandato ou legislatura, 19.3

aumento de despesa total com pessoal no último ano do – ou legislatura, 19.7

MARCAS

alteração, falsificação e uso indevido de –, logotipos, siglas e outros símbolos, 11.1.10

MATERIAL

abandono, 3,1

subtração, ocultação ou inutilização de – de salvamento, 5.8

MEDICAMENTO

em desacordo com receita médica:

– 7.14.1 a 7.14.9

- aumento de pena, 7.14.8
- conceito, 7.14.1
- consumação e tentativa, 7.14.6
- crime culposo, 7.14.7
- distinção e concurso, 7.14.9
- formas qualificadas, 7.14.8
- objetividade jurídica, 7.14.2
- sujeitos do delito, 7.14.3
- tipo objetivo, 7.14.4
- tipo subjetivo, 7.14.5

envenenamento de água potável ou de substância alimentícia ou medicinal, 7.4

falsificação, corrupção, adulteração ou alteração de produto destinado a fins terapêuticos ou medicinais, 7.7

indicação em invólucro ou recipiente de substância inexistente ou em quantidade maior do que a real em produtos alimentícios, terapêuticos ou medicinais, 7.9

substância destinada à falsificação de produto alimentício ou medicinal, 7.11

vender, ter em depósito para vender ou expor à venda, ou entregar a consumo substância alimentícia ou medicinal avariada, 7.13

MEDICINA

exercício ilegal de –, arte dentária ou farmacêutica, 7.15

MEDICINAL(IS)

envenenamento de água potável ou de substância alimentícia ou –, 7.4

falsificação, corrupção, adulteração ou alteração de produto destinado a fins terapêuticos ou –, 7.7

indicação em invólucro ou recipiente de substância inexistente ou em quantidade maior do que a real em produtos alimentícios, terapêuticos ou –, 7.9

substância destinada à falsificação de produto alimentício ou –, 7.11

vender, ter em depósito para vender ou expor à venda, ou entregar a consumo

substância alimentícia ou – avariada, 7.13

MÉDICO(A)

exercício ilegal de medicina, da arte dentária ou farmacêutica, 7.15

falsidade de atestado –, 11.7

medicamento em desacordo com receita –, 7.14

MEDIDA DE SEGURANÇA

evasão mediante violência contra a pessoa, 18.16

fuga de pessoa presa ou submetida a –, 18.15

MEDIDA SANITÁRIA

infração de – preventiva, 7.2

MEIOS DE COMUNICAÇÃO

crimes contra a segurança dos – e transporte e outros serviços públicos, 6

MEIO DE TRANSPORTE

atentado contra a segurança de outro –, 6.3

MENOR

entrega de filho – a pessoa inidônea, 3.2

promoção de ato destinado ao envio de – ao exterior, 3.2.10

MERCADO

oferta pública ou colocação irregular de títulos no –, 19.8

METAL PRECIOSO

falsificação do sinal empregado no contraste de – ou na fiscalização alfandegária, ou para outros fins:

- 12.1.1 a 12.1.8
- conceito, 12.1.2
- consumação e tentativa, 12.1.7
- distinção, 12.1.8
- objetividade jurídica, 12.1.3
- sujeitos do delito, 12.1.4
- tipo objetivo, 12.1.5
- tipo subjetivo, 12.1.6

MILÍCIA PRIVADA

constituição de –, 8.4.1 a 8.4.9

MODIFICAÇÃOou alteração não autorizada de sistema de informações:

– 14.5.1 a 14.5.7

– aumento de pena, 14.5.7

– conceito, 14.5.1

– consumação e tentativa, 14.5.6

– objetividade jurídica, 14.5.2

– sujeitos do delito, 14.5.3

– tipo objetivo, 14.5.4

– tipo subjetivo, 14.5.5

ou pagamento irregular em contrato administrativo:

– 17.4.1 a 17.4.6

– conceito, 17.4.1

– consumação e tentativa, 17.4.6

– objetividade jurídica, 17.4.2

– sujeitos do delito, 17.4.3

– tipo objetivo, 17.4.4

– tipo subjetivo, 17.4.5

MOEDA

crimes de – falsa, 9.1

falsa:

– 9.1.1 a 9.1.12

– circulação não autorizada, 9.1.11

– competência, 9.1.12

– conceito, 9.1.2

– consumação e tentativa, 9.1.7

– crime privilegiado, 9.1.9

– crimes subsequentes à falsificação, 9.1.8

exame pericial, 9.1.5

– fabricação ou emissão com fraude ou excesso, 9.1.10

– objetividade jurídica, 9.1.3

– sujeitos do delito, 9.1.4

– tipo objetivo, 9.1.5

– tipo subjetivo, 9.1.6

crimes assimilados ao de – falsa, 9.2

petrechos para falsificação de –, 9.3

MORAL

abandono –, 3.4

MOTIM

de presos:

– 18.18.1 a 18.18.7

– conceito, 18.18.1

– concurso, 18.18.7

– consumação e tentativa, 18.18.6

– objetividade jurídica, 18.18.2

– sujeitos do delito, 18.18.3

– tipo objetivo, 18.18.4

– tipo subjetivo, 18.18.5

N

NACIONALIZAÇÃO

falsidade em prejuízo da – de sociedade:

– 12.5.1 a 12.5.7

– conceito, 12.5.1

– consumação e tentativa, 12.5.6

– distinção, 12.5.7

– objetividade jurídica, 12.5.2

– sujeitos do delito, 12.5.3

– tipo objetivo, 12.5.4

– tipo subjetivo, 12.5.5

NÃO CANCELAMENTO

de restos a pagar:

– 19.6.1 a 19.6.6

– conceito, 19.6.1

– consumação e tentativa, 19.6.6

– objetividade jurídica, 19.6.2

– sujeitos do delito, 19.6.3

– tipo objetivo, 19.6.4

– tipo subjetivo, 19.6.5

NASCIMENTO

registro de – inexistente, 2.1

NORMA PENAL EM BRANCO

contrabando ou descaminho, 15.7.7

emissão de título ao portador sem permissão legal, 9.4.4

emprego de processo proibido ou de substância não permitida, 7.8.4

exercício funcional ilegalmente antecipado ou prolongado, 14.17.4

falsidade em prejuízo da nacionalização de sociedade, 12.5.4

infração de medida sanitária preventiva, 7.2.4

omissão de notificação de doença, 7.3.4

NOTIFICAÇÃO

omissão de – de doença, 7.3

O

OBJETO

sonegação de papel ou de – de valor probatório, 18.20

OBRIGAÇÃO

assunção de – no último ano de mandato ou legislatura, 19.3

OCULTAÇÃO

induzimento a erro essencial e – de impedimento, 1.2

subtração, – ou inutilização de material de salvamento, 5.8

ODONTOLOGIA

exercício ilegal de medicina, arte dentária ou farmacêutica, 7.15

OFERTA

pública ou colocação irregular de títulos no mercado:

– 19.8.1 a 19.8.6

– conceito, 19.8.1

– consumação e tentativa, 19.8.6

– objetividade jurídica, 19.8.2

– sujeitos do delito, 19.8.3

– tipo objetivo, 19.8.4

– tipo subjetivo, 19.8.5

OMISSÃO

de notificação de doença:

– 7.3.1 a 7.3.6

– conceito, 7.3.1

– concurso de agentes, 7.3.3

– consumação e tentativa, 7.3.6

– objetividade jurídica, 7.3.2

– sujeitos do delito, 7.3.3

– tipo objetivo, 7.3.4

– tipo subjetivo, 7.3.5

grave de dado ou de informação por projetista:

– 17.11.1 a 17.11.7

– conceito, 17.11.1

– consumação e tentativa, 17.11.6

– forma qualificada, 17.11.7

– objetividade jurídica, 17.11.2

– sujeitos do delito, 17.11.3

– tipo objetivo, 17.11.4

– tipo subjetivo, 17.11.5

no dever de vedar ao preso acesso a aparelho telefônico, de rádio ou similar:

– 14.12

– conceito, 14.12.1

– consumação e tentativa, 14.12.6

– distinção, 14.12.7

– objetividade jurídica, 14.12.2

– sujeitos do delito, 14.12.3

– tipo objetivo, 14.12.4

– tipo subjetivo, 14.12.5

OPERAÇÃO DE CRÉDITO

conceito, 19.1.5

contratação de –, 19.1

prestação de garantia graciosa, 19.5

ORDENAÇÃO

de despesa não autorizada:

– 19.4.1 a 19.4.6

– conceito, 19.4.1

– consumação e tentativa, 19.4.6

– objetividade jurídica, 19.4.2

- sujeitos do delito, 19.4.3
- tipo objetivo, 19.4.4
- tipo subjetivo, 19.4.5

ORGANIZAÇÃO CRIMINOSA

associação criminosa, 8.3.12

quadrilha ou bando, 8.3.12

P

PAPEL(IS)

falsificação de – públicos, 10.1

sonegação de – ou de objeto de valor probatório, 18.20

PARTICULAR

crimes praticados por – contra a Administração em geral, 15

PARTO

suposto, supressão ou alteração de direito inerente ao estado civil de recém-nascido:

- 2.2.1 a 2.2.11
- conceito, 2.2.1
- concurso, 2.2.10
- consumação e tentativa, 2.2.7
- distinção, 2.2.9
- forma privilegiada e perdão judicial, 2.2.8
- objetividade jurídica, 2.2.2
- prescrição, 2.2.11
- sujeito ativo, 2.2.3
- sujeito passivo, 2.2.4
- tipo objetivo, 2.2.5
- tipo subjetivo, 2.2.6

PÁTRIO PODER

conceito, 4.1.1

crimes contra o –, tutela ou curatela, 4

PATROCÍNIO

de contratação indevida

- 17.3.1 a 17.3.6
- conceito, 17.3.1
- consumação e tentativa, 17.3.6

- objetividade jurídica, 17.3.2
- sujeitos do delito, 17.3.3
- tipo objetivo, 17.3.4
- tipo subjetivo, 17.3.5

infiel:

- 18.19.1 a 18.19.7
- conceito, 18.19.1
- consumação e tentativa, 18.19.6
- objetividade jurídica, 18.19.2
- patrocínio simultâneo ou tergiversação, 18.19.7
- sujeitos do delito, 18.19.3
- tipo objetivo, 18.19.4
- tipo subjetivo, 18.19.5

PAZ

crimes contra a – pública, 8

PEÇA FILATÉLICA

reprodução ou alteração de selo ou –, 11.8

PECULATO

14.2.1 a 14.2.11

conceito, 14.2.1

consumação e tentativa, 14.2.7

culposo, 14.2.10

distinção e concurso, 14.2.8

extinção da punibilidade e atenuação de pena, 14.2.11

impróprio, 14.2.9

objetividade jurídica, 14.2.2

peculato-furto, 14.2.9

sujeito ativo, 14.2.3

sujeito passivo, 14.2.4

tipo objetivo, 14.2.5

tipo subjetivo, 14.2.6

mediante erro de outrem:

- 14.3.1 a 14.3.7
- conceito, 14.3.1
- consumação e tentativa, 14.3.6
- distinção, 14.3.7
- objetividade jurídica, 14.3.2
- sujeitos do delito, 14.3.3

- tipo objetivo, 14.3.4
- tipo subjetivo, 14.3.5

PERDA

desobediência à decisão judicial sobre – ou suspensão de direito, 18.23

PERDÃO JUDICIAL

parto suposto, 2.2.8

sonegação de contribuição previdenciária, 15.11.8

subtração de incapazes, 4.2.9

PERÍCIA

falso testemunho ou falsa –, 18.5

PERIGO

classificações:
- perigo abstrato e perigo concreto, 5.1.1
- perigo individual e perigo comum ou coletivo, 5.1.1

conceitos:
- teoria subjetiva, 5.1.1
- teoria objetiva, 5.1.1
- teoria objetivo-subjetiva, 5.1.1

crimes de – comum, 5

de desastre ferroviário e desastre ferroviário:
- 6.1.1 a 6.1.9
- conceito, 6.1.2
- consumação e tentativa, 6.1.7
- desastre ferroviário, 6.1.8
- desastre ferroviário culposo, 6.1.9
- objetividade jurídica, 6.1.3
- sujeitos do delito, 6.1.4
- tipo objetivo, 6.1.5
- tipo subjetivo, 6.1.6

de inundação:
- 5.6.1 a 5.6.6
- conceito, 5.6.1
- consumação e tentativa, 5.6.6
- objetividade jurídica, 5.6.2
- sujeitos do delito, 5.6.3
- tipo objetivo, 5.6.4
- tipo subjetivo, 5.6.5

PERITO

conceito, 18.5.3

corrupção ativa de testemunha ou –, 18.6

falso testemunho ou falsa perícia, 18.5

PERMISSÃO

emissão de título ao portador sem – legal, 9.4

PERTURBAÇÃO

de processo licitatório:
- 17.5.1 a 17.5.6
- conceito, 17.5.1
- consumação e tentativa, 17.5.6
- objetividade jurídica, 17.5.2
- sujeitos do delito, 17.5.3
- tipo objetivo, 17.5.4
- tipo subjetivo, 17.5.5

impedimento, – ou fraude de concorrência, 15.8

interrupção ou – de serviço telegráfico ou telefônico, 6.6

PESSOA

entrega de filho menor a – inidônea, 3.2

evasão mediante violência contra a –, 18.16

fuga de – presa ou submetida a medida de segurança, 18.15

ingresso de – portando aparelho telefônico, de rádio ou similar em estabelecimento prisional, 18.13

PESSOAL

aumento de despesa total com – no último ano do mandato ou legislatura, 19.7

favorecimento –, 18.11

PETRECHOS

de falsificação de papéis públicos:
- 10.2.1 a 10.2.7
- aumento de pena, 10.2.3
- conceito, 10.2.1
- consumação e tentativa, 10.2.6
- distinção, 10.2.7
- objetividade jurídica, 10.2.2
- sujeitos do delito, 10.2.3

- tipo objetivo, 10.2.4
- tipo subjetivo, 10.2.5

para falsificação de moeda:

- 9.3.1 a 9.3.8
- competência, 9.3.8
- conceito, 9.3.1
- consumação e tentativa, 9.3.6
- distinção e concurso, 9.3.7
- objetividade jurídica, 9.3.2
- sujeitos do delito, 9.3.3
- tipo objetivo, 9.3.4
- tipo subjetivo, 9.3.5

PODER

exercício arbitrário ou abuso de –, 18.14

exercício arbitrário e abuso de – contra menores, 18.14.7

familiar, 3.1.5, 3.1.10, 3.3.3, 4.1.1, 4.1.4, 4.2.3

POLUIÇÃO

corrupção ou – de água potável, 7.5

PORTADOR

emissão de título ao – sem permissão legal, 9.4

POSSE

fabrico, fornecimento, aquisição, – ou transporte de explosivos ou gás tóxico ou asfixiante, 5.4

subtração, supressão ou dano a coisa própria na – legal de terceiro, 18.9

PRAGA

difusão de doença ou –, 5.9

PRESÍDIO vide ESTABELECIMENTO PRISIONAL

PRESO(A)(S)

arrebatamento de –, 18.17

evasão mediante violência contra a pessoa, 18.16

fuga de pessoa – ou submetida a medida de segurança, 18.15

motim de –, 18.18

omissão no dever de vedar ao – acesso a aparelho telefônico, de rádio ou similar, 14.12

PRESCRIÇÃO

bigamia, 1.1.12

induzimento a erro essencial e ocultação de impedimento, 1.2.8

parto suposto, 2.2.11

registro de nascimento inexistente, 2.1.10

PRESTAÇÃO

de garantia graciosa:

- 19.5.1 a 19.5.6
- conceito, 19.5.1
- consumação e tentativa, 19.5.6
- objetividade jurídica, 19.5.2
- sujeitos do delito, 19.5.3
- tipo objetivo, 19.5.4
- tipo subjetivo, 19.5.5

PRESTÍGIO

exploração de –, 18.21

PREVARICAÇÃO

14.11.1 a 14.11.7

conceito, 14.11.1

consumação e tentativa, 14.11.6

distinção, 14.11.7

imprópria:

- omissão no dever de vedar ao preso acesso a aparelho telefônico, de rádio ou similar, 14.12

objetividade jurídica, 14.11.2

sujeitos do delito, 14.11.3

tipo objetivo, 14.11.4

tipo subjetivo, 14.11.5

PREVENTIVA

infração de medida sanitária –, 7.2

PREVIDÊNCIA SOCIAL

falsidades contra a –, 11.2.11

omissão de dados em documentos relacionados à, 11.2.12

sonegação de contribuição previdenciária, 15.11

PREVIDENCIÁRIA

sonegação de contribuição –, 15.11

PRINCÍPIO

abolitio criminis:

– adultério, 1.6.1

retroatividade da lei mais benigna:

– adultério, 1.6.1

PRISÃO vide ESTABELECIMENTO PRISIONAL

PRISÃO CIVIL

por dívida:

– abandono material, 3.1.2

por alimentos:

– abandono material, 3.1.12

PRIVADA

constituição de milícia –, 8.4.1 a 8.4.9

PROBATÓRIO

sonegação de papel ou de objeto de valor –, 18.20

PROCESSO

coação no curso do –, 18.7

emprego de – proibido ou de substância não permitida, 7.8

fraude no – penal, 18.10.5

fraude processual, 18.10

PROCESSUAL

fraude, 18.10

PRODUTO(S)

conceito, 7.7.4

emprego de processo proibido ou de substância não permitida no fabrico de – destinado ao consumo, 7.8

falsificação, corrupção, adulteração ou alteração de – destinado a fins terapêuticos ou medicinais, 7.7

falsificação, corrupção, adulteração ou alteração de substância alimentícia ou – alimentícios, 7.6

indicação em invólucro ou recipiente de substância inexistente ou em quantidade maior do que a real em – alimentícios, terapêuticos ou medicinais, 7.9

ou substância nas condições dos dois artigos anteriores (arts. 274 e 275):

– 7.10.1 a 7.10.7

– conceito, 7.10.1

– consumação e tentativa, 7.10.6

– distinção e concurso, 7.10.7

– objetividade jurídica, 7.10.2

– sujeitos do delito, 7.10.3

– tipo objetivo, 7.10.4

– tipo subjetivo, 7.10.5

substância destinada à falsificação de – alimentício ou medicinal, 7.11

vender, expor à venda, ter em depósito para vender ou entregar a consumo – nas condições dos artigos 274 e 275 do Código Penal, 7.10

PROJÉTIL

arremesso de –, 6.4

PROPINA

concussão, 14.8

corrupção:

– ativa, 15.6

– ativa de testemunha ou perito, 18.6

– ativa em transação comercial internacional, 16.1

– passiva, 14.9

tráfico de influência em transação comercial internacional, 16.2

PROPOSTA

violação do sigilo de – de concorrência, 14.19

PROVA

sonegação de papel ou de objeto de valor probatório, 18.20

PÚBLICO(A)(S)

atentado contra a segurança de serviço de utilidade –, 6.5

crimes contra a administração –, Parte V

crimes contra a fé –, 9

crimes contra a incolumidade –, 5

crimes contra a paz –, 8

crimes contra a saúde –, 7

crimes contra a segurança dos meios de transporte e outros serviços –, 6

crimes contra as finanças –, 18

crimes praticados por funcionário – contra a administração em geral, 14

crimes praticados por particular contra a administração – estrangeira, 16

emprego irregular de verbas ou rendas –, 14.7

falsidade de títulos e outro papéis –, 10

falsificação de documento –, 11.2

falsificação de papéis –, 10

falsificação do selo ou sinal –, 11.1

oferta – ou colocação irregular de títulos no mercado, 19.8

outras substâncias nocivas à saúde –, 7.12

PUNIBILIDADE

extinção de – a atenuação da pena:

– adultério, 1.6.1

– descaminho, 15.7.9

– peculato, 14.2.11

PUPILO

promessa ou entrega de filho ou –, 3.2.8

Q

QUADRILHA ou BANDO vide ASSOCIA-ÇÃO CRIMINOSA

QUALIFICADO vide FORMA QUALIFICA-DA

R

RÁDIO

ingresso de pessoa portando aparelho telefônico, de – ou similar em estabele-cimento prisional, 18.13

omissão no dever de vedar ao preso acesso a aparelho telefônico, de – ou similar, 14.12

RAZÕES

exercício arbitrário das próprias –, 18.8

REAL

favorecimento –, 18.12

RECEITA MÉDICA

medicamento em desacordo com –, 7.14

RECÉM-NASCIDO

parto suposto, supressão ou alteração de direito inerente ao estado civil de –, 2.2

RECIPIENTE

invólucro ou – com falsa indicação, 7.9

RECONHECIMENTO

falso – de firma ou letra:

– 11.5.1 a 11.7

– conceito, 11.5.1

– consumação e tentativa, 11.5.6

– distinção, 11.5.7

– objetividade jurídica, 11.5.2

– sujeitos do delito, 11.5.3

– tipo objetivo, 11.5.4

– tipo subjetivo, 11.5.5

modalidades de – de firma ou letra, 11.5.4

REDUÇÃO DE PENA

associação criminosa, 8.3.9

denunciação caluniosa, 18.2.8

peculato, 14.2.7

sonegação de contribuição previdenciária, 15.11.9

REGISTRO DE NASCIMENTO

inexistente:

– 2.1.1 a 2.1.10

ÍNDICE REMISSIVO   **613**

– conceito, 2.1.2

– consumação e tentativa, 2.1.8

– distinção, 2.1.9

– generalidades, 2.1.1

– objetividade jurídica, 2.1.3

– prescrição, 2.1.10

– sujeito ativo, 2.1.4

– sujeito passivo, 2.1.5

– tipo objetivo, 2.1.6

– tipo subjetivo, 2.1.7

REINGRESSO

de estrangeiro expulso:

– 18.1.1 a 18.1.7

– conceito, 18.1.2

– consumação e tentativa, 18.1.7

– objetividade jurídica, 18.1.3

– sujeitos do delito, 18.1.4

– tipo objetivo, 18.1.5

– tipo subjetivo, 18.1.6

REMÉDIO

envenenamento de água potável ou de substância alimentícia ou medicinal, 7.4

falsificação, corrupção, adulteração ou alteração de produto destinado a fins terapêuticos ou medicinais, 7.7

indicação em invólucro ou recipiente de substância inexistente ou em quantidade menor do que a real em produtos alimentícios, terapêuticos ou medicinais, 7.9

medicamento em desacordo com receita médica, 7.14

substância destinada à falsificação de produto alimentício ou medicinal, 7.11

vender, ter em depósito para vender ou expor à venda, ou entregar a consumo substância alimentícia ou medicinal avariada, 7.13

RENDAS PÚBLICAS

conceito, 14.7.14

emprego irregular de verbas ou –, 14.7

REPRODUÇÃO

ou alteração de selo ou peça filatélica:

– 11.8.1 a 11.8.7

– conceito, 11.8.1

– consumação e tentativa, 11.8.6

– objetividade jurídica, 11.8.2

– sujeitos do delito, 11.8.3

– tipo objetivo, 11.8.4

– tipo subjetivo, 11.8.5

– uso de selo ou peça filatélica, 11.8.7

RESISTÊNCIA

15.2.1 a 15.2.9

conceito, 15.2.1

concurso, 15.2.9

consumação e tentativa, 15.2.6

distinção, 15.2.8

objetividade jurídica, 15.3.2

qualificada pelo resultado, 15.2.7

sujeitos do delito, 15.2.3

tipo objetivo, 15.2.4

tipo subjetivo, 15.2.5

RESTOS A PAGAR

inscrição de despesas não empenhadas em –, 19.2.1

não cancelamento de –, 19.6

RETROATIVIDADE

da lei mais benigna:

– adultério, 1.6.1

S

SABOTAGEM

– 23.1.1 a 23.1.8

– conceito, 23.1.1

– consumação e tentativa, 23.1.7

– distinção 23.1.8

– objetividade jurídica, 23.1.2

– sujeito ativo, 23.1.3

– sujeito passivo, 23.1.4

– tipo objetivo, 23.1.5

- tipo subjetivo, 23.1.6

SALVAMENTO

subtração, ocultação ou inutilização de material de –, 5.8

SANITÁRIA

infração de medida – preventiva, 7.2

SAÚDE PÚBLICA

crimes contra a –, 7

outras substâncias nocivas à –, 7.12

SEGREDO vide SIGILO

SEGURANÇA

atentado contra a –:

- de outro meio de transporte, 6.3

- de serviço de utilidade pública, 6.5

- de transporte marítimo, fluvial ou aéreo, 6.2

crimes contra a – dos meios de comunicação e transporte e outros serviços públicos, 6

fuga de pessoa presa ou submetida a medida de –, 18.15

SELO

falsificação do – ou sinal público: 11.1.1 a 11.1.12

- alteração, falsificação e uso indevido de marcas, logotipos, siglas e outros símbolos, 11.1.10

- competência, 11.1.12

- conceito, 11.1.2

- consumação e tentativa, 11.1.7

- crime praticado por funcionário, 11.1.11

- objetividade jurídica, 11.1.3

- sujeitos do delito, 11.1.4

- tipo objetivo, 11.1.5

- tipo subjetivo, 11.1.6

- uso de selo ou sinal falsificado, 11.1.8

- uso indevido de selo ou sinal verdadeiro, 11.1.9

reprodução ou alteração de – ou peça filatélica, 11.8

SENHA

fornecimento e empréstimo de –, 14.18.8

SERVIÇO DE UTILIDADE PÚBLICA

atentado contra a segurança de –, 6.5

interrupção ou perturbação de serviço telegráfico ou telefônico, 6.6

SERVIÇO TELEGRÁFICO OU TELEFÔNICO

interrupção ou perturbação de –, 6.6

SERVIÇOS PÚBLICOS

crimes contra a segurança dos meios de comunicação e transporte e outros –, 6

SERVIDOR PÚBLICO

conceito, 14.1.3

SIGILO

violação do(e) –:

- de proposta de concorrência, 14.19

- funcional, 14.17

SIGLAS

alteração, falsificação e uso indevido de marcas, logotipos, – e outros símbolos, 11.1.10

SÍMBOLOS

alteração, falsificação e uso indevido de marcas, logotipos, siglas e outros –, 11.1.9

SIMULAÇÃO

de autoridade para celebração de casamento:

- 1.4.1 a 1.4.7

- conceito, 1.4.1

- consumação e tentativa, 1.4.6

- distinção, 1.4.7

- objetividade jurídica, 1.4.2

- sujeitos do delito, 1.4.3

- tipo objetivo, 1.4.4

- tipo subjetivo, 1.4.5

de casamento:

- 1.5.1 a 1.5.8

- conceito, 1.5.1

- consumação e tentativa, 1.5.7
- distinção, 1.5.8
- objetividade jurídica, 1.5.2
- sujeito ativo, 1.5.3
- sujeito passivo, 1.5.4
- tipo objetivo, 1.5.5
- tipo subjetivo, 1.5.6

SINAL

adulteração de – identificador de veículo automotor, 12.6

falsificação de selo ou – público, 11.1

falsificação do – empregado no contraste de metal precioso ou na fiscalização alfandegária, ou para outros fins, 12.1

inutilização de edital ou –, 15.9

SINISTRO

culposo, 6.2.9 e 6.3.8

em outro meio de transporte, 6.3.7

em transporte marítimo, fluvial ou aéreo, 6.2.7

SISTEMA DE INFORMAÇÕES

inserção de dados falsos em –, 14.4

modificação ou alteração não autorizada de –, 14.5

SOCIEDADE

falsidade em prejuízo da nacionalização de –:

- 12.5.1 a 12.5.7
- conceito, 12.5.1
- consumação e tentativa, 12.5.6
- distinção, 12.5.7
- objetividade jurídica, 12.5.2
- sujeitos do delito, 12.5.3
- tipo objetivo, 12.5.4
- tipo subjetivo, 12.5.5

SONEGAÇÃO

de contribuição previdenciária:

- 15.11.1 a 15.11.10
- conceito, 15.11.1

- concurso de crimes, 15.11.7
- consumação e tentativa, 15.11.6
- crime privilegiado, 15.11.10
- extinção da punibilidade e suspensão da pretensão punitiva, 15.11.8
- objetividade jurídica, 15.11.2
- redução de pena, 15.11.8 e 15.11.10
- perdão judicial ou aplicação de pena de multa, 15.11.9
- sujeitos do delito, 15.11.3
- tipo objetivo, 15.11.4
- tipo subjetivo, 15.11.5

de estado de filiação:

- 2.3
- conceito, 2.3.1
- consumação e tentativa, 2.3.7
- distinção, 2.3.8
- objetividade jurídica, 2.3.2
- sujeito ativo, 2.3.3
- sujeito passivo, 2.3.4
- tipo objetivo, 2.3.5
- tipo subjetivo, 2.3.6

de papel ou de objeto de valor probatório:

- 18.20.1 a 18.20.7
- conceito, 18.20.1
- consumação e tentativa, 18.20.6
- distinção, 18.20.7
- objetividade jurídica, 18.20.2
- sujeitos do delito, 18.20.3
- tipo objetivo, 18.20.4
- tipo subjetivo, 18.20.5

extravio, – ou inutilização de livro ou documento, 14.6

induzimento à fuga, entrega arbitrária ou – de incapazes, 4.1

SUBSTÂNCIA(S)

alteração de – destinada a fins terapêuticos ou medicinais, 7.7

avariada:

- 7.13.1 a 7.13.9
- aumento de pena, 7.13.7
- conceito, 7.13.1
- consumação e tentativa, 7.13.6
- distinção e concurso, 7.13.8
- forma qualificada, 7.13.7
- objetividade jurídica, 7.13.2
- revogação, 7.13.9
- sujeitos do delito, 7.13.3
- tipo objetivo, 7.13.4
- tipo subjetivo, 7.13.5

destinada à falsificação:
- 7.11.1 a 7.11.6
- conceito, 7.11.1
- consumação e tentativa, 7.11.6
- objetividade jurídica, 7.11.2
- sujeitos do delito, 7.11.3
- tipo objetivo, 7.11.4
- tipo subjetivo, 7.11.5

emprego de processo proibido ou de – não permitida, 7.8

envenenamento de água potável ou de – alimentícia ou medicinal, 7.4

falsificação, corrupção, adulteração ou alteração de – alimentícia ou produtos alimentícios, 7.6

outras – nocivas à saúde pública:
- 7.12.1 a 7.12.9
- aumento de pena, 7.12.8
- conceito, 7.12.1
- consumação e tentativa, 7.12.6
- crime culposo, 7.12.7
- distinção e concurso, 7.12.9
- formas qualificadas, 7.12.8
- objetividade jurídica, 7.12.2
- sujeitos do delito, 7.12.3
- tipo objetivo, 7.12.4
- tipo subjetivo, 7.12.5

produto ou – nas condições dos dois artigos anteriores (arts. 274 e 275), 7.10

SUBTRAÇÃO

de incapazes:
- 4.2.1 a 4.2.10
- conceito, 4.2.1
- consumação e tentativa, 4.2.7
- distinção, 4.2.8
- objetividade jurídica, 4.2.2
- perdão judicial, 4.2.9
- subtração de menor para colocação em lar substituto, 4.2.10
- sujeito ativo, 4.2.3
- sujeito passivo, 4.2.4
- tipo objetivo, 4.2.5
- tipo subjetivo, 4.2.6

ocultação ou inutilização de material de salvamento:
- 5.8.1 a 5.8.7
- conceito, 5.8.1
- concurso, 5.8.7
- consumação e tentativa, 5.8.6
- objetividade jurídica, 5.8.2
- sujeitos do delito, 5.8.3
- tipo objetivo, 5.8.4
- tipo subjetivo, 5.8.5

ou inutilização de livro ou documento:
- 15.10.1 a 15.10.7
- conceito, 15.10.1
- consumação e tentativa, 15.10.6
- distinção, 15.10.7
- objetividade jurídica, 15.10.2
- sujeitos do delito, 15.10.3
- tipo objetivo, 15.10.4
- tipo subjetivo, 15.10.5

supressão ou dano a coisa própria na posse legal de terceiro:
- 18.9.1 a 18.9.8
- ação penal, 18.9.8
- conceito, 18.9.1
- consumação e tentativa, 18.9.6
- distinção, 18.9.7

- objetividade jurídica, 18.9.2
- sujeitos do delito, 18.9.3
- tipo objetivo, 18.9.4
- tipo subjetivo, 18.9.5

SUPRESSÃO

de documento:

- 11.10.1 a 11.10.7
- conceito, 11.10.1
- consumação e tentativa, 11.10.6
- distinção, 11.10.7
- exame pericial, 11.10.4
- objetividade jurídica, 11.10.2
- sujeitos do delito, 11.10.3
- tipo objetivo, 11.10.4
- tipo subjetivo, 11.10.5

parto suposto, – ou alteração de direito inerente ao estado civil de recém-nascido, 2.2

subtração, – ou dano a coisa própria na posse legal de terceiro, 18.9

SURSIS

abandono material, 3.1.10

SUSPENSÃO

desobediência à decisão judicial sobre perda ou – de direito, 18.23

T

TELEFÔNICO

ingresso de pessoa portando aparelho –, de rádio ou similar em estabelecimento prisional, 18.13

interrupção ou perturbação de serviço telegráfico informático, telemático ou de informação de utilidade pública –, 6.6

omissão no dever de vedar ao preso acesso a aparelho –, de rádio ou similar, 14.12

TELEGRÁFICO

interrupção ou perturbação de serviço –, telefônico, informático, telemático ou de informação de utilidade pública, 6.6

TELEMÁTICO

interrupção ou perturbação de serviço telegráfico, telefônico, informático, – ou de informação de utilidade pública, 6.6

TENTATIVA vide CONSUMAÇÃO E TENTATIVA

TERCEIRO

subtração, supressão ou dano a coisa própria na posse legal de –, 18.9

TERGIVERSAÇÃO

patrocínio infiel:

- patrocínio simultâneo ou tergiversação, 18.19.7

TESTEMUNHA

corrupção ativa de – ou perito, 18.6

falso testemunho ou falsa perícia, 18.5

TESTEMUNHO

falso – ou falsa perícia, 18.5

TÍTULO(S)

emissão de – ao portador sem permissão legal, 9.4

oferta pública ou colocação irregular de – no mercado, 19.8

TORTURA

crime de –, 14.15.9

violência arbitrária, abuso de autoridade e –, 14.15.9

TÓXICO

fabrico, fornecimento, aquisição, posse ou transporte de explosivos ou gás – ou asfixiante, 5.4

uso de gás – ou asfixiante, 5.3

TRÁFICO

de influência:

- 15.5
- aumento de pena, 15.5.9
- conceito, 15.5.1
- consumação e tentativa, 15.5.7
- distinção, 15.5.8
- objetividade jurídica, 15.5.2

- sujeito ativo, 15.5.3
- sujeito passivo, 15.5.4
- tipo objetivo, 15.5.5
- tipo subjetivo, 15.5.6

de influência em transação comercial internacional:
- 16.2.1 a 16.2.7
- aumento de pena, 16.2.7
- conceito, 16.2.1
- consumação e tentativa, 16.2.6
- objetividade jurídica, 16.2.2
- sujeitos do delito, 16.2.3
- tipo objetivo, 16.2.4
- tipo subjetivo, 16.2.5

facilitação de contrabando ou descaminho, 14.10

TRANSAÇÃO COMERCIAL

corrupção ativa em – internacional, 16.1

tráfico de influência em – internacional, 16.2

TRANSPORTE

atentado contra a segurança:
- de outro meio de –, 6.3
- de – marítimo, fluvial ou aéreo, 6.2

crimes contra a segurança dos meios de comunicação e – e outros serviços públicos, 6

fabrico, fornecimento, aquisição, posse ou – de explosivos ou gás tóxico ou asfixiante, 5.4

TUTELA

conceito, 4.1.2

crimes contra o pátrio poder, – ou curatela, 4

U

UNIÃO

estável, 3.1.6

USO

de documento de identidade alheia:

- 12.3.1 a 12.3.7
- conceito, 12.3.1
- consumação e tentativa, 12.3.6
- distinção e concurso, 12.3.7
- objetividade jurídica, 12.3.2
- sujeitos do delito, 12.3.3
- tipo objetivo, 12.3.4
- tipo subjetivo, 12.3.5

de documento falso:
- 11.9.1 a 11.9.8
- competência, 11.9.8
- conceito, 11.9.1
- concurso, 11.9.7
- consumação e tentativa, 11.9.6
- objetividade jurídica, 11.9.2
- sujeitos do delito, 11.9.3
- tipo objetivo, 11.9.4
- tipo subjetivo, 11.9.5

de gás tóxico ou asfixiante:
- 5.3.1 a 5.3.8
- aumento de pena, 5.3.8
- conceito, 5.3.1
- consumação e tentativa, 5.3.6
- crime qualificado pelo resultado, 5.3.8
- forma culposa, 5.3.7
- objetividade jurídica, 5.3.2
- sujeitos do delito, 5.3.3
- tipo objetivo, 5.3.4
- tipo subjetivo, 5.3.5

USURPAÇÃO

de função pública:
- 15.1.1 a 15.1.9
- conceito, 15.1.2
- consumação e tentativa, 15.1.7
- distinção e concurso, 15.1.9
- generalidades, 15.1.1
- objetividade jurídica, 15.1.3
- qualificada, 15.1.8

- sujeitos do delito, 15.1.4
- tipo objetivo, 15.1.5
- tipo subjetivo, 15.1.6

UTILIDADE PÚBLICA

atentado contra a segurança de serviço de –, 6.5

interrupção ou perturbação de serviço telegráfico, telefônico, informático, telemático ou de informação de –, 6.6

V

VALOR

sonegação de papel ou de objeto de – probatório, 18.20

VEÍCULO AUTOMOTOR

adulteração de sinal identificador de –, 12.6

VERBAS

públicas:
- conceito, 14.7.4
- emprego irregular de – ou rendas públicas, 14.7

VIGILÂNCIA SANITÁRIA

emprego de processo proibido ou de substância não permitida, 7.8

falsificação, corrupção, adulteração ou alteração de produto destinado a fins terapêuticos ou medicinais, 7.7

infração de medida sanitária preventiva, 7.2

VIOLAÇÃO

de sigilo em licitação:
- 17.6.1 a 17.6.6
- conceito, 17.6.1
- consumação e tentativa, 17.6.6
- objetividade jurídica, 17.6.2
- sujeitos do delito, 17.6.3
- tipo objetivo, 17.6.4
- tipo subjetivo, 17.6.5
de sigilo funcional:
- 14.18.1 a 14.18.9
- conceito, 14.18.1

- consumação e tentativa, 14.18.6
- crimes qualificados, 14.18.9
- distinção e concurso, 14.18.7
- fornecimento e empréstimo de senha, 14.18.8
- objetividade jurídica, 14.18.2
- sujeitos do delito, 14.18.3
- tipo objetivo, 14.18.4
- tipo subjetivo, 14.18.5
do sigilo de proposta de concorrência:
- 14.19.1 a 14.19.6
- conceito, 14.19.1
- consumação e tentativa, 14.19.6
- objetividade jurídica, 14.19.2
- sujeitos do delito, 14.19.3
- tipo objetivo, 14.19.4
- tipo subjetivo, 14.19.5

VIOLÊNCIA

arbitrária:
- 14.15.1 a 14.15.9
- abuso de autoridade e tortura, 14.15.9
- conceito, 14.15.1
- concurso, 14.15.7
- consumação e tentativa, 14.15.6
- e a Lei nº 4.898, 14.15.8
- objetividade jurídica, 14.15.2
- sujeitos do delito, 14.15.3
- tipo objetivo, 14.15.4
- tipo subjetivo, 14.15.5
evasão mediante – contra a pessoa, 18.16
ou fraude em arrematação judicial:
- 18.22.1 a 18.22.7
- conceito, 18.22.1
- consumação e tentativa, 18.22.6
- distinção, 18.22.7
- objetividade jurídica, 18.22.2
- sujeitos do delito, 18.22.3

- tipo objetivo, 18.22.4
- tipo subjetivo, 18.22.5
política
- 22.2.1 a 22.2.8
- conceito, 22.2.1
- consumação e tentativa, 22.2.7
- distinção e concurso, 22.2.8
- objetividade jurídica, 22.2.2
- sujeito ativo, 22.2.3
- sujeito passivo, 22.2.4
- tipo objetivo, 22.2.5
- tipo subjetivo, 22.2.6